그림 1 고대 페르시아의 부조

고대 페르시아의 샤푸르(Shapur) 2세(중앙)와 미트라스(Mithras) 신(왼쪽), 아후라 마즈다(Ahura Mazda) 신을 함께 묘사한 부조. 현재 이란의 타크-에-보스탄(Taq-e Bostan) 지역의 암벽에 묘사되어 있다. 본문 73쪽 이하 참고.

그림 2 〈헤시오드와 뮤즈(Muse) 여신〉

〈헤시오드와 뮤즈(Muse) 여신〉, 구스타프 모로(Gustave Moreau) 작. 본문 109쪽 참고.

그림 3 〈죽음의 승리(Triumph of Death)〉

〈죽음의 승리(Triumph of Death)〉라는 세목으로 그려진 운명의 여신들(1510-1520). 본문 309쪽 참고.

그림 4 〈그리스도의 변용(Transfiguration Christi)〉

〈그리스도의 변용(Transfiguration Christi)〉. 기독교 신앙에서 '변용(變容)'의 예를 가장 잘 나타내주는 그림이다. 라파엘(Raphael)의 작품. 본문 447쪽 참고.

헤겔의 미학강의
Vorlesungen über die Ästhetik

2

헤겔의 미학강의
Vorlesungen über die Ästhetik

2

예술미의 여러 특수한 형식들로 발전하는 이상

—

게오르그 빌헬름 프리드리히 헤겔 지음
두행숙 옮김

은행나무

역 자 의 말

　21세기에 들어와 우리나라에는 문화의 향상에 따라 여러 예술분야의 발전과 더불어 미학(美學)에 관한 관심도 한층 고조되었다. 그동안 우리는 주로 서양의 이론들을 중심으로 미학이론들을 수용하는 과정을 거쳤다면, 최근에 와서는 한류(韓流)의 흐름을 따라서 본격적으로 우리 자신의 미학이론을 구축하고 이를 우리나라는 물론 해외에도 알려서 실험 및 평가를 받아야 할 단계에까지 이르렀다. 그러한 흐름을 반영하듯이 미(美)에 대해서 관심을 갖는 사람들은 화가, 음악가, 문학가, 디자이너, 예술이론가, 철학자, 대학생 등 여러 계층에 걸쳐 그 수가 셀 수 없이 많아졌으며, 이제는 그 계층이 일반인들에게까지도 확대되고 있는 것은 어찌 보면 매우 바람직한 일이다. 하지만 그럴수록 우리는 단기적인 추세에 따라서 즉흥적으로 대처하거나 열광하다가 다시 식어버리는 데 그칠 것이 아니라, 우리 스스로가 추구하는 미의 이념에 대해서 신중하게 고찰하고 이를 체계적으로 잘 이론화할 필요가 있다. 그러기 위해서 우리는 먼저 타산지석(他山之石)이라는 말을 되새겨서 이미 서양의 미(美) 이론을 구축한 사상가들 가운데서 주목할 만한 인물들을 찾아서 그들의 저작(著作)을 읽고, 그들이 미에 대해서 어떤 생각을 갖고 있으며 그 생각을 어떤 식으로 전개하고 있는지를 잘 고찰하는 것이 중요할 것이다. 그런 점에서 꼽을 수 있는 중요한 사상가들 가운데 한 명이 헤겔이며, 그의 《미학강의》는 특히 서양의 미 이론을 매우 방대하면서도 "체계적"으로 구축하여 전개하고 있다.

또한 헤겔은 미의 이념이 개별 예술들인 건축, 조각, 음악, 회화, 시문학 등에서 어떻게 표현되고 발전되어 왔는지에 대해서 서양의 다른 어떤 예술이론가보다도 더 광범위하게 총괄적으로 다루고 있다. 따라서 이것은 특히 그러한 예술 분야에 관련된 분들이라면 실무적이든 이론적이든 누구나 한번은 꼭 읽어볼 필요가 있는 저서이다.

사실 미학 이론은, 서양에서는 거슬러 올라가 이미 플라톤에서부터 본격적으로 시작되었으며, 특히 근대 이후로는 예술에 관해서 매우 체계적인 이론으로 발전되었다. 우리나라에서도 1970년대 이후에 각종 예술분야가 활발해짐에 따라 체계화된 서양의 미학을 받아들여 연구하려는 움직임이 일어났고 미학이론서들이 속속 들어와 소개되었다. 그러나 그러한 이론서들은 체계적인 번역을 통한 정확한 연구분석과 비판이 결여된 채 단편적인 소개에 그쳤거나, 미학 역사의 정확한 흐름을 놓친 채 수많은 이론들을 혼란스럽게 나열하는 데 그친 감이 없지 않았다. 그것은 우리의 문화와 예술 자체가 과도기 속에 있었던 것도 한 원인이었겠지만 그보다는 서양의 미학사상을 비판 없이 무분별하게 수용하고 모방하려는 사고가 지배적이었기 때문이었다. 그러나 이제는 우리의 문화도 성숙기에 들어섰으므로, 서양 미학이론의 흐름을 서둘러 무차별적으로 받아들이기보다는, 기존에 받아들인 미학을 다시 정확히 알고 비판하여 거르는 작업이 필요하다고 나는 생각했다. 그러던 중에 헤겔의 저서 《미학강의》를 접하고 이를 연구하면서, 이 책 전체를 완역 출간하는 계획을 세우게 되었다. 헤겔의 미학이론은 이미 우리나라에 부분적으로 소개되기는 했으나 역자가 처음으로 완역판을 출간하게 되었다.

대학에서 미학을 강의하던 1820년 무렵의 헤겔

　독일의 철학자로서 오늘날까지도 그 광대하고 심오한 철학체계로 인해 독일철학뿐만이 아니라 서양철학의 정상을 지키고 있는 게오르그 빌헬름 프리드리히 헤겔(Georg Wilhelm Friedrich Hegel, 1770~1831)은 독일철학에서 관념주의 또는 이상주의(理想主義, Idealismus)라는 철학의 "체계(體系)"를 완성시켰고, 법철학, 종교철학, 정신현상학, 역사철학, 예술철학 등 다방면에서 다른 어떤 서양철학자보다도 방대하게 자신의 저술을 남긴 사람이다. 다시 말해서 헤겔 이전까지의 서양철학은 헤겔에 이르러 일단 완성의 경지에 이르렀고, 헤겔 이후의 서양철학은 그의 이론을 수많은 사상가들이 조금씩 달리 수용하거나 변화시켜간 과정이었다고 봐도 과언이 아니다. 훗날 그의 이론에 영향을 받은 철학자들은 니체, 마르크스, 루카치, 사르트르 등 셀 수 없이 많았다. 헤겔의 미학이론에 대한 저서는 그의 이상주의 철학의 완성 단계에서도 비교적 늦게 저술된 것으로서 그 분량 또한 그의 다른 어떤 철학이론보다도 방대하다. 헤겔은 독일의 여러 대학에서 철학을 강의하던 시기에 다른 한편으로 미학에 관심을 갖고 연구하면서 〈미학 또는 예술철학(Ästhetik oder Philosophie der Kunst)〉이라는 주제로 하이델베르크 대학에서 두 차례(각각 1817년과 1818년), 베를린 대학에서 네 차례(각각 1820~1821년, 1823년, 1826년, 1828~1829년) 강의했는데, 이 강의록은 헤겔의 사후 그의 제자인 하인리히 구스타프 호토(Heinrich Gustav Hotho)가 1835년에서 1838년 사이에 정리해서 《미학 강의(Vorlesungen über die Ästhetik)》라는 제목으로 출판한 것이다.

헤겔이 살았던 18세기 후반에서 19세기 초반은 유럽 역사에서 산업혁명, 프랑스혁명, 미국의 독립, 나폴레옹 전쟁, 나폴레옹의 집권과 독일제국의 몰락, 그리고 다시 나폴레옹의 몰락과 독일의 해방 등, 엄청난 역사적 사건들이 이어진 격동의 시대였다. 헤겔은 1770년 8월 27일, 독일 남부 뷔르템베르크 공국의 수도인 슈투트가르트(Stuttgart)에서 태어났다. 소년 시절에 특히 고대 그리스의 비극에 흥미를 가졌던 그는 그로 인해서 일생 동안 지속적으로 그리스정신에 대한 관심을 가졌고, 이는 훗날 그의 철학사상, 그 중에서도 특히 미학 사상의 형성에 큰 영향을 주었다. 고대 그리스 정신에 대한 예찬은 본 《미학 강의》 내에서 절정(絶頂)을 이룬다.

헤겔은 1788년에 튀빙겐 신학 대학에 입학하여 1793년까지 약 5년 동안 학업을 쌓았다. 여기서 그는 주로 기독교의 역사연구에 전념하였다. 그리고 당시 유럽에 널리 퍼져 있던 기독교를 비판하고 대신 고대 그리스의 종교가 이상적이라고 보았을 정도로 그리스 정신에 심취해 있었다. 학업을 마친 후에 그는 종교계로 진출하지 않고 가정교사 일을 하면서 당시에 큰 반향을 일으킨 칸트(Kant) 철학에 몰두하였다. 그리고 이곳에서 그는 같은 대학에서 공부하던 횔더린(Hölderlin, 1770~1843), 셸링(Schelling, 1775~1854)과 깊은 교제를 가졌다. 이 두 사람은 나중에 각각 독일 고전주의의 불멸의 시인과 독일 낭만주의 철학자가 되며, 헤겔은 이 두 사람으로부터 그의 사상을 발전시키는 데 큰 영향을 받았다. 헤겔이 대학 2학년이었던 1789년에 프랑스혁명이 일어났다.

대학을 졸업한 후 1801년에 그는 독일 동부에 있는 문화도시인 예나(Jena) 대학교에서 강의를 맡으면서, 철학자인 셸링과 다시 친밀한 관계를 맺게 되었고, 1802년에는 그와 공동으로《철학 비평(Kritische Journal der Philosophie)》을 간행하기도 했다.

1806년 가을에 나폴레옹 군대가 독일을 침공, 예나를 점령하여 이 도시에 개선행진을 하며 지나갔을 때 이 광경을 본 헤겔의 마음속에는 나폴레옹이라는 침략자에 대한 적개심과 그의 영웅적 행적에 대한 경탄의 감정이 미묘하게 뒤섞였겠지만, 그는 나폴레옹에게서 "세계정신"이 구현된 것으로 볼 정도로 그의 사상은 이미 '정신(精神)'과 '이성(理性)'이라는 주제에 심취해 있었다. 그리고 그는 이를 사상적으로 심화시켜 이듬해인 1807년에 대작《정신 현상학(Phänomenologie des Geistes)》을 출판했다.

이후에 그는 뉘른베르크 김나지움의 교장으로 재직하면서 두 번째 주요 저서인《논리학(Wissenschaft der Logik)》을 발표하였다. 1816년에 하이델베르크 대학 철학과 정교수가 되자, 이때부터 그는 논리학과 형이상학, 법(法)에 관한 강의와 더불어서 미학(美學)에 대해서도 강의하기 시작하였다. 그리고 1817년에 그는 그의 세 번째 주저인《철학집성(Enzyklopädie der Philosophischen Wissenschaft im Grundriss)》을 출판하였다. 논리학과 자연철학, 정신철학의 세 부분으로 나뉘어진 이 저서는 이미 그의 철학사상의 규모가 점차 방대해짐을 보여주는 것이었다. 그 후 1818년에 작고한 철학자 피히테(Fichte)의 후임으로 베를린 대학 교수로 옮겨간 헤겔은 여기에서 그의 강의 과목 범위를 더욱 넓혀갔다. 그는 주요 강의인 자연철학, 종교철학,

법철학 외에도 미학에 대한 강의도 본격적으로 하게 되었다.

특히 1823년에서 1826년 사이는 헤겔의 사상적 활동이 절정에 달했던 시기인 만큼 이《미학강의》의 내용도 그 깊이와 광범위함의 측면에서 후세의 독자인 우리들을 놀라게 하기에 충분하다. 헤겔의 다른 철학체계도 역시 그러하지만 미학에 대한 그의 사상이 정립되기까지는 당시 독일의 철학과 문학을 위시한 예술계의 동향이 지대한 영향을 끼쳤다. 그 당시 독일의 문학과 예술의 풍토를 보면, 한때 문호 괴테(Goethe)와 실러(Schiller)가 주도한 고대 그리스의 신화와 예술을 이상(理想)으로 삼은 고전주의가 지배적이었다가, 괴테의 사후 시인 노발리스(Novalis) 등을 위시로 하는 낭만주의의 세력이 팽배해져 있었다. 낭만주의는 사실 고대 그리스 문화를 인류문화의 최고로 보는 고전주의에 반박하고 나서면서, 유럽의 중세 이래 전해 내려온 기독교적 전통을 바탕으로 분리된 예술과 세계의 합일점을 다시 되찾자는 기치에서 나온 것으로서 특히 셸링의 철학이론의 뒷받침이 되어 있었다. 헤겔과 셸링의 관계는 개인적 교류를 넘어서서 참으로 미묘하게 뒤얽혀 있다. 셸링도 역시 튀빙겐 대학에서 신학과 철학을 공부하였고 프랑스혁명에 대하여 헤겔과 비슷하게 열광적으로 공감하였으며 처음에는 헤겔과 비슷한 사상을 가졌으나, 그의 사상은 후에 점차 유미주의적(唯美主義的)이고 낭만주의적인 색채를 띠었고, 나중에는 종교적이고 신비주의적인 방향으로 바뀌어 갔다.

셸링은 그의《예술철학(Philosophie der Kunst)》에서 한 시대의 문화는 천재적인 개인이 고안한 것에 의해서 모든 것에 공통되는 신화로 용해되며, 그때 그 천재가 만들어낸 것은 의도적으로 그 시대의 원형(原形)으로 추구된다고 보았다. 그는 "고대 그리스의 서사시인 호메로스의 문학은 시, 역사, 철학 등의 공통의 뿌리로서 존재한다. 시

(Poesie)에 있어 신화(神話)는 근원적인 소재이다"라고 말했다. 즉 그는 헤겔처럼 주관과 객관을 이원론적으로 분리시키기보다는, 이의 무차별적인 동일성을 절대적인 것으로 간주했고 그 절대성은 천재성에 의해서 드러난다고 보았다. 그래서 철학도 예술에 와서야 비로소 그 정점에 이른다는 것이었다.

그러나 이러한 이론의 배경으로 일어난 독일의 낭만주의적 문화풍토는 당시에 동시대인이던 철학자 헤겔로 하여금 우려를 낳게 하여 드디어 그로 하여금 자기 본연의 영역인 철학을 넘어서서 미학으로까지 손을 뻗치게 하는 동기가 되었다. 즉 헤겔은 셸링 등이 주축으로 하여 일으킨 낭만주의 이론이 독일 내에서 철학이론으로 기반을 굳혀가는 것에 대해 우려와 반감을 느끼고, 이에 대한 반박 이론을 정립하기 위하여 당대에 이르기까지의 많은 문학작품을 직접 읽고 예술작품들을 연구함으로써 자기 자신의 독자적인 미학체계를 세우고 이를 변호하기에 이르렀다. 그러나 아이러니컬하게도 두 사람의 관계는 더욱 미묘하게 얽혔으니, 셸링은 1798년 이래 예나 대학 등의 교수직을 역임하고 헤겔의 사후(1831년)에 그의 후임으로 베를린 대학 교수가 되었다. 그리고 그는 오히려 헤겔이 평생에 걸쳐 구축한 '이성(理性)'과 '체계'를 깨뜨리는 역할을 하였고, 당시 독일의 고전주의를 넘어서서 확산되었던 낭만주의 이론을 구축하는 사상가들 가운데 한 명이 되었다.

헤겔의 《미학강의》는 모두 3부로 구성되어 있다. 제1부의 제목은 "예술미의 이념 또는 이상(理想)", 제2부는 "여러 특수한 예술미의 형식으로 발전하는 이상", 제3부는 "개별 예술들의 체계"이다. 그는 특히 제1부의 서문에서 미학을 예술철학으로 보는 자신의 입장을 상세하게 전개하고 있는데, 자신의 미학 이론은 전반적으로 자연의 미(美)가 아닌 예술의 미(das Schöne in der Kunst)를 다루고 있음을 처음부터 규명하고 있다. 즉 예술미는 자연미보다 우월한데 그 이유는 예술미가 '정신의 소산(所産)'이기 때문이라는 것이다. 따라서 정신의 소산인 예술 역시 사유적인 철학의 고찰 대상이 된다는 것이다. 바로 이것이 그가 예술을 철학적으로 고찰하고자 내세운 이유이다. 그렇다면 현상(現象)된 예술은 무엇인가? 그것은 한낱 가상(假象)에 불과한 것일까? 헤겔은 그렇지 않다고 말한다. 일반적인 현실과는 다르게 예술적으로 현상된 것은 참된 현존성을 지녀야 한다는 것이다. 따라서 헤겔의 생각으로 예술의 목표는 고대 그리스의 플라톤을 위시로 한 철학자들이 말했던 것처럼 단순한 모방이 아니라, 인간의 심정을 더욱 완성으로 향하게 하는 것이다. 하지만 그는 그렇다고 해서 예술이 추상적인 도덕 원칙의 장식물이 되어서는 안 된다고 본다. 예술은 그 개념상 진리를 조형적이고 구체적인 실제의 모습으로 드러내는 것이므로 그것은 '감각적인 것과 순수한 사유의 중간에' 서 있다는 것이다. 헤겔은 이와 같은 논제를 내세움으로써 당시 독일의 사상계와 문학계의 주류를 이루고 있던 칸트의 도덕률이라든가, 실러의 미적 교육이론이 지닌 도덕성, 괴테가 옹호한 고전주의적 문학의 한계, 그리고 그 뒤를 이어 나타난 셸링 등 낭만주의자들의 영향과 한계에서 벗어나 자신의 독자적인 예술철학(미학)을 그의 다른 법철학, 정신현상학, 역사철학, 사회철학 등과 마찬가지로 광대한 체계 속에서 정립하고자 심혈을 기울였다.

헤겔에 의하면 예술은 절대이념(die absolute Idee)으로부터 나오는 것이다. 그러므로 예술의 사명은 절대적인 것, 즉 '이상(理想)'을 감각적으로 표현하는 것이다. 그는 이 입장에서 출발하여 서양의 미학을 그 역사적인 발전과정을 통해서 고찰하고 있으며, 또한 거기에서 나타나는 여러 예술 형식과 양식 등도 같이 설명하고 있다. 그는 제1부에서 미학을 철학적으로 고찰하고 그 이론을 정립한 후, 제2부에서는 예술은 이념과 형상이 서로 일치할 때 이상적으로 드러난다고 보고, 또 예술도 역시 인간 역사와 마찬가지로 역사적인 변증법적 발전단계를 거치고 있다면서 그 단계를 다음과 같이 세 가지로 나누고 있다.

그 첫 번째는 상징적 예술(symbolische Kunst)의 단계이다. 상징적 예술이 생성되고 이행되었던 곳은 고대의 동방(東邦)이었다. 그러나 헤겔에 의하면 이 단계의 예술은 불안정하고 절제성이 결여되어 있어서 아직 참된 예술이 되지는 못했다고 한다. 이 상징적 예술은 숭고한 성격을 지니고 있기는 하나 그 내용은 주로 동방의 다신교에서 볼 수 있는 거인이나 거상(巨像), 수백 개의 팔과 눈을 지닌 형상들에서처럼 추상적이고 모호하며 그 자체로 진실한 특성을 지니고 있지는 않다는 것이다.

그 다음에 나타난 두 번째 단계가 고전적 예술(klassische Kunst)이다. 고전적 예술은 이념과 형상이 자유롭게 조화를 이루면서 거기에서 참된 내용이 참된 형태로 드러난다. 즉, 그 가장 완벽한 형상은 우리 인간의 외모에서 찾아볼 수 있으므로, 여기에서는 상징예술에서 보였던 동물이나 자연의 위력에 대한 숭배가 지양되고 인간의 모습을 띤 새로운 신들(제우스를 중심으로 하는 올림포스 신들)이 예술대상이 된다. 인간의 형상이 가장 진리에 맞게 드러난 것은 고대 그리스인들이 만들어낸 신들의 조각상에서였다. 이때 예술은 그 가장 고유하고 독창적이면서도 진실한 모습을 유지할 수 있었다. 고대 동양의 예술이 그저 감각적인 것이었다면 이는 서양에서, 특히 고대 그리스의 예술과 신화가 상징적 예술을 통합한 단계에서 완성을 보였다.

세 번째는 낭만적 예술(romantische Kunst)의 단계이다. 헤겔은 여기에서 낭만적 예술 속에 고대 그리스 예술형식에서 떠난 중세, 르네상스, 바로크, 고전주의, 낭만주의 시대를 모두 포함시키고 있다. 낭만적 예술의 형식에서는 이념이 형상을 압도하기 때문에 주관과 외면적 형상이 균형을 이루지 못하고 다시 분리되면서 정신은 자신의 내면 속으로 되돌아가 더 심오한 것을 찾으려고 하므로, 이 단계에서 정신과 예술의 외면적 형상은 서로 일치하지 못한다. 그리하여 낭만적 예술에서는 고전적 예술에서 보여주었던 이념과 형상의 일치, 그리고 예술의 독자성이 점차 사라지고, 다른 한편으로 기독교의 영향으로 내면화되면서 진리는 감각적 현상에서 다시 분리되고 예술은 다시 종교의 단계로 넘어간다. 따라서 헤겔은 이 낭만적 예술을 예술의 최후 단계로 보고 있다.

마지막으로 제3부에서 헤겔은 위의 각 단계의 예술형식에 해당하는 주요 장르와 그에 따르는 특성들을 다시금 자세히 규명하고 있다. 상징적 예술형식에 해당되는 예술로는 건축을 들 수 있고, 고전적 예술형식에 해당되는 예술로는 조각을, 그리고 낭만적 예술형식에 해당되는 것으로는 회화, 음악, 시문학 등을 들 수 있다는 것이다. 그 가운데서도 결국 예술이 도달할 수 있는 최고의 단계를 그는 시문학으로 본다. 왜냐하면 시문학이야말로 정신이 그 진리성(眞理性)을 가장 '심오하게' 드러낼 수 있기 때문이라는 것이다. 이 각각의 예술형식들의 개념과 그에 속하는 장르들, 특성들, 차이들, 발전단계들을 서술하는데 있어 그의 철학과 문학, 예술 전반에 관한 지식은 해박하고 구체적이고 상세하여 가히 놀랄만하다.

헤겔 자신은 예술사를 그가 구축한 역사철학적 체계의 시각에서 고찰하고자 했다. 즉 예술사는 정신이 상징적, 고전적, 낭만적 예술의 단계를 거치는 가운데 미(美)가 실현되고 다시 해체되는 변증법적인 과정 그 자체라는 것이다. 그리고 이 변증법적 단계를 거치면서 예술의 여러 장르에도 우열이 가려지는데, 그 중 가장 낮은 단계의 예술이 건축이고, 그 다음이 조각, 그리고 음악, 회화, 시문학의 순서로서 시문학이 예술의 최고 장르라고 규명하고 있다. 그 이유는 시문학이야말로 스스로 자유로우며 감각적인 외적 질료에 매이지 않고 오직 정신과 표상과 감정의 내적인 공간성과 시간성 속에서 실현되는 정신적이고 보편적인 예술이어서 정신이 그 진리를 가장 '심오하게' 드러낼 수 있는 예술이기 때문이라는 것이다. 헤겔은 그 중에서도 예를 들어 고대 그리스 호메로스의 서사시 《일리아스》와 《오디세이아》를 최고의 정점에 달한 예술로 보고 있다. 이와 같은 헤겔의 미학 구상 자체는 사실 그 시대의 문학사적인 흐름의 반영이라고 볼 수 있다. 그는 하이델베르크에 체류하던 시절에 당시 독일 고전주의의 영향을 받아 한때 고대 그리스 로마의 신화와 예술에 관한 저서를 많이 읽었고 괴테의 작품들에도 심취했었다. 때문에 《미학강의》에는 그리스 신화에 나오는 수많은 신들이나 영웅들의 이름과 괴테나 실러를 비롯한 수많은 시인, 예술가들과 그들의 작품들이 언급되고 있다. 물론 헤겔도 고대 그리스 신화를 최고의 예술형태로 보았다. 그러나 그가 마찬가지로 고대 신화를 옹호한 셸링을 반박하고 나선 것은, 셸링이 한 시대의 문화는 천재적인 개인이 고안한 것으로서 모든 것에 공통되는 신화로 용해되며, 그때 그 천재가 만들어낸 것은 의도적으로 그 시대의 원형(原形)이 된다고 본 점을 받아들일 수 없었기 때문이었다. 헤겔은 오늘날의 신화는 고대나 중세 기독교시대에 했던 것과는 역할과 기능이 다르다고 주장한다. 헤겔이 볼 때 셸링의 이론은 비역사적인 것으로 비판되어야 하는 것이었다. 물론 헤겔도 역시 예술작품은 천재의 소산이기는 해도 모든 사람들에게 속하는 것이며, 한 민족과 국가의 정신은 작품으로 드러나야 한다고 보았다. 그러나 셸링이 현대에도 예술을 통해서 하나의 국가를 굳건히 할 수 있으며, 고대 그리스의 도시국가에서처럼 예술을 부흥시킴으로써 조국을 새로이 부흥시켜야 한다고 열렬히 요청한 반면에, 헤겔은 이를 비판적인 시각으로 보았다. 그는 국가와는 달리 예술은 그러한 가능성이 제한적으로밖에는 실현되지 않는다고 생각했다. 헤겔에게 물론 예술의 자율성은 중요한 것이기는 하지만, 그보다도 예술은 그 시대의 문화를 뚜렷하고 생생하게 우리의 눈앞에 드러내주는 것으로서 역사와 문화의 구성적인 계기로 파악된다는 것이었다. 헤겔은 고대 그리스에서는 역사와 세계가 일치하였으나 점차 현대로 오면서 그 차이가 벌어졌다고 보고 있다. 그리하여 현대에 와서는 예술조차도 만일 철학적 반성이 없다면 역사적 진실을 매개하는 권리를 제대로 지탱할 수 없다는 것이다. 따라서 현대세계는 철학 또는 예술철학의 시대일 뿐 그 안에서 예술은 부분적 의미밖에는 지니지 못한다고 한다. 그럼에도 불구하고 예술은 본질적인 방향을 제시한다. 결국 셸링이 요청하는 예술과 세계의 일치상태는 헤겔이 볼 때에 고대 그리스의 세계에서는 가능했지만 현대에는 그와 유사한 상태를 유지하는 것도 불가능하다. 그런 의미에서 볼 때 예술은 과거지사(過去之事)라는 것이다. 이는 당시 현실을 잊고 예술에 침잠하려던 비현실적인 독일 낭만주의 사조의 팽배해 가는 영향력을 타파하려던 헤겔의 기본구상이었다. 그러므로 헤겔은 이 과거의 예술을 마치 자기 나라의 미래를 예시하는 예술로서 제시하거나 현대의 예술매체, 즉 연극이나 시문학을 통해서 다시 활성화하는 것은 시대에 맞지 않는다고 보았다. 그리하여 과거와는 달리 "예술은 우리에게 그 참된 진리와 생동성을 보여주는 역할을 상실했다"는 그의 말은 후세에 와서 비평가들의 관심을 가장 많이 끌었고 또 가장 많이 논란의 대상이 된 부분이며, 예술의 종말이라는 논제의 기초가 되기도 했다. 이처럼 헤겔은 예술의 한계성을 언급하면서도 예술을 철학적으로 규명해 보려는 자신의 원대한 구상에는 전혀 방해를 받지 않았다. 헤겔의 공적은 일단 과거 서구의 예술에서부터 자신의 시대에까지 이르는 모든 미학이론을 자신의 변증법적 철학체계로 방대하게 고찰하고 이를 이념적으로 규명하려고 시도한 데 있었다.

그러나 헤겔의 이 미학사상은 몇 가지 문제점을 안고 있다.

첫째, 헤겔은 절대정신의 영역을 예술, 종교, 철학의 세 단계로 나누고 거기에서 예술을 최하위의 단계로 놓으면서, 사실은—적어도 현대에 와서의—예술의 독자성을 인정하지 않고 있는 점이다. 또한 예술형식과 장르들을 역사적 발전이라는 도식 속에서 너무 의도적으로 구분하면서 그들 사이에도 우열을 가리고 있다. 이것은 예술을 철학이나 종교와 똑같이 독자적으로 무한적인 것을 향해 나아가고자 하는 인간의 다양한 욕구를 규명하는 데 과연 충분할까? 즉 건축이나 조각, 회화, 음악, 서사시 등은 어느 시대를 막론하고 그것이 표현하는 형식과 내용, 그 방식이 각각 독자적이고 다른 것이지 꼭 시대성 속에서 그 우열을 가려야 하는가 라는 점이다. 그리고 예술 자체의 종말을 고한 헤겔로부터 이미 200년 가까이 된 지금 시문학의 측면에서 볼 때에도 서사시가 아닌 산문, 그것도 소설이 사실은 서사시를 능가하는 장르로 꼽히고 있는 점을 볼 때, 우리가 꼭 헤겔의 관점에서만 머물러 시문학의 장르를 고찰해야 할까라는 의문이 든다.

둘째, 헤겔은 그가 살았던 당시 독일 고전주의가 추구했던 서양의 고대 그리스 문화를 중심으로 한 이상주의의 정점에 서서 세계 예술 전체를 고찰하고 있다. 그가 이상적인 올림포스의 정상에 발을 딛고 서 고전적 예술의 시각에서 세계의 예술을 바라볼 때, 예술은 동양에서는 그저 상징적인 것, 추상적인 것에 머무르는 것 이상으로 발전하지 못한 것이었고, 반면에 서양의 예술은 이성과 진리가 가장 이상적인 미로서 현실로 드러난 것이었다. 즉 우리가 헤겔의 미학사상 전체를 통해 볼 수 있는 것은 그가 동양이나 인도, 페르시아의 종교 및 예술과 대조적으로 서양, 그것도 고대 그리스의 예술을 최고이자 절대정신의 직접적인 표현으로 인식하려고 매우 심혈을 기울이고 있다는 점이다. 예를 들어 그는 중국인, 인도인, 이집트인들의 신화적 표상 내지 예술작품들의 형식이 불완전한 것은 내용이 불완전하기 때문에 나왔다고 말한다. 즉 그것들이 드러내는 것이 절대적인 내용이 아니어서 그 형태는 조악한 형태나 신의 형상 또는 우상들에 머물렀고, 진정한 미를 소유하지 못했다는 것이다.

그러나 이《미학강의》를 읽는 동안 독자, 특히 우리 한국의 독자는 헤겔의 미학적인 사유대상이 과연 정말 광범위하고 보편적인 것이었는지에 대해 객관적으로 냉철히 고찰해 보아야 할 것이다. 즉 자세히 살펴보면 우리는 헤겔의 미적 고찰 대상들은 역시 경험적인 현실, 다시 말해서 헤겔 자신이 속해 있던 당대의 문화적 전통 및 주위세계에 의해 영향을 받고 있었음을 간과해서는 안 된다. 헤겔이 알고 있었던 세계는 고대 이집트와 그리스, 로마를 중심으로 하는 세계였으며, 그러한 시각에서 볼 때 인도, 아랍, 중국 등은 주변의 세계로 밀려나 부차적으로 고찰되는 위치를 벗어나지 못하고 서구문화와 예술의 관점에서 철저히 경시되고 있음을 간과해서도 안 된다. 그러므로 우리는 헤겔의 동양문화와 동양종교, 철학에 대한 지식과 비판이 과연 전적으로 타당한 것인지에 대해서도 우리의 관점에서 좀 더 냉정히 분석하고 비판해야 할 것이다. 만약에 예술이 헤겔이 고찰한 방식대로의 역사적 변천을 겪어왔다면 과연 현재 동양의 예술이 보이는 모습은 당시 헤겔이 생각한 것과 같은 모습일까? 그의 예술 철학적 사유의 정초는 과연 타당한 것일까? 나는 이 미학 전편을 읽는 동안 한편으로 그의 논리성에 매혹 당하면서도 다른 한편으로 철학자가 아닌 문학가로서 솟아오르는 여러 가지 의혹들을 지울 수는 없었다. 그것은 어쩌면 내가 헤겔의 사상을 큰 거부감 없이 수용할 수 있는 서양인이 아닌 동양인이기 때문에 가질 수 있는 의혹일지도 모르며, 그것은 정당하기까지 한 것이다. 따라서 역자가 이 《미학강의》를 번역한 이유는 독자로 하여금 이를 단지 수동적으로 감탄하고 수용하도록 하려는 목적에서가 아니다. 역자는 이 책이 다음과 같은 두 가지 관점에서 독자 여러분에게 흥미를 줄 것으로 기대하고 있다. 첫째, 헤겔이 서양미학의 체계를 일단 최고의 위치로 완성시켜 놓는 과정에서 그가 다른 논리학이나 역사철학에서 세워놓은 변증법의 체계가 미학에서는 어떤 식으로 전개되는가 하는 점이며, 둘째, 이 미학을 읽음으로써 앞으로 서양미학을 극복하여 동양미학을 구축하려고 노력하는 사람들에게 도움이 되리라는 점이다. 말하자면 서양 이상주의(관념주의) 미학의 최고봉을 이룩한 헤겔의 사상을 정확하게 읽고, 그 체계 속에서 우리가 지금까지 모르고 있던 관점들을 다시 찾아내서 분석하고, 만약에 허점이 있다면 이를 비판할 수 있게 하기 위해서이며, 또 필요한 경우에는 그의 사상을 극복하여 앞으로 동양, 그것도 우리에게 맞는 미학이론의 체계를 헤겔의 미학체계만큼 심오하고 방대하게 펼칠 수 있는 힘을 얻게 하려는 것이 역자의 바람이다. 일단 이 저서를 읽고 나면 헤겔에게서 서양의 이상주의적 관념론이 어떤 의미와 어떤 형식에서 그 극치에 달했었고, 그 이후의 후계자들이 그를 어떻게 수용하고 또 그에게서 떨어져 나가 반기를 들었었는지, 그리고 오늘날에 와서 언뜻 보기에 헤겔의 이념에서 완전히 멀어진 듯이 보이는 서양의 다른 사상가들이나 예술가들이 어떤 관점에서 그렇게 보이는지 우리는 좀 더 구체적으로 파악할 수 있을 것이다. 특히 헤겔의 사상에 지대한 영향을 받은 마르크스나 루카치—이들의 미학사상에 대해 특히 우리나라에서 근래에 관심이 큰 만큼—등의 미학사상 실체를 더 확실하게 재검토할 수 있을 것이다.

역자는 우리의 이러한 다각적 관심사와 사명을 의식하면서 이 《미학강의》 제1부, 제2부, 제3부를 완역 출간하게 되었다.

역자는 독자 여러분이 이 책을 읽어가면서 더 쉽게 이해할 수 있도록 돕고자 나름대로 가능하면 곳곳에 주석을 다는 데 많은 힘을 기울였으며, 원서에는 없는 그림이나 삽화들을 역자의 판단에 따라 수집 정리하여 함께 실었다. 지난 1996년에 역자는 이 책을 《헤겔 미학》이라는 제목 하에 처음 출판한 이후로 10여년 만에 다시 개정판을 내게 되었으며, 초판에서보다 번역 문장들을 더욱 다듬고 개념들도 재정리한 한편, 역주(譯註)들도 더 꼼꼼히 살펴 보충 첨가했으며 참고 그림들도 더 실었다.

또한 책의 제목도 원서 제목인 《미학강의(Vorlesungen über die Ästhetik)》로 바꾸었고, 본문 안에서 저자가 강조한 단어들은 원문대로 살려서 이탤릭체로 바꾸어 표기하였다.

역자는 철학자 헤겔이 자신의 미학체계를 세운 지도 어느덧 200년 가까이 된 오늘날 우리말로 번역된 이 책을 바탕으로 독자여러분께서 헤겔의 미학사상을 편견 없이 바르게 이해하고 우리의 시각에서 새로이 비판하며 이렇게 미에 대해 축적된 지식들을 바탕으로 우리 자신의 예술철학을 정립할 수 있는 날이 속히 오기를 진심으로 바란다.

2010년 봄
두행숙

역자의 말 • 4

제2부 예술미의 여러 특수한 형식들로 발전하는 이상(理想)

서문(序文) • 29

제1편 상징적 예술형식 • 33

서론:상징 일반에 대해서 • 35
분류 • 52
    1. 무의식적인 상징표현 • 58
    2. 상징적으로 표현되는 숭고함 • 60
    3. 비유적인 예술형식이 지닌 의식적인 상징표현 • 62

제1장 무의식적인 상징표현 • 65

    A. 의미와 형상의 직접적인 일치 • 66
        1. 조로아스터교 • 68
        2. 조로아스터교가 지닌 비상징적인 유형 • 74
        3. 조로아스터교의 비예술적인 이해와 표현 • 78

    B. 환상적인 상징표현 • 83
        1. 인도인들이 이해하는 브라만 • 86
        2. 인도인의 상상력에 깃든 감각성, 무절제함, 의인화(擬人化) 행위 • 88
        3. 정화(淨化)와 속죄에 대한 직관 • 109

    C. 원래의 상징표현 • 111

1. 이집트인의 직관과 사자(死者)를 표현한 피라미드 · 122
　　2. 동물숭배와 동물 가면(假面) · 125
　　3. 완벽한 상징표현인 멤논, 이시스, 오시리스, 스핑크스 · 127

제2장 상징적으로 표현되는 숭고함 · 136

A. 예술 속에 들어 있는 범신론 · 140
　　1. 인도의 시문학 · 142
　　2. 마호메트교의 시문학 · 146
　　3. 기독교의 신비주의 · 154

B. 숭고함의 예술 · 155
　　1. 세계의 창조주이자 주인으로서의 신 · 158
　　2. 신성이 박탈된 유한한 세계 · 160
　　3. 인간이라는 개체 · 162

제3장 비유적인 예술형식 속에 들어 있는 의식적인 상징표현

A. 외적인 것에서 시작되는 비유들 · 171
　　1. 우화(寓話) · 173
　　2. 비유담(比喩談), 속담, 교훈적인 이야기 · 186
　　　　a. 비유담 · 186
　　　　b. 속담 · 192
　　　　c. 교훈적인 이야기 · 192
　　3. 변형 · 193

B. 비유적으로 표현할 때 의미에서 시작되는 비유들 · 197
　　1. 수수께끼 · 200

2. 알레고리 · 202
3. 은유, 이미지, 비유 · 208
    a. 은유 · 209
    b. 이미지 · 219
    c. 비유 · 222

C. 상징적 예술형식의 소멸 · 241
1. 교훈시 · 243
2. 서술적인 시(詩) · 245
3. 고대의 경구(警句) · 245

제2편 고전적 예술형식 · 251

서론:고전적인 것 일반에 관해서 · 253
1. 정신과 정신의 자연형태가 스며든 고전적인 것의 독자성 · 259
2. 고전적인 이상이 현실적인 존재로 드러난 그리스 예술 · 266
3. 고전적 예술형식 속에서 창조해내는 예술가의 위상 · 268

분류 · 272

제1장 고전적 예술형식이 형태화되는 과정 · 276

1. 동물적인 것의 위상(位相) 하락 · 279
    a. 동물의 희생 · 280
    b. 동물 사냥 · 282
    c. 변형 · 283
2. 옛 신들과 새로운 신들의 투쟁 · 294
    a. 신탁 · 298
    b. 새로운 신들과 구별되는 옛 신들 · 302
    c. 옛 신들에 대한 승리 · 316

3. 부정적으로 설정된 요소들의 긍정적인 보존 · 321
    a. 비교(秘敎) · 322
    b. 예술 표현 속에서 보존되는 옛 신들 · 325
    c. 새로운 신들이 지닌 자연적인 기반 · 328

제2장 고전적 예술형식의 이상(理想) · 337

1. 고전적 예술형식 일반이 지닌 이상 · 338
    a. 예술의 자유로운 창조에서 산출되는 이상 · 339
    b. 고전적인 이상인 새로운 신들 · 346
    c. 외적인 표현방식 · 353
2. 특수한 신들의 영역 · 354
    a. 다양한 신들의 개체 · 355
    b. 체계적인 분류의 결핍 · 355
    c. 신들의 영역이 지니고 있는 기본 성격 · 357
3. 신들 각각의 개성 · 360
    a. 개성화를 위한 소재 · 361
    b. 윤리적인 바탕의 보존 · 375
    c. 우아함과 매력으로의 이행(移行) · 377

제3장 고전적 예술형식의 해체 · 379

1. 운 명 · 379
2. 신들이 인간화됨으로써 야기되는 신들의 해체 · 381
    a. 내적인 주관성의 결여 · 382
    b. 기독교적인 것으로의 이행이 새로운 예술의 대상이 되다 · 386
    c. 본래의 영역에서 해체되는 고전적인 예술 · 392
3. 풍자(Satire) · 395
    a. 고전적인 예술의 해체와 상징적인 예술의 해체의 차이 · 396
    b. 풍자 · 396
    c. 풍자의 고향이었던 고대 로마 세계 · 398

제3편 낭만적 예술형식 · 405

서론:낭만적인 것 일반에 대하여 · 407
    1. 내적인 주관성의 원리 · 408
    2. 낭만적인 것의 내용과 형식이 지닌 좀 더 상세한 요소들 · 410
    3. 낭만적인 표현방식과 그 내용의 관계 · 417
분류 · 422

제1장 낭만적인 예술의 종교적인 영역 · 424

    1. 그리스도의 구원사 · 429
        a. 외관상 보이는 예술의 불필요성 · 431
        b. 예술의 필연적인 등장 · 431
        c. 외적인 현상이 지니는 우연적인 개별성 · 432
    2. 종교적인 사랑 · 436
        a. 사랑이라는 절대자의 개념 · 437
        b. 심정 · 437
        c. 낭만적인 이상으로서의 사랑 · 438
    3. 공동체의 정신 · 442
        a. 순교자들 · 444
        b. 내면의 참회와 전향 · 450
        c. 기적과 전설 · 453

제2장 기사도 · 455

    1. 명예 · 463
        a. 명예의 개념 · 463
        b. 상처받기 쉬운 명예 · 467
        c. 명예의 회복 · 468

2. 사랑 · 469
   a. 사랑의 개념 · 470
   b. 사랑의 충돌 · 476
   c. 사랑의 우연성 · 479
3. 충성 · 482
   a. 충성스러운 봉사 · 483
   b. 충성 속에 들어 있는 주관적인 독자성 · 484
   c. 충성에서 나타나는 충돌 · 485

제3장 개인의 특수성에 깃든 형식적인 독자성 · 489

1. 개인의 성격이 지닌 독자성 · 493
   a. 성격의 형식적인 견고함 · 494
   b. 내적이지만 아직 완전히 형성되지 않은 총체성으로서의 성격 · 499
   c. 형식적인 성격을 내세울 때의 본질적인 관심 · 507
2. 모험성 · 509
   a. 목적과 충돌의 우연성 · 510
   b. 희극적으로 다루어지는 우연성 · 515
   c. 소설적인 것 · 521
3. 낭만적 예술형식의 해체 · 523
   a. 기존의 것을 주관적인 예술로 모방하는 일 · 526
   b. 주관적인 해학 · 535
   c. 낭만적 예술형식의 종말 · 538

찾아보기 · 559

일러두기

1. 본문의 원어 표기는 독일어판을 그대로 따랐으나, 독일 외 국가의 인명과 지명을 독일식으로 쓴 경우에는 해당 국가의 원어를 표기하고 국립국어원의 외래어표기에 따랐다.

2. 그리스식과 로마식으로 읽을 수 있는 이름의 경우, 같은 인물이라도 헤겔이 문장에서 사용한 그대로 번역했고, 혼동되는 경우에는 역자주를 따로 달았다.

3. 《변형》(오비디우스의 책제목)은 《변신이야기》로 번역되어 출판되어 있으나 역자의 뜻에 따라 《변형》으로 표기했다.

4. 단행본과 잡지·정기간행물, 소설·희곡의 제목은 《 》를, 논문이나 시·미술·음악의 제목은 〈 〉를 사용했다.

제2부
예술미의 여러 특수한 형식들로 발전하는 이상

HEGEL

서문(序文)

우리는 이 책의 제1부에서 예술의 이상인 미의 이념(理念, die Idee)이 현실에 어떻게 나타나는지에 관해서 고찰했다. 우리는 많은 지면을 할애하여 이상적인 예술작품의 개념에 대해서 서술하였다. 거기에서 유추된 모든 규정들은 대체로 이상적인 예술작품(das ideale Kunstwerk)에 관한 것이었다. 그러나 이념과 마찬가지로 미의 이념도 역시 본질적인 차이들의 총체로서, 이들은 서로 차이를 드러내면서 현실에 나타난다. 이런 차이들이야말로 전체적으로 이상의 개념 속에 들고 예술을 통해 현존재로 발전되어 드러나는 것, 즉 *예술의 특수한 형식들(die besonderen Formen der Kunst)*이라고 부를 수 있다. 그러나 우리는 이상의 다양한 종류들인 이러한 예술형식들(Kunstformen)에 대해서 이야기할 때, 그 '종류'라는 말을 마치 보편적인 종(種, Gattung)인 이상에 외부에서 특수한 것들이 접근해 와서 그 이상을 변형시키는 것인 뜻으로 이해해서는 안 된다. 여기서 종류라고 할 때 이는 다름 아닌 미의 이념과 예술 속에 깃든 이상 자체가 다양하고 구체적인 규정들로 드러난 것을 말한다. 따라서 여기에서 보편성의 표현은 외적으로 규정되지 않고 그 개념 자체 속에 이미 규정되어 있다. 그리하여 그 개념은 특수하게 형태화하는 여러 예술방식들의 총체성으로 퍼져나간다. 좀 더 자세히 보면 예술의 여러 형식들이란 미를 실현·전개시키는 것이다. 그 기원은 이념이 여러 형식들을 통해 표현되고 실재성을 얻게 된 데 있다. 이념은 그것이 추상적인 피규정성인 가 아니면 구체적 총체성인가에 따라 실제의 형상으로 드러나게 된다. 왜 냐하면 이념은 스스로의 활동에 의해 독자적으로(für sich selber) 발전해 갈 때 진정한 이념이 되고, 직접 현상하는 이상으로서 그 현상과 동일한 미의 이념이 되기 때문이다. 그리하여 이상이 전개될 때 특수한 단계마다 *내적인 피규정성*에 따라 직접적으로 *실제*의 형상(*reale* Gestaltung)이 나타난다. 그러 므로 이러한 발전과정은 바로 이념이 현존성을 띠는 가운데 동시에 갖는 내적 인 진행으로 볼 수 있다. 즉 이 양측면은 서로 직접적으로 관련되어 있다. 그러 므로 이념의 내용적 완성은 역시 완성된 형식으로서 드러난다. 즉 외적으로 드 러난 현상의 내적인 의미가 바로 이념이다. 이념은 현상 속에서 실재성을 갖는 다. 그러므로 거꾸로 볼 때 예술의 형식에 결함이 드러나게 되면 이는 동시에 이념이 결함이 있음을 뜻한다. 따라서 우리가 이 제2부에서 언급하고자 하 는 것은 참된 이상에 적합하지 못한 예술형식에 접하게 될 때 일반적으로 표현하려고 한 것을 제대로 표현하지 못하는 실패작인 예술작품에 대해서 가 아니다. 특수한 예술형식들에서 부여되는 특정한 형상은 이념 속에 들 어 있는 모든 각각의 내용에 적합한 것이어야 한다. 그러므로 예술작품이 결함이 있다든지 완벽하다든지 여부는 자각적(自覺的, für sich)으로 드러나 는 피규정성들이 이념에 참된 것이냐 그렇지 못하느냐에 달려 있다.

왜냐하면 참된 미적인 형태가 나오기 이전에 내용이 먼저 참되고 구체 적인 것이어야 하기 때문이다. 이 점과 관련해서 우리는 이미 앞서 제1부 에서 일반적으로 분류했던 예술의 세 가지 형식에 대해서 고찰하고자 한 다. 그 중 *첫 번째*는 상징적 예술형식(die symbolische Kunstform)이다. 이 형식 속에서는 이념이 아직도 참된 예술적 표현으로 나타나기 위해 *추구 해 가는* 과정에 있다. 왜냐하면 이 단계의 형식은 아직도 추상적이고 규정 되어 있지 않아서 적합한 현상을 띠지 못한 채 외적인 자연사물이나 인간사(人間事)와는 대립되는 형식으로 머물기 때문이다. 상징적 예술형식은 이제 그러한 대상성(對象性, die Gegenständlichkeit) 속에서 자신이 지니고 있는 추상들을 직접 예감하거나 또는 그 무규정적인 보편성을 구체적인 현존재 속에 억지로 주입해 넣는다. 그 때문에 생겨난 외적인 형상들은 모습이 왜곡되어 있거나 변형된 것이다. 그 이유는 상징적 예술형식은 그것들을 자의적(恣意的)으로만 포착할 수 있으므로, 그 대상과 완전하게 동일화되기보다는 추상적으로만 조화를 이룸으로써 그 형상 속에는 아직도 의미나 형태가 완전하지 못하고 뭔가 뒷여운을 남기기 때문이다. 이때 의미와 형태들은 상대방 속에서 완벽하게 조성되지도 못한 채 서로 뒤얽혀 드러나므로 서로 비슷한 점 외에도 생소하고 부적합한 면을 드러내 보인다.

둘째로, 이념이 그 개념에 따라 보편적인 사상의 추상성이나 무규정성에 머물지 않고 스스로 자유롭고 무한한 주관성(主觀性, die Subjektivität)으로 나타날 때, 이 주관성은 현실성 안에서 정신으로 파악된다. 이때 자유로운 주체인 정신이 스스로를 규정하고 이 자기규정(die Selbstbestimmung) 속에서 고유한 개념에 맞는 외형을 띨 때, 그 외형 속에서 정신은 정신에 절대적으로 부합되는 현실과 결합된다. 이처럼 내용과 형태가 통일을 이룰 때 기반을 확립하는 것이 바로 두 번째의 예술형식인 고전적 예술형식(die klassische Kunstform)이다. 그러나 예술의 대상이 되는 것은 정신일진대, 이 고전적 예술형식이 실제로 완성되려면, 정신은 내면성만을 띠면서 존재하는 절대정신이어서는 안 되고 스스로 특수하면서도 동시에 추상성에 매어 있는 정신이어야 한다. 따라서 고전적인 예술을 만들어내는 자유로운 주체(Subjekt)는 본질적으로는 보편적이어서 내적 외적인 모든 우연성이나 단순한 개별성에서 벗어나 있으면서도 동시에 그 안에서 특수화된 보편성으로 채워져서 현상한다. 그 이유는 외적인 형태는 일반적으로 외적이고 특수한 형태로서 비록 완전히 용해되더라도 다시 특수하고 한정된 내용을 표현하기 때문이다. 그리고 내적으로 특수한 정신은 한편으로 완벽하게 외적으로 표현할 수 있는 반면에, 특수한 정신은 홀로 완전하게 외적으로 현상하여 그것과 분리되지 않는 통일성(統一性, die Einheit)을 띨 수 있기 때문이다. 여기서 예술은 정신적인 개성(個性)인 이념이 그 구체화된 실재성과 직접 완전한 조화를 이루게 한다. 그리하여 외적으로 드러난 현존재는 표현된 의미에 대해 더 이상 독자성(獨自性, die Selbständigkeit)을 유지하지 못한다. 또 거꾸로 그 내면은 우리가 볼 수 있는 외형 속에서만 드러난다. 그러므로 내용, 즉 정신적인 개체성인 이념이 그 구체적인 현실인 외적 형태와 직접 결합될 때만 예술은 고유한 개념에 도달한다.

그러나 *셋째로*, 만약에 미의 이념을 *절대적인* 것으로 보고 스스로 자각적이고 자유로운 정신으로 파악하면, 그때 이념은 더 이상 외적인 형태로 완전하게 현실화되지 못한다. 왜냐하면 그때 이념은 오직 *정신*인 자신 속에서만 참된 현존성을 지니게 되기 때문이다. 그리하여 이념은 내면성과 외적인 현상이 저 고전적인 통일성을 유지하던 것에서 벗어나 다시 자기에게로 회귀(回歸)한다. 이것이 바로 *낭만적 예술형식*(romantische Kunstform)의 기본 유형이다. 이 예술형식에서 내용은 그 속에 깃들인 자유로운 정신성(精神性, die Geistigkeit) 때문에 외적이고 구체적인 표현으로 드러나는 것 이상을 요구한다. 이럴 때 낭만적 예술형식에서 형태는 *아무래도 상관없는* 외면성이 된다. 그리하여 낭만적인 예술은 상징적 예술과는 반대로 다시 내용과 형태를 분리시키게 된다. 이런 식으로 상징적인 예술은 내적인 의미와 외적인 형태의 완전한 일치를 *추구하며*, 고전적 예술에서는 실체가 개성을 띠고 감각적으로 보일 때 내용과 형태가 일치되어 있음이 *발견된다*. 그리고 낭만적 예술에서는 정신성이 더 특출하게 드러나면서 앞서 고전적 예술에서 보였던 내용과 형태의 통일에서 다시 *벗어나게 된다*.

제1편

상징적 예술형식

서론: 상징 일반에 대해서

　상징(象徵, das Symbol)이란 말은 여기에 쓰이는 의미에서 보이듯, 그 개념이나 역사적 현상에 비춰볼 때 예술의 초기에 해당된다. 그러므로 이는 주로 동양에 속하는 것으로 초기의 예술이라고 볼 수 있으며 이것이 다시 무수한 이행(移行)과 변화와 매개(媒介, Vermittlung)를 거쳐 비로소 고전적 예술형식이라는 이념이 진정으로 현실로 나타나는 단계로 이행(移行)해 간다. 그러므로 먼저 우리는 스스로 독자적인 특성을 띠고서 예술적인 관조와 표현에 결정적인 유형(類型, Typus)이 되는 상징과, 독자적이지 못한 채 단지 외형으로서 가치가 떨어지는 상징은 서로 구분해야 한다.

　마찬가지로 상징적 예술형식에서도 개개의 형상들이 벌써 고전적인 이념의 형태를 띠거나 낭만적 예술의 초기 모습을 드러낼 수도 있다. 그러나 상징적 예술작품 속에 이처럼 서로 다른 특징들이 교차되어 드러나더라도 이는 그 예술작품 전체에 진정한 정신이나 특성이 되지는 못하고 단지 부수적인 형태에 불과하다.

　그에 반해서 상징이 독자적으로 독특한 형태로 완성되면, 이것은 일반적으로 숭고함(Erhabenheit)의 특성을 지닌다. 왜냐하면 이 단계에서 이념은 아직 측량할 수 없고 자유로이 규정되지도 못한 것으로서 형태가 주어지기를 기다리는 상태에 있지만, 그 이념이 지닌 추상성과 보편성에 완전히 일치되는 구체적인 형태를 현실 속에서 찾을 수 없기 때문이다. 그러므로 이념은 그 외형과 완전히 일치되거나 그 외형 속에서 완전히 드러나지 않고 그 외형의 현존성을 뛰어넘어 추상적인 상태에 머물고 있다. 이처럼 형태로 규정되어 현상하는 상태를 초월해 있는 것이 바로 '숭고함'이 지닌 일반적인 특성이다. 이제 상징의 형식에 대해 살펴볼 때 '상징'이라는 말에서 이해할 수 있는 것이 무엇인지 우선은 아주 일반적인 설명만 할 수 있다.

상징이란 보통 우리가 직관할 수 있도록 직접 존재하거나 또는 외적으로 주어져서 존재하는 것을 말한다. 그러나 그것은 직접 주어진 상태, 직접 주어진 그 상태대로 받아들이지 않고 좀 더 광범하고 보편적인 의미에서 이해되어야 한다. 그러므로 상징도 곧 다음과 같이 두 가지로 구분된다. 그 첫째는 *의미(Bedeutung)*이고 둘째는 그 의미의 *표현(Ausdruck)*이다. *전자(前者)*인 의미는 그 내용이 무엇이든 관계없는 표상(表象)이나 대상 자체를 말하며, *후자(後者)*인 표현은 이러저런 종류의 감각적인 존재나 형상으로 드러난 것을 말한다.

(1) 상징은 먼저 하나의 *기호(記號, Zeichen)*이다. 그러나 단순한 기호 속에서는 의미와 그 표현이 서로 자의적(恣意的)로만 연결되어 그때 감각적으로 표현된 사물이나 형상은 진짜 모습은 거의 감춰진 채 그와는 아무런 공통점도 없는 생소한 내용이 우리 눈앞에 드러날 뿐이다. 예를 들어 언어에서 소리는 어떤 이념이나 감정 등을 나타내는 기호이다. 그러나 역사적인 발전을 볼 때 한 언어 속에 들어 있는 대다수의 음(音, Töne)들은 처음에는 제각기 다른 특성들을 띠었

을지라도 그 음들의 원래 표상과 그것들이 드러내는 내용들은 순전히 우연적으로 연결된 것이다. 또 같은 표상을 드러낼 때에도 각기의 언어들은 서로 다른 음들로 표현된다. 또 다른 예인 색채의 경우도 그처럼 기호의 역할을 한다. 즉 한 개인이나 선박은 각기 어느 국가 소속인지를 나타내기 위해서 기장(記章)이나 국기(國旗)에 색(les couleurs: 프랑스어로 '색'이라는 뜻임―역자주)을 사용한다. 그러한 색 자체는 그 색으로 인해서 표상되는 국가의 의미와는 공통된 특성을 갖고 있지 않다. 그러나 예술(Kunst)에서의 상징은 그처럼 의미와 기호가 서로 *무관한* 것으로 이해되어서는 안 된다. 왜냐하면 예술에서는 일반적으로 의미와 형태가 서로 비슷하게 관련되고 구체적으로 상호 침투해야 하기 때문이다.

(2) 그러므로 기호가 *상징*으로 되는 것은 또 다른 문제이다. 예를 들어 사자는 위엄을 상징하고, 여우는 간교함을 상징하고, 원(圓)은 영원을 상징하며, 삼각형은 삼위일체를 상징하는 것으로 간주된다. 사실, 사자나 여우는 그러한 상징들이 표현하는 의미와 같은 특성들(die Eigenschaften)을 스스로 지니고 있다. 원도 역시 일부러 길이를 한정시킨 직선이나 자신에게로 되돌아가지 않는 직선과는 달리 자의적인 한계성이나 제한된 시간성을 보여주지 않는다. 또 삼각형은 하나의 *전체(ein Ganzes)*로서, 종교에서 신을 규정할 때 신의 이념에 속하는 상징성이 뜻하는 것과 같은 수의 면과 각(角)[1]을 지니고 있다.

그러므로 이러한 종류의 상징들에는 감각적으로 존재하는 사물들

---

[1] 여기에서 헤겔은 특히 삼각형 속에 깃든 종교적 상징성과 관련해서 겉으로는 언급하지 않지만 내심 기독교의 '삼위일체적인 신성(神聖)'을 생각하는 것 같다.

자체 속에 그들이 표현하는 바로 그 의미가 들어 있다. 그러므로 이렇게 좀 더 넓은 의미에서 볼 때, 상징은 아무래도 상관없는 단순한 기호가 아니라, 외적으로 현상(現象)하는 동시에 그 속에 표상의 내용이 포함되어 있는 기호이다. 그러나 동시에 상징은 우리 마음속에 구체적이고 개별적인 사물로서가 아니라 그것이 가리키는 보편적인 의미를 지닌 성질로서만 의식(意識)되어야 한다.

 (3) 더 나아가 *세 번째*로 주지해야 할 것은, 상징은 단순히 외적이고 형식적인 기호와는 달리 그 의미에 전적으로 부적합해도 안 되지만, 또 거꾸로 상징으로 머물기 위해서는 굳이 자신을 의미에 부합시킬 필요도 없다는 점이다. 그 이유는 한편으로 보면 의미인 내용과 그 내용을 설명하는데 사용되는 형상(形象, die Gestalt)이 같은 특성을 띠고 조화를 이루더라도, 다른 한편으로 상징적인 *형태*는 그 형태를 일단 기호화시킨 공통적인 특성과는 전적으로 무관한 스스로 *다른 규정들*을 지니기 때문이다. 또한 *내용*도 역시 꼭 용기나 간계와 같이 추상적이어야만 할 필요는 없다. 내용은 상징의 의미가 되는 첫 번째의 특성과는 별도로 좀 더 구체적으로 되어 처음에 상징적인 형태로 되었던 속성과는 다른 그 자체의 특성을 지닐 수 있기 때문이다. 그러므로 예를 들면 사자라고 해서 단지 용감한 것만은 아니고 여우라고 해서 단지 교활한 것만은 아니다. 그러나 특히 신(神)은 숫자나 수학적인 도형, 동물 형상들 안에 들어 있는 성질들과는 아주 다른 특성을 지니고 있다. 따라서 내용은 그것을 드러내는 형상과 *무관*할 수 있으며, 그 내용이 만들어내는 추상적인 피규정성도 무수한 다른 존재나 형상으로 존재할 수 있다. 마찬가지로 구체적인 내용 속에는 많은 규정들이 내포되어 있으므로 그 규정들을 표현하는 데 같은 규정을 지

닌 다른 형태들이 이용될 수도 있다. 어떤 내용을 상징적으로 표현하는 외적인 존재의 경우에도 마찬가지다. 그것 역시 구체적인 존재로서 그 안에 많은 규정들을 포함하고 있으므로 그 존재는 그런 규정들의 상징이 될 수 있는 것이다. 그러므로 사자는 용기를 가장 잘 나타내주는 상징이지만 황소나 뿔도 용기를 상징할 수 있고, 거꾸로 황소는 또 그 밖에도 다른 많은 상징적인 의미를 지니고 있다. 그러나 신(神)을 표현하는 데 사용되는 형태나 상징적인 그림들은 그 수가 무한하다. 여기에서 상징은 개념상 본질적으로 *이중적인 의미*를 띠고 있다는 결론이 나온다.

a) *첫째로*, 상징에 대해서 고찰하자면 어떤 형상을 과연 *상징으로 받아들여야 할지 아닐지* 의문이 생긴다. 이는 우리가 하나의 형상에 대해 종종 먼 데서 많은 의미들을 관련시켜 끌어내어 상징으로 사용하면서 어떤 특정한 내용을 드러낼 때 그와 관련되어 나타날 여지가 있는 다른 애매한 의미들을 제거하고 난 후에도 그렇다.

즉 우선 우리 눈앞에 드러나 있는 것은 일반적으로 하나의 형태, 하나의 이미지(Bild)로서 이들은 우리에게는 일단 직접 존재한다는 느낌만을 불어넣어 준다. 예를 들어 한 마리의 사자나 하나의 색채는 그 드러난 모습 자체로 충분할 수 있다. 그러므로 우리 눈앞에 사자의 그림이 주어졌을 때 우리는 그 사자가 과연 사자 자체만을 표현한 건지 아니면 그 밖에도 다른 것, 즉 용기를 추상적으로 의미하는 건지, 아니면 좀 더 구체적으로 영웅을 의미하는 건지, 아니면 어느 계절, 즉 농사철을 의미하는 건지 의문이 생긴다. 그러한 이미지를 사람들이 부르는 것처럼 본래적인 *것(eigentlich)*으로 받아들여야 할지 아니면 비(非)본래적인 것도 함께 갖고 있는 것으로 받아들여야 할지, 그것도 아니면 단지 *비본래적인 것*으로만 받아들여야 할지도 확실하지 않다. 후자의 경우는 언어를 상징적으로 표현할 때, 예를 들어 '붙잡다(begreifen)', '닫다(schließen)'2)와 같은 단어들을 사용할 때에도 해당된다. 만약 이 단어들이 정신적인 행위만 의미할 때면 우리는 그 단어들 속에 들어 있는 정신적 행위의 의미만을 직접 우리 눈앞에 연상하지 그 단어들이 나타내는 감각적 행위의 의미까지 동시에 기억하지는 않는다.

그러나 사자의 모습의 경우에는 우리 눈앞에 그 사자가 상징으로 갖는 의미뿐만 아니라 그 사자의 감각적인 모습도 함께 드러난다. 따라서 그러한 애매함은 의미와 형태 양쪽이 분명하게 명명(命名)되고 또 양쪽의 관계가 확실하게 언표될 때 비로소 사라진다. 그럴 경우에 소개된 구체적인 존재는 더 이상 참된 의미에서의 상징이 되지 못하고 단지 하나의 이미지(Bild)가 될 뿐이며, 그 이미지와 의미의 관계는 잘 알려진 대로 *비교(比較, Vergleichung)*, 즉 비유(比喩, Gleichnis)의 형식을 내포한다.

비유라고 하면 우리 마음속에는 두 가지 것이 떠오르지 않을 수 없다. 그 하나는 보편적인 표상이며 다른 하나는 구체적인 이미지다. 반면에 반성이 보편적인 표상들을 독자적으로 고수하면서 아직 이를 스스로 드러낼 만큼 발전하지 못했을 때는 보편적인 의미를 표현해야 할 감각적인 형상은 아직 이 의미에서 분리되지 못하고, 의미와 형상은 여전히 직접 하나로 결합된 상태로 머물러 있다. 이것이 우리가 뒤에서 살펴보게 되겠지만 바로 상징과 비유의 차이이다. 그래서 예를

---

2) 역주 : 독일어의 'begreifen'은 직역을 하면 '붙잡다'라는 뜻이지만 의역을 하면 '이해하다, 파악하다'라는 뜻이 되며, 'schließen' 또한 직역으로는 '닫다'라는 뜻이 되지만 '끝내다, 종결짓다'라는 뜻으로 의역할 수 있다.

들면 칼 모어3)가 석양의 해를 보면서 "영웅은 저렇게 죽는다!"라고 외칠 때, 여기서 그가 하는 말의 의미는 감각적으로 표현된 것과는 분명히 다르면서도 또 동시에 이미지에 의미가 덧붙여진 것이다. 다른 비유들의 경우를 보면 이러한 분리와 관계는 그처럼 분명하게 드러나지 않고 좀 더 직접적으로 서로 연관되어 있다. 그럴 경우에는 어떤 이미지가 대화의 관계나 문맥 또는 다른 상황에서 나타날 때 이미지 자체로만 머물러서는 안 되고, 그 이미지 속에 이런 저런 의미가 내포되어 있음이 의심할 여지없이 드러나야 한다. 예를 들어 마르틴 루터가 지은 송시(頌詩)에서 "주(主)는 안전한 *성채(城砦)*이시다"라고 말하거나, 실러가 "젊은이는 수천 개의 돛을 달고 *대양(大洋)*을 누비며, 노인은 구조된 돛배 위에 조용히 몸을 담고 항구로 저어간다"4)라고 말할 때, 여기서 '성채'는 보호를 의미하며, '대양'은 희망과 설계를 뜻하는 세계로서의 이미지를 띤다. 그리고 '돛단배'나 '항구'의 이미지는 한정된 목적이나 소유 또는 작지만 안전한 장소를 의미한다는 것은 의심할 나위가 없다. 마찬가지로 구약성서에서 말하기를, "하나님이여, 저희 입에서 이를 꺾으소서, 여호와여, 젊은 사자의 어금니를 꺾어 내소서!"(시편 58장 6절)라고 할 때, 여기서 이(齒), 입, 젊은 사자의 어금니는 글자 그대로의 의미를 갖지 않고 단지 비유적으로만 이해되어야 할 이미지라는 것은 곧 알 수 있다. 그런 경우에 그것들이

---

3) 이는 앞서 제1부에서도 언급되었듯이 독일 고전주의 극작가 프리드리히 실러의 작품 《군도(群盜)》 제3막 제2장에 나오는 주인공의 이름이다.
4) 이는 실러(Schiller)가 지은 시 〈기대와 성취(Erwartung und Erfüllung)〉의 첫 행으로 그 원문은 다음과 같다.
In den Ozean schifft mit tausend Masten der Jüngling,
Still, auf gerettetem Boot treibt in den Hafen der Greis.

과연 *의미*하는 것이 무엇인가를 깨닫는 것이 중요하다.

그러나 하나의 이미지가 하나의 의미를 갖고 있는데도 그 의미가 비교(Vergleichung)의 경우와는 달리 뚜렷이 드러나지 않을 때 이를 상징이라고 부르면 애매성은 더 커진다. 바로 그러한 불확실성 때문에 만약 감각적인 이미지와 의미가 다소 일상적이고 관습적인 것으로 연결될 때는 그 상징 속에 들어 있는 애매성은 물론 제거된다. 이는 단순한 기호에서는 부득이 필요하다. 그에 반해 비유는 일시적인 목적을 위해서 고안된 개별적인 것이고 그 안에는 이미 명확한 의미가 들어 있다. 인습적으로 같은 것을 표상하면서 살고 있는 사람들에게는 어떤 특정한 상징은 습관적으로 분명하게 이해될 수 있는 반면에, 그 사람들과는 다른 영역에서 살거나 그런 것이 이미 과거지사(過去之事)가 된 사람들에게는 그 상징은 전혀 다른 것으로 나타난다. 즉 후자의 사람들에게는 어떤 상징은 단지 직접적 감각적으로 표현된 형상일 뿐이다. 그러므로 그들이 자기들 눈앞에 주어진 형상에 그냥 만족하지 않고 거기에서 또 다른 것을 표상하거나 생각하게 될지는 매우 의심스럽다. 예를 들어 우리는[5] 기독교 교회의 벽의 어느 특별한 위치에 걸려 있는 *삼각형*을 보면, 여기에서 그 보이는 형상대로 직접 삼각형을 뜻하지만은 않고 그 안에 또 다른 의미가 담겨 있다는 것을 안다. 반면에 만약에 다른 장소에 그런 삼각형이 있으면 그 형상은 교회에서 보았던 것과 똑같이 삼위일체의 상징이나 기호로 받아들여지지는 않는다는 것도 우리에게는 분명하다.

그러나 우리와 같은 습관이나 지식을 갖고 있지 않은 다른 비(非)

---

5) 여기서 헤겔은 당시에 이미 대개는 기독교화된 독일인 및 유럽인들을 가리키고 있다.

기독교에서 삼위일체의 상징인 삼각형

기독교 민족들에게서는 이런 관계는 의심스러워질 것이다. 그리고 우리들 자신도 어디서나 과연 삼각형을 원래의 삼각형으로 파악해야 할지 아니면 그것을 상징적으로 파악해야 할지 확실히 규정할 수 있는 것은 아니다.

b) 우리는 제한된 경우에만 이러한 불확실성과 부딪히는 것이 아니라, 매우 확대된 예술의 영역에서도 마찬가지다. 또 무슨 터무니없는 소재(素材)를 이용해서 표현된 내용과 접했을 때, 즉 거의 모든 동방의 예술 속에서 그런 것과 만난다. 그러므로 우리는 형상과 형태들이 가득 찬 고대 페르시아(Persia)나 인도, 이집트의 세계로 일단 발을 들여놓으면 그야말로 기분이 섬뜩해진다. 우리는 마치 풀어야 할 *과제*들 속을 헤매고 돌아다니는 것 같은 느낌이 든다. 우리들이 바라보는 그런 형상들은 직접 바라보기만 해서는 아무것도 말해 주는 것이 없고 우리를 만족(滿足, die Befriedigung)시키지 못한다. 그 형상들은 그것을 바라보는 우리로 하여금 그 형상들 자체를 넘어서 뭔가 좀 더 폭넓고 심오한 의미를 캐며 나아가도록 유도한다. 그에 반해 예를 들어 동화(童話) 같은 다른 예술작품들은 첫눈에 그림과 우연한 진기한 것들이 어울려 만들어진 단순한 유희라는 것을 알 수 있다. 왜냐하면 어린 아이들은 그러한 피상적인 이미지들과 어울려서 지적이지 못

한 한가한 놀이를 하고 그 이미지들을 현기증이 날 정도로 이리저리 짜 맞추는 일에 만족하기 때문이다.

그러나 예술의 초기단계에서도 뭔가 본질적인 내용을 추구한 민족들이 있다. 우리는 이를 실제로 고대 인도인이나 이집트인들이 만들어낸 예술형상(Kunstgestalt)들에서 발견하게 된다. 물론 그 수수께끼 같은 형상들에는 의미가 단지 암시적으로만 드러나 있어서 이를 알아맞히기는 사실 대단히 어렵다. 하지만 그처럼 의미와 예술로 직접 표현된 것이 서로 일치하지 않는다고 해서 우리는 그 예술작품에 얼마나 결함이 있다든지 상상력이 순수하지 못하다거나 이념이 결여되어 있다고 탓할 수 있을까? 또 순수하고 진실한 형태만으로는 심오한 의미를 다 표현할 수 없어서 대신 좀 더 상상력을 풍부하게 하려고 환상적이고 기괴한 것을 이용한다 해서 그 특성이 과연 얼마나 달라질까? 이런 요소들은 모두 우선적으로 볼 때 상당히 의심스러워 보일 수 있는 것이다.

물론 고전적인 예술의 특성은 상징적이지 않고 스스로 분명하고 확실해야 하지만, 그 안에서도 이따금 위와 비슷한 애매모호함이 나타난다. 다시 말해서 고전적인 이상(理想)(das klassische Ideal)은 물론 예술의 진실한 내용, 즉 실체인 주관성을 파악하고 이에 맞는 진실한 형태(die wahre Gestalt)를 찾아낸다. 이 진실한 형태는 바로 참된 내용만을 언표하므로 의미는 분명히 그 외형 속에 들어 있다. 그리하여 형태와 의미 양쪽이 완전히 일치한다. 그에 반해서 상징이나 비유 등에서는 이미지는 그 이미지가 제시하는 의미 이외에도 항상 또 다른 것을 표상하고 있다.

그러나 고전적인 예술도 역시 이중성의 면을 지닌다. 즉 고대 그리스인들의 신화(神話, die Mythologie)에 나오는 이미지들을 보면, 신화란 일반적으로 한가한 상황에서 지어낸 우화(寓話)들이다. 그래서 우리는 그 외형에만 머물어야 할지 아니면 황홀한 상상력의 매혹적인 유희를 통해 그 이미지들에 대해서 경탄을 해야 할지, 아니면 그런 신화가 지니고 있는 더 광범위하고 심오한 의미에 대해서 캐물어야 할지 의구심이 들 때도 있다. 후자를 요구할 경우 그 우화들 속에 들어 있는 내용이 신들의 삶이나 활동에 관한 것이라면 상황은 더 어려워질 수 있다. 왜냐하면 그때 우리에게 전달되는 이야기는 절대적으로 위엄을 띤 것이 아니라 단지 적절하지 못하고 무취미하게 꾸며낸 것으로밖에는 간주될 수 없을 테니까 말이다. 예를 들어 영웅 헤라클레스의 열두 가지 행적에 대해서 읽거나, 또는 제우스 신이 헤파이스토스를 올림포스 산에서 지상의 렘노스 섬으로 떨어뜨려 버린 결과, 그가 절름발이가 되었다는 이야기 따위를 읽어보면, 그런 것들은 마치 동화처럼 상상에서 나온 이미지로밖에는 이해되지 않는다. 마찬가지로 제우스 신의 수많은 연애담은 우리에게는 단지 자의적(恣意的)으로 지어낸 이야기로밖에 보이지 않을 수도 있다. 그러나 그런 이야기들은 바로 최고의 신성(神性)에 대해 언급하고 있는 것이다. 그러므로 거꾸로 보면 그러한 신화 속에는 직접 드러나는 의미 이외에도 또 다른 의미가 숨겨져 있다고 보는 것이 좋다.

이런 점에서 특히 여기에 두 *가지 서로 상반된* 표상이 있는 것이 눈에 띤다. 그 중 *하나는* 신화를 신의 위엄과는 관계없는 단순한 외적인 이야기로 받아들이는 점이다. 즉 그런 신화 이야기 자체는 감미롭고 사랑스럽고 흥미로운 것으로 간주될 뿐, 좀 더 깊은 의미를 이해하는 데는 아무런 동기를 부여하지 못한다는 것이다. 그러므로 신화는 그 신화가 어떤 형태로 드러나느냐에 따라 단지 *역사적인* 것으로만 간주된다. 왜냐하면 신화란 한편 예술적인 측면에서 볼 때 거기에 묘사되는 형태나 형상, 신(神)들, 행위나 사건들 자체만으로도 충분하며 사실 그 의미를 명확히 밝히거나 해명할 수는 없어도, 다른 한편 역사적인 기원(起源)에서 볼 때 신화는 당시의 제사장이나 예술가, 시인들이 자의적으로 만들어냈거나 혹은 역사적인 사건이나 외국의 동화에서 따왔거나 전통적으로 생겨난 것이기 때문이다. 또 이와 달리 신화의 외적인 형태나 이야기에만 족하지 않고 그 안에 더 보편적이고 심오한 의미가 내포되어 있다고 보고 그 의미들을 드러내고 인식하기 위해 신화는 과학적으로 고찰되어야 한다는 견해가 있다. 즉 신화는 *상징적으로(symbolisch)* 해석되어야 한다는 것이다. 왜냐하면 '상징적'이라는 말은 여기서 신화는 정신의 소산으로서 — 그것이 아무리 괴상하고, 우스꽝스럽고, 기이해 보이거나 또는 그 안에 우연적이고 외적(外的)이며 자의적인 상상들이 아무리 많이 뒤섞여 있더라도 — 자체 안에 의미들, 즉 신의 본성과 철학적 명제 같은 보편적인 사상들이 포함되어 있다는 뜻이기 때문이다.

이런 의미에서 근래에 와서 특히 *크로이처(Creuzer)*[6]는 그가 쓴 상징론에서 고대 민족들이 지녔던 신화적 표상들을 일상적으로 그렇듯이 외적이고 범속하게 또는 그것들의 예술적인 가치에 따라 연구하려 하지 않고, 그 신화 속에 들어 있는 의미들의 내적인 합리성을 추구하는 일을 다시 시작했다. 이때 그는 신화나 설화들은 인간의 정신에서

---

6) 크로이처(Georg Friedrich Creuzer, 1771~1858)는 헤겔이 하이델베르크 대학에서 강의하던 당시 그의 동료 교수이다. 여기서 헤겔이 언급한 크로이처의 상징론이란 그가 쓴 저서들 가운데 가장 유명한 《고대 민족들, 특히 그리스인들의 상징표현과 신화(Symbolik und Mythologie der alten Völker, besonders der Griechen)》(전4권, 1810~1823)이다. 크로이처는 이 책에서 호메로스와 헤시오도스에 의해 씌어진 그리스 신화들은 본래 그 기원을 동방(東方) 지역에 두고 있다고 주장했다. 그의 신화론은 헤겔과 셸링 등에게 큰 영향을 주었다.

기원한 것이라는 가정(假定)에 이끌렸다. 즉 인간정신은 비록 신들에 대해 상상(想像)의 유희를 하더라도, 종교적인 관심사라는 좀 더 숭고한 영역으로 발을 들여놓게 된다는 것이다. 물론 그 안에서 이성(理性)은 결핍되어 있어 아직 그 내면을 적절한 방식으로 형상화해내지는 못하더라도 말이다. 이런 가정(假定)은 절대적으로 사실이다. 즉 종교는 정신이 그 진리(眞理, Wahrheit)를 추구하고 예감하고 이를 그 내용과 밀접하고 폭넓은 유사성을 지닌 어떤 형상으로 의식(意識)하는데서 기원한다. 그러나 합리성이 형상을 만들어낼 때는 이 합리성을 인식하려는 욕구도 생겨난다. 이러한 인식만이 인간에게 진정으로 가치가 있다. 그것을 옆으로 제쳐놓은 사람은 외적으로 쌓인 지식(知識)밖에는 얻지 못한다. 반면에 우리는 신화적인 표상들이 지닌 내적인 진실로 파고 들어가면 또 다른 측면, 즉 상상력 속에 들어 있는 우연성이나 자의성, 지역성 등에 거부감을 안 갖고도 여러 다른 신화들을 제대로 인식할 수 있다. 인간을 그의 정신적인 이미지와 형상들 속에서 제대로 규명하는 일은 숭고한 일, 즉 단순히 역사적인 외적 사실들을 수집하는 일보다 더 숭고하다.

그러나 크로이처는 그가 신(新)플라톤학파들이 거쳤던 과정을 따라 좀 더 폭넓은 의미들을 신화 속으로 *끌어들여 해명하려고* 하는 가운데 사실 신화에서 아무런 역사적인 근거도 없는 것들에 대해 사유하려 한다는 비난에 부딪히고 있다. 물론 탐구가는 의미를 찾으려면 먼저 신화 속으로 파고들어 가야 한다는 것은 역사적으로 증명되고 있다. 왜냐하면 어느 시대의 민중이나 시인, 사제 같은 사람들은—물론 사제들이 지닌 위대하고 신비한 지혜에 대해서는 많이 언급되고 있지만 이와는 별도로—자기들이 살던 시대의 문화와는 대립되는 그런 사상에 대해서는 아무것도 모를 것이기 때문이라는 것이다. 이 후자의 관점은 물론 정당하다. 즉 사실 민중이나 시인, 사제들은 그들이 지닌

크로이처(Creuzer)의 초상화. 1894년 이전 카를 룩스(Karl Roux) 作

　신화적 표상의 근저에 깔려 있는 보편적인 사상을 그 보편성의 형태로 지니고 있지 않고 이를 상징이라는 의도적인 형태 속에 감춰진 모습으로 간직하고 있다는 것이다. 그렇다고 해서 그들 자신이 그런 의도를 애초부터 지니고 있었다고는 크로이처 자신도 주장하지 않았다.

　그러나 설령 고대인들이 자기들의 신화에 대해서 우리가 오늘날 그것을 보는 것과 똑같은 식으로 생각하지 않았더라도, 그들의 표상 자체(an sich)가 상징이었고 따라서 그렇게 받아들여져야 한다는 결론은 아니다. 왜냐하면 고대 민족들은 자기들이 신화를 만들어낸 그 시대에 역시 그들 자신은 시적(詩的)인 상태로 살았으므로, 자신들의 내면에 들어 있는 심오한 것을 사상(思想)으로 의식하지 않았기 때문이다. 즉 그들은 보편적이고 추상적인 표상과 구체적인 형상으로 구분하지 않은 채 상상의 형태로서만 의식했었다.

　우리는 여기서 물론 그런 식으로 상징을 설명하다 보면 단어의 어원을 규명할 때처럼 단순히 인위적이고 우스꽝스러운 추론을 끌어낼 수도 있다. 그렇더라도 실제로 이런 경우가 있다는 것을 우리는 확인하고 가정해야 한다.

　c) 물론 신화 속에는 창조적인 상상력이 만들어낸 수많은 신들의 이야기와 광범한 이미지들, 그리고 또 이성적인 내용과 심오한 종교적인 표상들이 내포되어 있다. 그러나 상징적 예술형식의 측면에서—예를 들어 모든 예술적인 표현 속에서는 알레고리(Allegorie, 풍유 諷喩)를 발견할 수 있다고 프리드리히 폰 슐레겔이 주장했듯이—과연 모든 신화와 예술을 *상징적*으로 이해해야 하는가라는 의문이 생긴다. 만일 그렇다면 모든 예술작품과 모든 신화적 형태의 근저에는 보편적인 사상이 들어 있으므로 그 보편성이 드러나게 되면 그러한 예술작품이나 사상이 실제로 무엇을 의미하는지는 상징이나 알레고리(Allegorie)와 같은 방식으로 해명될 것이다. 근래 와서는 이런 방법이 아주 통상적이다. 그래서 예를 들면 알레고리적인 표현이 많이 등장하는 단테의 《신곡》의 최신판에서는 작품 속의 모든 구절들을 전적으로 알레고리적으로 설명하려고 들었다. 또 고대 시인들의 시(詩)들을 수집해서 펴낸 하이네7)도 그가 단 주석에서 추상적인 오성(悟性)의 규정들 속에 들어 있는 모든 은유(隱喩, Metapher)들이 지닌 보편적인 의미를 해명하려고 애쓰고 있다. 그런 시도를 하는 사람들은 신화의 이미지와 의미를 오성적으로 성급하게 분리함으로써 그 신화 속에 깃들인 본연의 예술형식을 파괴하고 이를 상징과 알레고리적으로 너무 성급히 해석하려고 다가서고 있다. 그러나 사실 그 예술형식은 보편적인 것만 이끌어내려고 하는 이와 같은 상징적인 해명방식과는 아무 상관이 없다.

---

7) 하이네(Christian.G.Heyne, 1729~1812). 독일 고전주의 어문학자이자 사서(司書). 이는 독일의 저명한 시인 하인리히 하이네(Heine)와는 다른 인물이다.

그러나 우리가 여기서 상징적 예술형식을 고찰하는 것은 그처럼 상징적인 것들이 모든 신화와 예술영역으로 확대되어 가는 것을 보려는 것이 결코 아니다. 왜냐하면 우리가 알고자 하는 것은 예술형상들이 이런 식의 의미로 어느 정도까지 상징적으로 또는 알레고리적으로 해석될 수 있는가를 밝혀내려는 것이 아니라, 그 반대로 상징적인 것 자체가 어느 만큼이나 하나의 *예술형식(Kunstform)*으로 간주될 수 있는가 하는 점이기 때문이다. 우리는 여기에서 의미와 형태 사이의 예술적인 관계를 고전적인 방식이나 낭만적인 방식과는 달리 주로 *상징적인* 방식에서 세우고자 한다. 그러므로 우리의 임무는 상징적인 것을 모든 예술영역에 걸쳐 확대시키는 대신에, 반대로 원래 상징으로만 표현되고 상징적인 것으로 간주되는 영역을 분명히 한정짓는 데 있다. 이미 앞서 예술의 이상을 상징적, 고전적, 낭만적인 예술형식의 단계로 분류하여 제시한 것도 이런 의미에서였다. 다시 말해서 우리 식으로 의미를 살펴볼 때 상징은 무규정적이고 보편적이고 추상적인 표상의 자리에 내용과 형식이 일치하는 자유로운 개체성이 표현되어 들어설 때 바로 정지하고 만다. 왜냐하면 주체는 스스로에 대해서(대자적으로, für sich) 의미하고 스스로를 해명하는 자이기 때문이다. 그리하여 느끼고, 반성하고, 행하고, 성취하는 것, 성품과 행동, 성격은 모두 주체 자신이다. 또 주체가 그처럼 객관적인 세계 전체 속에서 주인으로 확대되는 것을 우리에게 보여줄 때 그 주체에게서 정신적 감각적으로 드러나는 모든 영역은 바로 주체 자신을 의미한다. 이때 의미와 감각적인 표현, 내면성과 외면성, 사상(事象, die Sache)과 이미지는 더 이상 서로 분리되지 않는다. 그리하여 이때 형상은 상징에서처럼 내용과 유사하게 드러나는 것이 아니라 형상 그 자체 안에 본질이 들어 있고 본질 또한 그 속에 그 형상 외에 어떤 다른 의미도 지니지 않는 온전한 것(ein Ganzes)으로 주어진다. 즉 명시(明示)하는 것과 명시된 것이 서로를 지양(止揚)하여 구체적으로 통일된다(Manifestierendes und Manifestiertes ist zu konkreter Einheit aufgehoben).

이런 의미에서 고대 그리스 예술에서 그리스의 신들(griechische Götter)은 자유롭고 독자적이면서 완전한 개인들(Individuen)의 모습으로 나타나고 있으며, 그때 그들은 상징적으로 받아들여지지 않고 대자적(對自的)으로 충족시켜주고 있다. 예술에서 다루어지는 제우스 신, 아폴로 신, 아테네(Athene) 여신의 행위들은 오로지 이러한 개인적인 신들이며 바로 그들의 위력과 열정이 표현되어 드러나야 한다. 만일 그 같은 자유로운 주체들인 신들이 각자 지닌 특수한 성격에다가 일반적인 개념을 의미로 추상(抽象)화해서 갖다 붙이려고 하면 그 신들의 형상에서 예술적인 요소는 파괴되고 말 것이다. 이런 이유 때문에 예술가들은 예술작품이나 신화적인 인물들을 모두 상징적으로 표현하는 방식과는 거리가 멀 수밖에 없다. 왜냐하면 상징적인 방식으로 예술을 표현하게 되면 사실 상징적인 암시나 알레고리는 부수적인 것이 되고 단순한 수식이나 기호로 격하되고 말기 때문이다. 예를 들면 제우스 신 곁에 서 있는 독수리나 복음(福音)을 전파하는 사도 루카(Lukas)의 곁을 따르는 황소 따위가 그런 것이다. 그에 반해 고대 이집트인들은 황소를 신성(神性)함 자체로 간주했다. 그러나 이처럼 자유로운 주체를 예술형상으로 드러낼 때에도 그때 주체로 제시된 것이 과연 실제로 개성과 주관성을 띠고 있는지 아니면 단지 그 속에 있는 공허한 가상(假象)이 의인화(擬人化)된 것에 불과한지를 정확히 구분하기는 어렵다. 만약 후자일 경우 인격은 단지 피상적인 형태에 불과하고 특수한 행위나 구체적인 모습에서 스스로 고유한 내면을 표현하여 외형 속에 자기 자신을 완전히 전개시키지 못한다. 그것은 외적으로 드러난 형상 속에 인격이나 주관성 자체는 못되는 다른 내면만을 내용으로 가질 뿐이다. 이것이 바로 상징적인 예술의 한계가 된다.

우리는 상징적인 것을 고찰할 때 *예술*의 내적인 발생과정에 관해 관심을 갖게 된다. 왜냐하면 *예술*은 참된 예술로 발전해 간 이상(理想)의 개념에서 이끌어낼 수 있기 때문이다. 그러면서 상징적인 것의 발전단계를 참된 예술에 이르는 단계로 인식하게 된다.

비록 종교와 예술이 아무리 서로 밀접한 관계를 갖고 있더라도, 우리는 상징 자체와 종교를 더 넓은 의미에서 상징과 알레고리적인 관념으로 한꺼번에 싸잡아 논해서는 안 된다. 우리는 그 안에서 오직 진정으로 예술에 속하는 것만을 골라 고찰해야 하고, 종교적인 측면은 신화역사(神化歷史)의 소임으로 돌려야 할 것이다.

분류

이제 상징적 예술형식을 좀 더 자세히 분류하려면 먼저 그 발전과정의 한계점을 확인해야 한다. 이미 말했듯이, 상징의 영역 전체는 대개 예술 이전(以前, Vorkunst)의 시대에 속하는 것이었다. 왜냐하면 이때 우리 눈앞에 주어진 것들은 추상적일 뿐 아직은 본질적으로 개성을 띠지 않은 의미들로서, 그 의미와 형태는 적절하게 연결되었을 수도 있고 그렇지 못했을 수도 있기 때문이다. 그러므로 일차적으로 대체로 예술적인 직관과 표현의 경계영역을 먼저 설정해야 한다. 그 반대편으로 경계를 넘어가면 본래의 예술이 주어지고 거기에서 상징적인 것은 스스로를 지양(止揚)하여 진리로 나아간다.

최초의 상징적인 예술이 나타나고 있는 것에 대해 *주관적인* 방식으로 이야기하자면, 우리는 대체로 종교적 직관이나 학문적인 연구도 그러했듯이 예술적인 직관도 맨 먼저 *경탄*에서부터 시작되었다는 명언8)을 상기할 수 있다. 어떤 것에 대해서도 *아직* 경탄할 줄 모르는 인간은 둔하고 어리석게 살아갈 수밖에 없다. 그의 관심을 끌거나 그를 위해서 존재하는 것은 아무 것도 없다. 왜냐하면 그는 직접적인 개체들로 존재하는 주위의 대상들로부터 아직도 자신을 분리시키지 못했기 때문이다. 그러나 다른 한편으로 보면 어떤 것에 대해서도 *더 이상* 경탄하지 않는 인간은 외부 세계 전체에 대해 이미 잘 알고 있어서, 그 지식이 보편적인 인간계몽에 의해 추상적·이지적 방식으로 얻어진 것이든 아니면 절대적이고 자유로운 정신이 고귀하고 심오한 보편성을 의식한 데서 나온 것이든 대상들을 바라보면서 그 대상들의 존재에 대해 정신적이고 자의식적인 통찰(zur geistigen selbstbewußten Einsicht)을 한다. 그에 반해서 경탄은 인간이 자연과 더불어 최초에 가졌던 아주 직접적인 관계, 즉 인간이 자연과 아주 가까웠던 원초적인 단일한 관계에서 떨어져 나가 스스로 정신으로 물러나 이제 사물 안에서 보편적이고 절대적인 것으로 존재하려고 추구할 때 일어난다. 그때 인간에게는 비로소 자연의 대상들이 눈에 띄게 되고 그 대상들은 인간을 위해 존재하게 된다. 그리하여 인간은 그 대상들 속에서 스스로 사상(思想)과 이성(理性)을 다시 발견하려고 노력한다. 여기에서는 숭고한 것에 대한 예감과 외적인 것에 대한 의식은 아직 분리되지 않았어도 자연의 사물과 정신 사이에는 역시 모순(矛盾, Widerspruch)이 존재한다. 그러므로 대상들은 그 모순 속에서 서로 끌어당기고 동시에 배척한다. 바로 그러한 모순을 느끼면서도 그 모순을 없애고자 강한 충동을 느낄 때 생겨나는 것이 바로 경탄이다. 이러한 상태에서 인간은 먼저 근원이 되는 자연과 자연의 대상성(對象性)을 인간 자

---

8) 이에 대해서는 아리스토텔레스의 《형이상학》 982 b 11 이하 참조.

신과 대립시키면서 그 대상들을 위력으로서 숭배한다. 그러면서도 다른 한편으로 인간은 동시에 그보다 더 숭고하고 본질적이고 보편적인 것에 주관적인 느낌을 외부로 드러내어 이를 객관적으로 보려는 욕구를 충족시킨다. 이 양자가 일치할 때 우리는 개별적인 자연 대상들—특히 바다나 강, 산, 별 같은 원초적인 것들—을 직접 개별적으로 존재하는 사물들로 인지하지 않고 우리의 표상 속으로 끌어들여 그 속에서 보편적이고 절대적인 존재(즉자대자적인, anundfürsichseiende)로 고양시킨다.

이제 이 표상은 보편적인 본질을 내포하고 있는데 예술은 이를 그 자체로 직접 의식(意識)하고 관조할 수 있도록 영상으로 포착함으로써 정신에게 대상의 형태를 부여한다. 이것이 바로 예술의 시원(始原)이다. 그에 반해 자연의 사물을 직접 숭상하는 일, 즉 자연숭배나 주물(呪物)숭배는 아직은 예술이 되지 못한다.

객관적인 측면에서 볼 때 예술의 시원은 종교와 밀접한 관계가 있다. 최초의 예술작품들은 신화(神話)의 성격을 띠었다. 종교에서는 그 특성이 추상적이든 빈약하든 대체로 절대자(絕對者, das Absolute)의 모습으로 인간의 의식(意識)에 다가온다. 자연 속에 나타나는 현상들은 절대적인 것을 우선적으로 드러내어 설명(Explikation)하며, 그 안에서 인간은 절대자를 예감하고 이를 자연 대상들의 형태로 관조한다. 예술의 기원은 바로 이러한 노력 속에서 찾을 수 있다. 그러나 이 때에도 인간이 실제로 존재하는 대상들 속에서 직접 절대자를 바라보면서 그 안에 실재하는 신성(神性)에 만족하지 않고 인간의식이 외적인 것 안에서 절대자를 파악하고 또 정신이 자연과 적절하거나 적절하지 못하게 연결되어 있어서 *객관성이 스스로 모습을 드러내는 것을 파악할 때 비로소 예술은 생겨난다.* 왜냐하면 정신에 의해서 파악된 실체적인 내용은 비록 외적으로 현상하더라도 직접적으로 존재하지 않고 *정신*을 통해 비로소 그 안에 내용을 내포하고 표현하는 존재로 *산출*되는 바, 이것이 바로 예술에 속하기 때문이다.

그러나 종교적인 표상들을 *최초*로 자세한 형태로 보여주고 해명해 주는 것은 오직 예술뿐이다. 그 이유는 정신적인 자의식(自意識)을 가진 인간이 자연의 직접성과 싸워 이를 벗어나 객관성을 단지 외적인 것으로만 받아들이는 지적인 *자유의 상태*를 유지하면서 그 속에서 자연의 직접성과 대립할 때만 인간은 객관적인 세계를 세속적으로 다룰 수 있기 때문이다. 그러나 이처럼 주체와 객체가 분리되는 것은 늘 나중 단계에서 일어난다. 한편 진리에 대한 최초의 지(知)는 정신이 자연 속으로 단순히 무지하게 빠져들어 갈 때와 그로부터 완전히 벗어나는 중간상태에 있을 때 드러난다. 이 중간상태는 일반적으로 범속한 오성과는 구분되는 시와 예술의 입지가 된다. 그 상태에서 정신은 자연사물의 형태를 표상하는데 정신은 좀 더 고차적인 형태를 획득하지는 못해도 이처럼 대상을 표상함으로써 표상과 대상 양쪽을 서로 적절하게 연결해 준다. 그러므로 완전히 세속적인 의식(意識)(das vollständig prosaische Bewußtsein)은 주관적이고 정신적인 자유가 처음에는 추상적이었다가 나중에는 구체적인 형태로 현실성을 획득한 고대 로마시대와 후에 근대의 기독교 세계에서 비로소 등장했다.

둘째로 상징적 예술형식은 궁극적으로 도달하고자 한 점에 이르렀을 때 드디어 그 형식은 해체되고 *고전적인* 예술의 단계로 넘어간다. 그러나 이 고전적인 예술은 비록 참된 예술현상을 드러내려고 애써도 최초의 예술형식이 되지는 못하며, 거기에는 상징적인 것이 다양하게 매개(媒介, Vermittlung)하고 이행(移行)해가는 단계들이 전제된다. 왜냐하면 고전적 예술에 맞는 내용은 절대적이고 참된 내용이자 수차의 매개와 이행을 거친 다음 형태화되어 비로소 의식 속에 들어올 수 있는 정신적인 개성이기 때문이다. 처음에는 늘 그 의미대로 추상적이고 무규정적인 것이 들어 있다. 그러나 정신적인 개성은 본질상 절대적으로(즉자대자적으로) 구체성을 띠어야 한다. 이는 그에 맞는 현실성에 따라 스스로 규정되는 개념이다. 이 개념은 중재하고 조화시키는 추상적인 관점이 먼저 일방적으로 발전되어간 다음에 비로소 파악된다. 그렇게 되면 개념은 곧 추상성을 종결짓고 스스로 총체성으로 드러난다. 이는 고전적인 예술에서 일어난다. 거기에서는 예술의 초기 단계에서 단순히 상징화하면서 숭고함을 시도하던 것이 저지된다. 왜냐하면 스스로 규정하는 개념은 그에 맞는 특수한 현존성을 드러내듯이 정신적 주관성도 역시 자기에게 맞는 형상을 띠기 때문이다. 예술에서 이처럼 진실한 내용과 형태가 발견되면 그때 내용과 형태가 서로를 찾고자 하던 상징성의 힘든 노력은 곧 멈추게 된다. 왜냐하면 그런 노력 속에서 상징적인 것은 궁핍성을 드러내기 때문이다.

우리는 상징적 예술이 갖고 있는 이러한 한계점 안에서 상징적 예술을 분류하는 좀 더 상세한 *원리*에 대해 묻는다면, 상징적 예술은 먼저 참된 의미와 그에 맞게 형상화하는 방식을 추구하므로 일반적으로 이 참된 예술에 어긋나는 내용과 또 그 내용에 맞지 않는 형태 사이의 투쟁이 바로 상징적인 예술의 원리라고 할 수 있다. 왜냐하면 여기에서는 설사 내용과 형식 양쪽이 하나로 결합되더라도 서로 일치하지는 않으며 예술의 참된 개념과도 일치하지도 않기 때문이다. 이를 고려할 때 상징적인 예술은 전체적으로 의미와 형태가 서로 적합성을 띠기 위한 지속적인 투쟁이라고 볼 수 있다. 그리고 상징적 예술형식에서 그 투쟁은 종류가 다른 것들 사이의 투쟁이 아니라 바로 의미와 형태 사이에 있는 하나의 모순이 여러 단계나 여러 양태로 드러난 것을 말한다.

그러나 이 투쟁은 우선은 *함축적*으로만 드러난다. 다시 말해서 강제로 하나로 묶여진 내용과 형태 양쪽 사이에 있는 일치하지 않는 성질은 아직은 예술적인 의식(意識)에 부딪혀 와 닿지는 않는다.

왜냐하면 이때의 예술적인 의식은 그것이 포착하는 의미의 보편적인 성질을 이해하거나 실재 형태를 개체적이고 독자적인 존재로 파악하지도 못하므로 따라서 양쪽의 차이를 눈여겨보는 대신에 우선은 양쪽이 갖는 직접적인 동일성(同一性, Identität)을 포착하는 데서 출발하기 때문이다. 그러므로 *처음*에는 예술적인 내용과 그것이 상징적으로 표현된 것이 서로 모순되면서도 아직 분리되지 않고 연결되어 있다. 그러므로 그것은 소란스러우면서도 불가사의하게 일치하는 상태를 이루고 있다. 이것이 바로 아직은 상징으로 설정되지 않은 원래의 무의식적이고 원초적인 상징이다.

그러나 지금까지는 투쟁이 *즉자적이고(an sich)* 함축적으로 존재하던 위의 투쟁단계 속으로 예술적인 의식이 파고들어오면 결국 상징성은 해체되어 사라진다. 그리하여 상징성은 감각적으로만 연상되던 이미지에서 명확한 의미를 지닌 *의식적인 것*으로 *분리* 된다. 그러나 그처럼 분리되는 가운데서도 여전히 하나의 명백한 *관계*가 이어진다. 이는 의미와 형태 양쪽이 *직접 하나로 일치*되는 대신에 서로 단순히 *비교*되는 관계인데 이때에는 전에 알지 못했던 양쪽의 차이가 드러나게 된다. 이것이 바로 상징으로 *의식되는* 상징의 영역(der Kreis des als Symbol *gewußten* Symbols)이다. 즉 여기에서 우리는 의미를 그 보편성에 따라 알고 표상하며, 그 의미는 단순한 *이미지*로 분명하게 격하되고 예술적으로 직관하기 위해서 그 의미와 비교하게 된다.

이처럼 앞서 언급한 처음과 마지막의 중간단계에 자리하는 것이 바로 숭고한 예술(die *erhabene* Kunst)이다. 이때의 의미는 정신적이고 스스로를 위해(fürsichseiende, 대자적으로) 존재하는 보편성으로서 우선은 구체적인 현존재와는 분리된다. 이때 현존재는 의미와 비교할 때 부정적이고 외적이고 종속된 것으로 드러난다. 그때 의미는 *자신*을 표현해야 하므로 현존재를 독자적인 존재가 놓아두어서는 안 되고 부족하고 지양(止揚)되어야 하는 것으로 설정해야 한다.

이처럼 의미 속에 들어 있는 숭고한 요소는 빛나는 것이며 개념상 이른바 우리가 비교할 수 있는 것이 아니다. 왜냐하면 진짜 의미를 현상들 속에 그 의미와 비슷하게 나타난 것과 확실하게 비교하여 구분하고 선별하기 전에 먼저 자연적 형상들이나 다른 형상들 속에 들어 있는 구체적인 개체성은 부정적인 것으로 취급되어야 하기 때문이다. 즉 개개의 형상들에 나타나는 개체성은 그것이 도달할 수 없는 절대적인 의미(die absolute Bedeutung)[9]가 지니고 있는 힘의 장식밖에는 될 수 없다.

이처럼 앞서 제시된 세 가지의 단계는 좀 더 자세히 살펴보면 다음과 같이 분류할 수 있다.

1. 무의식적인 상징표현

A. 위에 언급된 단계들 가운데서 *첫 번째* 단계는 아직은 원래 상징적이라고 부를 수도 없고 그렇다고 예술에 넣을 수도 없는 단계이다. 그러므로 우선은 양쪽 모두를 향해 길이 열린 상태이다. 즉 이 단계에서는 정신적인 의미인 절대자와 그와 분리되지 않는 감각적 존

---

[9] 《미학강의》의 영문판 번역자인 녹스(Knox) 교수는 이 '절대적 의미'를 《미학강의》 제2부 제2장 2항목에 근거하여 '신(神)'과 동의어로 보고 있다.

재가 직접적이고 본질적인 자연적 형태로 통일되어 있다.

B. 두 *번째*의 단계에서는 원래의 상징으로 이행해 나간다. 왜냐하면 여기서는 첫 번째 단계에서 이루어졌던 통일성이 해체되기 시작하면서, 한편으로 보편적인 의미들이 스스로(für sich) 개별적인 자연현상들보다 우월한 것으로 강조되면서도 또 다른 한편으로 그 보편성을 표상할 때 이는 다시 구체적인 자연 대상의 형태로 의식되기 때문이다. 그 다음에 이처럼 자연적인 것을 정신화하고 정신적인 것을 감각화(感覺化)하려는 이중적인 노력 속에서 정신과 자연의 차이가 나타난다. 이 단계에서는 상징적인 예술의 갖가지 환상적인 것들이 혼란스럽게 들끓고 난폭하게 이리저리 뒤섞이는 현상이 드러난다. 이때 예술은 사실 형상이나 형태들이 그 보편성에 부적합하다는 것을 암시하면서도 그 부적합성을 단지 양적(量的)으로나마 숭고한 것으로 만들기 위해 형태를 왜곡시키지 않을 수 없다. 그러므로 이 단계에서 우리는 허구와 믿기 어려운 사실들이나 기적들로만 가득 차 있을 뿐 참된 미를 지닌 예술작품들과는 만나지 못하는 세계에서 산다.

C. 이처럼 의미와 그것을 감각적인 것으로 표현할 때 생기는 투쟁을 통해서 우리는 점차 *세 번째*로 본래적인 상징의 단계에 도달하게 된다. 거기에서는 상징적인 *예술작품*도 비로소 완전한 특성을 보이면서 완성된다. 여기에서는 첫 번째 단계에서처럼 예술에 의해 형식이나 형태들이 산출되지 않고 절대자가 현존성을 가짐으로써 절대자와 직접적으로 일치하는 현상이 일어나지도 않으며, 또 두 번째 단계에서처럼 특수한 대상들이나 사건들이 상상에 의해 산발적으로 전개됨으로써 형태와 보편적인 의미 사이에 있는 차이가 지양되지도 않는다. 그 반대로

이제 우리의 눈앞에 드러나는 것은 예술에 의해 만들어진 상징적인 형태이다. 이는 한편으로 그 자체의 고유한 특성을 드러내면서도 다른 한편으로 단지 개별화된 대상으로만 머물지 않고 더 나아가 그 대상과 연결되고 또 그 대상 속에서 인식되는 보편적인 의미를 명시(明示)하는 것이어야 한다. 그리하여 우리 눈앞에 나타나는 그러한 형태들은 이제 우리로 하여금 그 안에 새겨진 내면적인 것을 알아내도록 요구한다.

원래의 상징이 이처럼 좀 더 특정하게 규정된 형태들에 대해서 우리가 일반적으로 전제할 수 있는 것은 그런 것들이 모든 민족의 종교적인 직관에서 나온다는 점이다. 그러므로 우리는 이런 점에서 또한 역사적인 것을 상기시키고자 한다.

그러나 개별적으로 포착해서 형상화하는 방식은 대체로 예술형식에 따라서 혼합되므로, 이들을 아주 엄격하게 구별할 수는 없다. 그러므로 우리는 어떤 민족이 지니고 있는 기본적인 형태의 세계관(世界觀, die Weltanschauung)을 초기나 후대의 민족들에게서—비록 그들이 타 민족에게 예속되어 있거나 개별적으로 흩어져 있더라도—다시 발견할 수 있다. 위의 첫 번째 단계에 해당하는 가장 구체적인 예를 우리는 고대 페르시아의 종교에서(in der *altparsischen* Religion) 찾을 수 있고, 두 번째 단계에 해당하는 예는 고대 인도에서, 세 번째 단계에 해당하는 것은 고대 이집트에서 찾아볼 수 있다.

2. 상징적으로 표현되는 숭고함

앞서 제시한 과정을 통해서 지금까지 특수하고 감각적인 형태로 인해 다소 불분명했던 의미는 마침내 자유로이 드러나고 스스로(für sich) 분명한 상태로 의식된다. 그리하여 원래 상징적이던 관계는 해체되고, 이제는 모든 현상들이 들어 있는 세계 안에서 보편적으로 머물면서도 모든 것에 스며드는 *실체*인 절대적인 의미가 포착된다. 이때 단순히 상징적이고 환상적이던 암시나 기형적이거나 수수께끼 같던 것 대신에 숭고함(*Erhabenheit*)을 상징적으로 표현(Symbolik der *Erhabenheit*)하는 실체성이 예술 속에 나타나게 된다.

이와 관련해서 특히 두 *가지* 관점, 즉 절대자(絕對者, das Absolute)이자 신성한 실체(實體, Substanz)가 여러 상태 속에서 유한한 현상들을 띠는 점을 구별할 수 있다. 이 관계는 말하자면 *긍정적*일 수도 있고 *부정적*일 수도 있는 이중성을 띤다. 물론 그 양쪽 형태에서 우리 눈에는 사물의 특수한 형태나 의미가 아니라 보편적인 정신과 실체와 관계되는 위상이 보여야 한다. 왜냐하면 보편적인 실체는 늘 밖으로 드러나야 하기 때문이다.

A. 첫 번째 단계에서 모든 개별성(Partikularität, 또는 특수성)으로부터 벗어난 전일자(全一者)인 실체가 특정한 현상들을 산출해내고 영활(靈活)시키는 영혼이 되어 현상들 속에 내재(內在)한다. 그러므로 그것은 모든 사물 속에 내재하는 가운데서 긍정적인 현재로 드러나며 이때 그 본질에 흠뻑 몰입되어 자신을 포기한 주체에 의해 표현된다. 이것이 바로 숭고한 범신론(Pantheismus, 汎神論)의 예술이다. 우리는 이것이 초기에는 고대 인도에서, 그 다음에는 마호메트교와 그 신비주의 예술(Kunst der Mystik)에서 찬란하게 완성되고, 또 마지막으로 기독교 신비주의가 보이는 몇몇 현상들 속에서 좀 더 심오하고 주관적인 방식으로 나타나는 것을 다시 발견된다.

B. 그에 반해 원래의 숭고함이 지니고 있는 *부정적인* 관계(das *negative* Verhältnis)를 우리는 *헤브라이*의 시문학에서 찾아야 한다. 즉 이 훌륭한 시문학에서는 하늘과 땅 위에서 형상이 없이 존재하는 주(主) 하나님을 찬양하고 숭고한 존재로 받든다. 여기에서의 시(詩)는 신이 창조한 모든 것을 단지 신의 위력이 우발적으로 만들어낸 사건들로서, 신의 장려함을 전달하고 신의 위대함과 가치를 드러내는 장식으로만 사용된다. 그리고 그 시는 그런 식으로 신을 숭배하는 가운데 아주 화려한 것조차도 부정(否定)하고 있다. 그 이유는 헤브라이의 시문학은 최고의 권위자가 지닌 위력과 장려함에 맞는 긍정적인 표현을 발견하지 못하고 있기 때문이다. 즉 피조물은 오직 절대자에게 예속된 것을 통해서만 긍정적인 만족에 도달할 수 있다. 이때 피조물은 자신이 아무런 가치가 없는 존재라고 느끼고 이를 표명함으로써 그들이 숭배하는 신의 의미에 부합될 수 있다.

3. 비유적인 예술형식이 지닌 의식적인 상징표현

이처럼 단순한 의미를 가진 것으로 알려진 것이 독자적인 현상으로 나타나면 그 의미에 부적합하게 *설정된* 현상으로부터 의미는 분리된다. 이제 이처럼 의미와 형태 사이에 실제로 분리가 이루어져도—상징적 예술이 요구하듯이—형태와 의미가 내적으로 유사한 관계를 띠면 이때 이 관계는 의미나 형태 자체 내에서 생기지 않고 바로 유사한 개별 이미지(Bild)를 통해서 스스로 명확한 의미를 직관하고 해석하는 *주관적인 제3자*(즉 예술가—역자주) 안에서 생긴다.

그러나 그런 이미지는 이제까지처럼 그에 적합한 유일한 표현이어야

니라 단지 장식이 될 뿐이다. 그때 드러나는 것은 그것이 미의 개념에 일치하지 않는다는 사실이다. 왜냐하면 불충분하더라도 원래 상징적인 예술에서는 형상과 의미가 서로 융합되었는데 여기에서는 더 이상 형상과 의미가 서로 융합되지 않고 대립되기 때문이다. 그러므로 이러한 형식에 근거한 예술작품은 종속적인 성격을 띠며 그 내용은 절대적이지 못하고 뭔가 다른 한정된 상황이나 사건이 될 뿐이다. 따라서 그 예술이 만들어낸 형태들은 종종 부차적인 것으로서만 이용된다.

이 장(章)에서는 다음과 같은 세 가지 주요한 단계로 좀 더 자세히 구분할 필요가 있다.

A. 첫 번째 단계에 속하는 것은 우화(寓話, Fabel), 비유담(Parabel), 그리고 교훈적인 이야기(Apolog)를 표현하는 방식이다. 그러한 것들 에서는 그 특징이 되는 형태와 의미의 *분리*가 아직 *분명하게* 이루어지지 않고 있으며 비교하는 *주관적인* 측면도 아직 *강조되지* 않고 있다. 그러므로 여기에서는 개별적이고 *구체적인* 현상—거기에서 보편적인 의미가 설명되어 나와야 하지만—의 표현도 역시 우세하게 나타난다.

B. 그에 반해 두 *번째* 단계에서는 단지 스스로 단순한 수식(修飾)이나 자의적으로 선택한 이미지만 드러내고 해명하는 식의 형상보다 보편적인 *의미*가 우세하게 된다. 여기에 속하는 것으로는 알레고리(Allegorie), 은유(Metapher), 비유(比喻, Gleichnis)가 있다.

C. 끝으로 세 번째 단계에서는 지금까지 상징 속에서 비교적 서로 생소하면서도 직접적으로 결합되어 있었거나 또는 독자적으로 분

리되어 있으면서도 여전히 서로 관계를 맺고 있던 측면들이 모두 완전하게 해체된다. 이때 범속한 보편성을 띤 내용에 예술형식은 전적으로 외적인 것으로 현상한다. 예를 들어 교훈시(敎訓詩, das Lehrgedicht) 같은 것이 그렇다. 다른 한편으로 외적인 것은 그 단순한 외면성에 맞게 *묘사하는* 시문학(*beschreibende* Poesie)에서 다루어지고 표현된다. 하지만 그로 인해서 내용과 형태의 상징적인 연결 관계는 사라지고 만다. 그러므로 이제 우리는 더 나아가 예술의 개념에 진정으로 부합되는 형태와 내용의 일치를 찾아보아야 한다.

제1장 무의식적인 상징표현

　우리는 상징적인 것이 거쳐 온 특수한 발전단계를 좀 더 자세히 고찰하려면 예술의 이념 자체에서 나온 예술의 *시원(始原)* 을 보는 데서부터 출발해야 한다. 앞서 살펴보았듯이 예술은 직접적이면서도 단순한 형상이나, 비유적으로 알려지거나 설정되지 않은 형태 속에 들어 있던 상징적 예술형식, 즉 무의식적인 상징표현에서 시작되었다. 그러나 이제 우리는 고찰하는 데 있어 원래의 상징적 특성을 이해하기 전에 먼저 상징적인 것의 개념에 맞게 규정된 전제들을 이해해야 한다. 좀 더 자세히 보면 우리는 다음과 같은 점에서 출발할 수 있다.
　즉 상징은 한편으로 보편적인 것이다. 그리고 그것은 정신적인 의미와 그 의미에 적합하거나 부적합한 감각적인 형태들 사이가 직접적으로 결합되어 있을 때 나타난다. 그러나 상징은 의미와 형태 양쪽이 불일치하는 것은 아직 의식하지 못한다. 다른 한편으로 의미와 형태 양쪽의 연결은 *직접적으로(unmittelbar)* 존재하는 신의 현재성을 의식할 때만 파악되는 것은 아니고 이미 *상상력(Phantasie)* 과 예술 속에서 형성되어 있어야 한다. 왜냐하면 예술에서 상징적인 것은 보편적인 의미를 직접적인 *자연적 현존(Naturgegenwart)* 대상으로부터 *분리* 할 때 비로소 생겨나기 때문이다. 그렇지만 *이제* 그 현존재 안에서 절대자는 실제로 있는 대상으로 *상상되고* 직관된다. 그러므로 상징적인 것이 되기 위한 *첫 번째* 전제조건은 예술에 의해 만들어지지 않고 예술과는 관계없이, 실재하는 자연대상들과 인간행위 속에서 절대자와 현상 세계 속에 드러난 그 절대자의 *직접적인 일치*(unmittelbare Einheit)가 보이는 것이다.

A. 의미와 형상의 직접적인 일치

이처럼 자연과 인간 속에 존재하는 것으로 의식되는 신성(神性)은 직접적으로 직관되는데 그와 일치하는 자연은 자연 자체로 받아들여지지 않으며, 절대자도 역시 그 자연적인 것에서 벗어나 독자적으로 있는 것으로 간주되지 않는다. 그러므로 사실 내적인 것과 외적인 것, 의미와 형태의 차이에 대해서는 말할 수 없다. 왜냐하면 내적인 것은 아직 의미로서 직접적인 현실 존재에서 분리되어 있지 않기 때문이다. 그러므로 우리가 여기에서 의미에 대해 이야기할 때면 이는 정신적 내적인 것을 보여주는 외적 형태를 대체로 외적인 것으로 바라보려는 우리의 욕구에서 나오는 반성(Reflexion)이다. 그리고 우리는 그 외적인 것을 보면서도 그 안에서 내적인 영혼과 그 의미를 들여다보고 싶어 한다. 따라서 우리는 그와 같은 신성을 일반적으로 직관하려 할 때 그 신성을 최초로 이해했던 민족들은 과연 그 내면성 자체가 내면이자 동시에 의미로서 눈앞에 드러난 것으로 보았는지, 아니면 지금의 우리들이 단지 의미를 직관할 때 그것의 외적인 표현을 인식하는 것인지 본질적인 구별을 해야 한다.

다시 말하자면 최초의 일치 속에는 영혼이나 육체, 개념이나 실재에 대한 구별 같은 것은 없었다. 여기서 육체적이고 감각적인 것, 자연적이고 인간적인 것은 그와 구분되는 의미를 단순히 표현한 것이 아니었다. 이때 현상 자체는 절대자의 직접적인 현존재를 드러내는 것으로 이해되었다. 즉 절대자는 스스로 다른 독자적인 존재성을 획득하지 않고 신적인 대상으로서 직접적인 현재성만을 갖는다. 예를 들어 라마교의 의식(儀式)에서 보면 실제로 존재하는 개체인 인간이 직접 신으로서 인지되고 숭배되고 있다. 이는 다른 자연 종교에서는 태양이나 산, 강, 달 또는 개별적인 동물들, 즉 황소나 원숭이 따위가 직접 신성한 존재로 간주되고 숭배되는 것과 마찬가지이다. 물론 기독교적인 관념에서도 그 방식이 좀 더 심오하기는 해도 비슷한 관점을 많이 찾아볼 수 있다. 예를 들어 가톨릭교의 교리에 따르면 성스러운 빵은 신이자 그리스도의 육신이요, 포도주에는 그리스도의 피가 실제로 직접 그 안에 들어 있다. 루터교에서도 신자를 만족시키기 위해 빵과 포도주가 실제로 육신과 피로 변한다고 보고 있다. 이와 같은 신비주의적인 통일성 속에는 단순히 상징적인 것만 들어 있지는 않다. 이는 종교개혁 이후에 나온 (칼뱅주의) 교리(敎理)에서는 다르다. 왜냐하면 이 교리에서는 정신적인 것이 감각적인 것에서 떨어져 나가고, 이때 외적인 것은 그와 구별되는 의미를 단지 암시할 뿐이기 때문이다. 마찬가지로 기적을 행한다는 마리아(Maria)의 상(像)들을 보더라도 종교개혁 이전에는 신성한 위력이 단지 그 상(像)들을 통해서 상징되는 것으로 암시되는 데 그치지 않고 그 상들 속에 직접 그런 위력이 들어 있는 것으로 간주되었다.

그러나 고대 젠다 민족(고대 페르시아 민족—역자주)의 생활과 종교 속에서는 그런 정신적인 것과 감각적인 것의 직접적인 통일성이 널리 퍼져 있었다는 것이 발견된다. 그들이 갖고 있던 관념과 제도(制度)는 《젠다베스타(Zendawesta)》(혹은 '아베스타(Avesta)'라고도 하며 이는 고대 조로아스터교의 경전이름이다—역자주)에 기록되어 보존되고 있다.

1. 조로아스터교

조로아스터교란 말하자면 빛(*das Licht*)이 자연스럽게 존재하는 모습, 불꽃을 내는 태양과 별들, 불을 절대자로 간주하고 그 신성함을—마치 빛이 단순히 표현이나 형상 또는 상징인 것처럼—빛과 구분하지 않고 믿는 종교이다. 즉 여기서는 신성한 것이라는 의미 자체가 그것이 현존재로 드러난 빛과 분리되지 않는다. 왜냐하면 빛이 선하고 정의로우며 축복에 차 있고 고무적이고 생명을 확산시키는 것으로 간주될 때 빛 자체는 선한 것이라는 단순한 이미지를 띠기 때문이다. 빛과 반대되는 것, 즉 순수하지 못하고 해롭고 사악하고 파괴적이고 죽음을 불러오는 어둠과 암흑의 경우에도 그와 마찬가지이다. 이러한 관념을 좀 더 세부적으로 분류하면 다음과 같다.

a) 첫째로 신성한 것은 스스로 빛처럼 순수한 것과 그에 반대되는 어둡고 순수하지 못한 것으로 *의인화(擬人化)*된다. 이때 이 양쪽은 각각 *오르무즈드(Ormuzd)*[1]와 *아리만(Ahriman)*이라고 불린다. 그러

---

1) 오르무즈드(Ormuzd)는 고대 페르시아의 조로아스터교에서 섬기던 최고신의 이름으로 원래는 '아후라 마즈다(Ahura Mazda, 또는 Auramazda)'이며, 그 뜻은 '지혜의 신'이다. 중세 페르시아어에 와서 오르무즈드(Ormusd)로 바뀌었으며, 페르시아인들이 생각한 유일신인 세계 창조의 신이며 빛의 위력이 구현(具現)된 신성으로 간주되었다. 이 신은 전지전능하며, 선한 자를 보호하고 악한 자를 징벌한다.

나 이와 같은 의인화는 매우 *피상적*이다. 오르무즈드는 유대인들이 믿던 신처럼 스스로 자유롭거나 초감각적인 주체도 아니고, 실제로 인격을 지니고 자의식적인 정신으로 표상되는 기독교의 신처럼 참된 정신이나 인격체도 아니다. 오르무즈드는 아무리 왕, 위대한 정신, 심판관 따위의 이름으로 불려도 빛이라는 감각적인 존재와 따로 분리되지 않은 채로 머문다. 즉 그것은 온갖 특수한 존재들 사이에 있는 보편적인 존재일 뿐이다. 그 특수한 것들 안에서 빛, 말하자면 신성하고 순수한 것이 실제로 존재하고 있는 것이다. 그러나 그(오르무즈드)는 현존하는 것들에게 정신적인 보편성이나 대자존재가 되어 그 모든 현존성에서 벗어나 독자적으로 자신에게 회귀(回歸)하지 못한다. 그것은 여러 종(種)과 개체들을 통괄하는 유(類)처럼 존재하는 특수한 개체들 속에서 전체적인 것으로 머문다. 그는 물론 보편자로서 모든 특수한 존재들보다 우월하며 제일인자, 최고의 존재, 황금처럼 찬란한 왕(王)들 중의 왕, 가장 순수하고 뛰어난 자라고 불린다. 그러나 그는 ―마치 아리만(Ahriman)[2])이 온갖 어둡고, 사악하고, 병들고 멸망하는 것들 속에서만 존재하듯이― 온갖 빛나고 순수한 것 속에서만 그 존재성을 지닌다.

b) 따라서 이러한 영역들은 곧 빛과 암흑, 그리고 그것들이 서로 투쟁하는 영역이라고 좀 더 확대된 범위로 표상된다. 즉 먼저 (빛을 상징하는) 오르무즈드의 영역에는 하늘의 일곱 개의 주요한 빛이자 신으로 숭배되는 암샤스판드들(*Amschaspands*)이 있다. 왜냐하면 그

---

2) 고대 페르시아의 종교인 조로아스터 교에서 암흑과 파괴의 신으로 간주한 신으로 앙그라 마냐(Angra Mainya, '파괴적인 영(靈)'으로 불리기도 하였다.

것들은 본질적으로 특수한 빛의 존재들이며 순수하고 위대한 천상의 족속으로서 신성한 존재 자체이기 때문이다. 모든 암샤스판드는—오르무즈드도 그 중의 하나인데—다스리면서 축복을 내리고 선행을 베풀며 나날을 보내고 있다. 더 나아가 좀 더 세분화하면 그들보다 하위에 이제드(Izeds)와 페르베르스(Fervers)라는 존재가 있다. 이들도 오르무즈드 신처럼 의인화되기는 하지만 우리가 볼 수 있는 인간의 형상을 지니지는 않는다. 그러므로 그것은 정신적이거나 구체적 주관성이 아닌 빛이나 광채, 불꽃, 섬광 같은 존재로서만 직관된다. 그러나 스스로 빛이나 광채를 내면서 존재하지 않더라도 그 안에 역시 오르무즈드가 존재한다고 간주되는 개별적인 자연사물들이 있다. 이런 존재들로는 말하자면 동물이나 식물, 정신성이나 구체성을 지닌 인간세계의 현상들, 개인의 행동이나 상황들, 국가전체나 위대한 일곱의 현인을 두고 있는 제왕 같은 생활, 신분의 차이, 도시들, 지방들과 그 지방의 수장(首長)들로서 아주 훌륭하고 순수하며 모범적으로 자기 구역을 지키는 사람들을 들 수 있다. 왜냐하면 생명을 보존하고 이를 확산시켜 번영하는 모든 것은 빛처럼 순수한 존재이며 따라서 오르무즈드와 같은 존재이기 때문이다. 조로아스터교에서는 모든 개별적인 진리, 선, 사랑, 정의, 온유함, 살아 있는 개체들, 축복받고 보호하는 것은 빛나고 성스러운 것으로 간주된다. 오르무즈드의 왕국은 실제로 존재하는 순수하고 빛나는 것으로서, 거기에서는 자연적인 현상과 정신적인 현상 사이에 구분이라는 것이 없다.

이는 마치 오르무즈드 자체 안에서 빛과 선(善), 정신적인 성질과 감각적인 성질이 직접적으로 일치하는 것과 같다. 그러므로 조로아스터교에서는 피조물에서 나오는 광채(Glanz)를 정신과 위력, 그리고 온갖 종류의 생명이 태어나게 자극하는 총체(Inbegriff)로 본다. 그들

오르무즈드(Ormuzd), 일명 '아후라 마즈다(Ahura Mazda)'는 고대 페르시아의 조로아스터교에서 섬기던 최고신의 이름이었다. 부조의 오른쪽에 높은 관을 쓴 인물이 오르무즈드 신이다. 기원전 약 3세기의 부조(浮彫)

은 다시 말하면 긍정적인 생명을 보존하고 온갖 사악하고 유해한 것을 제거하므로 빛은 동물과 인간, 식물에게 실제로 선한 것으로 보이고, 그 빛의 정도와 조건에 따라서 모든 대상들이 지니는 광채의 숭고함과 저속함의 정도가 결정된다.

아리만의 왕국도 역시 그와 같은 단계로 나뉜다. 다만 이 영역에서는 나쁜 정신, 자연적으로 사악한 것, 또 대체로 파괴적이고 부정적인 행위가 위력을 지니고 나타난다. 그러나 사악한 아리만의 위력은 확대되어서는 안 되므로 조로아스터교가 목표로 삼는 것은 세계 안에서 아리만의 영역을 없애고 분쇄하여 모든 사물 속에 오로지 선한 오르무즈드만이 활동하면서 존재하고 지배하도록 하는 일이다.

c) 인간의 삶 전체는 오직 이 하나의 목표를 위해 바쳐지고 있다. 모든 개개인의 임무는 다름 아닌 자신을 정신적 육체적으로 순화시키고 또 이 축복의 상태를 확대시키면서 인간적이고 자연적인 상태와 사악한 행위를 저지르는 아리만이라는 존재와 싸우는 일이다. 그

러므로 오르무즈드가 창조한 것을 찬미하고, 그 빛으로부터 나온 순수한 모든 것을 사랑하고 숭배하며, 그 오르무즈드의 마음에 드는 것이 가장 숭고하고 성스러운 의무가 된다. 오르무즈드야말로 모든 숭배의 시작이요 끝이다. 그러므로 파르시교도(der Parse)[3]는 생각할 때나 말할 때나 무엇보다도 오르무즈드를 부르면서 그에게 기도를 드려야 한다. 파르시교도는 모든 세상을 비추는 순수한 자를 찬미한 다음에 특정한 대상들을 그 숭고하고 위엄을 띤 완전성의 단계에 따라 숭배한다. 그 이유는 파르시교도의 말대로라면 그 대상들이 선하고 순수할 때 그들 속에는 오르무즈드가 존재하며, 그 대상들을 순수한 자녀처럼 사랑하고 마치 자신이 처음에 모든 것을 새로 순수하게 창조했을 때처럼 그 대상들에 대해 기쁨을 느끼기 때문이다. 따라서 그들은 오르무즈드와 가장 가까운 모상(摸像)이자 그의 옥좌를 감싸고 있는 제일인자인 찬란한 존재 암샤스판드에게 먼저 기도를 올린다. 이처럼 천상(天上)의 영(靈)들에게 드리는 기도는 정확하게 그들의 특성이나 그들이 지닌 임무와 관련하여 드리는 것이며 만일 기도의 대상들이 별(星)들인 경우에는 그것들이 하늘에 나타나는 시기와 맞춰서 기도를 드린다.

즉 기도하는 사람은 태양을 부르는 일은 낮에 행하며, 그것도 태양이 뜨는 시각이나 정오에, 또 해가 질 때 등 때가 다를 때마다 각기 다른 방식으로 태양을 부른다. 파르시교도는 특히 아침에서 한낮에 걸쳐 오르무즈드에게 더 많은 빛을 내려 달라고 기도하며, 밤에는 태양이 오르무즈드와 모든 이제드(Izeds)의 보호 아래 그 생명의 주기를 완성하도록 기도를 올린다. 그러나 주요 숭배대상은 대지와 사막을

---

[3] 이는 조로아스터교의 일파인 배화교(拜火敎)의 교도(敎徒)를 일컫는다.

풍요롭게 하고, 모든 자연에게 양분을 부여하며, 모든 싸움과 전쟁, 불화, 파괴의 악령(Daevas)들에 대항하며 평화를 주관하는 미트라스(Mithras)이다.

더 나아가 파르시교도는 아주 단조로운 기도를 드리면서 인간 속에 들어 있는 이상(理想), 가장 순수하고 진실한 것, 즉 이 지상의 어디에서 살든 또는 살았든 상관없이 순수한 인간의 정신이 되는 페르베르스를 중하게 여긴다. 그들은 특히 조로아스터의 가장 순수한 정신에게 기도를 올리며, 그 다음에 신분계급에 따라 도시와 지방의 수장(首長)들에게 기도를 올린다. 그럼으로써 그들은 이제 모든 인간들의 정신은 살아있는 빛인 사회의 구성원들로서 서로 밀접하게 결합되어 있다고 본다. 그리고 그 사회는 언젠가는 고로트만(Gorotman)[4] 속에서 더욱 더 하나로 통일될 것이라고 믿는다.

기도하는 자는 오르무즈드를 향해 얼굴을 돌린 채 마지막으로 동물이나 산, 나무들도 잊지 않고 그 대상들의 이름을 부르며 기도한다. 즉 기도하는 사람은 그 대상들이 인간에게 보여주는 선한 봉사를 찬미하고, 그 중에서도 가장 뛰어난 대상을 오르무즈드의 존재 가운데 하나로 삼아 경배한다. 조로아스터교의 경전인 젠다베스타에는 이와 같은 기도를 권장하는 것 외에도 *실제로 선을 행하고 순수한 생각과 말과 행동을 취하라*는 주장들이 담겨 있다. 파르시교도는 인간의 외적 내적인 모든 태도에서 빛과 같아야 하며, 오르무즈드, 암샤스판드, 이제드, 조로아스터 그리고 모든 선한 사람들처럼 살고 선한 영향을 미쳐야 한다. 왜냐하면 이런 사람들은 빛 속에서 살았고 살고 있으며, 그들의 모든 행동은 빛이기 때문이다. 그러므로 사람은 누구나 자기

---

4) 이는 노래의 집, 즉 '천국'을 뜻함.

자신의 모범이 되는 대상을 눈앞에 두고 그 선례를 따라야 한다.

인간이 행동을 하며 살아가는 가운데서 빛 같은 순수함과 선(善)을 많이 보여주면 줄수록 천상의 영혼들은 그 인간에게 더욱 가까워진다. 이제드가 자비로이 모든 것에 축복을 내리고, 생기를 부여하고, 풍요하고 다정한 것으로 만들듯이, 파르시교를 믿는 자는 자연을 순수하고 고귀하게 하고 또 도처에 생명으로 가득 찬 빛과 즐거운 풍요를 뻗치려고 노력한다. 이런 의미에서 그는 굶주린 자들에게 음식을 주고, 병든 자들을 돌보며, 목마른 자에게는 마실 것을 제공하고, 방랑자에게는 잘 곳을 제공한다. 그리고 땅 위에는 순수한 씨앗을 뿌리고 깨끗한 운하를 파며 사막에다 나무를 심어 될 수 있으면 그들이 잘 자라도록 돌본다. 그는 살아있는 것에 양분을 주고, 그것이 풍성하도록 보살피고, 불이 순수하게 빛을 내도록 돌보며, 죽어 더러워진 짐승들을 없애고, 혼인을 성사시킨다. 그리고 성스러운 사판도마드(Sapandomad)[5]이자 지상(地上)의 이제드 자신은 그러한 것에 대해 기뻐하며, 악령이나 다르반드(Darwands)들이 일으키는 사악한 재해를 막아준다.

2. 조로아스터교가 지닌 비상징적인 유형

위와 같은 관념 속에는 우리가 상징적인 것이라고 부를 만한 것은 아직은 전혀 존재하지 않고 있다. 물론 빛은 한편으로 보면 자연적인 존재이며, 다른 한편으로는 선하고 축복받은 것으로서 지속적인 것의

---

[5] '정의(正義)'라는 뜻.

의미를 지닌 존재이다. 그러므로 실제로 존재하는 빛은 자연과 인간 세계에 고루 퍼져 있는 보편적인 의미에 단지 유사한 이미지라고 볼 수도 있을 것이다. 그러나 파르시교도들 생각으로는 빛의 존재와 그 의미를 분리하는 일은 그릇된 것이다. 왜냐하면 그들이 이해하는 빛은 곧 빛 자체로서 선하고, 모든 특수한 선한 것, 살아있는 것, 긍정적인 것 안에 들어 있으면서 작용하는 빛이기 때문이다. 이때 보편적이고 신성한 것은 세속적인 현실 속에 존재하는 특수하고 차이 나는 존재들 사이를 관통하며 지나간다. 그럼에도 불구하고 특수한 개체 존재 속에는 의미와 형상이 서로 분리되지 않은 본질적인 통일성이 존재한다. 이 통일성 안에서 드러나는 차이는 의미 자체와 그것이 현시(現示, Manifestation)된 것 사이에 나타나는 차이가 아니라, 현존하는 대상들 간의 차이, 즉 예를 들면 별들이나 식물들, 인간의 생각이나 행위들 간의 차이이다. 그들 안에서 신성한 것은 빛과 암흑으로 존재하는 것으로 고찰된다.

그러나 파르시교도의 표상이 좀 더 발전하면 몇 가지 상징적인 표현의 시초가 되는 요소들이 엿보인다. 그러나 이때 사물을 직관하는 전체적인 방식이 되는 원래의 유형은 아직 드러나지 않고 다만 개별적으로만 실행된다. 예를 들면 오르무즈드는 그가 사랑하는 쟘시드(독일어로는 Dschemschid, 영어로는 Jamshid로 표기―역자주)에 대해 언젠가 다음과 같이 말한다. "비벵함(Vivengham)의 아들[6]인 성스러운 페르베르스인 쟘시드는 내가 보기에 위대하였다. 나는 그의 손에 한 자루의 단도를 쥐어주었는데, 그 단도의 날과 손잡이는 황금으로 되

---

6) 비벵함의 아들인 이마(Yima)는 원래 페르시아에서 '인류의 시조(始祖)'라는 의미였는데 후에 쟘시드라고 불렸다.

어 있었다. 잠시드는 그 단도로 지상(地上)을 삼백여 개로 나눴다. 그는 황금갑옷을 입고 황금단도를 쥔 채 지상의 왕국을 나누면서 "사판도마드(Sapandomad)는 즐거워할지어다"라고 말했다. 그는 기도를 드리면서 가축과 야생동물 그리고 인간에게 성스러운 축복의 말을 내렸다. 그리하여 그가 스쳐 지나간 나라들에는 행복과 축복이 내려졌고, 가축과 들짐승, 사람들은 큰 무리를 이루면서 그에게 달려갔다."

이제 이 이야기에서 단도를 갖고 지상을 분할한다는 것은 농업을 의미하는 하나의 이미지(ein Bild)라고 가정할 수 있다. 농업은 그 자체는 아직 정신적인 활동이 아니지만 그렇다고 순수하게 자연적인 것만도 아니고, 인간이 오성과 경험으로 숙고하며 행해온 보편적인 노동으로서 이는 인간의 생애와 관계되는 모든 것 속에 확산되어 나갔다. 물론 여기서 단도로 땅을 가르는 것이 농업을 암시한다는 것은 잠시드가 땅 위를 거쳐 지나간다는 생각 어디에도 명확히 언급되지는 않고 있다. 또 땅을 가른다는 말과 관련해서 그것이 풍요롭게 한다든지 들에서의 수확을 의미한다든지 하는 따위의 말은 한마디도 언급되지 않고 있다. 그럼에도 불구하고 이 단 한 가지의 행위 속에서도 단순히 땅을 뒤엎고 흙을 부드럽게 갈구는 행위 이상의 것이 들어 있는 듯이 보이므로 그 안에서 뭔가 상징적인 것이 암시되어 있음을 발견할 수 있다. 특히 후에 미트라스(Mithras)[7]에 대한 숭배가 발달하면서

---

[7] 미트라스(Mithras)는 고대 이란에서 정의와 국가의 질서를 나타내는 신으로, 그의 이름 미트라스는 '계약'이라는 의미를 지녔었다. 그의 이름은 기원전 14세기경 아카드어에서 처음으로 서약의 신으로 등장한 것으로 여겨진다. 고대 이란에서도 그는 역시 남성들 사이에 계약의 신으로서 등장했다. 조로아스터의 경서인 《젠다베스타》(이는 또 '아베스타'라고도 불림)에서 그는 생명을 부여하는 신으로 불리고 있다. 기원 1세기 이후부터 이 미트라스 신은 로마제국 내에까

미트라스(Mithras) 신과 그가 황소를 죽이는 모습을 묘사한 부조. 서기 2~3세기경 작품

나타난 사상에서도 역시 이와 비슷한 점이 보인다. 거기에서 미트라스는 여명이 들어오는 동굴 안에서 황소의 머리를 높이 쳐들고 그 목에 단도를 꽂는 젊은이로 표현된다.

그 행위가 이뤄질 때 한 마리의 뱀이 그 피를 핥고, 전갈 한 마리는 그 황소의 생식기를 갉아먹는다. 이 상징적인 표현은 부분적으로는 천문학적인 것으로 부분적으로는 다른 방식으로 해명되었다. 그러나

지 알려져 새로운 의미를 띠게 된다. 즉 그는 태양과 결부되어 구원의 신으로 변모한다. 이 신은 특히 로마군인들의 숭배 대상이었다. 그들이 행하는 이 신의 숭배의식에서는 여성들은 제외되었는데, 그 의식의 중심을 이루는 것은 바로 젊은 미트라스 신이 황소를 죽이는 것으로서, 이는 생명과 구원을 위한 의식으로 행해졌다. 이는 고대 로마시대 특유의 밀교(密敎) 가운데 하나였다. 황소를 죽이는 이 미트라스 신상을 양각(陽刻)으로 조각한 작품(기원후 250년경에 사암(砂岩)으로 만들어진 것으로 추정, 높이 175cm 가량)이 현재 독일 쾰른 시의 로마-게르만 박물관에 소장되어 있다.

좀 더 일반적이고 심오하게 관찰하면, 그 황소는 자연적인 원리를 나타내는 것으로서, 정신적인 존재인 인간이 그 황소에 대해 승리를 거두는 것으로 간주될 수 있다. 물론 거기에다 천문학적인 것을 관련시킬 수도 있을 것이다. 그러나 매개자(媒介者)라는 뜻을 가진 미트라스라는 이름도 역시 정신이 자연에 대해 승리를 거두는 반전(反轉)이 그 이야기 안에 내포되어 있음을 암시한다. 이는 특히 후대에 와서 인간이 자연보다 우위에 서기를 욕구하면서 나타났다. 그러나 이미 언급했듯이 고대 파르시교도들의 관념 속에는 그러한 상징들은 다만 간헐적으로 생겨났을 뿐 그들이 사물을 전체적으로 관조하는 방식에는 널리 응용되지 못했다. 젠다베스타의 경전에서 규정하고 있는 *의식(儀式)은 상징적인* 성격이 더 적다. 그 의식에서 추는 춤은 하늘의 성좌들이 꼬여 엇갈리며 운행하는 것을 찬양하고 이를 모방(模倣, die Nachahmung)하여 축제로 삼는 것도 아니고 또 반대로 보편적인 사상을 단지 이미지로서 암시하는 춤도 아니다. 오히려 파르시교도들에게 종교적인 의무가 되는 모든 행위는 순수함을 내적 외적으로 실제로 확산하기 위한 것이며, 그 행위들은 보편적인 목적, 즉 모든 인간과 자연대상들 속에 존재하며 지배하는 오르무즈드와 같은 상태를 실현시키려는 합목적적인 행위로 나타난다. 그러한 목적은 의식 행위 속에 암시되는 것이 아니라 그 행위 자체 속에서 전적으로 도달된다.

3. 조로아스터교의 비예술적인 이해와 표현

이러한 관념 속에는 상징적인 것의 유형은 결여되어 있다. 따라서 엄격한 의미에서 거기에는 *예술적인* 특성도 역시 결여되어 있다. 물론 일반적으로 그 같은 표상방식을 *시적(詩的)*이라고 부를 수는 있다. 왜냐하면 개개인간의 생각이나 상태, 행위, 행동들을 직접적이고 우연적이며 범속하고 무의미한 것이라고 간주할 수 없듯이 개개의 자연대상들도 그와 마찬가지로 본질적으로 절대자인 빛 가운데서 관조되기 때문이다. 이를 거꾸로 보면 구체적이고 자연적이고 인간적인 현실 속에 들어 있는 보편적인 본질은 현존성이나 형태가 없는 보편성으로 이해되는 것이 아니라 보편자와 개별자가 직접 하나로 일치된 것으로 표상되고 언표된다. 그러한 직관은 미적(美的)이고 원대한 것이라고 평가할 수 있다. 그리고 빛 자체는 조악하고 의미 없는 우상에 비해 순수하고 보편적인 것으로서, 물론 선과 진리에 합당한 이미지가 된다.

그러나 그 안에서 시(詩)적인 것은 매우 보편적인 것으로서만 머물 뿐 예술이나 예술작품이 되지는 못한다. 왜냐하면 이미 보았듯이 여기서 선하고 신성한 것은 스스로 규정하지 못하고, 또 그 내용의 형식과 형태도 정신으로부터 생겨난 것이 아니기 때문이다. 그리고 여기서는 실제로 존재하는 태양이나 별, 식물, 동물, 인간, 불 따위는 그 직접성(Unmittelbarkeit) 속에 이미 절대자에 맞는 형태를 지닌 것으로 파악되었다. 그러므로 여기에서 감각적으로 표현되는 것은 예술이 요구하듯이 정신에서 창조되어 형태를 갖는 것이 아니라 직접 외적인 존재 안에서 합당한 것으로 표현되고 있다. 물론 다른 측면에서 볼 때 예를 들어 우리는 개개 인간들의 수호신들인 이제드(Izeds)와 페르베르스(Ferwers)[8]처럼 개별적인 존재들을 그 실재성과는 무관하게 표

---

8) 페르베르스(Ferwers)는 페르시아어로 Faravahar 또는 Fravashi라고 하며, 인간의 태어나기 전과 죽은 후의 영혼을 관장하는 수호신이자 인간 정신의 상징으로 알려져 있다. 그러나 이 존재는 앞서 최고의 신으로 간주되는 '아후라 마즈다' 신과 동일한 존재인지의 여부는 확실하지 않다. 특히 고대 페르시아가 강

상하기도 한다.

그러나 이처럼 초기 단계에서 의미와 형태가 구별되던 시기에는 시적인 창의성(poetische Erfindung)은 아주 미미했다. 왜냐하면 그러한 구별은 매우 형식적일 뿐 수호신인 페르베르스와 이제드는 각기 독특한 형태를 얻지 못하고, 한편으로 다른 개개의 인간과 매우 유사한 내용만을 갖거나 다른 한편으로 기존의 개인이 지닌 공허한 주관성의 형태만 지녔기 때문이다. 즉 여기에서 상상력은 좀 더 심오한 의미를 산출해 내거나 좀 더 풍요로운 개성을 띤 독자적인 형태를 드러내지

성했을 때는 이 수호신의 존재는 왕궁의 벽들 곳곳에 새겨질 정도로 막강한 위력을 띠고 있었다. 그 예로 고대 페르시아(현재 이란)의 페르세폴리스(Persepolis) 벽면에 부조로 새겨져 오늘날까지 그 폐허에 남아 있는 '파라바하르(Faravahar, Fravashi)'의 형상을 들 수 있다. 이 형상의 중앙에 새겨진 원은 인간 개인의 영혼을 상징하며, 그의 양쪽으로 펼쳐진 두 개의 날개는 각각 성스러운 노래(Divine Songs)인 가타스(Gathas)와 인간의 오감, 즉 육체적인 것을 상징한다고 한다. 인간은 살아 있는 동안 이 서로 대립되는 양자 사이에서 투쟁하며 죽은 뒤에는 영혼이 인간을 영원한 곳으로 이끌어 간다고 한다. 여기서 우리가 주목할 것은 이 페르베르스(Ferwers)가 띠고 있는 삼위성(三位性)이다. 위의 '아후라 마즈다' 신의 이미지에서도 추측할 수 있듯이, 이 수호신의 존재에서도 우리는 이들이 지닌 상징성이 후에 유대인의 종교, 그리고 더 나중에 거기에서 변형된 기독교의 '삼위일체' 사상에 영향을 끼쳤음을 알 수 있다. 그리고 페르시아의 종교가 유대교에 영향을 끼쳤다는 데는 충분한 근거가 있는데, 그것은 바빌론에 포로로 잡혀가서 고생하던 유대인들(기원전 598년~기원전 538년)을 해방시켜 준(기원전 538년) 민족이 다름 아닌 당시 중동에서 가장 강력했던 페르시아 제국이었고, 이 당시에 페르시아에서는 다름 아닌 조로아스터교가 가장 번성하고 있었으니, 이들의 종교사상이 당연히 그들에게 구원받은 유대인들에게 스며들어갔을 것이다. 만약에 이런 사실들을 염두에 둔다면 우리는 헤겔이 고대 페르시아 종교의 상징성과 후에 가서 나타나는 기독교의 상징성 사이에 크게 거리를 두려는 시도에 대해 나름대로 의문을 가져볼 수 있을 것이다.

고대 페르시아(현재 이란)의 페르세폴리스(Persepolis) 궁전 벽면에 부조로 새겨진 '파라바하르(Faravahar, Fravashi)'의 형상. 사람의 모습을 한 인물의 중앙에 원이, 양쪽에는 새의 날개가 달려 있다

못한다. 그리고 더 나아가 여기에서 특수한 존재들은 보편적인 류(類)에 속하는 것으로 표상된다. 이 점을 보더라도—물론 상상력은 또 그런 류와 종(種)에 맞는 실제 존재를 만들어 내지만—이처럼 다양한 존재들을 같은 류와 종에 속하는 것들로 보고 이들을 본질적인 것으로 통일시키려고 지향하는 것은 또다시 모호한 의미를 띤 상상력에서 나온 행위일 뿐 시와 예술에 본래 맞는 작품이 되지는 못한다. 즉 예를 들어 바람(독일어로는 Behramfeuer, 영어로는 Bahram으로 표기 — 역자 주)의 성스러운 불은 본질적인 불이다. 그리고 물(水) 가운데서도 다른 모든 물보다 우월한 물이 있다.9) 또 홈(Hom)은 모든 나무들 가운데

---

9) 이 부분의 구절은 우리가 이해하기에 좀 어려울지 모르겠다. 이 구절에 대해 《미학강의》의 영문판 번역자인 녹스 교수는 다음과 같이 보충설명을 하고 있다. "의미와 형태는 예를 들어 개체적인 것 자체가 구체적인 개체라는 현실성에서 떨어져 나가 추상적으로 개체의 수호신인 '페르베르스'로 상상될 때 서로 분리되기 시작한다. 그러나 사실 페르베르스는 내용상으로나 형태상으로 개체와 구분이 안 된다. 그는 내용상으로는 추상적 개체이면서도 형태상으로는 개체가 지니는 주관성을 지니고 있다. 따라서 이에 대해 시(詩)는 추상적인 개체성, 좀 더 자세히 말하면 추상적인 주관성 이상으로 더 깊은 의미를 창조해 내지는 못한다. 예를 들어 이념 내지는 수호신으로의 산(山)과 그 휘하에 있는 모든 개개

서 가장 훌륭하고 가장 순수하며 가장 힘찬 나무, 즉 그 안에 영원한 생명의 즙이 가득 흐르는 근원적인 나무이다. 또 산(山) 중에서 알보르드슈(Albordsch) 산[10]은 지상 위에 있는 모든 산들의 최초의 맹아(萌芽)인 성산(聖山)으로 표상되고 있다. 그것은 빛의 광채 속에 서 있으므로 빛을 인식하는 인간들의 선행(善行)은 그 산에서 나오며, 그것은 또 태양과 달, 별들의 근원이 된다. 그러나 전체적으로 보면 여기서 보편자인 그 산은 특수하게 개별적으로 존재하는 실제의 사물들과 직접 일치하는 것으로 관조되고 있고, 보편적인 것들이 다만 여기저기서 특수한 형상으로 구체화되어 나타날 뿐이다. 그 종교의 예배의식은 모든 사물 속에 오르무즈드가 세속적으로 실제로 완성된 존재로 지배하기를 목표로 삼는다. 그리고 또한 모든 대상들도 그에 맞게 순수해질 것을 요구한다. 그러나 그러한 의식에서는 고대 그리스에서 전사(戰士)나 용사들의 단련된 육체 속에 표현된 것 같은 직접적이고 생동적인 예술작품은 만들어 나오지 못한다.

이런 면들을 모두 고려하고 그 관계를 살펴볼 때 정신적인 보편성과 감각적인 실재성이 최초로 일치하던 때에는 단지 예술에서 나타날 상징성의 기초가 다져졌을 뿐이지 그것 자체가 상징적으로 머물거나 예술작품을 산출해 낸 것은 아니었다. 그러므로 이제 우리는 지금까지 고찰한 의미와 형태가 일치하던 조기 단계로부터 의미와 그 형태

의 산들을 총괄하고 그런 다음에 그 산의 수호신에게 특수한 산이라는 구체성을 부여하는 것은 한 단계 발전된 것이다. 그러나 이때 현실성을 띠는 것은 바로 그 산이라는 수호신의 유형(pattern)이다. 즉 알보르드슈 산은 그 유형적인 산이며 '바람(Behram)'은 유형적인 불이자 불의 수호신이다. 즉 보편적인 것은 특수한 것으로 분류되지 않지만 그 특수한 것들 속에 직접 존재한다."
10) 알보르드슈 산은 하늘을 떠받치고 있다고 여겨지는 신화적인 산이다.

가 *차이*를 나타내며 투쟁하는 과정으로 넘어가는 다음 단계로 넘어가 고찰할 필요가 있다.

B. 환상적인 상징표현

우리는 위처럼 절대자와 그 절대자가 외적인 존재로 인지되면서 직접적으로 일치한다고 보던 의식(意識)에서 벗어나게 될 때, 우리 눈앞에는 그 반대로 지금까지 일치하는 것으로 보였던 측면들이 서로 *분리*되고 의미와 그 형태는 서로 떨어져 나가 투쟁하는 것이 드러난다. 이 투쟁에서는 양쪽의 분열을 *환상*으로 다시 짜 맞추어 그 분열을 다시 직접 치유하려는 강한 충동이 일어난다. 이와 같은 것을 시도할 때 맨 먼저 예술에 대한 본연적인 욕구가 생겨난다. 그 이유는 만약 표상되는 내용이 그 현존성에서 벗어나 독자적인 것으로 설정되면서 더이상 현실성 속에서 직관되지 않을 때, 정신은 새로이 풍부한 환상[11]에 의해(phantasiereich) 보편적인 것을 표상하고 이를 형태화하여 예술적인 형상을 산출해 내야 할 과제를 안기 때문이다. 그런데 이 과제는 첫 번째 영역의 경우에—우리는 아직도 이 영역을 고찰하고 있는데—단지 상징적으로만 풀 수 있으므로 우리는 지금 마치 이미 원래의 상징성을 띤 것의 기반 위에 있는 것처럼 보일지도 모른다. 그러나 이는 그렇지가 않다. 이때 우리가 맨 먼저 부딪히는 것은 마구 부풀어오르는 환상에서 형상화되어 나온 것들(Gestaltungen einer gärenden

---

[11] 미학 강의 전체에 걸쳐서 헤겔은 'Phantasie(상상력, 환상(幻想))'이라는 말을 대체로 부정적인 의미로 사용하고 있다. 역자는 이 단어를 문맥에 따라 때로는 '상상력'으로, 때로는 '환상'으로 번역하였다.

Phantasie)이다. 그 환상은 불안한 것이어서 진정한 상징예술의 중심에 이르는 길을 제시하는 데 그친다. 다시 말해서 의미와 그 의미를 표현한 형태 사이에 차이가 있음이 맨 처음 드러날 때 양쪽이 갖는 차이와 일치성은 아직도 혼란된 성격을 띤다. 이와 같은 혼란은 필연적이다. 그 이유는 양쪽 가운데 어느 쪽도 그 안에 다른 쪽의 기본특성을 구성하는—그리하여 적합하게 일치 조화될 수 있는—형식을 갖춘 총체성으로 아직 진전되지 못했기 때문이다.

총체적인 정신이라면 가령 외적 현상의 측면을 자기 자신으로부터 규정하며, 마찬가지로 예를 들어 정신은 그 총체성에 따라 그것이 외적으로 드러나는 현상을 스스로 규정한다. 그러나 정신에 의해서 파악되는 의미들과 존재하는 현상들의 세계가 처음 분리될 때 그 의미들은 구체적인 정신을 띤 의미들이 아니라 추상적인 것들이며, 그 의미들의 표현은 정신이 깃들지 않은 단지 추상적으로 외적이고 감각적인 것일 뿐이다. 그러므로 의미와 형태를 구별하거나 통일시키려고 압박하고, 감각적이고 개별적인 개개의 사물들에서 무규정적이고 절제 없고 보편적인 의미를 찾아가려고 헤맬 때, 내적인 의식에는 의미와 반대되는 형식 속에서 그 의미를 단지 감각적인 형태로만 발견하려고 흥분하는 비틀거림이 파악될 뿐이다. 이러한 모순 속에서 서로 대립되는 요소들은 진성으로 통합되어야 하지만, 한편으로 억지로 빈대쪽으로 밀쳤다가 다시 처음으로 되밀리는가 하면 불안하게 이리저리 내던져지고 흔들리고 부글부글 끓으면서 *분투한다*. 그러다가 해체되고 나면 마치 이미 진정된 것처럼 믿어버린다. 그리하여 진정한 만족 대신 모순 자체가 마치 참된 통일성인 듯이 이해되고 가장 불완전한 통일성이 마치 본래 예술에 적합한 것인 양 제시된다. 이처럼 뒤죽박죽된 혼란스런 영역에서는 우리는 참된 미를 찾을 수가 없다. 왜냐하면 우리는 극단적인 한 쪽에서 극단적인 다른 쪽의 극한으로 쉴 새 없이 넘나드는 상황에서, 한편으로 보편적인 의미들이 지닌 폭넓은 위력이 개별적이고 원초적인 현상인 감각적인 것들에 매우 적절하지 못하게 관련되어 있음을 발견하고, 또 다른 한편으로 시원적인 보편적인 것이 거꾸로 가장 감각적인 현실 속에 아무 부끄럼 없이 옮겨져 있는 것을 발견하게 되기 때문이다. 더욱이 환상이 이처럼 적절하지 못한 것을 느끼고 의식할 때 그 환상은 뒤틀리고 왜곡된다. 왜냐하면 환상이란 특정한 형태들이 지닌 확고하고 한정된 특성들을 넘어서 밀치고 나갈 때, 그 특성들을 과장시키기도 하고 불확실한 것으로 변형시키는가 하면, 무절제한 것으로 끌어올리고 잡아 뜯음으로써 원래 화해시키려던 노력에도 불구하고 오히려 반대로 화해할 수 없는 상태를 야기하기 때문이다.

이처럼 환상과 예술이 최초로 결부되는 시도가 아직 매우 거칠게 이루어지는 것을 우리는 특히 인도인들에게서 만나게 된다. 이 단계가 지닌 일반적인 성격에 비춰 볼 때 그 인도인들에게는 의미들 자체를 명확하게 파악할 능력도, 실제 존재를 그 독특한 형태와 함축성 속에서 파악할 능력도 없었다는 사실이 중대한 결점이었다. 그러므로 고대 인도인들은 인물이나 사건들을 역사적으로 파악할 능력이 없음을 스스로 입증했다. 왜냐하면 역사적인 고찰을 위해서는 일어난 사건들의 사실적인 모습을 알고 이를 경험적으로 전달함으로써 그 근거와 목적, 원인을 받아들여 이해할 분별력(Nüchternheit)이 있어야 하기 때문이다. 그러나 인도인들은 모든 일에서 오직 절대적 신성(神性)에만 귀의하려고 했고, 일상적이며 감각적인 일에서조차 그들의 환상은 여러 신(神)들을 마치 실제로 존재하는 것처럼 눈앞에서 보려는 충동 때문에 세속적으로 필요한 분별력을 가질 수가 없었다. 그리하여 그들은 일상생활과 세속적 질서, 지성(知性)과 견실함을 전혀 고려하지 않았다. 그래서 그들은 유한한 것과 절대적인 것을 마구 뒤섞으며, 그들의 생각이 아무리 풍부하고 과감해도 결국은 터무니없고 산만한 환상에 빠지고 만다.12) 그런 상태에서는 아무리 내면적이고 심오한 것일지라도 곧 아주 진부한 현실성으로 빠져 들어가 버리고, 극단적인 것은 또 다른 극단적인 것으로 전도(顚倒)되거나 변형되고 만다. 우리는 인도인들이 이처럼 지속적으로 취해 있는 상태, 즉 이 미치광이 같은 상태를 좀 더 확실히 보려고 그들이 지녔던 종교적인 표상 자체를 검토할 필요는 없고, 다만 그들이 사물을 직관하던 방식이 예술의 주요 동기가 되었던 것만을 검토하고자 한다. 그 주요한 요소들은 다음과 같다.

1. 인도인들이 이해하는 브라만

인도인들의 의식(意識) 가운데는 극단적인 것이 한 가지 있다. 그것은 절대자를 보편적이고 구분이 없는 존재로, 즉 전적으로 무규정적인 것(unbestimmt)것으로 의식한다는 것이다. 이 외적인 추상은 특수한 내용도 지니지 않고 또 구체적인 인격으로 표상되지도 않기 때문에, 그 결과 이는 어떤 식으로도 형태화되어 직관될 소재(素材)가 되시 못한다. 왜냐하면 일반적으로 최고의 신성(神性)을 의미하는 브라만(Brahman)13)은 전적으로 감각과 지각에서 벗어난 존재로서 사실

---

12) 헤겔은 당시 그가 연구한 영어, 불어, 독일어로 된 관계서적이나 정기간행물을 통해서 이처럼 인도에 대해 지극히 부정적인 영향을 받았던 것 같다.
13) '브라만'은 고대 인도의 베다 종교와 철학에서 최고의 우주이자 최고의 원리를 뜻하기도 하며, 이 신성함의 개념은 후에 불교에서 다시 받아들여져 중국으로 불교가 전파될 때 '범(梵)'이라는 개념으로 음역(音譯)되었다.

사유의 대상조차 되지 않기 때문이다. 그러나 무엇을 사유하기 위해서는 어떤 대상을 설정하고 그 속에서 자신을 발견하는 자의식(自意識)이 있어야 한다. 매사에 이해한다는 것(Verstehen)은 이미 자아(自我)와 대상을 확인하고 거기에서 분리되어 있는 것을 화해시키는 일이다. 내가 이해하지 못하고 인식하지 못하는 것은 나에게는 생소한 타자(他者)로 머문다. 그러나 인도에서는 인간의 자아(自我)와 브라만을 결합하는 방식이란 다름 아니라 이 극단적 추상성 자체를 향해서 자아를 끊임없이 부추겨 고양(高揚)시키는 일이다. 그래서 인간이 미처 거기에 도달하기도 전에 구체적인 내용 전체뿐만 아니라 자의식마저 붕괴되고 만다. 그러므로 인도인들에게는 브라만과 자신을 화해(和解, die Versöhnung)시키거나 그와의 통일성을 인간이 *의식(意識)*하는 일은 결코 불가능하다. 오히려 인도인에게 있어 통일성이란 의식은 물론 자의식, 그리고 더불어 세계의 모든 내용과 인간 자신 속에 깃든 내용마저 모두 사라져버릴 때에만 가능하다. 즉 그들에게는 절대적으로 둔감한 상태에 도달하기 위해서 자신을 비우고 없애는 일이야말로 인간이 최고의 신인 브라만이라는 최고의 상태에 도달하는 가치를 지닌다.

이러한 추상성은 인간이 자신에게 부과할 수 있는 가장 가혹한 일이다. 이는 한편으로 브라만이 되겠지만, 다른 한편으로 모호하고 금욕적인 것을 순수하게 이론적이고 내적으로만 숭배하므로, 이는 상상력과 예술의 대상이 되지 못한다. 왜냐하면 여기서의 예술은 오직 자아를 없앤다는 목표에 도달하는 과정에서만 다양한 형상을 만들어내는 기회를 얻기 때문이다.

2. 인도인의 상상력에 깃든 감각성, 무절제함, 의인화(擬人化) 행위

그러나 거꾸로 인도인의 직관은 이와 같은 초(超)감각성을 벗어나 매우 거칠게 감각성(感覺性, Sinnlichkeit)을 향해 나아가기도 한다. 그러나 이때 초감각성과 감각성 양쪽에 있는 직접적이고 고요한 동일성은 사라지고, 대신 동일성 안에 존재하는 *차이(Differenz)*가 기본적인 유형으로 드러난다. 그런데 이러한 모순은 아무런 중재(仲裁)도 거치지 않고 우리를 유한한 것으로부터 신성한 것을 향해 밀어붙이는가 하면 또다시 신성한 것으로부터 유한한 것을 향해 밀어 떨어뜨린다. 그러므로 우리는 마치 마녀의 세계 속에 뛰어든 것처럼 한 측면에서 다른 측면이 생겨나고 서로 뒤바뀌는 형상들 가운데서 산다. 그곳에서는 아무리 형태의 피규정성을 고수하고 싶어도 어떤 특정한 형태도 오래 지탱하지 못한 채 갑작스레 정반대의 형태로 변하거나 과장되는 현상 등이 벌어진다.

인도의 예술은 일반적으로 다음과 같은 방식으로 우리 눈앞에 드러난다.

a) 그들은 한편으로 아주 어마어마한 절대자에 관한 내용을 *직접적으로 감각적인 것과 개별적인 것에 주입하는 방식으로 표상한다*. 그리하여 이 개별적인 것 자체가 그 안에 내용을 완벽하게 표현하면서, 바로 그 내용 자체인 것처럼 보이게 한다. 예를 들어, 《라마야나(Ramajana)》[14]에서 주인공 라마의 친구이자 원숭이들의 우두머리인

---

14) 《라마야나》는 고대 인도의 서사시. 이는 인도 최대의 서사시인 《마하브하라타(Mahabharata)》에 다음가는 서사시로서 제7권에 24,000개의 시행으로 엮어져 있다. 그 내용은 라마의 행적을 서술한 것이다.

하누마트(Hanumat)는 주역으로 등장하면서 아주 용감한 행적을 보인다. 대체로 인도에서 원숭이는 신으로 숭배되며 원숭이들만이 모여 사는 도시도 있다. 그 원숭이라는 개체 존재 안에서 인도인들은 절대자라는 무한한 내용이 깃든 것으로 보고 경외(敬畏)하고 신격화한다. 마찬가지로 《라마야나》에는 비스바미트라(Vishwamitra)가 참회하는 일화가 나오는데, 거기에서 암소인 사발라(Sabala) 역시 무한한 위력을 지닌 모습으로 나타난다. 더 나아가 살펴보면 인도에는 아주 둔하고 단순한 사람인데도 그 사람 속에 절대자가 실제 사람의 모습으로 현신(現身)해 있다 해서 다른 사람들의 숭배를 받으며 무위도식하며 지내는 사람들도 있다. 그런 사람은 마치 직접 살아있는 신처럼 숭배된다. 그런 것은 라마교에서도 찾아볼 수 있다. 거기서도 역시 한 인간이 신이 현재의 모습을 띠고 나타났다 해서 최고의 숭배를 받고 있는 것이다.

 그러나 인도에서는 이러한 숭배를 받는 대상은 단지 한 명의 인간에 국한되지 않는다. 모든 브라만 사람은 자기가 그 카스트 계급의 가문에서 출생함에 따라서 이미 브라만으로 인정된다. 여기서는 정신이 *자연적인* 방식으로 감각적으로 출생함으로써 인간이 신과 동일시되는 재탄생이 이루어진다는 것이다. 그리하여 최고의 신성(神性)이 매우 범속하고 감각적인 현실적 존재 속으로 직접 회귀(回歸)한 셈이 된다. 비록 브라만들은 경전인 베다(Veda)를 읽음으로써 심오한 신성(神性)을 통찰하는 일에 도달하는 것을 최고의 의무로 삼고는 있지만, 그러나 그들은 또한 아주 비정신적인 것을 통해서도 자신들의 신성함을 잃지 않고 그 의무를 만족시킨다. 인도인들이 그와 비슷한 방식으로 표현하는 가장 일반적인 것들 중 하나로 바로 생식과 생명의 탄생을 들 수 있다. 이는 마치 그리스 신화에서 에로스(Eros)를 가장 오래

인도신화에서의 창조주인 브라마

된 신으로 표현하는 것과 흡사하다. 이러한 생식은 신성한 행위로서 다시금 아주 감각적으로 다양하게 묘사되며 남성의 성기와 여성의 성기는 매우 성스러운 것으로 간주된다. 또 신성한 것은 그것이 현실 속으로 들어갈 때에는 비록 신성함을 지니고 있더라도 아주 통속적이며 일상적인 것으로 빨려 들어간다. 예를 들어 《라마야나》 서사시의 처음을 보면 브라마(Brahma)[15]가 라마야나 신화에서 가인(歌人)으로 나오는 발미키(Valmiki)에게 다가오는 모습이 묘사되고 있다. 발미키는

---

15) 힌두교의 초기에 최고의 신으로 간주되었던 신으로 앞서의 브라만과는 다르다는 것을 헤겔은 뒤에서 다시 설명한다.

90

인도에서 사람들이 일상적으로 하듯이 브라마를 영접하며 그에게 찬사를 보내고, 그에게 의자를 권하며 물과 과일을 갖다 준다. 브라마는 자리에 앉으면서 그를 맞는 주인에게도 같이 앉으라고 권한다. 그리하여 그들은 오랫동안 자리를 함께 한다. 그때 브라마는 발미키에게 《라마야나》 서사시를 쓰라고 명령한다.

하지만 이것도 아직은 본래의 상징적인 해석이 되지 못한다. 왜냐하면 여기에는 상징이 요구하는 대로 기존에 존재하고 있는 것들로부터 형상들을 취해 좀 더 보편적인 의미에다 응용되기는 하지만, 그래도 여기에는 다른 측면이 빠져 있기 때문이다. 그것은 어떤 특정한 존재들은 우리가 관조할 절대적인 의미*여서*는 안 되고, 이것을 *암시만* 해야 된다는 측면이다. 즉 인도인들의 환상 속에서 원숭이나 암소, 개개의 브라마 등은 신성함을 암시하는 상징으로 머물지 않고 신성한 것 자체로 여겨지며, 그런 존재로서 묘사된다.

그러나 그 속에는 모순이 들어 있어서, 결국 인도의 예술은 나아가 다음과 같은 두 *번째* 방식으로 이해된다. 즉 한편으로 순수하며 비감각적인 절대자인 순수한 의미는 진정 신성한 존재로서 파악되면서도, 또 다른 한편으로 구체적인 현실 속에 있는 감각적 존재인 개체들 속에도 역시 직접 신성이 드러나는 것으로 상상되고 간주되는 점이다. 물론 이 개체들은 부분적으로 절대자의 특수한 면만을 표현한다. 그리고 그때에도 특수한 보편성이 적합하게 나타난 현존재라고 간주되는 개체적인 사물들은 단적으로 그 본래의 내용에 적합하지 못한 것이다. 이때 의미가 보편적인 것으로 이해되면 될수록 개체는 그 의미와 더욱 더 현저하게 모순된다. 그럼에도 불구하고 인도인들의 상상력은 그 보편성을 아주 감각적이고 개체적인 것과 직접 동일한 것인 양 설정한다.

b) 이러한 분열을 해결하고자 인도의 예술은 그 다음에 그들이 만들어내는 형상들에서 *무절제함(Maßlosigkeit)*을 추구하였다. 즉 개개의 형상들은 감각적인 형태를 지닌 채 보편성에 도달하기 위해서 거대하거나 기괴(그로테스크, grotesk)한 모습으로 거칠게 왜곡되고 변형되어 표현되었다. 그 이유는 개별적인 형상들은 그 자체의 독특한 현상에 맞는 의미를 표현하는 게 아니라 그 외에 있는 보편적인 의미를 표현해야 하는데, 그러기 위해서는 그 형태는 본래의 모습을 벗어나 목적도 절제도 없는 거대한 모습으로 빨려 들어가지 않고는 그것을 직관하는 우리들에게 만족을 주지 못하기 때문이다. 그러므로 여기에서는 공간적으로나 시간적으로 측량할 수 없을 정도로 엄청난 크기로 과장된 것이나 무수한 머리, 무수한 팔을 지니는 등, 같은 특징으로 규정해서 다양화하는 일이 다반사다. 이를 통해 그들은 의미들을 확대시켜 보편성에 도달하려고 애를 쓴다. 예를 들어 알 속에 새가 들어 있다면, 이 개체적인 존재는 이제 모든 사물의 보편적인 생명을 내포하는 세계의 알(卵, Weltei)이라는 무한한 표상으로 확대된다. 그 속에서 생산을 주관하는 신 브라마(Brahma)는 아무런 활동도 없이 일 년이라는 세월을 보내고 나면, 마침내 그의 생각만을 통해서도 그 알의 절반이 깨어져 나간다. 여기에서는 자연의 대상들 외에도 인간 개개인이나 인간적인 사건들도 역시 마치 신성한 활동을 의미하는 것처럼 격상(格上)된다. 그리하여 신적인 것과 인간적인 것이 서로 구분되지 않고 양쪽이 끊임없이 뒤섞여 나타난다.

여기에 속하는 것으로는 특히 신들의 화신(化身, Inkarnation)이자 보존(保存)의 신으로 알려진 비슈누(Vishinu) 신을 들 수 있다. 그의 행적은 인도의 거창한 서사시의 내용을 구성한다. 이처럼 신성은 구체화되면서 직접 세속적인 현상으로 옮겨간다. 또 예를 들어 라마

(Rama)는 비슈누 신의 일곱 번째 화신이다. 이 서사시 안에서 묘사되는 개개의 욕구나 행위, 상황, 형태 그리고 행동 양식 등의 내용은 부분적으로 실제 있었던 사건들이나 새로운 질서와 법을 세울 만큼 유력했던 고대 제왕들의 행적에서 유래한 것임을 명확히 알 수 있다. 따라서 그러한 것들은 실제로는 현실이라는 확고한 기반을 가진 인간성 가운데 서 있는 것이다. 그러나 이를 거꾸로 보면 모든 것은 다시 거대하고 몽롱한 것으로 확대되며 보편적인 것으로 옮겨가 버린다. 그러므로 우리는 간신히 얻은 인간적인 현실의 기반을 다시 상실한 채 우리가 어디에 있는지 알 수조차 없게 되고 만다. 《샤쿤탈라(Sakuntala)》[16]의 경우도 이와 비슷하다. 처음에 우리 눈앞에는 아주 부드럽고 향기로운 사랑의 세계와, 거기에서 모든 것이 인간적인 방식으로 그에 맞게 진행되는 것처럼 펼쳐진다. 그러다가 우리는 갑자기 이 구체적인 현실로부터 떨어져나가 인드라(Indra) 신이 사는 천상의 구름 속으로 상승한다. 거기에서는 모든 것이 변하여 원래의 규정된 영역으로부터 벗어나 있고, 브라만과 그 브라만이 자연의 신들 위에 군림하는 위력―그러한 위력은 인간이 엄격한 참회를 하면 인간도 역시 가질 수 있다고 하는데―속에서 자연적인 삶은 보편적인 의미들로 확대된다.

---

16) 《샤쿤탈라》는 서기 4~5세기에 걸쳐 활약한 고대 인도의 대표적인 시인이자 극작가였던 칼리다사(Kalidasa, 생몰연대 불확실)이 쓴 희곡이다. 전승에 의하면 그는 우자인의 비크라마디티아왕의 궁정시인이었는데, 이 왕이 굽타왕조의 찬드라굽타 2세(374~413)이므로 그의 연대도 이 무렵일 것으로 추정된다. 그는 굽타왕조의 최전성기의 문화를 반영하여 섬세하고 유려한 필치와 뛰어난 수사적 기교를 써서 불후의 산스크리트어 문학작품들을 남겼다. 그는 인도 문학사상 최대의 작가로 꼽힌다. 그의 수많은 걸작들 가운데서도 《샤쿤탈라(Sakuntala)》는 대표작으로 꼽힌다.

그러나 이런 표현방식도 원래는 상징적인 것이라고 부를 수 없다. 왜냐하면 본래의 상징은 그것이 이용하는 특정한 형상을 그 피규정성(Bestimmtheit) 속에 그대로 머물도록 하는데, 그 까닭은 상징적인 표현방식은 형상 속에 보편적인 의미가 직접적으로 존재하는 것으로 보지 않고 의미에 유사한 대상의 특성 속에서 그 의미를 단지 암시하는 데 그치기 때문이다. 그러나 인도의 예술은 보편성과 개별적인 존재를 구분하기는 해도 그와는 상관없이 여전히 의미와 형상 양쪽이 직접적으로 일치하는 것처럼 상상하고 그러기를 요구한다. 이는 실제로 존재하는 대상을 그 유한성에서 벗어나게 하고 감각적인 것을 무규정적인 것으로 확대시킴으로써 일반적으로 그 모습들을 변형시키거나 외양을 손상시키게 된다. 이처럼 가장 숭고한 내용이 늘 사물이나 현상, 사건, 행위들 속에 주입되면 원래 그것들이 지녔던 피규정성은 와해되어 버리고 혼란이 야기된다. 그리고 그런 와중에서 그것들은 한계성을 띠고 있기 때문에 그런 숭고한 내용이 지닌 힘을 절대적으로 소유하거나 표현할 능력이 없다. 그러므로 거기에서 추구할 수 있는 것은 원래의 상징보다는 오히려 숭고함(Erhabenheit)의 여운이다.

다시 말해서 우리는 뒤에 가서(즉 제2장에서—역자주) 알게 되겠지만, 유한한 현상은 숭고한 것 안에서 그것이 직관해야 할 절대자를 다만 현상되어 나온 것으로만 표현할 뿐 그 내용에 이르지는 못한다. 예를 들면 영원성(永遠性)도 그와 마찬가지이다. 그 영원성을 표상하는 일은 그것이 일시적으로 언급될 때만 숭고한 것으로 비친다. 왜냐하면 아무리 큰 숫자라 해도 그 자체로 충족되는 일은 없고 이는 끝없이 증가되어야만 하기 때문이다. 이는 마치 신에게 "당신에게는 천 년이 하루와 같습니다"라고 말하는 것과 같다. 인도의 예술에는 이와 흡사한 방식으로 숭고함의 여운을 띤 것들이 많이 내포되어 있다. 하지만 그처럼 거친 형상들을 만들어내는 인도인들의 상상력은 그들이 제시하는 현상들을 부정적(否定的)인 것으로 설정하지 못한 채, 바로 그들이 지닌 무절제하고 무제한한 특성 속에서 절대자와 그 절대자를 드러내는 형상의 사이에 있는 차이와 모순을 제거하고 사라지게 할 수 있다고 믿는다. 그러나 바로 그 때문에 그들이 믿는 것은 사실은 실제의 숭고함과는 큰 차이가 있다. 그처럼 과장성을 띤 인도의 예술은 사실상 상징적이거나 숭고하다고 불릴 수도 그렇다고 *미적(美的, schön)*이라고 불릴 수도 없다. 그 이유는 다음과 같다. 즉 인도의 예술은 그런 식으로 인간의 삶을 묘사함으로써 사실 우리에게 사랑스럽고 부드러우며 다정한 이미지들을 많이 제공해 주고, 유연한 감정, 번뜩이는 자연묘사, 사랑, 그리고 매혹적이면서도 어린애 같은 순진한 모습, 위대하고 고귀한 모습들을 보여준다. 그러나 인도 예술이 지닌 보편적이고 근본적인 의미에 대해 고찰하면 거기에서는 거꾸로 정신적인 것이 여전히 아주 감각적인 것으로 머물고 있고, 가장 숭고한 것의 곁에 가장 저속한 것이 도사리고 있다. 그리고 사물들의 피규정성은 깨어진 채 숭고한 것은 단순한 무한성으로 변하고 만다. 그리고 신화적인 것들도 역시 대부분은 불안하게 모색하고 헤매면서 제대로 파악해서 형상화해낼 재능이 없는 상상력이 만들어낸 터무니없이 환상적인 것으로 옮겨갈 뿐이다.

c) 마지막으로 이 단계에서 보편적인 의미를 가장 순수하게 표현하는 방식으로 보이는 것이 바로 일반적으로 *인간적인 모습으로 형상화*하는 과정, 즉 *의인화(擬人化, Personifikation)*의 과정이다. 그러나 여기에서 의미는 아직도 자유롭고 정신적인 주관성으로 파악되지 못하고, 추상적인 보편성으로 받아들여지는 규정성이나 또는 단순히

자연적인 것들—예를 들어 강, 산, 별, 태양의 운행 같은 것—만을 내포하고 있다. 그러므로 이 방식은 사실 인간의 형상이 지닌 존엄성보다 낮은 차원에서 그러한 종류의 내용을 표현하는 데 쓰일 뿐이다. 왜냐하면 인간의 육체, 인간적인 행위나 사건들은 그 참된 규정상 오직 구체적인 정신과 그 내용만을 표현하기 때문이다. 그러므로 정신은 바로 이와 같은 자신의 구체성 안에서 단순히 상징성이거나 외적인 표식(Zeichen)이 아닌 온전한 정신성 자체로 머문다. 따라서 의인화에서는 한편으로 그것이 표현하는 의미는 자연적인 것뿐만 아니라 정신적인 것에도 속한다.

그러면서도 그 의미는 추상성을 띠고 있어서 이 단계에서는 의인화도 역시 아직은 피상적인 것으로 머문다. 그러므로 우리가 이를 더 잘 직관하려면 좀 더 다른 다양한 종류의 형태들이 필요하다. 그러나 바로 그러한 다양한 형태들과 섞임으로써 의인화 자체는 순수하지 못한 것이 된다. 다른 측면에서 보면 이 의인화 과정에서는 주관성이나 그 형태가 아니라 그것들의 행위 따위를 표현하는 활동들 따위가 독특해진다. 왜냐하면 행동과 행위(Tun und Handeln) 속에 비로소 보편적인 의미들 속에 깃든 특정한 내용과 관련될 수 있는 좀 더 규정된 특수성이 들어 있기 때문이다. 그러나 그때는 의미를 띠는 것은 주체가 아니라 주체를 표현한 것에 지나지 않는다는 결함이 다시 나타난다. 또 사건이나 행위들은 현실성과 주체 스스로 현실화된 존재가 되는 대신에 그것들의 내용과 의미를 어디 다른 곳에서 취해 오는 혼란이 일어난다. 그러므로 그러한 일련의 행위들은 그들이 스스로 표현하는 내용에서 유래하는 결과와 논리성을 지닐지 모르지만, 이러한 논리성은 의인화하는 방식으로 표현됨으로써 다시 중단되고 또 일부는 사라지고 만다. 그 까닭은 주관화한다는 것은 거꾸로 행위와 표현을 전횡

(專橫)하는 결과로 이끌어갈 수 있기 때문이다. 상상력이 의미와 형태를 근본적이고 확고하게 관련시킬 능력을 덜 지니고 있으면 있을수록 의미를 띤 것과 의미를 띠지 않은 것은 더욱 현란하고 무절제하게 제멋대로 뒤섞여 버리고 만다.

그러나 만약 오직 자연적인 것만을 내용으로 취하면 자연적인 것 자체는 인간의 형상을 띨 가치가 없게 된다. 또 인간의 형상은 오직 정신적인 것을 표현하는 데만 적합하므로 단순히 자연적인 것은 표현할 수 없게 된다. 이런 모든 점을 살펴볼 때 이렇게 의인화로 표현하는 방식은 참된 것이 못된다. 왜냐하면 일반적으로 진리 자체가 그러하듯이, 예술에서 진리는 내면적인 것과 외적인 것, 개념과 실재가 서로 조화를 이루도록 요구하기 때문이다. 물론 고대 그리스 신화에도 흑해(黑海)와 스카만드로스(Skamandros)17)도 의인화되어 있어서 우리는 해신(海神), 물의 요정, 나무의 요정 같은 것들을 볼 수 있지만, 그 신화도 자연을 인간적인 모습을 띤 신들로 다양하게 내용화하고 있다. 그러나 그리스 신화에서의 의인화는 단순히 형식적이고 피상적으로 이뤄진 것이 아니라, 인간적인 개체들을 만들어 냄으로써 그들에게서 단순한 자연의 의미는 퇴조(退潮)하고 반면에 자연적인 내용을 자신 속에 수용한 인간적인 것이 두드러지게 된다. 그러나 인도의 예술에서는 자연적인 것과 인간적인 것이 기괴하게(grotesk) 뒤섞이는 단계에 머물러 있어서, 양쪽 가운데 어느 쪽도 제 모습을 완전히

---

17) 이는 고대에 트로이(지금의 터키) 근처를 흐르던 강의 이름인데, 그리스 신화에서 신으로 의인화되어 트로이 전쟁 때 트로이 군대의 편에 섰다고 한다. 호메로스에 의하면《일리아스》20송(頌), 74절) 스카만드로스(Skamandros)는 인간들 사이에서 불리던 이름이고, 신들 사이에서는 크산토스(Xanthos)로 불렸다고 한다.

드러내지 못한 채 서로 기형적인 모습으로만 드러날 뿐이다.

일반적으로 보면 이러한 의인화는 원래 아직은 상징적인 것이 아니다. 왜냐하면 의인화는 형식적이고 피상적이어서(ihrer formellen Oberflächlichkeit wegen) 그것이 상징적으로 표현해야 할 특정한 내용과는 본질적으로 아무런 관계로 없으며 서로 밀접한 유사성도 갖지 못하기 때문이다. 그러나 동시에 그러한 의인화로 인해 뒤섞여 나타나는 현상들과 신들이 지닌 좀 더 특정한 특성들을 표현한 형상들이나 속성들을 보면 여기에는 상징적으로 표현하려는 노력이 시작되고 있다. 그러나 그런 경우에 의인화는 오히려 보편적이고 포괄적인 형태로만 머물게 된다.

여기에 속하는 좀 더 중요한 관념들로는 먼저 '트리무르티(Trimurti)', 즉 세 가지 형상을 동시에 지닌 신성(神性)에 대해 언급할 수 있다. 그 신성이 의인화되어 나타나는 세 가지 형상 가운데 첫 번째는 산출과 생산행위를 하고 세계를 창조한 자, 즉 신들의 신을 상징하는 브라마이다. 이는 한편 최고의 존재인(중성으로서) 브라만(Brahman)과는 구분되며 그 브라만에게서 첫 번째로 태어난 존재이다. 그러나 다른 한편 이 브라마는 또 그 추상적인 신성(神性)과도 일치한다. 일반적으로 인도인들에게는 그러한 차이들은 서로 확고한 경계선을 갖지 못하고 부분적으로 그 차이들이 사라지거나 시로 뒤섞이고 믿다. 그러니 좀 더 자세히 관찰하면 그 브라마 신의 형상은 훨씬 더 상징성을 띠고 있다. 그는 네 개의 머리와 네 개의 손을 갖고 있으며 왕홀(이는 제왕을 상징한다―역자주)과 반지 등을 끼고 있는 모습으로 묘사된다. 그는 태양을 나타내는 붉은 색을 띠고 있는데, 그 이유는 이런 신들은 늘 보편적인 자연의 의미를 동시에 자기의 형상 속에 의인화해서 간직하고 있기 때문이다. 트리무르티에서 나타나는 두 *번째*의 신성은 보존의 신 비슈누(Vishnu)이

세 개의 신성(神性)을 의인화한 브라만의 트리무르티(Trimurti)

인도의 시바(shiva) 신과 그의 아내 파르바티(parvati)

인도 신화에서 생명(生命)의 창조주이자 파괴신인 시바 신(神)

인도의 엘로라(ELLORA) 석굴 안에 조각된 춤을 추고 있는 파괴의 신 시바

며, *세 번째* 신성은 파괴하는 자 시바이다. 이러한 신들을 나타내는 상징들은 그 수가 셀 수 없이 많다. 왜냐하면 그 신들은 자신들 속에 그러한 의미들이 갖는 보편성과 더불어 개별적인 효력들도 무한히 많이 내포하고 있기 때문이다. 그 효력들은 일부는—예를 들어 비슈누가 불의 성질을 갖고 있듯이(윌슨의 사전 참조)[18]—원소의 성질들을 띤 특수한 자연현상들이기도 하고 일부는 정신적인 성질을 띠고 있다. 그러나 이들은 늘 서로 혼란하게 뒤섞이기 때문에 우리 눈앞에는 종종 아주 불쾌한 형상으로 드러나곤 한다.

  이처럼 세 가지 형상을 지닌 신으로부터 확실히 드러나는 것은 그 형상에서 정신적인 형태가 아직 참모습을 드러내지 않고 있다는 사실이다. 여기에서 정신적인 것은 적절하고 분명한 의미를 띠지 못하고 있다. 다시 말해서 만약 위의 세 가지 신성 가운데서 세 번째의 것이 구체적인 통일성을 지니고 있거나 혹은 이중성을 띠는 일에서 벗어나 자체 속으로 회귀(回歸)한다면, 이 신이 지니고 있는 삼중성(三重星)은 정신적인 것이 될 것이다. 왜냐하면 신이란 참된 표상 속에서 일반적으로 정신이라는 개념을 구성하면서 행동하고, 절대적으로 구분되면서도 통일된 정신이기 때문이다. 그러나 트리무르티에게서 드러나는 세 번째 신성은 구체적인 총체성이 아니라 단지 앞서 두 개의 신성들과는 다른 한 측면에 불과하다. 따라서 이는 추상적인 것일 뿐 그 자체로 회귀하지 않고 다만 타자(他者) 속으로 이행(移行)해 가는 것, 변화하는 것, 생성시키고 파괴하는 것일 뿐이다. 그러므로 우리는 거기에 최초의 이성(理性)적인 것을 예감한다고 해서 마치 벌써 최고의 진리

---

18) 헤겔이 여기서 언급하는 "윌슨의 사전"이란 윌슨(Horace Hayman Wilson)의 《산스크리트어와 영어 사전(Dictionary in Sanscrit and English)》(1879년, 캘커타 발행)을 가리킨다.

를 다시 발견했다고 인식하거나, 또는 그 신성이 지닌 여운이 후에 기독교에서 볼 수 있는 주요 관념인 삼위일체(三位一體)의 특성과 비슷한 여운을 띠고 있다고 해서 마치 그것이 이미 기독교적인 삼위일체성과 같은 것이라고 인식해서는 안 된다. 이제 훨씬 더 나아가 인도인들의 상상력은 브라만과 트리무르티에만 머물지 않고 헤아릴 수 없이 많은 복합적인 형상을 지닌 신들을 만들어내는 것으로 발전해 간다. 그 이유는 본질적으로 신성으로 파악되는 저 보편적 의미들은 수천 가지의 현상들을 현상 자체로 드러내지 않고 그 안에 여러 신들의 모습이 의인화되고 상징화된 것으로 드러내기 때문이다. 그리고 그런 모습들은 그 본래의 자연성과 일치하지 않는다. 인도인들의 환상은 모든 것을 한 솥에 쏟아 넣고 뒤섞어서 무규정적이고 혼란스럽고 무한정한 것으로 만들어 버리기 때문에 그것들을 확실히 이해하는 데 큰 장애가 된다. 이처럼 브라만보다 하위에 속하는 신들—그 중에서도 최상의 위치에 있는 신은 공기와 하늘을 의미하는 인드라이다—은 주로 보편적 자연의 위력들이다. 이들은 들이나 별, 강, 산처럼 그들이 지닌 효력이나 변화 또는 이롭든 해롭든, 보존적이든 파괴적이든 간에 그것들이 미치는 영향력에 따라서 제각기 다른 더 세부적인 내용을 띤다.

 그러나 인도인들의 상상력과 예술 속에는 바로 신들과 만물의 생성론, 즉 신들의 탄생론(Theogonie)과 우주생성론(Kosmogonie)이 가장 중요한 주제들 가운데 하나로 깃들어 있다. 그 이유는 인도인들의 상상력은 일반적으로 전혀 비(非) 감각적인 것을 외적인 현상으로 표현하거나 또는 거꾸로 가장 자연적이고 감각적인 것을 가장 극단적인 추상성으로 소멸시켜버리는 식의 과정에 끊임없이 얽매여 있기 때문이다. 최고의 신성(神性)에서 탄생하는 신들이라든가, 브라마, 비슈누, 시바 같은 신성함이 지니는 효력과 실재성도 그와 비슷한 방식으로 특정한 사물들인 산이나 물, 인간의 행위 따위 속에서 표현된다. 그러한 내용들은 한편 그 나름대로 특수한 신들의 형상을 띠며 드러날 수 있지만 그렇게 형상화된 신들은 다른 한편 최고의 신성을 띤 보편적 의미로 옮겨간다.

인도인들에게는 그처럼 신들의 탄생론이나 우주생성론이 다양하고 무수하게 많다. 그러므로 만약 인도인들이 세계의 창조와 만물의 생성에 대해 그런 식으로 표상하고 있다고 말하더라도 이는 단지 어느 일부 종파(宗派)나 특정한 작품들 속에서만 그러하다. 왜냐하면 다른 입장에서 보면 그러한 이론은 또 늘 다르게 보이기 때문이다. 이 인도인들이라는 민족이 지닌 상상력 속에 담겨 있는 이미지들과 형상들은 무궁무진하다.

그들이 갖고 있는 속에는 *정신적인 창조*라는 표상 대신에 *자연적인 생성*에 대한 설명만이 늘 되풀이 되는 것이 주요한 관념으로 들어 있다. 만약 사물을 이런 식으로 보는 일에 익숙하게 되면 우리는 우리에게 수치심과 혼란을 주는 많은 표현들이 왜 그런 식으로 표현되었는지 이해하는 열쇠를 쥐게 된다. 인도인들은 수치심을 모르고 음탕하고 감각적으로 표현하는 일에 있어 믿기 어려울 정도로 극단으로까지 나아가고 있기 때문이다.

예를 들어 서사시 《라마야나》에 나오는 강가(Ganga)[19]의 탄생과

---

19) '강가' 여신으로 인도의 2대(大) 강인 인더스 강과 갠지스 강 중 하나인 '갠지스' 강의 인도식 발음이다. 길이가 3천 킬로미터에 달하는 이 강은 북쪽에 있는 히말라야 산에서 발원하여 동남쪽으로 흘러 벵골만으로 흐른다. 이 강에 의해 형성된 대 평원을 중심으로 고대 인도의 종교들인 브라만교, 불교, 힌두교가 생겨났다. 특히 갠지스 강은 오늘날에도 힌두교들의 숭배대상이다. 이처럼 고대 인도에서는 자연 대상들도 무수히 의인화(擬人化)되고 신격화(神格化)화되었다.

같은 일화는 이런 식으로 다루어지고 있는 확실한 예이다. 거기에서는 라마가 우연히 갠지스 강에 도착했을 때의 일이 묘사되고 있다. 겨울에 얼음에 덮인 산들의 왕자(王者)인 히마반(Himavan)은 몸이 호리호리한 메나(Mena)와 동침하여 두 딸을 낳는다. 큰 딸의 이름은 강가이고 아름다운 작은 딸의 이름은 우마(Uma)이다. 그러자 여러 신들, 그 중에서도 특히 인드라가 그 딸들의 아버지에게 나아가 자기들한테 큰 딸 강가를 주어 성스러운 의식(儀式)을 행할 수 있게 해달라고 청한다. 그러자 히마반은 그 신들의 청을 들어주어 강가로 하여금 그 신들을 향해 하늘로 올라가게 한다. 그 다음 계속해서 딸 우마의 이야기가 나온다. 그녀는 겸손함과 속죄(贖罪, die Buße)를 통해 많은 기적을 이행한 후에 루드라(Rudra), 즉 시바 신과 결혼한다. 이 결혼에서 거친 불모의 신들이 태어난다. 우마와 결혼한 시바 신은 백 년 동안이나 쉬지 않고 그녀를 품에 안고 있었기 때문에 시바 신의 생식력에 놀란 신들은 장차 그 시바 신에게서 태어날 자녀들을 두려워한 나머지 시바 신에게 그의 정액을 땅 위로 쏟아버리라고 간청한다.

이 부분을 영어로 번역한 찰스 윌킨스(Charles Wilkins) 경은 이 부분이 너무도 수치심과 품위를 무시한 채 묘사되어 있어서 문자 그대로 번역하지 않고 있다. 다른 신들의 요청에 귀를 기울인 시바 신은 우주의 파괴를 막기 위해서 곧 생식을 중단하고 자신의 정액을 지상 위에 뿌린다. 그 사이로 불이 지나가면서 수태가 이루어지고 거기에서 인도를 북쪽의 타타르 지방[20]과 구분하는 하얀 산(山)(히말라야 산―역자주)이 생겨났다. 그러나 시바 신의 그러한 행위에 대해 분노

---

20) Tartarei. 이는 인도에게는 이국(異國)이 되는 중앙아시아의 몽고계나 터키계 사람들이 사는 지방으로서 중세에 타타르 지방이라고 불렸다.

강가 여신의 하강(下降)을 나타낸 부조. 인도 남부에 있는 마하발리푸르남(Mahabalipuram)에 새겨진 거대한 부조로 전체 크기는 9m×27m이다

를 느낀 우마는 모든 남편들에 대해 저주를 내렸다. 이 일화는 부분적으로 너무 잔인하고 기괴해서 우리의 상상력과 오성에 역겨움을 일으키는데, 그 일화는 사실적 묘사보다는 단지 이를 암시하는 것으로 그

치는 데 의미가 있다.

A.W. 슐레겔(Schlegel, 독일의 낭만주의 이론가 ― 역자주)은 이 부분의 일화를 번역하지 않고 단지 강가가 어떻게 해서 다시 지상으로 내려오게 되는지만 설명하고 있다. 그 사건은 다음과 같이 일어난다. 라마의 조상들 가운데 한 명인 사가르(Sagar)라는 자에게는 사악한 아들이 한 명 있었는데, 그는 두 번째 아내에게서 육만 명이나 되는 아들을 낳았다. 이들은 모두가 호리병박 열매 속에서 태어났지만 모두가 정제된 버터를 먹음으로써 힘이 센 자들로 키워졌다. 어느 날 사가르는 말 한 마리를 희생의 제물로 쓰려 했으나 비슈누 신이 그것을 뱀의 형상으로 변하게 하여 그에게서 빼앗아갔다. 그러자 분노한 사가르는 단지 속에 가둬두었던 육만 명의 아들을 꺼내서 내보낸다. 그들은 애쓰며 찾아다닌 끝에 비슈누 신에게 도달하지만 비슈누 신은 그의 입김으로 그들을 모두 태워 재로 만들어 버린다. 그러자 사가르는 오랫동안 인내하며 기다리다가 마침내 그의 손자이자 아사만자(Asamanja)의 아들인 안슈만(Ansuman)에게 사라진 육만 명의 삼촌들과 희생마(馬)를 다시 찾아 떠나게 한다. 실제로 그는 그 희생마와 시바 신, 그리고 재로 변해버린 자신의 삼촌들을 만난다. 그때 가루다(Garuda)[21]는 그에게 말하기를 만약 하늘에서 성스러운 강가가 다시 내려와 그 잿더미 위로 흐르지 않으면 그의 삼촌들은 다시 생명을 얻지 못할 거라고 알려준다. 그러자 용감한 안슈만은 히마반 산꼭대기

---

21) 가루다(garuda), 또는 가릉빈가(Kalavinka)로 불리는 이 존재는 불경(佛經)에 나오는 상상의 새로 극락정토(極樂淨土)에 살며 인두조신(人頭鳥身)의 모양을 하고 있으며, 아름다운 소리를 갖고 있다고 한다. 한편으로는 인도의 히말라야산맥 기슭에 살고 있는 신비스러운 공작의 일종으로 알려져 있으며, 고대 인도의 불교, 힌두교 등에서 신격화되었다.

가루다(garuda) 또는 가릉빈가(Kalavinka)로 불리는 신조(神鳥)와 비슈누 신을 함께 그린 18세기 그림

에 올라가 삼만이천 년 동안이나 혹독한 인내를 하며 참회를 하지만 아무 소용이 없다. 그 자신이 그런 고행을 겪고 이어 그의 아들인 드빌리파(Dwilipa)도 삼만 년 동안이나 그 고행을 지속하나 역시 헛수고일 뿐이다. 마침내 드빌리파의 아들인 위대한 바기라타(Bhagiratha) 대에 와서 다시 천 년 동안 고행을 겪은 후에야 그의 업적은 성공을 거둔다. 이제 드디어 강가는 지상 위로 흘러내린다. 그러나 그녀가 흘러내릴 때 땅이 무너지지 않도록 하기 위해서 시바 신이 그 아래에 머리를 받쳤고, 그때 그 사이로 구멍이 생겨 그리로 물이 흘러내린다. 그러자 바기라타는 강가가 이 구멍을 통해 역류하지 않고 제대로 흘러내리도록 하기 위해서 다시 고행(苦行)을 하지 않으면 안 되었다. 드디어 강가는 흘러내려 여섯 개의 강으로 나눠진다. 바기라타는 아주 어렵사리 일곱 번째의 강을 육만 명의 삼촌들이 재로 변해 있는 곳으로 흐르게 한다. 그리하여 그들은 마침내 승천하게 되고 바기라타 자신은 오랫동안 자기의 백성들을 평화롭게 다스린다.

인도의 신(神) 기원론과 비슷한 것으로는 예를 들면 스칸디나비아와 그리스에서의 신기원론들이 있다. 양쪽의 기원론 모두에서 생성하고 생성되는 것이 주요한 내용이지만, 그 어느 쪽도 인도의 생성론에서 보이는 것처럼 그렇게 광란적이지 않으며, 대부분 신들의 형상도 인도신화에서처럼 지나치게 자의적이거나 부적절하게 묘사되어 있지 않다. 특히 헤시오도스[22]가 서술한 《신기원론(神起原論)》은 훨씬 더 분명하게 규정되어 있어서 우리는 우리가 어디에 있고 그 의미가 무엇인지를 확실히 깨달을 수 있다. 그 신화에서는 의미가 더 분명하게 드러나며, 형상은 그 의미가 외적(外的)으로 현상하고 있음이 보인다. 헤시오도스의 신기원론은 혼돈(Chaos), 암흑(Erebus), 사랑(Eros) 그리고 가이아(Gaia, 대지의 여신)에서 시작된다. 가이아 여신은 혼자서 우라노스(Uranus, 天神)를 낳고 다시 그와 동침하여 산들과 흑해(黑海)를 낳는다. 그런 다음에 그녀는 또 크로노스(Cronus, 제우스 신의 아버지이며 시간의 신), 사이클로프스(Cyclopes, 시실리 섬에서 살았다는 외눈박이 거인), 그리고 백 개의 손을 가진 거인들(자이언트 — 역자주)을 낳는다. 그러나 우라노스는 그들이 태어나자마자 이들을 모두 깊은 못 속에 가두어 놓고 만다. 그러자 가이아 여신은 크로노스로 하여금 우라노스의 힘을 빼앗아버리게 한다. 그 싸움이 벌어지자 거기에서 흐른 피는 대지 속으로 흘러들어 거기에서 분노의 여신들과 거인들이 태어난다. 우라노스 신의 성기(性器)는 바다 속으로 떨어져 그 바다의

---

[22] 헤시오도스(Hesiodos)는 기원전 700년경에 살았던 그리스의 시인이다. 그는 가난한 농부의 아들로서 유년 시절을 목동으로 거의 산 속에서 보냈으나 어느 날 헬리콘 산 속에서 갑자기 뮤즈 여신들을 만나 그들에게서 영감을 받아 시인이 되었다고 전해진다. 그가 쓴 《신기원론(神起原論, Theogonie)》은 1022행으로 된 그의 주요 작품이다.

고대 그리스의 시인 헤시오도스와 그에게 영감을 주는 뮤즈(Muse) 여신. 프랑스 화가 구스타브 모로(Gustave Moreau, 1826~1898) 作

거품에서 시테리아(즉 아프로디테 또는 비너스 여신이라고도 함—역자주)가 태어난다. 이 모든 신화는 좀 더 명료하게 응축된 설화이면서도 자연 속의 단순한 신들을 단지 묘사하는 데에만 그치지는 않는다.

3. 정화(淨化)와 속죄에 대한 직관

지금까지 일시적으로 고찰한 것을 넘어서서 이제 원래의 상징성을 찾으려 할 때 우리는 바로 초기 인도인들의 상상력 속에서 이미 그러한 상징성을 발견할 수 있다. 다시 말해서 인도인들의 상상력은 감각적인 현상들을 다른 어느 민족도 해내지 못할 정도로 무절제하고 변화무쌍한 다신주의(多神主義)로 끌어올리는 데 분망했다. 그러면서도 다른 한편으로는 그처럼 아주 다양한 직관(直觀, Anschauungen)과 설화들 속에 최고의 신이 지닌 정신적인 추상성이 매번 다시 상기되고 있다. 그러한 최고의 신에 비해 개별적이고 감각적으로 현상하는 것들은 신성하지도 못한 비적절한 것이므로 부정적(否定的)으로 설정되고 지양(止揚)되어야 할 것으로 이해된다. 왜냐하면 처음에 말했듯이, 이렇게 한 쪽에서 다른 쪽으로 뒤바뀌는 일은 바로 인도인들의 직관 속에 고유하게 들어 있는 유형이라서 결코 잠잠하게 가라앉혀 조정할 수 없는 것이기 때문이다. 그리하여 인도인들의 예술은 감각적인 것을 포기하고 정신적 추상성과 내면으로 침잠하는 위력을 매우 다양하게 형상화하는 일을 지칠 줄 모르고 부단히 해왔다. 여기에는 오랜 고행과 심오한 직관에 대해 묘사한 설화들도 포함된다. 그 가운데 가장 오래된 서사시인 《라마야나》와 《마하바라타(Mahabharata)》뿐만 아니라 다른 많은 시문학 작품들도 그러한 시련의 행적들에 대해서 전하고 있다. 물론 이러한 고행들은 종종 명예욕이나 아니면 어떤 특정한 목적을 위해서 행해지기도 한다. 예를 들어 여기서 특정한 목적이란 최고의 상태 속에서 궁극적으로 브리만과 일치히여 지상(地上)적이고 유한한 것을 없애자는 것이 아니라, 브라만이 지닌 위력을 획득하자는 것 따위이다.

그러나 동시에 거기에는 모든 규정된 유한성으로부터 점차 멀어지는 명상적인 고행과 인고(忍苦)는 특정한 상황에서만 생겨나며 단순히 자연적인 것이라든가 자연적인 신들의 위력에서는 벗어난다는 직관이 여전히 들어 있다. 그렇기 때문에 특히 신들 중에서도 왕자(王者)

인 인드라는 엄격한 고행자들에 맞서서 그들을 유혹하려고 시도하지만, 그런 시도가 아무 소용이 없을 때는 최고의 신들에게 지원을 요청한다. 만약 신들이 지원을 하지 않으면 천상(天上) 전체가 혼란에 빠지게 되기 때문이다.

이처럼 인도의 예술은 여러 종류의 고행 단계와 그 정도를 표현하기 위해서 다양한 신들을 생각해낼 만큼 창의력이 풍부하며 또 그런 식으로 매우 진지하게 창조해 내고 있다. 우리는 이런 사실들을 출발점으로 삼아 좀 더 고찰해 나갈 수 있을 것이다.

C. 원래의 상징표현

상징적인 예술에서나 순수한 예술에서나 필수적인 것은, 그런 예술들이 형상화하려고 마음먹은 의미가 인도의 예술처럼 처음에 외적인 현존재와 분리되기 이전의 초기의 직접적인 통일성에서 머무는 것에서 벗어나야 될 뿐 아니라, 또 의미 자체가 *직접적으로*(unmittelbar, 무매개적으로) 감각적인 형태로부터 자유로워져야 된다는 점이다. 이러한 해방은 감각적이고 자연적인 것이 자체 속에서 부정적인 것으로 극복되어 포기되어야 하는 것으로 직관되고 이해되는 한에서만 가능하다. 그러나 더 나아가 보면 자연의 사물들에서 무상(無常)하고 스스로 극복되어야 할 현상들의 부정성(否定性, Negativität)을 일반적으로 사물 속에 들어 있는 절대적인 의미, 즉 신성(神聖)한 것의 한 계기로 인정하고 형상화할 필요도 있다. 그러나 그렇게 할 때에 우리는 이미 인도 예술에서는 벗어나게 된다. 그 이유는 다음과 같다.

즉 인도의 예술에서도 부정적인 것을 직관하지 않는 것은 아니다.

시바 신은 파괴의 신이기도 하고, 또 생산의 신인 인드라도 죽음을 면치 못하는 점 따위가 그것이다. 또한 모든 것을 소멸시키는 시간(時間)은 공포스러운 거인 신(神)인 칼라(Kala)23)로 의인화되어 세계 모든 왕국과 모든 신들, 심지어 트리무르티 신까지도 파괴한다. 그때 트리무르티 신은 죽어서 다시 브라마 신으로 변화한다. 이는 인간 개인이 자신을 최고의 신과 동일시함으로써 자신과 또 자신이 지닌 모든 지(知)와 의지(意志)를 사라지게 하는 것과 흡사하다. 그러나 이러한 직관 속에서도 부정적인 것은 한편 변화하고 바뀌며, 다른 한편으로 무규정적이고 공허하고 비(非) 형태적인 보편성으로 나아가기 위해 규정적인 것을 탈락시키는 추상성에 불과하다. 그에 반해서 신성한 실체는 형태가 바뀌고, 여러 신들의 모습으로 이행(移行)해 가고, 또 그 신들은 다시 하나의 최고인 신의 모습으로 바뀌어도 그 실체는 항상 변하지 않는 하나의 모습 그대로이다. 그러나 이는 자신의 본질적인 개념 속에 부정적인 것을 역시 하나의 특성으로 지니고 있는 유일신은 아니다.24) 마찬가지로 (앞서 조로아스터교에서 고찰한) 파르시교도들의 직관 속에도 파멸시키고 해를 끼치는 것은 신 오르무즈드의 *바깥*에 존재하는 아리만(Ahriman)의 속성으로 있으며, 그럼으로써 하나의 신인 오르무즈드 자체 안에 부여된 요소에 속하지 않는 대립과 투쟁만을 불러온다.

이제 좀 더 나아가 고찰하면 부정적(否定的)인 것은 한편으로 의식

---

23) 시간(時間)의 신인 칼라는 마하카리(Mahakali) 또는 칼리(Kali)라고도 불리며, 주로 여성의 모습으로 묘사된다. '시간'의 개념 자체가 모든 것을 '소멸'시키고 다시 '생성' 시키는 것이다. 그 개념을 인도 신화에서는 매우 구체적인 이미지로 형상화하고 있는 점이 흥미롭다.
24) 이 구절과 관련해서 녹스 교수는 무한자인 신 자신 속에 유한자, 즉 부정적인 것을 내포하는 것은 바로 헤겔이 지닌 기독교관의 핵심적 요소라고 설명한다.

칼리(Kali) 여신의 모습. 시커멓게 의인화된 모습으로 시간의 '잔혹성'을 잘 상징화했다. 수많은 팔들은 시간의 일부인 '분(分)'들을 가리킨다

(意識)에 의해 스스로 절대자로 고정되지만 다른 한편으로 단지 신성함의 한 요소로만 간주된다. 그것은 참된 절대자의 외부에서 아리만 같은 다른 신의 속성이 되고 말지만 또한 절대자의 속성이기도 하다. 그래서 참된 신은 *자기 자신*을 부정하는 모습으로 나타나기도 한다. 따라서 부정적인 것은 신 자신 속에 내재하는 규정으로 고찰된다.

이처럼 좀 더 확대된 표상을 통해 절대자는 처음으로 자기 안에서 *구체적*이 되고 피규정성을 지니면서 하나의 통일성이 된다. 그러한 요소들은 동일한 신 안에 깃들어 있는 서로 다른 규정들로 드러나면서 직관된다. 왜냐하면 여기서는 그 안에 든 절대적인 의미에게 피규정성이 필요한 것이 특히 중요하기 때문이다. 앞서 고찰된 의미들은 그 추상성 때문에 단순히 무규정적으로 머물면서 형태를 띠지 못하거나, 아니면 거꾸로 규정될 경우에 자연적인 존재와 직접 일치되든가 또는 안정되지도 화해(和解)되지도 못한 형태들 사이에서 투쟁에 빠지고 만다. 이제 제(諸) 민족의 직관들이 내적으로 사고(思考)의 과정을 거쳐 외적으로 발전해가는 데 따라 위와 같은 이중적인 결함으로부터 벗어날 수 있다.

첫째로, 절대자가 어떻게 규정되든지 간에 이미 그 안에는 외화(外化)가 시작되고 있다. 그러므로 이미 내적인 것과 외적인 것은 밀접하게 연결된다. 왜냐하면 규정한다는 것은 이미 구별한다는 뜻이 되기 때문이다. 외적인 것 자체는 늘 규정되고 구별되며, 따라서 어느 한 측면이 주어져 그에 맞게 외화(外化)되는 것은 지금껏 고찰한 여러 단계들의 경우보다 의미에 더 적합해진다. 그러나 절대자 안에서 최초로 피규정성이자 부정성(否定性, Negativität)으로 주어진 것은 정신으로서의 정신(精神)의 스스로 자유로운 자기규정(die freie Selbstbestimmung des Geistes als Geistes)이 되지 못하고 다만 직접적인 부정성이 될 뿐이다. 가장 포괄적인 방식에 의해 직접적이고 따라서 자연스러운 부정으로 나타나는 것은 바로 죽음(Tod)이다. 그러므로 이제 절대자는 그 원래의 개념에 맞는 부정성이라는 규정 속으로 들어가 사멸의 길에 들어선다는 뜻으로 이해된다. 그러므로 우리는 여러 민족들이 먼저 감각적인 죽음을 의식하고 그 안에서 죽음과 고통에 대해 찬미하는 것을 본다. 즉 여기서는 자연적인 죽음이 절대자의 삶 속에 들어있는 필연성의 일부로 의식된다. 그러나 한편으로 절대자는 죽음이라는 이 한 계기를 겪기 위해서 생성하고 현존하는 규정된 존재를 갖지 않을 수 없게 된다. 그리고 또 한편으로 그것은 죽음으로써 끝나지 않고 숭고한 방식으로 다시 자신 속에서 긍정적인 통일성으로 회복되어야 한다. 그러므로 죽음은 여기에서 뭔가 전체적인 의미가 되지 못하고 단지 의미의 한 측면으로서만 받아들여진다. 물론 이때 절대자는 자신의 직접적인 존재가 지양(止揚)되어 덧없이 흘러 사라져 가도 그 부정적인 과정을 통해 거꾸로 자기에게로 회귀하는 것, 즉 부활(復活)하여 스스로 영원한 신성을 띠는 것으로 파악되어야 한다. 왜냐하면 죽음은 이중적인 의미를 띠고 있기 때문이다. 즉 죽음은 한편으로 자연적인 것이 직접 소멸되어 가는 것을 뜻하고, 다른 한편으로 다만 자연적인 것의 죽음이고 그럼으로써 더 사실은 좀 더 고차적인 것, 정신적인 것이 태어나는 것이다. 거기에서 자연적인 것은 다만 정신이 이 계기를 자기의 본질에 맞게 스스로 지니는 방식으로 소멸되어 간다.

그러나 둘째로, 그 때문에 직접성(Unmittelbarkeit)을 띠고 감각적으로 존재하는 자연형상은 더 이상 그 안에서 의미와 형상이 일치하지 않는 것으로 파악된다. 왜냐하면 그때의 의미는 외적인 것이 그 현실존재 속에서 사멸하고 지양되는 것이기 때문이다.

셋째로, 의미와 형상 사이에 일어나는 단순한 투쟁은 인도인들이 지녔던 환상과 끓어오르는 상상력 속에서 마찬가지로 정지된다. 물론 여기에서 의미 자체는 기존의 현실에서 *벗어난* 순수한 통일성으로 완전히 정화(淨化)된 명확한 것으로서 자신의 분명한 형태와 *마주 대할* 수 있을 정도는 되지 못한다. 그러나 거꾸로 개별적인 형상들, 즉 개별적인 동물 형상이나 인간의 모습으로 의인화된 것, 사건, 행위들도 역시 절대자에게 직접 적합한 존재들로 직관되지는 않는다. 즉 여기에서는 아직 완전한 해방도 성취되지 않았지만 또 부적합한 통일성에서도 벗어나 있다.

이제 위의 양쪽 대신에 우리가 위에서 이미 본래 *상징적인 것*이라고 설명했던 바로 그 표현방식이 들어선다. 여기에서 한편으로 상징적인 것이 드러날 수 있는 이유는 여기서는 내적인 의미로 파악된 것은 인도식의 관념에서처럼 더 이상 단순히 왔다가 사라지거나, 여기저기서 직접적인 외면성으로 빠지거나, 그 외면성에서 다시 고독한 추상성으로 되돌아가지도 않기 때문이다. 반대로 그것은 단순한 자연적인 현실에 대항하여 자신을 고수하려고 한다. 다른 한편으로 이제 상징은 그것을 형상화하는 데 *이르러야 한다*. 왜냐하면 여기에 들어 있는 의미는 자연적인 부정성을 그 내용으로 지니고 있더라도, 참되고 내적인 것은 먼저 자연적인 것에서 벗어나기 *시작하면서도* 그 자신은 여전히 외적인 현상 방식에 매여 있어서 외적인 형상이 없는 스스로 명확한 보편성의 모습으로 의식되지 못하기 때문이다.

상징에서는 일반적으로 특정한 자연형태들이나 인간행위들이 개별적인 특성을 지니면서도 자신만을 표현하거나 의식하지 않고, 또 그렇다고 그 속에 *직접적으로* 존재하는 신성함을 의식하지도 않고 형*상화하는 방식*이 *기본적인 의미*의 개념과 일치한다. 거기에서 규정된 현존재는 특수한 형태를 지니고 있으면서 그 안에서 그와 유사한 좀 더 포괄적인 의미를 단지 *암시하는* 특성을 지녀야 한다. 그러므로 이 점에서 볼 때 삶, 생성, 성장, 몰락 그리고 죽음으로부터 다시 생성한다는 보편적인 변증법도 원래는 상징적인 형태에 맞는 내용을 지닌다. 그 이유는 거의 모든 자연적인 삶이나 정신적인 삶의 영역에서는 이러한 과정에 근거하여 존재하는 현상들을 통해서 그러한 의미들을 묘사하고 시사할 수 있기 때문이다.

그러한 의미와 표현 사이에는 실제로 유사성이 보인다. 말하자면 식물은 종자에서 생겨나 싹을 트고 성장 개화하여 열매를 맺고 그 열매가 죽으면 다시 씨를 뿌린다. 그와 비슷한 방식으로 태양도 겨울에는 낮게 뜨고 봄에는 좀 더 높이 뜨다가 여름이 되면 그 정점에 도달해 가장 위대한 축복을 보내거나 또는 파괴의 위력을 행사하기도 한다. 그리고 난 다음 태양은 다시 가라앉는다. 인생의 다양한 나이들인 유년기, 청년기, 장년기, 노년기도 그러한 보편적인 과정을 나타낸다. 그러나 여기서 예를 들어 나일강과 같은 좀 더 특수한 지역들은 더 고찰할 필요가 있다.

이제 만약 이처럼 내용과 그것의 표현이 좀 더 근본적인 유사성을 띠거나 밀접하게 일치하면서 단순히 환상적이던 것이 제거되면, 그 적합성이나 비적합성 여부에 따라 상징하는 형태들을 신중하게 선택하는 작업이 이루어지고 인도예술에서 보였던 것과 같은 쉴 새 없는 환상의 광란은 좀 더 신중하고 분별 있게 가라앉는다. 그리하여 우리는 최초의 단계에서 발견한 것과 같은 화해된 통일성이 다시 등장하는 것을 보게 된다. 그러나 여기에서 의미와 그 실제 존재는 더 이상 *직접적으로* 존재하지 않고 *차이로부터 생겨나고*, 이미 있는 것이 아니라 정신으로부터 *산출된* 동일성으로서 나타난다. 여기에서 내적인 것은 대체로 독자성으로 발전해 가 자신을 의식하기 시작하며, 자연적인 것 안에 자신과 대립되는 사물을 찾아 나선다. 그리고 그 자연적인 것 또한 정신적인 삶과 운명 속에서 자신과 대립되는 것을 갖는다. 이와 같이 한쪽이 다른 쪽을 다시 인식하고 외적인 형태에서 내적인 것을, 내적인 것을 통해 외적인 형상의 의미를 서로 연결하고 직관하고 상상하려는 방향으로 밀고 갈 때 상징적인 *예술*로 나아가려는 거대한 충동(Trieb)이 생겨난다. 그럼으로써 정신적인 활동을 하는 내면에게 그냥 창안된 것이 아니라 정신으로부터 *창안된* 현상들이 주어져야할 필연성이 생긴다.

그때 상상력은 그 자체가 목적이 되고, 또 유사한 의미를 직관하는 데도 이용되어 원래의 의미에 예속된 제2의 형태도 만들어낸다. 이런 점에서 의미란 바로 거기서부터 의식이 출발하며 그것에 대해 표상하는 것을 표현하기 위해 유사한 형태를 찾아 둘러보는 그런 것이라고 생각할 수 있다. 이런 점에서 의미란 바로 거기서부터 의식이 출발하며 그것에 대해 표상하는 것을 표현하기 위해 유사한 형태를 찾아 둘러보는 그런 것이라고 생각할 수 있다.

그러나 이는 본래의 상징적 예술이 가는 길이 아니다. 왜냐하면 그 예술이 지닌 특성은 어떤 외면성과도 *관계없이* 아직은 의미를 절대적으로 파악하기 위해 뚫고 들어가는 것이 아니기 때문이다. 반대로 그 예술은 이미 자연과 정신 속에 주어진 것, 그리고 구체적인 현존성 속에서 그 출발점을 취하며 비로소 이를 의미의 보편성으로 확대한다. 그러한 의미는 물론 제한되고 단지 유한한 방식이기는 해도 이미 그 같은 실제 존재 속에 동시에 포함되어 있다. 그러나 이 예술은 또 이런 대상들을 취할 때 그것들을 통해 이 특수한 현실성 속에서 보편성을 의식하고 직관 표상할 수 있는 하나의 형태를 환상적으로 창조해 내려는 것을 목적으로 한다. 그러므로 상징적인 것으로서의 예술형상들은 아직은 정신에 진정으로 적합한 형태를 갖지 못한다. 왜냐하면 여기서 정신 자신은 아직 스스로 분명하고 자유로운 정신이 아니기 때문이다. 그러나 적어도 그 형상들은 *자신들만을* 표현하기 위해서 선정된 것이 아니라 좀 더 심오하고 포괄적인 내용들을 지시하려는 형상들이다. *단순히* 자연적이고 감각적이기만 한 대상은 곧 자신을 드러낸다. 그에 반해서 상징적 예술은 그것이 우리 눈앞에 자연현상을 드러내든 인간 형상을 드러내든 간에 곧 자신으로부터 벗어나 제시된 형상들과 내적인 유사성을 띠며, 또 그들과 본질적인 관계를 지닌 다른 것을 지시한다. 이제 구체적인 형상과 그 보편적인 의미 사이에 있는 관계는 다양할 수 있다. 이는 외적이어서 불확실한 것일 수도 있고, 또 실제로 구체적인 현상의 본질이 상징화하려는 보편성이라면 이는 좀 더 근본적인 것이 될 수도 있다. 그럴 경우에 상징적인 것을 이해하는 일은 훨씬 더 쉬워진다. 이와 관련해서 볼 때 *수(數,* die Zahl)는 가장 추상적인 표현이다. 수는 어떤 의미 속에 그 수의 규정이 들어 있을 경우에 좀 더 확실한 암시를 하기 위해서만 쓰일 수 있다. 예를 들어 7과 12라는 숫자는 고대 이집트의 건축술에서 종종 등장한다. 왜냐하면 7은 행성들을 나타내는 수이고, 12는 달[月] 또는 발[足]을 나타내는 수로서 그 숫자는 나일강이 넘치고 땅이 풍요로워지는 것을 의미하기 때문이다. 그런 경우에 그 숫자들은 자연적인 삶 전체를 지배하는 위력으로 숭배되는 것과 밀접한 관계를 맺는 특정한 수로서 신성한 것으로 간주된다. 그런 뜻에서 열두 계단이나 일곱 개의 기둥 따위는 상징성을 띤다.

  그러한 수의 상징성은 이미 좀 더 발달된 신화들 속에서도 여전히 나타난다. 예를 들어 그리스 신화에서 헤라클레스가 행하는 열두 가지의 과업은 일 년의 열두 달에서 유래한 듯하다. 왜냐하면 헤라클레스는 신화에서 전적으로 인간적인 개성을 띤 영웅(英雄, Held)으로 등장하지만, 또 한편으로 그 내면에 상징화된 자연의 의미를 여전히 포함하고 있으며 태양의 운행이 의인화되어 있기 때문이다.

  좀 더 나아가서 더 구체적인 것을 보면 상징적인 *공간*을 비유적으로 표현한 것들이 있다. 즉 미궁(迷宮) 같은 통로들은 천체들의 운행을 상징한다. 이는 춤이 그 뒤얽힌 움직임 속에 위대한 자연물체들의 움직임을 상징적으로 모방하려는 좀 더 비밀스러운 의미를 갖고 있는 것과 흡사하다.

  좀 더 거슬러 올라가 보면 동물 형상들도 상징성을 띠지만, 가장 완벽한 상징성을 제공해 주는 것은 더 고차적이고 적절한 방식으로 공들여서 표현되는 *인간의* 신체형상이다. 왜냐하면 이 단계에서는 이미 정신이 단순한 자연성에서 빠져 나와 스스로 독자적인 존재로 형태화하기 시작하기 때문이다.

바로 이것이 원래의 상징이 갖는 보편적인 개념이고, 또 여기에서는 이를 예술로 표현해야 할 필연성이 생긴다. 이제 우리는 이 단계에서 좀 더 구체적인 직관에 대해 이야기하기 위해서, 정신이 최초로 자신 속에 침잠해 있던 동양(東洋, der Orient)에서 나와 서양으로 눈을 돌려야 한다.

이러한 관점을 일반적으로 상징으로 나타낸 것으로 맨 먼저 내세울 수 있는 것이 불사조의 형상이다. 불사조는 자신을 태우면서도 불꽃과 재 속에서 다시 젊어진 모습으로 탄생한다. 그리스의 역사가 헤로도토스는 자신이 이집트의 그림에서 그 불사조를 본 적이 있다고 설명하고 있다(헤로도토스, 《역사》 2권 참조). 실제로 고대 *이집트인들은* 상징적 예술형식에 역점을 둔 민족이었다. 그러나 이를 좀 더 자세히 고찰하기 전에 우리는 모든 면에서 그런 관점으로 완성된 상징성으로 넘어가는 과도기 역할을 하는 다른 신화들을 몇 개 들 수 있다. 아도니스와 그의 죽음, 그의 죽음을 슬퍼하는 아프로디테와 그의 장례의식 등에 관한 신화 따위가 그것이다. 그것들은 바로 시리아의 해안을 근거지로 하여 나온 관념들이다. 프리기아에서 있었던 키벨레 여신(Cybele 또는 Kybele로 표기—역자주)에 대한 숭배도 바로 같은 의미를 지닌다. 그런 의미는 카스토르(kastor), 폴룩스(Pollux), 세레스(Ceres), 프로세르피나(Proserpina)에 관한 신화 속에서도 비슷한 여운을 띤다.

여기에서는 특히 이미 언급한 저 부정적인 요소, 즉 자연적인 죽음은 절대적인 신성함 속에 근거하는 자연적인 죽음이 주로 의미로 강조되고 생생하게 직관된다. 그러므로 신의 죽음에 대한 장례의식이나 소멸되어 버린 것에 대한 과장 어린 탄식 따위가 묘사된다. 그러나 그러한 소멸은 희생과 생성을 통해 다시 보상을 받고 그 후에 기쁨의 축제가 따른다. 그러한 보편적인 의미는 또다시 특정한 자연적인 의미를 띤다. 즉 태양은 겨울에는 힘을 잃지만 봄이 되면 힘을 되찾고 그 힘으로 자연은 다시 젊음을 얻는다. 자연은 죽고 또 다시 탄생한다. 여기에서 마치 인간적인 사건처럼 의인화된 신성함은 자연의 생명 속에 그 의미를 띠고 있고, 자연의 생명은 그 나름대로 또 자연성에서든 정신성에서든 일반적으로 부정성을 띤 본질적인 상징이 된다.

그러나 독특한 내용 면에서나 형식 면에서 상징적인 예술을 정교하게 완성시킨 가장 완전한 예(例)를 우리는 고대 *이집트*에서 찾아야 한다. 이집트는 바로 정신 자체를 해독(解讀)하는 일을 과제로 삼았던 상징의 나라였다. 그러나 실제로는 그 해독을 성취하지 못했다. 그 과제는 해결되지 못한 채 남았다. 따라서 *우리가* 줄 수 있는 해답도 이집트 예술과 그 상징적인 작품들에 들어 있는 수수께끼를 이집트인들 자신도 해독하지 못한 이 과제를 파악하는 데 있다. 그러나 여기서 정신은 그런 식으로 자신이 빠져 나오려고 분투하는 외면성 속에서 여전히 자신을 추구하며 자신의 본질에서 벗어나 자연현상을 통해 자신을 사유(思惟) 아닌 *직관*의 대상으로 드러내려고 끊임없이 노력했다. 그래서 지금까지 있었던 민족들 가운데서 고대 이집트인들이야말로 본래 *예술적인* 민족이었다. 그러나 그들이 만들어낸 작품들은 신비에 가득 차있고 침묵을 지킨 채 아무런 반향이나 움직임도 보이지 않은 채로 머물고 있다. 왜냐하면 여기에서 정신 자신은 아직도 그 내적인 생명을 진정으로 발견하지 못했으므로 아직 명료하고 명쾌한 정신의 언어로 표현할 줄 모르기 때문이다. 이집트인들이 지닌 특성은 바로 그러한 침묵의 예술을 통해 정신이 자신과의 투쟁을 드러내고 내적인 것을 형상화하되, 그 내적인 것을 외적으로 유사한 형태들을 통해서만 의식하는 정신의 만족할 수 없는 충동을 드러내는 것이었다. 이처럼 경이로운 삶을 영위하던 이집트 민족은 농경민족이었으면서도 건축물을 지은 민족이다. 그들은 땅을 일궈 운하와 호수를 파고, 예술적인 본능으로 거대한 구조물들을 만들어 냈을 뿐 아니라, 감히 측량하기 어려울 정도로 거대한 차원의 웅장한 건축물을 땅 위에 세웠다. 그러한 기념비적인 건축물들을 세우는 일이야말로 역사가 헤로도토스가 말했듯이 이집트 민족과 그 민족의 수장들이 주요한 임무로 삼았던 것이었다. 고대 인도인들이 지은 건축물들도 역시 웅장하지만 이집트에서처럼 그토록 무한하고 다양한 모습으로 지어진 건축물은 어디에서도 찾아볼 수 없다.

1. 이집트인의 직관과 사자(死者)를 표현한 피라미드

이제 고대 이집트인들이 지녔던 예술적인 관념을 특수한 측면에서 고찰해 보면 여기에는 현존재가 지닌 직접성과 대조되는 내면이 최초로 확고히 고정되어 있고, 그것도 생명력을 부정하는 죽음의 내면성으로 고정되어 있는 것을 볼 수 있다. 그러나 이는 앞서 인도 예술에서 볼 수 있었듯이 오르무즈드와 대립되는 사악하고 멸망하는 추상적인 부정성(否定性, Negativität)으로서의 아리만이 아니라 구체적인 형상을 지닌 부정성이다.

    a) 인도인들은 아주 공허하고 모든 구체적인 것에 반대되는 부정적인 추상성만을 향해 나아갔다. 그러나 인도인들이 브라만이 되는 것

따위의 일은 고대 이집트인들에는 일어나지 않았다. 그들에게는 보이지 않는 것이 더 충만된 의미를 띠었다. 즉 죽음이 살아있는 것 같은 의미를 지닌 것이다. 그것은 직접적인 존재성에서 벗어나고, 삶에서 분리되면서도 생명과 관련되고 구체적인 형상 속에 독자적으로 보존된다. 이집트인들이 고양이, 개, 매, 사향살쾡이, 곰, 늑대(헤로도토스, 《역사》 2권 참조)를 숭배하고, 특히 죽은 사람들에게 향유(香油)를 바르고 (헤로도토스, 《역사》 2권 참조) 숭배했다는 것은 알려진 사실이다. 그들은 죽은 자들을 매장하지 않고 그들의 시신을 영구히 보존하고 숭배했다.

b) 그러나 좀 더 나아가 보면 이집트인들은 이처럼 죽은 자들을 직접적이고 자연적으로 방식으로 보존하는 일로만 그치지 않았다. 즉 자연적으로 보존된 것은 그들의 표상 속에서도 지속적인 것으로 이해되었다. 헤로도토스는 이집트인들에 대해서 그들은 인간의 영혼이 불멸(不滅)한다고 최초로 가르친 사람들이라고 말했다. 따라서 그들은 처음에는 이런 고차원적인 방식으로 자연적인 것과 정신적인 것을 해결하려고 했다. 왜냐하면 단지 자연적인 것만 스스로 독자성을 유지하지는 않기 때문이다. 영혼의 불멸성은 정신적인 자유와 아주 가깝다. 왜냐하면 자아(自我, das Ich)는 자신을 현존재가 지닌 자연성에서 벗어나 자신에게 근거하는 것으로 이해되기 때문이다. 이 자아를 아는 것이 바로 자유의 원리이다. 물론 여기서 고대 이집트인들이 자유로운 정신 개념 속으로 완전히 뚫고 들어갔다고 말할 수는 없다. 그리고 오늘날의 우리가 영혼의 불멸성을 이해하는 것과 같은 방식으로 고대 이집트인들이 불멸성을 믿었다고 생각할 수도 없다. 그러나 이집트인들은 이미 삶에서 분리된 것도 그 존재성에 따라 외적으로뿐만 아니라 그들 자신의 표상 속에도 보존하려고 생각했다. 그러한 그들

의 관념으로 인해 그들의 의식(意識)은 자유롭게 이행(移行)되었다. 물론 그들의 의식은 자유의 입구까지밖에는 도달하지 못했지만. 이집트인들의 그러한 관념은 더 나아가 직접적인 현재 사실과는 대립되는 사자(死者)들의 독자적인 왕국을 상상해 내는 데까지 발전한다. 이 보이지 않는 왕국 속에는 사자들을 심판하는 법정이 세워지고 거기에서는 아멘테스(Amenthes)[25]가 된 오시리스(Osiris)가 지배한다. 그리고 그러한 심판은 다시 직접적인 현실 속에서도 주어진다. 왜냐하면 인간 사회에서도 죽은 사람들에 대해서 심판을 하기 때문이다. 예를 들어 다스리던 어느 왕이 죽으면 사람들은 누구나 그 법정으로 나와 그 죽은 왕에 대한 자기들의 하소연을 말할 수 있었다.

    c) 더 나아가 이와 같은 이집트인들의 표상이 어떤 식으로 *상징적인 예술형상*을 만들어 냈는지 묻는다면, 그 대답은 이집트 건축예술을 구성하는 주요한 작품들 속에서 발견해야 한다. 여기서 우리는 눈앞에 초지상적인 건축물과 지하에 세워진 건축물이라는 이중적인 건축물을 보게 된다. 땅 속에 지어진 미궁(迷宮)들, 화려하고 널찍하게 파인 장소들, 반시간 동안이나 걸어가야만 끝나는 기다란 통로들, 상형문자들로 뒤덮인 방들, 그 모든 것들은 아주 정교하게 작업 끝에 만들어진 것이다. 그런 다음에 그 위에 더욱 놀랄 만한 건축물이 지었으니 그런 건축

---

25) 아멘테스(Amenthes). 《미학강의》의 영어판 번역자인 녹스 교수는 헤겔이 여기서 잘못 알고 있는 것 같다고 말한다. 왜냐하면 '아멘테스' 란 인명(人名)이 아니라 명부(冥府)를 뜻하는 그리스어의 'Hades' 를 이집트어로 번역한 말이기 때문이다. 고대 이집트어로 'Duat' 라고도 불린 이 신성(神性)은 원래 해가 떴다가 지는 나일강 서쪽 지역을 가리켰으나, 후에 가서는 지하(地下) 세계를 뜻했다고 한다.

물로는 주로 피라미드를 들 수 있다. 피라미드의 특성과 의미에 대해서는 수백 년에 걸쳐 사람들이 온갖 가정(假定)들을 내세웠지만, 지금에 와서 볼 때 그 피라미드들은 왕들이나 성스러운 동물들, 예를 들어 죽은 성우(聖牛)나 고양이, 따오기 같은 새들을 넣었던 무덤이라는 데는 의심할 여지가 없어 보인다. 이런 식으로 피라미드는 우리에게 상징적 예술이 지닌 단순한 이미지를 보여준다. 그것들 안에는 내면적인 것이 감추어져 있으면서도 예술을 통해 그 내면이 거대한 외적인 형태로 에워싸여 나타난 결정체(結晶體)이다. 결과적으로 피라미드들은 마치 단순한 자연성과는 분리된 내면을 표현하기 위해 그리고 오직 그 내면성과 관련해서만 존재하고 있는 듯 보인다. 그러나 여기서 의미를 띤 보이지 않은 죽음의 영역은 직접적인 현존성과는 동떨어진 형식적인 한 면만 지니고 있으며 이것이 진정한 예술의 내용에 속한다.

그러므로 이 영역은 죽음의 왕국인 하데스의 영역일 뿐이라서 감각성에서 벗어나 스스로 존재한다. 그러면서도 자유로이 살아있는 영혼인 생명성을 띠고 있지는 않다. 따라서 그런 내적인 의미를 나타내기 위해 만들어진 형태는 외적인 형태이면서도 베일처럼 모호한 것으로 머문다. 피라미드의 경우에는 바로 외부에서 둘러싸고 있는 것 안에서 내면이 감춰져 있다.

2. 동물숭배와 동물 가면(假面)

고대 이집트인들은 일반적으로 외면성에 뭔가 내면이 존재하면서 우리 눈에 드러난다고 간주한 반면에, 황소나 고양이 또는 많은 다른 산 동물들 속에 마치 신성한 것이 살아 들어 있는 것처럼 숭배하는 극단으로까지 나아갔다. 생명을 지닌 것은 무기물이 지닌 외면성보다 더 차원이 높다. 왜냐하면 살아 있는 유기체(有機體, Organismus)는 그 외형 속에 지시된 내면이 들어 있지만 이는 내적이어서 비밀스러운 것으로 머물기 때문이다. 그러므로 이집트인들의 동물숭배는 단지 생명을 지닌 외면성보다 더 숭고한 힘을 지닌 비밀스러운 내면을 직관하기 위한 것이었다고 이해해야 한다. 물론 그들이 참된 정신이 아닌 개나 고양이 같은 동물을 성스럽게 숭배한 것에 대해 우리는 역겨움을 느낀다. 그러나 이러한 숭배 자체는 전혀 상징적인 것이 아니다. 왜냐하면 거기에서는 예를 들어 성우(聖牛) 같은 진짜 살아있는 동물이 바로 신적인 존재로 숭배되기 때문이다. 이집트인들은 동물들의 형상까지도 상징적으로 이용했다. 그때 그 동물들은 그 자체로서는 가치를 지니지 못하고 뭔가 보편적인 것을 표현하는 것으로 가치가 격하되었다. 그 가장 소박한 형태로 동물의 가면을 들 수 있다. 그런 가면들은 특히 향유를 바르는 일을 할 때 이용되는데, 그때 죽은 자의 사체를 열어 내장을 끄집어내는 사람들이 동물가면을 쓴 모습으로 묘사되었다. 여기에서 그러한 동물들의 머리는 동물 자체를 나타내지 않고 그것들과는 구별되는 보편적인 의미를 나타내야 한다.

그리고 더 나아가서 동물의 형상은 인간의 형상과 뒤섞여 사용되었다. 우리는 사자의 머리를 한 인간의 모습을 볼 수 있는데 이는 미네르바 여신의 모습으로 간주된다. 또 매의 머리를 한 사람의 모습이 등장하는가 하면, 암몬(Ammon)신의 머리에는 뿔들이 달려 있었다. 여기서 그것들이 상징적인 관계를 갖고 있다는 것을 간과할 수 없다. 이집트인들이 사용한 상형문자도 대부분 상징적인 의미를 띠었다. 왜냐하면 그들은 실제로 있는 대상들을 모사(模寫)함으로써 글자 자체가 아니라 그와 유사한 보편성을 나타내는 의미를 알리려고 했기 때문이다. 또는 그

보다 더 일상적으로 어떤 문자가 띠고 있는 음성적인 요소에서 어떤 대상이 소리로 표현될 때 나오는 음성과 같은 음의 첫 글자를 씀으로써 그 대상을 그림으로 나타내기도 했다.

3. 완벽한 상징표현인 멤논, 이시스, 오시리스, 스핑크스

고대 이집트에서는 대체로 거의 모든 형상이 상징이나 상형문자로 나타나면서 그 형상 자체를 의미하지 않고 그와 유사하게 관련된 다른 것들을 암시하였다. 그러나 이러한 유사한 관계가 좀 더 철저하고 심오하게 이루어질 때 원래의 상징들은 비로소 완벽하게 드러난다. 이 점과 관련해서 나는 다음과 같이 자주 반복해서 나타나는 직관들을 간단히 언급하고자 한다.

a) 우리는 한편으로 이집트인들이 지녔던 미신이 동물의 형상에서 비밀스러운 내면성을 예감했듯이, 다른 한편으로 그렇게 표현된 인간의 형상은 그 형상 바깥에서도 여전히 주관성의 내면을 지니므로, 따라서 자유로운 미(美)로 전개되어 표현되지 못하고 있음을 발견한다. 특히 눈에 띠는 것은 저 거대한 *멤논의 거상(巨像)*들로서,[26] 그

---

[26] 멤논(Memnon)의 거상(巨像)들은 기원전 약 14세기에 돌로 건립된 높이 19.5m에 달하는 두 개의 좌상(座像)을 가리킨다. 이는 파라오 아메노피스 3세의 좌상으로 알려져 있다. 이들은 오늘날에는 없어졌지만 당시에는 사자(死者)들의 신전 앞에 세워졌던 것으로 추측된다. 이들은 고대에는 태양이 뜰 때면 저절로 소리를 내었기 때문에 후에 그리스인들은 그들의 신화에서 멤논을 아침 여명의 여신인 에오스의 아들로 불렀다.

좌상들은 스스로 안주하는 모습을 띤 채 움직이지 않고 있으며, 두 팔을 몸에 감고 두 발은 서로 딱 붙인 채 생명 없는 굳은 모습으로 태양을 마주하고 서 있다. 그 모습은 마치 태양빛이 그들에게 닿아 영혼과 소리를 불어넣어 주기를 기다리는 듯한 모습이다. 헤로도토스[27]는 태양이 뜰 때면 멤논 상들에서 저절로 소리가 난다고 설명했다. 이에 대해 좀 더 수준 높은 비판가들은 의심의 목소리를 냈지만, 실제로 그런 조각상들에서 음향이 울린다는 사실은 근래에 프랑스인들과 영국인들에 의해 다시 확인되었다. 그리고 만약에 그 음향이 다른 어떤 장치에 의해 나오는 것이 아니라면, 물속에서 타닥거리는 소리를 내는 광물질이 있듯이 그 거대한 석상들에서 나오는 음향도 아침이슬이나 찬 공기에 햇살이 떨어질 때 거기에 작은 균열이 일어났다 다시 사라지면서 나는 소리일지 모른다고 해명할 수 있다. 그러나 *상징물*인 이 거상(巨像)들에게는 그 안에 자유롭고 정신적인 영혼이 간직되어 있지 못하므로 스스로 절제와 미를 지닌 내면에서 생명을 얻는 대신 외부에서 그 거상들에게 음향을 불러일으키는 빛이 필요하다는 사실이다. 그에 반해 인간의 음성은 밖에서 자극을 받지 않고도 인간 자신의 느낌과 정신으로부터 울려나온다. 이는 숭고한 예술에서 일반적으로 내면이 내면 자신으로부터 형상을 만들어내는 것과 흡사하다. 그러나 고대 이집트에서 인간 형상 속에 들어 있는 내적인 생명은 아직도 불투명하고 둔탁한 것이어서 그것에는 단지 자연적인 생명만 불어넣어질 수 있음을 우리는 보게 된다.

---

27) 녹스 교수는 이 부분에서 헤겔이 그리스의 역사가 헤로도토스의 이름을 언급하는 것은 잘못이라고 지적한다. 그는 이 부분은 본래 로마의 역사가 타키투스의 《연대기》ii 61에서 인용한 듯 하다고 본다.

멤논의 거상(巨像)들

고대 이집트의 이시스 신(神)을 숭배하는 밀교(密敎)의 한 장면

사자의 서(書)에 묘사된 오시리스

b) 상징적으로 또 다르게 표상되는 방식으로는 이시스와 오시리스를 들 수 있다. 오시리스는 탄생하지만 티폰(Typhon)에 의해 죽임을 당한다. 그러나 그의 아내 이시스는 그의 흩어진 해골을 찾아 나선 끝에 결국 그것을 찾아 모아서 매장한다. 신에 관한 이 이야기는 우선은 단순한 *자연의 의미*들을 그 내용으로 삼고 있다. 오시리스는 한편으로 태양이어서 그에 관한 이야기는 태양이 일 년을 운행하는 것을 상징한다. 또 다른 한편으로는 이집트 전역의 땅을 비옥하게 만드는 나일강이 범람했다가 그 물이 다시 빠지는 것을 의미한다. 왜냐하면 이집트에서는 종종 몇 년 동안 비가 안 오다가 나일강이 범람할 때야 비로소 그곳의 땅이 물을 맞이할 수 있었기 때문이다. 겨울 동안에는 그 강은 하상(河床)에서 얕게 흐르지만, 그 후 여름의 태양이 솟는 시기부터는(헤로도토스, 《역사》 2권) 백여 일 동안 물이 불기 시작하여 강둑을 넘어 이집트 전역으로 범람한다. 결국에 가서 그 강물은 열기와 뜨거운 바람에 의해 다시 말라버리고 강의 하상으로 물러난다. 그때 사람들은 별로 힘을 들이지 않고도 농토를 경작할 수 있고, 채소들은 풍성하게 자라고 모든 식물은 싹을 내면서 익어간다. 태양과 나일강, 그것들이 약해졌다가 다시 강해지는 것은 바로 이집트 땅이 갖는 자연적인 위력으로서, 이집트인들은 이를 인간적으로 형상화한 이시스와 오시리스의 신화 속에서 상징적으로 나디냈다. 이러한 신화에 속하는 것으로는 또 열두 신(神)들의 숫자가 열두 달과 관계가 있듯이 일 년의 운행과 관련 있는 동물들로 구성된 12궁(宮)을 들 수 있다.[28]

---

[28] 12궁이란 라틴어로 Aries(백양), Taurus(금우,金牛), Gemini(쌍자,雙子), Cancer(거해,巨蟹), Leo(사자), Virgo(처녀), Libra(천칭,天秤), Scorpio(천갈,天蝎), Sagittarius(인마,人馬), Capricornus(마갈,磨羯), Aquarius(보병,寶甁), Pisces(쌍어,雙魚)를 가리킨다.

거꾸로 보면 오시리스신은 또한 *인간적인 것* 자체를 의미한다. 그는 농경의 창시자이자 농지와 소유물의 분리자인 법(法)으로 신성시된다. 따라서 그에 대한 숭배는 도덕적이고 합법적인 것과 밀접한 공통성을 지닌 인간의 정신적인 활동과도 관련된다. 마찬가지로 오시리스는 죽은 자들을 심판하는 신으로서 단순한 자연적인 삶과는 완전히 분리되는 의미도 지닌다. 그런 의미를 띨 때 상징성은 중단되기 시작한다. 왜냐하면 그 의미 속에서는 내면적이자 정신적인 것 자체가 인간 형태의 내용으로 되면서 그 형상은 자기 본래의 내면을 표현하기 시작하기 때문이다. 그러나 이 정신적인 과정도 역시 다시 외적이고 자연적인 삶을 다시 그 내용으로 삼으면서 이를 외적인 방식으로 드러내준다. 예를 들어 계단의 숫자나 기둥의 숫자, 미로(迷路)나 여러 모양으로 된 통로들, 굽은 길, 수많은 방들 따위가 그런 것을 나타낸다.

 이런 식으로 오시리스는 그것이 변천해 가는 동안에 계기가 다를 때마다 자연적인 삶이 되기도 하고, 정신적인 삶이 되기도 하며, 상징적인 형상들도 때로는 자연의 원소들을 상징하는가 하면, 때로는 자연 상태 자체가 다시금 정신적인 활동과 그 변화를 상징하기도 한다. 그러므로 여기에서는 인간의 형상도 단순히 의인화한 것으로 머물지 않는다. 왜냐하면 여기서 자연적인 것은 그것이 비록 한편으로는 원래의 자연적인 의미로 나타나더라도, 다른 한편으로 다시금 스스로 다만 정신적인 것의 상징이 됨으로써 대체로 내적인 것이 자연을 직관할 때만 솟아 나오는 이 영역에 종속되기 때문이다. 그러나 물론 인간 육체의 형상은 전혀 다른 형태를 띠고 있으며, 그 형태는 내적이고 정신적인 것 속으로 침잠해 들어가고자 하는 노력을 보여주고 있다. 하지만 이러한 노력도 그 본래의 목적인 정신성(精神性, die Geistigkeit)의 자유에 도달하기에는 그 방식이 부족하다. 왜냐하면 그러한 인간

형상들은 거대하고 심각하면서 마치 화석처럼 말없는 상태에 머물러 있기 때문이다. 자유롭고 밝은 명랑성을 띠지 않은 두 발과 두 팔, 머리는 아무런 우아함도 지니지 못한 채 신체의 다른 부분에 너무 밀착되어 있으며 또 생동적인 동작과도 아무 관계가 없다. 후에 가서 그리스인인 다이달로스29)에 이르러서야 비로소 팔과 다리가 서로 자유로이 떨어지고 신체에 동작이 들어가는 예술이 나오게 되었다.

이처럼 고대 이집트의 상징들은 그 변화하는 상징성으로 인해 동시에 상징들의 총체성을 띠고 있어서, 그것이 일단 뭔가 하나의 의미로 등장하게 되면 이는 그와 유사한 영역에서 다시 상징으로 이용된다. 그러한 형상들은 그 형상들과 의미가 서로 뒤섞여 다양한 것을 보여주거나 이를 암시한다. 그리하여 상징성은 혼자서 여러 방향으로 나아갈 수 있는 내적 주관성에 이처럼 다의적(多義的)으로 근접하여 연결된다. 그러므로 물론 그 다의성 때문에 해명하는 데 어려움이 있을 수는 있어도 바로 그런 점에서 이런 형상들은 장점을 지니고 있다.

그런 모든 이집트 형상들은 사실 직접적인 상징을 나타내고 있기 때문에 오늘날 우리는 그 의미들을 해독하려고 지나치게 나아가고 있다는 느낌이 든다. 그러나 오늘날 우리가 그런 형상들의 의미를 해명하려고 애쓰고 있는 것처럼, 고대 이집트인들도 그것들을 직관하고 역시 의미로서 분명하게 이해했을 수도 있다. 그러나 우리가 처음에 살펴보았듯이 이집트의 상징들은 많은 것을 넌지시(implizit) 내포하고는 있어도 명확히(explizit) 드러내는 것은 아무것도 없다. 그 상징

---

29) 다이달로스(Daedalus). 고대 아테네의 조각가이자 건축가. 그는 스스로 움직일 수 있는 조각상들을 만들었다고 전해진다. 그는 또한 미노스 왕을 위해서 크레타 섬에 미궁을 만들기도 했다.

들은 스스로 명확한 것이 되려고 애를 쓰면서도 절대적인 명확성을 드러내려고 분투하는 단계에 머물고 말았다. 이런 의미에서 우리는 이집트의 예술작품들이 수수께끼를 간직하고 있음을 보는데, 그 수수께끼를 제대로 푸는 일은 우리들뿐만 아니라 이 일을 과제로 삼았던 사람들까지도 성공하지 못했다.

c) 그러므로 비밀로 가득 찬 상징을 표현하고 있는 이집트의 예술작품들은 수수께끼, 즉 객관적인 수수께끼 자체이다. 이러한 본래의 이집트 정신을 의미하는 상징으로 들 수 있는 것이 바로 스핑크스(Sphinx)이다. 그것은 곧 상징성 자체를 상징(Symbol des Symbolischen)하는 것이기도 하다. 이집트에 가보면 수많은 스핑크스 형상들이 한 줄에 수백 개씩 늘어서 있는 것을 볼 수 있다. 그것들은 단단한 돌을 연마해서 조각한 것들로 그 위에는 상형문자들이 덮여 있다. 카이로 근처에 있는 그것들의 크기는 얼마나 거대한지 사자 모양의 발톱만 해도 사람의 키에 해당된다. 그것들은 엎드려 있는 동물의 몸 형상을 하고 있는데, 상체는 사람 몸의 형상을 하고 있거나 때로는 숫양의 모습을 띠고 있기도 하지만 그 외에는 대개 여자의 두상(頭像)을 하고 있다. 그 형상을 보면 그것이 지닌 동물적인 둔탁하고도 강인한 힘으로부터 인간적인 정신이 빠져나오려고 애쓰고 있으면서도 인간에게 고유한 자유로움이나 동작의 형상으로 완전하게 표현되지는 못하고 있다. 왜냐하면 그 정신은 아직도 자신의 타자(他者)와 함께 뒤섞인 채 머물러 있을 수밖에 없기 때문이다.

이처럼 정신이 혼자서 스스로 적절한 현실성으로 이해되지 못한 채 단지 그와 유사한 것으로만 보여지며, 따라서 그에 낯선 형상 속에서만 의식되면 자의식적(自意識的)인 정신에 도달하려고 이처럼 갈망하

이집트에서 피라미드를 수호하던 상징물인 스핑크스(sphinx)

그리스의 신 스핑크스와 오이디푸스(oidipus). 그리스인들이 본 스핑크스는 매우 부정적인 이미지를 띠고 있었다.

는 일이 대체로 최정점에 달할 때 그 상징성은 수수께끼가 되고 만다.

 이런 의미에서 우리가 볼 때 그리스의 신화에서 역시 상징성을 띠고 있다고 할 수 있는 스핑크스는 수수께끼를 내는 괴물로 등장한다. 즉 스핑크스는 아침에는 네 발로 걷고 낮에는 두 발로 걸으며 밤에는 세 발로 걷는 것은 무엇인가, 라는 그 유명한 수수께끼를 낸다. 오이디푸스는 그것이야말로 바로 인간이라고 간단하게 그 수수께끼를 푼다. 그러자 수수께끼를 냈던 스핑크스는 절벽 밑으로 추락하고 만다. 이 상징에 대한 해답은 유명한 그리스의 비명(碑名)에 인간에 대해

그리스의 도시 델피(Delphi)에 남아 있는 아폴로(Apollo) 신전의 유적

'너 자신을 알라!'[30]라고 씌어 있듯이 바로 정신 속에 절대적으로 들어 있는(anundfürsichseinende) 의미이다. 의식(意識) 속에 들어 있는 빛이야말로 바로 구체적인 내용으로 하여금 그에 적합한 형상을 통해 드러나게 하며, 오직 그 현존성 속에서만 자신을 명시하는 명료함(Klarheit)이다.

---

30) 이는 고대 그리스의 델피(Delphi)에 있던 아폴로 신전에 새겨진 명문이었다. '너 자신을 알라'는 그리스어로 'γνῶθι σεαυτὸν(gnôthi seautón)'라고 쓴다. 그리스 신화에서 아폴로 신은 무녀(巫女)인 피티아(Pythia)를 통해서 그의 신탁(神託)을 인간 세상에 알리는 것으로 나온다. 이에 대해서는 플라톤의 《프로타고라스》 343, B를 참조.

제2장 상징적으로 표현되는 숭고함

상징적인 예술의 목적이 되는, 자기 자신으로부터 적절한 형태를 띠고 나오는 정신이 지닌 수수께끼 같은 명료함(Klarheit)을 알아내는 일은 먼저 의미가 스스로 현상 전체의 세계와 분리되어 의식에 들어올 때만 가능하다. 그 이유는 고대 파르시인들의 경우에 의미와 형태 양자가 직접 일치되는 것으로 직관되었기 때문에 비예술적이었고, 고대 인도인들의 경우에는 양자가 분리되면서도 직접적인 연결을 요구하였기 때문에 그러한 모순이 인도인들에게 환상적인 상징 표현을 하도록 야기했으며, 이집트에서도 역시 현상으로부터 분리되어 스스로의 의미를 띤 것을 자유로이 인지할 가능성(Erkennbarkeit)이 결핍됨으로써 상징적인 것이 수수께끼처럼 모호해지는 원인이 되었기 때문이다.

이제 즉자대자적인 존재(das Anundfürsichsein)가 감각적인 현재, 즉 경험적이고 외적인 개체성으로부터 처음으로 단호하고 확실하게 벗어날 때 드러나는 것이 바로 숭고함(Erhabenheit)이다. 숭고함은 절대적인 것으로 하여금 모든 직접적인 존재성을 넘어섬으로써 무엇보다도 정신적인 것의 최소한 근거가 되는 추상적인 자유를 성취하게 한다. 왜냐하면 그렇게 숭고화된 의미는 아직은 구체적인 정신성으로서 파악되지 않아도 자신 속에 존재하며 안거(安居)하는 내적인 것, 즉 본질상 유한한 현상 속에서는 진정으로 표현될 수 없는 내적인 것으로 간주되기 때문이다.

칸트(Kant)는 매우 흥미로운 방식으로 숭고한 것과 미적인 것을 구분하였다. 그가 자신의 저서《판단력 비판(Kritik der Urteilskraft)》제1부의 §20항에서부터 그 차이에 대해 상술하고 있는 데, 이 설명은 비록 너무 지나치게 옆으로 빗나가고 있는데다가 또 모든 규정들을 근본적으로 주관적인 것, 즉 심정이나 상상력, 이성 따위의 능력으로 환원시키고 있기는 하지만 그럼에도 불구하고 흥미롭다. 이 같은 귀납(Reduktion)은 ─ 칸트 자신이 언표하고 있듯이 ─ 숭고함은 그 보편적인 원리에 따라 우리가 우리 내면에 있는 자연뿐만 아니라 우리의 외부에 있는 자연에 비해서도 우리의 존재가 우월하다는 것을 의식하는 한(限), 자연의 어떤 사물 속이 아닌 다만 우리의 심정(Gemüt) 속에만 들어 있다는 점에서 옳다고 보아야 한다. 이런 의미에서 칸트의 관점은 다음과 같다.

"본래의 숭고함은 어떤 감각적인 형태 속에서 보존되는 것이 아니라 오로지 이성적인 이념과 관계된다. 그 이념은 물론 그에 알맞게 표현을 하는 것은 불가능하지만 바로 이념 자신을 감각적으로 표현하기에 부적합한 그것에 자극되어 우리의 심정에 불러일으켜지는 것이다"[1]

일반적으로 숭고함이란 무한한 것을 현상이라는 영역 안에서 그 무한함을 표현하는 데 적합한 어떤 대상을 찾지 않은 채 표현하려는 시도이다. 무한한 것은 바로 전체적으로 뒤얽힌 대상성(對象性, Gegenständlichkeit)으로부터 벗어나, 형태 없고 보이지 않는 의미로서 내적으로 만들어지며 그 무한성 때문에 언표될 수도 없고 (unaussprechbar) 어떤 유한성에 의해 표현되는 일에서도 초월해 있다.

이제 여기서 의미는 그 의미의 현상이 갖는 총체성과는 대조적으로

---

[1]《판단력 비판(Kritik der Urteilskraft)》1799년 판, §23 참조.

스스로 본질적인 일자(一者, das in sich substantielle *Eine*)로서 최초의 내용을 갖는다. 그 내용은 오직 순수한 사상(思想)을 위해서만 주어진다. 그러므로 이제 이 실체(Substanz)는 외적으로 형태를 지니는 일을 멈춤으로써 본래 상징적인 성격은 사라지게 된다. 그러나 스스로 통일된 이것이 직관되려면 이것 자체가 역시 모든 사물의 창조적인 힘인 실체로서 파악될 때에만 가능하다. 그러므로 이것은 사물들 속에서 명시되고 현상하며, 따라서 그것들과 긍정적인 관계를 갖게 된다. 그러나 동시에 그 실체는 그것이 개별적인 현상들 자체나 그것들 전체보다도 더 숭고하다는 것을 표현하는 규정을 지닌다. 그리하여 논리적인 과정을 거쳐 결과적으로 긍정적인 관계는, 개별적인 것으로서 현상하기 때문에 실체에는 역시 부적합한 것과 그것의 소멸로부터 벗어나는 *부정적인* 관계로 바뀐다.

이처럼 외적으로 형상화되는 것이 바로 숭고함이다. 이 숭고함은 그것을 드러내는 외면성에 의해 다시 소멸되므로 내용을 명시(明示, Auslegung)한다는 것은 동시에 그것을 지양(止揚)하는 것이 된다. 그러므로 우리는 숭고함을 칸트가 말하는 식으로 단지 마음과 이성의 이념들 속에 주관적인 것 속에만 유치할 수는 없다. 반대로 우리는 그 숭고함이 표현되어야 할 내용인 절대적인 실체 자체 속에 근거하는 것으로 이해해야 한다.

이제 숭고함의 예술 형식을 분류하는 일도 방금 시사한 것처럼 의미로서의 실체와 현상하는 세계 사이에 있는 이중적인 관계로부터 이끌어낼 수 있다.

이처럼 한편으로 긍정적이고 다른 한편으로 부정적인 이 관계 속에 있는 공통성은 실체가—물론 그것은 실체이자 본질로서 스스로 형태가 없으며 구체적으로 직관될 수 없고 일반적으로 현상하는 것과의 관련 속에서만 언명될 수 있음에도 불구하고—자신을 표현하기 위해 필요로 하는 개체적인 현상을 초월해서 존재한다.

이를 긍정적으로 파악하는 *첫 번째* 방식으로 우리는 *범신론적인 예술*(*pantheistische* Kunst)을 들 수 있다. 이는 때로는 고대 인도에서, 때로는 그 후에 페르시아와 마호메트교도 시인들의 자유로운 신비주의 속에서 등장한다. 그리고 기독교화된 서양에서는 내면으로 침잠된 사상(思想)과 심정 속에서 다시 발견된다.

일반적인 규정상 이 단계에서 실체는 우연적으로 창조된 모든 것들 속에 내재하고 있는 것으로 직관된다. 그러므로 이것들은 아직은 절대자에게 봉사하거나 이를 단순히 찬미하는 장식으로 머물도록 가치가 하락되지는 않으며 그들 속에 내재하는 실체 때문에 그것들 역시 긍정적으로 보존된다. 물론 모든 개별적인 것 안에서는 오로지 일자(一者)이자 신성한 존재(das Eine und Göttliche)만이 표상되고 숭고한 것으로 되어야 한다. 따라서 이 모든 사물 속에서 그 일자(一者)의 존재를 보고 경탄해 하며 사물들뿐만 아니라 그 절대자에 대해서도 명상 속에 침잠하는 시인(詩人)이야말로 모든 사물과 연결되는 실체와 긍정적인 관계를 유지할 능력이 있다.

*두 번째*의 이해방식으로는 유일신의 위력과 영광을 부정적으로 찬미하는 엄밀한 의미의 숭고성을 들 수 있는데, 우리는 이를 헤브라이의 시문학에서 발견할 수 있다. 그 문학에서는 창조된 현상들 속에 절대자가 긍정적으로 내재한다는 점을 지양(止揚)하면서, *하나의* 실체를 세계의 조물주로서 한편에 설정하고 그와 대조되는 피조물 전체를 (부정적인 것으로) 다른 쪽에 설정하고 있다. 피조물 전체는 신과 비교할 때 무력하고 덧없이 소멸하는 것으로 상정된다. 여기서는 설사 유

일한 절대자의 위력과 지혜가 자연 사물들이나 인간 운명의 유한성을 통해서 표현되더라도 우리는 인도식으로 형상들이 무절제하게 왜곡되는 것을 더 이상 보지 않게 된다. 그와는 반대로, 존재하는 것은 아무리 그것이 영화롭고 화려하고 훌륭해 보이더라도 신의 본질과 지속성에 비하면 다만 그 신에게 봉사하는 일시적인 것이자 덧없는 가상으로만 표현될 때 신의 숭고함은 더욱 가까이 직관된다.

A. 예술 속에 들어 있는 범신론

오늘날 범신론(汎神論, Pantheismus)이라는 말은 아주 잘못 이해될 가능성이 많다. 왜냐하면 '범(凡)', 즉 '모든 것'이라는 말은 한편으로 현대적 의미에서 볼 때 순전히 경험적 개별성 안에 있는 온갖 것을 의미하기 때문이다. 예를 들어 이러이러한 특성, 이러이러한 색, 이러이러한 크기, 형태, 무게를 지닌 어떤 깡통이 있는가 하면, 저러저러한 집, 책, 동물, 책상, 의자, 난로, 한 가닥 흘러가는 구름 따위가 있다. 오늘날 여러 신학자들은 철학이 모든 것을 신격화하려 든다고 주장하고 있다. 그러나 만약에 그 모든 것이라는 말을 방금 언급한 의미로 엄격히 보자면, 그들이 철학에 대해 부과하는 이와 같은 사실과 그들이 철학에 대해 제기하는 불평은 서로 전혀 맞지 않는다. 그런 식의 범신론적인 표상은 오직 미치광이 같은 자의 머릿속에서만 나올 수 있으며, 어떤 종교에서도, 심지어 북미 인디언 종족이나 에스키모들의 종교는 물론 어떤 철학에서도 찾아볼 수 없는 것이다. 따라서 사람들이 범신론이라고 부르는 것 속에 들어 있는 모든 것이란 이런저런 개별적인 사물이 아니라 오히려 *삼라만상(All)*, 다시 말해서 실체적인 것이라는 의미에서의 모든 것이다. 그것은 비록 개별적인 것들에 내재(內在)하기는 해도 개별성과 경험적인 실제성에서 벗어난 것인 모든 실체이다. 그러므로 여기에서 의미하고 강조하는 것은 개별적인 것 자체가 아니라 보편적인 영혼(Seele)이다. 이는 좀 더 평이하게 표현하자면 역시 개별성 안에서도 현재성을 지니는 참되고 탁월한 것이다.

그것이 바로 본래 범신론의 의미이다. 그리고 오직 이 의미 속에서만 우리는 범신론에 대해서 이야기할 수 있다. 특히 동양(東洋, Morgenland)에서는 신성한 것과 만물이 절대적으로 통일을 이루고 있다는 사상(思想)을 가지고 있다. 그 신성함은 통일성이자 삼라만상으로서 열거된 개별성들—그것들 안에서 신성함은 현재하는 것으로 언표되는데—이 다시 사라짐으로써만 우리의 의식에 다가올 수 있다. 그러므로 여기서 신성함이란 한편으로 여러 대상들 속에 내재하는 것으로 표상되며, 좀 더 자세히는 서로 다른 여러 존재들 가운데서 가장 특출하고 뛰어난 것으로 표상된다. 그러나 다른 한편으로 그 일자(一者)는 자기 자신이면서도 동시에 타자(他者)이며, 다시 또 다른 타자가 되어 자신을 모든 것 속에 내던진다. 바로 그 때문에 개별성들과 특수성들은 지양되고 소멸되는 것으로 드러난다. 왜냐하면 개별적인 모든 것들이 이 일자(一者)가 아니라, 이 일자가 바로 모든 개별적인 것들로서 전체성 속에 동화되기 때문이다. 예를 들어서 일자가 생명이라면 그것은 다시 죽음이 되기도 하며, 따라서 일자는 단지 생명만을 의미하지 않는다. 그리고 생명이나 태양, 바다도 생명이나 태양, 바다가 아닌 것으로서 신성한 것이자 일자가 된다.

그러나 여기서는 본래의 숭고함에서처럼 우연한 것이 분명하게 부정적이고 예속적인 것으로는 아직 설정되지 않는다. 그 반대로 실체는 모든 특수한 것 안에서 바로 이 일자(一者)이므로 *그 자체가(an sich*) 특수하고 우연한 것으로 된다. 그러나 거꾸로 이 개별적인 것도 역시 변하며, 상상력은 실체를 어떤 특정한 현존재에만 국한시키지 않고 계속해서 더 나아가 또 다르게 규정되기 위해서 모든 피규정성을 초월하고 그것에서 떨어져 나간다. 그래서 그것도 우연한 것이 되며, 실체는 그것을 초월함으로써 숭고한 것으로 된다.

그러므로 이러한 직관방식은 예술상으로도 조형예술(造形藝術, die bildende Kunst)에 의해서가 아니라 오직 시예술(詩藝術, Dichtkunst)에 의해서만 표현될 수 있다. 왜냐하면 조형예술은 그것이 빚어낸 현존재 속에 담겨진 실체 앞에서는 오직 일시적으로만 머무는 특정한 개체를 우리 눈앞에 정지한 상태로 드러낼 수밖에 없기 때문이다. 즉 순수한 범신론을 표현할 수 있는 방식으로서의 조형예술은 존재하지 않는다.

1. 인도의 시문학

그러한 범신론적인 시문학(詩文學)을 창조해낸 첫 번째 예로 우리는 다시금 인도의 시문학을 들 수 있다. 인도의 시문학은 풍부한 환상력을 갖고 있는 것 외에도 그러한 측면에서 또한 찬란한 발전을 보였었다. 이미 살펴보았듯이 인도인들은 가장 추상적인 보편성과 통일성(Allgemeinheit und Einheit)을 최고의 신성으로 갖고 있다. 물론 이것은 곧 트리무르티나 인드라 따위의 특정한 신들의 모습으로 옮겨가기는 해도, 특정한 신의 모습만 고수하지는 않고 상위(上位)의 신으로 변하기도 하고 하위(下位)의 신으로도 변하기도 하며 또 브라만의 모습으로 환원되기도 한다. 그럼으로써 이 보편자는 모든 것에 자기동일성의 근거를 갖는다. 물론 인도인들도 그들의 시문학에서 우선적으로는 개별적인 존재를 위대하게 묘사함으로써 그 존재가 감각적이면서도 보편적인 의미에 적합하도록 드러냈고, 또 반대로 *하나의* 추상성에 맞서는 모든 피규정성들을 전적으로 부정적인 방식으로 떨쳐버리려는 이중적인 노력을 보여줬다. 그러나 다른 한편으로 보면 인도의 시문학은 방금 암시한 것, 즉 일시적이고 개별적인 것으로 직관되는 것 속에 내재하는 신성을 강조하는 범신론을 좀 더 순수하게 표현하고 있다. 물론 이런 방식으로 이해할 때 사람들은—파르시교도들에게서도 볼 수 있었듯이—저 순수한 사상과 감각성이 직접적인 통일을 이루는 것과 유사한 것을 발견하려고 할지 모른다. 그러나 파르시교도들에게는 일자(一者)이자 우월한 것 자체가 바로 자연적인 것, 즉 빛이었다. 그에 반해서 인도인들이 보는 일자인 브라만은 사실 형태가 없는 존재로서 유한한 세계의 현상이라는 다양성으로 변형될 때만 범신적으로 표현되는 동기가 된다.

  그래서 예를 들면 크리슈나(Krischna, 《바가바드기타》. Lect. Ⅶ, 4항 이하 참조—헤겔주)에 다음과 같은 구절이 있다.

> 땅, 물, 바람, 공기, 불, 정신, 이성 그리고 자아는 나의 본질에 속하는 여덟 부분이다. 그러나 그대는 내 속에 있는 다른 것, 좀 더 숭고한 본질을 인식하라. 그것은 세상에 활기를 주고 이 세계를 유지한다. 그 안에는 모든 본질의 근원이자 소멸되는 것이 들어 있다. 나 외에 더 높은 자는 없다. 나에게는 이 삼라만상(dieses All)이 마치 실에 꿰인 진주알들처럼 연결되어 있다. 나는 흐르는 물 속에서 솟는 맛이요, 태양과 달 속에 있는 광채이며, 성전(聖典) 속에 있는 신비로운 말씀이며, 남성 속에 있는 남성다움이자 땅 속에 든 순수한 향기요, 불꽃 속에 있는 광채

요, 만물 속에 있는 생명이요, 고행자 안에 있는 명상이요, 현자들 속에 있는 지혜로움이요, 광채 속에 있는 광채다. 빛을 지닌 것이든 암흑의 것이든 참된 본성을 지닌 것은 내게서 나온 것이니, 내가 그들 안에 있는 것이 아니라 그들이 내 안에 있다. 만일 이 세 가지 속성이 기만된다면 온 세계는 우롱당할 것이며, 변하지 않는 나를 잘못 인식한 것이다. 신적인 기만인 마야(die Maya)2)는 나를 기만한 것으로서, 극복하기 어려운 것이지만 나를 따르는 자는 그 기만을 극복하고 나아갈 것이다.

여기에서는 그처럼 본질적인 통일성이 현존재 안에 내재하고 있을 뿐만 아니라 그 개별적인 것을 초월하는 존재임이 아주 놀랍게 묘사되어 있다. 그와 비슷한 식으로 크리슈나는 또 자신에 대해서 말하기를, 자기는 서로 다른 모든 존재들 가운데서도 언제나 가장 뛰어난 것이라면서 다음과 같이 언급한다.

    나는 별들 사이에서는 빛나는 태양이요, 달처럼 빛나는 것들 속에서의 달이며, 모든 경전들 가운데 찬송가이며, 감각적인 것들 사이에서는 내면적인 것이요, 모든 산봉우리들 가운데

---

2) 여기에서 유의해서 짚고 넘어가야 할 것은 이 본문에서 헤겔이 언급하는 '마야(Maya)'라는 단어인데, 이는 우선은 오늘날 우리가 말하는 멕시코의 마야(Maya) 문명과는 음(音)이 같지만 무관하다는 사실이다. 헤겔이 언급하는 '마야(Maya)'는 고대 인도의 산스크리트 경전인 '베다'에 나오는 말로서 'Maja'라고도 표기되며, 이는 신들에게 속한 마술적인 힘을 가리킨다. 인도 철학의 여섯 체계 가운데 하나인 베단타의 철학에서 이 마야는 개체적이면서 총체적인 정신의 통일성을 인식하기 위해 꿰뚫어 보이는 실재성의 환영으로 묘사된다. 헤겔은 이 마야를 '신적인 기만(die göttliche Täuschung)'이라고 번역하고 있다.

시바 신(왼쪽),
비슈누 신(오른쪽),
크리슈나 신(위)

메루(Meru)³⁾요, 짐승들 가운데서는 사자이며, 글자들 가운데 첫 글자요, 계절들 중에는 만물이 싹트는 봄이다, 등등.

그러나 이처럼 가장 탁월한 것을 단순히 형태들을 바꿔가면서 열거하다보면 그 안에서는 결국 동일한 것이 직관된다. 그러므로 우선적으로는 마치 그 안에 풍부한 상상력이 확대되어 들어 있는 것처럼 보일지 몰라도 그것은 결국 내용의 동일성 때문에 매우 단조롭고 공허한 것이 되며 또 우리를 피로하게 만든다.

---

3) 힌두교 신화에 나오는 산으로서 땅의 중심에 있으며, 그 주위에 별들이 돌고 있고 그 위에는 신들이 살고 있다는 황금의 산(山)이다.

2. 마호메트교의 시문학

둘째로 위의 경우보다 좀 더 고차적이고 주관적인 자유로운 방식으로 구성된 범신론을 들 수 있는데, 이는 특히 *페르시아인들이 마호메트교*에서 완성시킨 동양적인 범신론이다. 여기서는 주로 시를 짓는 주체의 측면에서 독특한 관계가 나타난다.

a) 여기에서는 말하자면 시인은 모든 것 안에서 신성을 직관하려고 갈망하고 실제로 그것을 직관한다. 그러므로 그는 그가 직관하는 신성 앞에서 자기 자신을 포기하면서도 또 그것을 통해 자신의 확대되고 자유로워진 내면에 신성이 내재함을 파악한다. 그럼으로써 그 시인에게는 쾌활한 내면성과 자유로운 지복, 삼매(三昧)의 열락이 자라난다. 이는 자신의 특수성에서 벗어나 영원한 절대자 속에 침잠하고 만물 속에서 신성한 이미지의 현재성을 인식하고 느끼려는 동양인이 갖는 특성이다. 그처럼 신성이 자아를 꿰뚫고 자신이 신과 더불어 열락에 빠지는 삶을 영위할 때 이는 바로 신비주의와 맞닿는다. 이와 관련해서 특히 잘랄 에드 딘 루미(Jalal-ed-Din Rumi, 1207~1273년)[4]라는

---

[4] 그는 중세 페르시아의 수피(이슬람 신비주의자) 시인으로 이슬람 신비사상 서정시 문학에 큰 영향을 끼쳤다. 그는 서른일곱 살이 되던 1244년에 떠돌이 신비주의자인 데르비시 샴스 앗 딘이라는 인물을 우연히 만나 그에게서 신비주의 사상의 영향을 받아 주로 신비한 시들을 많이 지은 시인으로 성장했다. 그리고 데르비시 샴스 앗 딘의 영향을 잊지 않고, 그를 기억하는 《샴스의 명시선집(Dvn-e Shams)》을 남겼다. 비록 그의 시는 서정성이 강했지만 신선한 언어와 강한 리듬으로 자연의 대상들을 즐겨 읊었으므로 생명력이 넘쳤다. 특히 그는 자연 속에서 태양 빛의 찬란함을 종교적으로 승화시키기를 즐겨했다. 그는 종종 자신의 시에 맞춰서 망아지경에서 빙글빙글 도는 춤을 추었는데, 그의 사후

인물에게 찬사를 보낼 만하다. 그의 작품들 가운데 가장 아름다운 것들은 독일인 뤼케르트[5]가 번역해서 우리에게 전해 주고 있다. 뤼케르트의 놀랄 만한 표현력은 마치 페르시아인들이 지녔던 것과 같은 언어와 리듬을 아주 독창적이고 자유로운 방식으로 전달해주고 있다. 여기서는 신에 대한 사랑, 즉 인간이 무한한 희생을 통해 자신을 신과 동일시하고 일자(一者)인 신을 세상의 방방곡곡에서 바라보고 삼라만상을 신과 관련시키고 또 그에게로 환원시키는 일이 중심을 이루고 있다. 이 중심점은 온갖 방향과 영역으로 아주 널리 확산되어 간다.

b) 이제 더 나아가면 곧 그와 반대로 본래의 숭고함 속에 있는 최고의 대상들과 탁월한 형상들이 우리 눈앞에 놓이는 것은 모든 피조물의 주인인 신을 찬양하기 위한 것임을 보게 된다. 그러므로 이러한 범신론에서는 대상들은 단지 신의 장식물로서만 이용되고, 일자(一者)의 찬란함과 영광을 나타내기 위해 봉사한다. 그때 그 대상들 속에 내재하는 신성은 지상에 존재하는 자연적이고 인간적인 현존성보다 더 고

에 제자들은 소위 종교적인 도취 상태에서 몸을 "빙글빙글 돌며 춤추는" "마울라위야(Mawlawiyah 또는 Mevlevi)" 교단을 조직했다. 오늘날 특히 터키의 이슬람교도들이 이 춤을 즐겨 추는데 그들이 입는 흰옷은 이슬람 장례 때 죽은 사람을 감싸는 수의를 뜻하며, 빙빙 도는 것은 "회전하는 삶 속에 죽음이 늘 함께 있다. 삶과 죽음이 다르지 않은 하나다"는 뜻을 담고 있다고 한다. 그의 또 다른 작품으로는 교훈서사시인 《영적인 2행 연구(Manav-ye Manav)》가 있다.
5) 뤼케르트(Friedrich Rückert, 1788~1866). 독일의 시인이자 동양학자로, 특히 동화작가인 그림(Grimm)형제, 크로이처 등과 교류를 가졌던 그는 낭만주의 어문학의 영향을 받아 동양문화에 관심을 가졌다. 1818년 빈에서 함머 푸르그슈탈(Hammer-Purgstall)을 알게 된 그는 아랍과 터키, 페르시아어와 문학에 대한 자신의 지식을 심화시켜 동양의 서정시들을 번역하였다.

유하고 독자적인 영광의 모습으로 고양된다. 정신적인 것이 자연현상들과 인간적인 상황들 속에 존재할 때 그것은 그 현상들에게 생명감을 주고 시인으로 하여금 그의 주관적인 감성과 영혼, 그리고 그가 찬미하는 대상들과 독특한 관계를 지니도록 근거를 부여해 준다. 이러한 생생한 영광으로 가득 차게 되면 마음은 스스로 고요해지고 의지할 필요 없이 자유롭고 독자적으로 넓고 위대하게 된다. 그리고 마음은 이처럼 자신과 긍정적으로 일치할 때 상상력이 나오면서 사물들의 영혼에도 그와 같은 고요한 통일성을 불어넣는다. 이는 자연 속에 있는 대상들과 그들이 지닌 화려함, 즉 애인이나, 주막 등 찬미하고 사랑할 가치가 있는 모든 것들과 함께 열락과 즐거운 내면성으로 얽히게 된다.

물론 서구적이고 낭만적인 심정의 내면성도 그와 비슷하게 자신의 삶 속에 몰입하는 것을 보여주기는 한다. 그러나 전체적으로 보면 특히 북유럽에서는 행복감이 떨어지고 부자유스러우며, 대신 동경(憧憬, Sehnsucht)이나 주관적으로 폐쇄된 자신 속에 머물러 이기적이거나 감상적이 되고 마는 경우가 흔하다. 그처럼 억압된 우울한 내면성은 특히 미개한 민족들의 민요 속에 나타난다. 그에 반해서 동양인들, 특히 마호메트교도인 페르시아인들은 자유롭고 행복한 내면성을 지니고 있다. 그들은 솔직하고 즐겁게 자기들 전체를 마치 신에게 바치는 것처럼 모든 가치 있는 것에 바친다. 그러나 바로 이러한 희생 속에 주위 세계와의 관계 속에서 자신을 보존하는 자유로운 실체성이 보존된다. 따라서 우리는 그 이글거리는 열정 속에 감정의 희열과 솔직함이 한껏 팽창되는 것을 본다. 이를 통해 찬란하고 화려하며 그칠 줄 모르는 풍요로운 영상 속에 기쁨과 미와 행복의 음향이 끊임없이 울려나온다. 동양인은 괴롭고 불행한 상태에 있더라도 이를 바꿀 수 없는 운명의 선언으로 받아들여 억눌린 감정이나 감상주의(感傷主義) 같은 불쾌한 우울증에 빠지지 않고 자신을 굳건히 지킨다. 하피즈[6]의 시를 보더라도 거기에는 사랑하는 이, 술잔을 채우는 것 따위에 대한 한탄이나 비탄이 들어 있기는 해도, 그 고통 속에서도 그는 마치 행복한 사람처럼 근심을 보이지 않는다. 그는 다음과 같이 읊고 있다.

그대는 지금 친구의 곁에 있어 마음이 밝으니
그에 감사를 하고,
고통 가운데서도
양초처럼 너 자신을 태워
만족을 얻으라.

양초는 웃고 우는 법을 가르치며, 곧 뜨거운 눈물을 흘리면서 녹아 버리더라도 동시에 그 불꽃을 통해서 밝고 화려하게 웃는다. 그것은 타는 가운데서도 환한 빛을 퍼져나가게 한다. 그 시 전체의 특성은 일반적으로 그렇다. 페르시아인에게서 잘 나타나는 이미지들을 좀 더 상세히 언급하면 주로 꽃이나 보석, 장미나 밤꾀꼬리 등과 관계가 많다. 특히 그들은 흔히 밤꾀꼬리를 장미의 신랑이라고 표현한다. 예를 들어 하피즈의 시에서도 종종 이처럼 장미에게 영혼을 부여하고 밤꾀

---

[6] 하피즈(Hafiz). 독일어로는 Haifs 또는 Hafes라고 표기한다. 원명은 Samsud-Din-Muhammad(1320년경~1390년)로서 페르시아의 서정시인이었다. 그가 지은 연애시들은 특히 신비주의적이고 알레고리적인 의미에서 많이 해석되고 있다. 그는 사후에 동양에서 가장 유명한 시인 가운데 한 사람으로 추앙되었으며, 유럽에서도 인정을 받기 시작했다. 독일에서는 1812/13년에 처음으로 그의 시가 번역 출간되었다. 헤겔도 이 번역본을 읽었으리라고 추측된다. 특히 괴테의 후기 대표작인 《서동시집(West-östlicher Diwan)》은 하피즈 시의 영향을 받아서 씌어진 것이라고 한다.

꼬리의 사랑을 노래하는 부분이 나온다. 그는 이렇게 읊고 있다.

> 장미여, 그대는 자신이 미(美)의 여왕임에 감사하고,
> 밤꾀꼬리의 사랑을 받는다고 자만하지 말라.

여기에서 시인은 자신처럼 사람의 심정을 지니고 있을 밤꾀꼬리에 대해서 이야기하고 있다. 그와는 반대로 우리 서구인들의 시를 보면 장미나 밤꾀꼬리, 술에 대해서 말할 때 위와는 아주 다르게 범속한 의미로 쓰이며, 거기에서 장미는 오로지 장식적인 역할을 할 뿐이다. 즉 "장미로 된 화관을 쓰고서…" 정도로 묘사되는 데 그친다. 아니면, 우리는 밤꾀꼬리가 우는 소리를 들으면 그에 따라서 우리의 감정도 일어난다. 우리는 술을 마시는 동안 그 울음소리가 우리의 근심을 없애 준다고 노래한다. 그러나 페르시아인들에게 장미는 어떤 이미지이거나 단순히 장식이나 상징으로 머물지 않는다. 그것은 시인에게 영혼을 지닌 사랑스러운 신부의 모습으로 나타나며, 시인은 자기의 영혼과 더불어 장미의 영혼 속으로 침잠한다.

바로 그처럼 찬란한 범신론적인 특성은 근래 페르시아 시문학에서도 보인다. 예를 들어 폰 함머[7]는 1819년에 페르시아의 샤아[王]가 다른 선물들과 함께 오스트리아의 프란츠 황제에게 보낸 어느 시(詩)에 보고한 적이 있다. 이 시는 샤아가 궁정시인에게 직접 자기 자신의 행적에 대해서 짓게 한 것으로, 33,000행의 이행시(二行詩, Distichon)를 담고 있다.

---

[7] 폰 함머(Joseph von Hammer-Purgstall, 1774~1856) 남작. 오스트리아 사람으로서 동양학자. 1799년에서 1804년까지 터키 콘스탄티노플에서 통역관이자 외교관으로 활약했으며, 그 후 빈에 학술원을 건립하는 데 기여하면서 초대 학술원장을 지내기도 했다. 그는 특히 동양과 오스만 역사 연구에 심취했었다.

하피즈의 시집(Divan of Hafiz), 16세기에 그려진 페르시아(이란)의 세밀화(miniature)

c) 괴테도 역시 그의 유년 시절에는 좀 우울하고 감상주의에 빠진 시를 쓴 반면에, 후에 나이가 들어서는 이처럼 관대하고 근심 없는 쾌활성(die Heiterkeit)에 침잠했다. 그리고 노년에 들어서는 그의 마음속에 동양의 숨결이 파고들어 헤아릴 수 없는 자유로운 열락(悅樂, die Seligkeit)과 끓어오르는 시적인 광휘에 찬 이 감정의 자유로움으로 옮겨 갔으니, 그 자유로움은 심지어 논쟁을 하면서도 그 속에서도 근심이 없는 멋진 상태를 잃지 않는 것이었다. 그의 작품《서동시집》8) 속에 실린 시들은 유희적이거나 의미 없이 사교적인 우아한 시들이 아니라, 그처

럼 자유로우면서도 몰입하는 감정에서 우러나온 것들이다. 괴테 자신은 술레이카에게 바치는 한 편의 노래에서 다음과 같이 읊고 있다.[9]

> 시인의 진주들을
> 그대의 열정의
> 거친 파도가
> 삶의
> 황량한 해안으로 나에게 내던졌다.

---

8) 괴테의 후기 대표작 《서동시집(West-östlicher Diwan)》은 《미학강의》 제1부에서 이미 언급되었다(제1부, 주 211 참조). 괴테는 83세까지 살았는데 그가 1813년 이 《서동시집》을 출간했을 때는 나이 64세의 황혼기였다. 여기에서는 이 시집에 대해 좀 더 언급하기로 한다. '디반(Divan)'이란 원래 페르시아어로 '모음집', 그 중에서도 특히 '가요모음집'을 뜻한다. 이 시집은 그보다 이전에 괴테에 의해 씌어진 《로마의 비가(悲歌)(Römische Elegien)》와 비교될 만한 작품으로서, 양적으로나 정신적으로 그의 말년의 풍요로운 작품에 속한다. 그는 시인 하피즈가 지은 《디반》이 폰 함머에 의해 독일어로 번역된 것을 읽고서 하피즈에 대해 처음 알게 되었다. 그간 풍부한 의식과 정신력으로 고대 그리스와 로마 시대의 고전적 정신에 심취되어 살아온 시인인 괴테는 노년기에 들어서자 동양정신에 대해서 새로이 눈을 뜨게 되었다. 슈트라스부르크 시절에 헤르더의 영향을 받은 그는 예를 들어 《성서》를 단순히 기독교의 경전이 아닌 근동지방의 문화사로서 다시 인식하게 되었으며, 이후로 그에게 있어 그리스, 로마 외에도 유대, 아라비아, 페르시아는 중요한 위치를 차지하게 되었다. 그러나 헤겔은 그의 《미학강의》에서 괴테의 시를 고찰할 때 이런 점을 강조하지는 않는다.

9) '술레이카의 서(書)(Buch der Suleika)'는 괴테의 《서동시집》 가운데 제8권으로서 그 첫 구절은 "아름답게 씌어진(Die schön geschriebenen)…"으로 시작된다. 여기에서는 한 쌍의 인물이 연인으로 등장하는데, 하템(Hatem)은 늙어가고 있으나 반면에 그의 연인 술레이카(Suleika)는 젊은 여성이다. 하지만 그녀는 인생에 대해 알고 있으며 여기서는 시인으로 등장하고 있다. 괴테가 말년에 쓴 이 시집은 삶과 젊은 사랑에 대한 그의 지칠 줄 모르는 동경을 반영해 주고 있다.

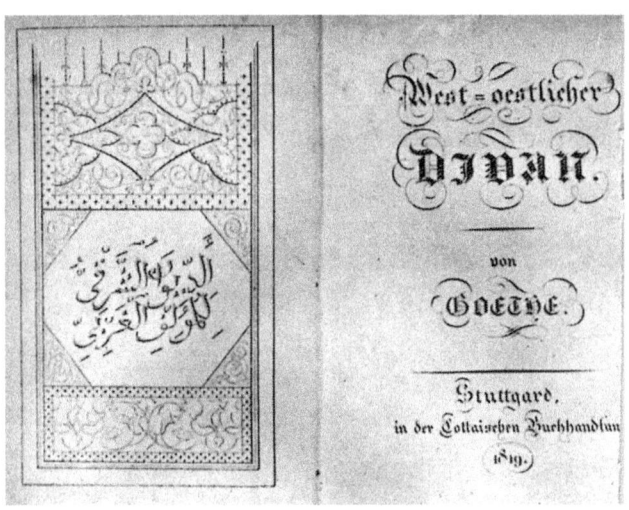

1819년에 출간된 괴테의 《서동시집(West-östlicher Diwan)》의 표지

뾰족한 손가락으로
그것들을 부드럽게 주워모아
주옥같은
황금장식으로 그것들을 꿰어라,

그는 그것들을 집으라고 애인에게 호소하면서 또 다음과 같이 읊는다.

그것을 집어 그대의 목에
그대의 가슴에 걸어라!
그 진주들은 알라 신의 빗방울,
겸허한 조개 안에서 무르익은 것.

이러한 시가 나오기 위해서는 매우 폭넓게 확대되고, 삶의 온갖 폭풍 속에서도 자의식적인 감각, 즉 심오한 청춘의 심정을 유지하는 것이 필요하다. 그리고 또 아래와 같은 것도 필요하다.

> 생의 충동으로 가득 찬 세계가 있으니,
> 그 충만한 충동 속에서
> 불불(Bulbul)이 사랑하는 이는 벌써,
> 영혼을 자극하는 노래를 예감하였다.[10]

3. 기독교의 신비주의

이처럼 범신론에서 *주체*가 스스로 *신*과 일치하면서 통일성을 이루고 주관적인 의식 속에서 현재(現在)하는 신을 느끼는 것이 강조될 때 일반적으로 나타나는 것이 *신비주의*이다. 이 신비주의는 기독교 내에서도 역시 이처럼 주관적인 방식으로 발전되어 왔다. 그 대표적인 예로 나는 다만 안겔루스 질레지우스[11]를 들겠다. 그는 대단히 지혜롭고 심오한

---

10) '티무르의 書(Buch des Timur)'는 《서동시집》의 제7권으로서 헤겔이 인용한 부분은 시 '술레이카에게(An Suleika)'의 일부이다. 여기서 '불불(Bulbul)'이란 밤꾀꼬리를 가리키는데, 밤꾀꼬리가 장미를 사랑한다는 것은 페르시아의 시, 그 중에서도 하피스의 시에서 종종 등장하는 모티프이다.
11) 안겔루스 질레지우스(Angelius Silesius)는 본명이 요한 셰플러(Johann Scheffler)이며, 1624년 독일의 브레슬라우 시에서 출생하여 1677년 역시 같은 도시에서 사망한 독일 바로크 시대의 신비주의적 종교 시인이자 경구시 작가이다. 그의 집안은 원래 신교를 믿는 폴란드의 귀족 가문이었으나 부친 대에 슐레지엔(영어로는 실레지아, Schlesien) 지방으로 이주했으며 그의 성씨도 여기에서 딴 것이다. 그는 일찍부터 학문적 재능과 시적 재능을 나타냈는데, 대학에 들어가 독일철학과 의학을 공부하였으나, 의학보다는 정신적인 방면에 관심이 더 컸던 그는 칼뱅의 종교개혁의 영향으로 유럽 다른 어느 곳보다 자유주

직관과 감성을 지닌 인물로, 놀랄 만큼 신비로운 표현력으로 사물 속에 존재하는 신의 실체, 그리고 자신이 신과 하나가 되는 것 그리고 신이 인간의 주관성과 일치하는 것을 묘사하였다. 그에 반해서 본래의 동양적인 범신론은 오히려 주체가 모든 현상들 속에 들어 있는 *하나의* 실체를 관조하는 일에 몰입하는 것만을 강조한다. 그럼으로써 그 주체는 오로지 의식을 최고로까지 확대시켜 유한성에서 완전히 해방됨으로써 자신이 최고의 위치로 상승하는 기쁨을 얻게 된다는 것을 강조한다.

B. 숭고함의 예술

그러나 이때 실체는 다시 전체 우주의 본래적인 의미로서 파악되고, 현상은 변하는 현재성과 현실성에서 벗어나 순수한 내면성이자 실체의 힘인 자신 속으로 환원된다. 그리하여 그것이 유한성과 대립되는 *독자성(獨自性)*을 띨 때만 비로소 *실체*로 규정되어 참된 것이 된

의 경향이 강한 네덜란드의 라이덴 지방에 머물면서 야콥 뵈메(Jakob Böhme) 같은 신비주의자들의 영향을 받았다. 질레지우스는 또 당시 유행하던 자연철학과 연금술에도 관심을 가져 그 분야로 시야를 넓히다가 다시 독일로 돌아와 관리가 되어 생활하던 중 특히 프랑켄베르크 공작과 교류하면서 신비주의 연구에 몰두했다. 그 영향으로 써낸 시집이 《천상의 방랑자(Cherubinischer Wandersmann)》이다. 이 시집의 시들은 주로 알렉산드리아 풍의 간결하며 기교적인 2행시로 중심 사상은 신과 인간과의 관계, 신비주의적 침잠을 통해 결국 신과 인간의 영혼이 하나가 됨으로써 자아와 세계의 분열을 극복하려는 것이다. 질레지우스는 자신을 신 가까이 있으면서 신을 명상하는 천사 게루빔과 같은 존재로서 지상 위를 표류하는 자로 보았다. 그는 명상을 통해 자신의 내면세계로 계속 여행하면서 인간의 영혼과 하나가 될 수 있는 우주의 총체로서의 신을 끊임없이 명상하는 인간이야말로 가장 고귀한 인간이라고 보았다.

다. 이처럼 신의 본질을 지상적이고 자연적인 것에 맞서 오직 정신적인 무형(無形)의 존재로 직관할 때, 비로소 정신적인 것은 감각성과 자연성에서 완전히 벗어나고 유한한 존재로부터 해방된다. 그러나 거꾸로 절대적인 실체는 자신의 모습을 반사하는 현상의 세계와 *관계*를 유지한다. 이 관계는 위에서 시사한 *부정적인* 측면을 내포하고 있다. 즉 전체적인 세계 영역 안에서 나타나는 풍부한 현상들은 그것들이 지닌 위력이나 장려함과는 상관없이, 실체와 관련해서는 분명히 부정적인 것, 신에 의해 창조되고 신의 위력에 복종하고 신에게 봉사하는 것으로 설정된다. 그리고 이 세계는 신의 계시(啓示, Offfenbarung)로 간주된다. 거기에서 신 자신은 피조물이 스스로 존재할 권리나 스스로와 관계할 권리가 없음에도 불구하고 그것을 생겨나게 하고 거기에 지속성을 부여하는 *선(善)*이다.

그러나 유한한 것은 지속하더라도 실체성이 없으며 신에 비해 덧없고 무력한 피조물에 불과하다. 따라서 창조주의 선(善) 속에는 부정적인 것과 그 부정적인 것이 지닌 무력함이 드러난다. 또 그에 반해 그 부정적인 것 안에서 홀로 위력을 지닌 실체가 현상하면서 곧 신의 *정의(正義, Gerechtigkeit)*가 드러나 보여야 한다. 만약 예술에서 이 관계가 내용과 형태의 기본적인 관계로 설정되면 그 예술형식에는 본래의 *숭고함*이 주어진다.

어쩌면 이상(理想)의 미와 숭고함은 서로 다른 것이다. 이상 속에는 내면성이 외적인 실제성을 관통하고 그것의 내면이 되는데, 이는 양쪽이 적합하게 상호관통하면서 현상하는 방식 *때문에* 그렇게 된다. 그에 반해 숭고함 속에서는 실체를 드러나는 외적인 현존재는 실체에 비해 가치가 떨어진다. 그 이유는 숭고함에서는 오로지 이처럼 현존재가 열등한 가치를 지니고 봉사함으로써만 형태가 없고 본질상 어떤 세속적이거나 유한한 것에 의해서도 표현되지 않는 유일한 신을 예술에 의해 관조할 수 있기 때문이다. 숭고함은 독자성 안에 그 의미가 있는 것을 전제로 한다. 따라서 그 의미에 비해 외적인 것은 그에 종속된 것으로서만 현상할 뿐이다. 여기에서 내면적인 것은 그 외면성 안에서 현상하지 않고 그것을 초월하기 때문에 결국 표현되는 것은 다름 아니라 이 초월을 통해 숭고해지는 바로 그것이다.

상징에서는 형상이 중요했었다. 즉 그것은 의미를 가져야 하지만 그러나 이 의미를 완전하게 표현할 능력은 없었다. 그러나 이 상징이나 불투명한 내용과 대조를 이루는 것이 바로 *의미* 자체와 그 의미에 대한 명확한 이해이다. 여기에서 예술작품은 모든 사물에 본질적인 의미로 들어 있는 것을 유출해 낸 것이다. 그러나 그 본질은 상징 *자체* 속에 주어져 있는 형상과 의미를 세속적인 것 안에서 모든 세속적인 것을 초월하는 신의 *의미* 자체로 설정해야 한다. 예술작품의 본질은 바로 그 절대적이고 명확한 의미를 표현하여 승화시키는 일이다. 그러므로 일반적으로 상징예술은 신성한 것을 내용으로 취해서 표현하기 때문에 *성스러운 예술*이라고 부를 수 있다면, 숭고함의 예술은 오로지 신(神)에게만 영광을 돌리므로 전적으로 성스러운 예술 그 자체(die heilige Kunst als solche)가 되어야 한다.

이 예술에서 보통 전체적인 내용은 그 기본 의미에 따라 본래의 상징예술에서보다 더 제한된다. 왜냐하면 상징은 정신적인 것을 추구하는 가운데 그 상호관계가 폭넓게 확대됨으로써 정신적인 것이 자연형상으로 변하는가 하면 자연적인 것 또한 정신적인 여운을 갖기 때문이다.

이와 같이 그 본래의 규정을 갖고 있는 일종의 숭고함을 우리는 주로 유대인들의 직관과 그들의 성스러운 시문학에서 찾아볼 수 있다. 왜냐하면 그들의 종교에서는 신에 대한 어떤 충족감 넘치는 이미지를 구상하는 일이 불가능했으므로 조형예술이 두드러지게 나타나지 못한 반면에, 언어로 표상되고 표출되는 시문학만이 탁월하게 드러나기 때문이다. 이 단계를 좀 더 상세히 고찰하면 다음과 같은 일반적인 관점들이 드러난다.

1. 세계의 창조주이자 주인으로서의 신

유대교의 시문학이 가장 일반적인 내용으로 삼고 있는 것은 이 세상을 지배하는 주인으로서, 외면성으로 구체화되지 않고 세계의 현존성으로부터 벗어나 스스로 고독한 통일성으로 환원된 신(神)이다. 따라서 원래 상징적인 것에서는 아직 하나로 결합되어 있던 자가 여기에서는 추상적인 대자존재(對自存在, Fürsichsein)인 신과 구체적인 세계의 현존재라는 양자(兩者)로 갈라져 나간다.

a) 하나의 실체가 이처럼 순수한 대자존재인 신으로 서 있을 때 그는 형상이 없이 추상성만 띠고 있어서 우리가 직관할 수 없다. 그러므로 이 단계에서 우리의 상상력이 포착할 수 있는 것은 순수한 본질에 맞는 신적인 내용이 아니다. 왜냐하면 이 추상적인 단계에서는 예술에 의해 예술에 맞는 형상으로 표현하는 일이 방해받기 때문이다. 그러므로 여기에서 표현될 수 있도록 유일하게 남는 내용이 있다면 그것은 신과 신이 창조한 세계와의 *관계(Beziehung)*이다.

b) 신은 우주의 창조자이시다. 이것이 바로 숭고함 자체를 가장 순수하게 표현할 수 있는 말이다. 다시 말해서 여기에서 비로소 신으

로부터 사물들이 처음으로 *생성되며(Zeugen)*, 단순히 자연적인 산물들만을 표상하는 일을 떠나 정신적인 위력과 활동으로부터 창조 *(Schaffen)*되었다는 것에 대해 생각할 여지를 갖게 된다.

하나님께서 말씀하시기를, 빛이 있으라! 하셨다. 그리하자 빛이 생겼다.

오래 전에 롱기누스(Longinus)[12]가 인용한 이 말은 어느 면에서 보더라도 신의 숭고함에 대해서 가장 결정적으로 언급한 예이다. 하나의 실체인 신은 비록 외면성을 향해 나아가더라도 그것은 가장 순수하고, 스스로 육신을 갖추지 않은, 에테르(공기)와 같은 것으로 드러난다. 즉 그것은 말(Wort)이자 이상적(理想的)인 힘인 사상(思想)을 명시하는 것이다. 그리하여 존재하라는 신의 말씀의 명령에 따라 존재하는 것은 실제로 직접 무언의 복종을 하게 된다.

c) 그러나 신은 그가 창조한 세계 안으로 들어가더라도 그것의 현실성 속으로 들어가지는 않고 반대로 자기 자신 속에 회귀하여 머문다. 그러나 신과 세계는 이처럼 겉으로는 대조되는 것처럼 보여도 어떤 확고한 이중성의 기반을 갖고 있는 것은 아니다. 왜냐하면 세계 속에 드러나는 것은 신의 작품으로, 그것은 신에 맞서서 스스로 아무런 독자성도 지니지 못하고 다만 *신의* 지혜와 선과 정의를 증명하기 위해서 존재하기 때문이다. 일자(一者)는 모든 것 위에 군림하는 주인이다. 그래서 자

---

[12] 롱기누스(Longinus)는 그의 《숭고함에 대해서, ix 9》에서 《구약성서》의 〈창세기〉를 인용한다.

연사물 속에 들어 있는 것들은 신이 현재성을 띠고 나타는 것이 아니라 단지 무력하고 일시적인 것들이다. 그 사물들 속에는 본질이 다만 가상(假象)으로 드러날 뿐 실제로 현상(現象, erscheinen)하지는 못한다. 이것이 바로 신의 입장에서 볼 때 신의 숭고함을 드러내는 것이 된다.

2. 신성이 박탈된 유한한 세계

이제 하나의 신(der eine Gott)은 한편 이런 식으로 구체적인 세계의 현상에서 벗어나 독자적으로 설정이 되지만, 다른 한편 현존하는 존재의 외면성이 유한한 것으로 규정되고 뒤로 밀려나면 이제 자연적인 존재뿐만 아니라 인간적인 존재도 새로운 위치를 얻게 된다. 즉 그들이 지닌 유한성이 그들 자신에게서 드러남으로써만 신성함을 표현하는 일이 가능하게 되는 것이다.

a) 그러므로 자연과 인간의 형상은 처음으로 이제 *신성(神聖)이 박탈된* 범속한 모습으로 우리 눈앞에 드러난다. 고대 그리스인들은 아르고선(Argo船)을 타고 항해하던 영웅들이 헬레스폰트 협곡으로 배를 저어 지나갈 때 그때까지는 그곳에 서서 마치 가위처럼 벌어졌다 다시 닫히곤 했던 바위가 갑자기 땅 속에 영원히 박혀버린 채 서 있게 되었다는 이야기를 우리에게 들려주고 있다.[13] 숭고함에 관한 성스러

---

13) 이 신화의 내용은 아르고(Argo)선의 선원들이 심플레가데스(Symplegades) 바위 사이를 무사히 빠져나가는 이야기를 다룬 것이다. 그 바위는 만약 어떤 배라도 그 사이를 무사히 빠져나가면 움직임을 멈추고 정지해 버리도록 운명지어졌는데, 그것이 실현되고 만다는 것이다.

운 시문학에서도 역시 무한한 본질에 어긋나는 유한한 것은 그 자체의 지적(知的)인 규정 속에 고정되어 버린다. 반면에 상징적인 직관에서는 어떤 것도 자신의 올바른 위치를 획득하지 못한다. 왜냐하면 신성함이 스스로에게서 나와 유한한 존재로 나아가듯이 유한한 것도 마찬가지로 신성한 것으로 바뀌기도 하기 때문이다. 예를 들어서 우리는 고대 인도의 시문학에서 구약성서 쪽으로 눈을 돌려보면 돌연 갑자기 우리가 완전히 다른 토양 위에 와 있는 것을 느낀다. 그러나 우리가 이 새로운 토양에서 보는 것은 그것이 상황이든 사건이든 행위나 성격들이든, 아니면 그것이 우리에게 아무리 낯설고 다르게 보이든 곧 우리와 친숙해지게 된다. 우리는 격동과 혼란의 세계로부터 빠져나와 진정한 관계 속으로 들어가며, 매우 자연스럽고 확고한 가부장적인 성격을 지닌 것으로 보이는 인물들이 규정되어 나타나고, 진리 속에서 우리에게 완전히 이해되도록 가깝게 느껴지는 것을 만나게 된다.

b) 이처럼 사물의 자연적인 흐름을 파악하게 해주고 자연의 법칙을 타당한 것으로 만들어주는 직관에서는 *기적*도 역시 처음으로 제 위치를 찾는다. 인도라는 나라에서는 모든 것이 기적이기 때문에 사실 더 이상 아무것도 기적으로 경탄할 만한 것이 없다. 이해 가능한 관계가 언제나 단절되고 모든 것이 그 본래의 자리에서 벗어나 뒤틀려 있는 곳에서는 아예 기적이 나타날 수 없다. 왜냐하면 기적이란 일상적으로 전제되는 확실한 의식이나 분별 있는 인과관계가 좀 더 숭고한 힘의 작용에 의해 그 일상적인 관계를 단절당할 때 비로소 나타나기 때문이다. 그러나 이러한 기적은 본래 엄격한 의미에서의 숭고함이라고 할 수는 없다. 왜냐하면 자연현상들의 일상적인 흐름뿐만 아니라 그 흐름의 단절도 결국은 신의 의지에 자연이 순종함으로써

나타나는 것이기 때문이다.

c) 그에 반해서 우리는 창조된 세계 전체가 대체로 유한하고 한정되어 있고 스스로 보존하지 못하는 존재로 현상하며, 바로 이런 이유에서 신을 찬미하는 세계존재가 신을 장식하는 부속물로 간주될 수밖에 없다고 보는 데서 원래의 숭고함을 찾아야 한다.

3. 인간이라는 개체

이와 같은 단계에서 *인간이라는 개체*(das menschliche Individuum)는 사물의 덧없음을 인식하고 신을 숭고한 존재로 찬미하는 가운데 스스로 명예와 위안, 그리고 만족을 추구한다.

a) 이와 관련해서 모든 시대에 걸쳐 모범이 되는 진정으로 고전적인 숭고함의 예로 우리는 기독교 성서의 시편(詩扁, die Psalmen)을 들 수 있다. 그 시편에서는 인간이 신에 대해 종교적으로 표상하며 간직하는 것이 영혼을 가장 숭고하게 만드는 찬란한 것으로 표현되어 있나. 이 세상 어느 것도 독자성을 요구할 수 없다. 왜냐하면 존재히는 모든 것은 오직 신의 위력에 의해서 있고 존재하며, 단지 이 신의 위력을 찬미하고 그에 봉사하기 위해서, 그리고 자신은 실체가 없는 덧없는 것임을 표명하기 위해서 있을 뿐이기 때문이다. 그러므로 우리는 범신론 속에서 실체성에 대한 상상력이 무한히 확대되는 것을 발견할 때, 오로지 신의 위력을 알리기 위해 모든 것을 포기하고 마음을 고양(高揚)시키는 힘에 대해서 경탄해야 한다. 이런 점에서 시편 가운데서도

104편은 특히 대단한 위력을 지니고 있다. 거기에는 "주께서 옷을 입음같이 빛을 입으시며, 하늘을 포장같이 치시며…"(2절)라고 표현되어 있다. 즉 여기에서 빛, 하늘, 구름, 바람의 날개는 즉자대자적인 것으로 존재하는 것들이 아니라 오로지 신에 봉사하기 위한 외적인 옷이나 마차, 사자(使者)들일 뿐이다. 그리고 더 나아가 모든 것을 정돈한 신의 지혜에 대한 찬미도 나온다. 즉 땅속의 원천으로부터 솟아나오는 샘물, 산속을 흐르는 물, 거기에 천상의 새들이 앉아 나뭇가지들 사이에서 노래한다. 풀밭, 사람의 마음을 기쁘게 해주는 술, 신이 심었다는 레바논의 삼나무들, 신이 무수한 생물과 고래들로 하여금 헤엄치며 놀 수 있게 만든 바다 — 또한 신은 자신이 창조한 것을 보존한다. 그러나 또 "주께서 낯을 숨기신 즉 저희가 떨고 주께서 저희 호흡을 취하신 즉 저희가 죽어 흙으로 돌아가나이다"(시편 104편, 29절)라는 구절도 나온다. 인간의 덧없음에 대해서는 특히 하나님의 사람으로 선택된 모세가 기도하는 시편 90편에서 더 명확하게 드러난다. 그것은 다음과 같다.

> 주께서 저희를 홍수처럼 쓸어가시나이다. 저희는 잠깐 자는 것 같으며 아침에 돋는 풀 같으나이다. 아침에 꽃이 피어 자라다가 저녁에는 베인 바 되어 시들고 마나이다. 우리가 그처럼 빨리 소멸되니 주께서 노하시며 우리가 그처럼 갑자기 사라지니 주께서 근심하시나이다(5~7절).

b) 따라서 인간의 입장에서 볼 때 숭고함이란 인간 자신의 유한성과 신의 감히 범접할 수 없는 위엄에 대한 느낌이 같이 결부된 것이다.

α) 그러므로 원래 이 숭고함의 영역에서는 불멸성에 대한 표상(表象)은 나타나지 않는다. 왜냐하면 이런 표상은 개성적인 자아나 영혼,

그리고 인간 정신이 절대적인 존재(즉자대자적인 존재, ein Anunfürsichseiendes)일 것을 전제로 하기 때문이다. 숭고함 속에서는 오직 유일자만이 소멸하지 않는 존재이며 그 유일자에 반해 다른 모든 것은 생성하고 소멸해 갈 뿐, 스스로 자유롭고 무한한 것으로 간주되지 않는다.

β) 그러므로 더 나아가 인간은 신에 대해 자신이 *무가치함*을 깨닫게 되고, 신을 두려워하고 신의 분노에 대해 몸을 떠는 가운데 자신을 고양시킨다. 우리는 무상함에 대한 고통과, 가슴 깊은 곳에서 우러나오는 한탄과, 고통과 탄식 가운데서 영혼이 신을 향해 나아가는 모습이 우리 마음에 깊은 감명을 주게끔 묘사된 것을 발견할 수 있다.

γ) 그에 반해서 유한성을 지닌 인간 개인이 만약에 신에 맞서서 자신을 고집한다면, 이런 소원과 의도를 갖고 있는 유한성은 악(惡, das Böse)이 된다. 그것은 재앙이자 죄악이며 단지 자연적이고 인간적인 것에 속할 뿐이다. 스스로 구별되지 않는 하나의 실체 속에서는 고통은 물론 부정적인 것도 역시 아무런 만족을 얻을 수 없다.

c) 그러나 셋째로, 이와 같은 무상함 속에서도 인간은 좀 더 자유롭고 독자적인 위치를 획득한다. 왜냐하면 한편으로 신이 지닌 실체적인 고요함과 확고함 속에서는 신의 의지나 계율과 관련해서 인간을 위한 법(法)이 생겨나며, 다른 한편으로 숭고함 속에는 또한 인간적인 것과 신적(神的)인 것, 유한한 것과 절대적인 것 사이에 완전하고 분명한 *구분*이 있기 때문이다. 그로써 선과 악에 대한 판단과 전자 또는 후자에 대한 결정은 인간이라는 주체 자신이 해야 할 일이 된다.

그러므로 절대자에 대한 인간의 관계와 인간이 절대자에게 적합한지 부적합한지의 여부도 역시 인간 개인과 그의 태도 및 행위에 따라 결정된다. 그리하여 인간은 그가 올바르게 행동하고 법을 따를 때 곧 신에 대한 긍정적인 관계를 발견하게 된다. 일반적으로 인간은 자신의 외적인 존재가 처해 있는 긍정적이거나 부정적인 상태—즉 번영, 즐거움, 만족이라든가 고통, 불행, 압박 등—를 자신이 신에 대해 내적으로 순종을 했거나 또는 신의 법에 대해 거부한 대가로 관계 짓는다. 즉 인간은 그런 상태들을 자신의 선행에 대한 보답이나 시험 또는 벌로 받아들인다.

제3장 비유적인 예술형식 속에 들어 있는 의식적인 상징표현

본래 무의식적으로 상징화하는 것과는 구분되는 숭고함에서 강조되는 것은 한편으로 자신의 내면성에 맞게 의식되는 의미와 그 의미에서 벗어난 구체적인 현상을 *분리*하는 일이며, 다른 한편으로 양쪽이 *서로 일치하지 않는다는 것*을 직간접적으로 뚜렷이 드러내 보이는 일이다. 그처럼 양쪽이 서로 일치하지 않을 때 보편적인 것인 의미는 개체가 지닌 현실성이나 특수성보다 더 우월한 것이 된다. 그러나 범신론적인 상상력 속에서는 본래 모든 사물의 보편적인 실체인 의미는 숭고함에서처럼 그 본질상 비록 피조물에 적합하지 않더라도 피조물에 관계하지 않고는 직관될 수가 없었다. 그러나 이와 같은 양쪽의 관계는 원래 실체 자체의 속성으로서, 실체는 바로 그 일시적인 사물들의 부정성 속에서 실체 자신의 지혜와 선, 위력 그리고 정의를 증명해 보인다. 그러므로 일반적으로 여기에서도 의미와 형태의 관계는 최소한 좀 더 *본질적이고 필수적인* 성질을 띠며, 서로 연결된 양쪽은 아직은 본래의 의미에서 서로에 대해 외적으로 머물지 않는다. 그러나 사실 상징적인 것 안에는 외면성 *자체*가 들어 있으므로 이 역시 설정되어야 한다. 그것은 우리가 앞서 상징적인 예술에 관한 장에서 고찰했던 형태들 안에서 등장한다. 그것을 우리는 의식적인 상징표현(*die bewuẞte* Symbolik)이라고 부를 수 있으며, 좀 더 자세히는 *비유적인*

예술형식(die *vergleichende* Kunstform)이라고 부를 수 있다.

다시 말하면 의식적인 상징표현에서 의미는 스스로에 대해 알고 있을뿐더러, 그것이 외적으로 표현되는 방식과는 *분명히* 다른 것으로 설정된다는 점이다. 그때 스스로를 위해서 표명된 의미는 숭고함에서처럼 본질적으로 그런 식으로 그것에게 주어지는 형상으로 나타나지도 않고 그런 형상 속에서 나타나지도 않는다.

그러나 양쪽의 서로에 대한 관계는 앞서의 단계에서처럼 순전히 의미 자체에만 근거하는 관계는 더 이상 아니다. 오히려 그 관계는 대체로 시인의 *주관성*과 외적인 존재 속으로 침잠하는 시인의 정신, 시인의 기지와 창의에 속하는 것이 다소 우연히 함께 어우러지는 것이다. 거기에서 시인은 때로는 좀 더 감각적 현상에서 출발해서 그 현상에 유사한 어떤 정신적인 의미를 상상해 내며, 때로는 오히려 실제적이거나 아니면 그저 상대적이고 내적인 표상에서 출발해서 이를 형상화해 내거나, 아니면 자기 안에 똑같은 규정을 지닌 다른 형상과 연관시키기도 한다.

그러므로 주체는 이런 종류의 연관을 통해 주체 자신이 내용으로 삼은 의미의 내적인 본질뿐만 아니라 외적인 현상들의 성질에 대해서도 알게 된다. 주체는 의미와 현상 양쪽을 더 잘 묘사하기 위해 비유적인 방식을 사용하며, 또 그 양쪽에서 유사성을 발견하여 이를 의식적으로 의도하면서 서로 양립시킨다. 그 때문에 이는 아직 순수하고 무의식적인 상징표현과는 구분된다. 그러나 지금의 이러한 단계는 숭고함과는 차이가 나는데, 그 이유는 한편으로 예술작품 속에서 의미와 그 구체적인 형태가 분리되어 서로 병립한다는 것이 다소 분명하게 강조되지만, 다른 한편으로 숭고한 관계는 완전히 사라져버리기 때문이다.

왜냐하면 내용상 더 이상 절대자가 아닌 어떤 규정된 것을 의미로 취하고, 그 의미를 그 형상으로부터 의도적으로 분리하고 의식적으로 비교하면 이때는 무의식적인 상징표현이 그 방식으로 삼았던 것과 같은 목표를 추구하는 것이 되기 때문이다.

그러나 *내용*면에서 절대적인 창조주, 즉 유일한 지배자는 더 이상 의미로서 파악되지 않는다. 왜냐하면 여기에서 의식은 구체적인 현존재와 개념을 이미 구분하고 양자를 예술적인 대상으로서 의식하고 단지 비교하기 위해서 서로 *병치*시키기는 하지만, 그래도 이 비교하는 형태를 최종적으로 적합한 것으로 이해하므로 거기에는 곧 유한성이 설정되기 때문이다. 그에 반해 성스러운 시문학에서는 오직 신만이 모든 사물 속에서 유일하게 의미를 지니며, 모든 사물은 신에 비해 무상하고 덧없는 것으로 드러난다. 그러나 이제 *유한한* 것 안에서 의미가 그와 비슷한 이미지(Bild)나 비유(比喩)의 형태를 찾으려면, 그 의미 자체가 제한되어 있어야 한다. 물론 그 의미는 시인이 그냥 자의적으로 선정한—내용과 *유사하면서* 그 내용에 외적으로 머무는—이미지 때문에 비교적 *적합한* 것으로 간주될 때보다 더 *제한된* 성질을 띠고 있어야 한다. 그러므로 비유적인 예술형식에서 숭고함에는 모든 이미지가 사상(事象)과 의미를 그 적합한 현존성에 따라 표현하는 대신에 *단지* 그 이미지와 비유만을 부여하는 *그런* 득성만 남는다.

그리하여 이런 식으로 상징화하는 것은 모든 예술작품들에 기본이 되는 유형으로서 종속적인 장르에 머문다. 왜냐하면 형태란 단지 직접적이고 감각적인 현존재나 사건을 묘사하는 것으로서 의미와는 뚜렷이 구분되어야 하기 때문이다. 그러나 오직 *하나의* 소재만을 형태화하고 그 형태화하는 가운데서 분리되지 않고 온전한 것으로 머무는 예술작품에서는 위와 같은 비유는 단지 부차적이고 장식적인 가치를 지닐 뿐이다. 예를 들어 고전적인 예술과 낭만적인 예술의 순수한 작품들에서 그러하다.

그러므로 만약에 우리가 이 단계 전체에서 양자의 결합을—이 안에는 사실 숭고함의 근거가 되는 의미와 외적인 실재성의 *분리*가 내포되어 있고 또 우리가 원래의 상징예술에서 보았듯이, 구체적인 현상이 그에 유사한 보편적인 의미를 *시사*하고 있는데—그 전 단계에 있던 양자의 결합으로 간주하더라도 이 결합은 좀 더 숭고한 예술형식은 되지 못하고 오히려 내용이 제한되고 형식은 다소 범속한 것이 된다. 그러므로 그것은 원래의 상징이 지닌 극히 비밀스럽고 뒤얽힌 심오함과 숭고함에서 벗어나 확실하기는 해도 평범한 것으로 의식되고 이해될 뿐이다.

이제 이 영역을 좀 더 상세하게 *분류*하자면, 의미를 미리 전제하고 그와 대조되는 감각적이거나 비유적인 형태를 그 의미와 비교하고 구분하는 일에서는 거의 언제나 의미가 주요한 것으로 간주되고, 형태는 일반적으로 단순히 비유적인 표현이나 외적인 것으로만 간주되는 상황이 일어난다. 그러나 동시에 또 다르게 분류되기도 한다. 그것은 양쪽 가운데 때로는 한쪽을 때로는 다른 한쪽을 먼저 선택하여 출발점으로 삼는 일이다. 즉 이런 식으로 외적이고 직접적 자연적인 사건이나 현상이 있으면 그에 의해서 보편적인 의미가 제시되거나 또는 반대로 의미 자체가 먼저 주어진 다음에 비로소 그 의미를 드러내기 위해 어디선가 외적인 형태가 선정되는 것이다.

이와 관련해서 여기서는 다음과 같은 두 가지 중요한 단계를 분류할 수 있다.

A. *첫 번째* 단계에서 *구체적인 현상은*—그것이 자연에서 나온 것이든 아니면 인간적인 사건들, 우연한 일들 그리고 행위들에서 나온 것이든—한편으로 출발점이 되고, 다른 한편으로 표현의 중요한

본질이 된다. 그 현상은 물론 안에 내포된 암시적이고 보편적인 의미 때문에 선택되며, 그 의미를 그와 유사한 개별적인 상황이나 사건으로 묘사하여 보여주기 위해서만 전개된다. 그러나 보편적인 의미를 *주관적인 행위인 개별적인 경우와 비교하는 일은 아직은 분명하게* 드러나지 않는다. 그러나 전체적인 표현은 장식이 필요없는 어느 독자적인 작품에 단지 장식물이 되려는 것이 아니라 그 자체로 온전한 작품으로 드러나려는 의도로 이루어진다. 여기에 속하는 종류로는 우화(寓話, die Fabel), 비유담(die Parabel), 교훈적 이야기(der Apolog), 속담(das Sprichwort), 그리고 변형(die Verwandlung)이 있다.

B. 위와는 반대로 두 *번째* 단계에 보면 맨 먼저 의식에 와 닿는 것은 *의미*이다. 그 의미를 구체적으로 형상화하는 일은 부수적인 것이므로 형상은 스스로 독자성이 없이 전적으로 의미에 종속된 것으로 나타난다. 따라서 여기에서는 바로 이미지를 추구하려는 주관적인 비유가 지닌 자의성(恣意性)이 더 뚜렷이 드러난다. 그러나 이와 같은 표현방식은 대부분 독자적인 예술작품을 낳지 못하고 거기에 나타나는 예술형태는 다른 예술적인 산출에 부차적으로만 덧붙여 나타날 뿐이다. 여기에 속하는 주요한 표현법으로는 수수께끼(das Rätsel), 알레고리(Allegorie), 은유(隱喩, Metapher), 이미지(das Bild), 그리고 비유(比喩, Gleichnis)[1]를 들 수 있다.

C. 마지막 *세 번째*로는 교훈시(Lehrgedicht)와 서술적 시

---

1) 이는 영어로는 각각 riddle, metaphor, image, simile로 번역된다. 서양에서는 예로부터 이러한 것들이 특히 시문학에서 많이 쓰였다. 이는 고대 그리스의 수사학에 기원을 둔 시문학에서부터 발달된 것이다.

(beschreibende Poesie)를 부차적으로 언급할 수 있다. 이러한 종류의 시들에서는 한편 시인의 마음이 지적인 명확성을 띠고, 사물의 일반적인 성질을 독자적으로 포착하며, 다른 한편 그 구체적인 현상을 묘사하는 일도 독자적인 것이 된다. 따라서 서로 결합되어 오직 순수하게 하나로 형성될 때만 참된 예술작품을 산출해 낼 수 있는 의미와 형태 양쪽은 여기에서는 완전히 분리된다. 이제 예술작품에서 양쪽이 분리되면 전체적으로 비유의 영역에 속하는 서로 다른 형태들은 단지 수사법(修辭法, Kunst der Rede)의 영역에만 속하게 된다. 왜냐하면 조형예술의 임무는 형태 속에 든 내면을 외형을 통해 알리는 것인 반면에, 위처럼 서로 각각 독자적으로 분리된 의미와 형태를 표현할 수 있는 것은 오직 시문학이기 때문이다.

A. 외적인 것에서 시작되는 비유들

우리는 이 비유예술 형식의 첫 단계에 속하는 여러 가지 시 종류들을 특정한 장르 속에 구분해 넣으려고 애를 쓸 때마다 늘 당황하게 된다. 말하자면 그런 것들은 예술의 순수하고 필연적인 측면을 드러내지 못하는 저급한 잡종에 불과하다. 이는 일반적으로 자연과학 분야에서 어떤 동물의 종(種)이나 자연현상을 볼 때 그러하듯이 미적(美的)인 분야에서도 마찬가지이다. 양쪽 영역 모두에게서 어려운 점은 바로 자연의 개념이든 예술의 개념이든 이를 분류하고 그 차이를 설정하는 일이다. 이러한 개념 자체의 차이들은 진정한 개념에 적합하여 개념적으로 파악할 수 있는 차이들이다. 그러나 위처럼 잡스러운 시의 종류들이 가지는 변화들은 이러한 참된 개념에는 맞지 않는다. 그 이유는 그것들은 그 단계를 떠나 그 뒤에 오는 다른 주요한 단계에 이르지 못하는 결함을 지닌 형태들에 불과하기 때문이다. 이는 개념상의 잘못 때문이 아니다. 만일 *사상*(事象, *die Sache*)에 깃든 *개념* 요소들 대신에 그런 *부수적인 잡종들*을 근거로 삼아 분류하고 구분한다면 이는 개념에 부적합한 것을 개념에 적합한 전개방식인 양 간주하는 것이 된다.

그러나 참된 분류는 참된 개념에서 나오며 잡종의 형태들은 본래의 확고한 형태들이 해체되어 다른 형태로 이행되어 가는 과정에서만 드러난다. 그러한 현상은 우리가 이미 위에서 보았듯이 상징적 예술형식과 관련될 때 일어난다.

그러나 위에서 언급한 시형식들은 상징적 예술보다 *이전 단계*에 있던 *예술*에 속한다. 왜냐하면 그들은 대개가 완벽하지 못하면서 *다만 아직 참된 예술을 추구하는 단계*에 있기 때문이다. 이러한 추구는 그 안에 비록 참되게 형상화하려는 방식이 내포되어 있어도 이를 유한성과, 분리, 단순한 관계 속에서만 이해할 수 있으므로 종속적인 것으로 머문다. 그러므로 우리는 여기에서 우화나 교훈시, 비유 따위에 대해 언급할 때 마치 이들이 조형미술이나 음악과 구분되는 특정한 시문학(Poesie)에 속하는 것처럼 취급해서는 안 된다. 단지 일반적인 형식들과 관계하는 범위에서만 다뤄져야 한다. 이들은 단지 그런 관계 속에서만 그것들의 특수한 성격을 설명할 수 있을 뿐 원래의 *시문학*에 속하는 서사시나 서정시, 극시 같은 장르의 개념으로는 설명할 수 없다. 이제 우리는 이러한 종류들을 좀 더 세분화하되, 먼저 우화(寓話, *Fabel*)에 대해 다루고, 그 다음에는 비유담(*Parabel*), 교훈시(*Apolog*), 속담(*Sprichwort*)에 대해 다룬 다음에 끝으로 변형(*Metamorphosen*)

에 대해 고찰하고자 한다.

1. 우화(寓話)

본 장에서 지금까지는 줄곧 분명한 의미와 그 형태 사이에 있는 형식적인 측면만을 고찰해 왔다면 이제는 이러한 형상화 방식에 맞는 내용에 대해서도 상술하고자 한다. 우리는 숭고함에 대해서 고찰할 때 이미 보았듯이, 지금 단계에서 절대자이자 유일자는 무상하고 무의미한 피조물 속에서 분리되지 않은 위력을 지닌 모습으로 직관될 수 없다. 오히려 우리의 의식은 유한한 상태에 머물러 있으므로 따라서 내용도 역시 유한한 단계에 머물러 있다. 그러나 우리가 만약에 거꾸로 원래의 상징—비유적인 예술형식도 역시 그 한 측면을 그 속에 받아들여야 하는데—쪽으로 관심을 돌리면, 이미 고대 이집트의 상징적인 예술에서 보았듯이 정신은 아직도 여전히 직접적인 현상, 즉 자연과는 대립되는 *내면*으로 나타난다. 그러나 이제 자연적인 것이 마치 독자적인 것인 양 표상되면 정신적인 것도 역시 *유한한 것*으로 *규정*된다. 그 유한한 것이란 바로 *인간*과 인간이 갖고 있는 유한한 목표들이다. 그리고 자연적인 것은 인간의 행복과 이익에 암시와 계시를 줌으로써 인간적인 목표들과 관계를—물론 이는 이론적인 관계이지만—맺는다. 그러므로 이제 폭풍우, 새의 비상(飛翔), 내장의 형태 같은 자연현상들은 고대 파르시교도들이나 인도인들, 이집트인들이 직관했던 것과는 전혀 다른 의미로 받아들여진다. 고대의 그들이 보기에 자연 속의 인간이란 신들로 가득 찬 세계 안에서 돌아다니고 있었으므로 그들은 인간의 행위도 그것을 통해 신과의 동일성을 드러내기 위한 것이라는 식으로, 즉 신적인 것을 자연적인 것과 일치시켜 보고 있었다. 따라서 그러한 인간의 행위는 신의 자연적인 존재성에 합당할 때 바로 인간 속에 신성이 계시되어 드러나는 것을 뜻했다. 그러나 만약 인간이 자기 안으로 물러나서 자기의 자유를 예감하고 자기 안에서 자신과 결속되면, 그때 인간은 자신의 개성을 띠고서 스스로 자신의 목적이 된다. 그는 *자신의 의지*에 따라 활동하고 행동하고 일하며, 자신의 독자적인 삶을 살고, 자기 자신 안에서 목표들이 지닌 본질성을 느끼며 자연적인 것은 그것과 외적인 관계를 가지게 된다. 그러므로 자연은 이제 인간의 주위에 개별적으로 분산되어 그에게 봉사한다. 그리고 인간은 그 자연 속에서 더 이상 신성(神性)을 절대자로서 직관할 수 없고, 다만 신들이 자연을 통해서 인간의 행복을 위해서 신들 자신을 인식하게 만드는 것으로만 고찰한다. 왜냐하면 신들은 바로 자연이라는 매체(媒體)를 통해서 신들 자신의 의지를 인간 정신에게 드러내고 그 의지를 인간들로 하여금 해명하도록 하기 때문이다. 그래서 여기에는 절대자와 자연이 동일하다는 것이 전제되며, 그 안에서 *인간적인* 목적들이 중요한 사안이 된다.

그러나 이런 식의 상징표현은 아직은 종교적인 것으로만 머물러 있을 뿐 아직 예술이 되지는 못한다. 왜냐하면 그러한 자연적인 사건들에 대해 *예언자들(vates)*은 주로 실세적인 목적을 위해서만—그 목적이 인간 개개인의 관심사든 아니면 민족 전체의 관심사로서 공동의 행위와 관련되든 간에—해석을 내리기 때문이다. 그에 반해 시문학은 비록 실제의 상황과 관계해서 해석을 내리더라도 이를 좀 더 보편적이고 이론적인 형식으로 인식하고 표현한다.

그러나 여기에서는 특수한 관계, 즉 인간이 행동하고 추진해가는 영역에서 보편적인 의미를 지닌 윤리적 교훈, 처세술의 상징들을 계

산에 넣어야 한다. 다시 말해서 그것들은 인간사(人間事)들, 즉 인간의 의지로 일어나는 일에 대한 반성을 내용으로 삼는 의미를 위해 상징으로 취해지는 자연현상이나 사건들이다. 여기에서는 더 이상 신 자신의 의지가 아니라 아주 일상적이고 자연적인 사건들이 일어나는 과정이 그 내면성에 맞게 자연적인 사건이나 종교적인 해석을 통해 인간에게 계시된다. 그것들을 개별적으로 묘사함으로써 거기에서 인간에게 이해 가능한 윤리적인 금언이나 경고, 교훈, 처세술 따위를 이끌어낼 수 있다. 그 이끌어 내는 과정 역시 우리가 반성할 수 있도록 우리에게 제시되고 직관된다. 우리는 이와 같은 입장을 바로 이솝 우화에서 발견할 수 있다.

　a) 다시 말해서 *이솝 우화*는 그 본래 형식상 대개 개별적인 자연사물들 사이, 즉 인간이 살고 활동하기 위해 갖는 삶에 대한 욕구나 충동과 같은 충동을 가진 동물들 사이에 일어나는 자연적인 관계나 사건들을 그런 방식으로 이해한다. 그러므로 이러한 관계나 사건들은 좀 더 보편적인 면에서 이해할 때 역시 인간의 삶의 영역에서도 일어날 수 있는 것들로서, 바로 그 때문에 인간에게도 비로소 의미를 갖는다.
　이러한 규정에 따라 진정한 이솝 우화는 생명이 있거나 생명이 없는 어떤 자연 상태나 동물세계에서 일어나는 사건을 묘사한다. 그러한 사건은 자의적으로 생각해 낸 것이 아니라, 실제로 주어진 것을 충분히 관찰한 다음에 인간 존재와 관련해서, 더 자세히는 인간 존재의 실제적인 측면, 지혜로운 행위나 도덕성과 관련해서 보편적인 교훈을 이끌어낼 수 있도록 그렇게 다시 묘사된다. 그러므로 이솝 우화에 요구되는 첫 번째 조건은 이른바 도덕성을 말해줄 어느 특정한 소재를 허구로 *지어내되*, 그런 현상들이 실제로 자연에 존재하는 방식과 *어긋나게 지어내서*

는 안 된다는 점이다. 그 다음 둘째로 더 자세히 들어가서 우화는 어떤 사건을 보편적인 것으로 묘사해서는 안 되고, 이것이 외적인 현실 속에서 모든 사건의 유형이 되듯이 그 구체적인 개별성에 맞게 그리고 실제로 일어난 일처럼 설명해야 한다. 마지막 셋째로, 이처럼 원래의 우화가 지닌 형식은 매우 순진성을 띠고 있다. 왜냐하면 그 우화 안에서 교훈적인 목적으로 보편적인 의미를 강조하는 일은 처음부터 의도된 것이 아니라 나중에 가서 덧붙여진 것이기 때문이다. 그러므로 이른바 이솝 우화들 가운데서도 언급된 우화의 규정에 합당하고 굳이 동물적인 행동들을 근거로 묘사된 관계나 사건들 또는 다른 자연적인 관계를 묘사한 사건들 그리고 자의적인 상상력으로 일부러 끌어다 맞추지 않고 일반적으로 실제 일어나는 사건들을 묘사한 우화들이 가장 매력을 끈다.

현재 남아있는 이솝 우화에는 "우화는 교훈적이어야 한다(fabula docet)"라는 점이 말이 첨가되어 있는 것처럼 묘사가 맥없이 되어 있거나 종종 얼토당토않게 꾸며져 있어 오히려 반대효과를 가져오는 교훈들이 다수 있음을 쉽게 볼 수 있다.[2] 이솝 우화가 지닌 이 같은 원

---

[2] 이솝(Aesop)은 원래 기원전 6세기경의 그리스 사람으로, 한때 사모스 왕의 노예였다가 델포이인에 의해 성소모독죄로 사형에 처해졌다는 얘기만 전해져 오는 인물이다. 더구나 그는 자기의 창작품을 글로 남기지도 않아 그의 우화는 오랫동안 구선뇌어 오다가, 이를 아리스토파네스(Aristophanes), 크세노폰(Xenophon), 플라톤(Platon), 아리스토텔레스(Aristoteles) 등이 단편적으로 기록해 놓았다고 한다. 따라서 이는 이솝 우화의 원전은 분실되고 없다는 사실을 말해 준다. 오늘날 일반적으로 알려진 《이솝 우화》는 14세기에 콘스탄티노플의 푸라스데스라는 수도사가 편찬한 데서 유래한다고 한다. 이는 전부 207개의 우화로 되어 있다고 하며, 1842년에 아토스 산의 성당에서 완전한 사본이 발견되어 현재 대영박물관에 보존되어 있다. 그러나 영국의 하드퍼드(S.A. Handford)가 편찬한 《이솝 우화(Fables of Aesop)》에는 203개의 우화가 실려 있다. 현존하는 그리스어의 이솝 우화에는 'fabula docet'라는 말이 들어 있

이솝. 1479년에 그려진 삽화

래의 개념을 명확히 하기 위해서 여기에 몇 가지 예를 들기로 하자. 예를 들어 폭풍우 속에 서 있는 참나무와 갈대가 있다고 하자. 약한 갈대는 그저 몸을 이리저리 굽히며 견디지만 뻣뻣한 참나무는 부러지고 만다. 이는 강한 폭풍우 속에서는 실제로 종종 충분히 일어날 수 있는 경우다. 도덕적으로 볼 때 남에게 굽힐 줄 모르는 사람과 그 반대로 비열한 성격을 지닌 사람이 있다고 하자. 그 비열한 사람은 하찮은 상황에서도 자신을 그에 맞춰서 보호할 줄 안다. 그에 반해 완고하고 저항하는 자는 파멸하고 만다. 제비에 관해서 페드루스(Phädrus)[3]

다. 그러나 헤겔은 이 말이 분명히 후세에 가서 붙은 것으로 본다. 녹스 교수는 이솝 자신은 원래 단순한 이야기꾼으로서 자기가 쓴 이야기 속에서 어떤 명백한 도덕적인 교훈을 드러내려는 목적은 없었다고 보고 있다.

3) 이는 같은 제목인 플라톤의 대화론이 아니고 초기 로마제국 당시에 5권의 우화집을 낸 우화작가의 이름이다. 그 가운데 어떤 것은 이솝 우화에서 따온 것도 있다고 한다.

가 우리에게 전해 주는 우화도 그와 마찬가지다. 그 우화에 보면 한 떼의 제비들이 다른 새들과 함께 살고 있고, 밭에서는 한 농부가 아마(亞麻)씨를 뿌리고 있다. 그 아마씨에서 나오는 아마로 나중에 새를 잡는 끈이 만들어질 것이다. 조심스러운 제비들은 그곳을 떠나 다른 곳으로 날아간다. 그러나 다른 새들은 그것을 믿지 않는다. 그 새들은 아무 걱정도 않고 그곳에 남아 있다가 결국 그 끈에 잡히고 만다. 이 이야기의 경우도 실제로 있는 자연현상에 근거하고 있다.

제비들은 가을이 되면 남쪽지방으로 날아가고, 따라서 정작 새를 잡을 시기가 되면 지금까지 있던 그곳에 제비들은 없다는 것은 이미 알려진 사실이다. 박쥐에 대한 우화에서도 같은 것을 말할 수 있다. 박쥐는 낮이나 밤이나 천시 당하는데, 그 이유는 박쥐는 주행성 동물도 야행성 동물도 아니기 때문이다. 이처럼 평범한 현실에서 일어나는 일들이 인간관계를 시사하는 좀 더 보편적인 의미로 해석된다. 이는 마치 경건한 사람들이 어떤 일이든지 일어날 때마다 거기에서 뭔가 교훈적이고 도덕적으로 유용한 것을 이끌어내는 것과 흡사하다. 그러나 여기에서 원래의 자연현상에 매번 주목할 필요는 없다. 예를 들어 여우와 까마귀에 관한 우화[4]에서는 현실에서 일어날 수 있는 사실이 완전히 배제되지는 않지만 그래도 실제의 사실을 첫눈에 바로 깨닫기는 힘들나. 왜냐하면 까마귀는 낯선 대상, 즉 사람이나 다른 동물이 눈앞에 있는 것을 보면 곧 울어대는 성질을 지녔기 때문이다.

---

4) 우리도 잘 알고 있는 이 우화의 내용은 다음과 같다. 여우가 지나가다가 나무 위 높은 곳에 앉아 훔쳐온 치즈를 먹고 있는 까마귀 한 마리를 본다. 여우는 까마귀에게 그의 아름다운 목소리를 듣고 싶다고 유혹한다. 그러자 까마귀는 자랑삼아 운다. 그때 그 주둥이에서 치즈가 떨어지고 여우는 밑에서 그것을 받아 먹어 버린다.

이는 지나가는 사람의 옷자락을 찢거나 또는 곁에 잠깐 머물려고 하는 여우에게 상처를 입히는 가시덤불의 우화에서도 비슷하게 볼 수 있는 예이다. 혹은 자기 품속에 뱀을 넣어 따뜻하게 녹이는 어느 시골 사람의 우화 따위를 봐도 위와 비슷한 관계를 엿볼 수 있다. 그 밖에 또 다른 우화들은 동물들 사이에 일어날 수 있는 사건들을 묘사하고 있다. 예를 들어 초기에 쓰인 이솝 우화가 그렇다. 즉 독수리가 여우 새끼들을 잡아먹은 다음에 그 독수리는 제단 위에 놓인 고기를 훔치면서 그곳에 있는 불붙은 석탄도 같이 훔쳐온다. 그러나 그 석탄으로 인해 독수리 둥지는 불타버린다. 그러자 독수리 새끼들이 둥지에서 떨어지고 여우가 밑에서 그것들을 받아 먹어치운다. 그러나 신화적 요소를 띤 다른 우화들도 있다. 예를 들어 풍뎅이와 독수리, 제우스 신에 관한 우화가 그것이다.5) 이 우화에서는 독수리와 풍뎅이는 서로 다른 시기에 알을 낳는다는 자연적 환경 — 그것이 옳은지 아닌지는 젖혀두고라도 — 이 근거가 된다. 그 이야기에는 전통적으로 장수풍뎅이를 중요시했던 것이 동시에 드러나고 있다. 그러나 이 우화에는 좀 더 희극적인 요소가 곁들어 있다. 물론 그런 요소는 아리스토파네스 (Aristophanes)의 작품에서는 더욱 두드러지게 나타난다.6) 그러나 이런 우화들 가운데 얼마나 많은 것들이 진짜 이솝 우화에서 따온 것인

---

5) 이 우화의 내용을 좀 더 자세히 보면, 독수리에게 쫓긴 토끼 한 마리가 풍뎅이가 있는 곳에 들어가 자기를 도와달라고 간청한다. 그러자 풍뎅이는 독수리에게 그 토끼를 잡아가지 말라고 간청하지만 독수리는 풍뎅이를 때리고는 그 토끼를 잡아먹어 버린다. 그 행동은 애원자를 보호하는 제우스 신의 분노를 산다. 그러자 그 풍뎅이는 독수리알을 깨뜨린다. 독수리는 그 알들을 보호하려고 남은 알들을 제우스 신의 무릎 위에 날라다 놓는다. 결국 제우스 신은 독수리가 멸종하지 않도록 풍뎅이가 없는 시기에만 독수리가 알을 낳도록 배려한다.
6) 아리스토파네스가 쓴 극 《평화》에서 풍뎅이는 중요한 역할을 한다.

지 여기에서는 확인이 안 되므로 그냥 넘어갈 수밖에 없다. 왜냐하면 그 우화들 가운데는 예를 들어 풍뎅이와 독수리에 관한 우화 같은 몇 개의 우화만이 이솝 우화에서도 보일 뿐, 실제 이솝 우화처럼 여겨질 만큼 고대적 요소를 띤 우화는 별로 없기 때문이다.

이솝 자신은 곱사등이의 흉한 모습을 한 노예였다고 전해진다. 그는 사람들이 직접적으로 상징성과 자연성에 묶여 있던 상황에서 스스로 정신적인 것을 깨닫기 시작하던 시기에 프리기아(Phrygia)[7] 지방으로 옮겼을지도 모른다. 이런 점에서 이솝은 물론 인도인이나 이집트인들이 보았던 것처럼 대체로 동물적이고 자연적인 것들 자체를 신성한 것으로 보지 않았고, 단지 그것들 사이의 관계를 통해 인간적인 행위나 인간적인 사건들을 표상하는 데 도움을 얻을 수 있다는 세속적인 눈으로 보았다. 그럼에도 불구하고 이솝이 착상해 낸 것들은 단지 번득이는 기지만을 나타낼 뿐, 정신적 에너지나 심오한 통찰력 또는 본질적 직관이나 시, 철학 같은 것은 그 안에 깃들어 있지 않다. 물론 그의 안목과 교훈은 함축적이고 지혜로운 요소도 드러내고 있다. 그럼에도 그것은 사소한 것에 구애되고 있을 뿐이다. 그것은 자유로운 정신에서 자유로운 형태를 만들어 내지 못하고 단지 기존의 소재, 즉 동물들에게서 보이는 특정한 본능이나 충동, 사소한 일상적 사건들로부터 뭔가 응용할 만한 가치가 있는 측면을 얻어낼 뿐이다. 왜냐하면 이솝은 자신의 교훈을 공공연하게 말하지 못하고 단지 수수께끼처럼 은닉한 채 이해시키며 동시에 언제나 뒤에 해결을 제시하기 때

---

[7] 프리기아(Phrygia) 지방은 역사적으로 오늘날 터키의 아나톨리아 서쪽 지역을 가리킨다. 프리기아 사람들은 고대사에 의하면 마케도니아와 트라키아에서 기원전 13세기경 이곳으로 이주해 온 사람들로서 기원전 8세기경부터 미다스 2세 왕의 휘하에서 큰 왕국을 세웠다고 한다.

문이다. 즉 산문(散文, die Prosa)은 노예적인 요소에서 시작된다. 따라서 우화라는 장르는 전체적으로 산문처럼 범속할 뿐이다(Im Sklaven fängt die Prosa an, und so ist auch diese ganze Gattung prosaisch).[8] 그럼에도 불구하고 이런 식으로 꾸며진 이야기들은 거의 모든 민족과 시대에 걸쳐 등장했다. 특히 우화를 아는 민족은 자기들이 여러 우화작가들을 가진 것을 자랑으로 삼았다. 그러나 그들이 지은 시는 거의가 다 처음 순간의 착상에서 나온 산물일 뿐이고, 늘 그 시대의 취향에 따라 번안된 것이었다. 그리고 이러한 우화작가들은 자기들 이야기의 근간이 되는 원전에다가 살을 붙인 것이지만 사실은 원전의 수준에 훨씬 못 미쳤다.

b) 그러나 이솝 우화들 가운데서도 그 창의성이나 이야기의 됨됨이가 아주 보잘것없고 단지 교훈적인 목적으로만 지어진 것들이 있다. 거기에 등장하는 동물이나 신들도 역시 단지 그 교훈을 위한 *비유적인 표현*에 속하는 경우도 있다. 하지만 그런 것들은 현대에 와서, 예를 들어 페펠(Pfeffel)[9]의 햄스터에 관한 우화에서 보듯이 동물의 본성 자체를 억지로 왜곡하는 것과는 거리가 멀다. 페펠의 우화를 보면, 어떤 햄스터는 가을에 곡식을 모으지만 다른 햄스터는 이 일을 게

---

[8] 'Im Sklaven fängt die Prosa an, und so ist auch diese ganze Gattung prosaisch'라는 본문의 이 말은 시문학(Poesie) 가운데서도 산문(Prosa)에 대한 헤겔의 기본적으로 부정적인 입장을 아주 잘 대변해 주는 말 가운데 하나이다. 그의 이러한 언급은 물론 산문체가 고도로 발전되어 소설(小說)이라는 형식에서 그 극치를 이르고 있는 오늘날의 소설 문학에 대한 입장에서 보면 좀 더 냉정하게 비판되어야 할 여지를 지닌다.

[9] 페펠(Gottlieb Konrad Pfeffel, 1736~1809)은 독일의 작가로 특히 교육적 목적을 띤 우화를 써냈다. 작품으로 1783년에 출판된 《우화집(Fabeln)》이 있다.

을리 한 끝에 결국은 굶주리며 구걸을 나가게 된다는 이야기다. 또 여우나 사냥개, 스라소니에 관한 우화들을 보면, 그것들은 간계나 예리한 후각, 뛰어난 시력을 가졌지만 그런 재능들은 똑같이 분배되지 않아 그 동물들은 자기들의 자연적 재능을 똑같이 분배받으려고 함께 제우스 신에게 나아간다. 그러나 신으로부터 재능을 허락받은 후에 나온 결과를 보면 "여우는 어리석어지고, 사냥개는 더 이상 사냥에 적합하지 못하게 되며, 스라소니는 백내장에 걸려 시력을 잃고 만다"는 것이다. 햄스터가 곡식을 수확하지 않는다거나 위의 세 마리 다른 동물들이 모두 우연히 똑같은 특성을 얻게 된다든가 하는 이야기는 그들의 원래 자연적인 성질에는 아주 어긋나기 때문에 김빠진 이야기가 될 뿐이다. 그러므로 그런 우화들보다는 개미와 매미에 관한 우화들이 더 나으며, 또 이보다 더 나은 것으로는 호화로운 뿔과 빈약한 뿔을 가진 사슴의 우화를 들 수 있다.

    그러한 우화들에서 사람들은 일반적으로 교훈을 제시하는 것을 가장 중요한 일로 생각했기 때문에, 우화 속에서 이야기되는 사건 자체는 *단지* 비유적인 표현이자 교훈을 위해 특히 *꾸며낸* 사건에 불과하다고 *그렇게* 생각하는데 익숙해져 왔다. 그러나 그 우화에서 묘사된 사건이 실제로 자연적인 동물들이 지닌 특징상 불가능한 일일 경우에는, 비유적으로 표현된 그런 이야기들은 아주 맥 빠진 것이 되고 아무런 의미도 없이 꾸며낸 이야기보다 더 못한 것이 된다. 왜냐하면 어떤 우화가 함축성을 띤다는 것은 기존의 형태나 그 속에 담긴 의미 외에도 좀 더 보편적인 의미를 지시할 때 가능하기 때문이다. 더 나아가 사람들은 우화의 본질이 다만 동물들이 사람 대신에 행동하고 말하는 것이라고 전제하면서 이처럼 상황이 뒤바뀔 때 어떤 매력이 나타나는지에 대해서 물었다. 그러나 그처럼 사람 대신 동물로 뒤바뀐다 해도,

거기에서 원숭이나 개가 등장하는 희극(戲劇)에서 볼 수 있는 것 이상으로 더 많은 것을 보거나 뭔가 다른 것을 기대할 수 있으리라고 가정하면 그 우화는 별로 매력적인 것이 되지 못한다. 원숭이나 개가 등장하는 희극에서도 무대 위에서 멋있게 훈련된 동물들을 볼 수 있는 외에, 그 동물들이 인간처럼 서고 행동하는 모습이 그 동물들의 본성과 대조를 이룬다는 것이 유일한 관심거리가 될 뿐이다. 그러므로 브라이팅거[10]는 우화의 매력은 원래 그 속에 놀랄 만한 것이 들어 있기 때문이라고 꼽고 있다. 그러나 원래의 우화에서는 말하는 동물이 등장해도 이는 별로 이상하거나 놀라운 것으로 간주되지 않았다. 그래서 레싱(Lessing)[11] 같은 사람은 동물들을 등장시키는 것은, 말하자면 여우의 간교함이나 사자의 용기, 늑대의 탐욕과 잔인함 같은 동물들의 특성을 알림으로써 설명하려는 것을 *이해할 수 있게 축약*한 것으로 이는 간교함, 용기에 대해 생각할 때 추상성 대신에 특정한 이미지를 통해 표상하는 데 도움이 된다고 생각했다. 그러나 이러한 장점은 우화 속에 들어 있는 단순한 비유적 표현이 지닌 진부한 관계에는 본질적으로 아무런 변화를 주지 못하며, 전체적으로 보면 우리 눈앞에 사

---

10) 브라이팅거(Johann Jakob Breitinger, 1701~1776). 스위스의 어문학자이자 작가. 보드머(Bodmer)의 친구이자 문학동료였으며 보드머가 고트쉐트(Gottsched)와 문학논쟁을 벌이자 보드머를 지지하고 나섰으며, 1740년에 출간한 그의 《비판적 시예술(Critische Dichtkunst)》(취리히에서 출간)에서 보드머처럼 시적으로 열광(poetischer Enthusiasmus)되는 상태를 강조 옹호하면서, 예술작품이란 단지 교훈적이거나 흥미위주여서는 안 되고 '놀라운 것(das Wunderbare)'을 통해 심정을 움직일 수 있는 것이어야 한다는 이론을 내세웠다.

11) 레싱(Lessing)은 그의 《우화에 대한 논고(Abhandlungen über die Fabel)》 가운데 ii장 '우화에서 동물을 사용하는 것에 관해서(Von dem Gebrauche der Tiere in der Fabel)'에서 위와 같이 언급한다.

람 대신 동물을 등장시키는 일은 오히려 이롭지 못하다. 왜냐하면 동물의 형상을 보고 의미를 *이해*하려 할 때 그 동물은 의미를 해명해 주는 것과 마찬가지로 *감춰주는* 가면으로 언제나 남기 때문이다. 이런 부류에 속하는 가장 훌륭한 우화로는 여우 라이네케에 대한 옛날이야기가 있겠지만, 그러나 이 이야기 자체는 원래는 우화가 아니다.

c) 그 다음 *세 번째* 단계에서는 우화를 다루는 다음과 같은 방식을—그러나 이 방식은 사실 이미 우화의 영역을 넘어가기 시작한다—또 들 수 있다. 그것은 즉 우화가 지닌 함축성을 가지고 일반적으로 다양한 자연 현상들 속에 있는 동물이나 자연적인 것들이 그 원래의 존재방식에서 멀어지지 않고도 인간의 행동과 태도에 관해 일반적으로 반성하도록 도움을 주게 한다는 점이다. 그러나 그 나머지, 이른바 개별적인 사건들을 도덕성에 결부시키고 연관시키는 일은 자의(恣意)나 주관적인 기지에서 나오는 것이어서 *그 자체*는 단지 익살에 불과할 뿐이다. 여기 이 세 번째 단계에서는 바로 그런 측면이 스스로 드러난다. 즉 우화의 형식이 익살로 받아들여지는 것이다. 괴테는 이런 방식으로 우아하면서도 함축적인 시들을 많이 썼다. 예를 들어 그가 쓴 〈짖는 개〉[12]라는 제목의 시는 다음과 같다.

> 우리는 이쪽저쪽 방향으로
> 즐거움과 일거리를 찾아 달린다.
> 그러나 늘 짖는 개가 뒤에서
> 온 힘을 쥐어짜며 짖어댄다.

---

12) 원 제목은 Kläffer이고, 이는 괴테가 말년에 쓴 비판시이다.

그 개는 개집에서 나와
늘 우리 뒤를 따라오려 한다.
하지만 그 개짖는 소리는
우리가 달리고 있음을 증명해 줄 뿐이다.

그러나 여기에서 이용되는 자연 형상들은 이솝 우화에서처럼 그 독특한 특성에 따라서 등장하며, 그것들이 보이는 행동과 충동 면에서 동물과 유사성을 지닌 인간의 상태나 열정, 성격 따위를 우리 눈앞에 펼쳐 보인다. 이런 종류로는 이미 언급한 라이네케의 우화를 들 수 있는데, 이는 원래 우화라기보다는 오히려 뭔가 동화와 같은 이야기이다. 그 우화의 내용은 무질서와 무절제한 시대, 사악하고 비열하고 폭력적이고 파렴치하고 무신앙적인 종교로 점철되어 있고, 세속적으로는 겉으로만 통치와 정의가 이루어지고 있는 듯이 보일 뿐 사실은 도처에 간계와 재치, 이기적인 것만이 지배하고 승리를 거두던 시대를 다룬 것이다. 이는 다름 아닌 중세 유럽의 상황으로, 특히 독일에서 그런 상황이 팽배해 있었다. 강력한 힘을 지닌 봉건 신하들은 얼마간은 왕을 존중하면서도 근본적으로는 너나할 것 없이 자기가 원하는 대로 행동하고, 약탈과 살인을 일삼고, 약자를 억압하고, 왕을 속이고, 왕비의 총애를 얻는 수법을 알고 있었으므로 왕국 전체가 겨우 명맥만 유지하고 있었다. 이런 인간 사회의 배경이 그 우화에서 드러나고 있다. 그러나 여기에서는 그런 배경은 추상적인 명제로 등장하는 것이 아니라 총체적인 상황과 성격으로 구성되어 있으며, 그 우화가 전개하고 있는 동물적인 본성에 아주 적합하게 사악함이 묘사되고 있다. 그러므로 이 우화에서는 인간 세계의 주관적인 일들이 전적으로 동물세계로 옮겨져 있어도 방해가 되지 않는다. 그리고 그 우화 속의 겉치레도 역시 단지 개별적으로 유사한 경우로만 드러나지 않고 그 단일성에서 벗어나 어떤 보편성을 획득하면서 우리에게 명백하게 나타난다.

일반적으로 세상사는 그런 식으로 되어가고 있다. 그래서 그 우화의 겉치레 속에는 익살스러운 것(das Possierliche)이 들어 있고 해학(諧謔)과 재미는 실제 현실 속에 있는 쓰디쓴 진지함과 뒤섞여 나오고 있다. 거기에서는 인간의 비열함이 아주 탁월한 방식으로 동물적인 비열함과 뒤바뀌어 우리 눈앞에 드러나며, 또 단순히 동물적인 것 속에서 아주 재미있는 특징이나 독특한 이야깃거리도 나타나고 있다. 그 우화 속에는 온갖 신랄한 요소들이 깃들여 있음에도 불구하고 우리 눈앞에 보이는 것은 단지 조악하고 의도된 해학이 아니라, 실제로 진지한 의미를 띤 해학이다.

2. 비유담, 속담, 교훈적인 이야기

a. 비유담

비유담(比喩談, Parabel)[13]은 일상적인 삶의 영역에서 일어닌 사건

---

13) 비유담(Parabel)은 원래 고대 그리스어로 '$παραβολή$ (parabolé)'로 쓰였으며, '곁에서 가는 것', '비교' 내지는 '곁에 나란히 두기($παραβαλλειν$)'라는 뜻으로 쓰였다. 문학에서는 교훈적인 이야기 형식으로 확장한 비유(ein zu einer Erzählung ausgeweitetes Gleichnis)를 가리킨다. 이 비유담의 목적은 독자로 하여금 그 이야기에 담긴 뜻을 인식하게 해서 그것을 보편적인 것으로 끌어내게 하는 것이다. 본 《미학강의》에서 헤겔은 이 비유담(Parabel)에 대해서 비

교적 간단하게 설명하고 있으나, 이 형식은 현대 문학에 와서 점차 더욱 심층적이고 복잡한 구조로 발전했으며 특히 소설의 장르 가운데서도 중요한 표현형식으로서의 위상을 차지한다. 그리고 종종 우화(Fabel)나 비유(Gleichnis) 등과는 구분되면서도 또 이것들이 지닌 특성들도 함께 내포하고 있으므로 이 표현형식들(Schriftformen) 보다 상위(上位)의 장르로 간주된다. 20세기 현대 독일 문학(내지는 세계문학)에서 가장 잘 알려진 유대계 독일(체코) 작가인 프란츠 카프카(Franz Kafka, 1883~1924년)는 특히 이런 비유적 소설을 잘 쓴 작가로 유명하다. 그의 대표적 소설 《소송(訴訟, Der Prozess)》(1914년)에 보면 유명한 비유적인 장면이 나온다. 이 소설은 그가 1924년에 요절한 뒤에 그의 친구인 막스 브로트(Max Brod)에 의해서 1925년에 발표되었으며, 그 유명한 비유담은 그의 사후에 따로 '법(法) 앞에서'라는 제목을 붙여서 그의 《단편집》에 실렸다. 《소송》의 내용을 간추리면, 주인공 요제프 K는 은행의 업무주임인데, 자신의 서른 살 생일날 아침 갑자기 자신이 체포되었다는 사실을 통고 받는다. 그는 자신이 왜 혐의를 받고 있는지 전혀 짐작조차 가지 않는데다, 법원에서도 그에게 출두 명령만 내릴 뿐 그에게 일상적인 행동의 자유는 허용한다. 그는 여전히 은행원 생활을 계속하면서 정체는 물론 소재도 정확히 알 수 없는 재판소와 자신의 혐의를 알아내서 무죄를 입증하려고 갖은 노력을 하지만, 법정투쟁은 아무런 진전도 결과도 없어 그는 점차 기진맥진한 상태로 빠져든다. 1년이 지난 뒤, K는 집으로 찾아온 두 정체불명의 신사에 의해 자기 집에서 강제로 끌려나가 결국 아무 저항도 못한 채 목이 졸려서 처형된다. 마지막에 그는 단 한 마디 "개처럼!"이라는 말을 내뱉으면서 죽는다. 그 소설 속에 실린 '법 앞에서'라는 짧지만 유명한 비유담을 역자는 독자들을 위해서 여기에 그 전문(全文)을 실어본다:

법(法) 앞에서(Vor dem Gesetz)
법 앞에 문지기가 서 있다. 어떤 시골 남자가 그를 찾아와서 법 안으로 들어가게 해 달라고 간청했다. 그러나 문지기는 지금은 들여보낼 수 없다고 말했다. 그러자 그 남자는 이리저리 궁리를 하더니 그러면 다음번에는 들여보내 주겠느냐고 물었다. "그럴 수는 있지만 지금은 안 돼"라고 문지기가 말했다. 문은 열려 있고 문지기는 옆으로 물러 서 있었으므로 그 남자는 몸을 굽혀서 법 안을 살펴보려고 했다. 이것을 본 문지기는 웃으면서 말했다. "그렇게 들어가고 싶다면 내 명령을 어기면서라도 들어가 보게. 그러나 나에게는 권력이 있다는 것을 잊어서는 안 돼. 더구나 나는 가장 낮은 문지기에 지나지 않아. 하나의 문을 통과하면 또 다른 문이 계속되고, 그때마다 권력이 더 센 문지기가 서 있다. 세 번째 문지기만 해도 그 위력에 눌려서 나는 견디지 못할 정도다." 그런 난관이 있으리라고는 시골에서 온 그 남자는 예상하지 못했었다. 법이란 누구에게나 언제든지 들어갈 수 있는 것이라고 그는 생각했었다. 그러나 지금 털외투를 입은 그 문지기를, 그의 커다랗고 뾰족한 코, 길고 가늘며 시커먼 타타르 식의 수염을 자세히 바라보다가 그는 차라리 들어오라는 허락을 받을 때까지 기다리기로 결심했다. 문지기는 그에게 낮은 의자를 내주면서 문 옆에 앉으라고 했다. 거기에 그는 며칠이고 몇 년이고 앉아 있었다. 그는 안으로 들어가려고 많은 애를 쓰면서 그 문지기에게 간청을 했으므로 문지기는 지치고 말았다. 문지기는 이따금 그를 상대로 심문을 하고, 그의 고향이나 그의 여러 가지에 대해서 물어보았다. 그러나 이런 것들은 훌륭한 양반들이 무관심하게 물어보는 쓸데없는 질문들이었다. 그러면서도 마지막에 가서는 그에게 아직도 들어갈 수 없다고 말하는 것이었다. 여행을 하느라 많은 준비를 해갖고 온 그 남자는 문지기를 매수하기 위해서, 아무리 값비싼 것이라도 모두 다 써 버렸다. 문지기는 그것들을 다 받으면서 이렇게 말했다. "자네가 뭔가를 소홀히 했다고 생각해서는 안 될 테니까 내가 이것을 받아두기로 하지." 수년 동안 그 남자는 거의 끊임없이 그 문지기를 바라보았다. 그는 다른 문지기들은 잊어버린 채, 그에게는 이 첫 번째 문지기야말로 법 안으로 들어가는 데 있어 유일한 장애물인 것처럼 보였다. 그 남자는 처음 몇 년 동안 자신의 불행한 운명을 큰 소리로 저주했지만, 나중에 나이가 들고 늙자 멍하니 앞만 응시했다. 그는 어린아이같이 되었으며, 수년 동안 그 문지기를 관찰한 결과 그의 털외투 목깃에 벼룩이 있는 것을 발견하자 그 벼룩에게까지 그 문지기의 마음을 돌릴 수 있도록 자기를 도와달라고 빌었다. 마침내 그는 시력이 약해져서 그의 주위가 정말로 어두워졌는지 아니면 그저 눈이 흐려진 것인지 알 수 없었다. 그러나 이제 어둠 속에서 그는 법의 문들 사이로 영원불멸의 불빛이 새어 나오고 있는 것을 보았다. 이제 그는 살 날이 얼마 남지 않았다. 죽기 전에 일생동안 겪은 모든 경험이 한 가지의 질문으로 그의 머릿속에 모아졌다. 그것은 그가 그 문지기에게 그때까지 아직 물어본 적이 없는 질문이었다. 그는 몸이 굳어져서 더 이상 일으켜 세울 수가 없었으므로 그 문지기에게 손짓을 했다. 그 문지기는 그 남자에게로 깊숙이 몸을 숙여야 했다. 그 남자에게 불리하게도 키가 서로 차이가 나게 달라졌기 때문이었다. "자네는 이제 또 뭘 알고 싶은가?"

들을 취한다는 점에서 일반적으로 우화와 흡사하다. 그러나 그러한 사건들에게 좀 더 고차적이고 보편적인 의미를 부여함으로써 일상적인 사건들을 통해 그 의미를 이해하고 직관하게 하려는 목적을 갖는다. 그러나 비유담은 또한 그러한 사건들을 자연이나 동물세계가 아닌 누구나 눈앞에 보아 알 수 있는 *인간적인* 행위와 그가 추진하는 일 속에서 찾는다. 그리고 소재로 선택된 개별적인 경우들을—그런 경우들은 특성상 우선은 하찮게 보이더라도—좀 더 의미 깊게 암시함으로써 우리의 관심을 좀 더 일반적인 것으로 확대시키는 점에서 우화와 구별된다. 그리하여 이제 내용과 관련된 의미의 범위와 그것이 지닌 함축적인 중요성이 확대 심화된다. 그리고 또 한편 형식면에서는 진지한 비유와 일반적인 교훈을 제시하는 주관성이 함께 좀 더 차원 높게 드러나기 시작한다.

매우 실제적인 목적과 결부된 비유담으로는 키로스왕[14](헤로도토스

라고 그 문지기가 물었다. "자네는 욕심도 많군." "모든 사람이 법 안으로 들어가려고 하는데," 라고 남자는 말했다. "여러 해가 지나도록 나 말고는 한 사람도 입장을 허락해달라고 요청하지 않으니 어찌된 일인가요?" 시골 남자가 임종에 이르렀음을 알게 된 문지기는, 멀어져 가는 그 남자의 귀에 들리도록 소리를 질렀다. "여기서는 다른 사람은 누구도 입장허가를 받을 수 없소. 이 문은 오로지 당신을 위해서만 정해져 있었던 것이오. 이젠 가서 문을 닫겠소."
이 비유담에서 우선적으로 흥미로운 몇 가지를 지적하자면 '법(法)'이라고 하는 원래 추상적인 개념이 마치 '장소'처럼 묘사되고 있으며, 또 그 법은 과연 무엇을 의미할까라는 점이다. 더불어 '문지기', '빛', '시골 남자'는 또 과연 무엇을 비유한 것일까라는 의문도 생긴다. 이런 것들을 분석하고 해석하는 것이 바로 이런 비유적인 표현의 핵심이다.

14) 키로스(Kyros) 2세 또는 키로스 대왕(기원전 576년 또는 기원전 590년경~기원전 530년)으로 불리는 이 인물은 페르시아 제국을 건설한 대왕으로서 아케메네스 왕조의 시조이다. 탁월한 지도자이자 전쟁 수행자였던 그는 당시 분열되어 있던 이란왕국을 통일하고 서남아시아, 중앙아시아의 대부분을 정복함으

《역사》 1권)이 페르시아인들에게 반란을 일으키도록 사주하기 위해서 사용한 방식을 들 수 있다. 그 왕은 페르시아인들에게 낫으로 무장하고 어느 특정한 장소로 가 있으라는 글을 써 보낸다. 거기에서 첫날 그는 그들에게 잡초가 무성한 들판을 힘들여 일구도록 한다. 그러나 다음날 그들이 목욕을 하고 휴식을 취하자 그들을 초원으로 데리고 가서 실컷 고기와 술로 포식하게 한다. 그런 다음에 그들이 음식을 먹던 자리에서 일어나자 그는 그들에게 어제와 오늘 중 어느 날이 그들에게 더 즐거운 날인지를 묻는다. 그들은 모두 어제는 고된 일만 있었지만 오늘은 그들에게 좋은 것만을 가져다주었으므로 오늘이 더 즐겁다고 말한다. 그러자 키로스는 외친다.

> 만약 그대들이 나를 따르면 오늘과 같은 좋은 날이 많을 것이요, 나를 따르지 않으면 어제처럼 수많은 고된 일들이 그대들을 기다릴 것이다.

위와 유사하면서도 의미상 깊이 우리의 관심을 일으키고 매우 폭넓

로써 인도와 접경을 하는 대제국을 세웠다. 그리고 그의 통치 기간 중에 당시에 대세국이었던 메니아, 신 바빌로니아, 리디아 세국을 멸망시켜 제국에 편입하였다. 메디아의 정복이후 리디아의 왕 크로이소스와 전쟁이 벌어지다, 키로스는 리디아로 진격하였으며, 기원전 547년경에는 리디아의 수도 사르디스까지 진군하여 기원전 546년 리디아 왕 크로이소스를 대파하고 사르디스를 함락시켰다. 역사 속에서 키로스 대왕의 가장 큰 업적 가운데 하나는, 기원전 539년에 당시 고대의 최고 제국이었던 바빌로니아의 멸망시키고 그곳에 이미 수십 년 전부터 끌려와 노예생활을 하고 있던 유대인들을 해방시켜 예루살렘으로 돌아가게 해준 것이다. 이로 인해 그는 기독교의 성서 안에서 끊임없이 찬사를 받고 있다.

은 보편성을 지닌 비유들을 복음서에서 발견할 수 있다. 예를 들어 씨앗을 뿌리는 사람에 대한 이야기는 그 자체로는 사소한 내용이지만 천국의 교훈으로 비유될 때는 중요성을 띤다. 이러한 비유들 속에 있는 의미는 전적으로 종교적인 교훈이며, 거기에서 소개되는 인간적인 사건들은 마치 이솝 우화에 나오는 동물적인 요소들처럼 인간적인 것과 관계하면서 전자가 후자의 의미가 되는 것과 비슷하다. 이와 비슷한 영역에 속하는 것으로 보카치오가 지은 유명한 이야기[15]를 들 수 있는데, 후에 가서 독일의 극작가 레싱은 그의 희곡 《현자 나탄》[16]에서 세 개의 반지에 관한 비유담으로 사용하고 있다. 이 이야기 역시 독자적으로 보면 아주 일상적인 것이지만, 내용을 좀 더 확대해서 보면 서로 다른 세 개의 종교 — 유대교, 마호메트교, 그리고 기독교 — 들이 지닌 차이와 그 진실성을 시사하고 있다. 그와 마찬가지로 이와 같은 비유의 분야에서 가장 최근에 나온 것을 상기하자면 괴테의 비유담들을 들 수 있다. 예를 들면 《파이로 만들어진 고양이(Katzenpastete)》에서는 어느 대담한 요리사가 자신을 사냥꾼으로 보이게 하려고 사냥을 떠나지만 토끼 대신에 고양이를 쏘고 만다. 그러나 이 고양이를 그는 여러 가지 정교한 양념을 써서 요리한 다음에 사람들 앞에 내놓는다. 이는 뉴턴(Newton)의 경우에도 마찬가지로 그 수학자가 물리학이라는 분야에서 만들어낸 잡동사니는 적어도 요리사가 토끼인 양 요리해 낸 고양이보다는 좀 더 고차적인 것이다. 괴테의 이런 비유담들은 그 자신이 지어낸 우화에서처럼 종종 익살스러운 어조를 띠고 있

---

15) 여기서는 보카치오(Boccaccio)의 《데카메론》에 나오는 첫 번째와 세 번째 이야기를 말한다.
16) 레싱의 위에 언급한 희곡 《현자나탄(Nathan der Weise)》은 1779년에 출판되었다.

는데, 이를 통해서 그는 삶 속에서 자신을 억누르고 있던 언짢은 것을 글로 써서 자신을 진정시키곤 하였다.

b. 속담

이 영역에서 중간단계를 이루고 있는 것은 속담(俗談, Sprichwort)이다. 더 자세히 설명하자면 속담은 때로는 우화로, 때로는 교훈적인 이야기로 바뀐다. 그것들은 대개 인간의 일상생활에서 개별적으로 일어나는 경우들을 제시하지만 그러나 이를 곧 보편적인 의미로 받아들여 만들어진 것이다. 예를 들어, '한 손이 다른 손을 씻는다(즉 백지장도 맞들면 낫다)' 라든가 '자기 집 문 앞이나 쓸어라(제 걱정이나 하라)', 또는 '다른 사람의 무덤을 파는 자는 스스로 그 속에 빠진다', 그리고 '네가 나에게 소시지를 하나 구워주면 나는 네 갈증을 풀어줄 것이다(가는 정이 있어야 오는 정이 있다)' 따위의 속담들이 그것이다. 또 격언(格言, Sinnspruch)들도 역시 여기에 속하는데, 근래에 와서 괴테는 아주 우아하면서도 심오한 격언들을 많이 지어냈다. 이런 것들은 보편적인 의미와 구체적인 현상이 서로 외적으로 대립되는 방식이 아니라 구체적인 현상을 들어서 직접 보편적인 의미를 표현하는 방식으로 씌이겠다.

c. 교훈적인 이야기

셋째로, *교훈적인 이야기*가 있다. 이것은 보편적인 의미를 구체적으로 설명하기 위해서 개별적인 경우를 *비유적으로(gleichnisweise)* 사용할 뿐만 아니라, 이런 비유적인 표현 자체를 써서 보편적인 원칙을 이끌어내 언표하는 것으로 간주될 수 있다. 왜냐하면 그러한 보편적인 것은 실제로 개별적인 예를 들어서만 설명할 수 있는 개별적인 경우 안에 내포되어 있기 때문이다. 이런 의미에서 보면 괴테의 〈신과 바야데레(Der Gott und die Bajadere)〉[17]도 교훈적인 이야기라고 할 수 있다. 우리는 여기서 기독교에서 참회하는 막달레나의 이야기가 인도(India) 식의 관념으로 표현되어 있는 것을 알 수 있다. 즉 바야데레는 막달레나처럼 겸허함과 사랑과 신앙의 용기를 보여주며, 신은 그녀를 시험하지만 그녀는 이 시험을 온전히 이겨냄으로써 승화하고 속죄(贖罪, die Buße)를 받는다. 교훈적인 이야기에서는 그 이야기가 아주 진척되면 결론에 가서는 비유를 거치지 않고도 곧바로 교훈을 제시한다. 예를 들어 〈보물 찾는 사람(Der Schatzgräber)〉과 같은 교훈시의 내용을 보면 다음과 같다.

낮에는 일, 밤에는 손님
힘든 주간(週間)과 즐거운 축제는
장래 그대에게 마법의 주문(呪文)이 될 것이다.

3. 변형

셋째로, 우화, 비유담, 속담 그리고 교훈적인 이야기와 대조해서 언급할 수 있는 것은 변형(變形, *Metamorphosen*)이다. 이는 물론 상징적

---

[17] 바야데레(Bajadere)는 인도의 여류 무용가. '신과 바야데레'와 '보물 찾는 사람'은 괴테가 지은 발라드 시이다.

인 신화의 성격을 띠고 있지만 동시에 자연적으로 존재하는 것, 즉 바위나 동물, 꽃, 샘 따위에게 정신적인 존재가 형벌 따위를 받아 그 위상이 *격하(格下)된* 모습으로 변했다는 따위의 의미를 부여함으로써 분명히 정신적인 것을 자연적인 것에 대립시켜 묘사한다. 예를 들면 실수와 열정, 죄로 인해 끊임없는 죄악과 무한한 고통 속으로 떨어지고 정신적인 삶의 자유를 상실한 채 단순히 자연적인 존재로 변한 필로멜라(Philomela)라든가, 피에리데스(Pierides), 나르키소스(Narcissos), 아레투사(Arethusa)가 그런 경우이다.[18] 즉 여기에서 한편으로 자연적인 것은 산이나 샘, 나무처럼 단순히 외적인 것으로 평범하게 간주되면서도 거기에서 마치 정신이 깃든 것 같은 행위나 사건이 내용이 되어나온다. 즉 바위는 단지 돌일 뿐만 아니라 자신의 아이들을 위해서 우는 니오베(Niobe)가 변형된 것이기도 하다.[19] 다른 한편으로 여기서 인간적인 행위는 정신적인 존재가 어떤 죄를 범하여 자연현상으로 변형되는 벌을 받아서 그 가치가 격하된 것으로 볼 수 있다. 그러므로 우리는 인간 개인들이나 신들이 이처럼 자연 대상으로 변형된 것을 원래 *무의식적인 상징표현*과는 구별해야 한다. 고대 이집트에서는 한편으로 신비에 가득 찬 패쇄된 동물적인 삶의 내면성 속에 신성(神性)이 직접 내재하고 있다고 간주했고, 다른 한편으로 원래의 상징은 실제로 적합한 현존재가 되지는 못했지만 그럼에도 불구하고 좀

---

18) 그리스 신화에서 나르키소스는 에코 신의 사랑을 거부했다고 해서 아프로디테 여신으로부터 벌을 받아 꽃으로 변했으며, 아레투사는 강(江)의 신의 열정을 피해 달아나다 아르테미스 여신에 의해 샘으로 변했다고 전해진다.
19) 니오베는 자신이 많은 아이들을 가졌다고 너무 자랑을 하는 바람에 이를 질투한 아폴로 신과 아르테미스 여신이 그녀의 아이들을 모두 죽이고 니오베는 돌로 변하게 했는데, 그녀는 아직도 자기 아이들을 위해 울고 있다고 한다.

더 포괄적이고 유사한 '의미와 *직접적*으로 *결부되는* 자연의 형상들이 었다. 왜냐하면 무의식적인 상징표현은 내용이나 형식상 아직 정신적인 것으로 해방되지 못한 직관이기 때문이다. 그에 반해서 변형은 자연적인 것과 정신적인 것을 서로 본질적으로 *구별*하므로, 이런 점에서 *상징적인* 신화로부터 *원래적인* 의미의 신화로 넘어가는 단계가 된다. 즉 원래적인 의미의 신화 속에서 우리는 구체적인 자연존재인 태양이나 바다, 강, 꽃, 수태, 땅 등에서 출발하지만 이는 곧 이 단순한 자연성을 분명히 잘라내 버리고 이해할 때 그렇다. 왜냐하면 신화는 자연적인 현상들 내면에 있는 내용을 끄집어내어 이를 예술의 법칙에 맞게 정신화한 힘으로써, 정신과 육체 면에서 인간과 같은 형상을 지닌 신들의 모습으로 개별화되기 때문이다. 이는 호메로스와 헤시오도스가 최초로 그리스인들에게 그들의 신화를 부여한 방식이기도 하다.[20] 그 신화는 단순히 신들을 의미하거나 도덕적, 물리적, 종교적인 또는 사변적인 교훈을 드러낸 것이 아니라, 신화 자체, 즉 신들을 인간적인 모습으로 형상화한 가운데 정신적인 종교의 시초가 드러나게 해준 방식이었다.

오비디우스(Ovidius)가 지은 《변형(Metamorphosen)》에서는 신화적인 것이 아주 현대적으로 다루어진 것 외에도 매우 이질적인 것(das Heterogenste)이 서로 뒤섞여 있다. 즉 일반적으로 단순히 일종의 신화적인 표현으로 해석될 수 있을 변형들 외에도 특수한 관점에서 강조되는 변형의 형태들이 있다. 이는 특히 보통 상징적이거나 또는 신화적인 것으로 취해지는 형상들이 변형된 것으로 나타나면서, 그 밖에 의미와 형태가 서로 결합되었던 것이 대립을 보이면서 한쪽이 다

---

20) 이는 헤로도토스의 《역사》 2권에 언급된 내용이다.

른 한쪽으로 이행해가는 과정을 묘사한 이야기들 속에서 나타난다.

예를 들면, 프리기아 지방(지금의 터키 지역의 고대 명칭—역자주)과 이집트에서 상징을 나타내는 늑대는 그 형상 속에 내재(內在)하는 의미와는 너무나 동떨어져 있어서 그 의미는 그에 앞서 원래 다른 존재, 즉 아마 태양은 아니었을지라도 제왕과 같은 위엄을 지닌 존재였을 것이며, 그 형상이 늑대로 된 것은 원래의 위엄 있는 존재가 인간처럼 어떤 행위를 저질러 그 대가로 늑대의 형태로 변한 것이라고 표상된다.21) 또 피에리데스(Pierides)22)들이 읊은 노래에서도 보면, 역시 이집트의 신들인 양(羊)이나 고양이도 그리스 신화 속의 신들인 주피터 신이나 비너스(Vinus) 여신 등이 두려움 때문에 자신들의 모습을 감춘 그런 동물 형상들로 소개되고 있다. 그러나 피에리데스 자신들은 그들의 노래로 뮤즈 신들과 감히 경쟁을 하려고 한 벌로 딱따구리로 변하고 만다.

다른 한편으로, 의미를 구성하는 내용 속에 포함되어 있는 좀 더 자세한 규정을 알기 위해서는 변신(變身, Verwandlungen)도 우화와 구별하지 않으면 안 된다. 다시 말해 우화에서는 도덕적인 원칙을 자연적인 사

---

21) 이는 아르카디아의 왕이었던 리카온(Lycaon)을 지적하고 있다. 그는 인간의 살코기를 제우스 신 앞에 바쳤기 때문에 그 죄로 늑대로 변하고 말았다고 한다.
22) 피에리데스(Pierides)는 그리스 신화에서 마케도니아의 왕 피에로스 왕의 아홉 명의 딸들을 가리킨다. 그들은 뮤즈(Muse) 여신들에게 노래를 도전했으나, 심판관인 요정들은 그들의 패배를 선언했다. 피에리데스는 그 오만함 때문에 딱따구리로 변했다고 한다. 그러나 때로는 뮤즈 여신들 자신이 피에리데스로 불리기도 했다. 왜냐하면 고대에 그들은 주로 마케도니아의 남부에 있는 피에리아(Pieria) 지역에서 숭배되었기 때문이다. 뮤즈 여신들은 그리스 신화에서 제우스 신의 딸들로 등장하지만, 그러나 마케도니아의 왕 피에로스의 딸들이라고 전해지기도 하였다. 그리스 신화에 나오는 피에리데스들의 이야기에 대해서 헤겔은 본 《미학강의》 제2부 뒷부분(제2편 '고전적 예술형식', 제1장 3의 '변형')에서 더 자세히 묘사하고 있다.

건과 결부시켜도 이러한 결합은 아무런 해가 되지 않는다.[23] 즉 이 결합에서는 정신과 구분되면서 자연적인 가치만 지니는 것이 강조되어 우화의 의미 속에 주입되지는 않는다. 물론 이솝 우화들 가운데는 조금만 모양을 바꾸면 '변형'이 될 우화들도 있다. 예를 들어 이솝 우화 중 42번째의 이야기인 박쥐와 가시나무 덤불, 아비(阿比, 물새의 일종)에 관한 우화가 그렇다.[24] 거기에서 이 동물들 각자가 지니고 있는 본성은 마치 처음에 그들이 감행한 일들이 결과적으로 불행하게 된 데서 나온 것처럼 해석되고 있다. 이로써 우리는 존재하는 구체적인 현상에서 출발하는 비유 예술형식 가운데 그 첫 번째 영역을 깊이 고찰해 보았다. 이제 여기에서 더 나아가 그 속에서 묘사된 의미를 고찰하기로 하자.

B. 비유적으로 표현할 때 의미에서 시작되는 비유들

만일 의식 속에 의미와 형태의 분리가 이미 전제된 형식으로 존재하고, 양쪽의 관계가 그 형식으로 진행된다면, 양쪽은 서로에게 의존

---

23) 이에 반해 변형(Metamorphosen)에서는 그러한 결합은 유해한 것이 된다. 왜냐하면 그것은 정신의 '격하(格下)'를 의미하기 때문이다.
24) 헤겔은 여기서 동시대에 출판된 타우슈니츠(Tauchnitz) 판에서 인용하고 있다. 이 우화내용을 보면, 위의 세 주인공은 같이 장사를 하러 떠난다. 박쥐는 은을 빌리고, 가시나무 덤불은 옷을 제공하고, 아비새는 구리를 헌납한다. 그들은 같이 배를 타고 가다가 배가 가라앉자 셋은 구조되지만 자기 물건들을 잃고 만다. 그 후에 박쥐는 자기에게 은을 빌려 준 채권자가 두려워 밤에만 외출하고, 아비새는 바닷가를 떠나지 않은 채 자기 구리동전이 다시 나타나기만 기다린다. 또 가시나무 덤불은 지나가는 사람들의 옷을 잡아채곤 하는데 이는 자기가 잃어버린 옷인지를 확인하려고 하기 때문이라고 한다.

하지 않을 것이다. 이렇게 볼 때 우리는 단지 외적으로 존재하는 것에서뿐만 아니라 내적으로 존재하는 것들, 말하자면 일반적인 표상이나 반성, 감정, 원칙 같은 것들로부터도 출발할 수 있을 것이며, 또 그렇게 해야 된다. 왜냐하면 이 내면적인 것은 외부사물들의 형상들처럼 역시 의식 속에 *존재하고 있으면서* 외적인 것에 의존하지 않고 스스로에게서 나오기 때문이다. *의미가* 이런 식으로 시작되는 것이라면, 표현, 즉 실재성은 그 의미를 추상적인 내용으로 표상하고 직관하고 감각적으로 규정되도록 만들기 위해서 구체적인 세계에서 이끌어낸 수단이다. 그러나 이미 앞서 보았듯이, 양쪽 다 서로 다른 쪽과는 무관하므로, 그 양쪽이 어떤 관계를 맺더라도 그것은 꼭 절대적으로 서로를 이어주는 관계가 되지 못한다. 왜냐하면 그런 관계는 사상(事象, die Sache) 자체 속에 객관적으로 들어 있는 것이 아니라, 뭔가 *주관적으로 만들어진 것*이기 때문이다. 또 그것은 이제 이런 주관적인 특성을 더 이상 감추지 않고 표현방식으로 인식되게 한다. 절대적인 형상에서는 내용과 형태, 영혼과 육체의 관계가 구체적인 *영활성*을 띠며 영혼과 육체, 내용과 형태 양쪽을 절대적으로 통일시키게 된다.

그러나 여기 비유적인 표현에서는 양쪽의 분리가 전제된다. 따라서 의미와 형태 양쪽이 함께 등장하면, 이는 의미가 그 외적인 형태에 의해 주관적으로 생명을 얻은 것이고 실제로 존재하는 것을 그 밖의 표상, 감정, 정신적인 사유와 연관해서 주관적으로 해석한 것이 불과하다. 그러므로 이러한 형태들 속에도 그것을 작업해낸 *시인의* 주관적인 예술성이 주로 드러난다. 그리고 완전한 예술작품들 속에서는 사상(事象)과 그에 필요불가결한 형태에 속하는 것은 무엇이며, 시인이 거기에다 장식이나 부수적인 것으로 첨가한 것은 무엇인지를 구분한다. 보통 시인들은 인지하기 쉬운 이런 부가적인 요소들, 그 중에서도 특히 이미지, 직유, 알레고리, 은유 같은 것들 때문에 가장 많이 찬사를 받는다. 물론 그런 찬사의 일부는 그런 면에 재능을 지닌 시인을 발견하고 그가 지닌 고유한 감수성을 알아 본 사람들의 예리한 안목과 기지에 돌아가야 한다. 그러나 이미 말했듯이 참된 예술작품에서는 거기에 속하는 형식들은 오직 부수적이고 장식적인 것으로만 드러나야 한다. 물론 예전의 《시학》25)에서는 이러한 부수적인 것들이 시적인 행위에 속하는 주요한 요소들로 다뤄진 것을 보게 된다. 그러나 양쪽이 서로에 대해 무관하더라도 이들을 주관적으로 관련시키고 비유하는 일을 제대로 하려면 내용에 맞게 의미가 내포하고 있는 상태와 특성을 형태도 역시 유사한 방식으로 내포하고 있어야 한다. 왜냐하면 이 유사성을 파악해야만 오직 그것을 근거로 해서 의미를 그 특정한 형태와 결합시키고 그 형태에 의해 의미를 형상화시킬 수 있기 때문이다.

끝으로, 의미는 보편성을 추출해 낼 수 있는 구체적인 현상에서 시작되지 않고 거꾸로 어떤 이미지 속에 반영된 이 보편성 자체로부터 시작된다. 그러므로 이제 의미는 또한 본래의 목적으로 드러나며 이미지는 이를 비유적인 표현 수단으로 지배할 위치를 갖는다. 이 분야와 관련된 특정한 종류들에 대해 다루기 위해서는 다음과 같은 것을 언급할 수 있다.

첫째, 위와 가장 관련이 깊은 *수수께끼*에 대해서 논해야 한다.

둘째, 추상적인 의미가 외적인 형상을 지배하는 것으로 드러나는 *알레고리*에 대해서 논하고자 한다.

---

25) 여기서 헤겔은 아리스토텔레스의 《시학》을 시사하고 있으며, 그 가운데서도 특히 1458~1459의 구절을 염두에 두고 있는 듯하다.

셋째, 본래의 비유형식인 은유, 이미지, 그리고 비유에 대해 논하기로 한다.

1. *수수께끼*

엄밀한 의미에서 원래 상징 *자체는(an sich)* 수수께끼와 같다. 왜냐하면 우리는 외면성을 통해 보편적인 의미를 직관할 수 있는데, 그 외면성은 그것이 표현하려는 의미와는 상이한 것으로 머물기 때문이다. 따라서 그 외적인 형태를 어떤 의미로 받아들여야 할지 의문이 생긴다. 그러나 수수께끼는 의식적인 상징표현에 속하며, 또 수수께끼를 고안한 사람은 그 의미를 분명하고 완전하게 알고 있다. 따라서 수수께끼는 그 의미를 감추면서 드러내는 형태를 절반은 *의도적으로* 모호하게 선정했다는 점에서 원래의 상징표현과는 구분된다. 원래의 상징표현은 그것이 표현되기 전이나 표현된 후에도 여전히 해결되지 않은 과제로 남지만, 반대로 수수께끼는 절대적으로(an und für sich) 풀리게 된다. 그러므로 《돈 키호테(Don Quixote)》에서 종자(從者)인 산초 판사(Sancho Panza)가 자기는 먼저 해답을 듣고 난 다음에 수수께끼를 듣는 것을 더 좋아한다고 말하는 것도 매우 일리가 있다.

a) 그러므로 수수께끼를 고안해 낼 때는 먼저 의미를 알아야 하는 것, 즉 의미에서부터 시작해야 한다.

b) 그 다음 둘째로, 평상시 알고 있는 외부세계로부터 개별적인 성격이나 특성을 취해 와야 한다. 자연적인 외면성이 일반적으로 그

렇듯이 그 외부세계에서는 모든 것이 서로 분산되어 놓여 있으며, 서로 이질적이면서도 의외로 놀라운 방식으로 상호 배합된다. 그러므로 그들 사이에는 서로를 주관적으로 포괄하는 통일성은 결여되어 있다. 따라서 그들을 의도적으로 나열하거나 연관시키는 일 자체는 아무 의미가 없다. 물론 그것들은 다른 한편으로 서로 일치하는 것을 암시하기는 하지만, 그럼에도 불구하고 겉보기에 서로 아주 이질적인 요소들이 그런 관계 속에서 다시 의미를 획득한다.

c) 저 흩어진 술어(述語)들의 주체, 다시 말해서 서로 관련이 없는 듯 보이는 사상들을 통일시켜 주는 것은 엄밀하게 보아 그 수수께끼를 푸는 말, 즉 단순한 표상이다. 겉보기에 혼란스럽게 위장(僞裝)된 말을 깨닫거나 알아맞히는 것이 바로 수수께끼의 과제이다. 이런 점에서 수수께끼는 예리한 독창성을 띤 재치와, 사물을 조합하는 유동성을 시험해 보는 상징적인 표현의 의식적인 기지(機智)이고, 그 표현방식은 수수께끼를 알아맞히는 쪽으로 유도해 가므로 그 방식 자체는 파괴적인 것이다. 그러므로 수수께끼는 주로 수사법(修辭法)영역에 속하지만, 건축이나 원예술, 회화 같은 조형예술에서도 자리를 차지할 수 있다. 역사적으로 보면 수수께끼는 주로 동양에서 등장했고, 시기적으로는 모호한 상징적 표현으로부터 좀 더 의식화된 지혜와 보편성 쪽으로 이행해 가던 중간 시기에 해당된다. 모든 민족과 시대에 걸쳐 사람들은 그러한 수수께끼들을 푸는 데 아주 재미를 붙였다. 중세에도 마찬가지여서 아랍인들, 스칸디나비아인들, 그리고 독일의 시문학에서는 예를 들면 독일 바르트부르크(Wartburg)에서 열리던 가인(歌人)들의 경연대회에서 수수께끼가 맡은 역할은 컸다. 하지만 근대에 들어와서 그것은 오락으로 그리고 단순히 사교적인 기지와 재

미로 가치가 떨어지고 말았다. 수수께끼에는 재치 있고 기발한 착상들을 한없이 계속해서 첨가할 수 있다. 이는 어느 주어진 상황이나 사건, 대상과 관련해서 말장난(Wortspiel)이나 경구(警句, Sinngedicht 또는 Epigramm)로 발전될 수도 있다. 거기에는 한편 아무 관계도 없는 대상들을 첨가시킬 수 있는가 하면, 또 한편 예측하지도 않았는데 예리하게 적중된 대상 속에 전에는 드러나지 않았던 어느 측면이나 관계가 갑자기 강조되기도 하고, 새로운 의미가 덧붙여지기도 하며, 그 대상 속에 어떤 주관적인 착상 같은 것이 들어 있어 그 대상이 새로이 조명되기도 한다.

2. 알레고리

의미의 보편성에서 시작되는 이 분야에서 수수께끼와 대립되는 것이 있는데 그것은 바로 알레고리(Allegorie)이다. 물론 알레고리도 역시 보편적인 표상이 지닌 특성을 구체적인 대상들이 지닌 유사한 특성에 의해서 더 분명하게 직관하도록 하려고 노력하기는 한다. 그러나 알레고리는 반쯤 베일에 가린 수수께끼처럼 과제를 내는 방식을 쓰지 않고, 오히려 그 반대로 뚜렷이 드러내려는 것을 목적으로 삼는다. 그래서 풍유가 이용하는 외면성은 가능하면 알아차리도록 투명해서 그 알레고리 속에 나타난 의미를 우리가 이해할 수 있어야 한다.

a) 그러므로 알레고리의 우선적인 관심사는 인간세계나 자연세계로부터 보편적이고 추상적인 상태들이나 특성들—즉 종교, 사랑, 정의, 불화, 명성, 전쟁, 평화, 봄, 여름, 가을, 겨울, 죽음, 명성—을

취해서 의인화(擬人化)함으로써 이것들을 주체로 파악하는 데 있다. 그러나 이 주관성은 그 내용이나 외형상 진정으로 스스로 주체나 개체가 되지 못하고, 주관성의 공허한 형태(leere Form der Subjektivität)만을 가지면서 흡사 문법상의 주어로만 불릴 수 있는 보편적인 표상의 추상성으로만 머문다. 알레고리적인 존재는 아무리 인간적인 형상을 띠더라도, 고대 그리스의 신이나 성자(聖者) 또는 어떤 실제적인 주체가 가지는 구체적인 개성(個性)에는 이르지 못한다. 왜냐하면 그것은 주관성을 그 의미가 지닌 추상성에 일치시키기 위해서 그 주관성을 공허한 것으로 만들어야 하므로 거기에서 특정한 개성은 사라지고 말기 때문이다. 그러므로 사람들이 알레고리라는 것은 냉정하고 빈약하며 그 의미는 지적(知的)인 추상성을 띠고 있어서 어떤 알레고리를 지어내더라도 그것은 구체적인 직관과 깊은 마음의 상상으로부터 나오기보다는 오히려 오성(悟性)에서 나온 것이라고 말해도 일리는 있다. 그러므로 베르길리우스(Vergilius, 고대 이탈리아의 시인—역자주)와 같은 시인도 호메로스의 서사시에 나오는 것과 같은 개성적인 신들을 창조해 내지 못하고 단지 알레고리적인 존재들밖에는 만들어 내지 못했다.

b) 그러나 둘째로 알레고리의 의미는 그 추상성 속에 규정되어 있으며 동시에 이 피규정성에 의해 비로소 인식될 수 있다. 따라서 그 결과 이제 그처럼 특수하게 표현된 규정들은 보편적으로만 의인화되는 표상 속에는 일단 직접 들어 있지 않다. 그것은 주어 곁에서 그것을 해명하는 술어(述語)로만 등장한다. 이처럼 주어와 술어, 보편성과 특수성이 냉혹하게 분리되는 것이 바로 알레고리가 지니고 있는 두 번째 특성이다. 이제 구체적인 존재 속에 의미가 일단 실재성을 얻으면 그 의미를 통해 나타나는 표현과 효과, 결과에서 특정한 성질들을

묘사해 낼 수 있거나 또는 실재성으로부터 그 의미를 이끌어 낼 수 있다. 예를 들어 무기나 창, 대포, 북, 깃발을 통해 싸움이나 전쟁을 표현할 수 있고, 주로 봄, 여름, 가을이 미치는 좋은 환경 속에 번성하는 꽃이나 열매를 통해 계절을 묘사할 수 있다. 그때 그러한 대상들은 마치 저울과 눈가리개로 정의(正義)를 표현하고, 모래시계와 큰 낫으로 죽음을 표현할 때처럼 서로 단지 상징적인 관계만을 나타낸다. 그러나 알레고리에서는 의미가 주도적이고, 이를 좀 더 분명하게 비유적으로 표현하는 일은 추상성을 띠고 있어서 의미는 추상적이 된다. 그리고 여기에서 나타나는 특정한 형태는 단지 부차적인 속성(屬性, Attribut)으로서의 가치만 띤다.

c) 알레고리는 이런 식으로 표현되기 때문에 의미와 형태 양쪽 면에서 다 빈약하다. 알레고리가 일반적으로 의인화하는 것은 공허하며, 특정한 외면성 자체는 더 이상 아무런 의미도 없는 기호(Zeichen)에 불과하다. 그리고 또 그런 다양한 수식어들 속에 담겨 있는 핵심도 역시 실제의 현존재 안에서 스스로 형상화되거나 자신과 관련된 주관적인 통일성의 힘을 지니지 못하고 단지 추상적인 형태로만 머문다. 그런 형태에서는 가치가 떨어지는 특수성들이 수식적으로 붙어봤자 모두 외적인 것으로만 머문다. 그러므로 알레고리에서는 절대적인 독자성을 띤 추상성은 그것을 의인화하더라도 그 독자성은 참으로 진지한 것은 되지 못한다. 따라서 절대적으로(an und für sich) 독자성을 띤 것에는 원래 알레고리적인 존재의 형태를 부여할 필요가 없다. 예를 들어 고대 그리스인들에게 정의의 여신이었던 '디케(Dike)'는 알레고리라고 부를 수 없다. 그 여신은 보편적인 필연성이자 영원한 정의(正義)요, 보편적이면서 위력적인 주체이고 자연과 정신적인 삶의

관계에서 절대적인 실체성이므로 개별적인 존재들, 즉 인간들은 물론 신들도 따라야 하는 절대적이고 독자적인 존재이다. 물론 — 우리가 이미 앞서 고찰했듯이 — 프리드리히 폰 슐레겔은 모든 예술작품은 알레고리적으로 표현되어야 한다고 말했다. 그러나 이런 표현은 모든 예술작품이 보편적이고 참된 의미를 내포하고 있어야 한다는 의미에서만 진실하다. 반면에 *우리가* 여기서 알레고리라고 부르는 것은 내용 면에서나 형식 면에서 진정한 예술개념에 완전히 일치하지 못하는 저급한 표현방식일 뿐이다. 왜냐하면 모든 인간사(人間事)적인 사건이나 뒤얽힘, 모든 관계나 상황은 그 안에 어떤 보편성을 띠고 있어서 그것들은 보편성으로 이끌어 낼 수 있기 때문이다. 그러나 사람들은 그 밖에 의식 속에도 그러한 추상성을 이미 갖고 있다. 그러므로 풍유적인 표현이 유도해 가는 비속한 보편성이나 그 외적인 묘사는 예술과는 아무런 관계가 없다. 빙켈만 역시 풍유에 대해 썼는데 그 저서는 졸렬한 것이었다.26) 그 안에서 그는 비록 수많은 알레고리적인 표현들을 수집하여 나열했지만 대개는 그가 상징적인 표현과 알레고리를 혼동해서 언급한 것들뿐이었다.

알레고리적으로 표현하는 특별한 예술들 가운데서도 만약에 시문학이 그런 알레고리적인 표현을 도피 수단으로 사용한다면 이는 옳지 못하다. 반면에 조각은 그러한 알레고리적인 표현이 없이는 오히려 불가능하다. 특히 초상화적인 표현을 많이 허용하고 개인을 묘사할 때 그 주변을 둘러싸는 다양한 관계들을 좀 더 자세히 묘사해야 하는 근대조각에서는 알레고리적으로 표현되는 인물들을 이용하지 않을 수 없다.

---

26) 이 저서의 제목은 《특히 예술에 있어서의 알레고리에 대한 시론(試論) (Versuch einer Allegorie, besonders für die Kunst)》(1766년, 드레스덴 출간)이다.

독일의 전쟁영웅 블뤼허(Blücher) 장군의 조각상. 조각가 라우흐(1819) 作

　예를 들어서 베를린에 건립된 블뤼허(Blücher)의 기념상27)에서 우리는 명성과 승리의 수호신이 같이 서 있는 모습을 본다. 그러나 일반적으로 해방전쟁을 묘사할 때면 이런 알레고리적인 요소는 피하고 예를 들면 군대의 철수나 진군, 승리의 입성(入城) 같은 개별적인 장면들이 배경으로 등장하곤 한다. 그러나 대체로 조각가들은 초상화를 조각할 때 그것이 단순한 조각상이더라도 그 주위에 알레고리적으로

---

27) 이 기념상은 독일의 유명한 조각가 라우흐(Christian.D. Rauch, 1777~1857)가 나폴레옹 군대와 맞서 독일 군대가 싸운 전쟁에서 독일군의 승리를 이끈 주역인 게브하르트 블뤼허 장군(Gebhard Leberecht von Blücher, Fürst von Wahlstatt, 1742~1819년)을 기념하기 위해 1819년에 건립한 것으로, 오늘날 베를린의 중심지역인 '운테르 덴 린덴(Unter den Linden)' 가에 서 있다. 여기서 블뤼허 장군은 칼을 들고 서 있으며, 그의 발치에는 그의 전역(戰役)을 묘사한 몇 개의 부조, 그리고 승리를 나타내는 알레고리적인 인물들로 이루어져 있다.

묘사한 다양한 요소들로 장식하기를 좋아한다. 그에 반해 고대인들은 예를 들면 죽은 자의 관 위에 오히려 '죽음'이나 '잠' 같은 더 보편적이고 신화적인 표현으로 장식하기를 좋아했다.

　알레고리는 대체로 고대 그리스 예술보다는 중세의 낭만적인 예술에 속한다. 물론 그 예술은 알레고리적이라고 해도 원래 낭만적인 것은 전혀 아니다. 이 시대에 알레고리적인 해석이 자주 등장한 이유는 다음과 같이 설명할 수 있다. 중세에는 부분적으로는 사랑, 명예 같은 주관적인 목적이나 서약, 방랑, 모험 따위를 하는 특별한 개인들을 예술의 내용으로 삼았다. 이처럼 수많은 다양한 개인들과 사건들은 예술가의 상상력으로 하여금 그들 사이에 우연적이고 자의적인 충돌이 일어나게 하거나 그런 충돌의 해결방안을 예술가 마음대로 꾸며내고 전개시킬 수 있도록 여지를 많이 준다. 그러나 다양한 세속적인 모험들과는 대조를 이루는 실제 삶의 관계나 상황 속에 들어 있는 보편적인 요소들은 중세에서는 고대 그리스인들에게서처럼 독자적인 신들의 위력으로 개별화되지 않았다. 따라서 그러한 요소들 자체는 보편성으로 분리된 채 머물면서 또 특수한 인물들이나 특수한 형태, 사건들과 함께 별도로 드러난다. 이때 만일 예술가가 그런 보편성을 표상하고 이를 우연적인 형태가 아닌 보편성 그 자체로 묘사하고자 하면 그가 쓸 수 있는 방법은 바로 알레고리적인 표현방식뿐이다. 이는 종교적인 영역에서도 마찬가지이다. 물론 성모 마리아, 그리스도, 사도들의 행적과 운명, 참회하고 순교 당하는 성자들은 여기서 전적으로 특정한 개인들이기는 하다. 그러나 기독교에서는 그들을 살아 있는 실제 인간으로 규정해서 구체화할 수는 없는 역시 보편적이고 정신적인 존재들로 보고 있다. 왜냐하면 그들은 예를 들어 다름 아닌 사랑과 믿음, 희망 같은 *보편적인* 관계들로서 나타나야 하기 때문이다.

대체로 기독교의 진리와 교리는 스스로 종교적인 것이라고 알려져 있다. 그리고 시문학이 갖는 주요한 관심사도 역시 이 교훈을 보편적인 교훈으로 강조하고 진리를 보편적인 진리로 알고 믿게 하는 데 있다. 하지만 이때 구체적인 묘사는 독자적이 아니라 종속적인 것이 되며 내용 자체에 외적인 것으로만 머물러야 한다. 그리고 알레고리는 이런 욕구를 가장 손쉽게 적당히 만족시키는 형식이 된다. 이런 의미에서 볼 때 단테의 작품 《신곡(神曲)》에는 수많은 알레고리가 담겨 있다. 그래서 예를 들면 거기에서 '신학(神學)'은 저자의 애인인 베아트리체의 이미지와 혼합되어서 나타난다. 그러나 이러한 의인화는 원래의 알레고리와 단테가 젊은 시절에 짝사랑했던 애인의 변용(變容)된 모습 사이에서 불분명하게 사용되고 있으며 바로 이런 것이 그녀의 모습을 아름답게 만들어주고 있다. 단테가 그녀를 처음 본 것은 그가 아홉 살 때였다. 그때 그녀는 그의 눈에 인간의 딸이 아니라 마치 신의 딸처럼 보였다. 그의 불같은 이탈리아인 기질은 그녀에 대한 열정으로 사로잡혔고 그것은 결코 다시는 꺼지지 않았다. 그리고 그것은 그의 마음속에 감춰져 있던 시문학에 대한 천재성을 일깨워주었다. 그는 그녀가 젊은 나이에 죽어서 자신이 가장 사랑했던 사람을 잃게 되자, 자기 마음속에 내면적인 종교로 남아 있던 그녀를 위해서 훗날 자기 생애의 가장 주요한 작품인 《신곡》 속에 그녀를 위한 놀랄 만한 기념비를 세운 것이었다.

3. 은유, 이미지, 비유

수수께끼와 알레고리에 이어서 그 다음 *세 번째* 영역으로는 일반적으로 *이미지적인 것(das Bildische)*이 있다. 수수께끼는 스스로 알고 있는 의미를 아직 감춘 채 이질적이고 멀리 떨어져 있지만 유사한 특징들로 표현하는 것이 중요하였다. 그에 반해서 알레고리는 의미를 분명하게 표현하는 일이 유일하게 중요한 목적이므로, 여기서 의인화나 수식적인 표현들은 단순히 외적인 것으로 격하되어 나타난다. 이제 알레고리가 지닌 이러한 명확성을 수수께끼가 지닌 재미와 결합시키는 것이 바로 이미지적인 것이다. 즉 우리의 의식 속에 분명하게 떠오르는 의미를 이미지는 유사한 외면성의 형태로 설명한다. 그래서 거기에서는 먼저 해독해야 하는 과제가 아니라 이미지적인 표현이 먼저 주어진다. 그리고 표상된 의미는 그것을 통해서 완전히 투명하게 드러나고 곧 원래의 모습대로 자신을 알린다.

a. 은유

먼저 은유(隱喻, die Metapher)에 관해서 보면 그것 *자체(an sich)*는 일종의 비유로 간주할 수 있다. 왜냐하면 그것은 이미 명확한 의미를 구체적인 현실 속에 있으면서 그 의미와 비교할 수 있는 비슷한 현상으로 표현하기 때문이다. 그러나 사실 원래의 의미(Sinn)와 이미지 양쪽은 분명히 서로 구분된다. 반면에 은유 속에서는 비록 이러한 분리가 있기는 해도, *아직 설정되어 있지는 않다.* 그러므로 아리스토텔레스도 역시 비유(die Vergleichung)와 은유(die Metapher)를 구별하면서,[28] 전자인 비유의 경우에는 '~처럼'이라는 말이 첨가되지만, 후자인 은유에는 그 말이 첨가되지 않는다고 했다. 다시 말해서 은유적인

---

28) 아리스토텔레스의 《시학》 1457b 참조.

표현은 오직 한 쪽의 이미지적인 측면만 언표하지만, 이미지가 사용되는 관계 속에 원래 의도하는 의미가 가까이 놓여 있으므로 그 의미는 이미지로부터 분리되지 않고도 동시에 직접적으로 나타난다. 예를 들어 우리는 '이 뺨 위에 드러난 봄의 계절' 이라든지 또는 '눈물의 호수' 라는 말을 들으면 반드시 이런 표현을 문자 그대로 받아들이지 않고 이미지로 받아들인다. 그 문맥 속에서 그 이미지가 지니는 관계는 우리에게 곧 그 의미를 명확히 제시해 준다. 상징과 알레고리 속에서 의미와 그 의미가 외적으로 드러난 형상 사이의 관계는 그다지 직접적이지도 필연적이지도 않다. 소위 이집트에 있는 아홉 계단과 아홉 기둥, 그리고 그 밖의 수백 가지 다른 상황들에서 그것들이 지닌 상징적인 의미를 아는 사람들은 오직 성직자들이나 예언자들, 학자들뿐이었다. 이제 그들은 또 거꾸로 그런 상징적인 의미를 띠고 있지 않아 굳이 그런 것을 찾을 필요가 없는 데서도 신비롭고 상징적인 것의 낌새를 알아채고는 찾아 나선다. 이런 일은 내가 아끼는 동료인 크로이처와 신(新) 플라톤학파의 사람들, 그리고 단테의 작품에 대해 주해서를 쓴 사람들에게서도 종종 볼 수 있었다.

α) 은유의 범위와 그 다양한 형태는 무한하지만 그러나 그 규정은 단순하다. 그것은 말하자면 아주 짧게 축약된 비유다. 은유는 이미지와 의미를 아직은 서로 대립시키지 않은 채 이미지만을 드러내 보이지만 그 *원래의* 의미를 삭제한다. 그리하여 실제로 뜻하는 의미를 그 이미지가 나타나는 관계를 통해서, 물론 명확하게 제시되지는 않더라도 곧 이미지 자체 속에서 분명히 인식할 수 있게 해 준다.

그러나 그처럼 이미지화된 의미는 오직 그 문맥 속에서만 명확하게 드러나므로, 은유적으로 표현되는 의미는 독자적이지 못하고 단지 부차적인 예술표현으로서만 가치를 지닌다. 그러므로 은유는 아무리 그 가치를 높여도 여전히 독자적인 예술작품에 외적인 장식으로밖에는 등장하지 못한다. 그러나 이미지화(형상화)된 의미는 오직 맥락 속에서만 명확히 드러나므로, 은유 속에서 표현되는 의미는 독자적인 예술로 표현되기를 요구할 수 없고 단지 부차적으로만 예술로 표현될 수 있다. 그래서 은유는 스스로 독자적인 예술작품의 외적인 장식으로 등장하는 경우가 더 많다.

β) 은유적인 것은 주로 언어의 표현에서 사용된다. 이와 관련해서 우리는 다음과 같은 측면들을 고찰할 수 있다.

αα) 첫째, 모든 언어에는 자체적으로 많은 은유들이 포함되어 있다. 그러한 은유들을 우선 뭔가 아주 감각적인 것만을 의미하는 말이 정신적인 의미로 전의(轉義)될 때 나타난다.

(독일어로) '포착하다(fassen)'라든지 (개념을) '파악(把握)하다(begreifen)'[29]라는 말들처럼 일반적으로 지식과 관련된 단어들은 그 원래 의미를 살펴보면 아주 감각적인 내용을 갖고 있는데도 그런 감각적인 내용은 곧 버려지고 정신적인 의미로 바뀌어져 있다. 즉 그 단어의 처음 의미는 감각적인데 두 번째 의미는 정신적인 것으로 변화된 것이다.

ββ) 그러나 습관적으로 그러한 단어들을 사용하다보면 거기에서 점차로 은유적인 요소는 사라지고 그 단어는 은유적인 표현에서 원래의 표현으로 바뀐다. 왜냐하면 이런 식으로 사용하는 데 익숙해지면

---

29) 독일어의 'fassen'과 'begreifen', 이 두 단어는 감각적인 의미를 나타낼 때는 구체적으로 무엇을 '붙잡다', '붙들다'라는 뜻으로 쓰인다.

그때 이미지와 의미는 더 이상 서로 구별할 수 없게 되며, 이때 이미지는 우리에게 구체적인 직관을 제공하는 대신 다만 추상적인 의미 자체만을 직접적으로 제시하기 때문이다. 예를 들어 우리가 '파악하다(begreifen)'라는 말을 정신적인 의미로 이해하면, 그 말 속에는 '손으로 무엇을 잡는다(begreifen)'라는 관계를 연상시키는 요소는 전혀 떠오르지 않는다. 살아 있는 언어들에서는 실제의 은유와, 이미 은유적으로 많이 사용하다보니 다시 원래의 의미로 표현이 격하된 말들을 이렇게 서로 쉽게 구별할 수 있다. 그에 반해 이미 사멸된 언어들에서는 이런 구별을 하기가 어렵다. 왜냐하면 사멸된 언어에서는 남아 있는 어휘만 보고서는 그런 것에 대해 궁극적인 결정을 내릴 수 없기 때문이다. 그러므로 사멸된 언어에서 문제가 되는 것은 어떤 단어의 처음 근원이 무엇이며, 일반적으로 어떤 언어적인 발전을 했는가를 살펴보는 것이 아니다. 거기에서 중요한 것은 특히 의미를 매우 회화적(繪畵的)으로 묘사하는 것처럼 보이는 어떤 단어가 그 언어가 살아 있을 때 처음 지녔던 감각적인 의미를 상실하고 혹 정신적인 의미로 넘어가지 않았을까 하는 점을 살펴보는 일이다.

γγ) 만약에 그런 경우라면, 새롭고 시적(詩的)인 상상력에 의해 비로소 명확하게 표현할 수 있는 은유를 고안해 낼 필요가 있다. 이러한 고안을 하는 주요한 과제는 첫째, 좀 더 고차적인 영역의 현상과 행위, 상태를 구체적인 설명 방식에 의해 좀 더 낮은 차원의 내용으로 전환시킴으로써 후자의 하찮은 성격을 띤 내용을 좀 더 숭고한 형태와 이미지로 표현하려는 데 있다. 예를 들어서 유기적인 그 자체(an sich)는 무기적(無機的)인 것보다 더 가치가 높다. 그래서 죽은 것을 살아 있는 것들의 현상 속에서 묘사하면 그 표현은 격이 더 높아진다. 그래서 예전에 페르도우시(Firdusi)는 다음과 같이 말했다.

내 칼의 예리한 날이 사자의 머리를 *잡아먹고*,
용감한 자의 검은 피를 *마신다*.

즉 *자연적이고 감각적인 것*이 *정신적인* 현상으로 이미지가 바뀌면서 승화되고 고귀해지면 이는 점차 고양(高揚)되면서 나타난다. 그런 의미에서 우리는 아주 예사롭게 "웃는 들판"이라든지 "분노에 찬 물결"이라는 표현들을 쓴다. 또 예전에는 칼데론(Caldereon)처럼 "배의 무거운 무게 때문에 파도는 한숨을 *내쉬었다*"와 같은 표현이 흔히 쓰였다. 즉 인간에게만 일어날 수 있는 일들이 여기서는 자연적인 것을 표현하는 데도 사용된 것이다. 고대 로마의 시인들도 역시 이런 종류의 은유를 사용하였다. 예를 들어 베르길리우스는 다음과 같이 읊고 있다.

Cum graivter tunsis gemit area frugibus(Georgica, Ⅲ, 132행).30)

그 다음에 둘째로, 정신적인 것도 역시 거꾸로 자연 대상들이 지닌 이미지를 통해서 우리의 직관에 좀 더 가까이 다가올 수 있다. 그러나 만약 어떤 대상에 전혀 생명이 깃들어 있지 않은 데도 이를 의인화하거나 거기에 정신적인 행위를 너무 진지하게 부여할 경우, 그런 비유들은 화려한 장식품이나 의도적으로 찾아낸 유희적인 의미만을 띤 것으로 쉽게 퇴색할 수 있다. 특히 이탈리아인들은 그런 식의 현혹에 잘

---

30) 헤겔은 본문에 이 라틴어 원문을 제시하고 있는데 이는 번역하면 "곡식을 탈곡할 때 타작마당이 무겁게 신음하면"이라는 뜻이다.

빠져들어 갔으며, 셰익스피어조차도 그런 실수에서 완전히 벗어나지는 못했다. 예를 들어서 그의 희곡 《리처드 2세》를 보면 왕은 그의 아내와 이별할 때 다음과 같이 말하고 있다(제4막 2장).

> 아무 감정이 없는 브랜디 술조차도
> 내 움직이는 혀에서 나오는 힘든 발음을 동정하고,
> 타는 불까지도 나를 동정하여 울 것이요,
> 그것은 때로는 잿 속에서, 때로는 석탄처럼 검댕이가 되어서도
> 정의로운 왕이 폐위된 것을 슬퍼할 것이오.31)

γ) 끝으로 은유적인 표현의 목적과 관심사에 대해 살펴보면, 원래 단어란 있는 그대로 이해할 수 있는 표현이지만 은유는 그와는 또 다르다. 그러므로 이 이중적인 표현을 쓰는 것은 무엇 때문일까 라든가, 같은 말이라도 안에 이중성을 띤 은유를 포함하고 있는 것은 무엇 때문일까라는 물음이 생길 수 있다. 보통 사람들은 은유란 좀 더 생생한 시적인 표현을 위해서 사용된다고 말한다. 특히 하이네(Heyne)32) 같은 사람은 이 '생생함(Lebhaftigkeit)'을 적극 옹호했다. 생생하다는 것은 늘 일반적으로 쓰이는 단어를 그 단순한 무규정성에서 벗어나게

---

31) 이 부분의 영어 원문은 다음과 같다.
  For why, the senseless brands will sympathize
  The heavy accent of thy moving tongue,
  And in compassion weep the fire out;
  And some will mourn in ashes, some coal-black,
  For the deposing of a rightful King.
32) 하이네, 크리스티안 고트로프(Christian Gottlob Heyne, 1729~1812). 독일의 고전주의 철학자.

하여 구체적인 이미지를 특정한 표상으로 직관하는 데 있다. 그러나 은유 속에는 일상적으로 쓰이는 문자 그대로의 표현보다 더 생생한 것이 깃들어 있다. 그러나 진실한 생동성은 개별적인 은유나 나란히 열거된 은유들 속에서 찾을 수 있는 것이 아니다. 그 은유들이 지닌 이미지는 물론 종종 다행히도 직관하기 쉽게 명확하고 또 좀 더 고차적인 특성을 지닌 표현일 경우도 있다. 그러나 은유는 아주 세세한 부분에서는 명확한 이미지가 드러나면서도 전체적으로는 이해하기 어려운데다 그 전체는 개별적인 것들의 무게에 눌리고 마는 경우도 있다.

그러므로 우리가 비유를 연구하는 동안 좀 더 자세히 설명해야겠지만, 일반적으로 은유적인 어법이 지닌 의미와 목적은 단순하고 평범한 일상적인 것에 만족하지 못한 채 뭔가 다른 것으로 이행해 가고, 여러 다른 사상(事象, die Sache)들에 머물면서 두 가지 사상(事象)을 하나로 결합하려 하는 정신의 욕구와 힘 속에서 찾아야 할 것이다. 또 이러한 결합 자체는 여러 가지 이유를 지니고 있다.

$\alpha\alpha$) 그 첫째는 강화(强化, Verstärkung)하려는 이유이다. 심정과 열정은 깊이 감동을 받았을 때 한편으로 거기에서 나오는 힘을 감각적으로 과장해서 우리 눈앞에 드러내며, 다른 한편으로 폭풍 같은 열정과 온갖 것들을 상상하면서 그에 맞게 또 온갖 종류의 현상과 온갖 다양한 종류의 이미지로 옮겨가면서 거기에서 그 힘을 표현하려고 한다. 예를 들면 칼데론의 작품 《십자가에 대한 기도》에서 여주인공 줄리아는 막 살해된 자기 오빠 리자르도의 시체를 바라보다가 그 오빠를 죽인 자기의 애인 에우세비오가 자기 앞에 서 있는 것을 보자 다음과 같이 말한다.

나는 여기 아무 죄 없는

> 피 앞에서 기꺼이 눈을 감고 싶군요.
> 그 피는 복수를 *외치며*, 활짝 핀
> *자줏빛 카네이션* 속으로 스며들고 있어요.
> 여기 당신에게 흘리는 눈물로
> 당신이 용서받는다고 믿고 싶어요.
> 그래요, 상처와 여기 보는 눈은,
> 거짓을 전혀 모르는 입이지요.
> ············ 33)

그러나 에우세비오는 줄리아가 자신을 그에게 완전히 바치려고 하자 더욱 격정적으로 놀라 물러서면서 다음과 같이 외친다.

> 그대의 눈에서는 불꽃이 튀기고
> 그대 한숨의 입김은 *타오르니*
> 그대의 말 한마디 한마디는 *화산*이요,
> 머리카락 하나하나는 *번갯불*이요,
> 낱말 하나하나는 죽음과 *지옥*이요.
> 그대의 애무 하나 하나가.
> 그 같은 두려움을
> 그대 가슴에 보이는 십자가가 나에게 불어넣으니,
> 십자가, 그것은 놀라운 상징이구료. 34)

여기서는 직접 눈앞에 보인 것에 대해 심정이 움직이면서 곧 그것에

---

33) 이는 《십자가에의 기도》 제1막 805~812에서 인용.
34) 이는 《십자가에의 기도》 제2막 1605~1612에서 인용.

대신하는 다른 이미지를 세우고 있다. 이처럼 열정을 묘사하기 위해서 항상 새로운 표현방식을 추구하고 발견하는 일은 거의 끝이 없다.

ββ) 은유를 사용하는 두 번째 이유는, 정신의 내적인 움직임이 유사한 대상들을 직관하는 일에 몰두할 때 정신은 곧 그 대상들이 지닌 외면성으로부터 자유로워지려고 하는 데 있다. 왜냐하면 정신은 외적인 것 안에서 자신을 찾아 이를 정신화(begeistigt)하려고 하며, 정신 자신과 자신의 열정을 미적으로 형상화할 때 정신 스스로 모든 외면성 속에서 고양된다는 것을 은유를 통해 증명하게 되기 때문이다.

γγ) 그러나 *셋째*로, 은유적인 표현은 또 단지 상상력이 갖는 도취된 즐거움에서도 나올 수도 있다. 그러한 즐거움은 대상을 그에 적합한 형태로 제시하거나 의미를 형상 없이 단순하게 우리 눈앞에 제시하지 못하고, 도처에 그와 유사한 구체적인 것을 제시하여 직관하도록 요구하거나 아니면 일상적인 것에서 벗어나려 하는 주관적인 자의성(恣意性)이 재치를 부리면서 자극적으로 고무시키려 열중할 때 나타난다. 하지만 그런 자극은 얼핏 보기에 서로 이질적인 것들 안에서 유사한 특징들을 발견함으로써 서로 아주 동떨어진 것들을 놀라운 방식으로 성공적으로 결합하기 전에는 결코 스스로도 만족하지 못한다.

여기서 주목할 것은, 대체로 은유적인 표현을 많이 쓴 정도에 따라서 구별할 수 있는 것은 그것이 *산문체*인가 *시적인 문체*인가라기보다는, 오히려 그것이 *고전적인 문체*인가 아니면 *현대적인 문체*인가 하는 점이라는 것이다. 플라톤과 아리스토텔레스와 같은 고대 그리스의 철학자들과 투키디데스(Thukydides), 데모스테네스(Demosthenes) 같은 위대한 역사가나 웅변가들뿐만 아니라, 호메로스, 소포클레스 같은 위대한 시인들은 — 물론 그들에게서도 비유적인 표현들을 나타나기는 하지만 — 그럼에도 불구하고 전체적으로는 거의 원래의 표현을 고수하고 있다. 그들 시인들은 조형적인 엄격함이나 굳건함을 지니고 있어서 은유적인 표현에 내포된 뒤섞임 따위를 견디지 못했으며, 또 동일하고 단순하게 완성된 틀에서 벗어나 여기저기서 이른바 표현의 '꽃'들을 수집하기 위해 원래 모양을 이리저리 왜곡시키는 것을 허용하지 않았다. 그러나 은유는 항상 표상의 진행을 중단시키는 동시에 그 과정을 계속 파괴하기도 한다. 왜냐하면 그것은 직접적으로 사상(事象)과 의미에 속하지 않는 이미지들을 일깨우고 이들을 한 군데로 모아 우리 마음을 그 원래의 대상에서 벗어나 그와 유사하거나 낯선 것으로 옮겨 가게 하기 때문이다. 고대 그리스인들은 산문(散文, die Prosa)에서는 자기들의 언어를 끊임없이 명확하고 유연하게 나타내고, 시에서는 의미를 고요하고 완벽하게 형상화해 감으로써 은유를 지나치게 자주 사용하는 것을 피했다.

 그에 반해서 동양인들, 특히 한편으로 후기(後期) 마호메트 교도들의 시와 다른 한편으로 근대의 시에서는 은유 같은 비(非)본래적인 표현을 사용했으며 심지어 이런 것을 필요로 하기도 했다. 예를 들면 셰익스피어가 사용한 어법도 매우 은유적이었다. 또 에스파냐 사람들도 풍부한 수식어를 좋아해서 무취미하게 은유를 과장해서 자주 사용하는 오류를 저지르곤 한다. 장 파울(Jean Paul, 19세기 독일의 비평가이자 작가—역자주)도 마찬가지이다. 괴테는 균형 잡히고 명료한 직관을 갖고 있어서 그런 일이 덜하다. 그러나 실러조차도 산문에서 매우 풍부한 이미지와 은유를 사용하고 있는데, 이는 그가 원래 철학적인 사유(思惟)를 표현하는 데로 깊이 들어가지 못하고 심오한 개념을 감각적으로 표상해서 표현하려고 애쓴 데서 나온 것이다. 그럴 때 그런 작품에서는 원래 이성적이고 사변적인 통일성이 기존의 삶 속에 있는 그와 대립되는 형태로 드러나게 된다.

b. 이미지

한쪽에 있는 은유와 다른 한 쪽에 있는 비유의 중간에 위치할 수 있는 것은 *이미지*(*Bild*)이다. 왜냐하면 이미지는 은유와 아주 유사하며 원래는 *상세한* 은유(eine *ausführliche* Metapher)이기 때문이다. 바꿔 말해 이미지는 비교하는 것과 아주 흡사하지만, 그것과는 또 다음과 같은 차이가 있다.

즉 이미지에서는 의미가 확실하게 떨어져 나와 그 의미가 구체적인 외면성과 확실하게 구분되고 대립되지 않는다는 점이다. 이미지는 특히 그 자체로 독자적인 두 개의 현상이나 상태가 하나로 결합될 때 나타나므로 하나의 상황이 부여하는 의미는 다른 상황의 이미지를 통해서도 파악할 수 있다. 다시 말해 여기에서는 *대자성*(對自性), 즉 의미와 그 이미지를 추출하는 서로 다른 영역들이 분리된다는 점이 일차적이고 근본적인 특성을 이룬다. 그리고 그들이 지닌 특성이나 그들 사이의 공통된 관계는 상징 표현에서처럼 규정되지 않은 보편성이나 실체가 아니고 양쪽 다 확고하게 규정된 구체적인 존재성이다.

α) 이런 점에서 이미지는 일련의 상태나 행위, 산출, 존재방식 등을 그 의미로 가질 수 있고, 또 이 의미들 자체를 이미지로 언어화하지 않고도 독자적이면서 위의 것들과 비슷한 일련의 다른 것들을 통해서 분명하게 할 수 있다. 예를 들면 이런 종류의 것으로 괴테의 시 〈마호메트의 노래(Mahomets Gesang)〉[35]가 있다. 이 시에서는 바위에서 솟

---

[35] 이 시는 천재적이고 독창적인 영웅이나 신적(神的)인 인물들을 동경하고 찬양했던 젊은 시절의 독일 문호 괴테가 이른바 독일문학에서 1770년에서 1780년에 걸쳐 '질풍노도 시대'에 지은 일련의 비슷한 시들 가운데 하나이다. 이런

구쳐 나오는, 젊은이처럼 싱싱한 샘물이 절벽 위에서 심연으로 떨어져 내리면서 땅 위에 흘러가는 다른 강물들을 흡수하며 흘러간다는 이미지 속에서, 그 강이 여러 지역들에게 이름을 부여하고 그 강물의 발치에 도시들이 성장하는 것을 보면서 이 모든 영광과 값진 보물들, 형제 자녀들을 그들을 기다리는 창조주에게로 하나로 이끌어가는 모습이 묘사되고 있다. 거기에서는 힘찬 강물의 드넓고 찬란한 이미지에서 예언자 마호메트가 용감하게 등장하는 모습과 그의 설교가 빠르게 전파되고 모든 민족들을 의도적으로 *하나의* 신앙 속으로 받아들이고 있음이 적절하게 묘사되고 있다. 비슷한 성격을 띤 것으로 괴테와 실러의 짧은 풍자시(Xenien)들이 있다. 그 시들은 한편으로 조소적인 요소를 띠고 있으면서도 다른 한편으로 작가들과 대중들에게 유쾌하게 말을 걸고 있다. 예를 들면 다음과 같은 구절이 있다.

> 우리는 고요히 초석(硝石)과 석탄과 유황을 반죽하고,
> 구멍을 뚫었다. 이제, 너희들은 불꽃을 즐기라!
> 어떤 것들은 빛나는 공이 되어 튀어 오르고 어떤 것들은 폭발
> 한다.
> 우리도 그것들을 많이 던져서 오직 우리의 눈을 즐겁게 한다.

이런 종류의 경구들 가운데 많은 것들은 실제로 마치 로켓과 같아서 불쾌하게 만든다. 그런 경구들은 대개 대중들 사이에 오래 버티고

종류의 시로는 괴테의 또 다른 대표 시로 제우스 신에게서 형벌을 받고 있으면서도 자신의 행위를 부정하지 않고 고난을 헤치고 나가겠다는 뜻을 표현하는 그리스 신화에 나오는 거인족의 신을 읊은 〈프로메테우스(Prometheus)〉가 있다.

앉아 거창한 말들을 생각해 내고, 앞뒤 조리가 맞지 않는 말들을 하면서 냉수욕이나 하고 앉아 있는 중간 정도의 무리들이나 그보다 좀 더 나은 부류의 사람들을 즐겁게 해주었다.

β) 그러나 이 후자의 예들을 보면 두 *번째* 측면, 즉 이미지와 관련해 강조되는 면이 보인다. 다시 말해 여기서는 행동하고 대상들을 산출하고 어떤 상황 속에 살고 있는 주체가 내용이 된다. 즉 그때의 주체는 *주체 자체*로서가 아니라 그가 행하고 영향을 미치고 부딪치는 것과 관련해서만 *이미지화되*는 주체이다. 반면에 주체 자체는 이미지 없이 도입되며, 오직 그가 보이는 본래의 행동과 태도들만이 비본래적인 형태로 표현된다. 이미지 일반에서처럼 여기에서도 *전체적인* 의미는 그것이 비유적으로 표현된 것으로부터 분리되지 않으며 독자적으로(für sich) 명확히 드러나는 것은 오직 주체뿐이다.

한편 그 주체의 규정된 내용은 곧 이미지의 형태를 취하므로 주체는 마치 대상과 행위들이 이미지화된 것 안으로 들어온 것처럼 표상된다. 다시 말해서 명확히 언명된 주체에 뭔가 은유적인 것이 덧붙여지게 된다는 것이다. 사람들은 이처럼 본래적인 것과 비본래적인 것이 뒤섞이는 것을 종종 비난했지만, 그러나 이러한 비난은 그 근거가 빈약하다.

γ) 특히 동양인들은 이런 식으로 이미지화하는 데 있어서 대단한 대범성을 보여준다. 왜냐하면 그들은 서로 완전히 독립된 존재들을 하나의 이미지로 결합시키고 이들을 서로 뒤섞어버리기 때문이다. 예를 들면 시인 하피즈는 다음과 같이 말한다.

세상의 흐름은 피를 흘리는 강철이요, 거기에서 떨어지는 핏방울들은 왕관이다.

그리고 또 다른 곳에서는 이렇게 읊고 있다

태양의 단검은 아침의 여명 속에서 자기에게 패배한 밤의 피를 쏟아낸다.[36]

또 이런 표현도 있다.
"신부(新婦)인 말(言語)의 머리를 곱실거리게 말아 올린 이후로 어느 누구도 하피즈처럼 그 사상(思想)의 뺨에서 베일을 벗겨낸 적이 없다"
이 이미지의 의미는 다음과 같아 보인다. 즉 사상(思想)은 말(言語)의 신부인데(클롭슈토크가 말과 사상은 서로 쌍둥이 형제라고 불렀던 것처럼), 이 신부의 머리를 곱슬곱슬한 말들로 장식한 이후로 그 장식된 사상을 하피즈만큼 미적(美的)으로 분명하게 표현해서 드러낸 시인은 아무도 없었다는 뜻이다.

c. 비유

우리는 위에서 마지막 종류로 고찰한 이미지에서 다음 단계인 *비유*(比喩, *Gleichnis*)로 넘어갈 수 있다. 왜냐하면 이미지 안에서는 이미지의 주체가 언급될 때, 이미 거기에는 의미가 독자적이고 비(非) 이

---

[36] 위의 두 구절은 하피즈의 《시집(Divan)》(Hammer-Purgstall 번역, 1812년 판) 제1부, 101쪽 이하에서 인용한 것이다.

미지적으로 언표(言表)되기 시작하기 때문이다. 그러나 양쪽의 차이점이 있다면, 이미지는 오직 구체적인 형상으로 형태화하여 표현하는 데 비해, 비유는 의미의 추상성 속에서도 독자적으로 표현된다는 점이다. 은유와 이미지는 의미를 언표하지 않고도 그것을 직관할 수 있게 하므로 그것이 말하고자 하는 것이 무엇인지는 은유와 이미지가 나타나는 관계 안에서만 솔직하게 드러난다. 그에 반해 비유에서는 이미지와 의미 양쪽이—물론 때로는 이미지가, 때로는 의미가 더 상세할 때가 있지만—서로 완전히 분리되며 각자 독자적으로 제시된다. 이렇게 구분되면서 양쪽은 내용상 서로 유사할 때만 관계를 맺는다.

이런 점에서 볼 때 비유는 한편 동일한 내용이 이중, 삼중, 사중의 형태로 표현되므로 단지 불필요한 *반복*이라고 부를 수 있는가 하면, 다른 한편으로 거기에는 이미 의미가 주어져 있고 이를 이해하기 위한 다른 형상화 방식이 더 필요하지 않아, 이 비유는 종종 지루하고 *지나친 것*이 될 수도 있다. 따라서 비유의 형식에서 개별적인 표현이나 비유를 이미지나 은유보다 종종 더 사용하는 본래의 관심사와 목적이 무엇일까, 하는 의문이 생긴다. 비유를 사용하는 이유는 일반사람들이 생각하듯이 단지 표현을 생생하게 또는 더 명확히 하기 위해서가 아니다. 그 반대로 비유는 오히려 시를 종종 너무 생기 없고 이해하기 어렵게 만들 수도 있다. 언뜻 보면 다른 의미를 덧붙이지 않고 단지 단순한 이미지나 은유만으로도 똑같은 정도로 표현의 명확성을 기할 수 있다.

그러므로 우리는 비유를 사용하는 본래의 목적은, 시인의 주관적인 상상력이 그 언표하려는 내용을 아무리 그 추상적인 보편성에 맞게 의식하고 이를 이 보편성 안에서 표현하더라도, 역시 이를 위한 구체적인 형상을 찾아내고 그 의미에 따라 표상된 것을 또 감각적인 현상으로 직관하게 하려는 절박감 때문이라고 봐야 한다. 이런 면에서 볼 때 비유도 이미지나 은유와 마찬가지로 대담함을 표현한다. 즉 그것은 상상력이 어떤 대상을—그것이 개별적이고 감각적인 대상이든, 어느 특정한 상태이든 아니면 보편적인 의미이든 간에—눈앞에 두고 이에 몰두할 때, 외적으로 서로 떨어져 있는 것들을 서로 결합시키는 힘과, 다양한 것들을 어느 하나의 내용에 대한 관심사로 끌어들이고 정신적인 작업을 통해 주어진 소재에 다양한 형태를 보여주는 세계를 묶을 힘을 증명해 보인다. 이처럼 비유 속에서 상상력은 일반적으로 형태를 고안해 내고 함축적인 관계를 통해 이질적인 요소들을 결합시키는 힘을 지니게 된다.

α) 비유는 *첫째*로 화려한 이미지 속에서 오직 대담한 상상력으로만 드러나지만 그 자체로 만족할 수 있다는 즐거움을 준다. 이는 바로 창조적인 상상력이 탐닉하는 것이다. 이러한 상상력은 특히 남쪽의 한가하고 고요한 상황에서 지내는 동양인들로 하여금 어떤 다른 목적이 없이 풍요롭고 찬란한 형상들을 즐기게 하고, 대중들로 하여금 한가함에 빠지게 유혹하였다. 그러나 때로 놀랍게도 시인들은 아주 각양각색인 표상들로 시작해서 단순한 재치 이상의 풍요로움으로 대상들을 결합하는 재치를 보여주고 있다. 칼데론도 역시 이런 종류의 비유들을 많이 보여주었는데, 그는 특히 위대하고 화려한 장관이나 의식들을 묘사하거나, 말(馬) 또는 기사(騎士)들의 아름다움을 많이 서술했고, 또 배를 묘사할 때는 '날개 없는 새, 지느러미 없는 물고기'라는 표현들을 쓰고 있다.

β) 둘째로, 좀 더 자세히 보면 비유란 동일한 대상에 대해서 *장황하게 서술하는 것*(Verweilen)이다. 그럼으로써 그 대상은 거리가 먼 일련의 다른 표상들의 실체적인 중심이 된다. 즉 이들을 암시하고 윤색함으로써 비유된 내용에 대한 관심사가 좀 더 객관적으로 된다. 이렇

게 장황하게 설명하는 데는 여러 가지 이유가 있을 수 있다.

αα) 그 첫 번째 이유는 심정이 내용 속에 스스로 *침잠*(das *Sichvertiefen des Gemüts in den Inhalt*)하기 때문이다. 내용은 심정을 고무시키고 내면에 아주 확고하게 자리하므로, 마음은 내용에 대한 지속적인 관심에서 벗어나지 못한다. 이 점에서 바로 동양의 시와 서양의 시가 본질적으로 서로 다르다는 것이 확인된다. 그 차이에 대해서 우리는 이미 앞의 범신론에서 다루었다.

동양인은 스스로 침잠한 가운데 별로 아욕(我慾)을 갖지 않으므로 따라서 한숨이나 갈망 같은 것도 없다. 동양인이 원하는 것은 그가 비교하는 대상에 대한 객관적인 즐거움이며 그 속에서 좀 더 사색적으로 머무는 것이다. 그는 그의 주위를 둘러싸고 있고 그가 알며 사랑하는 모든 것들 안에 느낌과 정신을 몰입시키고 충만하게 하는 바로 그 이미지를 보기 위해서 자유로운 심정으로 자신을 돌아본다. 그는 모든 단순한 주관적인 집중이나, 모든 나약함에서 벗어난 상상력이 대상을 비유하면서 표상할 때 스스로 만족한다. 이는 특히 대상이 매우 아름다운 것과 비유되고 찬사되고 고양되어 변할 때 그러하다. 그에 반해서 서양인은 좀 더 주관적이며, 한탄이나 고통 속에 머물면서 더욱 애타게 그리워하고 갈망한다.

이런 식으로 대상에 머물면서 장황하게 표현할 때 주로 *감정*, 특히 사랑이 갖는 관심사는 대상을 보면서 자신의 고통이나 기쁨을 누린다. 사랑은 내면적으로 그런 감정에서 벗어날 수 없듯이 이제 그 사랑하는 대상을 바라보고 그것을 매번 새로운 모습으로 묘사하는 데도 싫증을 느끼지 않는다. 사랑에 빠진 사람들은 특히 소망과 희망 그리고 뒤섞인 착상들로 가득 차 있다. 비유들도 역시 그러한 착상들 때문에 생겨난다. 감정이 온 영혼을 휘어잡고 그 속을 관통하며 스스로 비유적이 될수록, 사랑은 대체로 그런 비유적인 표현들에 더 쉽게 다가간다.

예를 들면 *개별적인* 아름다운 대상, 즉 사랑하는 이의 입, 눈, 머리카락 등은 영혼을 가득 채워주는 것들이다. 이제 인간의 정신은 행동하면서 불안해지고, 특히 기쁨과 고통은 사라지거나 고요히 정지하지 않은 채 쉴 새 없이 움직인다. 그것은 이리저리 움직이면서 마음속에서 다른 모든 소재들을 세계의 중심이 되는 하나의 감정과 관련시킨다. 여기서는 감정 자체 안에 비유에 대한 관심이 들어 있다. 자연 속에 아름답거나 고통을 야기하는 다른 대상들이 있음을 감정으로 하여금 깨닫게 하는 것은 바로 경험이다. 그 결과 감정은 모든 대상들을 감정이 느끼는 내용의 영역으로 끌어들여 그들을 비유하는 가운데 그 내용을 더 확대시키고 일반화한다.

그러나 이제 만약 아주 *개별적이고 감각적인* 비유의 대상이 그와 비슷한 다른 감각적인 현상들과 관계 지어질 때, 특히 이런 식으로 특히 자주 비유된 것은 매우 이는 아주 천박한 반성(反省)이 될 뿐 발전된 감정은 되지 못한다. 그러므로 이때 외적인 소재 안에서 단지 이런저런 다양함이 보인다 해도 그것은 우리 눈에는 활기 없어 보이고 또 별 흥미를 불러일으키지도 못한다. 왜냐하면 그 속에서는 정신적인 관계는 전혀 찾아볼 수 없기 때문이다. 예를 들면 구약성서의 〈아가서〉 제4장에 다음과 같은 구절이 있다.[37]

보라, 내 사랑, 너는 어여쁘다!
보라, 너는 어여쁘구나!

---

37) 《구약성서》의 〈아가서〉 4장 1~6절. 이 부분의 우리말 번역은 《관주(貫珠) 성경전서》(1964년 대한성서공회 발행)를 참조했다.

너울 속에 있는 네 눈은 비둘기 같고 네 *머리털*은

갈르앗 산기슭에 있는 누운 무리 염소 같구나.

네 이는 목욕탕에서 나온 털 깎인 암양 곧

새끼 없는 것은 하나도 없이

각각 쌍태(雙胎)를 낳은 양 같구나.

네 입술은 홍색 실 같고 네 입은 어여쁘고

너울 속의 네 뺨은 석류 한 쪽 같구나.

네 목은 군기(軍器)를 두려고 건축한 다윗의 망대(望臺)

곧 일천(一千) 방패 용사의 모든

방패 달린 망대 같고

네 두 유방은 백합화 가운데서 날이 기울고 그림자가 질 때까지

꼴을 먹은 쌍태 노루 새끼 같구나.

이처럼 표현이 지닌 순진성은 오시안(Ossian, 영국의 전설상의 시인―역자주)이라는 시인의 이름으로 지어진 시들 속에서도 많이 발견할 수 있다. 예를 들어 보면 다음과 같은 구절이 있다.

그대는 초원에 내린 눈과 같고, 그대의 머리털은 바위 위에서 굽이치며 크로믈라(Cromla) 언덕 서편에 반짝이는 광채가 부딪힐 때 피어오르는 안개 같으며, 그대의 두 팔은 강한 핑갈 신(神)의 신전에 서 있는 두 개의 기둥과 같구나.[38]

---

38) 이는 《오시안의 시(The Poems of Ossian)》(James Macpherson역, 런던, 1785년)의 '핑갈, 제1송(頌)(Fingal, canto 1)'에 나오는 시이다. 크로믈라(Cromla) 언덕은 영국 얼스터(Ulster) 해안에 있는 한 언덕이다.

오비디우스 역시 이와 비슷한 표현을 쓰고 있는데, 다만 이를 웅변조로 과장해서 드러내고 있다. 예를 들어 그의 시 속에서 폴리페무스(Polyphemux)는 다음과 같이 말한다.

> 오 갈라테아여, 그대는 눈 덮인 라인바이데(쥐똥나무의 일종—역자주)보다도 더 희고 목초지보다도 더 무성하며, 긴 느릅나무보다도 더 가늘도다.
> 그대는 유리보다 더 반짝이며, 부드러운 아이보다도 더 명랑하다.
> 또 바닷물에 끝없이 휩쓸려 닳고 단 조개보다도 더 매끄러우며, 겨울의 태양보다, 여름의 그늘보다도 더 사랑스러우며,
> 단 과일보다 더 고귀하며, 거대한 플라타너스 나무보다도 더 높구나.
> (《변형》, XⅢ, 789~807행)

이 시에서는 6운각(Hexameter)[39]으로 된 시의 19구절 모두가 이런 식으로 이어지고 있다. 이는 연설조로 들으면 멋있을지 모르나 별로 흥미롭지 않은 감정을 묘사한 것이라서 그 자체로는 별로 흥미가 없다. 칼데론의 작품에서도 이런 종류의 비유들이 쓰인 예를 많이 찾아볼 수 있다. 그러나 그런 식의 장황한 묘사는 서정적인 감정에는 맞을지 몰라도 희곡으로 전개될 때는 다르다. 즉 만약에 그런 장황한 묘사

---

39) 6운각(Hexameter). 이는 고대 그리스의 시문학에서 즐겨 쓰던 문체로서, 한 행이 6음절의 박자로 이어지다가 끝에 가서 약해지는 형식인데, 특히 호메로스의 서사시 등이 이 문체로 씌어졌으며, 독일 고전주의 시대에는 괴테나 실러 같은 시인들도 이 문체를 즐겨 썼다.

가 자연스러운 동기에서 나오지 않으면 오히려 지나치게 방해만 된다. 예를 들어 돈 주앙(Don Juan)은 거듭해서 우연적으로 자신이 뒤를 쫓게 된 어느 베일 쓴 여인의 아름다움을 장황하게 다음과 같이 묘사하고 있다.

> 저 뚫어볼 수 없는 베일의
> 검은 장벽 사이로 가끔 밝고 찬란한 손이
> 내밀어졌으니,
> 그것은 백합과 장미의 여왕이었도다.
> 그 눈처럼 찬란한 손에
> 검은 피부를 지닌 아프리카의 노예는
> 경의를 표한다.

그에 반해 심정이 깊은 동요를 일으켜 내면의 정신적인 감정에 관계하면서 이를 드러내는 이미지와 비유로 표현될 때는 상황이 아주 다르다. 왜냐하면 심정 자체는 곧 외적이고 자연적인 장면으로 변하거나 또는 그런 자연적인 장면을 정신적인 내용이 반사된 것으로 삼기 때문이다. 이런 면에서 보면 오시안의 시들에서도 역시 많은 이미지와 비유들이 나온다. 물론 여기에서 비유로 사용되는 대상들의 영역은 빈약하고 대부분 구름, 안개, 나무, 강, 샘, 태양, 엉겅퀴나 풀 같은 대상들에 한정되어 있다. 예를 들면 그는 다음과 같이 묘사하고 있다.

> 오 핑갈(Fingal)이여! 그녀가 여기에 있으니 즐겁도다. 그녀는 크로믈라 언덕에 뜨는 *태양*과 같으니, 사냥꾼은 한 철 내내 태양이 없음을 슬퍼하다가 이제 그 태양이 구름 사이로 모습을

드러내니 이를 느끼는구나.

또 다른 곳에서 그는 이렇게 표현하고 있다.

이제 오시안은 어떤 소리가 들리지 않는가?
아니면 그것은 이미 지나간 날들의 목소리인가?
때때로 마치 *저녁의 태양*처럼 지난 시절의 기억들이
내 영혼 속으로 파고들어 온다.

또는,

그 노랫소리들은 듣기 좋고 지난 시절의 이야기들은 다정스
럽다고
쿠툴린은 말했다.
그것들은 마치 아침에 태양이 희미하게 떠올라 그 자리에서
빛나고
계곡에는 호수가 움직이지 않고 푸르게 서 있을 때,
노루들이 뛰어노는 언덕 위의 고요한 이슬과 같도다.

이러한 시들에서는 슬픔과 고통스러운 기억 속에서 지치고 피곤한 노년기 같은 감정을 장황하게 비유로 표현하는 특징이 드러나고 있다. 우울하고 섬약한 감정은 대체로 비유적인 표현으로 넘어가기가 쉽다. 그러한 감정을 지닌 영혼이 관심을 갖고 원하는 것은 먼 과거로 흘러간 일이다. 그래서 그것은 일반적으로 용기를 얻는 대신에 뭔가 다른 것으로 침잠하도록 요구된다. 그러므로 많은 비유들은 이러한

주관적인 기분에 상응할 뿐만 아니라 또 대부분 슬픈 생각들이 머물 좁은 영역에 속하는 것들이다. 그러나 반대로 열정은 불안한 것임에도 불구하고 그것이 주위의 외부세계에서 그 내면의 모형을 찾기 위해 어느 한 대상에 집중할 때 동일한 대상을 표현하는 다양한 이미지나 비유들 속에서 이리저리 다양하게 움직일 수 있다. 이런 종류의 것으로 예를 들면 《로미오와 줄리엣(Romeo und Juliet)》에 나오는 줄리엣의 독백이 있다. 그 안에서 그녀는 밤을 향해 다음과 같이 외친다.

> 오라, 밤이여! 오세요, 로미오여, 그대 밤 속의 낮이시여!
> 왜냐하면 당신은 밤의 날개 위에서 휴식을 취할 테니까요,
> 마치 신선한 하얀 눈이 까마귀의 등 위에서 쉬듯이.
> 오라, 부드럽고 사랑스런 밤이여! 오라, 나에게
> 나에게 로미오를 다오! 그리고 만약 그가 언젠가 죽는다면
> 그를 취하여 작은 별들로 나뉘어다오
> 그리하면 그는 하늘을 너무도 아름다운 모습으로 꾸며
> 모든 세상으로 하여금 밤을 사랑하게 만들 것이니.
> 그러면 아무도 더는 그 허영으로 가득 찬 태양을 숭배하지 않으리…

ββ) 일반적으로 이처럼 거의 서정적이며 그 내용 속에 침잠된 감정을 표현해 내는 위와 같은 비유와 대조되는 것으로는 *서사적인 비유*가 있다. 이는 예를 들어 호메로스의 작품에서 종종 발견할 수 있다. 여기에서 시인은 어떤 특정한 대상에 머물면서 이를 비유적으로 표현할 때, 한편으로 우리로 하여금 주인공들이 개별적으로 처한 상황이나 행위와 관련된 실제 호기심이나 기대, 희망, 공포나 인과관계로부터 벗어나게 하여 우리의 주의를 그 시인이 우리 눈앞에 사색적으로

고찰할 수 있도록 제시한 고요하고 조형적이며 마치 조각작품 같은 형상 쪽으로 끌려고 노력한다. 그때 고요함은 시인이 우리 눈앞에 드러낸 것에 대한 단순한 현실적인 관심에서 벗어나게 하는데, 대상과 그것들의 비유가 다른 영역에서 오면 올수록 그 고요함의 효과는 더 커진다. 또 한편 더 나아가 비유적인 표현은 이처럼 특정한 대상을 이중적으로 서술하는 가운데, 그것이 노래나 사건의 흐름과 더불어 단순하게 스쳐 지나가는 것이 되지 않도록 하는 의미도 지닌다. 그러므로 예를 들어 호메로스는 에네아스와 싸우려고 흥분해서 덤벼드는 아킬레우스에 대해서 다음과 같이 묘사한다.[40]

> 그는 마치 용사들이 때려죽이려는 굶주린 사자처럼 다가왔다. 도시의 시민 모두가 거기로 모였다. 먼저 사자가 마치 그들을 무시하듯 뽐내며 날뛰었다. 그러나 싸울 욕심에 찬 한 젊은이가 뽀족한 창끝으로 그를 찌르자 그는 입을 벌리며 몸을 돌렸다. 그의 이빨 사이에서는 거품이 일고 그의 가슴속에는 힘찬 심장이 신음을 토했다. 그는 옷자락으로 양 옆구리와 뒤를 치며 싸우려고 덤벼들었다. 위협적인 눈초리로 그는 자신이 용사들을 죽이든 그 자신 죽임을 당하든 상관없다는 듯 똑바로 잎으로 나아갔다. 이처럼 용감무쌍하게 아킬레우스는 용감한 영웅 아네아스를 향해 공격해나갔다.
> (《일리아스》, XX 164~175행).

호메로스는 또 이와 비슷하게 판다로스가 메넬라오스를 향해 쏜 화

---

40) 이 부분은 호메로스의 《일리아스》(유영 역, 범우사, 1993년)에서 인용하였다.

살을 아테네 여신이 벗어나게 하는 장면에 대해서도 다음과 같이 묘사하고 있다.

> 여신은 잊지 않고 그 죽음의 화살이 빗나가게 했다. 마치 어머니가 고이 잠든 아들에게서 파리를 쫓아내듯이.
> (《일리아스》, Ⅳ, 130행 이하).

더 나아가 다시 화살이 메넬라오스를 맞히자 그는 다음과 같이 묘사한다.

> 마치 뛰어난 기술의 카라아나 혹은 마이오니아의 여인이 말에 씌울 얼굴장식을 만들어 상아(象牙)에 올리는 주사(朱砂)와 같았다. 보물창고에 쌓아놓은 주사들을 보시라! 많은 기수들이 그것을 써보고 싶어하지만 이 보물은 대권을 가진 왕자(王者)를 기리고 그의 말을 빛나게 하고 기수를 자랑되게 하고자 안치된 것이다. 그와 같은 피가 메넬라오스의 허벅지 위로 흘러내렸다(141~146행) — 이하 생략.

γ) 비유를 사용하는 *세 번째* 이유는, 단순히 비약하는 환상이나 침잠하는 감정 또는 중요한 대상들과 비교하면서 머무는 상상력과는 대조적으로 주로 극시(劇詩, dramatische Poesie)를 위해서 강조하려는 목적 때문이다. 극은 투쟁하는 열정, 활동, 파토스(Pathos), 행위, 그리고 내적인 욕구를 실행하는 것을 그 내용으로 삼는다. 극은 내용을 서사시처럼 지나간 과거의 사건들의 형태로 묘사하지 않고 우리 눈앞에 개개의 인물들을 보여주면서 그들로 하여금 자신들의 감정을 외적

인 행위로 우리 눈앞에 펼치게 하므로, 시인은 그 사이에 매개자로서 개입하지 않는다. 이제 이런 점에서 극시는 열정을 표출하는 데 자연스러움을 가장 많이 요구하는 것처럼 보인다. 그리하여 그 자연스러운 성격 때문에 격렬한 고통, 놀라움, 기쁨을 표현하는 데에서도 비유를 허용하지 않을 수 없어 보인다. 격한 감정 속에서 행동하는 개인들로 하여금 수차례나 은유, 이미지, 비유적인 표현을 써가며 말하게 하는 것은 일반적인 말의 의미상 매우 부자연스럽고 방해가 될 것으로 보인다. 왜냐하면 비유적인 표현을 쓰게 되면 현재의 상황이나 그 안에서 행동하고 느끼는 개인들로부터 떨어져 나가 외적이고 낯설어지며 직접적 상황과는 무관하게 되고, 또 특히 그런 비유적 표현은 대립적인 대화의 어조를 방해를 하고 부담스럽게 중단시키기 때문이다.

그래서 한때 독일 젊은이들이 프랑스풍의 과장된 언어장식의 굴레에서 벗어나려고 했을 때, 그들은 극중의 인물들이 격한 열정에 사로잡혀 자연스러운 어법만으로 이야기하게끔 해야 할 때도 그 인물들 입에서 작가들 자신의 *주관적인 상상력과 기지*(機智), 관습적으로 우아하게 과장된 표현이 나오게 한 에스파냐나 이탈리아, 프랑스 작가들을 단순히 기교적이기만 예술가들로 간주했었다. 따라서 우리는 당시의 많은 희곡들에서 자연스러운 원칙에 맞게 고상하고 숭고하고 풍부한 이미지가 담긴 비유적인 어법보다는 감정의 외침, 감탄사, 하이픈(-) 같은 기호들이 많이 삽입된 것을 발견한다. 이와 비슷한 의미에서 영국의 비평가들도 셰익스피어가 격한 감정에 사로잡혀 조용히 반성할 여지가 없어 보이는 극중의 인물들로 하여금 그 막중한 고통의 억눌림 속에서도 현란한 비유를 너무 많이 사용하게 했다고 누차 비난했다. 물론 셰익스피어의 극에서 그런 이미지와 비유들은 종종 서투르게 축적되어 나타난다. 그러나 전체적으로 보면 극에서도 역시 비유적인 표현들이 중요한 위치를 차지하며 효력을 지닌다는 점을 인정해야 한다.

감정이 그 대상 속에 침잠해서 그것에서 벗어나지 못하기 때문에 제대로 발산되지 못하고 억제된다면, 비유는 *실제* 행위의 영역에서 개인이 특정한 상황이나 감정, 열정 속에 직접 빠져 있으면서도 숭고하고 고상한 존재로서 그런 상황을 초월하고 또 거기에서 벗어날 수도 있다는 점을 보여주려는 것을 목적으로 삼는다. 열정은 영혼을 제한하고 구속하며, 이를 한정된 대상에 집중하고 좁힘으로써 영혼을 벙어리처럼 서툴고 단조로운 것으로 만들거나 모호한 과장 속에서 제멋대로 날뛰게 만든다. 그러나 위대한 심정과 정신이 지닌 힘은 그러한 제한에서 벗어나 자신을 자극하는 특정한 파토스를 극복하여 아름답고 고요한 청정함 속에 거니는 것이다.

비유가 바로 이러한 영혼의 해방을 우선적으로 매우 형식적으로 표현한다. 왜냐하면 오직 영혼의 심오한 침착성과 강인함만이 자신의 고통과 고뇌를 대상으로 삼아 자신을 다른 것과 비교함으로써 낯선 대상 가운데서 자신을 사색적으로 관조할 능력이 있기 때문이다. 또한 그것은 자신이 혹독한 조소를 받더라도 자신의 파멸을 마치 외적으로 무관한 존재인양 대할 수 있고, 그러면서도 고요하고 확고하게 자신 속에 머물 수 있기 때문이다.

이미 살펴보았듯이 서사시 안에서 곱게 윤색(潤色)된 비유적인 표현을 통해 대중에게 예술이 요구하는 이론적인 고요함을 전달하고자 고심하는 예술가는 다름 아닌 시인들이었다. 그에 반해 극에서는 행동하는 인물들 스스로가 시인과 예술가로 나타난다. 왜냐하면 그들은 자신들의 내면을 대상으로 삼아 이를 형상화해서 만들어내는 데 주력하면서 우리에게 그들의 생각 속에 깃든 고귀함과 그들의 심정에 깃든 힘을 보여주기 때문이다. 이처럼 뭔가 다른 외적인 것에 몰두하는 것은 내적인 삶을 단순하고 실제적인 관심사나 직접적인 감정에서 *벗어나게* 하여 사변적인 형태 속으로 침잠하게 해준다. 거기에서 비유는 우리가 첫 단계에서 보았듯이 비유 자체를 위해 다시 더 심오한 방식으로 드러난다. 왜냐하면 그것은 이제 단순한 열정에 사로잡히지 않고 열정의 힘에서 벗어난 것으로서만 무대 위에 등장할 수 있기 때문이다.

그것이 이처럼 자유로워지는 과정에서는 다음과 같은 주요한 사항들이 구분된다. 이러한 예들은 특히 셰익스피어의 극에서 가장 많이 드러난다.

αα) 엄청난 불행을 만났을 때 심정이 내면 깊숙이에서 흔들리고 피할 수 없는 운명에 대한 고통이 실제로 밖으로 드러날 때, 보통 사람이라면 그 공포와 고통, 절망을 직접 밖으로 소리쳐 드러냄으로써 고통의 짐을 덜 것이다.

그러나 강인하고 고귀한 정신은 그러한 탄식을 자제하고 고통을 억누르면서 자신을 뭔가 멀리 떨어진 이념에 몰두시키고 그 먼 대상 속에서 자신의 운명을 이미지로 표현하는 자유를 스스로 유지한다. 그때 인간은 자신의 고통을 넘어선 우월한 존재로 선다. 그는 자기의 전체와 하나가 되지 않고 그것과 자기 마음을 구분함으로써 자기의 감정과 유사한 관계를 지닌 어떤 대상에 머물 수 있다. 그래서 예를 들어 셰익스피어의 《헨리 4세》에서 보면, 늙은 노텀버랜드(Northumberland)는 자기에게 퍼시(Percy)의 죽음을 알리러 온 전령에게 그의 아들과 형제의 안부를 묻는다. 그리고 아무 대답도 듣지 못하자 비통에 사로잡혀서 다음과 같이 외친다.

그대는 떨고 있다. 그대의 얼굴은 창백하게 질려 있고
그대가 전해야 할 말을 그대의 입보다도 더 잘 말해 주고 있다.
그처럼 숨이 차고 맥이 풀린 죽은 듯한 얼굴을 한 자가
한밤중에 프라이앰의 침실 장막을 걷고
트로이 성은 벌써 반이 불바다가 되었다고 알려왔다.
그러나 프라이앰이 그자가 입을 열기 전에 벌써 알아차렸듯이,
나도 네가 말하기 전에 아들의 죽음을 알아차렸다(제1막 제1장).

그러나 특히 《리처드 2세》에서는 주인공이 행복했던 젊은 날에 저질렀던 경솔한 행동들을 속죄할 때, 그 자신은 더없는 고통 속으로 끌려들어 가면서도 그 고통을 계속 새로이 비유화하면서 스스로 관조하는 힘을 유지한다. 그는 부단히 자기 자신을 적절하게 이미지화 하면서 객관적으로 표현한다. 스스로 이 외화(外化, Entäußerung)의 유희를 하는 가운데 자신의 고통을 더욱 깊이 간직하는 것이 바로 슬픔에 젖은 가운데서도 리처드 왕이 보여주는 감동적이고 어린아이 같이 순수한 면이다. 예를 들어 동생 헨리가 그에게 왕관을 내놓으라고 요구하자 그는 응답한다.

사촌이여, 여기 왕관을 받으라.
여기 이 쪽에는 내 손이, 그 쪽에는 그대의 손이 있다.
이제 이 황금의 관은 깊은 우물처럼
서로 번갈아 물을 길어내는 두 개의 두레박을 갖고 있다.
그 중 빈 것은 늘 허공에서 춤추고
다른 쪽은 보이지는 않아도 물을 가득 담고 있다.
아래 쪽에 머물며 눈물을 가득 담고 있는 그 두레박은 바로 나

의 것이니

그대가 위에서 움직이는 동안 나는 비탄에 취해 있도다.

(《리처드 2세》, 제4막 1장).

ββ) 이 문맥 속에는 또 다른 측면이 있다. 그것은 이미 자신의 관심사와 비탄, 운명과 *하나*가 되어 있는 인물의 성격이 비유적인 표현을 통해서 이 직접적인 통일성으로부터 자유로워지려고 애쓰며, 실제로 그가 아직도 비유적인 표현을 쓸 능력이 있다는 것을 보여줌으로써 이 자유를 보여준다는 점이다. 예를 들면 《헨리 8세》에서 캐더린 왕비는 자기 남편에게서 버림을 받자 깊은 절망에 빠져서 다음과 같이 외친다.

나야말로 이 세상에서 가장 불행한 여인
나에게는 연민도 친구도 희망도 없이
이 왕국에서 좌초된 몸!
그곳에는 나를 위한 무덤조차도 없구나!
마치 전에는 들판의 여왕이 되어 활짝 피었던 백합화처럼
이제 나는 머리를 숙인 채 시들어버리고 말 것이다(제3막 제1장).

《줄리어스 시저(Julius Caesar)》에서는 브루투스가 카시우스를 격려하려고 하다가 그것이 허사가 되자, 그에 대해 분노하면서 외치는 장면이 더욱 탁월하게 묘사되고 있다.

오 카시우스여! 그대는 양(羊)처럼 되고 말았도다.
그것은 마치 수차례 때려야만
겨우 불꽃을 보이다가 다시 차갑게 식어버리고 마는 부싯돌

처럼

단지 분노만을 일으킬 뿐이다(제4막 제3장).

이 대목에서 브루투스가 비유적인 표현으로 옮겨갈 수 있다는 것은 바로 그가 자신 속에 일어나는 분노를 스스로 억누르고 거기에서 벗어나려고 시작하고 있다는 것을 이미 증명해준다. 셰익스피어는 특히 범죄적인 성격을 지닌 그의 극중 인물들이 범행을 저질렀든 불행한 상태에 있든 간에 그들에게 위대한 정신을 부여함으로써 그들을 사악한 열정으로부터 초월하게 만든다. 프랑스인들과는 달리 셰익스피어는 그의 극중 인물들로 하여금 자신들이 항상 범죄자가 되려는 의도를 지니고 있다고 스스로 말하도록 추상적으로 두지 않고, 반대로 그 인물들에게 자신들을 자신으로 보지 않고 다른 낯선 존재로 보이게 하는 상상의 힘을 부여한다. 예를 들어 맥베스(Mcbeth)는 그의 운명의 시간이 다가오자 저 유명한 말을 내뱉는다.

꺼져라, 꺼져라, 짧은 빛이여!
삶은 방랑하는 그림자에 불과한 것,
무대 위에서 자신이 내려가야 할 시간이 다가옴에 저항하고
발을 구르지만 더 이상 아무도 귀 기울이지 않는
불쌍한 배우. 그것은 물 한 방울에 대한 이야기. 시끄러운 소리에
가득 차 있으나 아무런 의미가 없는 것(제5막 제5장).

마찬가지로 《헨리 8세》에서 울시 추기경은 그의 권좌에서 추출되자, 자신의 경력에 끝났다는 것을 알고 그 최후의 순간에 다음과 같이

외친다.

> 안녕이라고 그대에게 말하노라, 긴 안녕이라고,
> 나의 모든 위대함이여! 그것은 인간의 운명.
> 오늘의 희망의 부드러운 싹이 트고, 내일 그것은 꽃피우고
> 붉은 꽃장식으로 가득 채워지다가,
> 삼일 째에는 서리가 내리면, 모든 것이 안정된 선한 인간은
> 자신의 행복이 무르익었다고 생각하지만, 서리는 그 꽃의
> 뿌리를 상하게 하니, 그 꽃은 떨어지고 만다. 나와 같이(제3막
> 제2장).

γγ) 이처럼 객관화된 비유적 표현 안에는 동시에 등장인물이 평정을 지니고 각오하고 있다는 점이 깃들여 있다. 이를 통해서 그 인물은 스스로 고통과 파멸 속에 처해 있으면서도 자신을 진정시킨다. 클레오파트라도 역시 그녀 가슴에 독사를 올려놓은 다음에 샤르미안에게 그런 식으로 다음과 같이 말한다.

> 조용히, 조용히!
> 그대는 내 젖가슴 위에 머무르며 유모의 젖을 빨며 잠든
> 아이를 보지 않느냐?
> 그것은 향유처럼 달콤하고 대기처럼 부드러우며 다정스럽구나.
> (《안토니우스와 클레오파트라》 제4막 2장).

독사가 그녀를 물지만 그 독은 그녀의 사지를 아주 부드럽게 만들어 주기 때문에, 그녀는 죽음 자체를 착각하는 가운데 이 죽음을 잠으로 간주한다. 이러한 이미지는 비유를 부드럽고 진정시키는 특성을

지닌 이미지로서 가치를 지닌다.

C. 상징적 예술형식의 소멸

우리는 상징적 예술형식 일반을 그 안에서 의미와 표현이 완전히 상호 침투하지는 못하는 형식으로 이해했다. 그러므로 무의식적인 상징표현에서는 주어진 내용과 형태 *자체가 부적절한 것*으로 남게 된다. 그에 반해 숭고함 속에서는 그러한 부적절함이 공개적으로 드러난다. 왜냐하면 절대적인 의미인 신(神)과, 그 외적인 현실성인 세계는 분명히 이 부정적인 관계 속에서 표현되기 때문이다. 그러나 역으로 이 모든 형태들 속에는 상징적인 것의 또 다른 측면, 즉 의미와 그것이 현상(現象)으로 드러나는 외적인 형상의 *유사성(Verwandtschaft)*이 지배적으로 드러났다. 그것은 *전적*으로 의미를 그 구체적인 현존성과 아직 대립되지 않는 본래의 상징성 속에서 그러했다. 그것은 신(神)도 역시 오직 부적합한 방식으로만 표현하기 위해서 자연현상, 신민(神民)들에게 일어나는 사건과 행위들이 필요한 숭고함 속에 들어 있는 *본질적인* 관계에서도 마찬가지였다. 또한 비유적인 예술형식 안에 들어 있는 주관적이고 따라서 *자의적(恣意的)*인 관계에서도 그러했다.

그러나 비록 은유와 이미지와 비유 속에는 이런 자의성이 충분히 들어 있기는 해도, 여기서도 역시 그것은 의미와 그것을 위해 사용되는 이미지가 지닌 유사성의 뒤에 감춰져 있다. 왜냐하면 자의성은 바로 비교되는 대상들 양쪽이 지닌 *유사성*에 근거하여 비유하기 때문이다. 즉 비유에서는 외적인 것이 아니라 바로 주관적인 행위에 의해 드러나는 내적인 감정, 직관, 표상 및 그와 유사한 형태들 간의 *관계*가 주요한 측면이 된다. 그러나 만일 사상(事象) 속에 든 개념 자체가 내용과 예술형태를 서로 결합시키지 않고 자의성이 그 일을 한다면, 양쪽은 역시 서로에 대해 전적으로 외적인 것이 되므로 이때는 양쪽을 결합시켜 보았자 서로 아무런 관계도 없이 단지 덧붙여 장식하는 결과가 되고 만다. 그러므로 우리는 여기서 참된 예술에 속하는 요소들이 그런 식으로 완전히 와해될 때 생겨나고 이러한 무관계성(Verhältnislosigkeit) 속에서 스스로 파괴되는 상징성을 설명하는 바로 그 저급한 예술형식을 부차적으로 다루고 넘어가야 한다.

일반적인 관점에서 볼 때 이 단계에서 한편 그 자체로는 완성된 것이지만 형태를 띠지 않는 의미가 있다. 이때는 의미를 위한 예술형식은 한갓 외적이고 자의적인 장식물에 지나지 않는다. 그러나 다른 한편으로 그 자체 외적인 것이 있는데, 이는 본질적이고 내적인 의미와 일치하는 것으로 매개되지 않고 그 내적인 것에 대립되는 독자적인 것으로, 다시 말해 현상이라는 단순한 외면성으로 인지되고 묘사될 수 있다. 이것이 바로 *교훈적인 시(didaktische Poesie)*와 *서술적인 시(beschreibende Poesie)*의 차이이다. 이는 적어도 교훈적인 측면에서 볼 때 오직 시 예술만이 밝혀낼 수 있는 차이이다. 왜냐하면 시 예술만이 의미를 그 추상적인 보편성으로 표상할 능력이 있기 때문이다.

그러나 예술의 개념은 의미와 형태를 떼어 놓는데 있지 않고 그것들을 일치시키는 데 있다. 그러므로 이 단계에서는 양쪽이 서로 완전히 분리되어 있을 뿐만 아니라 또 서로 관계하고 있는 것이 중요하다. 그러나 이러한 관계는 상징적인 것을 일단 *넘어선* 후에는 더 이상 스스로 *상징적인* 성질을 띨 수 없다. 따라서 그것은 상징성 특유의 성질, 다시 말해서 지금까지의 모든 형태들이 극복할 수 없었던 형태와 내용 사이에 있는 불일치와 독자성을 없애려고 시도한다. 그러나 여기에서는 이미 양쪽의 분리가 전제되고 있고 이를 결합시켜야 하기 때문에, 그러한 시도는 오직 '당위(當爲, Sollen)'로 머물 수밖에 없으며, 그러한 요구를 만족시키는 일은 완전한 예술형식인 고전적 예술형식이 맡을 임무가 된다. 그러므로 우리는 이제 고전적 예술형식으로 좀 더 자세하게 넘어가기 위해서 여기에서는 상징적 예술형식 중 마지막의 형식에 잠깐 눈을 돌려 고찰하기로 하자.

1. 교훈시

교훈시(教訓詩, das Lehrgedicht)는 의미가 비록 구체적이고 지속적인 전체성을 이루고 있어도 그 자체 의미로 이해되며, 형태화되지 않고 다만 외부에서 기교적인 장식만 주어질 때 생겨난다. 교훈적인 시는 본래의 예술형식에 넣을 수 없다. 왜냐하면 교훈시에서는 한편 이미 완전히 범속한 의미로 발전된 내용이 들어 있고, 다른 한편 그럼에도 불구하고 그 교훈시에는 아주 외적인 장식으로 덧붙여지는 예술형태가 발견되기 때문이다. 그 이유인즉 그 내용은 이미 앞서서 완전히 *범속한* 방식으로 의식에 주어지고 또 이 범속한 측면에서, 다시 말해 그 내용이 지니고 있는 보편적이고 추상적인 의미에서 통찰하고 반성하도록 교훈을 준다는 목적으로 표현되어야 하기 때문이다. 그러므로 교훈시가 지닌 이러한 외적인 관계 속에서는 오직 외적인 측면들 — 예를 들면 율격(律格), 고양된 언어, 삽입된 에피소드들, 이미지, 비유, 첨가된 감정의 분출, 신속한 전개, 더 빠른 이행(移行) 따위 — 만이 예술과 관련된다. 이러한 것들은 내용 자체를 관통하지는 못하며 그것들이 지닌 상대적인 생동감 때문에 교훈이 주는 진지함이나 무미건조함을 덜어주고 삶을 좀 더 유쾌한 것으로 만들기 위한 부가물로 첨부될 뿐이다. 따라서 범속하게 되어버린 것은 다시 시적으로 형태화되지 못하고 치장으로만 머문다. 이는 예를 들어 대개의 정원술(庭園術)이 자연적인 것이지만, 이는 아름답지 않은 것을 외적으로 정돈하는 기술에 불과하거나 또는 건축술이 범속한 환경 따위를 위해 설립된 장소를 외적으로 장식하고 치장하여 즐겁게 만들어주는 것에 지니지 않는 것과 같다.

예를 들어 고대 그리스 철학은 이런 식으로 처음에는 교훈시의 형식을 취했다. 역사가 헤시오도스도 역시 그런 예를 보여주었다고 말할 수 있다. 물론 실제로 범속한 것을 제대로 이해하려면 주로 오성이 대상을 마음껏 반성하고, 논리적인 귀결을 끌어내고 분류함으로써 그런 관점에서 쾌적하고 우아한 교훈을 주고자 할 때 가능하다. 에피쿠로스 학파의 자연철학과 관련된 루크레티우스나, 농업과 관련된 지침을 전하려 했던 베르길리우스 같은 사람들도 그런 식으로 이해하는 것은 아무리 기교가 훌륭해도 순수한 예술형태를 취하지는 못한다는 것을 보여주고 있다. 현재 독일에서는 교훈시는 더 이상 애호를 받지 못하고 있다. 그러나 금세기 초기에 〈정원 또는 풍경을 아름답게 하는 기술〉이나 〈농부〉 외에도 프랑스인들에게 교훈시를 선사해 준 델리유[41] 같은 사람은 그 시 안에서 심지어 마그네티즘(Magnetisme)이나 전기학 따위의 물리학 개요 같은 것까지도 차례로 다루었다.

---

41) 델리유(Jacque Delille, 1739~1813). 프랑스의 시인으로 고대 로마 시인 베르길리우스의 시를 번역했다. 위의 두 시의 원제는 각각 〈Les jardins, ou l'art d'embellir des paysages〉(1782년 작), 〈L'homme des champs〉(1899년 작)이다.

2. 서술적인 시(詩)

그 다음 두 *번째*로는 교훈시에 반대되는 형식을 들 수 있다. 그 출발점이 되는 것은 의식 속에서 스스로 완결된 의미가 아니라 외적인 것, 말하자면 자연적인 지리나 건물, 계절, 날 그리고 그런 외적인 형태들에서 취한 것들이다. 교훈시에서는 내용이 그 본질에 따라 형태 없는 *보편성*으로 머문다면, 여기서는 거꾸로 *외적인* 소재가 스스로 정신적인 의미의 침투를 받지 않은 개별성과 외적인 현상으로 머문다. 이 현상은 이제 그 나름대로 일상에서 의식되는 대로 표현, 묘사되고 서술된다. 그러한 감각적인 내용은 참된 예술의 한 측면, 즉 외적인 현존성에 속한다. 그리고 이 현존성은 오직 *정신의* 실재성이자 주변 세계의 토양 위에 머무는 개체와 그의 행위들 및 사건들의 실재성으로만 등장할 권리만을 가진다. 그러나 그 스스로 단순히 정신과 구별되는 외면성으로는 등장할 수 없다.

3. 고대의 경구(警句)

그러므로 교훈시와 묘사적인 시는 예술에서 완전히 벗어나는 일방적인 것으로만 고수될 수 없고, 거기에서는 외적인 실재성이 내면에서 내용으로 파악된 것, 즉 추상적인 보편성이 다시 구체적인 현상과 관계하는 것이 보인다.

a) 이와 관련해서 우리는 이미 교훈시에 대해 언급했다. 그것은 외적인 상태와 개별적인 현상들을 서술하지 않거나 신화적인 요소,

또는 그 밖의 다른 예들을 에피소드처럼 서술하지 않고는 교훈시가 되기 힘들다. 그처럼 정신적인 보편성과 외적인 개별성이 서로 병행될 경우에는 완전한 통일을 이루지 못하고 단지 아주 부차적인 관계만 설정된다. 그럴 때에 물론 전체적인 내용이나 그 전체적인 예술형식과는 무관하게 단지 개별적인 측면이나 특징들만 드러나게 된다.

b) 그러한 관계는 대개는 서술적인 시에서 더 많이 나타난다. 왜냐하면 서술적인 시는 자연풍경의 모습이나 시간의 바뀜, 일 년이 자연적으로 구분되는 것, 숲으로 덮인 언덕, 호수, 졸졸거리는 시냇물, 교회묘지, 다정스러운 마음, 고요하면서도 슬퍼 보이는 초가집 따위가 일으키는 감정들을 덧붙여서 서술해 나가기 때문이다. 그러므로 교훈시에서처럼 서술적인 시에서도 에피소드, 특히 예를 들면 인간생활의 하찮은 분야에서 일어나는 감동적인 느낌이나 달콤한 멜랑콜리, 사소한 사건들이 활기차게 부수적인 것으로 등장한다. 그러나 여기에서도 정신적인 감정과 외적인 자연현상 사이의 이러한 관계는 여전히 매우 외적인 것일 수 있다. 왜냐하면 자연적인 장소는 그 자체로 이미 독자적으로 주어져 있는 것으로 전제되며, 비록 인간이 거기에 덧붙여 등장해서 이런저런 것을 느낄 수 있지만 달빛, 숲, 계곡들의 외적인 형상과 내적인 감수성은 서로 외적인 것으로 머물기 때문이다. 그때 자아(自我)는 자연을 해석하고 그것에 감동하는 자가 아니라, 단지 자아의 이런저런 자극받은 내면과 기존의 대상들이 규정되지 않은 조화를 이루고 있음을 느낄 뿐이다. 특히 우리 독일인들은 자연을 묘사하고 그에 곁들여 그런 자연광경을 볼 때 사람에게 일어나는 아름다운 감정과 마음속에서 솟는 것을 서술하는 형식을 가장 즐겨 쓴다. 이는 누구나 쉽게 따라갈 수 있는 일반적인 과정이다. 심지어 시인 클롭

슈토크⁴²⁾가 쓴 여러 편의 송시(頌詩)들도 이런 음조를 띠고 있다.

c) 이제 *셋째*로 우리는 양쪽의 분리를 전제하는 가운데 양쪽이 서로 좀 더 깊은 관계를 갖는 것을 볼 수 있다. 이는 옛 경구(警句, *Epigramm*)들에서 찾아볼 수 있다.

α) 경구의 원래 본질에 대해서는 이미 그 이름이 말해 주고 있다. 즉 경구는 원래 *비문(碑文*, 이는 원 그리스어로는 Epigramm, 독일어로는 Aufschrift라고 의역된다―역자주)이라는 뜻이다. 물론 여기 경구에서도 한편으로는 어느 대상을 설정하고, 다른 한편으로는 그 대상에 대해 뭔가를 말한다. 그러나 역사가 헤로도토스도 이미 몇 개 남긴 가장 오래된 경구들⁴³⁾에서는 대상이 어떤 감수성과 동반해서 서술되지 않고 사상(思想) 자체가 이중적인 방식으로 묘사되고 있다. 즉 하나는 외적으로 드러난 존재를 묘사한 것이고, 다른 하나는 그 의미를 해석한 것이다. 이들은 함께 매우 날카롭고 적절한 터치로 압축되어 경구의 내용을 구성한다. 그러나 고대 그리스인들도 역시 후대에 가서는 이와 같은 원래의 경구의 특성을 상실하고, 점차 개별적인 사건들이나 예술작품들, 개인들에 대해 대충 재기 넘치고 재치 있고 쾌적하고 감동적인 착상들을 떠올리고 이를 묘사하는 방향으로 나아갔다. 그 같은

---

42) 클롭슈토크(Klopstock, Friedrich Gottlieb, 1724~1803). 독일의 시인. 특히 종교적인 경건주의의 영향을 받으며 성장하고 교육을 받은 그는 후기 바로크와 고전주의시대 중간 시기에 작품을 썼는데 그 중에서 6각운으로 쓰인 송시집(頌詩集)인《메시아(Messias)》가 유명하다.
43) 녹스 교수의 영역본 주해를 보면 이 비문은 테르모필레(Thermopylae)의 비문을 뜻한다고 한다. 헤로도토스의《역사》7권 참조.

착상들은 대상 자체를 드러내기보다는 오히려 작가가 대상에 대해 지닌 주관적이고 의미심장한 관계들을 강조해 드러낸다.

β) 이제 이런 식으로 묘사되면 대상이 그 자체의 모습으로 등장하는 일은 적어지고 그럴수록 그 대상의 묘사도 역시 점차 불완전한 것이 된다. 이 점과 관련해서 현대의 예술형식에 대해서도 부차적으로 언급할 수 있다. 예를 들어 티크(Tieck)[44]의 소설들에서 보면 종종 특별한 예술작품이나 예술가들이 중시되고, 특정한 화랑이나 음악이 중요하게 다뤄지고 거기에 꾸며낸 무슨 작은 이야기들이 연결된다. 그러나 작가는 독자의 눈에는 안 보이는 그런 특정한 그림들이 보이게 하거나, 안 들리는 음악을 명료하게 들리게 할 수는 없다. 그리고 이런 측면에서 볼 때 그 소설은 전체 형식이—그것이 바로 동일한 대상의 주위를 계속 맴돌기 때문에—불완전한 것이 된다. 마찬가지로 좀 더 긴 소설들을 보면 갖가지 예술과 아름다운 작품들을 소설의 본래 내용으로 삼는 경우가 있다. 예를 들어 빌헬름 하인제[45]는 그의 소설

---

44) 티크(Ludwig Tieck, 1773~1853). 독일의 시인. 특히 초기 낭만주의 시대에 프랑크 지방으로 많은 방랑여행을 하면서 예술과 도시문화에 깊은 관심을 갖게 되었으며, 독일 낭만주의 작가들 가운데 가장 다방면에 걸친 재능을 보여주었다. 예술가늘, 그 중에서도 화가를 주인공으로 엮은 그의 소설로는《프란츠 슈테른바르트의 방랑》(1798년 작)을 들 수 있다. 그의 유명한 동화극《장화 신은 고양이》는 프랑스 문학사조의 영향을 받아 쓴 것으로, 고양이가 갑자기 말을 하고 장화를 청하여 주인이 출세를 하게 도와준다는 내용이다. 거기에서 작가는 풍자와 기지, 해학을 마음껏 발휘하지만 이른바 헤겔 자신도 비난한 바 있는 낭만적인 아이러니를 지나치게 사용하여 오히려 흥미를 감소시키는 결과를 가져오기도 했다.
45) 빌헬름 하인제(Wilhelm Heinse, 1746~1803). 독일의 작가. 본문에 언급된 작품에서 그는 음악이론의 서술에 많은 지면을 할애하고 있다.

《호헨탈의 힐데가르트》(1795~1796년 작)에서 음악을 소설의 내용으로 삼고 있다. 그러나 이런 경우에 예술작품 전체가 그 기본 내용이 되는 대상을 적절하게 묘사하지 못하면 이는 적절하지 못한 형태를 띠게 되고 만다.

γ) 앞서 언급된 결함들을 볼 때 외적인 현상과 그 의미, 사상(事象, die Sache) 그리고 그 정신에 대한 해명은, 우리가 마지막에 살펴본 경우처럼 보통 서로 *분리*되어 떨어져 나가서는 안 된다는 것이 단적으로 요구된다. 마찬가지로 그들의 *결합*은 상징적이거나 고양되고 비유적인 연결로 머물러서도 안 된다. 그러므로 참된 묘사는 사상(事象)이 외적으로 현상되고, 그 현상 속에서 정신적인 내용을 바로 해명할 때만 발견된다. 정신은 그 실재성 속에서 완전히 전개되므로, 정신과 내면성을 적절하게 해명해 주는 것은 바로 구체적이고 외적인 것이다. 그러나 우리는 *상징적* 예술형식을 떠나서만 이러한 과제가 완전히 수행되는 것을 보게 된다. 왜냐하면 상징적인 예술은 그 특성상 의미가 깃들여 있는 영혼을 구체적인 형태와 늘 *불완전하게* 결합시키기 때문이다.

제2편
고전적 예술형식

서론 : 고전적인 것 일반에 관해서

내용과 그에 궁극적으로 합당한 형태가 자유로운 총체성으로 스스로 완결되어 통일될 때 이것이 바로 예술의 중심을 이룬다. 상징적 예술형식은 이처럼 미의 개념과 일치하는 현실성에 도달하려는 노력에서 실패하였고, 이는 고전적 예술형식에 와서야 비로소 성공을 거두게 된다. 그러므로 우리는 앞서 미와 예술의 이념을 고찰할 때 이미 고전적인 것의 일반적인 특성을 확정지었다. 고전적인 예술에서 내용과 형식을 이루는 것은 바로 이상(理想, Ideal)이다. 그것은 이런 적합한 방식으로 참된 예술이 그 개념에 따라 필요한 모습을 완성해낸다. 그러나 이와 같은 완성에 도달하는 데는 여러 특수한 계기들이 있어야 하는데, 우리는 그러한 계기들의 발전해 가는 모습을 앞서 제1절에서 고찰했다. 왜냐하면 고전적인 미의 내면에 있는 것은 자유롭고 독자적인 의미이다. 이는 다시 말해서 어떤 무엇의 의미가 아니라 스스로 *의미하는 것*(das sich selbst Bedeutende)이고 또 스스로 *해명하는 것*(sich selbst Deutende)이기 때문이다. 이것이 바로 보통 자신을 대상으로 삼는 *정신적인 것*(das Geistige)이다. 정신은 바로 이처럼 *자신*을 대상화하면서 외적인 형태를 지닌다. 이때 이 외형은 그 내면과 동일하며, 이 동일성을 통해 외형도 그 자체의 의미가 되고 자신을 아는 가운데 자신을 가리킨다.

우리는 상징적인 예술을 고찰할 때도 역시 의미와 그 의미를 예술에 의해 감각적으로 드러내는 현상방식이 일치하는 것을 출발점으로 삼았었다. 그러나 이러한 통일성은 *직접적인 것*이었을 뿐이며 그래서 부적합한 것이었다. 왜냐하면 본래의 내용은 그 본질과 추상적인 보편성에 따라 자연적인 것으로 머물러 있어서 *개별적인 자연존재*는 비록 저 보편성의 실재로 간주되더라도 그 보편성에 맞게 표현될 수 없었기 때문이다. 또 본래의 내용은 단지 내적인 것으로서 정신에 의해서만 파악될 수 있기 때문에 일단 그것이 내용이 되면 이는 자신에게 낯설고 직접적이며 개체적이고 감각적인 것, 즉 자신에게는 적합하지 못한 현상을 띠게 되는 것이었다. 이때 의미와 형태는 일반적으로 다만 서로 유사하게 암시한다는 관계만을 띨 뿐이었다. 따라서 아무리 이것저것을 고려하여 이들을 연관시켜도 다른 점에서 보면 그것들은 역시 서로에게서 떨어져 나가고 마는 것이었다. 그래서 이와 같은 일차적인 결합은 실패로 돌아갔다.

고대 인도인들의 세계관 속에는 한편으로 추상적이고 단순한 내면과 이념적인 것(das Ideelle)이, 다른 한편으로 다양한 자연 현실과 유한한 인간의 현존성이 들어 있었다. 그리하여 그들의 상상력은 불안한 충동 속에서 이리저리로 넘나들 뿐 이념적인 것을 순수하고 절대적인 것으로 끌어올리지도 못했고, 그렇다고 그 이념을 존재하며 변하는 현상이라는 소재로 참되게 달성하거나 또는 소재 안에서 고요히 통일을 이룬 것으로 표현할 수도 없었다. 물론 서로 대립되는 요소들을 혼합함으로써 생기는 황폐하고 기괴한 측면은 곧 다시 사라졌지만 이는 곧 만족스럽지 못한 수수께끼와 같은 여지를 남겼다. 이는 그 수수께끼를 해결하는 대신에 그것을 해결해야 된다는 과제만 제시했을 뿐이다. 왜냐하면 여기에는 내면이 스스로 총체적이고 그와는 다른 생소한 외면성과 겹쳐 의식화됨으로써만 드러나는 내용의 자유와 독자성이 결여되어 있기 때문이었다. 절대로 자유롭고 절대적인 의미인 이 독자성은 바로 절대적인 것을 내용으로 삼고 정신적인 주관성을 형식으로 삼는 자의식(自意識)이다. 이 스스로 규정하고 사유하며 의지하는 힘에 반해 다른 모든 것은 단지 상대적이고 일시적으로만 독자성을 띤다. 자연 속의 감각적인 현상들, 즉 태양, 하늘, 성운, 식물, 동물, 돌, 강, 바다 같은 것들은 스스로에 대해 단지 추상적인 관계만을 가지며 다른 존재들과 함께 끊임없는 과정 속(in den steten Prozeß)으로 끌려들어가므로, 그들은 오직 유한한 표상 속에서만 독자적인 가치를 지닌다. 그러한 것들 안에서는 절대자가 지닌 참된 의미가 아직 드러나지 않는다. 물론 자연성은 드러나도 이는 단지 자기외적인 존재(Außersichsein)로서만 드러날 뿐이다. 그 내면은 대자(對自)적으로 존재하지 않고, 현란하고 다양한 현상들 속으로 주입됨으로써 독자적인 것이 된다. 그러나 자기에 대해 구체적이고 자유로우며 무한한 관계를 지닌 정신 속에서 비로소 참되고 절대적인 의미가 진정으로 현존재로 드러나면서 독자성을 띤다.

이처럼 직접적이고 감각적인 것에서 벗어나 스스로 독자적으로 되어가는 과정에서 우리는 상상력이 지닌 숭고함과 신성함을 만나게 된다. 다시 말해서 절대적인 의미란 먼저 사유하고, 절대적이며, 비감성적인 일자(一者)이다. 그것은 절대자인 자신과 관계하며 이 관계 속에서 그가 창조한 다른 것, 즉 자연과 유한한 것 일반을 부정적(否定的)인 것으로, 즉 그 안에 아무런 근거가 없는 것으로 설정한다. 절대적인 보편자(das Allgemeine an und für sich)인 이 일자(一者)는 즉 절대자는 자신의 창조와 반대되는 부정적인 방향 속에서 의식되고 표현되든 아니면 피조물 속에 들어 있는 긍정적이고 범신론적인 내재성 속에서 의식화되고 표현되든 현존재 전체보다도 우월한 객관적인 힘으로서 표상된다. 그러나 이제 예술에서 이런 식으로 직관(Anschauung)하는 것은 이중적인 결함을 지니게 되는데, 이는 *첫째*로 기본개념을 구성하는 이 일자(一者)이자 보편자 자신은 아직 더 자세히 규정되거나 구별되지 않고 있음으로 해서, 그 통일자를 하나의 정신으로 포착하여 원래의 개념대로 정신적인 내용에 속하게 하고 그에 적절한 형태로 직관할 수 있는 본래의 개체성과 인격으로 다가가지 못하는 데 있다. 그에 반해 정신이 지닌 구체적인 이념은 스스로 규정하고 구별하며 또 자신을 대상으로 삼아 그 이중성 속에서 외적인 현상을 얻고자 요구한다. 이 현상은 구체적이고 현재적이면서도 정신에 의해 관철된 것으로 머물며, 따라서 그 현상은 그 자체로는 아무것도 표현하지 않고 단지 그 현상의 내면인 정신을 드러나게 한다. 그리하여 현상은 정신의 외화(外化, Äußerung)이자 실재성(Realität)이 된다.

*둘째*로, 대상들이 존재하는 세계의 측면에서 보면 스스로 구별하지 않는 절대자의 추상성과 연결되는 실제의 현상 자체는 실체가 없는 것이다. 따라서 그것은 참된 방식으로 절대자를 구체적인 형상으로 드러낼 능력이 없다는 결함을 갖고 있다.

우리는 좀 더 숭고한 예술형식으로 이행해 가는 과정에서 신의 추상적이고 보편적인 위대함 속에 들어 있는 승리를 찬송하고 찬양하는 것과 반대되는 부정성과 변화, 고통, 삶과 죽음을 통과하는 계기를 상기하지 않을 수 없다. 우리는 이러한 것을 마찬가지로 동양에서 찾아볼 수 있다. 여기에서 드러나는 구분 그 자체는 통일된 독자적인 주관성이 아니다. 그러나 스스로 독자적인 통일성이면서도 구분되어 자기 안에서 특정한 것으로, 실현된 것은 그 구체적이고 매개된 총체성 안에서 비로소 참되고 자유로운 독자성을 드러낸다.

이와 관련해서 우리는 숭고함 외에도 역시 동양에서 발전한 다른 종류의 직관에 대해서도 부차적으로 언급할 수 있다. 이는 *하나의* 신이 지니고 있는 실체성과는 반대로, 개별적인 인간의 내면에 깃든 자유와 독자성 그리고 독립성을 이해하는 일이다. 동양에서는 그러한 방향으로 발전하는 일이 허용되었으며, 이는 주로 *아랍인*들에게서 찾아볼 수 있다. 그들은 그들 앞에 펼쳐진 사막의 끝없는 모래 바다 위에서, 그들 머리 위에 펼쳐진 순수한 하늘과 그 아래의 자연 속에서 자신들의 용기와 주먹의 용맹성, 그리고 그들을 지키는 수단인 낙타와 말, 창, 칼에 의존했다. 그러므로 그들에게서는 인도의 지혜와 몰아(沒我, Selbstlosigkeit) 또는 후에 마호메트교에서 보이는 시(詩)적인 범신론과는 달리 개인적인 성격에 깃든 거친 독자성이 나타나며, 그들이 관여하는 대상들도 한정되고 확고하게 규정된 직접적인 현실성을 띠고 있다.

이처럼 개인의 인격이 지닌 독자성의 시작은 곧 참된 우정, 손님에 대한 후대, 고결한 마음과 연결되기도 하며, 그러면서도 또한 끝없는 복수심이라든가 지울 수 없는 증오심과도 연결된다. 이를 충족시키는 것은 가차 없는 열정과 완전히 감정이 배제된 잔인성이다. 그러나 이러한 토대 위에서 벌어지는 일들은 인간적 영역 속에서 인간적인 것으로 간주된다. 그런 것들은 복수행위라든가 연애관계, 희생심, 고귀한 품성 같은 특성들이다. 그러한 것들에서는 환상적이고 경이로운 것이 사라져 버리고 모든 것들은 사물의 필연적인 관계에 맞게 확고하고 규정된 것으로 드러난다. 그 이전에 헤브라이인들에게서도 보면 그들도 역시 이미 이와 비슷한 방식으로 실제의 대상들을 이해했다. 즉 그들은 대상들을 그것들이 지닌 고정된 한계 속으로 소급시키면서도 그들을 단지 확고하고 유용한 대상들이 아닌 자유로운 대상들로 직관했다. 또 유대인의 민족성 속에도 원래는 좀 더 확고한 독자성과 복수, 증오심 같은 거친 성격도 들어 있다. 그러나 그들은 자연 속에 나타나는 강력한 형상을 그 자체로 묘사하기보다는 신적인 위력으로 묘사했고,─그런 관계 속에서 자연형상들은 곧 그 독자성을 다시 상실하는데─증오와 박해 같은 것도 역시 인간이 인간에게 개인적으로 가하는 것으로 해석하지 않고, 그들이 믿는 신이 한 민족 전체에 대해 내리는 복수로 이해했다는 차이가 있다. 이는 예를 들어 후에 가서 시편이나 특히 유대의 예언자들의 예언에서 볼 수 있듯이, 종종 다른 민족의 불행과 멸망을 갈망하고 다른 민족을 저주하는 가운데 유대민족의 위력을 드러내려고 하는 것에서 볼 수 있다.

 방금 언급한 이러한 관점에서 볼 때 참된 미와 예술적인 요소들은 물론 존재하고 있지만, 이들은 우선은 서로 분산되어 있어 참되게 일치하지 못하고 그릇된 관계 속에 놓여 있다. 그러므로 신적(神的)인 것에 깃들어 있는 이념적이고 추상적이기만 통일성은 실제의 개성에 맞는 형태를 띤 예술현상으로 나아가지는 못한다. 한편 자연과 인간의 개성은 내적으로나 외적으로 결코 절대자에 의해 채워지거나 또는 절대자에 의해 긍정적으로 침투되지 못한다. 그러나 마지막 *세 번째의 비유적인 예술 행위*에서는 이러한 본질적인 내용이 되는 의미의 *외면성*과 이를 표현하는 특정한 현상의 외면성이 드러났다. 이 안에서 양쪽은 완전히 독자적인 것으로 머문다. 그리고 오직 보이지 않는 주관적인 비유만이 이들을 연결하는 통일성이 된다. 그러나 바로 그럼으로써 그러한 외면성이 지닌 결함은 늘 뚜렷하게 드러나고, 참된 예술표현의 관점에서 볼 때 부정적인 것, 따라서 지양되어야 할 것으로 나타난다. 만일 정말로 이렇게 지양(止揚)된다면, 이제 의미는 더 이상 그 자체로 *추상적인* 이념이 될 수 없고 자신 속에서 자신이 규정한 내면성이 된다. 이 내면성은 구체적인 총체성 가운데서 스스로 다른 측면, 즉 스스로 완결된(in sich abgeschlossen) 특정한 현상으로 형태를 드러내며, 따라서 자신의 것인 자신의 외적 현존재 안에서만 자신을 표현하고 의미하게 된다.

1. 정신과 정신의 자연형태가 스며든 고전적인 것의 독자성

 이 자유로운 총체성은 더 나아가 자신의 타자(Anderen)로 규정되면서 그에 동등하게 머물고, 자신의 객관성 안에서 자신과 관계하는 내면은 현존재 속에서 오직 자기 자신 만을 표현하는 것, 절대적으로 참되고 자유롭고 독자적인 것이 된다. 이제 이 내용은 예술영역 내에서 그 무한한 형태로 머물거나 이념적인 보편성 속에서 객관화되어 스스로 명시하는 참되고 절대적인 것으로서 *사유(思惟)*되는 것이 아니라 직접적이고 자연적 감각적인 존재로서 사유된다. 그러나 의미는 독자적인 것이다. 그러므로 예술에서 의미는 자신으로부터 형태를 취해야 하며, 자신 속에 외면성의 원칙을 지녀야 한다. 그러므로 이는 자연적인 것으로 돌아가더라도 더 이상 단순히 자연적인 객관성으로 존재하지 않고 독자성이 결여된 채 정신을 표현하는 외면성—그 외면성은 내면의 총체성의 한 측면을 구성한다—을 지배하는 것으로 머물러야 한다. 이처럼 정신이 침투되어 형태가 변한 자연형상과 그 외면성은 대개 그 자체에 직접 의미를 지니며 더 이상 의미를 구체적인 현상으로부터 분리된 상이한 것으로서 시사하지 않는다. 이것이 바로 정신과 자연이 정신에 적절하게 동일화된 것이다. 이는 서로 반대되는 양쪽 측면의 중간에 머물 뿐만 아니라 정신을 좀 더 높은 총체성으로 끌어올려 자신의 타자 안에서 자신을 보존하고, 자연적인 것을 이념화하고 자연적인 것 안에서 자신을 드러낸다. 고전적인 예술형식의 개념은 바로 이러한 종류의 통일성 안에 근거하고 있다.

a) 이제 여기에서 좀 더 자세히 파악하면 의미와 구체성이 이처럼 동일성을 이룰 때 그 완성된 통일 속에서 양쪽의 분리는 일어나지 않는다. 그러므로 내면은 단지 내적인 정신성이며 구체성과 구체적인 현실에서 벗어나 다시 자신 속으로 회구하여 양자 사이의 차이를 더 강조하는 일은 없다. 이제 정신이 직관되어 객관적이고 외적인 것으로 드러나면 그것은 개념상 철두철미 특수하게 규정된다. 그래서 예술에 의해 적합한 실재성으로 만들어지는 자유로운 정신은 오직 자연형태로만 규정되며 동시에 스스로 독자적이고 정신적인 개성이 된다. 그리고 인간적인 것이 참된 미와 예술의 중심이자 내용이 된다. 그러나 이미 이상의 개념을 전개할 때 살펴보았듯이, 인간적인 것이란 구체적인 개체성과 그에 알맞은 외적 현상이라는 본질적인 규정을 띨 때 예술의 내용이 된다. 그러한 현상은 그 객관성 속에서 유한성이 지닌 허약함에서 벗어나 정화(淨化)된다.

b) 이런 점에서 고전적인 표현방식은 그 본질상 더 정확히 그 의미를 따져보면, 비록 아직도 몇몇 상징적인 요소들이 들어 있더라도 더 이상 상징적인 양식은 되지 못한다. 예를 들어 그리스의 신화는 예술로 표현될 때 고전적인 이상에 속한다. 그 신화의 중심을 들여다보면 그것은 상징적인 미를 띠지 않고 예술의 이상이 지닌 참된 특성 속에서 형태화된다. 물론 우리는 좀 더 보게 되겠지만 거기에 몇몇 상징적인 요소들의 잔재가 남아 있는 것은 사실이다. 그러나 이 자리에서 단순히

정신의 내용을 암시하지 않고 그 정신과 통일을 이루는 특정한 형태에 대해 묻는다면, 고전 예술에서는 바로 내용과 형식이 서로 일치하고 형태 안에도 총체성과 독자성이 들어 있어야 한다는 요구가 나온다.

왜냐하면 고전적인 것의 기본규정을 담고 있는 전체의 자유로운 독자성 속에는 정신적인 내용과 그것이 외적으로 드러난 현상 양쪽 중 어느 쪽이든 거기에 전체의 개념을 구성하는 총체성이 들어 있기 때문이다. 말하자면 각각의 측면 *자체는(an sich)* 오직 이런 방식에 의해서만 다른 측면과 본질상 동일하게 된다. 따라서 그들 사이의 구별이란 동일한 것의 단순한 형태의 차이로 격하된다. 이를 통해 이제 전체도 자유로운 것으로 드러난다. 왜냐하면 그 전체 속에 있는 각각의 측면들은 바로 거기에서 표현되고 전체와 각기의 측면 양쪽에서 하나가 되어 비로소 적합한 것이 되기 때문이다.

상징적인 예술에서는 같은 통일성 안에서도 이와 같은 자유로운 중복이 결핍된다. 그 결과 내용과 형태는 자유롭지 못하게 된다. 즉 정신은 스스로 명료한 것이 되지 못하며, 따라서 외적인 현실성도 자기의 고유의 정신 속에서 절대적인 것으로(an und für sich) 설정되지 못한다. 또 거꾸로 형태는 함축성을 띠어도 그 의미는 단지 부분적으로 어느 한 측면성만을 띨 뿐이었다. 그리하여 내면에게 여전히 외적으로 머무는 외적인 존재는 그것이 표현할 의미 대신에 먼저 외적인 존재 *자신*만을 제시할 뿐이며, 만약 그보다 좀 더 폭넓은 것을 시사하려고 할 때는 그 의미에 강제적인 힘을 가하지 않을 수 없었다. 이러한 왜곡 속에서 그 형태는 자기 자신이 되지도 못하고, 그렇다고 의미가 되지도 못한 채 단지 수수께끼처럼 얽히고설킨 낯선 것으로만 드러나거나 또는 모든 사물들 속에 들어 있는 절대적인 의미를 외적으로 장식하거나 찬미하는 것에 그치기 쉬웠다. 그리하여 결국에는 그 의미와 동떨어져 의미와 무관한 채 의미를 단순히 비유하는 주관적인 자의성(恣意性)의 희생물이 될 수밖에 없었다.

이 같은 부자연스러운 관계가 해소되려면 형태 자체가 내용, 더 자세히 말해 정신적인 내용을 지니고 있지 않으면 안 된다. 이 형태는 본질적으로 *인간적인(menschlich)* 것이다. 왜냐하면 오직 인간의 외면성만이 정신적인 것을 감각적인 방식으로 드러낼 능력이 있기 때문이다. 얼굴과 눈, 자세, 태도에 나타나는 인간적인 표정은 비록 물질적인 것이며 그 안에 정신성은 들어 있지 않다. 그러나 이 육체성 자체 내에서 인간적인 겉모습은 동물처럼 단순히 생동적이고 자연적일 뿐만 아니라 그 안에 정신이 반영된 육체성이기도 하다. 사람들은 인간의 눈을 통해서 그의 완성된 모습 전체에 대개 그의 정신적인 특성이 어떻게 표현되는지 그의 영혼을 들여다본다. 그러므로 그 육체성이 *정신의* 현존재로서 정신에 속한다면, 정신도 역시 그 육체에 속하는 내면이지 외적인 형태에 낯선 내면성은 아니다. 따라서 이때 물질성은 그 자체 안에 다른 의미를 갖거나 그 의미를 시사하지 않는다. 인간의 형상 안에는 일반적으로 동물적인 유형이 내포되어 있다. 그러나 인간의 육체는 그 전체 상태에서 볼 때 정신이 자연적인 존재가 되어 머물 수 있는 유일한 거주지가 된다는 점에서 동물의 육체와 전적으로 구별된다. 그러므로 정신도 오직 육체 속에서만 다른 것들을 위해서 직접적으로 존재한다. 그러나 여기에서는 그와 같은 정신과 육체관계의 필연성이라든지 영혼 및 육체 사이의 특수한 일치성을 상세히 설명하려는 것이 아니다.[1] 우리는 여기서 그러한 필연성을 이미

---

1) 헤겔은 이에 대해서 그의 《엔치클로페디(Enzyklopädie der philosophischen Wissenschaften)》 제3부 §410에서 자세히 설명한다.

전제해야 한다. 물론 인간의 형상에도 죽은 것이나 추한 것, 말하자면 다른 것의 영향을 받거나 다른 것에 의존하도록 규정된 것이 있다. 그러한 경우에 단순히 자연적인 것과 정신의 차이를 지양하고 외적인 육체성을 정신적으로 아름답고 완벽하게 발전되어 생동하는 형상으로 만드는 일이야말로 바로 예술의 임무이다.

이런 식으로 표현될 때 외면에서 상징적인 것은 더 이상 전혀 존재하지 않는다. 즉 단순히 추구하며 돌진하고 혼란을 야기하고 왜곡시키는 것들은 모두 여기에서 배제된다. 왜냐하면 정신은 정신으로 이해될 때 스스로 완성되고 명료한 것이 되며, 또 정신이 자기에게 적합한 형태에 대해 절대적으로 완성되어 주어진 것으로서 관계하기 때문이다. 그 완성되어 주어진 것은 기존의 것과는 반대로 비로소 상상력에 의해 드러나야 할 필요는 없다. 마찬가지로 고전적인 예술형식도 단순히 구체적 피상적으로 설정하여 의인화해 낸 그런 것이 아니다. 왜냐하면 온전한 정신은 구체성 속으로 들어서면서 그 구체성과 자신을 일치시켜 예술작품의 내용이 될 수 있기 때문이다.

이 같은 관점에서 예술은 인간의 형태를 모방했다는 생각도 고찰해 볼 수 있다. 그러나 이러한 형태를 취하고 모방(模倣)하는 일은 일상적으로 볼 때는 우연한 것이다. 그에 반해 성숙단계에 이른 예술은 그 필연성에 따라 외적인 인간의 형태로 표현하지 않을 수 없게 된다고 주장할 수 있다. 왜냐하면 정신은 오직 형태 안에서만 그에 맞는 감각적이고 자연적인 존재성을 획득하기 때문이다. 인간의 육체를 표현하는 것과 마찬가지로 인간의 감정이나 충동, 행위, 사건, 행동을 표현하는 데에서도 그러하다. 고전적 예술에서는 그러한 것들을 표현할 때에도 단지 자연적인 생동성만을 고려하지 않고 정신적인 특징을 나타내면서 내면과 외면을 적절히 일치시켰다.

c) 이제 고전적인 예술은 자유로운 정신을 특정한 개성(個性, bestimmte Individualität)2)으로 이해하고 이를 그것의 육체적인 현상 속에서 직접 직관한다. 그래서 사람들은 이 예술을 종종 신(神)을 의인화(擬人化, Anthropomorphismus)한 것이라고 비난해왔다. 예를 들어 고대 그리스인들 가운데 크세노파네스도 이미 신들을 그런 식으로 표상하는 일에 반대하면서, 만일 사자(獅子)들도 인간들처럼 조각을 할 수 있었다면 그들도 그들의 신에게 사자의 형상을 부여했을 것이라고 말했다.3) 프랑스에도 그와 비슷한 다음과 같은 익살스러운 말이 있다. 즉 신은 인간을 자신의 형상에 따라 창조했으나, 인간은 그 형상을 신에게 반환하고 신을 인간의 모습에 따라 다시 만들어 냈다는 것이다.

이런 점에서 고전적 예술 다음에 오는 예술형식인 낭만적 예술형식과 관련시켜 보면, 물론 고전적인 예술미는 예술적인 종교처럼 그 자

---

2) 개성(個性, 독일어: Individualität, 영어: individuality)은 원래 라틴어의 'individuum(나눠지지 않는 것, 개체)'에서 유래하는 말이다. 그것은 넓은 의미에서 한 개인이나 개체는 개별적이며 다른 인간들이나 대상들로부터 구별된다는 뜻이다. 이 단어는 특히 인간에 대한 연구를 위주로 하는 철학, 심리학, 사회학, 교육학 등에서 자주 사용되고 있으며, 특히 '인간'과 '인간의 정신'을 최고의 연구 주제로 삼는 헤겔의 철학 미 미학에서는 최고의 위치를 차지하면서 매우 자주 등장하고 있다. 독자 여러분은 이 미학의 본문을 읽어가는 동안 내내 그것을 실감할 것이다.
3) 크세노파네스(Xenophanes, BC565~BC470). 그리스 시인이자 철학자로, 고향에서 추방당한 뒤에 방랑하면서 불안한 생애를 보내다가 북이탈리아 지방에서 새로운 고향을 찾아 엘레아학파를 세웠다. 그는 고대 그리스인들이 즐겨 신을 의인화하여 섬기던 방식에 반대하면서, 고대 그리스 신화 전체를 부정하고 호메로스와 헤시오도스 같은 시인들의 서사시조차도 배격했다. 그는 민중이 섬기던 수많은 신들에 반대하면서, 절대적으로 부동(不動)하고 오로지 자신 속에 안주하는 최고의 신을 내세웠다.

체 안에 결함을 지니고 있음을 주목할 필요가 있다. 그러나 그 결함은 신을 의인화한 데 있는 것도 아니고, 반대로 고전예술은 의인화를 많이 하는 반면에, 좀 더 숭고한 종교에서는 의인화가 부족한 데 있는 것도 아니다. 오히려 기독교에서는 신을 의인화하는 일이 훨씬 더 많았다. 왜냐하면 기독교의 교리에 따르면 신은 단순히 미와 예술에 의해 인간적 모습으로 형상화된 이상(理想)이 아닌 인간의 형상을 띤 개체일 뿐더러 진실로 유일한 개체, 즉 완전히 신이자 완전한 실제 인간으로서 현존재의 모든 조건 속에 발을 들여놓은 존재이기 때문이다. 만일에 절대적인 것을 구분되지 않는 단지 추상적인 존재로만 표상한다면 온갖 종류의 존재들을 형상화하는 일은 곧 중단되고 만다. 그러나 신이 정신이 되려면 거기에 신은 인간, 즉 개체적인 주체로, 그것도 이상적인 인간 존재가 아닌 실제적이고 유한하고 직접적이고 자연적인 존재가 갖는 온갖 외면성을 띤 존재로 드러나야 한다. 즉 기독교적인 관념 속에는 극단적인 대립으로까지 나아간 뒤에 스스로 이와 같은 분리를 지양하고 그때 비로소 절대적인 통일로 환원되는 무한한 움직임이 들어 있다. 이처럼 분리되는 계기 속에서 신은 인간화된다. 왜냐하면 신 자신은 실제로 개체인 주관성이 되며, 그럼으로써 통일되고 실체적인 것 안에서 분리되기 때문이다. 이 일상적인 시간성과 공간성 속에서 감정과 의식은 분열되는 고통을 거친 다음에 다시 그 대립을 해체시키고 이를 통해 무한한 화해에 도달한다. 기독교적인 관념에서는 이러한 통과점이 신의 본성 자체 안에 이 들어 있다.

사실 이를 통해서 신은 절대적이고 자유로운 정신으로 이해된다. 그 정신성 안에는 물론 자연적인 것과 직접적인 개별성의 요소가 들어 있으나 이들은 동시에 지양되어야 한다. 그에 반해 고전적 예술에서는 감정이 사멸되지는 않지만 그렇다고 절대적인 정신성으로 부활

되지도 못한다. 그러므로 고전적 예술과 미적인 종교는 그들이 아무리 구체성을 띠어도 심오한 정신을 만족시키지 못하고 그 정신에 단지 추상적인 것으로만 머문다. 왜냐하면 그 안에는 저 무한한 주관성의 움직임이나 대립에서 나온 화해 대신에, 단지 특정하고 자유로운 개체성의 요소로 적합한 존재 속에 유지되는 혼탁하지 않은 조화와 현실의 안주, 자신 안에서의 행복과 만족, 위대함, 영원한 명랑성과 지복함이 들어 있기 때문이다. 그 영원한 명랑성과 지복은 불행과 고통 속에서도 확고히 자신에 안주하는 것을 잃지 않는다. 고전적인 예술은 절대적인 것에 근거하는 대립의 밑바닥까지 뚫고 내려가 그 대립을 다시 화해시키는 일은 하지 않는다. 하지만 그럼으로써 고전적 예술은 이 대립되는 측면, 다시 말해서 주체가 자신 안에서 절대적인 도덕성과 반대되는 인격, 즉 죄와 악을 지닌 자로 경직되고 주관적인 내면이 자신 속에 귀의하여 그 안에서 찢기고 불안정하고 아름답지 못하고 추하고 역겨운 것을 감각적이고 정신적인 측면으로 산출하는 모든 분열된 영역을 알지 못한다. 즉 고전적 예술은 참된 이상이 갖고 있는 순수한 영역은 넘어서지 못한다.

2. 고전적인 이상이 현실적인 존재로 드러난 그리스 예술

고전적인 예술이 역사적으로 실현되어 온 것에 대해서 말하자면, 이는 고대 그리스인들에게서 찾아봐야 한다는 것은 거의 언급할 필요가 없다. 무한한 영역의 내용과 소재, 그리고 형태를 갖춘 고전적인 미(美)야말로 고대 그리스 민족에게 부여된 선물이었다. 그리고 우리는 이 민족이 예술을 가장 생동적으로 만들어 냈다는 점에서 그들을 흠모하지 않을 수 없다. 그리스인들은 그들의 직접적인 현실에 맞게 자의식과 주관적인 자유와 도덕적인 본질을 지니면서 지복한 삶을 영위했다. 그들은 동방이 지닌 자유롭지 못한 통일성을 고집하지도 않았다. 동방에서 인간 주체는 주체로서 아무런 권리도 갖지 못하였기 때문에 그곳의 종교적 정치적인 전제주의를 초래한 통일성은 사실 아무런 발판도 갖지 못했고, 그 결과 스스로 상실되고 보편적인 실체나 그 실체의 특수한 측면들도 모두 몰락했다. 그러나 그리스인들은 자기 내면성에 맞게 대자적으로 머물렀으며, 또 순수한 정신적 세계의 내적인 총체성 안으로 귀의하여 다시 실체적이고 본질적인 것과 성공적으로 하나가 되기 위해, 개인과 전체적인 보편성에서 분리되는 저 주관적인 심오함 속으로 빠져들지도 않았다. 그 반대로 그리스인들이 영위한 도덕적인 삶 속에서 개인은 물론 독자적이고 자유로운 존재였다. 그렇다고 해서 기존의 국가의 실제 일반적인 관심사나 그 시대 정신적인 자유에 깃들인 긍정적인 내면의 관심사에서 멀어진 것은 아니었다. 도덕적인 삶이 지닌 보편성과 내적 외적인 삶 속에서 인간이 갖는 추상적인 자유는 그리스인들의 삶의 원칙에 맞게 원만한 조화를 이루고 있었다. 또 현실에서 이 원칙이 훼손되지 않고 통용되었던 시대에는 개인의 도덕성과 구분되는 정치적인 독자성은 아직 등장하지 않았었다. 개인들이 자기들 자신의 자유를 오직 전체적이고 보편적인 목적 안에서만 추구했던 것처럼 당시 국가생활의 실체도 개인들 속에서 병합되었다. 그리스의 모든 예술작품들 속에는 이와 같은 지복한 조화에서 나온 아름다운 감정들이나 감성, 정신이 관통되고 있다. 그 작품들 속에서는 그리스적인 자유를 의식할 수 있고, 그 속에는 그 자유스러움의 실체가 드러나 있다. 따라서 그리스인들의 세계관은 미적으로 참된 삶을 시작하고 명랑한 왕국을 전개하는 바로 그 중심점이 되었다. 그것은 직접 자연적으로만 존재하는 것이 아니라 정신적인 직관에서 산출되어 예술을 통해 변용되는 생동성의 중심, 즉 반성과 무반성이 동시에 전개되는 중심점이 된다. 여기에서 개인은 고립되어 있지 않고, 그렇다고 개인이 지닌 부정성, 고통, 불행 따위가 긍정적인 통일과 화해를 이루지도 않는다. 그 중심점은 이 통과점 위에서 미의 정상을 획득하고 그 조형적인 개체성의 형태가 정신적이면서도 구체적이고 풍요로워 모든 것들이 그와 조화를 이루면서 과거의 것까지도 더 이상 절대적이고 무조건적인 것은 아니더라도 부수적인 배경으로서 드러난다. 그러나 그것도 역시 일반적으로 삶이 그러하듯이 역시 하나의 통과점으로 머물 뿐이다.

이런 의미에서 고대 그리스 민족은 자기들의 신들을 표현할 때에도 그 민족정신을 감각적으로 관조하고 표상했으며, 신들에게 참된 내용에 잘 맞는 현존성을 예술적으로 부여했다. 이와 같이 그리스 예술의 개념뿐만 아니라 그리스 신화의 개념 속에도 그것은 일치한다. 그러므로 그리스에서 예술은 절대적인 것을 최상적인 것으로 표현하는 수단이 되었고, 그리스의 종교는 예술 그 자체의 종교(Religion der Kunst selber)였다. 그에 반해 후세의 그에 반해 후세의 낭만적인 예술은 비록 예술이기는 하지만 예술이 제공할 수 있는 것보다 더 높은 의식의 형태를 암시했다.

3. 고전적 예술형식 속에서 창조해내는 예술가의 위상

지금까지 우리는 한편 스스로 자유로운 개체성을 고전적인 예술의 내용으로 확정했고, 다른 한편 형태도 역시 그에 따라 같이 자유로움을 지닐 것을 요구했다. 그러나 여기에는 사실 양쪽이 전체적으로 용해되어 아무리 직접적으로 표현되더라도 그 표현은 일차적이고 자연적인 통일성의 표현은 될 수 없다. 거기에는 오히려 *인위적이고 주관적인 정신*에 의해 산출된 연관성이 제시되어야 한다. 고전적인 예술은, 그 내용과 형식이 자유로운 것인 한 오직 스스로 명료한 정신의 자유로부터 산출된다. 그럼으로써 또 *셋째로*, 예술가는 예전의 예술가들과는 다른 위상을 얻는다. 다시 말해 그가 산출해 내는 것은 사려 깊은 인간의 자유로운 활동으로서 나타난다. 그는 자신이 무엇을 할 수 있는지 알고 있는 것처럼, 자신이 하고자 하는 일을 할 수 있다. 그가 형상화해내려고 생각하는 의미와 본질적인 내용에 대해 분명하지 않거나 기술상 서투르더라도 이를 완성해내는 데 지장을 받지는 않는다. 우리는 이렇게 예술가의 달라진 위상에 대해서 좀 더 자세히 고찰하면, 예술가의 자유는 다음과 같은 것으로 드러난다.

a) *내용* 면에서 그가 이를 불안정하게 끓어오르는 상징으로 찾아내려고 할 필요가 없는 데서 드러난다. 상징적인 예술은 그 내용을 먼저 산출하고 명시하는 일에 몰두한다. 이 내용 자체도 역시 일차적인 것, 즉 한편으로 자연성이 직접적인 형태를 띤 존재이며, 다른 한편으로 보편적인 것, 일자(一者), 변화, 바뀜, 전개, 생성, 그리고 또 소멸이 내적으로 추상화된 것이다. 그러나 올바른 것은 첫눈에 발견되지 못한다. 그러므로 내용을 드러내야 할 상징적인 예술이 표현하는 것들은 여전히 수수께끼이자 풀어야 할 과제로 머물며, 무언가 쟁취적인 면만 분명하게 드러난다. 이는 휴식도 안식도 없이 계속해서 찾고 고안하고 성취해 내려는 분투하는 정신에서 나온다. 이처럼 상

징적 예술이 불투명하게 추구하는 것과는 반대로 고전적 예술가에게는 작품내용이 이미 *완성된* 것으로 존재하고 주어져 있어야 한다. 그럼으로써 그 내용은 이미 확실한 신앙이나 민중의 신앙 또는 사건, 설화로 계속 이어 내려온 것으로 본질적인 내용에 맞게 상상력에 의해 규정되어야 한다. 이제 예술가는 이같이 객관적으로 정해진 소재와 좀 더 자유로운 관계를 갖는다. 즉 그 자신은 산출하고 생성해내는 과정 속으로 직접 들어가 예술을 위해 참된 의미를 찾으려고 열망하지 않아도, 그에게는 이미 즉자대자적으로 존재하는(절대적으로 존재하는, anundfürsichseinder) 내용이 주어져 있어서 그는 그것을 취해 자유롭게 스스로에게서 산출해낸다. 그리스의 예술가들은 그들의 작품 소재를 민속 종교에서 취했는데, 그 안에는 동방에서 그들에게 전수되어 온 것의 형태가 이미 변형되기 시작했었다. 피디아스(Phidias)가 만든 제우스 신상은 그가 호메로스의 서사시에서 영감을 받아 만들어낸 것이며, 그리스의 비극시인들도 자신들이 표현한 것의 기본내용을 그들 스스로 고안해 내지는 않았다. 마찬가지로 기독교 시대의 예술가들인 단테, 라파엘(Raphael) 같은 사람들도 이미 신앙의 교리와 종교적인 표상들 속에 주어진 것들을 취해서 형상화했을 뿐이다. 이는 한편 숭고의 예술에서도 비슷하다. 그러나 숭고의 예술에서는 *하나의* 실체인 내용과 관련해 수체성은 권리를 찾지도 않고 녹자적인 결단성을 지니지도 않는다는 점에서 차이가 난다. 이미 사용된 형상들이 지닌 의미들에서 선택하지만 그러한 선택은 *주관적인* 자의에만 의존하므로 거기에는 고전적 예술의 개념을 구성하고 예술작품을 산출하는 주체 안에 들어 있어야 할 실질적인 개성이 빠져 있다.

b) 그러나 절대적으로 존재하는 자유로운 내용이 민중 신앙이

나 설화 또는 그 밖의 현실 속에 많이 존재하면 할수록, 예술가는 그러한 내용에 걸맞은 외적인 *예술현상*을 형상화해내는 행위에 더 집중하게 된다. 이런 점에서 상징적인 예술은 수천 가지 형태들을 이리저리 쏟아내면서도 전적으로 적합한 형태를 맞춰내지 못한다. 설혹 의미를 찾아내도 거기에 늘 낯선 형태를 짜 맞추느라 절제도 규정도 없는 무분별한 상상 속에서 좌충우돌해야 한다. 그 반면에, 고전적 예술가는 내용에 맞는 형태를 찾아내는 데 있어 이미 스스로 한정되어 결정짓는다. 다시 말해 여기서는 이미 내용이 규정되어 있고, 자유로운 형태도 내용에 의해 규정되어 절대적으로 그 속에 들어 있으므로 예술가는 개념상 이미 완성되어 있는 것을 단지 실행하기만 하는 것처럼 보인다. 그러므로 상징적 예술가가 의미에 맞는 형태나 형태에 맞는 의미를 상상해 내느라 고심하는 반면에, 고전적 예술가는 이미 주어진 외적 현상을 그 외부의 부차적인 것에서 해방시켜 의미를 형태화로 *바꾼다*. 그러나 고전적인 예술가는 이처럼 자신의 단순한 자의성을 배제하는 창조행위를 하면서도 무엇을 단순히 *복제*하거나 굳어진 유형을 취하는 데 머물지 않는다. 그는 전체적인 것을 위해 *지속적*으로 창조를 해나간다. 우선 참된 내용을 찾고 생각해 내야만 하는 예술은 아직은 형태면에서 소홀히 하게 된다. 그러나 형태를 만들어내는 일이 본질적인 관심사이자 본래의 과제가 될 때는 표현이 발전함에 따라 내용도 눈에 띄지 않게 발전되어 간다. 이는 우리가 지금까지 일반적으로 형태와 내용이 늘 서로 손을 잡고 완전성을 향해 나아가는 것을 고찰한 바와 같다. 이런 점에서 고전적 예술가는 기존하는 종교세계를 위해서 작업하며, 그 종교 안에 있는 기존의 소재들과 신화적인 생각들을 자유로운 예술의 유희 속에서 쾌활하게 계속해서 발전시켜 간다.

c) 이는 기술면에서도 마찬가지이다. 고전적 예술가는 기술적인 면에서도 이미 완성단계에 있어야 한다. 예술가가 작업하는 데 쓰는 감각적인 재료에서 이미 거칠고 견고한 속성은 다 제거되어야 한다. 그럼으로써 내용은 고전적 예술개념에 맞게 외적으로 아무 지장을 받지 않고 자유로이 구체성을 통해 드러나야 한다. 고전적 예술에는 감각적인 소재가 있을 때 여기에 기꺼이 호응하여 작업할 고도의 기술적인 숙련이 요구된다. 예술에서 그러한 기술적인 완전성은 정신이 구상해 내고 요구하는 모든 것을 직접 실행에 옮겨야 할 때, 주로 정적(靜的)인 종교에서 나타낼 온갖 모양을 만들어 낼 수 있는 손기술을 완전히 습득하고 있음을 전제로 한다. 즉 예를 들면 고대 이집트에서는 종교적인 직관이 우상이나 거대한 구조물 같은 특정한 외적 형상들을 고안해 냈다. 그러한 유형들은 고정되어 있으므로 이미 전해 내려 온 같은 형태나 형상을 만들어 내려면 고도로 더 발전된 기술이 계속 더 필요하게 된다. 이처럼 조잡하고 기괴한 형상을 만들어내는 숙련된 손기술이 이미 주어져 있음으로 해서 고전적인 미를 만들어내는 천재는 그가 지닌 기술적인 숙련성을 이용해 이를 기술적으로 완성된 작품으로 변형시킬 수 있다. 왜냐하면 예술은 먼저 일차적으로 기계적인 작업을 하는 데 아무런 어려움도, 방해도 없어야만 자유로이 형태를 만들어 낼 수 있기 때문이다. 이때 실제의 예술작업의 완성도 내용과 형태가 발전되어 가는 과정과 밀접한 관계를 맺으면서 진척되어 간다.

분류

이제 고전적인 예술의 *분류*에 관해서 보면, 사람들은 일반적인 의미에서 완성된 모든 예술작품을 그것이 상징적이든 낭만적이든 아니면 어떤 다른 특성을 지니고 있든 간에 보통 고전적이라고 부르곤 한다. 우리가 그런 말을 사용할 때는 물론 이는 완성된 예술이라는 의미에서이다. 그러나 여기에서의 예술적인 완성은 내적으로 자유로운 개성과 외적인 존재가 완전히 서로 침투한다는 점에서 차이가 있다. 즉 외적 존재 안에는 그 자유로운 개성과 기반이 드러나야 한다. 그러므로 우리는 고전적인 예술과 그 예술이 만들어낸 완성된 작품을 내용과 형식적인 미의 측면에서 그와는 완전히 다른 상징적인 예술이나 낭만적인 예술과는 분명하게 구분한다.

우리는 여기서 규정되지 않은 고전적인 예술은 다루지 않듯이 마찬가지로 고전적인 이상을 표현하는 특수한 종류의 예술들—예를 들어 조각, 서사시, 특정한 서정시, 특정한 형태의 비극이나 희극 따위—을 다루려하는 것은 아니다. 물론 이 개별적인 특수 예술들에서 고전적인 예술의 특징이 드러나는 것은 사실이다. 그러나 개별적인 예술의 종류와 그 장르의 발전에 대해서는 제3부에 가서야 비로소 언급하고자 한다. 여기서 우리가 좀 더 자세히 고찰하고자 하는 것은 우리가 확정지은 고전적이라는 말의 의미에서 본 고전적인 예술이다. 그러므로 우리는 고전적 예술을 분류하는 근거로 다만 고전적인 이상이라는 개념에서 나오는 발전단계만을 살펴보기로 한다. 이 발전에서는 다음과 같은 본질적인 계기나 모습이 드러난다. 우리가 주목해야할 할 *첫 번째* 사항은, 고전적 예술형식은 상징적 예술형식처럼 직접 시원적(始原的)인 것이다. 따라서 그것은 예술의 *시작*으로 파악되지 않고 반대로 예술의 *결과*로 파악되어야 한다. 그래서 우리는 그것을 먼저 그 전제가 되는 상징적인 표현방식들의 과정에서부터 발전시켜 왔다. 이 같은 발전의 구심점을 이루는 것은 내용을 자의식적인 개성으로 분명하게 구체화하는 일이었다. 즉 예술가는 자신을 표현하기 위해서 원소나 동물 또는 단순한 자연형상을 이용하거나 그것들과 조잡하게 혼합되어 의인화된 인간형상을 사용해서는 안 된다. 그는 정신에 의해 완전한 생명력을 얻은 인간 육체의 생동성 안에서 자신을 표현한다. 스스로의 힘으로 존재하는 것 속에는 자유라는 본질이 깃들여 있다. 그러므로 고전적인 영역 밖에서 단순하게 생성하는 것의 전제와 조건이 되는 것은 이상(理想) 밖에 존재하는 부정적인 것을 극복해 참된 내용과 순수한 형상으로 산출해 내기 위해 그 이상의 영역 속으로 들어가야 한다. 이러한 형상화의 과정은, 거기에서 형식상으로나 내용상 본래의 고전적인 미가 스스로 산출되는 것으로서 우리의 출발점이 된다. 우리는 다음의 제1장에서 이것을 다루고자 한다.

반면에 제2장으로 가면 우리는 이 과정을 지나 고전적 예술형식의 참된 이상에 도달하게 된다. 여기서 중심이 되는 것은 고대 그리스인들이 만들어낸 새로 예술에 의해 창조된 미적인 신들의 세계이다. 우리는 이 신들을 정신적인 개성을 띠고 있는 측면에서 고찰할 뿐만 아니라 직접 그와 연결되는 구체적인 형태로 발전시켜 완성시켜야 한다.

그러나 *셋째로*, 고전적인 예술의 개념 속에는 미(美)가 스스로 완성되어 가는 것 말고도 거꾸로 그 미가 해체되어 가는 과정이 들어 있다. 이는 차후에 고전석 예술형식보다 더 넓은 영역인 낭만적 예술형식 쪽으로 이끌어 갈 것이다. 예술적인 의식 속에는 고전적인 미를 지닌 신들과 인간 개개인들이 나타나지만 그들은 또 그 의식 속에서 또다시 사라져간다. 이는 일부는 자연적인 측면으로 되돌아가 남고, — 바로 그 자연적인 측면 속에서 그리스 예술은 한때 완성된 미로 발전해 갔었다 — 일부는 신을 상실한 조악하고 비열한 현실로 바뀌어 그릇되고 부정적인 모습을 드러내게 된다. 이처럼 고전적 예술이 해체되어 가는 가운데—그 해체되어 가는 예술행위를 우리는 제3장에서 다루고자 한다—직접적인 미로 용해되어 조화를 이루었던 참된 고전예술의 구성요소들은 서로 떨어져 나간다. 한편으로 내적인 것은 대자적으로 존속하게 되고, 다른 한편으로 외적 존재는 그 내면과 분리되어 존재하게 된다. 그리고 자신 속으로 다시 환원된 주체인 주관성은 더 이상 기존의 형태 속에서 자신에게 맞는 현실성을 발견하지 못하게 되므로 절대적인 자유와 무한성이라는 새로운 정신세계의 내용으로 자신을 충전시키지 않을 수 없게 된다. 이와 같은 심오한 내용을 위해 그것은 새로운 표현 형태를 찾고자 주위에서 모색하지 않을 수 없게 된다.

제1장 고전적 예술형식이 형태화 되는 과정

자유로운 정신의 개념 속에는 직접 자신 속으로 환원하여 자신에게 도달하고 대자적으로 현존하는 계기가 들어 있다. 물론 이미 전에 암시하였듯이 주체는 이러한 내면의 영역으로 침잠하기 위해 정신 속에서 모든 실체에 반대되는 부정적인 독자성을 띨 필요가 없고, 그렇다고 참되고 무한한 주체의 자유를 이루는 절대적인 화해를 위해 이행해 갈 필요도 없다. 정신의 자유는 일반적으로 그것이 어떤 형태로 등장하든 정신과 다른 단순한 자연성을 지양하는 일과는 관계가 없다. 정신은 스스로 아무런 방해를 받지 않고 저항 없는 요소인 자연 속에서 지배하면서 자연을 자유자재로 긍정적인 존재로 변화시키기 위해 그 이전에 먼저 정신 스스로 자연에서 물러나 자신을 자연보다 고양시키고 자연을 극복해야 한다. 우리는 이제 고전적 예술에서 어떤 특정한 대상을 정신이 지양할 때 녹자성을 획득하는 그 대상에 대해 묻는다면, 이 대상은 이때 이미 자연 자체가 아니라 정신적인 의미에 의해 관통된 자연, 다시 말해서 상징적인 예술형식이 된다. 이 형식은 절대자를 표현하기 위해 직접적인 자연의 형상들을 이용하였다. 왜냐하면 이 예술의 의식은 동물 같은 것들 안에 신들이 현재(現在)하는 모습을 보려하거나 또는 정신과 자연의 진정한 일치를 찾으려고 헛되고 그릇된 방식으로 애를 쓰지도 않기 때문이다. 그런 식으로 연관짓는 일은 그릇된 것이며, 이를 지양하고 변형시킬 때만 비로소 이상은 드러난다. 그리고 이상은 자기 내면에서 극복해야 할 것을 자기 자신 속에 간직하면서 전개시켜 나아가야 한다.

　이때 또한 동시에 고대 그리스인들이 그들의 종교를 타민족으로부터 전수 받았는가 그렇지 않은가에 관한 물음에 대해 해답이 부수적으로 나온다. 우리는 개념상 고전적인 것의 전제로 그보다 하위의 단계와 관점이 반드시 있어야 한다고 이미 고찰했다. 이 하위의 단계는 실제로 나타나고 시간적으로도 구분된다. 이는 이미 기존의 것으로서 그 단계를 극복해 나오려고 분투하는 더 고차적인 형식과는 반대된다. 그것에서 출발하여 새로운 발전을 이루는 예술이 시작된다. 이는 고대 그리스의 신화와 관련해서 볼 때 비록 역사적으로 확실히 증명할 수는 없다 하더라도 사실이다. 그러나 고대 그리스 정신과 이러한 전제들이 서로 갖는 관계는 본질적으로 형태화하는 관계이며 일차적으로는 부정적으로 변형시키는 관계이다. 만일 그렇지 않다면 표상과 형태들은 같은 것으로 머물렀을 것이다. 헤로도토스는 이미 앞서 인용했듯이 호메로스와 헤시오도스가 고대 그리스인들에게 여러 신(神)들을 만들어 주었다고 말했다. 그러나 그는 또 개별적인 신들에 대해서 분명히 '이 신이나 저 신은 이집트적인 모습을 띠고 있다' 라는 따위의 말도 하고 있다. 그러므로 이 말은 시적인 창조가 다른 것으로부터 받아들이는 것을 거부하는 것이 아니라 단지 그것을 본질적으로 변형시키는 것임을 시사하고 있다. 왜냐하면 고대 그리스인들은 헤로도토스가 위의 두 시인이 살았던 시기라고 말하는 때보다도 훨씬 이전부터 이미 신화적인 관념을 가지고 있었기 때문이다.

　물론 이제 더 나아가 이상이 필연적으로 변형된 것에 대해 좀 더 자세히 묻는다면, 우리는 그것이 순수한 방식으로 신화적인 내용으로 표상되었음을 발견할 수 있다. 고대 그리스 신들의 주요한 행적이란 바로 자기 자신들을 드러내고, 신의 족속이 생겨나고 발전된 과거의 시기에서부터 자신들을 실존하는 모습으로 구성해 내는 것이다. 이때 신들은 정신적인 개체들로서 구체적인 형태로 존재해야 한다. 따라서 정신은 한편으로 육체성만을 띤 동물 안에서 자기 본질을 드러내지 않고 오히려 그러한 것을 고귀하지 못한 것, 즉 정신 자신의 불행과 죽음으로 간주한다. 그러나 정신은 또 다른 한편으로 자연의 원시성과 그 속에 있는 혼란된 표현을 극복하기도 한다.

그러나 거꾸로 고전적인 신들의 이상(理想)은 개인정신이 그러하듯이 추상적이고 유한한 자연 속에서 마무리된 원초적인 위력들에 대항해야 할 뿐만 아니라, 개념상 그러한 일반적이고 자연적 삶의 요소들을 정신적인 삶의 한 계기로 정신 자신 속에 내포해야 하는 것도 꼭 필요하다. 신들 자신이 본질상 *보편적*이고 그 보편성 안에 존재하는 규정된 개체들이듯이 자연성이 지니고 있는 구체적인 측면도 역시 본질상 광범한 자연의 위력이자 그 자체 정신과 뒤얽힌 활동을 지녀야 한다. 이 점과 관련해서 우리는 고전적 예술형식이 형태화하는 과정을 다음과 같이 분류할 수 있다.

*첫 번째 중요한 점*은 동물성이 지니고 있는 가치를 낮추고 그것을 자유롭고 순수한 미(美)로부터 제거하는 일이다.

둘째로 원시적이고 우선 그 자체로 여전히 신으로 간주되어 온 자연의 위력들과 관련해, 이런 자연신들을 극복함으로써 비로소 진정한 신들의 족속이 논란의 여지없이 지배권을 획득하는 것이 더 중요한 측면이 된다. 즉 여기에서 관련되는 것은 바로 옛 신들과 새로운 신들과의 투쟁이다.

그런 다음에 *셋째*로, 위와 같이 부정적으로 나아가던 방향은 정신이 자유로운 권리를 획득한 다음에는 다시 긍정적인 것으로 되고, 자연의 원시적인 힘들은 개체적인 정신성으로 관통된 여러 신들의 긍정적인 면을 이룬다. 그리하여 이 신들은 이제 동물적인 것을 자기들 주위에 장식이나 외적인 상징물로 둘러 세운다. 이와 관련해서 우리는 여기서 좀 더 눈에 띄는 자세한 특징들을 잠시 고찰하고자 한다.

1. 동물적인 것의 위상(位相) 하락

일반적으로 고대 인도인들과 이집트인들, 또는 아시아인들은 동물적인 것이나 또는 적어도 특정한 동물들 안에는 신성한 것이 존재한다고 간주하고 이를 신성시하며 숭배했던 것을 볼 수 있다. 그러므로 동물적인 형상 역시 그들의 예술적인 표현에서 중요한 요소가 되었다. 물론 그러한 것들은 인간적인 것을 부각시키고 인간의 형상과 관련해서 부수적인 상징성을 띤 것으로 이용되기도 했다. 그러나 동물의 생명 속에 깃들인 어둡고 모호한 내면성에 대한 존경은 정신에 대한 자의식이 눈을 뜸으로써 비로소 사라지게 된다. 이는 이미 고대의 헤브라이인들에게서 볼 수 있었다. 왜냐하면 그들은 앞서 주지했듯이 자연 전체가 신을 상징하거나 그 속에 신이 현존한다고 보지 않고 자연의 외적인 대상들 안에는 다만 실제적인 힘과 생명만 내재한다고 보았기 때문이었다. 그러나 그들에게도 우연이지만 최소한 자연 속에서 생명을 지닌 것에 대한 외경심이 역시 남아있던 것을 발견할 수 있다. 예를 들어 모세는 동물의 피에는 생명이 들어 있다 하여 그 피를 마시는 것을 금하고 있다. 그러나 인간은 본래 그의 손에 들어오는 것을 먹을 수 있어야 한다. 이제 고전적 예술로 이행해 가는 과정 속에서 다음 단계에 언급할 것은 동물적인 것이 지닌 가치와 위상이 하락되는 가운데 이 하락되어 가는 것 자체가 종교적인 표상과 예술의 산출에 내용으로 삼아졌다는 점이다. 거기에 속하는 것으로는 다양한 대상들이 있다. 나는 그 가운데 다음과 같은 대상들만을 예로 들고자 한다.

a. 동물의 희생

고대 그리스인들에게서는 어떤 특정한 동물들이 다른 동물들보다 더 선호되었다. 예를 들어 호메로스의 서사시에 나오는 희생의 제물들 중에서 뱀은 특히 애호하는 정령(精靈)으로 등장하면서 주로 어느 한 신에게 제물로 바쳐졌고(《일리아스》, Ⅱ, 398행 및 XII, 208행), 다른 신에게는 다른 종류의 동물이 제물로 바쳐졌다. 더 나아가 그들은 길 위에 달리는 토끼를 관찰하거나, 새가 오른 쪽으로 날아오르는지 왼쪽으로 날아오르는지 관찰하기도 하고, 동물의 내장을 관찰하여 이를 예언으로 해석하기 위해서 연구하곤 할 때면 여기에도 역시 여전히 동물에 대한 어느 정도의 숭배의식이 자리하고 있었다. 왜냐하면 신들이 그런 것들을 통해서 자신들을 드러내고, 소위 전조(前兆, Omina)를 보여줌으로써 인간에게 말을 해 온다고 믿었기 때문이다. 그러나 본질적으로 이러한 것들은 단지 개별적인 계시에 불과하였으며, 물론 다소 미신적이었고 또 그 안에서 신은 아주 일시적으로 계시될 뿐이었다. 그에 반해 고대인들에게는 동물을 희생시키고 그 제물을 먹는 것은 중요한 일이었다. 그와는 전혀 반대로 인도인들은 성스러운 동물들을 잘 보존하고 보살피며, 고대 이집트인들은 동물들이 죽은 후에도 부패하지 않도록 보존했다. 고대 그리스인들에게서 제물은 성스러운 것으로 간주되었다. 인간은 동물을 희생시켜 제물로 바침으로써 자기들이 신들에게 바친 그 대상을 소유하거나 사용하는 일조차 포기할 의사가 있음을 신들에게 보여준다. 고대 그리스인들에게는 '제물을 바친다'는 것이 동시에 '연회를 연다'는 것을 뜻했다(《오디세우스》,

XIV, 414행 및 XXIV, 215행). 그런 점에서 바로 그들의 독특한 성격이 드러난다. 왜냐하면 그들은 동물의 일부, 그것도 먹을 수 없는 부분만을 신들에게 바쳤고, 먹을 수 있는 고기는 자신들의 몫으로 챙겼기 때문이었다. 여기에서부터 그리스의 신화가 생겨났다. 고대 그리스인들은 아주 큰 축제를 벌이면서 신들에게 제물을 바쳤고, 동물의 몸 전체를 성스러운 불꽃으로 태워 희생물로 삼았다. 그러나 이런 큰 낭비를 더 가난한 사람들은 감당할 수 없었다. 그러자 프로메테우스는 그들이 동물의 몸 일부만을 제물로 바치고 나머지는 자기들이 사용할 수 있도록 제우스 신에게 허락을 받으려고 간청한다.[1] 그는 황소 두 마리를 죽여서 그 두 마리 짐승의 간을 불에 태운 다음, 그 뼈들을 모두 하나로 싸고, 고기는 그 짐승들의 다른 가죽에 싼 다음에 제우스 신에게 보여주면서 둘 중 하나를 고르게 한다. 제우스 신은 그의 속임수에 넘어가 둘 중에 더 커 보이는 쪽을 택한다. 그리하여 고기는 인간의 몫으로 남았다. 그래서 제물로 바쳐지는 동물들의 고기를 다 먹고 나면 신들의 몫이 되는 나머지 부분을 같은 불에다 태웠다. 그러나 제우스 신은 인간에게서 불을 빼앗아 버렸다. 왜냐하면 인간에게 불이 없으면 짐승의 살은 인간에게 아무 소용이 없기 때문이다. 하지만 이것은 제우스 신에게 별로 도움이 되지 않았다. 프로메테우스는 그 불을 훔쳐서 기뻐하며 인간들이 있는 곳으로 날아가다시피 달려갔기 때문이다. 그래서 사람들은 뭔가 기쁜 소식을 전할 때면 지금도 여전히 빨리 달려간다는 설이 전해진다. ─ 이런 방식으로 그리스인들은 인간 문화의 모든 발전에 그들의 관심을 기울였으며 신화 속에 이를 다시 형상화하고 이를 의식(意識) 속에 보존했다.

---

[1] 헤시오도스의 《신통기(神統記, Theogonie)》 521행 이하 참고.

b. 동물 사냥

여기에 덧붙여 동물의 가치를 더 하락시키는 데 기여한 비슷한 예로 영웅들이 하던 것으로 알려졌고 감사와 찬양을 하면서 기념했던 유명한 *사냥*들에 대한 기억을 들 수 있다. 여기서 중요한 것은 대개 해로운 적으로 나타나는 짐승들을 죽이는 일이었다. 예를 들어 헤라클레스가 네메아 골짜기의 사자의 목을 졸라죽인 일이나, 레르네아의 히드라를 죽인 일, 그리고 칼레도니아(고대의 북부 스코틀랜드—역자주)의 산돼지를 죽인 일 따위는 영웅이 신의 위치에까지 도달할 수 있는 뭔가 숭고한 행위로 간주되었다. 그와 반대로 인도인들은 어떤 동물을 죽이는 것도 악행이라 사형의 벌을 내리기도 했다. 하지만 그런 행위들 속에는 더 나아가 상징적인 것이 효력을 발휘하거나 근간으로 작용했다. 위의 헤라클레스가 행한 영웅적인 행위 속에서 태양과 태양의 운행이 상징성을 띠는 것이 그런 예였다. 그러나 이러한 영웅신화들은 동시에 유익한 사냥이라는 순박한 의미에서 나온 것이기도 했다. 고대 그리스인들은 그렇게 의식하고 있었다. 비슷한 예로 여기 다시 몇 개의 이집트 우화, 그 가운데서도 특히 앞서 다룬 말똥풍뎅이의 우화를 상기할 수 있다. 말똥풍뎅이(또는 '말똥구리'라고도 표현함—역자주)[2]는 고대 이집트적인 상상으로, 그 곤충의 동글동글한 배설물을

---

[2] 고대 이집트인들은 말똥풍뎅이가 아침마다 짐승의 똥을 공같이 뭉쳐서 굴리고 가는 모습에서 태양신 라(Ra)를 운반하는 모습을 연상했으며, 이집트어로 "케프리(Khepri)"라 불린 말똥구리는 아침의 태양신을 의미한다. 이는 기원전 2000년경 이집트의 '중왕국 시대(Middle Kingdom Period)'부터 상징화되어 상형문자로 기록되기도 했으며, 여러 가지 기하학적인 무늬로 장식되기도 했다. 그리고 도장이나 일종의 부적으로서 여러 세대에 걸쳐서 사용되기도 하였다.

고대 이집트인들이나 종교 해석가들은 세계를 의미하는 구형(球形)로 간주했다. 이는 이솝 우화에서 제우스 신과 관련해서 나타난다. 그리고 또 이 우화에서는 제우스 신이 보호하는 토끼를 독수리가 무시한다는 중요한 사실도 드러난다. 그에 반해서 작가 아리스토파네스는 풍뎅이를 아주 우스꽝스러운 동물로 묘사하여 그 가치를 떨어뜨렸다.

c. 변형

셋째로, 직접적으로 언급하자면 오비디우스가 상세하고 매력적으로 풍부한 기지와 섬세한 감각 그리고 감수성을 가지고 들려준 변형에 대한 많은 이야기들 가운데서 우리는 동물 세계가 겪는 가치의 하락과정이 노골적으로 드러나고 있음을 볼 수 있다. 그러나 오비디우스는 또 한편 우리에게 내적으로 지배하는 정신성이 결여된 채 단순히 신화적인 흥미만을 간직한 외적인 사건들을 모아 수다스럽게 들려주고 있으므로 그의 이야기 속에서는 심오한 의미를 발견하기 어렵다. 하지만 그렇다고 해서 그 이야기들이 깊은 의미를 결여하고 있는 것은 아니기 때문에 이 자리에서 또 한 번 그것을 언급하고자 한다. 그 속에 들어 있는 이야기들 각각은 대개 소재 면에서 볼 때 괴상하게 왜곡되었거나 야만적인 것들이다. 그런 것이 묘사되고 있는 것은 문화가 부패했기 때문이 아니라 《니벨룽겐의 노래(Das Nibelungenlied)》에서 볼 수 있듯이 조악한 자연이 지니고 있는 부패하고 퇴락한 측면 때문이다. 오비디우스의 작품은 제13권까지는 내용상 호메로스의 서사시보다 더 오래된 것이다. 그것은 고대 페니키아, 프리기아, 이집트에서 성행했던 상징적 표현들에서 취해 온 우주의 생성진화론이나 낯선 요소들과 뒤섞여 있다. 물론 거기에는 인간적인 측면도 들어 있으나 그

배경에는 아직 세련되지 못한 것들이 잔재하고 있다. 그에 비해서 트로이 전쟁 이후의 이야기들에서 묘사되는 변형들을 보면 그 소재는 물론 우화를 만들어 내던 시대에서 따온 것이기는 해도 아이아스나 아네아스와 같은 신화의 영웅들 이름과 뒤섞여 어색하고 어울리지 않는 충돌을 빚어내고 있다.

α) 일반적으로 변형은 고대 이집트에서의 동물들을 관조하고 숭배하던 관념과는 반대되는 것이라고 간주할 수 있다. 왜냐하면 그리스인들에게 있어 본질상 자연과는 부정적으로 대립되는 정신의 도덕적인 측면에서 볼 때, 변형은 동물적인 것이나 무기물의 형상을 인간의 가치를 하락시키는 형태로 만드는 것이었기 때문이다. 그래서 이미 전에 주시했듯이 고대 이집트인들이 원초적인 자연신들을 동물의 모습으로 격상시키고 활성화했다면, 거꾸로 그리스인들에게는 자연형상으로 변형된다는 것은 어떤 가볍거나 중한 죄악을 저지른 데 대한 벌로 등장하는 것이기 때문에 이는 신성하지 못하고 불행하며 고통스런 형상으로서 그 안에서는 인간적인 것이 더 이상 유지되지 못하는 것으로 간주되었다. 그러므로 그러한 변형된 모습은 고대 이집트인들이 의미하던 것처럼 영혼의 윤회(輪廻)로 해석할 수 없다. 왜냐하면 이집트인들이 생각한 것은 무죄의 상태에서 윤회하는 것이었으며, 따라서 인간이 짐승으로 변하는 것은 거꾸로 (영혼이) 승화되는 것으로 간주되었기 때문이다. 그러나 전체적으로 볼 때 정신이 주입된 자연대상들은 아무리 다양해도 이는 완결된 신화의 영역을 이루지는 못한다. 이미 언급한 것을 다음과 같은 몇 가지 예를 들어 해명할 수 있을 것이다.

고대 이집트인들에게서 늑대는 대단한 역할을 한다. 예를 들면 오시리스는 그의 아들 호루스가 티폰과 싸울 때 그에게 도움이 되기 위

오비디우스가 쓴 《변형》 1권에 실린 삽화. 마테우스 메리안
(Matthaeus Merian, 1619) 作

해 늑대의 모습을 하고 수호자로 등장하며, 일련의 고대 이집트 동전 [銅貨]들에서는 호루스 편에 서 있는 늑대의 모습을 볼 수 있다. 대체로 늑대와 태양신의 관계는 매우 오래된 것이다. 그에 반해서 오비디우스가 지은 《변형(Metamorphosen)》에서는 리카온(Lykaon)[3]이 신들에게 불경(不敬)의 죄를 범하자 그 벌로 늑대의 모습으로 변했다고 묘

---

3) 리카온은 그리스 신화에서 아르카디아(Arcadia)의 왕 펠라스고스의 아들인데, 제우스 신의 신격(神格)을 시험하려다가 그에게 형벌을 받는다.

사되고 있다. 그 작품에서(《변형》, 1권 150~243행) 보면 또 거인들의 몸을 퇴치하고 그들의 육신을 전멸시킨 후에, 대지(大地)는 주위에 흘린 자기 아들들의 피로 몸을 데우고 그 따뜻한 피에 영혼을 불어넣었으며, 그 거친 거인 종족의 흔적이 남지 않도록 인간이라는 종족을 만들어 냈다고 한다. 그러나 이 인간이라는 종족도 역시 거친 살인과 폭력을 좋아하고 신들을 멸시하는 종족이었다.

그러자 주피터(제우스)신은 이 인간 족속을 멸망시키려고 여러 신을 모아 의논한다. 그는 번개를 마음대로 다루고 여러 신들의 지배자인 자신을 리카온이 얼마나 간교하게 함정에 빠뜨렸는지에 대해 설명한다. 다시 말해 주피터 신은 시간의 허망함이 그의 귀에 도달했을 때 자기는 올림포스 산을 내려가 아르카디아에 도착했었다고 말하면서 자기가 한 일에 대해서 이야기를 계속한다. "나는 신이 내림하고 있다는 신호를 보냈다. 그러자 백성들은 기도를 하기 시작했다. 그러나 리카온은 이 경건한 기도를 먼저 비웃고 난 뒤에 '나는 이 자가 진짜 신인지 아니면 죽음을 피할 수 없는 존재인지 알아봐야겠다. 의심할 여지없이 후자일 것이다'라고 외쳤다. 내가 밤에 잠든 사이에 그는 나를 죽이려고 준비했다. 그처럼 그는 진실을 밝히는 일에 마음이 사로잡혀 있었던 것이다. 게다가 그는 그것으로도 만족하지 못하고 몰로스(Molosser) 족속에게서 잡아온 인질의 목을 칼로 베어서 절반 숨이 끊어진 그 육신을 일부는 물에 삶고 일부는 불에 구워 둘 다 음식으로 만들어 내놓았다. 나는 복수의 불길을 내려 그의 집을 태워서 재로 만들어 버렸다. 그러자 그자는 기겁하여 거기에서 뛰어 달아났다. 침묵의 벌판에 다다르자 그는 사방에 대고 흐느껴 울며 말하려고 했지만 헛수고였다. 그의 입 속은 분노로 가득하고 살생이 습관이 된 그는 그 욕구를 버리지 못하고 다시 짐승들에게 대들어 죽이고 그 피

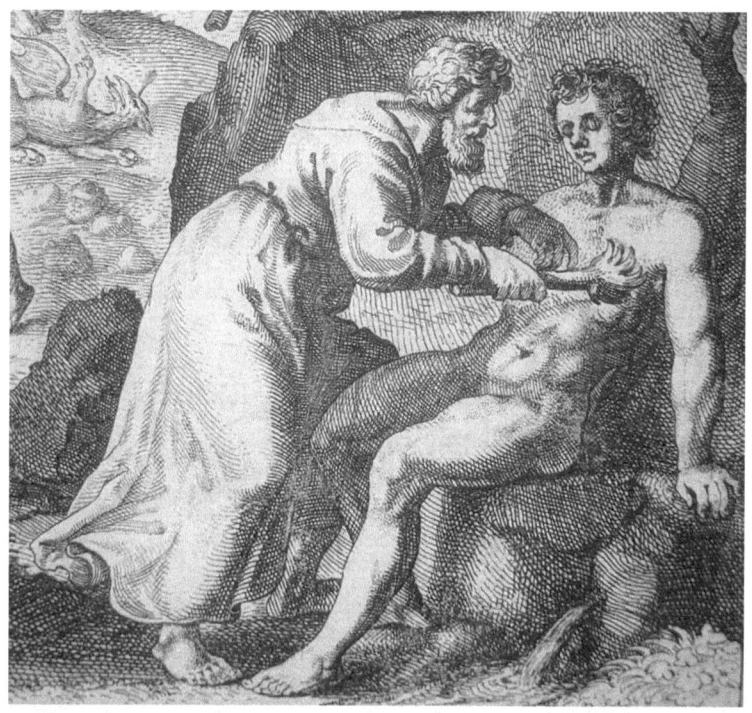

거인족 프로메테우스가 흙과 물로 인간을 창조하다. 오비디우스의 《변형(Metamorphosen)》 1637년판에 실린 삽화

를 보면서 다시 기뻐하고 있다. 이제 그의 옷은 털이 되고 그의 팔들은 정강이가 될 것이다. 그는 늑대로 변해 예전의 모습으로 돌아갈 것이다."

제비로 변한 프로크네(Prokne)의 이야기도 역시 이와 비슷하게 끔찍한 양상을 띠고 있다. 프로크네는 그녀의 남편인 테레우스에게 자기 여동생을 만나볼 수 있도록 해달라고 하면서, 자기가 여동생에게 가거나 여동생이 그녀에게 올 수 있도록 은혜를 베풀어 달라고 애걸한다(《변형》, VI, 440~676행). 그러자 테레우스는 서둘러 바다에 배를 띄우게 하며 돛을 올리고 노를 저어 피레우스의 해안에 닿는다. 그러나 그는 아내의 여동생 필로멜라와 만나자마자 그녀에 대한 불륜의 연정에 불타오른다. 그가 그녀와 드디어 함께 다시 출발하려 할 때 그녀의 아버지 판디온은 그에게 말하기를, 자신은 부친의 사랑으로 그 딸의 여행을 보호하겠으니 늙은 그에게 큰 위안이 되는 딸을 여행이 끝나는 대로 다시 곧 그에게 보내달라고 부탁한다. 그러나 항해 여행이 끝나자마자 테레우스는 얼굴이 창백해지고 떨면서 눈물까지 흘리며 공포에 사로잡힌 채 자기 언니가 어디 있느냐고 묻는 필로멜라를 감금하고, 아내의 쌍둥이 여동생인 그녀를 강제로 자기 첩으로 삼는다. 분노에 찬 필로멜라는 온갖 수치를 잊고 그의 잔악한 행위를 직접 폭로하겠다고 위협한다. 그러자 테레우스는 칼을 빼어 그녀를 붙들어 묶은 다음 그녀의 혀를 잘라버린다. 그런 다음에 그는 자기 아내에게 가서 흐느끼면서 그 여동생이 죽었다고 보고한다. 프로크네는 비탄에 젖어 몸에 걸쳤던 화려한 옷도 벗어던지고 상복을 걸친 채 빈 무덤에 비석을 세우고 여동생의 운명을 슬퍼한다. 사실은 그런 식으로 슬퍼해서는 안 되는 일인데 말이다. 그때 필로멜라는 무엇을 하고 있는가? 그녀는 목소리를 빼앗기고 갇혀 있지만 흉계를 꾸민다. 그녀는 자주빛 끈으로 흰 천에 테레우스가 저지른 범행을 알리는 내용을 수로 놓아 그 옷을 비밀리에 프로크네에게 보낸다. 그녀는 자기 여동생이 보낸 그 비잠한 소식을 읽고 난 다음 말은 하면서도 울음을 감춘 채 자신이 전적으로 형벌을 받는 환상 속에 빠져 산다. 때는 바야흐로 바커스(Bacchus)신을 숭배하는 축제의 계절이 되자, 고통과 분노에 휩싸인 그녀는 여동생이 있는 곳으로 달려가 그녀를 그 방에서 빼어내 데려간다. 그런 다음에 그녀는 자기 집 안에서 남편 테레우스에게 어떤 끔찍한 복수를 내릴까 고심하지만 결정을 내리지 못하고 있는데, 이때 아들 이티스(Itys)가 자기에게 다가온다. 그녀는 그 아들을 거친 눈으로 바라보면서 "저 애는 자기 아버지하고 닮았군"이라고 생각한다. 그녀는 더 이상 말을 하지 않고 처절한 행위를 저지르고 만다. 두 자매는 그 아이를 죽인 다음 그것으로 음식을 만들어 테레우스의 식탁 위에 올려놓자 그는 자기가 낳은 혈육을 모르고 먹어 버린다. 그런 다음에 그는 자기 아들이 어디에 있느냐고 묻는다. 그러자 프로크네는 그에게 "당신이 찾는 것은 바로 당신 몸 속에 들어 있다"고 말한다. 이에 테레우스는 자기 아들이 어디 있느냐고 둘러본다. 필로멜라는 피가 뚝뚝 떨어지는 아이의 머리를 그의 얼굴 앞에 들이댄다. 공포에 질린 그는 소리를 내지르며 식탁을 뒤엎고 자기 자신이 자기 아들의 무덤이 되었다고 외치면서 칼을 빼어든 채 판디온의 딸들 뒤를 쫓는다. 그러자 그 딸들의 몸에 날개가 솟고 그들은 그곳에서 도망친다. 한 사람은 숲 속으로 또 한 사람은 지붕 위로 날아간다. 테레우스 역시 고통에 사로잡힌 채 그들을 벌하려는 충동에서 새로 변하고 만다. 그는 이마 정수리에는 깃이 곤두서고 주둥이는 어울리지 않게 앞으로 튀어나온 모습으로 변한다. 그리하여 그 새는 '후루티'라는 이름을 갖게 되었다.

이에 반해 좀 더 가벼운 죄를 지은 대가로 생겨난 다른 변형의 이야기들이 있다. 즉 백조로 변한 시그누스(Cygnus)나, 아폴로 신의 첫사랑으로서 월계수가 된 다프네(《변형》, Ⅳ권, 451~567행)가 있으며, 해바라기로 변한 클리티에, 자신만을 사랑하여 여자를 경멸한 나르키소스는 수면 위의 자신의 모습을 본 다음 벌을 받아 모습이 변하며, 자기 오빠인 카우누스를 사랑하던 비블리시는 그가 자기를 무시하자 샘물로 변하고 만다(《변형》, Ⅸ권, 454~664행). 그리하여 그 샘물은 지금도 그녀의 이름을 간직한 채 어두운 떡갈나무 밑을 흐른다.

그러나 우리는 너무 세부적인 것들을 고찰하느라 방향을 잃어서는 안 되므로, 이제 나는 이를 건너뛰기 위해서 여신들인 피에리데스의 변형에 대해서만 더 언급하려고 한다.

오비디우스의 작품에서 보면 그들은(《변형》, V권, 302행) 피에로스의 딸들로서 뮤즈 여신에게 내기를 하자고 요구한다. 여기에서 우리에게 중요한 것은 단지 피에리데스와 뮤즈 여신이 부른 노래의 차이이다. 피에리데스는 신들의 전투를 찬양하는 노래를 부르면서(319~331행) 거인들에게 영광을 돌리고 위대한 신들의 행적을 하찮게 말하는 잘못을 저지른다. 즉 그들은 땅 속 깊숙한 곳에서 솟아 나온 티포에우스(Typhoeus)가 천상의 존재에게 공포를 불어넣자 그들 모두 그곳에서 도망치다가 결국 지쳐버린다. 그래서 그들은 이 땅을 취하게 되었는데, 티포에우스가 그곳에 이르자 위대한 신들은 자기 모습들을 변장시켜 숨었다고 피에리데스들은 이야기한다. 그들은 그 도망친 신들 족속의 우두머리가 주피터 신(제우스 신)이었고, 그래서 현재 리비아의 아몬신도 그때부터 굽은 뿔의 형상을 띠게 된 것이라고 노래한다. 그들은 또 노래하기를, 그때 델리에(Delier)신은 까마귀가 되었고 세멜레(Semele)의 후손은 염소가 되었고, 태양신 포이보스(후에 아폴로 신으로 바뀜—역자주)의 여동생은 고양이가 되었으며, 헤라 여신은 흰 암소로 변했고, 비너스 여신은 물고기 속에, 헤르메스 신은 따오기의 깃털 속에 자기들 몸을 감췄다고 한다.

다시 말해 여기서는 신들이 농불의 형상이 되는 치욕을 당하고 있으며, 비록 그들은 죄를 짓거나 나쁜 일을 저지르지는 않았지만 비겁했기 때문이라고 그런 모습으로 변한 것이라고 언급되고 있다. 그에 반해서 뮤즈 여신 칼리오페(Kaliope)는 케레스 여신의 자비로운 행적과 그녀에 관한 이야기를 다음과 같이 노래한다. "케레스 여신은 먼저 삽으로 물결을 휘저어, 그 물을 맨 먼저 농토의 과실과 풍요로운 식량에 대주었고 맨 처음으로 법을 만들어 냈다. 그러므로 우리는 모두 케레스 여신이 내려주신 선물이다. 나는 그녀를 찬미하지 않을 수 없다. 어찌 내가 그 여신처럼 노래의 선율을 맞출 수 있겠는가? 그 여신이야말로 참으로 찬양받을 만하다."

그녀가 노래를 끝내자 피에리데스는 자기들이 승리했다고 말한다. 그러나 그들이 막 말을 내뱉으려고 큰소리를 지르고 염치없이 손을 움직일 때, 그들의 손톱은 날개로 변하고 팔은 솜털로 덮이고 또 그들 입은 모두 뾰족한 주둥이로 변해 버리고 만다고 오비디우스는 묘사하고 있다(670행). 그 피에리데스는 자기들이 그렇게 변형되는 것을 보자 탄식하는데, 그때 그들의 몸은 움직이는 날개로 변하고 숲속에서 우는 까치로 변해 몸이 공중으로 붕 뜨고 만다. 그런데도 그들에게는 전에 그들이 목이 쉬도록 재잘거리고 끝없이 지껄이던 구변 좋던 버릇이 아직도 남아 있다고 오비디우스는 덧붙인다. 그처럼 여기에서도 역시 변형은 다시금 형벌로서 나타나며, 그것도 이러한 이야기들 가운데 많은 것들이 그렇듯이 신들에게 저지른 불경죄에 대한 형벌로 묘사되고 있다.

β) 더 나아가 그 밖에 또 인간과 신들이 동물로 변형된 것 가운데 알려진 것을 살펴보면, 예를 들어 여신 키르케(Circe)가 인간을 동물로 변하게 하는 힘을 가졌던 것처럼 그런 경우에는 죄가 변형과 직접 관련되지는 않지만, 그때 그 동물로 변한 상태는 적어도 일종의 불행과 굴욕으로 드러나며, 그것은 그것을 통해서 자기의 목적을 달성하려는 자에게도 역시 영예로운 일은 못된다. 키르케는 단지 지위가 낮은 간교한 여신에 불과했으며, 그녀의 위력도 단순한 마법으로 나타난다. 그리고 율리시스(오디세우스의 라틴어 이름—역자주)가 마법에 걸린 동료들을 그 마법에서 풀어주려고 애쓸 때 헤르메스 신이 나타나

그를 도와준다. 그와 비슷한 것으로 제우스 신이 취하는 다양한 형상들을 들 수 있다. 그는 에우로페(Europa)를 유혹하기 위해서 황소로 변하는가 하면, 백조가 되어 미녀 레아 곁으로 다가가기도 하며, 황금비가 되어서 다나에를 몰래 덮쳐 그녀를 잉태시키기도 한다. 그때마다 그는 속임수를 쓰는데 그것도 고상하거나 정신적이지도 못한 단순히 자연적인 목적을 위해 그렇게 한다. 그런 일들은 늘 아내인 헤라 여신에게 질투의 동기를 부여한다. 많은 고대의 신화들에서 중요한 규정을 이루는 일반적으로 생식(生殖)이라는 자연의 삶에 대한 관념이 여기서는 신들과 인간들의 아버지가 자신의 고유한 모습을 띠거나 대부분 인간적인 모습을 띠지 않고, 분명히 동물이나 그 밖에 자연형상의 모습을 띠고 저지르는 방종한 행실에 관한 개별적인 이야기로 다시 꾸며지고 있다.

γ) 여기에 이어서 끝으로 인간적인 것과 동물적인 것이 뒤섞여서 나타나는 잡종형상들이 있다. 이는 그리스 예술에서도 마찬가지로 제외되지는 않지만 동물적인 것은 하찮고 비정신적(非精神的)인 것으로 수용된다. 예를 들어 이집트인들에게서 숫양 멘데스(Mendes)는 신으로 숭배되었다(헤로도토스, 《역사》 제2권). 야블론스키[4]의 견해에 의하면(크로이처의 《상징주의》 제1권, 477쪽 참조)[5] 이 숫양은 생산력을 지닌 자연의 힘을 숭배한다는 의미에서, 즉 핀다르가 시사하듯이 여자들이 자신들을 숫양에게 희생하는 그런 굴욕적인 의미에서 숭배되고 있다

---

4) 야블론스키(Daniel, E. Jablonski, 1660~1741). 독일의 개혁파 신학자.
5) 이는 좀 더 정확히는 《고대 민족들, 특히 그리스인들의 상징표현과 신화 (Symbolik und Mythologie der alten Völker, besonders der Grieche)》로 전4권이며 1810~1812년에 출간되었다.

는 것이다. 그에 반해 그리스인들에게 있어서 목양신(Pan)은 두려움을 야기하는 신이 현존하고 있는 것으로 간주되었으나, 후에 가서 그러한 목양신이나 반인반수 따위의 신들에서는 단지 짤막한 발이나 귀엽게 뾰족이 솟아나온 귀나 작은 뿔 등에만 숫양의 모습이 나타난다. 그 형상의 그 밖의 부분들은 인간적인 모습을 띠고 있으며, 동물적인 모습은 신체의 나머지 하찮은 부분들로 밀려나 있다. 그럼에도 불구하고 고대 그리스인들에게서 목양신은 숭고한 신이자 정신적인 위력으로서 가치를 지니지 못하고, 오히려 그들의 특성은 감각적이고 방종한 쾌락성을 띠고 있는 것으로 머물렀다. 물론 그들의 모습은 예를 들어 어린 바커스 신을 팔에 안고 미소를 띤 채 그를 바라보고 있는 아름다운 목양신(이 신상은 뮌헨에 소장되어 있음—역자주)이 매우 사랑스럽고 다정해 보이듯이 좀 더 깊은 표정을 띠고 있는 것으로 묘사되기는 한다. 그는 그 바커스 신의 아버지가 아니라 단지 그를 양육하는 자일뿐인데도 그에게 아이의 순진무구함에 대해 기쁨을 느끼는 아름다운 감정이 곁들여진다. 이는 낭만적인 예술에서 성모 마리아가 어린 그리스도에 대해 느끼는 감정처럼 숭고한 대상으로 격상된다. 그러나 그리스인들에게 있어서는 이 같은 아주 감미로운 사랑은 여전히 가장 저급한 목양신의 영역에 속하는 것으로, 이는 설명하자면 그것의 근원은 동물적인 것, 자연적인 것으로부터 나온 것이며 따라서 역시 이 영역에 속하게 되는 것이다.

그와 비슷하게 중간 형태를 띤 것으로 또 켄타우루스가 있다. 이 존재 안에서는 마찬가지로 감각성과 욕망이라는 자연적인 측면이 주로 드러나면서 정신적인 것은 뒤로 밀려나게 하고 있다. 물론 키론(Chiron)은 더 고상한 인물이자 능란한 의사이면서 아킬레우스를 교육시키는 자이다. 그러나 아이의 교육자로서 이렇게 가르치는 일은 신적(神的)인 영역 자체에 속하는 것은 아니고 인간적인 능숙함 및 지혜와 관련된다. 이런 식으로 동물의 형상이 갖는 관계는 다른 데서는 긍정적이고 절대적인 것을 표현한 것이었던 반면에 고전적인 예술 속에서는 사악함, 조악함, 하찮은 것, 자연스러운 것 그리고 비정신적인 것의 표시로 사용되면서 모든 측면에서 뒤바뀐다.

2. 옛 신들과 새로운 신들의 투쟁

이같이 동물들의 위상이 격하되는 것이 맞서서 이제 좀 더 고차적인 두 번째의 단계인 고전적인 예술에 와서 등장하는 참된 신(神)들은 —정신적인 주체는 스스로 안거하는 힘으로서 자유로운 자의식을 그 내용으로 삼으므로— 오직 지혜롭고 의지(意志)를 지닌 자로서, 말하자면 정신적인 위력으로서 직관된다. 이때 신들의 형상을 취하는 *인간적인 것*은 단지 상상력의 힘으로 수정되어 내용에 덧붙여진 단순한 형태가 아니라, 의미와 내용, 내면 자체 안에 들어 있는 것이 된다. 그러나 신성한 것은 대체로 본질상 자연과 정신이 통일된 것으로 이해되어야 한다. 양쪽은 모두 절대자가 지닌 속성이며, 이 양쪽이 조화를 이룰 때 그 속에서 서로 나른 방식으로 드리니는 것들이 각기 다른 예술형식이나 종교의 단계를 구성한다. 우리의 기독교적인 관념에 따르면 신은 자연과 정신세계를 창조한 자이고 그 주인이며, 따라서 자연 속에 직접 존재하는 것들보다 물론 우월하다. 왜냐하면 신은 우선 자신 속에 귀의하는 자로서, 정신적이고 절대적인 대자존재인 참된 신이기 때문이다. 그러나 제한되고 구속하는 자연에 대립할 수 있는 것은 오직 유한한 인간정신뿐이다. 인간정신은 이 자연을 이론적으로 사색하고 그것을 이해하며 실천적으로는 정신적인 이념, 선한 이성(理性)과 자연 사이에서 조화를 이루며 자신의 현존성을 극복하고 스스로 무한한 존재로 고양된다. 이 무한한 활동이 바로 신이다. 왜냐하면 신에게는 자연을 지배하는 힘이 주어져 있고 자신은 그 무한한 활동이자 지혜로운 자이며 의지이기 때문이다.

그와는 반대로 원래의 상징적인 예술에서는 내적이고 이념적인 것이 직접적 자연과 연결되어 일치되어 있음을 우리는 보았다. 따라서 상징적 예술은 자연을 내용과 형식상 주요한 목적으로 삼았다. 그래서 태양과 나일강, 바다, 땅, 생성, 소멸, 생산, 그리고 다시 생산되는 자연적인 과정과 일반적인 자연의 생명이 교체되는 흐름 속에서 신이 현존한다고 보고 그 자연을 바로 생명으로 숭배했다. 그러나 이러한 자연의 위력들은 이미 상징적 예술 속에서 의인화되면서 정신과는 대립했었다. 이제 고전적 예술에서 요구하듯이 신들이 자연과의 조화를 이루면서 정신적인 개체들로 머물러야 한다면 상징적 예술에서처럼 단순히 의인화(擬人化, Personifikation)하는 것만으로는 충분하지 못하다. 왜냐하면 의인화는 단지 보편적인 위력이나 자연적인 효력을 내용으로 삼을 때는 그저 형식적인 것에 그칠 뿐 내용으로 파고들어 가지 못하며, 설혹 내용으로 파고들어 가더라도 정신과 정신의 개체성을 현존재로 드러내지 못하기 때문이다. 그러므로 앞서 우리가 가치 하락된 동물성을 고찰했듯이 이제 고전적 예술에서는 보편적인 자연의 위력도 필연적으로 가치 하락되고 정신적인 것에 대립되는 역(逆)현상이 일어난다. 그러나 이때에는 의인화 대신에 *주관성*이 중요한 규정이 된다. 그러나 다른 한편으로 고전적인 예술에 등장하는 신들은 자연의 위력이기를 멈춰서는 안 된다. 왜냐하면 여기서 신은 아직도 그 자체 절대적이고 자유로운 정신으로 표현되지는 못하기 때문이다. 그러나 숭고한 예술에서처럼 신이 *하나의* 실체이자 오직 추상적이고 이념적인 지배자로 표현되거나, 또는 기독교에서처럼 완전한 자유를 지닌 구체적인 정신으로 정신적이면서 동시에 개체인 인격으로서 대자존재적인 순수한 요소로 고양될 때, 자연은 단지 봉사하는 피조물로서 그와 차이가 나고 그것을 만들어낸 주인인 창조주과 관계를 맺게 된다. 그러나 고전적 예술관념에서는 양쪽 다 해당이 안 된다. 고전적 예술에서는 신은 *아직*은 자연의 주인이 못된다. 왜냐하면 그 신의 내용이나 형식이 되는 것은 아직 절대정신이 아니기 때문이다. 신은 더 이상 자연의 주인이 아니다. 그 이유는 신의 위치에서 떨어져 나간 자연사물들과 인간적인 개체성이 지닌 숭고한 상태는 중지되어 미(美)로 경감되었기 때문이다. 그 미 속에서 보편적인 것과 개별적인 것, 정신적인 것과 자연적인 것 양쪽에는 예술적으로 표현될 권리가 조금도 줄지 않고 부여된다. 고전적 예술에서 표현되는 신에게는 아직 자연적인 위력이 남아 있어도 그 위력은 보편적이고 포괄적인 자연의 위력이 아니라 태양이나 바다 같은 특정하면서 한정된 효력, 즉 대개는 특수한 자연의 위력이다. 그 위력은 정신적인 개체로 현상하고 이 정신적인 개성을 그 원래의 본질로 지닌다. 우리가 이미 앞에서 보았듯이 이제 고전적인 이상(理想)은 직접적으로 주어져 있지 않고 정신의 형상에 부정적(否定的)인 것이 지양되는 과정을 통해서 비로소 등장할 수 있다(das klassische Ideal nicht unmittelbar vorhanden ist, sondern erst durch den Prozeß, in welchem sich das der Gestalt des Geistes Negative aufhebt, hervortreten kann). 따라서 옛날의 종교적인 표상이나 예술관 속에 기원을 둔 조야하고 미적이지 못한 거칠고 괴상한 것을 변형시키고 그 가치를 고양시키는 일은 고대 그리스 신화에서 주된 관심사가 되고 특수한 의미들을 지닌 특정한 영역을 표현해야 할 것이다.

이제 우리는 이러한 주요 사항들을 좀 더 자세히 고찰하게 될 때, 나는 곧 고대 그리스 신화에 나타나는 다채롭고 다양한 표상들을 역사적으로 연구하는 것은 여기서 우리가 할 일이 아니라는 것을 전제하지 않을 수 없다. 이 점에서 우리는 단지 그와 같은 변형들의 본질적인 계기들 하고만 관계하게 된다. 왜냐하면 그 변형을 이루는 계기들이 고전적 예술의 형식과 내용의 본질적인 계기로 드러나기 때문이다. 그에 반해서 우리는 여기서 수많은 특정한 신화나 설화, 이야기, 지역성과 상징성에 관계되는 것들, 이러한 광범한 소재들을 한쪽으로 젖혀 놓고 예를 드는 방식으로 몇 가지만 상기해야 한다. 왜냐하면 그러한 것들은 새로운 신들 안에서도 여전히 권한을 갖고 부수적으로 예술형태로 나타나기는 하지만 우리가 지금 고찰하면서 주력하는 원래의 중요한 사항에는 속하지 못하기 때문이다. 우리는 우리가 지금 나아가고 있는 이 과정을 대개 조각사(史)의 발전과정과 비교할 수 있다. 왜냐하면 조각은 신들의 모습을 만들 때 그 참된 형상을 감각적으로 드러나게 하는 것으로서 고전적 예술의 독특한 중심을 이루기 때문이다. 물론 그 완성을 위해 시문학은 스스로 안거하는 객관성과는 달리 신과 인간들에 대해 묘사하거나 또는 신들과 인간들의 세계를 그들이 행동하고 움직이는 모습 속에서 표현한다. 하늘에서 떨어진 형체 없는 돌이나 나무덩치를 변형시켜—고대 로마인들은 화려한 사신 행렬을 보내 소아시아의 페시누스(Pessinus, 지금의 터키 지역—역자 주)의 위대한 여신상을 로마로 가져오도록 시켰지만—인간적인 형상이나 자태로 만드는 일이 조각의 주요한 요소였듯이, 우리도 역시 이 자리에서 비형태적이고 조야한 위력들로부터 시작해서, 그 형상들이 개체적인 정신성으로 고양되고 확고한 형상으로 수렴되어 발전해 가는 단계를 서술해야 한다. 이와 관련해서 우리는 각기 다른 세 주요한 측면을 구분할 수 있다.

첫째, 우리의 주의를 요구하는 것은 신들의 지혜와 의지를 형태 없이 자연 존재들을 통해서 알리는 *신탁(神託, Orakel)*이다.

둘째로 중요한 점은 일반적인 자연 위력들 및 권리가 지닌 추상성 따위이다. 이는 참되고 정신적인 신의 개체들이 탄생한 장소로서, 그 개체적인 신들의 근원을 이루며 그들이 생성되고 활동하기 위한 필수적인 전제이다. 이처럼 전제가 되는 것은 바로 새로운 신들과는 구분되는 옛 신들이다.

마지막 *셋째로*, 이상(理想)을 향해가는 절대적으로(an und für sich) 필연적인 과정은 먼저 자연활동들과 아주 추상적이고 정신적인 상태들을 피상적으로 의인화한 것들이 스스로 저급하고 부정적인 것으로 싸워 퇴치되는 데 있다. 이러한 가치하락을 통해서 독자적이고 정신적인 개성과 그것의 인간적인 형태 그리고 행위는 이론의 여지가 없이 우세하게 변해간다. 그리스 신화에서 이러한 변형은 고전적인 신들의 발생사(發生史)에 있어 원래 중심을 이룬다. 이는 옛 신들과 새로운 신들의 투쟁과 거인들의 몰락, 그리고 제우스 신이 이끄는 신들의 족속이 승리하는 이야기 속에 소박하면서도 분명한 방식으로 소개되고 있다.

a. 신탁

이제 *첫째로 신탁(神託)*에 관해서 보면, 우리는 이 자리에서 그것에 대해 광범한 언급을 할 필요는 없다. 다만 중요한 점은, 예를 들어 고대의 파르시 교도들은 나프타 기름이 나는 지역이나 불 따위를 경배했고 또 고대 이집트인들에게서 신들은 탐구할 수 없는 신비에 가득 찬 침묵과 수수께끼의 존재로 머물렀다면, 이제 고전적인 예술에서는 더 이상 자연현상들 자체를 숭배하지 않고 신들은 스스로 지혜와 의지를 지닌 존재로서 자신들의 지혜를 자연현상을 통해 인간에게 알린다는 데 있다. 그러므로 고대의 헬레나인들(Hellenen)[6]이 도도나(Dodona)의 신탁에게 야만인들로부터 전래된 신들의 이름을 그대로 받아서 써야 할지 말아야 할지에 대해 묻자, 신탁은 그 이름을 그대로 사용하라고 말한다(헤로도토스, 《역사》 제2권).

α) 신들이 자신들을 계시(啓示)하는 표식은 대개는 아주 간단했다. 즉 도도나(Dodona)에서는 성스러운 떡갈나무의 살랑거림과 속삭임, 샘물의 졸졸거리며 흐르는 소리, 쇠그릇이 바람에 부딪쳐 내는 소리 따위가 신탁으로 여겨졌다. 마찬가지로 델로스의 신탁에서는 월계수가 살랑거리며 속삭여댔고, 델피의 신전에서는 청동으로 된 삼각대(三脚臺, 이는 델피의 신전에 있는 솥밭 모양을 한 좌석으로, 그 위에 무당이 앉아서 신탁을 말했다—역자주)에서도 바람이 불 때가 가장 중요한 순간이었다. 그러나 그러한 직접적인 자연의 소리 외에도 인간 자신이 오성을 갖고 각성해 있는 상태로부터 벗어나 도취된 자연상태로 들어가 흥분한 가운데서 신탁을 말할 때도 있었다. 예를 들면 델피(Delphi)의 피티아(Pythia)[7]는 증기를 쏘이면 정신이 몽롱해져서 신탁의 말을 내뱉기도 했고, 트로포니우스(Trophonios)의 동굴에서는

---

[6] 그리스인들은 고대에는 자신들을 '그리스인'이라 부르지 않고 헬레나의 자손이라 해서 '헬레나인'이라고 불렀다.
[7] 델피(Delphi)의 피티아(Pythia). 이는 델피에 있는 아폴로 신전의 여사제의 호칭이다.

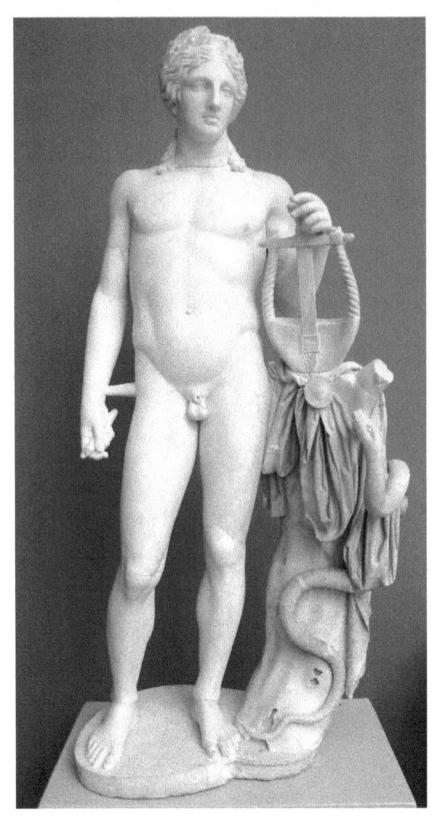

아폴로 신. 서기 2세기에 만들어진 조각상으로 아폴로 신의 속성(屬性)인 리라(lyre)를 들고 있으며 뱀인 피톤(Python)이 곁에 웅크리고 있다. 뱀은 고대에 '지혜, 교활함'을 뜻하기도 했다. 그러나 이 피톤은 그리스 신화에서 아폴로 신에게 죽임을 당한다. 지혜는 오직 아폴로 신에게만 주어져야 한다는 신화적인 상징성을 형상화하는 듯하다

신탁을 묻는 자의 얼굴을 보고 거기에서 답을 얻어내기도 했다.

β) 그러나 이처럼 외적으로 나타나는 것에 첨가되는 또 다른 측면이 있었다. 신탁(神託)에서 *신은 지혜로운 자*로 가정되고 그래서 가장 훌륭한 신탁은 지혜의 신인 아폴로에게 맡겨진다.

그러나 그 신이 자기 의지를 드러내는 형태는 완전히 정해져 있는 것은 아니고 자연적인 것, 즉 자연의 소리나 전혀 관련이 없는 말들의 소리로 머물곤 한다. 이처럼 불투명한 형태 속에서 드러나는 정신의

내용 자체는 애매모호하므로 *해석*과 설명이 필요하다.

γ) 이를 해석하는 일은 비록 처음에는 단순히 자연적인 것 안에 주어진 영적(靈的)인 신의 계시 형태로 의식(意識)되지만, 그럼에도 불구하고 불분명하고 이중적인 의미를 띤 것으로 머문다. 왜냐하면 신은 지혜와 의지를 지닌 구체적인 보편성이기 때문이다. 신탁이 밝혀주는 신의 충고와 명령도 역시 그런 식이어야 한다. 그러나 보편자는 일면적이거나 추상적이지 않고 구체적인 것으로서 한 측면만이 아니라 다른 측면도 포함하고 있다. 이제 인간은 전지(全知)한 신에 비해 무지(無知)한 존재로 서 있으므로, 그는 신탁의 말조차도 무지한 상태에서 받아들인다. 다시 말해서 신의 구체적인 보편성은 인간에게는 분명히 알려지지 않으므로, 인간은 신의 말씀에 따라 행동하려고 결심할 때 신의 이중적(二重的)인 계시로부터 어느 한 측면만 선택할 수 있다. 왜냐하면 어떤 행동이든 특수한 언제나 상황 속에서 *정해지며*, 오직 어느 한 측면에서만 결정되고 다른 측면은 배제되어야 하기 때문이다. 그러나 인간이 행동하고 그럼으로써 그의 행위가 되고 그가 책임져야 하는 일이 실제로 이행되자마자 곧 그는 충돌(Kollision)에 빠진다. 그는 그 신탁의 말 속에 함축되어 있던 또 다른 측면이 갑자기 자신의 머리에 떠오르는 것을 보게 되는 것이다. 그리고 그의 지식과 의지에 반해서 그 자신은 몰라도 아마 신들은 알고 있을 그의 행위에 의해 야기하는 운명에 엄습된다. 거꾸로 신들은 다시금 특정한 위력들로서 그것이 표현되고 스스로 피규정성의 특성을 띠게 되면, 예를 들어 오레스테스로 하여금 복수를 하도록 충동하는 아폴로 신처럼 바로 그러한 피규정성 때문에 충돌로 나아가게 한다. 신탁 속에 들어 있는 신의 내적인 지혜를 받아들이는 형식은 한편 그 신탁의 말이 전적으로 비

규정적이고 외적인 것이자 추상적인 내면성이므로 내용은 그 신탁이 지닌 이중적인 의미 때문에 분열의 가능성을 지닌다. 그러므로 고전적인 예술에서는 조각 아닌 시문학, 특히 극(劇) 작품 속에서 신탁이 중요한 내용의 한 측면을 구성한다. 왜냐하면 신탁에서 인간의 개체성은 주체가 아직 자기 행동에 대해 전적으로 자기의 결정에 따른다는 첨단의 내면성으로까지는 올라가 있지 않기 때문이다. 우리가 생각하는 의미에서의 양심은 여기서는 아직 그 자리를 차지하지 못하고 있다.

고대 그리스인은 좋은 행동이든 나쁜 행동이든 종종 자신의 열정에 따라 행동했다. 그의 영혼을 감화시키는 순수한 열정인 파토스는 신으로부터 오는 것이었고, 그러한 파토스가 지닌 내용과 위력은 보편적인 것이었다. 그때 영웅들은 직접 그 파토스에 사로잡히거나, 또는 그들에게 행동할 것을 명령하는 신들을 직접 눈앞에 볼 수 없을 때에는 신탁에 의지하여 조언을 구했다.

b. 새로운 신들과 구별되는 옛 신들

신탁에서는 지혜와 의지를 가진 신들 안에 그 내용이 들어있지만 그러나 외적으로 드러나는 형태는 추상적인 외면성이자 자연적인 것이다. 그리고 또 한편으로는 자연적인 것이 그 보편적인 위력들(die allgemeinen Mächte)과 효력에 따라 내용이 된다. 거기에서 먼저 독자적인 개성이 솟아나오고 그 다음에는 형식적이고 피상적으로 의인화된 것만을 그 형태로 지니게 된다. 이 같은 단순한 자연위력들을 퇴치하는 일, 즉 모순과 대립을 통해 그것들을 극복하게 되는 것이 바로 원래 고전적인 예술이 이룩한 공(功)이었다. 따라서 우리는 이를 좀 더 자세히 검토하는 것이 중요하다.

 α) 이와 관련해서 우리가 다음에 언급할 수 있는 것은 아래와 같다. 즉 우리는 숭고한 세계관이나 일부 인도의 세계관에서처럼 모든 사물의 시작이 되고 그 자체 완성된 비감성적인 신과 관계하지 않고 자연신들, 그것도 우선은 자연 속에 있는 보편적인 위력들, 즉 고대의 카오스(Chaos, 혼돈의 신)나 탄탈로스, 에레보스, 그리고 황량한 지하세계의 신들, 더 나아가 우라노스, 가이아 여신, 거인족(또는 '티탄족'이라고도 함—역자주) 이후에 등장하는 에로스, 크로노스 등과 관계한다. 그런 다음에 이런 신들로부터 먼저 헬리오스(태양신), 오케아노스(해양신) 등과 같은 특정한 위력들이 생겨나며, 이들은 나중에 가서 정신적인 개성을 지니는 신들의 근간이 된다. 따라서 여기서는 다시금 상상력에 의해 가공되어 예술로 형상화된 신들의 탄생론(Theogonie)과 우주생성론(Kosmogonie)이 등장한다. 그러나 거기에서 나온 최초의 신들은 한편으로 아직 무규정적인 성격을 띤 존재로 직관되거나 무절제한 것으로 확대되며, 다른 한편으로 그러한 신들 자체는 아직도 상징성을 띠고 있다.

 β) 이처럼 고대 그리스 신화에 등장하는 거인들의 신족(神族)이 지닌 위력들 가운데서도 좀 더 규정성을 띠고 차이를 드러내는 존재들이 있다. 이들은 다음과 같다.

 αα) *첫째*는 땅과 금속이 지닌 위력으로서, 이러한 것들에는 정신적이거나 도덕적인 내용이 깃들어 있지 않으므로 무절제하고 조야하며 거친 성질을 띠고 있다. 이런 것들은 고대 인도나 이집트인들의 상상력 속에 등장하는 것처럼 거대하고 일그러져 있으며 형체가 없다. 그와 같은 자연적인 거대한 위력들은 예를 들어 브론테스, 스테론피스

같은 또 다른 자연의 특성들이나 백수(百手)의 거인 브리아레우스, 가이에스 같은 거인들 따위 같은 다른 자연의 특수성들과 함께 먼저 우라노스(Uranos, 천공(天空)의 신)의 지배하에 들어갔다가, 다음에는 다시 거인족들 가운데 주신(主神)인 크로노스(Kronos, 시간의 신)의 지배하에 들어간다. 이 신은 *시간*에 해당되는 것으로, 시간이 자신이 낳은 모든 것들을 다시 소멸시켜 버리듯이 크로노스도 자신이 낳은 모든 아이들을 삼켜 버린다. 이러한 신화 속에는 상징적인 의미가 빠져 있지 않다. 왜냐하면 자연의 삶은 실제로 시간에 종속되고 오직 일시적으로 머물다가 지나가버리는 것들만 존재하게 하기 때문이다. 이는 단지 한 민족이나 종족으로만 머물 뿐 국가를 세우거나 스스로 확고한 목적을 추구하지 못한 한 민족이 선사시대만을 갖고 있을 뿐 역사시대가 없이 시간의 힘에 지배되고 마는 것과 같다. 그러나 계속 확고하게 존재하는 것은 한 민족이 사라진 후에도 법과 윤리와 국가 속에서 계속 존재한다. 이는 마치 자연의 삶과 현실 속의 행동으로서의 덧없이 흘러가 시간 속에서 소멸되어 버리는 모든 것에 뮤즈 여신이 지속성과 확고함을 부여하는 것과 같다.

ββ) 그러나 더 나아가 이 같은 옛 신들의 영역에는 단지 자연적인 위력들 자체뿐만 아니라 또 자연의 원소(元素)들을 지배하는 위력들도 속해 있다. 특히 아직도 거친 자연의 원소들인 공기, 불, 물의 힘을 이용해서 쇠를 일차적으로 가공하는 일은 중요하다. 우리는 여기서 크리바덴, 텔키넨 같은 신들이나, 선행도 하고 악행도 저지르는 데몬들(Dämonen, 일종의 악마들), 산으로 보내져 거기에서 쇠 달구는 일을 하는 배가 뚱뚱한 페타겐이나 피그멘, 난쟁이 등을 그 예로 들 수 있다.

그러나 옛 신들로부터 새로운 신들의 세계로 넘어가는 과정에서 특히 탁월한 위력으로 등장하는 프로메테우스(Prometheus)를 언급할 필요가 있다.8) 프로메테우스는 독특한 성격을 지닌 거인으로서, 그에 관한 이야기는 특별히 주목할 만하다. 그는 그의 동생 에피메테우스와 함께 먼저 새로운 신들에 대해 우호적으로 등장한다. 그런 다음에 그는 새로운 신들과 옛 거인족의 신들 사이의 관계와는 무관한 인간들에게 호의를 베푸는 존재가 된다. 그는 인간들에게 불을 가져다주고 그럼으로써 인간들이 그들의 욕구를 충족시키고 기술 따위를 익히게 할 가능성도 심어준다. 하지만 그런 것들은 더 이상 자연적인 것이 아니며, 그래서 얼핏 거인족과는 아무런 밀접한 관계가 없어 보인다. 이 행위에 대한 대가로 제우스 신은 프로메테우스에게 형벌을 내리며, 결국에 가서는 영웅 헤라클레스가 그를 그 형벌의 고통에서 구해 준다. 얼핏 보기에 이러한 모든 주요한 특징들 속에는 원래 거인족이 갖고 있는 특징은 전혀 들어 있지 않다. 사실, 프로메테우스가 케레스 여신처럼 인간에게 호의를 베푸는 존재이면서도 옛 거인족의 위력에 속한다는 데서 일관성이 없다는 것을 발견할 수도 있다. 그러나 좀 더 자세히 고찰하면 이러한 모순은 곧 사라진다. 이 점에 대해서는 예를 들어 플라톤의 저서 속 몇몇 대목에서 이미 충분히 해명하고 있다. 즉 손님을 초대한 사람이 젊은 소크라테스에게 설명하는 이야기에서 보면, 천신 크로노스(Chronos, 시간)의 시대에 인간들은 흙에서 생겨났으며 그 신 자신이 그 모든 것을 보살폈다고 한다. 그러나 그 후 그에 대립하는 움직임이 일어나 지상은 스스로를 책임지게 되었다. 그리하여 짐승들은 거칠어지고, 지금까지 먹을 것을 비롯해 그 밖에 필요한 모든 것을 직접 자연으로부터 공급받았던 인

---

8) 독일 정신사 가운데서 특히 고전주의 시대에는 여러 사상가들이 고대 그리스 신화 중 '프로메테우스'가 인간에게 가장 호의적이었고 인간에게 가장 많은 도움을 주었던 신이라 해서 그에게 찬사를 보냈다. 특히 괴테는 젊은 시절에 이런 주제로 유명한 〈프로메테우스〉라는 시를 썼다.

간들은 이제 조언도 도움도 받지 못하게 되었다. 이렇게 되자(《국가론(Politeia)》, 274) 프로메테우스에 의해 인간들에게 불이 전해졌지만, 그러나 기술(τέχναι[téchnē])은 불의 신 헤파이스토스와 그의 보조자인 아테네 여신이 전해 주었다. 여기에는 불과 자연의 물질을 다루는 숙련성이 거친 원료를 가공해서 산출해내는 사이에는 분명한 차이가 있다. 프로메테우스에게는 단지 인간에게 불을 선물했다는 공만 돌아가고 있다. 더 나아가 플라톤은 《프로타고라스(Protagoras)》(320~323년)에서 프로메테우스 신화에 대해 이야기하고 있는데 그 내용은 다음과 같다.

옛날에 신들은 존재했지만 죽음을 피할 수 없는 유한한 종족들은 없었던 시대가 있었다. 그러나 이런 유한한 종족들이 생성될 특정한 시간이 다가오자, 신들은 그들을 땅 속에서 흙과 불, 그리고 불과 흙으로 합쳐진 것들과 섞어서 만들어냈다. 그런 다음에 신들이 그런 존재들을 세상에 내놓으려 했을 때, 그들은 프로메테우스와 에피메테우스[9] 형제를 시켜서 그들 각자에게 분수에 맞게 힘을 나누어 주도록 했다. 그러나 에피메테우스는 프로메테우스에게 자기가 모든 것을 다

---

[9] 프로메테우스(Prometheus)는 그리스어로 '먼저 아는 자' 라는 뜻이며 에피메테우스(Epimetheus)는 '나중에 아는 자' 라는 뜻으로, 일찍이 고대 그리스인들은 '지혜(知慧)' 가 인간과 관련해서 갖고 있는 양 측면을 이렇게 의인화했다. 헤시오도스의 《신통기(神統記)》에 보면, 프로메테우스는 신의 불을 훔쳐다 인간에게 주어 인간을 도와주었다. 그러자 제우스는 인간들을 벌하기 위해 대장장이 신 헤파이스토스에게 명하여 인류 최초의 여자인 판도라를 만들게 하고, 그녀를 아름답게 꾸며서 지상으로 내려 보냈다. 프로메테우스는 판도라를 경계하였으나 그의 동생 에피메테우스는 그의 어리석음대로 그녀를 아내로 맞아들였다. 판도라가 호기심으로 그녀가 선물로 받은 상자의 뚜껑을 열었을 때 그 속에 들어 있던 인류의 온갖 불행이 쏟아져 나왔으며, 오직 하나 희망만이 그 속에 남았다. 이 신화는 인간의 지혜와 어리석음, 행복과 불행의 근원을 하나의 사건으로 연결해서 관조하고 있다.

분배할 수 있게 해달라고 간청하고는, 혼자서 그 일을 처리한 다음에 "이제 분배가 다 끝났으니 보라"고 말한다.

    그러나 에피메테우스는 서투르게도 그 모든 능력들을 짐승들에게만 분배했으므로 인간에게는 아무것도 남은 것이 없었다. 그리하여 이제 프로메테우스가 와서 보니, 다른 모든 생명체들은 나름대로 지혜롭게 갖춰졌지만 인간만은 벌거벗은 채 신도 신지 않았고 덮을 것도, 무기도 갖추고 있지 않은 것을 발견한다. 그러나 이미 정해진 날이 다가와 인간도 땅 속에서 나와 빛이 비치는 세계로 나가야 할 때가 되었다. 이에 인간에게 어떤 도움을 줘야겠다고 생각한 프로메테우스는, 헤파이스토스와 아테네가 공동으로 지니고 있는 지혜의 불을 훔쳐서―왜냐하면 불이 없이는 지혜를 소유하거나 이용하는 일이 불가능하므로―이를 인간에게 가져다준다. 그럼으로써 이제 인간은 비록 살아가는 데 필요한 지혜는 갖추게 되었지만 그러나 책략(Politik)은 갖추지 못했다. 왜냐하면 이것은 아직도 제우스 신의 소유였기 때문이다. 그러나 프로메테우스에게는 제우스 신의 성채(城砦)로 들어가는 일이 더 이상 허용되지 않았다. 그 성채 주변에는 또 제우스 신의 무서운 경비병들이 지키고 서 있었다. 그러나 그는 헤파이스토스와 아테네 여신이 기술을 실제로 만들어 활용하는 방으로 몰래 들어가 헤파이스토스의 불을 다루는 기술과 아테네 여신의 직물 짜는 기술을 훔쳐서 이를 가져다 인간에게 선물한다. 그리고 여기에서 바로 인간에게는 삶을 충족(sünogia toü ßiou, 이는 본문에서 그리스어를 로마자로 음역(音譯)되어 씌어 있다―역자주)시킬 능력이 생겨나게 되지만, 그러나 이야기했듯이 프로메테우스는 에피메테우스 때문에 나중에 불을 훔친 데 대한 벌을 받는다. 그런 다음에 곧 다음에 이어지는 대목에서 플라톤은 묘사하기를, 그럼에도 불구하고 인간에게는 자신을 보존하기 위해 동물에 대항해 싸울 수 있는 기술―그것은 책략의 일부에 불과할진데―도 역시 부족했으며 그래서 그들은 도시 안에 함께 모여 살게 되었다고 말한다. 그러나 거기에서도 그들에게는 국가조직이 없었기 때문에 서로를 해치면서 다시 분산되었으므로, 제우스 신은 헤르메스 신을 통해서 그들에게 수치심과 법(法)을 내려 보낼 필요가 있었다고 한다. 이러한 대목들에서는 인간의 물질적인 안락, 우선적인 욕구들의 충족을 위한 배려와 관련된 직접적인 삶의 목적들과 정신적인 것, 관습, 법, 소유권, 자유, 공동체의 존재를 목적으로 삼는 국가조직 사이에 분명히 차이가 있음이 강조되고 있다.

이 윤리적인 것, 법적인 것을 프로메테우스는 인간에게 주지 않고, 다만 자연 대상들을 이기고 인간의 욕구를 위한 수단으로 사용하는 기술만을 가르쳐 주었다. 불과 불을 사용하는 숙련성 자체 속에는 윤리적인 것은 아무 것도 들어 있지 않다. 직물을 짜는 기술도 마찬가지로 그런 것들은 우선은 자기 욕구와 개인적으로 이용하는데 쓰일 뿐, 인간 존재의 공통점이나 삶의 공공성과는 관련이 없었다.

프로메테우스는 인간에게 보다 더 정신적이고 윤리적인 것은 아무 것도 부여하지 못했기 때문에, 그도 역시 새로운 신들의 계열에 들지 못하고 옛 거인족의 신들에게 속할 수밖에 없다. 헤파이스토스도 역시 불과 그와 관련된 효력을 자신의 영향력으로 발휘할 소지를 갖고 있으면서도 새로운 신들의 계열에 속하고 있다. 그러나 제우스 신은 그를 올림포스 산에서 아래로 쫓아내 버렸으므로 그는 절름발이 신으로 남게 되었다. 그러므로 만약에 우리가 프로메테우스처럼 인간 종족에게 좋은 일을 하는 것으로 드러난 케레스 여신이 새로운 신들의 계열에 속하는 것으로 보더라도 이 또한 모순이 되지는 않는다. 왜냐하면 케레스 여신이 가르쳐준 것은 농사일이었는데, 이는 곧 소유 그

〈죽음의 승리〉(1510~1520)라는 제목으로 태피스트리(색색의 실로 수놓은 벽걸이나 실내장식용 비단)에 그려진 운명의 여신들(Moirae). 죽은 자의 몸을 의기양양하게 밟고 서 있는 이 세 여인은 각각 클로토(Clotho), 라헤시스(Lachesis), 아트로포스(Atropos)다. 한편으로 인간을 지배하는 자연의 위력을 여실히 보여주고 있다

리고 더 나아가 결혼, 윤리 그리고 법과 관련되기 때문이다.

γγ) 이제 옛 신들 가운데서 세 번째의 계열을 보면 이들은 의인화되지 못한 조야한 자연적인 위력 그 자체로 머물거나 또는 저급한 인간욕구들을 채우기 위해 쓰이는 개개의 자연요소를 다스리는 힘도 아니다. 이 세 번째 계열에 속하는 신들은 이미 이념적이고 보편적이며 정신적인 방향으로 나아가고 있는 존재들이다. 그럼에도 불구하고 이

세 번째 계열에 속하는 위력들에는 정신적인 개체성과 그에 맞는 형태가 결여되고 있다. 따라서 그 위력들이 발휘하는 효과를 보면 이들은 자연적이고 필수적이며 본질적인 것과 더 밀접하게 관련된다. 그 예로 우리는 네메시스(Nemesis), 디케(Dike), 에리니스(Erinyes), 그리고 모이레(Moirae)들에 대한 같은 신들을 상기해볼 수 있다.[10] 물론 여기에는 이미 법과 정의(正義)의 규정들이 이미 나타나고 있기는 하다. 그러나 여기에서 필수적인 권리는 정신적이고 본질적인 윤리로서 이해되거나 형상화되지 못하고 대신 보편적인 추상성이나 정신성을 띠면서도 아직 명확하지 못한 자연의 권리와 관련되는 것으로만 머문다. 예를 들어 혈육에 대한 사랑과 권리 따위가 거기에 속한다. 이러한 권리는 자의식적인 정신의 명철한 자유에 속하지 못하므로 법적인 권리로 드러나지 못하고, 그 반대로 화해할 수 없는 복수(復讐)의 권리로 나타난다. 좀 더 자세히 들어가 이와 같은 관념을 조금 더 언급하기로 하자. 예를 들어 네메시스(Nemesis)는 숭고한 것으로 격상된 것의 가치를 다시 떨어뜨리고, 지나치게 행복한 것을 그 지복한 곳에서 추락시킴으로써 모든 것을 동등하게 만드는 위력이다. 그러나 동등함의 권리라는 것은 매우 추상적이고 외적인 권리로서, 이는 정신적인 상황이나 정신적인 관계 내에서 활동하며 드러난다. 그렇지만 그 동등함이 갖는 도덕석이고 유기석인 관계가 정의의 내용이 되지는 않는다.

거기에서 보이는 다른 중요한 측면은, 가족관계가 자연성에 근거하

---

10) 네메시스(Nemesis)와 디케(Dike)는 정의의 여신들, 에리니스(Erinyes)는 복수의 여신들, 모이레(Moirae)는 운명의 여신들이다. 특히 에리니스는 그리스 신화에서는 Erinyes($E\rho\iota\nu\acute{\upsilon}\varepsilon\varsigma$) 또는 에우메니데스(Eumenides)로 불렸으며 로마 신화에서는 푸리에스(Furies)로 불렸다.

며, 따라서 그와 같은 가족관계의 권리가 공동체에 속해 있는 공권(公權)이나 법과 대립될 때는 그 자연적인 가족의 권리는 옛 신들이 지니는 위력으로 간주되었다는 점이다. 이러한 것을 명확하게 보여주는 예로 아이스킬로스(Aeschylos)가 쓴 《에리니스》(복수의 여신들)를 들 수 있다. 거기에서는 무서운 복수의 여신들로 나타나는 젊은 처녀들이 오레스테스가 어머니를 살해한 것 때문에 뒤를 쫓는다. 그 살인은 새로운 신인 아폴로 신이 아내에게 살해당한 남편이자 왕인 아가멤논의 복수를 하지 않고 넘어가게 하지 않으려고 그에게 명령한 것이었다. 그럼으로써 그 극(劇) 전체는 인간들의 내면에서 서로 대립하며 등장하는 이 신들의 위력들 간의 투쟁으로 형상화된다. 에리니스는 한편으로는 복수의 여신들이지만, 그 이름은 '좋은 의도를 지닌 자들'이라는 뜻이다. 그러나 우리는 그 여신들을 복수의 여신으로 변화시키는 가운데 그들에게 일반적으로 거칠고 야만적인 성격을 부여하고 있는 것이다. 왜냐하면 그들의 본질적인 권리는 누군가의 뒤를 쫓는 데 있고, 따라서 그들이 누군가를 괴롭힐 때에는 그것이 추하면서도 거칠고 잔인하게 나타나기 때문이다. 그러나 그들이 오레스테스에 대항해서 주장하는 권리는 그것이 피에 근거를 둔 권리, 즉 단지 혈연에 근거를 둔 권리이다. 즉 그 복수의 여신들이 옹호하는 것은 바로 오레스테스가 파괴시킨 자식과 어머니 사이의 내적이고 본질적인 관계이다. 그러나 아폴로 신은 피[血]라는 감성적인 것에 근거하는 자연적인 도덕성에 대항하면서, 그보다 더 심오한 권리인 남편이자 왕의 권리가 침해당하는 것을 방어하고 있다. 이처럼 양쪽의 권리가 다른 것은 우선은 외적인 것으로 보인다. 왜냐하면 양쪽은 다 사실 가족이라는 영역 속에 들어 있으면서 서로 다른 윤리를 두고 맞서 싸우고 있기 때문이다. 그럼에도 불구하고 아이스킬로스의 함축적인 상상력은

〈오레스테스의 자책(Remorse of Orestes)〉 윌리엄 A. 부게로(William Adolphe Bouguereau, 1862) 作

그의 극에서 어쩌면 피상적이 아니라 아주 본질적인 모순을 발견하고 있다는 점에서 더 높이 평가하지 않을 수 없다.

다시 말하자면 부모와 자식 간의 관계는 자연적인 통일성에 근거하지만, 그 반대로 남편과 아내의 결합은 결혼에 의해 얻어지는 것이다. 이 결혼이라는 것은 사연석인 사랑, 즉 피에 의해 얽힌 자연적인 혈연에서 나오지 않고 의식적으로 서로 끌리는 데서 나온 것이므로 자의식적인 의지가 가지는 자유로운 윤리에 속한다. 그러므로 결혼은 사랑이나 감정과 아무리 밀접한 관계를 맺고 있어도 자연적인 사랑의 감정과는 구별된다.

왜냐하면 결혼은 그러한 감정들과는 무관하게 그 사랑이 죽더라도 결혼이 의식(意識)하는 특정한 의무들을 인정하기 때문이다. 결혼생활의 본질에 관한 개념과 지식은 자식과 어머니라는 자연적인 관계보다는 나중에 생겨난 것이지만, 이는 더 심오한 것으로서 자유롭고 이성적인 의지를 구현하는 국가의 시초가 된다. 그와 비슷하게 영주들과 그들이 다스리는 시민들 사이에도 동등한 권리, 법, 자의식적인 자유와 정신적인 목적이 지니는 정치적인 관계라는 상황이 존재한다. 이런 이유에서 바로 아폴로 신은 명확하고 이지적이며 스스로를 인식하는 윤리와, 남편이나 영주들의 권리를 옹호하고 있다. 그에 반해 옛 신들의 계열에 속하는 복수의 여신들은 오레스테스에게 벌을 가하려고 그를 추적한다. 그러자 아폴로 신은 그 여신들에게 다음과 같이 정정당당하게 말한다(《에리니스》, 206~209행).

> 만약에 클리템네스트라가 저지른 범죄에 복수하지 않는다면 나는 진정으로 명예를 잃고 말 것이며, 매사를 완성시키는 헤라 여신과 제우스 신의 결혼을 전혀 무시한 것이 되고 말리라.

전적으로 인간적인 감정과 행동 속에 스며드는 이러한 모순은 모든 시대에 걸쳐 가장 숭고하고 어느 모로 보나 가장 탁월한 예술작품들 가운데 하나인 《안티고네》에서 더 흥미롭게 나타난다. 이 비극 속에서는 모든 사건들이 논리적인 인과관계를 지니고 있다.

즉 국가의 공적인 법과 내면적인 가족사랑, 그리고 형제에게 맞서는 의무가 서로 대립하고 있으며, 가정에 대한 관심은 여자 주인공인 안티고네를, 그리고 공동체의 안녕은 남자 주인공인 크레온을 파토스로 몰아간다. 내용을 보면 자기 아버지가 다스리던 도시를 얻으려고 싸우던 폴리네이케스(Polyneikes)는 패배하여 테베의 성문 앞에서 쓰러져 죽는다. 그러나 그 성의 주인인 크레온은 이미 공포된 법에 따라 누구든 그 도시에 적대하는 사람은 죽어서도 땅에 묻히는 영예를 얻을 수 없다고 말하면서 죽은 그를 매장하는 것을 금지한다. 그러나 이 명령은 단지 국가의 안녕을 위한 것으로, 안티고네는 국가의 명령을 자신과는 아무 상관없는 것으로 보고, 여동생으로서 오빠에 대한 자신의 경건한 사랑에 따라 그를 매장하는 성스러운 의무를 이행한다. 그러면서 그녀는 신들의 법에 호소한다. 그러나 그녀가 숭배하는 신들은 하데스(Hades, 즉 지하세계, 死者들의 세계라는 뜻)보다 지위가 낮은 신들로서(소포클레스의 《안티고네》 451행을 보면 거기에는 하데스에 대해 '여기 죽음의 신들의 법이 지배하는 집에서'라는 문구가 있다), 감정, 사랑, 혈육을 다스리는 내적인 신들이지, 자유롭고 자의식적인 민족의 삶과 국가의 삶을 다스리는 대낮의 밝은 신들은 아니다.

γ) 고전적인 예술관에서 보는 신들의 발생론과 관련해서 강조할 수 있는 *세 번째* 사항은 바로 옛 신들을 그들이 갖는 권리와 그들이 지배하는 기간과 관련해서 구별하는 일이다. 여기에서 우리는 다음과 같은 세 가지 측면을 주시해야 한다.

αα) 첫째로 신들의 탄생(생성)은 순차적으로 일어난다는 점이다. 역사가 헤시오도스에 따르면 혼돈(카오스)으로부터 가이아(땅의 여신), 우라노스(천신) 등이 생겨났으며, 그 다음에 크로노스와 그의 족속이, 그리고 마지막으로 제우스 신과 그의 가족이 탄생했다고 한다. 이러한 탄생 순서는 한편으로 추상적이고 비(非) 형태적인 것으로부터 구체적이고 이미 특정한 형태를 띤 자연의 위력으로 이행(移行)하는 과정을 보이며, 다른 한편으로 정신적인 것이 자연적인 것보다 우월성을 띠기 시작하는 것으로서 나타난다. 그래서 예를 들어 아이스

킬로스가 지은 《에리니스》를 보면 델피의 신전에서 피티아(Pythia: 그리스 신화에서 아폴로 신의 신탁(神託)을 받은 델피(Delphi)의 무녀—역자주)는 다음과 같은 말로 시작한다.

> 이 기도를 드림으로써 나는 먼저 최초로 신탁을 내려주신 가이아 여신을 숭배하며, 그 다음 둘째로 테미스 여신을 숭배하노니, 그 여신은 어머니이신 가이아 여신 다음으로 여기에서 예언의 자리를 차지하고 계시노라.

그에 반해 파우사니아스(Pausanias, 서기 2세기경의 그리스 여행가이자 지리학자—역자주)는 물론 대지의 여신이 처음으로 신탁을 내린 자이지만 그 다음 자리를 차지하는 신은 다프네 여신으로서, 그녀는 가이아 여신으로부터 신탁을 알리는 여신으로 임명되었다고 말한다. 또 시인 핀다르는 다른 영역에서 밤[夜]의 여신을 앞에 내세우며, 그런 다음에 테미스[11) 여신을 등장시킨다. 그런 다음 그 여신의 뒤에는 포이베(Phoebe, 그리스 신화에서 우라노스와 가이아 사이에 태어난 티탄족 여신—역자주)를 내세우고, 마지막에는 태양신 푀브스가 등장한다. 이러한 차이점들을 깊이 조사해 보는 것도 흥미롭겠지만 여기서는 그럴 상황이 아니다.

ββ) 이제 더 나아가 보면 이러한 신들의 탄생 순서는 더 심오하고 더 풍요로운 신들로 점차 이행(移行)해 가는 것을 정당화해주어야 하

---

11) 테미스(Themis)는 그리스어로 '질서'를 뜻하며, 흔히 정의와 지혜와, 조언의 여신으로 알려져 있다. 한편 우라노스(하늘)와 가이아(땅) 사이에서 태어났다고 하며 거인족(티탄족)의 신들에 속한다.

므로, 이때 옛 신들의 족속 내에서 더 오래되고 더 추상적인 족속의 가치는 하락되는 모습으로 나타난다.

크로노스신이 우라노스신의 보좌(寶座)를 빼앗았듯이, 최초의 가장 오래된 위력들은 그 지배력을 빼앗기고, 나중에 등장한 신들이 그 자리를 차지한다.

γγ) 그럼으로써 우리가 원래 이 고전적 예술형식의 처음 단계로 확인했던 부정적인 변형의 상태가 이제는 바로 예술형식의 중심을 이룬다. 그리고 여기에서 그러한 위력들이 의인화되는 것은 이를 통해서 신들이 표상되고, 이를 통해 신들이 표상되고, 그들의 움직임이 인간적이고 정신적인 개성을 향해 돌진함을 나타내 주는 일반적인 형식이다. 따라서 새로 생겨난 젊은 신들이 옛 신들에 대항해서 보이는 부정적인 태도는 싸움과 전쟁으로 우리의 상상 속에 나타난다. 그러나 고전적 예술에서는 자연으로부터 참된 내용이자 원래의 형식인 정신으로 이행해 가는 것이 그 본질을 이룬다. 이러한 고전적 예술의 중개로 인해 우리는 신들의 그러한 이행(移行)과 투쟁이 성취되는 것을 보게 될 것이다.

그와 같은 이행은 더 이상 옛 신들의 영역에만 속하지 않고 새로운 신들이 옛 신들에 대항해서 자신들의 지배권을 세우고 이를 지속시키는 투쟁으로 이어진다.

c. 옛 신들에 대한 승리

자연과 정신의 대립은 절대적으로(anundfürsich) 필요하다. 그 이유는 우리가 이미 보았듯이, 참된 총체성인 정신의 개념 *자체는*(an sich) 객관성이면서도 주체로서 자신 속에서 스스로 구분되는 것인

바, 정신은 그러한 대립을 통해 자연으로부터 벗어나 그 다음 자연을 극복하는 위력으로서 청명(淸明)하게 자연에 대립할 수 있기 때문이다. 그러므로 정신의 본질 속에 들어 있는 이와 같은 주요한 요소는 역시 중요한 것으로 표상된다. 이처럼 자연이 정신으로 이행하는 과정은 역사적이고 실제적인 방식으로 자연적인 인간이 법적인 상태, 다시 말하면 소유와 법, 헌법, 정치로 구성된 삶으로 발전하고 변화해 가는 과정으로 나타난다. 이는 신적이고 영원한 것으로서 바로 정신적이며 개체적인 신들이 자연의 위력에 대해 승리를 거두는 것으로 표상된다.

α) 옛 신들과 새로운 신들 사이의 이러한 투쟁은 신들의 본질적인 활동으로서 절대적인 파국을 표현해준다. 이를 통해서 옛 신들과 새로운 신들 간의 주요한 차이가 비로소 드러난다. 그러므로 우리는 이러한 차이를 강조하는 전쟁이 마치 또 다른 가치를 갖고 있는 신화인 것처럼 시사해서는 안 되며, 전환점을 이루고 새로운 신들의 창조를 표현하는 신화로 보아야 한다.

β) 이 위력적인 신들이 서로 투쟁한 결과, 거인족(티탄족) 신들은 쓰러지고 오직 새로운 신들이 승리를 거둔다. 그러고 나자 그들은 인간의 상상력에 의해 그들의 지배력을 확립하고 모든 방면으로 뻗어나가 자신들의 모습을 갖추게 되었다.

그에 반해 거인족은 추방되어 땅 속으로 들어가 살거나 아니면 오케아노스(Oceanos, 대양大洋이라는 뜻도 지니고 있다—역자주)처럼 밝고 청명한 세계의 어두운 가장자리에 거주하기도 하며, 그 밖에도 여러 가지 형벌을 감수하지 않으면 안 된다. 예를 들어 프로메테우스는 스키타이아 산맥에 묶인 채 독수리에 의해 간을 뜯기는 형벌을 받는데, 이 간이 매번 다시 생겨날 때마다 그것이 다시 뜯기는 고통을 감수하지 않으면 안 된다. 이와 비슷하게 지하세계에 갇힌 탄탈로스는 끝없는 갈증에 시달려야 하며, 시시포스는 매번 다시 굴러내려 오는 바위덩어리를 다시 끌어올려야 하지만 그것은 헛수고로 끝날 뿐이다.

이러한 형벌들은 거인족이 지녔던 자연의 위력들 자체처럼 스스로 무절제하고, 조악하고 무한한 것, 그리고 당위성에 대한 갈망이나 충족되지 못한 주관적인 자연 욕구들이다. 이것들은 지속적으로 반복되기 때문에 어떤 궁극적인 만족에도 이르지 못한다.

왜냐하면 고대 그리스인들이 지녔던 올바른 신관(神觀)은 광대하고 무규정적인 것으로 나아가는 것을 마치 현대인들이 동경하는 것처럼 인간에게 최상(最上)의 것으로 여기지 않고, 오히려 저주받은 것으로 보고 탄탈로스(Tantalos, 지옥)으로 추방해버렸기 때문이다.

γ) 우리가 이제 고전적 예술에서 더 이상 궁극적인 형식이자 적합한 내용으로 타당성을 띠지 못하고 물러나야 되는 것이 무엇이냐고 묻는다면 이는 먼저 자연적인 요소들이다. 즉 고전적 예술에서는 온갖 충동과 환상, 불명확한 것, 자연성과 정신성이 조야하게 뒤섞인 모든 것, 실제의 의미와 우연한 외면성이 뒤섞인 모든 것들은 새로운 신들의 세계에서 떨어져 나가게 된다. 그 세계 속에서 정신적인 규범을 아직 내포하지 않은 무한정한 표상이 산출한 것들은 더 이상 머물 여지를 찾지 못하고 밝은 대낮의 빛을 당연히 피하지 않을 수 없게 된다. 왜냐하면 생산력을 대표하는 위대한 카베이리(Kabeiri, Cabeiri)와 코리반테스(Corybantes)들[12] 따위처럼 비록 그런 신들의 특징들을 모두 참작해서 마음 내키는 대로 요란하게 치장하더라도, 그런 직관

제우스 신이 보낸 독수리에게 간을 쪼이는 프로메테우스. 그러나 이 이미지는 동양의 일반적으로 추상적인 신관(神觀)보다 더 잔인성을 드러낸다

---

12) 카베이리는 헤로도토스의 《역사》 제2권과 제3권에 나오는 아시아의 미노르(Minor)와 사모테라스(Samothrace)에서 숭배되던 풍요로운 생산의 신들이다. 여기서 헤겔은 아마도 실러의 《사모테라스의 신들(Die Gottheiten von Samothrace)》(1815년)에서 인용한 듯하다. 이 작품에서 보면 그 신들은 사실 '치장된' 모습으로 등장하고 있다. 코리반테스는 그리스 신화에서 키벨레 여신의 사제들로서 어린 제우스를 가르쳤다.

들은—괴테도 블록스베르크 산 위에서 어느 어미돼지 위에 타고 달리는 마녀 바우보를 묘사하듯이13)—여전히 다분히 의식의 여명 단계에 속해 있기 때문이다. 오직 정신적인 것만이 밝은 빛 속에 드러날 수 있다. 자신을 명시(明示)하지도 못하고 분명히 해명하지도 못하는 것은 비정신적인 것(das Ungeistige)으로서 이는 다시 밤의 어둠 속으로 가라앉는다. 그러나 정신적인 것은 스스로 외형을 규정하는 가운데, 자신을 명시하고, 자의적인 환상이나14) 형상, 다른 둔탁하고 상징적인 부속물로부터 자신을 정화시킨다.

같은 방식으로 우리는 이제 인간의 행위도 단순히 자연적인 욕구와 그것을 충족시키는 일에 국한될 때 뒤로 처지게 된다는 것을 발견한다. 즉 테미스(Themis)나 디케(Dike) 같은 옛 정의(正義)의 신들은 자의식적인 정신에 근거하여 규정된 것이 아니므로 그 무한한 가치를 상실하게 된다. 거꾸로 단지 지역성을 띤 것은 비록 여전히 영향을 미치더라도 그저 옛 자취만 조금 남아 있는 보편적인 신들의 형상으로 바뀐다. 그 이유는 트로이 전쟁에서 그리스인들이 *하나의* 민족으로서 싸워 승리했듯이, 호메로스의 서사시에 나오는 거인족과 싸워서 이긴 새로운 신들도 역시 자기들 안에 확고하고 규정된 신들의 세계로서, 이는 그 이후의 시문학과 조형예술에서 점차 더 완벽하게 규정되고 확고해졌기 때문이다. 고대 그리스의 신들과 관련해서 볼 때 그 부너뜨릴 수 없는 확고함이란 오로지 정신이다. 그러나 이는 추상적인 내면성으로

---

13) 이는 괴테의 《파우스트(Faust)》 제1부 21장 '발프르기스의 밤(Walpurgisnacht)'에 나오는 한 장면이다.
14) 환상을 비정신적인 것이라 하여 퇴치하는 헤겔의 이 부문의 설명은 낭만적인 것에 대립하는 그의 근본적인 입장을 언표한 것으로서 흥미로우며 주지할 필요가 있다.

서의 정신이 아니라 정신에 외적으로 머물면서도 정신의 현존성과 일치하는 정신이다. 이는 플라톤에게서 정신과 육체가 하나로 자연스럽게 변하고 그 건실함 속에서 신성하고 정신적인 것이 하나가 되는 것과 같다.15)

3. 부정적으로 설정된 요소들의 긍정적인 보존

그러나 새로운 신들이 승리를 거두었음에도 불구하고 이제 고전적인 예술 속에서 예전의 것들 중 일부는 앞서 고찰한 것과 같은 원래의 형태로, 일부는 변형된 형태로 계속 보존되고 숭배된다. 그러나 고루한 유대민족의 신은 자신 외에 다른 신들을 두는 것을 견디지 못한다. 왜냐하면 그 유대민족이 섬기는 신은 비록 규정상 그 민족의 신일뿐이라는 한계성을 벗어나지 못하면서도, 모든 것이자 유일한 존재라는 것이기 때문이다. 그 이유는 그 신은 원래 하늘과 땅의 주인으로서 자연을 창조했다는 보편성을 보여주면서 전체이자 유일한 존재로 머물고 싶어 하기 때문이다. 하지만 그 외에도 그 신은 이스라엘의 자녀들을 이집트에서 이끌어내어 시나이 산에서 율법을 내리고 가나안 땅을 유대인들에게 준 아브라함의 신이다. 그는 유대민족과 밀접하게 일치함으로써 아주 특수하게 오직 이 민족만의 신이 되고 있다. 따라서 그 신은 정신일반으로서 자연과 긍정적인 조화를 이루지도 못하며, 또 절대적인 정신으로서 자신의 규정성과 객관성으

---

15) 여기서 헤겔은 플라톤의 작품 《티마이오스(Timaios)》를 염두에 두고 있는 듯하다.

로부터 진정으로 자신의 보편성으로 회귀한 것으로 현상하지도 못한다. 그러므로 이 가혹한 민족신(神)은 그처럼 경쟁심이 강하고 자기 외에 다른 신들은 순전히 그릇된 신들로 간주하는 질투심을 갖고서 명령을 내린다. 그에 반해서 고대 그리스인들은 모든 다른 민족들에게서 자신들의 신들을 찾았고 낯선 요소들을 받아들였다. 왜냐하면 고전적인 예술에서 신은 정신적이고 육체적인 개체성을 지니고 있으며 유일신이 아니라, 하나의 '특수한' 신성이었기 때문이다. 모든 특수한 것들이 그러했듯이 그러한 신들도 그 주위에 특수한 영역을 띠고 있거나 그 주위의 특수한 영역을 자기와 대립되는 타자로 삼아 거기에서 자신의 신성을 발산하고 자신의 가치를 보존할 줄 알기 때문이다. 그러한 신들은 그러한 것들과 교류할 때 마치 자연의 특수한 영역과 교류하는 것처럼 한다. 즉 식물의 세계는 지질학적으로 자연형태의 진리를 드러내며 동물은 식물세계보다 더 고차적인 진리를 드러낸다. 그러나 산과 물이 범람한 땅은 나무와 숲, 꽃들이 사는 토양으로 존재하며, 동물의 세계 곁에 있으면서도 자신의 존재를 상실하지 않는다.

a. 비교(秘敎)

이제, 고대 그리스인들에게 보존되어 있는 옛 것으로서 우리가 볼 수 있는 그 다음 형태로는 *비교(秘敎, die Mysterien)*가 있다. 고대 그리스의 비교는 그리스 국민들이 일반적으로 그 내용에 대해 모르고 있어서 비밀스럽다는 의미가 아니다. 그 반대로 대부분의 아테네인들과 수많은 외지인들은 엘레우시스의 비교(秘敎, die Eleusinischen Geheimnisse)[16]를 믿고 있었다. 그러나 그들은 자기들이 그 비교 의식(儀式)을 배우게 된 출처에 대해서는 말하면 안 되었다. 근래에 와서 그 비교가 어떤 관념을 지녔었는지 좀 더 자세히 알고 특히 그들이 의식을 하는 도중에 어떤 기도를 드렸는지 조사하려는 노력이 많이 있었다. 그러나 대체로 보아 그 비교에는 대단한 지혜나 심오한 인식 등이 감춰져 있던 것 같지는 않다. 그것들은 후세에 참된 예술을 통해 변형된 옛날의 전통만을 보존하고 있었으므로, 더 참되고 숭고한 것이 못되는 보잘것없고 저속한 것을 내용으로 삼고 있었다. 즉 비교에서는 신성시되는 것이 분명히 언명되지 않고 단지 상징적

---

16) 엘레우시스 비교는 고대 그리스에서 경작지의 여신인 데메테르(Demeter)와 그녀의 딸 페르세포네를 숭배하던 종교였다. 신화에 의하면 지하 세계의 신 하데스는 그가 다스리는 어둡고 차가운 지하의 세계로 오겠다는 여신이 없어서 홀로 지내야 하자 올림포스의 최고신인 제우스 신의 도움을 받아서 제우스와 데메테르 사이에서 태어난 페르세포네를 지하로 납치했다. 데메테르는 슬픔에 젖어서 지상의 경작지를 돌보는 일을 소홀히 하고서 세상을 방황하였다. 그러자 지상의 경작지들은 황폐해져 수확이 적어졌다. 올림포스 신들에게 바치는 희생물도 눈에 띄게 줄어들었다. 그러자 하는 수 없이 데메테르를 달래려고 전령신인 헤르메스를 지하로 보내 하데스를 설득해서 페르세포네를 다시 지상으로 되돌아오게 하였다. 그러나 어머니에게로 돌아간다는 기쁜 소식에 무심코 하데스가 내준 석류를 먹은 그녀는 지하세계와 영원히 인연을 끊지는 못하게 되어 일 년에 한 번씩 삼 개월 동안 머물게 되었다. 페르세포네가 귀환하자 데메테르는 그녀가 방랑하며 머물렀던 엘레우시스를 떠나면서 그곳의 켈레오스 왕에게 해마다 페르세포네의 귀환을 기념하는 종교 제전을 지내라고 명했다. 이 제전이 바로 엘레우시스 비교인데, 이는 고대 그리스에서는 외부에 알리지 않는 채 극비로 이루어지곤 해서 일반 사람들은 그 제전의 내용에 대해 거의 알지 못했다. 이 신화는 다른 한편으로 보면 추운 겨울 동안에 만물의 싹은 지하에 머물렀다가 지상으로 나와서 생명을 유지하고 꽃이 핀 다음에 다시 수개월 동안 땅속으로 돌아가 이듬해까지 머문다는 자연적인 현상을 의인화한 것이다.

생산과 풍요, 수확, 제사 등을 상징하던 고대 그리스의 데메테르 여신과 디오니소스 신의 부조(浮彫)

인 특성으로 전수되었다. 실제로 밝혀지지 않고 언명되지 않은 것 등은 지상적이고 인간적인 모습을 띤 거인족 신들이 지닌 속성이기노 했다. 왜냐하면 냉시되고 또 스스로 명시할 수 있는 것은 오로지 정신적인 것이기 때문이다. 이런 점에서 상징적인 표현방식은 비교(秘敎)에서 또 다른 비밀스러운 측면을 이룬다. 그 이유는 상징에서는 의미가 모호한 것으로 머물고 그 의미는 이를 표현한 외면성에 의해 직접 제공되는 것과는 다른 무엇인가를 내포하기 때문이다. 그러므로 예를 들어 데메테르 여신(Demeter)[17]이나 바커스 신을 숭배하는 비교는 정신적이고 따라서 좀 더 심오한 의미를 지니기는 했지만, 이런 내용에 비해 그 형식은 외적인 것으로만 머물러 있어서 그 외부의 형식에는 내용이 분명하게 드러나지 못하고 있었다. 그러므로 비교가 예술에 끼친 영향은 적다. 예를 들어 아이스킬로스는 자신이 데메테르 여신에게서 일부러 그 비밀스럽고 불가사의한 의식을 밝혀냈다고 말하지만, 그가 말하는 내용은 단지 아르테미스 (Artemis, 고대 그리스 신화 속에 나오는 달의 여신—역자주) 여신이 그 케레스 여신의 딸이었다는 것에 불과하다. 그런 것을 밝혀낸 지혜는 대단한 것이 못된다.

b. 예술 표현 속에서 보존되는 옛 신들

둘째로, 옛 신들을 숭배하고 보존하는 일은 예술 표현 자체 속에서 더 분명하게 드러나는 것처럼 보인다. 예를 들면, 우리는 앞에서 형벌을 받은 거인족인 프로메테우스에 대해 이야기하면서 동시에 그를 자유로운 존재로 다시 바라보게 되었다. 왜냐하면 땅이나 태양과 마찬가지로 프로메테우스가 인간에게 가져다준 불도 인간 존재를 유지하고 인간의 욕구를 충족시키는 데 필요불가결한 조건이 되기 때문이다. 따라서 프로메테우스가 한 일은 그 자신에게도 지속적인 영예가 된 것이다. 예를 들면 소포클레스의 작품《콜로노스의 오이디푸스왕(Ödipus auf Kolonos)》에는 다음과 같은 구절이 있다(54행 이하).

　이곳에 있는 언덕은 모두가 신성하다—이는 포세이돈,

---

17) 위의 역주에서 설명한 데메테르(Demeter)는 농업과 경작을 주관하는 여신으로 로마신화에서는 케레스(Ceres)라 불렸다.

강력한 신의 소유이며, 또 횃불을 손에 든 거인,
프로메테우스도 역시 이를 나눠가졌다.[18]

그리고 고전 주석가는 덧붙이기를, 프로메테우스는 아테네 학당에서도 헤파이스토스와 더불어 역시 숭배되었고, 아테네 여신을 모시는 사당(祠堂) 경내에 있는 신전과 그 입구에 있는 오래된 주각(柱脚) 위에는 프로메테우스와 헤파이스토스의 조각이 있었다고 한다. 리시마키데스(Lysimachides)의 보고[19]에 의하면, 프로메테우스는 가장 연장자로서 손에 왕홀을 들고 있는 모습으로 묘사되어 있고 헤파이스토스는 그보다 더 젊은 모습으로 묘사되었는데, 두 인물 모두 제단의 받침대 위에 함께 조각되어 서 있었다고 한다. 또 그 이야기에 따르면 프로메테우스는 계속해서 그 형벌을 감수해야 했던 것은 아니고 헤라클레스에 의해서 그 속박에서 풀려났다고 한다.

이 해방되는 이야기 속에는 다시금 몇 가지 눈에 띠는 특징들이 드러난다. 다시 말해 프로메테우스가 그가 겪는 고통에서 벗어나게 된 이유는, 그가 제우스 신에게 그의 열세 번째의 자손에 의해 제우스의 왕국이 위험에 처하리라는 것을 미리 알려주었기 때문이다. 제우스 신의 열세 번째 자손이란 다름아닌 헤라클레스이다. 예를 들어 아리스토파네스의 작품 《새》에서 뽀세이논은 헤라클레스에게, 만약 그가 신들의 지배권을 짓밟는 계약을 이행한다면 스스로 해를 입게 될 거라고 말한다(1645~1648행). 그 이유는 만약에 그것이 성공하게 되면 헤라클레스 자신은 아무것도 얻지 못할 것이요, 반면에 제우스 신이

---

[18] 《미학강의》 본문에서 헤겔은 이 구절을 그리스어 원문으로 싣고 있다.
[19] 이 문헌은 오늘날 유실(遺失)된 것으로 알려져 있다.

권력을 잡게 되면 그가 세상을 뜰 때 남겨놓는 모든 것은 그의 소유가 될 것이기 때문이라는 것이다. 그리고 실제로 헤라클레스는 올림포스 산으로 옮겨감으로써 유한한 존재로부터 신적인 존재로 변한 유일한 인간이다. 따라서 그는 거인족으로 머문 프로메테우스보다 더 숭고한 존재가 된다. 헤라클레스와 헤라클레스의 자손들 이름들에도 그들이 옛날에 지배하던 종족을 전복시켰다는 이야기와 연관지어져 있다. 즉 헤라클레스의 자손들은 옛 왕조와 왕가들의 위력을 무너뜨린다.

그 왕조들에서는 지배자의 의지가 구속받지 않고 자신의 목적을 이행했으며, 자기보다 높은 어떤 법도 허용하지 않은 채 신민들에게도 끔찍하고 참혹한 행위를 감행했었다. 헤라클레스 자신은 자유로운 인간으로서가 아니라 한 지배자에게 봉사하면서도 이 폭력적이고 거친 지배자의 의지에 대항해 싸워 이긴다. 우리가 이미 전에 살펴본 것 가운데서 그와 비슷한 예를 들자면 또 다시 아이스킬로스의 《에리니스》를 상기할 수 있다. 아폴로 신과 복수의 여신들인 에리니스 사이에 일어나는 투쟁은 아레오파고스(Areopagus)[20]의 재판에 의해서 중재된다. 즉 맨 위에 구체적인 민족정신의 지도자로서 아테네 여신이 군림하고 있는 인간세계의 법정이 이 충돌을 해결해야 한다. 이제 재판관들은 아폴로 신과 에리니스 여신들을 똑같이 존중하기 때문에, 저주를 내리자는 것과 풀어주자는 것에 대해 똑같은 수의 표를 던진다. 그러나 아테네 여신이 던진 흰 돌은 아폴로 신에게 유리하게 판결을 내린다. 아테네 여신의 이 판결에 분개한 에리니스 여신들의 항의하는 목소리가 높아지지만, 그러나 팔라스 여신(즉 아테네 여신)은 그들에게

---

20) 고대 아테네의 언덕에 있었던 아레오파고스 법원. 이는 일종의 고등재판소로서, 공평하고 권위 있는 재판관들이 모임으로 널리 알려져 있었다.

콜로노스의 유명한 숲 경내에 그들을 숭배할 수 있는 제단을 세워주겠다고 약속하면서 그들을 진정시킨다. 그러나 그 대가로 에리니스 여신들이 그들의 백성에게 해주어야 할 일은(901행 이하) 자연적 요소들, 즉 땅, 하늘, 바다, 바람에서 일어나는 재해들로부터 그들을 보호하고, 수확할 때 땅이 불모가 되지 않도록 보살피고, 살아있는 종자들, 생산, 생식이 잘못되는 것을 막아주는 일이다. 그러나 팔라스 여신 자신은 아테네 시에서 일어나는 전쟁들과 성전(聖戰)을 보살피는 일을 떠맡는다. 마찬가지로 소포클레스는 그의 작품《안티고네》에서 안티고네 혼자서만 고통을 받고 몰락하게 하지는 않는다. 반대로 우리는 크레온도 역시 그의 아내와 하이몬을 고통스럽게 잃음으로써 형벌을 받는 것을 본다. 그들은 안티고네의 죽음으로 인해 마찬가지로 자신들도 몰락하게 되는 것이다.

c. 새로운 신들이 지닌 자연적인 기반

마지막 *셋째*로, 옛 신들은 새로운 신들의 곁에서 자신들의 지위를 보존한다. 뿐만 아니라 더 중요한 것은, 새로운 신들 스스로에게도 자연적인 기반이 남아 있으며 그것은 고전적 이상(klassisches Ideal)이 지닌 정신적인 개성에 맞게 그 새로운 신들 안에서 여운을 남기면서 계속해서 숭배를 받고 있다는 사실이다.

α) 그렇기 때문에 사람들은 종종 그리스의 신들이 지닌 인간적인 형상과 형태는 그런 자연적 요소들을 단지 알레고리적으로 나타낸 것으로 이해하려는 유혹을 받곤 하였다. 하지만 그 신들은 사실은 그렇지 않다. 예를 들면 우리는 종종 헬리오스가 태양의 신이고 다이아나

(Diana)는 달의 여신이거나 또는 넵튠이 바다의 신이라고 말하는 것을 듣는다. 그러나 우리는 그처럼 자연적인 요소들을 내용과 인간적 모습으로 의인화된 형상 양쪽으로 분리시키거나 또는—구약성서에서 습관적으로 그렇듯이—양쪽 다 외적인 자연대상으로서 단순히 신의 지배를 받는다고 본 견해가 고대 그리스인들의 생각이었다고 간주해서는 안 된다. 왜냐하면 고대 그리스인들이 '태양의 신, 바다의 신'이라는 표현을 썼다는 것을 우리는 사실 어디에서도 발견하지 못하기 때문이다. 반면에 만일 실제로 그들의 관념 속에 그러한 것이 들어 있었더라면 그들은 그런 표현을 썼을 것이다.

β) 그러나 동시에 우리는 고대 그리스인들이 자연적인 것 자체를 신성한 것으로 바라보지는 않았음을 확실히 알아야 한다. 반대로 그들은 자연적인 것은 언명되지 않고 자신들이 섬기는 신들의 속성에 내포되어 있거나, 또는 그들에게로부터 표출되어 나오더라도 그 자체가 신성하지는 않다는 특수한 생각을 갖고 있었다. 예를 들어 플루타르크(Plutarch)[21]는 이시스(Isis)와 오시리스(Osiris)에 관해 쓴 저서에서 신화와 신들에 대해 여러 가지 다른 방식으로 이야기한다는 점을 언급한다. 이시스와 오시리스는 이집트인들의 관념 속에 들어 있는 신들로서, 그들은 자연성에서 정신성으로 이행해 가려는 갈망과 투쟁의 표현으로 나타나는데 그에 해당하는 그리스 신들이 지닌 것보다

---

21) 플루타르크(Plutarch, 서기 46~120년)는 그리스의 철학자이자 역사가이다. 그는 초기에는 델피의 아폴론 신전에서 신탁을 해석하는 일을 맡아보았었다고 한다. 그래서 그는 당시 보편적으로 퍼져 있던 그리스 신화 및 그 주변 신화인 이집트 신화에 대해서 익히 알고 있었을 것이다. 그가 서기 100년에 쓴 《이시스와 오시리스》, §64를 참조.

오시리스(Osiris) 신상(神像).
이집트 카이로(Kairo) 박물관 소장

더 많은 자연적인 요소를 내용으로 담고 있다. 후에 가서 이시스와 오시리스신은 로마의 비교(秘敎)에서 받아들여져 주요한 숭배대상이 되었다. 그럼에도 불구하고 플루타르크는 그런 신들을 태양이나 땅 또는 물로 해명하려고 하는 것은 그들이 지닌 위엄에 어울리지 않는다고 말하고 있다.

즉 태양이나 땅 등에서 보이는 무절제하고 무질서하고 결핍되거나 넘쳐흐르는 요인들은 단지 자연적인 요소에 속하는 것으로 간주되어야 하고, 반면에 선하고 질서에 맞는 것은 이시스의 작품이며, 오성, 즉 로고스(Logos)는 오시리스의 작품이라는 것이다. 따라서 이 신들의 실체와 본질 그 자체는 정신적이고 보편적인 것, 다시 말해 로고스요 오성이며 합법적인 것이다.

이처럼 그리스인들도 신들의 정신적인 성질에 대해 통찰할 때 좀 더 특정한 자연요소들을 마찬가지로 새로운 신들과 구별했다. 예를 들어 우리는 비록 헬리오스(Helios)와 셀레네(Selene)를 아폴로(Apollo)신과 다이아나(Diana) 여신과 동일시하는 습관이 있지만, 그러나 호메르스의 서사시에서는 그들은 서로 다른 신들로 등장한다. 이는 오케아노스 신과 포세이돈신, 그리고 다른 신들의 경우에도 해당된다.

γ) 하지만 *셋째로*, 그럼에도 불구하고 새로운 신들에게는 자연 위력의 여운이 여전히 남아 있다. 그 위력들은 그 신들의 정신적인 개성 자체에 속한다. 정신성과 자연성이 고전적인 예술의 이상 속에서 이처럼 긍정적으로 융합되는 것을 우리는 이미 앞서 언급했다. 따라서 여기서는 그 몇 가지 예를 드는 것에 국한하기로 한다.

αα) 포세이돈 신은 폰토스(Pontos)나 오케아노스 신처럼 땅 주위를 돌아 흐르는 바다의 위력을 갖추고 있다. 그러나 그의 위력과 활동은 더 멀리까지 미친다. 즉 그는 일리온(Ilion)[22]을 건설했으며, 아테네의 수호신이었다. 바다는 항해와 무역 그리고 사람들을 연결해 주는 요소인 만큼, 그 신은 대체로 도시의 건설자로 숭배된다. 마찬가지로 새로운 신이자 지식의 빛이며 신탁을 말하는 신인 아폴로 신도 역시 여전히

---

22) 이는 지금의 터키에 있는 지역으로 과거에 '트로이'의 별칭이다.

자연의 빛인 태양, 즉 헬리오스의 여운을 보존하고 있다. 비록 사람들은—예를 들면 보스(Voss)와 크로이처처럼—아폴로도 역시 태양을 시사하는지 아닌지에 대해 의견이 분분하지만, 사실 그 신은 태양이기도 하고 아니기도 하다고 말할 수 있다. 왜냐하면 그 신은 태양이라는 자연적인 내용에만 국한되지 않고 정신적인 존재로 고양(高揚)되기 때문이다. 사실 지식과 빛, 즉 자연의 빛과 정신의 빛은 원래의 규정상 서로 어떤 중대한 관계를 띠고 있는지 주목해야 한다. 말하자면 자연적 요소인 빛은 명료한 것이다. 우리는 빛 자체를 보지 못해도 그 빛은 그것이 비치는 대상들을 보이게 해준다. 빛으로 인해 모든 사물은 이론적인 방식으로 다른 것들을 위해 존재한다. 정신, 즉 의식의 자유로운 빛이며 지식이자 인식인 정신도 역시 이와 똑같이 다른 것을 명료하게 하는 성질을 지니고 있다. 양쪽 다 명료하게 하는 것이면서도 서로 차이가 있다면, 정신은 자신을 우리에게 드러내며 부여하거나 정신 자신이 만들어낸 것 안에서 스스로 머무는 반면에, 빛은 자신 속에 머물지 않고 반대로 자신과 다른 외적인 대상 속에서 감지되므로 자신 밖으로 나오며 정신처럼 자신에게 회귀하지 않는다. 그러므로 빛은 타자 속에서도 스스로에 안주하는 좀 더 숭고한 통일성을 획득할 수 없다.

빛과 지식이 서로 밀접한 관계를 갖고 있다는 점은 우리가 정신적인 신 아폴로에서 태양빛을 상기함으로써 다시 느러난다. 그러므로 예를 들어 호메로스의 서사시를 보면 그리스 병사들의 병영에서 발생한 페스트는 태양빛이 내리쬐는 여름의 더위 속에서 발생한 것으로, 아폴로 신이 내린 재앙이라고 씌어 있다.[23] 마찬가지로 그 신이 쏘는 죽음의 화살도 태양의 빛과 확실히 상징적인 연관성을 갖는다. 그러

---

23) 《일리아스》, I, 9~10행 참조.

나 그 신을 외적으로 표현할 때에는 그 신이 어떤 의미에서 특정한 외적인 요소들을 갖추게 되는지에 대해 좀 더 자세히 규정되어야 한다. 특히 새로운 신들의 발생사를 더 자세히 파고들어 가면, 크로이처가 강조했듯이 고전적 예술 속에 나오는 이상적인 신들 속에 보존되는 자연적인 요소들을 발견할 수 있다. 그러므로 예를 들어 주피터 신에게서는 태양이 암시되고 있음을 발견할 수 있고, 헤라클라스가 이행하는 열두 가지의 행적은—예를 들어 그가 헤스페리덴의 사과를 가져오는 과정 따위—태양의 움직임, 그리고 열두 달과 관련된다. 다이아나 여신에게서는 모성(母性) 속에 있는 보편적이고 자연적인 특성을 볼 수 있다. 이는 옛 신과 새로운 신 사이에서 위치가 흔들리고 있는 에베소스[24]의 다이아나 여신은 그녀의 외모, 즉 가슴 등을 통해 암시되고 있듯이 생산과 양육 자체를 주요 내용으로 지니고 있는 것과 같다.

그에 반해 아름다운 인간 처녀의 모습과 독자성을 띠고 있으면서도 동물을 죽이는 사냥꾼으로 등장하는 그리스의 여신 아르테미스(Artemis)에게서는 위와 같은 다이아나 여신의 특징은 완전히 사라지고 있다. 물론 그녀가 몸에 지닌 반달과 화살은 여전히 셀레네(Selene)를 연상시키기는 한다.[25] 같은 식으로 아프로디테 여신도 그 신의 발생의 근거지를 아시아 쪽으로 추적해 가면 갈수록 점점 더 자연의 위력이 바뀌어간다.[26] 그러나 원래의 그리스 쪽으로 되돌아오면

---

24) 이는 소아시아 서부에 있던 고대 그리스의 도시이다.
25) 즉 그리스 로마 신화에서 셀레네(Selene)는 달이라는 뜻이며, 이는 종종 아르테미스 여신 또는 다이아나 여신으로 불리기도 했다.
26) 아프로디테 여신의 또 다른 명칭으로는 '아프로디테 우라니아(Aphrodite Urania)'가 있다. 이는 '천상의 아프로디테'라는 뜻으로, 일반적으로 알려진 여신(일명 '비너스')의 미적(美的)인 측면보다 위력적인 측면이 더 시사되고 있

그 여신에게서는 사랑스러운 매력과 우아함과 사랑에 깃든 정신적이고 개성적인 측면이 더 두드러진다. 그러면서도 그 여신이 지니고 있는 자연적인 기반도 결코 부족하지 않다. 케레스 여신도 마찬가지로 자연적인 생산력에서 출발하여 곧 농업이나 사유재산 따위의 정신적인 내용으로 발전 이행해 간다. 또 뮤즈 여신들이 지닌 기본적인 특성은 샘물처럼 졸졸거리는 것이며, 제우스 신도 역시 일반적인 자연의 위력으로 간주되어 천둥의 신으로 숭배되기도 한다. 물론 호메로스의 서사시에서 보면 천둥은 신이 마음에 들거나 들지 않음을 나타내는 표시이자 전조로서, 정신과 인간사 양쪽에 다 관련되기는 한다. 그의 아내 헤라 여신도 신들이 돌아다니는 천공(天空)과 공기의 흐름이라는 자연적 요소를 속성으로 지닌다. 그러므로 예를 들어 제우스 신이 헤라클레스를 헤라 여신의 가슴에 안겨주자, 그녀의 가슴에서 나온 젖이 흩뿌려져 젖이 흐르는 길, 즉 은하수가 생겨났다고 한다.

ββ) 새로운 신들에게서 보편적이고 자연적인 요소들이 한편으로 폄하되고 다른 한편으로는 보존되고 있듯이, 앞서 동물들의 위상의 하락에 대해 설명할 때 관찰했던 동물적인 것 자체도 마찬가지이다. 이제 우리는 동물적인 것에도 긍정적인 위상을 부여할 수 있다. 그러나 고전적인 신들이 상징적으로 형상화되는 방식을 버리고 내용상 명

다. 그리스 역사가 헤로도토스는 그의 《역사》(1. 10)에서 이 여신의 신전(神殿)들 중 가장 오래된 것은 고대 페니키아의 아스칼론(Askalon) 있었으며, 후에 그리스 지역인 사이프러스 지역으로 이 여신 숭배가 전파되었다고 보고 있다. 그러나 서기 2세기 경의 그리스 여행가이자 지리학자인 파우사니아스(Pausanias)는 지금의 아시아의 이라크 지역에 살았던 고대 앗시리아인들이 사실은 최초로 아프로디테 우라니아 여신(고대 앗시리아 및 바빌로니아에서는 이시타르(Ištar) 여신으로 불렀다)을 숭배했었다고 보고 있다.

료한 정신을 획득할 때, 이제 동물들이 지녔던 상징적인 *의미* 또한 같은 정도로 상실되고 만다. 즉 그 상징적 표현에서 동물의 형상이 인간형상과 부적합하게 뒤섞이던 권리가 박탈되는 것이다. 그러므로 이제 동물형상은 단지 해명해 주는 부차적인 요소를 띠면서 인간형상을 띤 신들 곁에 세워진다. 그래서 제우스 신상 곁에는 독수리가 서고, 헤라 여신 곁에는 공작이 서 있으며, 비둘기가 비너스 여신을 수행하고, 지하세계는 아누비스(Anubis)라는 개가 지키고 있는 것 따위를 볼 수 있다. 그리하여 정신적인 신들의 이상(理想) 속에 아직 상징적인 것이 보존되어 있기는 해도 이는 그 원래의 의미로 볼 때 초라한 것으로 드러날 뿐이다.

예전에는 주요한 내용이 되었던 자연적인 의미들도 이제는 물러서서 단지 특수한 외면성으로만 잔재하며, 그들이 지닌 우연성은 종종 우스꽝스러워 보이기까지 한다. 왜냐하면 그러한 자연적인 것들 안에는 예전과 같은 의미가 더 이상 내재하지 않기 때문이다. 더 나아가 새로운 신들의 내면은 정신적이고 인간적인 것으로 되지만 그들을 드러내는 외면성은 이제 *인간적인* 우연성이나 약점으로 된다. 이에 관해 우리는 주피터 신(제우스 신)의 여러 연애행각을 상기할 수 있다. 이미 고찰했듯이 그러한 연애행각들은 그것들이 원래 지닌 상징적인 의미에서 보면 생산 및 자연의 생명력과 관계된다. 그러나 주피터 신이 아내 헤라 여신과 결혼한 사이라는 이 관계는 확고하고 본질적인 관계로 간주되어야 한다. 따라서 주피터 신의 연애행각들은 결국 아내에 대한 부정으로 나타나므로 그것들은 우연적인 모험의 형태를 띠며 그러한 행각들이 지닌 상징적인 의미는 의도적으로 지어낸 경박스러운 이야기 같은 성격으로 변모된다.

이와 같이 우리는 단순한 자연의 위력이나 동물성, 또는 정신적인 상황이 지닌 추상적이고 보편적인 가치를 격하시키는 것을 고찰하였으며, 또 이러한 요소들이 자연을 관통하는 정신이 지닌 더 숭고한 개체성과 독자성 속에서 다시 발견되는 것을 고찰함으로써 고전적인 예술 본질의 독특한 전제를 이루는 신들의 발생사를 이미 다뤘다. 이상은 자신을 관통하는 이 길을 통해 자신의 개념에 적합한 것으로 만들어졌다. 정신적인 신들이 그들의 개념에 맞게 현실성을 띨 때 이는 우리를 고전적 예술이 지닌 원래의 이상으로 인도한다. 이 예술은 그 이전의 고대 예술과는 달리 상존(常存)하는 것을 표현한다. 왜냐하면 무상한 것, 유한한 것은 대체로 개념과 현존재가 서로 적합하지 못한 관계에 있을 때 드러나기 때문이다.

제2장 고전적 예술형식의 이상(理想)

이상(理想)의 본질은 원래 무엇인가에 대해 우리는 이미 예술미 일반을 고찰할 때 살펴보았다. 여기서 이제 우리는 그것을 *고전적인 이상*이라는 특수한 의미에서 받아들여야 한다. 그 개념은 대체로 고전적 예술형식의 개념과 마찬가지로 이미 우리에게 밝혀졌다. 이제 여기서 언급할 이상은 고전 예술의 가장 내적인 개념이 만들어낸 것에 그 예술이 실제로 도달하여 이를 드러낼 때에만 존재한다. 내용으로서의 예술은 이러한 위치 속에서 정신적인 것을 포착한다. 왜냐하면 정신적인 것은 자연과 자연의 위력을 자신의 범주 속으로 끌어들여 단순한 내면성이나 자연 위에 군림하는 것이 아닌 것으로 표현되기 때문이다. 그러나 예술은 인간의 형상, 활동 그리고 행위에서 *형태*를 취한다. 그러한 것들을 통해서 정신적인 것은 완전한 자유 속에서 통찰하고, 단순히 상징적 암시를 하는 외적인 *형태*가 지닌 감각성이 아니라 정신에 적합한 현존성에 익숙해진다. 이제 이 제2장은 좀 더 분명하게 다음과 같이 분류될 수 있다.

첫째로, 우리는 인간적인 것을 그 내용과 형식으로 삼고 양쪽이 서로 완전하게 일치하도록 작업하는 고전적인 이상이 지닌 *보편적인* 성질을 고찰해야 한다.

그러나 둘째로, 여기서 인간적인 것은 전적으로 육체적인 형상과 외적인 현상으로 집중된다. 즉 그것은 오직 어떤 특정한 형상에만 적합한 특정한 외적인 형상이 된다. 그러므로 이상(理想)도 역시 특수성(Besonderheit)으로 우리 눈앞에 드러난다. 그 결과 특수한 신들과 인간적인 현존성이 지닌 위력들이 우리에게 밝혀진다.

셋째로, 그러한 특수성은 그 본질적인 특성이 *하나의* 피규정성이라는 추상성에 머물면서 전체 내용이나 표현을 위한 일방적인 원리가 되지는 않는다. 그것 자체는 하나의 전체성이면서도 *개별적인 통일성*이자 화합이 된다. 만약 이것이 충족되지 않으면 특수성은 황량하고 공허한 것이 되고, 거기에서는 어떤 경우에도 이상(理想)에 꼭 필요한 생명력은 떨어져 나가고 말 것이다. 우리는 이제 고전적 예술의 이상을 이러한 보편성, 특수성, 각각의 개체성의 세 측면에 따라 더 자세히 살펴보기로 한다.

1. 고전적 예술형식 일반이 지닌 이상

고대 그리스 신들은 이상적인 표현의 중심이 되었다. 우리는 이미 앞에서 그 신들의 기원에 대한 물음을 다루었고, 그 신들이 예술에 의해 변형된 전통 속에 속해 있음을 보았다. 이제 신들의 변형은 두 가지의 격하─이는 한편으로 자연의 보편적인 위력들과 그것들이 의인화된 가치를 격하시킨 것이고, 다른 한편으로 동물들과 그들이 지닌 상징적인 의미와 형태의 가치를 격하시킨 것이다─에 의해 일어났다. 그 이유는 그럼으로써 새로운 신들로 하여금 참된 내용인 정신성과 참된 형태인 인간적인 현상방식을 획득할 수 있도록 하기 위해서였다.

a. 예술의 자유로운 창조에서 산출되는 이상

이제 고전적인 이상은 본래 예전에 속했던 것들을 그런 식으로 변형시킴으로써 드러나므로, 우리는 그 이상에서 먼저 그것이 정신적인 것에서 산출되고, 따라서 그 근원은 시인들과 예술가들의 아주 심오한 내면에 있다는 점을 밝혀내야 한다. 또 시인들과 예술가들은 명료하고 자유로이 의식하고 숙고함으로써 그 이상을 그들 예술의 목적으로 산출해 낸다. 그러나 고대 그리스의 신화는 이처럼 인위적인 것과는 달리 본래 더 오래된 전통에서 기원하며, 외래적인 동양의 요소들도 시사하고 있다는 사실은 논쟁의 여지가 있는 것 같다. 예를 들면 이미 위에서 인용한 대목에서(《역사》제2권) 헤로도토스는 그리스인들에게 그들의 신들을 만들어 준 사람은 시인 호메로스와 헤시오도스라고 말하고 있지만, 또 다른 대목에서는 바로 그 그리스 신들이 이집트의 신들 따위와 밀접하게 관련시키고 있다. 왜냐하면 《역사》 제2권에서 그는 디오니소스라는 이름은 멜람푸스가 이집트에서 따와 헬레네인들(그리스인들—역자주)에게 전수했으며, 팔루스(Phallus)신을 섬기고 제물을 바치는 의식 전체를 도입시켰다고 분명히 말하고 있다. 그러나 거기에 몇 가지 차이를 두고 있으니 즉 멜람푸스는 디오니소스 신에 대해 숭배를 아마 티리아인인 카드모스 그리고 카드모스와 함께 뵈오티아에 왔던 페니키아인들에게서 배웠다고 말하고 있기 때문이다. 이처럼 서로 엇갈리는 해명들은 근대에 들어와, 특히 크로이처가 기울인 노력과 관련해서 관심을 얻었다. 그는 한 예로 호메로스에게서 고대 그리스로 흘러들어간 고대의 비교(秘敎)와 다른 모든 근원들을 찾아내려고 노력했다. 이는 아시아적인 것, 펠라스기적인 것, 도도나적인 것, 트라키아와 사모트라키아, 프리기아적인 것, 인도적이고 불교적인 것, 페니키아나 이집트적인 것, 오르페우스(Orpheus)적인 것, 그리고 그 밖에도 수많은 특수 지역들과 그 지역들이 갖고 있는 특성이나 다른 상세한 요소들이었다.

물론 위의 시인들이 신들에게 이름과 형상을 부여했다고 하는 설은 이처럼 다양하게 전해내려 온 시초의 신화와 비교할 때 첫눈에 모순되어 보이기는 한다. 그러나 그러한 전통과 독자적으로 형상화하는 것 양쪽은 서로 매우 일치할 수 있다. 전통은 우선적인 것이고 부분적인 요소들을 전해 주는 출발점이 되기는 하지만 아직은 신들이 지닌 원래의 형상, 그것도 참된 형태는 부여해 주지 못한다. 그러한 참된 형상은 시인들이 자기들의 정신에서 취하여 자유로이 변형시켜 정신을 위한 참된 형태로 발견하는 것이다. 따라서 그 시인들이야말로 사실상 신화를 만들어낸 사람들로서, 고대 그리스 예술 가운데서도 바로 우리의 숭배대상이 될 인물들인 것이다. 그렇다고 해서 호메로스의 서사시에 나오는 신들이 모두 주관적만으로 창조되었거나 조작된 신들이라는 뜻은 아니다. 그들은 고대 그리스 민족의 정신과 신앙, 그들의 민족적인 종교에 그 뿌리를 두고 있다. 그 신들은 절대적인 위력이자 고대 그리스인들의 관념에서 최고의 위치를 차지하면서 미(美) 일반의 중심이 되고 있는 존재들이다.

물론 그러한 재능은 뮤즈 여신들이 시인들에게 수입한 것으로 나타난다.

이제 예술가는 이러한 자유로운 창작활동을 하는 가운데 동양에서와는 아주 다른 위치를 차지한다. 인도의 시인들이나 현자들도 역시 기존의 요소들을 자신들의 상상의 출발점으로 삼기는 마찬가지였다. 그 요소들이란 자연, 즉 하늘, 동물, 강물 따위거나 또는 형체도 내용도 없는 브라만의 순수한 추상성이었다. 그러나 그들이 얻은 영감은 주관성의 내면을 파괴하는 것으로서, 이는 주관성을 외화시켜야 하는 어려운 과제에 부딪히자 확고하고 절대적인 방향을 전혀 지니지 못한 무절제한 환상으로 인해 그들이 산출해낸 것은 진정 자유롭고 미적인 것이 되지 못하고 단지 무절제하게 산출되고 주어진 소재 속에 지향 없이 떠도는 것이 되고 말았다. 이는 순수한 바닥을 갖지 못하고 집을 짓는 건축사와 같다. 그는 자신의 건축물을 세우려는 특수한 목적을 갖고는 있지만 그 외에 무너진 담들의 낡은 폐허와 언덕이나 솟아나 온 바위들은 그에게 방해가 되어 그는 결국 거칠고 조화롭지 못한 환상적인 모형을 세울 수밖에 없게 된다. 그가 산출해 낸 것은 그의 자유로운 정신 자체에서 상상에 의해 산출된 작품이 아니다. 그 반대로 헤브라이의 시인에게서 보면 그들은 신이 그들에게 말하는 계시를 전해 주므로 여기서는 시인이 지닌 독자적인 산출정신과는 거리가 멀다. 여기에서 산출자는 무의식적인 영감이다. 이는 일반적으로 숭고함 속에서 추상적이고 영원한 것이 그 타자이자 외면성인 다른 대상과 관계함으로써 직관되고 의식되는 것과 같다.

그 반면에 고전적 예술에서는 예술가들과 시인들이 물론 예언자이자 교사가 되며 무엇이 절대적이고 신성한 것인지를 사람들에게 알려주고 계시해 준다.

그에 반해 고전적인 예술에서는 예술가들과 시인들은 물론 무엇이 절대적인 것이고 신성한 것인지를 사람들에게 알려주고 계시해 주는 예언자이자 교사이기는 하다. 그러나 *첫째로*,

α) 그 그리스 신들 속에 깃든 내용은 단지 인간정신에 외적인 자연성이거나 또는 피상적인 형태나 비(非) 형태적인 내면성만 남기는 추상적인 신성이 아니다. 그리스 신들의 형상은 인간정신과 인간의 현

존성에서 취한 것이며, 따라서 인간의 가슴 속에 들어 있는 고유한 그 무엇이다. 인간은 바로 그러한 내용과 더불어 자유로이 함께 나아갈 수 있다. 왜냐하면 거기에서 인간이 산출해낸 것은 바로 인간 자신이 산출한 가장 아름다운 것이기 때문이다.

β) 둘째로, 예술가들은 또한 *시인*들이며, 이런 소재와 내용을 자유로이 자신에 안주하는 형상으로 만들어내는 조각가들이기도 하다. 이런 측면에서 볼 때 고대 그리스의 시인들은 참된 창조를 하는 예술가들이었다. 그들은 다양하고 낯선 모든 요소들을 한 곳에 쓸어 넣지만 마치 마녀의 솥단지에서처럼 거기에서 무슨 잡탕을 만들어내는 것이 아니라 온갖 혼탁하고 자연적이며 순수하지 못하고 낯설고 무절제한 것을 심오한 정신의 순수한 불 속에 넣어 그것들을 모두 함께 태워 정화시킨 다음 그 원래의 소재에 대해 단지 희미한 여운만을 남기는 새로운 형상을 산출해 내었다. 이런 점에서 그들이 하는 작업은 한편으로 전통의 소재 속에서 그들이 계획한 것으로 비형태적인 것, 상징적인 것, 미적(美的)이지 못한 것 그리고 추한 것을 없애는 데 있었으며, 다른 한편으로 원래 정신적인 것을 강조해 내는 데 있었다. 그들은 그것을 개성화하고 그것에 합당한 외적인 현상을 찾아내거나 고안해 내야 했다. 여기에서는 우리가 이미 살펴보았듯이 인간의 형상과 더 이상 단순하게 의인화되어 이용되지 않는 인간적인 행동과 사건들의 형태가 먼저 유일하게 적합한 실재성으로서 필연적으로 드러난다. 예술가는 물론 현실 속에 이러한 형태들이 주어져 있는 것을 발견하기도 한다. 그러나 그는 그것들을 영원한 위력들과 신들을 그 본질에 맞게 표상하는 인간정신에 깃들인 내용으로 적합하게 드러내고, 거기에서 우연적이고 부적당한 요소들을 제거해야 한다. 이것이 바로 예술가에

의해 자의적이지 않고 자유로이 정신적으로 산출된 작품이다.

  γ) *셋째로*, 신들은 대자적으로만 존재하는 것이 아니라 구체적인 자연과 인간적인 사건들의 현실 속에서도 활동한다. 그러므로 시인들의 작업도 역시 신들이 현존하며 그들의 효력이 인간적인 사건들과 관계하고 있음을 인식하게 해주고, 신들의 위력이 뒤섞여 나타나는 특수한 자연적인 사건들이나 특수한 인간행위 또는 운명을 해석하는 쪽으로 이어진다. 따라서 그들은 제사장이나 점술가들이 하는 일을 나눠 갖는다.
  우리는 오늘날 자연현상들을 우리들의 범속한 반성의 입장에서 보편적인 법칙이나 위력에 따라 해명하고 인간 행위들이 그들의 내면적인 의도와 자의식적인 목적에서 나온다고 해석한다. 그러나 고대 그리스의 시인들은 자기들 주변 도처에 있는 신성한 것을 돌아보고 인간의 행위를 신들의 행위로 형상화했다. 그들은 그런 식으로 해석함으로써 우선 신들의 위력을 드러내는 다양한 면들을 산출해 내었다. 왜냐하면 그런 식으로 해명을 많이 할 때 이 신은 이러하고 저 신은 저러하다는 것을 알려주는 많은 행위들이 드러나기 때문이다. 예를 들어 호메로스의 서사시를 들춰보면 우리는 거기에서 신들의 의지나 도움 없이도 일어났으리라고 정확히 해명할 수 있는 중요한 사건들은 거의 발견하지 못한다. 이처럼 호메로스가 일어난 사건들을 자신의 이름으로 종종 밝히거나 일부는 자신의 작품 속의 인물들, 즉 제사장들이나 영웅들의 입에 담아 알리듯이 이러한 해석은 시인들의 통찰에서 나온 것, 즉 그들 스스로에게서 나온 신앙이자 직관이다. 예를 들면 《일리아스》의 첫 부분에서 호메로스는 그리스인들의 진영에서 발생하게 한 역병(Ⅰ,9~12행)을 크리세스에게 딸을 놓아주지 않으려는 아가멤논에 대해 분노한 아폴로 신이 내린 것으로 설명한다. 그런 다음에는 그는 더 나아가(Ⅰ,94~100행) 바로 이 같은 해석을 칼카스를 통해 그리스인들에게 전달하게 한다.

비슷한 방식으로 호메로스는 《오디세이아》의 마지막 노래에서(즉 헤르메스가 영혼을 잃은 청혼자들의 망령을 아스포델로스의 초원으로 데리고 가자 그들이 거기에서 아킬레우스와 트로이 전쟁 이전에 싸웠던 다른 영웅들을 발견하고, 또 마침내 아가멤논도 변한 모습으로 그들에게 다가올 때) 오디세우스로 하여금 아킬레우스의 죽음에 대해 다음과 같이 말하게 한다(《오디세이아》, ⅩⅩⅣ,41~63행).

> 그리스인들은 온종일 싸웠으며 제우스 신이 전사(戰士)들을 서로 갈라놓은 뒤에야 그들은 고귀한 시신을 배로 싣고 가 한없이 울며 그 시신을 씻고 향유를 발랐다. 그때 바다 위에서 신의 소리가 들려왔다. 그러자 아카이아 사람들은 너무 놀랐기 때문에 만약 나이 많고 지혜로운 노인 네스트로가 그들을 붙들지 않았더라면 그들은 움푹 들어간 뱃속으로 모두 떨어지고 말았을 것이다. 전에도 그는 가장 나은 충고를 하곤 했었다.

즉 그는 다음과 같이 말하면서 그들에게 그 광경을 설명한다.

> 어머니는 그녀의 죽은 아들들에게로 가기 위해 불사의 여신들과 함께 바다로부터 온다. 이 말에 대담해진 아카이아 사람들에게서 공포는 떠났다.

말하자면 이제 그들은 자기들이 어떤 상황 속에 처해 있는지 알게 되었다. 즉 인간적인 것, 어머니. 슬퍼하는 여인이 그들을 향해 다가오며, 그들의 눈, 그들의 귀와 우연히 만나는 것은 바로 그들 자신의 모습이다. 아킬레우스는 그녀의 아들이며, 그녀 자신은 비탄에 가득 차 있다. 그래서 역시 아가멤논도 아킬레우스 쪽으로 몸을 돌리고서, 그 보편적인 고통을 서술하면서 하던 이야기를 계속한다.

> 그러나 그대의 주위에는 바다 정령의 딸들이 탄식하며 서 있다. 그들은 향기로운 옷을 걸치고 있다. 그리고 뮤즈 여신들도. 그들은 모두 아홉 명으로 서로 아름다운 노래들을 바꿔 부르며 울었다. 그러자 아카이아 사람들 가운데 눈물을 흘리지 않는 사람은 아무도 없었다. 그처럼 그 맑은 목소리의 노래들은 감동적이었다.

그러나 이와 관련해 《오디세이아》 안에서 특히 매번 내 마음을 끌고 나로 하여금 몰두하게 한 것은 다른 신의 출현이다. 오디세우스는 잘못 항해를 하다가 페아케인들이 사는 섬에 표류하여, 거기에서 유랄로스(Euryalos)가 베푼 전쟁시합에서 원반던지기 경기에 참여하기를 거부하다가 모욕을 당한다. 화가 난 그는 음울한 눈길로 사람들을 바라보면서 거친 목소리로 대꾸한다. 그러다가 그는 일어나서 다른 사람들이 가진 것보다 더 크고 무거운 원반을 집어들고 던져서 목표지점보다 훨씬 더 멀리 나아가게 한다. 페아케인들 가운데 한 명이 그 지점을 지적하면서, "장님이라도 이 돌을 볼 수 있을 거요. 이 돌은 다른 돌들과 섞이지 않고 훨씬 앞에 떨어졌소. 이 내기 경기에서 그대가 두려워할 것은 아무것도 없소. 페아케인들 가운데 그대가 던진 것만큼 멀리 원반을 던져 이길 수 있는 자는 아무도 없을 거요"라고 외친다.

그가 그렇게 말하자 신처럼 강한 인내심을 가진 오디세우스는 이 내기경기에서 친구 한 명을 얻게 된 것을 기뻐한다(《오디세이아》, Ⅷ, 159~200행). 호메로스는 한 페아케인이 던진 이 친절한 말을 다름 아닌 변신한 아테네 여신이 출현해서 말한 것으로 해석하고 있다.

b. 고전적인 이상인 새로운 신들

이제 더 나아가 보면 다른 물음이 생겨난다. 그것은 이와 같은 고전적인 방식의 예술활동에서 *산출되는 것*은 무엇이며, 그리스 예술이 만들어낸 새로운 신들은 어떤 성질을 띠고 있을까라는 것이다.

α) 그 신들의 성질에 대해 우리가 가장 보편적이고 동시에 가장 완벽하게 표상할 수 있게 해주는 것은 바로 그 신들에게 집중되어 있는 개성이다. 왜냐하면 이것은 부차적인 것들과 개별적인 행위들 그리고 사건들의 다양성으로부터 벗어나 자신과 단순하게 통일되는 하나의 초점으로 통합되기 때문이다.

αα) 이제 이 신들의 특성 가운데 우리의 마음에 호소해 오는 것은 먼저 정신적이고 *실체적인* 개성(個性)(die geistige *substantielle Individualität*)이다.

이는 궁핍한 대상들이 단편적으로 드러내는 현란한 가상과 유한하고 다양한 목적을 띤 불안으로부터 자신에게로 회귀하여 영원하고 청명한 기반인 자신의 보편성 위에 안거한다. 신들은 오직 그렇게 함으로써만 스스로 불멸의 위력으로 드러나며, 그 신들이 지닌 혼탁하지 않은 위력들은 그들의 타자(他者)나 외적인 것과 뒤얽혀도 특수한 것이 아닌 신들의 불변성과 건실성으로 직관된다.

ββ) 하지만 거꾸로 그들은 정신적인 보편성의 단순한 추상이자 그럼으로써 이른바 보편적인 이상(理想)과는 다르다. 오히려 그 신들은 개체들이므로 그들 자체는(an sich) 현존재이며 그럼으로써 피규정성, 다시 말해 정신으로서 *성격*을 띤 이상(理想)으로 현상한다. 성격이 없이는 어떤 개성도 드러낼 수 없다. 이런 측면에서 볼 때 이미 위에서 설명했듯이 정신적인 신들 역시 특정한 자연의 힘을 지니고 있다. 그들이 지닌 힘은 어떤 특정한 도덕적인 본질과 융화되어 있으며, 각기의 신은 자기에게만 속하는 그 힘이 지닌 제한된 효력의 범위를 갖는다.

이처럼 특수화되는 가운데 다양한 측면들이나 특성들이 함께 신들 각자에게 주어짐으로써 각 신들과 단순하게 일치되고 축소되어 각 신들의 특성을 이룬다.

γγ) 그러나 참된 이상 속에서 이 같은 피규정성은 성격의 일방성으로 첨예하게 한정되어 끝나서는 안 된다. 이는 또한 다시 신성함이 지닌 보편성으로 회귀하여 현상해야 한다. 그래서 각각의 신은 *신성하고* 따라서 *보편적인* 개성인 피규정성을 자기 안에 지니며, 한편으로는 특정한 성격이고, 또 한편으로는 만물 속에 존재하는 모든 것이다. 그것은 단순한 보편성과 추상적인 특수성이 서로 충분히 통일되어 있는 가운데에 존재한다. 바로 이것이 진정한 고전적인 이상(理想)에게 무한한 안정과 고요함, 근심 없는 지복함 그리고 방해받지 않는 자유를 부여한다.

β) 이제 더 나아가면 고전적 예술의 미가 되는, 즉 즉자적인 신의 특성은 정신적이면서도 또 외적으로 구체적으로 드러난다. 말하자면 그것은 정신일 뿐만 아니라 눈에 보이는 형태이기도 하다.

αα) 이러한 미는 그것이 정신적으로 의인화(擬人化)된 단순히 자연적이고 동물적인 것이 아니라, 적합한 현존성 안에 정신성 자체를 그 내용으로 갖고 있다. 그러므로 그것이 받아들이도록 허용하는 부가물로 단지 *상징적*이고 자연적인 것과 관련이 있다. 그것이 원래 표현하는 것은 정신에게, 오직 정신에게만 속하는 외형이다. 왜냐하면 내면은 그 외형 속에서 스스로 존재하게 되고 그 외형을 통해 자신을 완성된 것으로 주입하기 때문이다.

ββ) 다른 한편으로 고전적인 미는 꼭 숭고함(*Erhabenheit*)만을 표현하도록 보장할 필요는 없다. 왜냐하면 추상적으로 숭고한 것은 혼자서는 어떤 피규정성 속에서도 스스로와 결합되지 못하며, 특수한 것에 맞서고 그럼으로써 또 모든 구체적인 것에 맞서 *오직* 부정적으로 돌아서서 숭고한 모습을 부여하기 때문이다.

그러나 고전적인 미는 정신적인 개성을 역시 그것의 자연적인 현존재의 한 가운데로 투입시키며, 내면을 오직 외적인 현상의 요소 안에서만 명시(明示)한다.

γγ) 그러므로 외형은 그 안에 존재하는 정신과 마찬가지로 외적인 피규정성 속에 있는 모든 우연성과 자연에 의존하는 모든 것 또는 질병으로부터 해방되어야 하며, 모든 유한성이나 일시성, 단순히 감각적인 모든 것으로부터 벗어나야 한다. 그리하여 신의 특정된 정신적인 성격과 유사한 피규정성을 띤 그 외형은 인간형상이 지닌 일반적인 형태와 자유로이 조화되고 순화되어 숭고하게 고양되어야 한다. 모든 면에서 나약함이나 상대성을 버리고 자의적인 특수성의 결함에서 벗어난 깨끗한 외면성만이 그 속에 침잠하여 구체적인 것으로 되는 정신의 내면과 일치한다.

γ) 그러나 독특한 성격으로 규정되었던 신들은 동시에 보편성 속

조각가 라우흐(C.D. Rauch)가 1820년에 만든 문호 괴테의 흉상

으로 되돌아가므로, 신의 자기존재(Selbstsein)는 현상할 때에도 자기 안에 안거(安居)하고, 동시에 자기의 외면 속에서 자신에 대해 확신하는 모습으로 표현되어야 한다.

αα) 그러므로 원래의 고전적인 이상에서는 역시 신들의 구체적인 개성에서 이처럼 정신적인 고귀함과 위대함이 깃들여 있는 것을 볼 수 있다.

거기에서 신들은 아주 구체적이고 감각적인 형상으로 변함에도 불구하고 그들에게서 유한한 궁핍성은 모두 사라진다. 즉 순수히 자신 속에 머물며 온갖 규정들로부터 추상적으로 벗어나 있는 것이야말로 바로 숭고함으로 이끌어간다. 그러나 고전적인 이상은 정신 자신의 현존재 속에서만 드러나므로 이는 곧 그 이상이 지닌 숭고함도 미(美) 속으로 융합되고 그리로 이행되어 간다. 이는 신들의 형상에서 고상하고 고전적인 미가 필연적으로 아름답고 숭고하게 표현되도록 만든다. 그러나 고전적인 이상은 오직 정신 자신의 현존재 안에서만 등장하므로, 바로 그 이상의 숭고함도 역시 미(美) 속에 융합되고 곧 그 안으로 직접 이행(移行)해가는 것으로 보여진다. 이 때문에 신들의 형상에서 기품을, 즉 고전적으로 *아름다운 숭고함*을 표현하는 일이 꼭 필요해진다. 영원한 진지함, 변하지 않는 고요함이 신들의 이마 위에 군림하며 그들의 형상 전체로 퍼져나간다.

ββ) 그러므로 그 신들은 그들의 미적인 모습 속에서 자신들의 육체성을 초월해 있는 것으로 드러난다. 그리하여 그들에게 깃들인 지복한 숭고함, 정신적인 자기안주와 그들의 외적이고 구체적인 미 사이에 대립이 생긴다. 정신은 자신의 외형 속에 완전히 침잠하면서도 동시에 거기에서 벗어나 오직 자신 속에만 침잠하는 것으로 나타난다. 이는 마치 불멸의 신이 죽음을 벗어날 수 없는 인간들 사이에서 소요하고 있는 모습과 같다(Es ist wie das Wandeln eines unsterblichen Gottes unter sterblichen Menschen).

이런 점에서 그리스의 신들은 온갖 다양한 모습을 지니고 있으면서도 내가 라우흐 작품인 괴테의 흉상[1]을 처음 보았을 때 받은 인상과 같은 인상을 준다. 여러분들도 그 흉상을 보았겠지만, 이 높은 이마, 이 강력하고 위압적인 코, 자유로운 눈, 둥근 턱, 다변(多辯)적이고 아주 교양 있어 보이는 입술, 총명한 머리의 위치, 시선은 옆으로 조금 높이 향하고 있다. 동시에 사려 깊고 나정한 인산성의 충만함, 거기에 공들여 다듬은 이마, 표정, 감정, 열정을 나타내는 근육들, 매우 생동성이 보이면서도 고령에서 드러나는 고요함, 정적, 숭고함, 그리고 이제 그 외에 이가 없는 입 속으로 오므라든 마른 입술, 늘어진 목과 뺨,

---

[1] 라우흐(C.D. Rauch, 1777~1857). 앞서 블뤼허 장군의 상을 조각한 독일의 조각가이다. 그가 만든 이 괴테상은 복제본이 여러 개 있다. 헤겔은 아마 1820년 작의 흉상을 언급하는 듯하다.

그 때문에 더 높아 보이는 코와 더 두드러져 보이는 이마. 주로 불변하는 요소들로만 축소된 이 자유로운 흉상의 모습이 보이는 위력은 마치 느슨한 환경 속에서 숭고한 머리 위에 넓은 터번을 쓰고 헐렁거리는 옷을 걸치고 슬리퍼를 끌며 가는 동양인의 모습처럼 나타나고 있다. 이는 바로 확고하면서도 강력하고 시간을 초월하는 정신이다. 그는 비록 주위에 붙어 있는 유한성의 가면을 쓰기는 했어도 이를 막 떨쳐 버리려는 듯 느슨하게 아직 자신 곁에 두고 있을 뿐이다.

이와 비슷하게 신들도 역시 숭고한 자유와 정신적인 고요함을 지니면서 자신들의 형상을 둘러싼 육체성을 초월해 있다. 그러므로 그들의 형상, 즉 그들의 팔과 다리는 아무리 모양이 아름답고 완벽하게 보여도 그들의 정신에 단지 불필요하게 매달려 있는 것으로 느껴진다. 그럼에도 불구하고 신의 형상은 전체적으로 활발한 생동성을 띠고 있으며 정신적인 존재와 일치한다. 즉 대자적으로 확고한 것과 그 외적인 부분들이 서로 분리되거나 떨어져 있지 않고, 정신은 육체에서 빠져나가 있지 않다. 그 양쪽은 *하나의* 건실한 전체를 이룬다. 그러므로 자신 손에 안주하는 정신은 놀라운 확고함을 지니면서도 그 육체 속에서 고요히 밖을 응시하고 있는 것이다.

γγ) 그러나 내적인 정신성과 그 외면성의 차이나 분리는 일어나지 않지만 그 안에는 이미 모순이 암시되어 존재하므로 그 때문에 그 속에 들어 있는 부정성은 분리되지 않는 *전체* 속에 내재하면서 바로 거기에서 표현되어 드러난다. 이는 숭고한 정신성(精神性, die Geistigkeit) 속에 들어 있는 슬픔의 숨결이자 향기로서, 풍부한 정신력을 지닌 남자들은 고대인들이 만든 신상(神像)들 안에서 비록 사랑스러울 정도로 완성된 아름다움에도 불구하고 이를 느꼈다. 신들의 쾌활성(Heiterkeit)이 지닌 고요함은 기쁨, 쾌락, 만족 따위로 특수화되어서는 안 되며,

그들의 영원성이 지닌 *평화로움*도 자족(自足)하면서 기분 좋은 쾌적함의 미소로 격하될 필요는 없다. 만족은 우리 개개의 인간들이 규정되어 우리에게 주어지거나 우리가 만들어낸 상태와 일치하는 감정이다. 예를 들어 나폴레옹은 그가 어떤 일에 성공했을 때 온 세상이 그 성공에 만족하며 떠들어대도 그 자신은 한 번도 자신의 만족을 완전히 표현한 적이 없다. 왜냐하면 만족이란 자기 자신의 존재, 행동, 충동을 시인하는 것에 불과하기 때문이다. 그런 것이 극단적으로 드러나는 것을 우리는 저 속물인간들의 감정에서 알아차릴 수 있다. 그러나 이러한 감정과 그 감정을 표현하는 것은 조형적이고 영원한 신들에게는 해당되지 않는다. 자유롭고 완전한 미는 어떤 특정한 유한존재의 기분에 만족하는 일이 없으며, 그 신들에게 깃들인 개체성은 정신적인 측면이나 형상적인 측면에서 볼 때 물론 성격으로 규정되어 있기는 해도 오직 자유롭고 보편적인 자신 속에 안주하는 정신으로서의 자신하고만 제휴한다. 이 보편성이 바로 고대 그리스의 신들에게서는 차가움으로 표현된다. 그러나 그 신들은 유한한 현존재 속에 있는 내면성으로서만 차가운 존재로 머물 뿐, 신들 자신은 따스함과 생동성을 지니고 있다. 그들의 외형인 육체 속에 반영되는 신들의 지복한 평화는 그 본질상 특수한 것에 대한 등한시요, 무상한 것에 대한 무관심이며, 외적인 것에 대한 포기, 즉 근심과 고통이 없는 상태, 지상적이고 일시적인 것에 대한 체념이다. 이는 정신의 쾌활성이 죽음과 무덤, 상실, 유한성을 넘어서서 먼 곳으로 시선을 돌리는 것과 같다. 그러나 바로 그 정신은 심오하므로 부정적인 것도 자신 속에 포함한다. 그러나 신들의 형상에서 진지함과 정신적인 자유로움이 드러날수록, 신들의 본질인 숭고함과 그들의 피규정성 및 육체성 사이에서는 더 많은 차이가 느껴진다. 지복한 신들은 자신들이 동시에 지니고 있는 지복함과 육체성을 슬퍼한다. 그 신들의 형상에서 그들이 처해 있는 운명과 그 운명이 펼쳐지는 것을 읽는다. 이는 신들의 숭고함과 특수성, 정신성과 감각적인 현존재 간의 모순이 실제로 등장하는 것으로서 고전적인 예술 자체를 종말로 이끌어간다.

c. 외적인 표현방식

이제 *셋째로*, 앞서 언급한 고전적인 이상의 개념에 적합한 외적인 표현의 종류에 관해 묻는다면, 이에 관련된 중요한 관점들은 이미 전에 이상(理想) 일반을 고찰할 때 자세히 언급했다. 그러므로 여기서 말할 수 있는 것은 다만, 원래 고전적인 이상에서 신들의 정신적인 개성은 그들과 다른 것과의 관계에서 이해되거나, 그들의 특수성으로 인해 갈등과 투쟁에 빠지지 않고 자신 속에 영원히 안거하며 신적인 평화에 깃든 고통 없는 상태에서 드러난다는 점이다. 그러므로 신에게 주어진 특성은 신들에게 특수한 감정이나 열정을 일으키지 않으며 또 그것은 어떤 특정한 목적을 이행하는 데 필요하지 않은 것으로 드러난다. 그 반대로 신들은 어떤 대립이나 분규에서 벗어나 있다. 실제로 신들은 어떤 유한성의 관계나 불화에서 벗어나 자신 속으로 환원되어 순수하게 침잠한다. 이와 같은 근엄한 고요함은 경직된 것도, 차갑게 죽은 것도 아니다. 그것은 사려 깊고 불변하는 것이며 고전적인 신들을 가장 숭고하고 적합한 형식으로 표현하는 요소들이다. 그러므로 이러한 특성들은 어느 특정한 상황에서 드러나더라도 대립의 동기가 되는 상태나 활동이어서는 안 된다. 그러한 특성들은 그 자체 아무런 해가 없어야 하며, 그 신들 역시 그 특성들이 지닌 무해성(無害性, die Harmlosigkeit) 속에 안거해야 한다. 그러므로 특수 예술들 가운데 특히 조각은 고전적인 이상을 특수한 성격보다 보편적인 신성으로 드러나게 하고, 단순한 자기안거의 형태로 표현하는 데 가장 적합하다. 그보다 더 옛날에 만들어진 더 근엄한 모습의 조각은 이런 면에서 이상을 충실하게 표현하고 있으며, 그 이후에 만들어진 조각들은 상황이나 성격들을 덧붙여 극적인 행동을 표현하는 쪽으로 변화해 간다. 그에 반해 시문학에서는 신들의 행동이 보인다. 즉 그것은 현존성에 대해서 부정적인 태도를 취하면서 신들로 하여금 그 부정성에 대항하고 투쟁하게 한다. 신들을 그들의 고유한 영역 속에 머물게 하는 조형성에 깃들인 고요함은—이미 앞서 우리가 자세히 고찰했듯이—특수함에 대항하는 정신의 부정적인 계기를 오직 저 진지한 슬픔으로만 표현할 수 있다.

2. 특수한 신들의 영역

특수한 개성으로서 신성(神性)은 직관되고 직접적인 현존재 속에 표현되면서 규정되고 부득이 다양한 모습으로 형상화된다. 고전적 예술의 본질은 어쨌든 다신성(多神性)이다. 만일 숭고하고 범신론적인 하나의 신이나, 신을 정신적이고 순수한 존재이자 내적으로 의인화된 존재로 이해하는 절대종교[2]에서 말하는 유일신을 조형적인 미(美)로 형상화하려고 하거나, 또는 유대인이나 마호메트교도 또는 기독교인들의 종교적인 신앙내용을 마치 고대 그리스인들이 했듯이 근원적으로 직

---

2) 이는 곧 기독교를 가리킨다. '절대적인 종교(Absolute Religion)'라는 제목은 헤겔의 《종교철학강의》 마지막 부분의 소제목이기도 하다.

관해서 형상화할 수 있으리라고 생각하면 이는 어리석은 일일 것이다.

a. 다양한 신들의 개체

이러한 다양성 속에서 이 단계에 속하는 신들의 세계는 특수한 신들의 영역으로 떨어져 나가게 되며, 각자의 신들은 그들 스스로 개체이면서 다른 신들과 대립하게 된다. 그러나 이 개별 신들은 예를 들어 아폴로 신은 지혜의 신이고 제우스 신은 지배의 신이듯이, 보편적인 특성들을 단지 알레고리적으로만 취해서는 안 된다. 오히려 제우스 신은 또 지혜이기도 하며, 아폴로 신은 우리가 보았듯이 《에리니스》에서 그가 복수심을 불어넣은 왕의 아들인 오레스테스를 보호하기도 한다. 그리스 신들의 세계는 다양한 개별 신들로 구성되어 있다. 그들 각각의 신들은 어떤 특수성으로 규정된 성격을 지니고 있지만 그러면서도 스스로 안에서 총체성으로 통합되어 있으며 이것 자체가 그 신들의 또 다른 특성이기도 하다. 왜냐하면 모든 신적(神的)인 형상은 동시에 전체성이기도 하기 때문이다. 오직 그럼으로써만 그리스의 개별 신들은 풍부한 특징들을 지닌다. 비록 그들은 보편적인 정신 속에 안거하면서 지복(至福)함을 느끼고 흩어지는 다양한 사물들과 그것들 간의 관계로부터 벗어나 있으면서도, 다양한 방면으로 자신들이 효력을 미치며 활동하고 있음을 입증해 보인다. 그 신들은 추상적인 특수자나 추상적인 보편자(普遍者)가 아니며 특수자의 근원인 보편자인 것이다.

b. 체계적인 분류의 결핍

그러나 이제 그리스의 범신론은 이러한 개체성의 특성을 띠고 있기 때문에 스스로 *체계적으로* 분류될 수 있는 총체성을 이루지 못한다. 물론 첫눈에 올림포스 산에 모여 있는 수많은 신들을 볼 때 그 전체 안에서 각자 신들이 지닌 특수성이 진실을 드러내고 그들이 지닌 내용 역시 고전적인 것이라면, 신들은 자신들 속에 이념의 총체성을 드러내야 한다고―즉 그 총체성은 자연과 정신 속에 있는 필연적인 모든 위력들의 영역을 다 남김없이 드러내고 그럼으로써 신들 자신을 필연적인 존재로 드러내야 한다고―요구하는 것은 불가피한 일일지 모른다. 그러나 이러한 요구에는 후세의 보다 숭고한 종교에서 비로소 효력을 나타내는 감정이라든지, 정신적이고 절대적인 내면성 일반이 지닌 위력들은 고전적인 신들의 영역에서 제외한다는 제한이 곧 붙게 된다. 그것만으로도 내용―그 특수한 측면들은 그리스의 신화에서 직관될 수 있는데―의 범위는 이미 줄어들고 말 것이다. 그 외에도 한편으로 다양한 개성을 띰으로써 개념의 차이라는 엄격한 구분에서 벗어나는 우연한 피규정성이 불가피하게 곁들어 들어온다. 왜냐하면 그리스 신들에게는 어떤 *하나의* 피규정성만을 고수하는 일이 허용되지 않기 때문이다.

다른 한편으로는 보편성은―그 보편성 안에서 개체적인 신성은 자신의 지복한 존재를 갖는데―확고한 특수성을 지양한다. 그리하여 영원하고 숭고한 위력들은 차가운 유한성이 지닌 진지함에서 쾌활하게 빗어난다. 만일에 이와 같은 모순이 없다면 신들의 형상은 그 한계성으로 인해 유한성 속으로 뒤얽혀 들어가고 말 것이다.

그러므로 고대 그리스의 신화에 아무리 세계를 지배하는 주요한 위력들이 자연과 정신의 총체성으로 표현되어 있더라도, 이와 같은 전체성은 보편적인 신성뿐만 아니라 신들의 개성에 대해서도 하나의 *체계적인* 전체로 등장하지는 못한다.

그렇지 않을 경우, 그 신들은 *개별적인* 성격을 갖는 대신에 단지 알레고리적인 존재가 될 것이며, 또 *신성한 개인들*이 되지 못하고 유한하게 제한된 추상적인 성격만을 띠게 될 것이다.

c. 신들의 영역이 지니고 있는 기본 성격

그러므로 만약에 우리가 고대 그리스 신들의 영역, 즉 주신(主神)들의 영역을 그들의 단순한 기본 성격에 따라 고찰하고 과연 그러한 특성들이 조각에 표현되어 가장 보편적이면서도 감각적이고 구체적인 표상 속에 드러나는지 좀 더 자세히 고찰하면, 우리는 그 본질적인 차이들과, 그 총체성이 표현되고 있기는 해도 그것들이 지닌 특수한 요소들은 다시 지워져 있다는 것과, 엄격한 조각기법에 의해 미와 개성이 서로 일치하지 않게 어울려 있음을 발견한다. 그래서 예를 들면 제우스 신은 신들과 인간들에 대한 지배권을 손에 쥐고 있지만, 그로 인해서 본질적으로 다른 신들의 자유로운 독자성을 위태롭게 하지는 않는다. 그는 최고의 신이지만 그의 위력이 다른 신들의 위력을 흡수하지는 않는다. 제우스 신은 하늘과 번개와 천둥 그리고 자연의 생산적인 생명력과 관계하지만, 그는 사실 원래는 국가의 위력, 사물의 법적인 질서에 대한 위력, 계약과 충성, 맹세, 봉사, 우애에 대한 위력 등 일반적으로 인간적이고 현실적, 윤리적인 실체들의 계약과 지식과 정신을 나타내는 위력이다. 제우스 신의 형제들은 바다와 지하세계로 더 뻗어 나간다. 아폴로 신은 지식의 신이자 정신적인 관심사를 아름답게 표현하는 존재이며, 또 뮤즈 여신들의 스승으로 나타난다.

"너 자신을 알라"라는 말은 델피에 있는 그 신(아폴로 신)의 신전 앞에 씌어 있는 비문(碑文)으로서, 이는 정신의 나약함이나 결함이 아니라 정신의 본질과, 즉 예술 및 모든 참된 의식(意識)과 관련되는 계율이다. 재치와 달변, 매개 따위는 물론 비도덕적인 요소와 뒤섞이면서 완전한 정신영역에서는 좀 더 하위에 속하는 특성으로서, 이는 죽은 자들의 망령을 지하세계로 인도하는 헤르메스 신이 주요 담당 영역이다. 그리고 전투적인 위력은 아레스(Ares) 신이 가진 주요한 특성이다. 불의 신 헤파이스토스는 기술적인 작업에서 능숙한 솜씨를 보인다. 그리고 디오니소스에게 주어진 특성은 자신 속에 간직된 영감, 즉 술과 유희와 극적인 연출과 같은 영감의 자연적인 위력이다. 그와 비슷한 특성들은 여신들에게서도 드러난다. 헤라 여신은 주로 결혼을 윤리적으로 묶어 주는 특성을 지니고 있다. 케레스 여신은 농사일을 가르치고 퍼뜨림으로써 농토에 딸린 두 가지 의무를 인간에게 같이 선사했다. 그 하나는 직접적인 욕구를 충족시키는 자연의 소산이 풍부해지도록 염려하는 일과, 또 하나는 소유재산이나 결혼, 법, 즉 문명과 도덕적인 질서의 시작 같은 정신적인 요소들에 대한 의무이다. 또 아테네 여신이 가진 특성은 중용과 사려, 법과 지혜, 숙련된 기술, 용기와 같은 위력으로서, 그 여신의 사려깊고 전투적인 처녀성 속에는 민족의 구체적인 정신, 즉 아테네 시의 본질적인 정신이 내포되어 있다. 그 여신은 이러한 것들을 다스리는 신으로서 숭배되고 객관적으로 표현된다. 그 반면에 다이아나 여신은 에베소스의 다이아나 여신과는 전적으로 다른 여신으로서, 시침 떼는 처녀의 수줍음을 본질적인 성격으로 지니고 있다. 그 여신은 사냥을 좋아하며 대체로 조용히 명상하는 것이 아니라, 엄격하게 외향적으로만 노력하는 처녀이다. 아프로디테 여신은 고대의 거인족에 속했던 에로스(Eros)[3] 신이

---

3) 에로스(Eros)는 그리스어로 '사랑', '사랑의 신'이라는 뜻으로 사실은 인간의 삶에서 생명이 계속 번식 유지되기 위해 필요한 가장 원초적이고 긍정적인 어휘다. 그러나 이 말은 오늘날 '에로틱(Erotic)'이라는 지나치게 성적(性的)으로

에로스 신의 조각상. 기원전 1세기경의 작품. 나폴리 고고학 박물관 소장

소년으로 변한 매력적인 아모르(Amor)를 대동하고 있는데 이성(異性) 간의 끌림과 사랑 따위의 인간적인 열정을 시사한다.

   정신적으로 형상화된 개별 신들이 지닌 내용은 이러한 성질을 띠고 있다. 그것들이 외적으로 표현된 것과 관련해 우리는 여기서 신들의 이러한 특수성까지 다루는 그런 예술로 다시금 조각을 언급할 수 있다. 물론 조각은 개별적인 신들을 그들이 지닌 특성들에 따라 표현함으로써 개성 있는 신들의 다양성과 풍요로움을 우리가 성격이라고 부르는 *하나의 피규정성*으로 통합시킨다. 그리고 이 성격을 감각적으로

세속화된 어휘로 변형되어 자주 쓰이고 있다. 아모르(Amor)는 '사랑' 이라는 뜻의 라틴어이다.

직관하도록, 다시 말해 궁극적인 피규정성을 위해 신들의 형상을 단순하고 명료하게 외적으로 완성시켜 낸다. 즉 조각은 개체적인 신들을 그들이 지닌 특성들에 따라 표현할 때 이미 처음에 보였던 신들의 근엄한 숭고성을 초월한다. 그러나 시문학에서는 신들의 얼굴이나 외모 또는 많은 사건들로부터 내용을 만들어낸다 하더라도 거기에서의 표상은 외적이고 실제적인 현존성과 관련해서 점점 더 무규정적인 것으로 머문다. 그렇기 때문에 조각은 한편으로 더 이상적인 반면에, 다른 한편으로 신들의 성격을 아주 특정한 인간성으로 개성화시켜서 고전적인 이상(理想)을 인간화(人間化)해서 표현하는 일을 완성해낸다. 이처럼 고대 그리스인들의 조각상들은 이상이 내적이고 본질적인 내용에 적합한 외면성으로 표현된 것으로 바로 그 자체 절대적인 이상이요, 스스로 존재하는 영원한 형상들로서 조형적인 고전미의 중심을 이루었다. 이러한 고전미의 유형은 그 신들의 형상이 특정한 행동을 드러내고 특수한 사건들에 휘말려 들어도 그 신들의 변하지 않는 근간으로 머문다.

3. 신들 각각의 개성

그러나 신들의 개성과 이를 표현하는 일은 이제 성격을 여전히 추상적인 특수성으로 보는 것만으로는 만족할 수 없다. 창공의 별들은 그 단순한 법칙 속에서 다 규명할 수 있으며 이 법칙이 그 별들을 현상하게 만든다. 또 몇 가지 안 되는 특징들만을 갖고도 광물계에 형상이 부여된다. 그러나 자연의 식물계 안에서는 이미 다양한 형태들이 변화하는 과정과 혼합, 변태의 모습들이 끝없을 정도로 풍부하게 나타난다. 동물의 기관들은 그 외양이 더 다양하고, 그 드러나는 모습들은 혼란하다. 그리고 마지막으로 정신적인 것과 그것이 현상하는 쪽으로 올라가 보면 우리는 또 무한히 넓고 다양한 내적 존재와 외적 존재들을 발견한다. 이제 고전적인 이상은 자신에게 안주하는 개성으로만 머물지 않고 움직이면서 다른 것들과 관계하고 거기에 효력을 드러내야 한다. 그러므로 신들의 성격도 역시 자신 속에서 실체적인 피규정성에만 머물지 않고 외면에 있는 특수성들 속으로 더 파고 들어간다. 이처럼 외적인 존재로 자신을 개방시켜 움직여가면서 그와 관계하고 변화를 일으키는 일이 살아 있는 개인에게 꼭 필요하듯이 각각의 신의 *개성*에도 역시 그의 특징이 더 자세하게 주어진다. 그러나 그런 식의 개성은 동시에 특수한 특징들이 지닌 우연성과 연결되어 있어서, 이는 실체적인 의미가 지닌 보편성 속으로 더 이상 회귀할 수는 없다. 그러나 그런 식으로 상세하고 특수화될 때 그 특수한 특징들이 지닌 우연성은 실체적인 의미를 지닌 보편성 속으로 되돌아갈 수는 없다. 따라서 개별적인 신들이 지닌 이러한 특수한 면들은 뭔가 긍정성을 띠면서도 그 때문에 단지 외적인 부수물로 머무는 여운을 남긴다.

a. 개성화를 위한 소재

이제 여기에서는 곧 '신들이 이처럼 개별적으로 현상하기 위한 소재(素材)는 어디에서 오며, 그 신들은 개별화하는 일이 더 발전하면 어디로 나아가는가?' 라는 물음이 생긴다. 실제로 인간 개인과 행동을 취하는 그의 성격, 그가 얽혀 들어간 사건들, 그가 만나는 운명을 알기 위해서 외적인 상황들, 즉 태어난 시기, 타고난 성향, 부모, 교육,

환경, 시간 상황, 상대적인 내적인 상황과 모든 영역의 외적인 상황은 보다 자세한 긍정적인 자료 역할을 한다. 기존의 세계는 이러한 소재들을 내포하고 있으며, 이런 측면에 따라 개별적인 인간들의 삶에 대한 서술은 그때마다 아주 개별적이고 다양한 것이 될 것이다. 그러나 구체적인 현실에 그 존재를 갖지 않고 상상력에서 생겨나는 자유로운 신들의 경우에는 다르다. 그러므로 대개 자유로운 정신에서 이상을 창조해 내는 시인들이나 예술가들은 우연한 개별적인 소재들을 그들의 상상력이 지닌 주관적인 자의성에 따라 발췌해 낸다고 사람들은 믿을 수도 있겠지만, 그러나 이러한 생각은 잘못이다. 왜냐하면 우리가 고전적 예술에 부여한 것은 바로 그것이 그 고유한 영역에 필연적으로 속하는 전제들에 반응함으로써 비로소 참된 이상을 형성해 낸다는 위치였기 때문이다. 바로 이러한 전제들에서 각자의 신들에게 그들의 개별적인 생동성을 상세히 부여하는 특수한 사항들이 나온다. 우리는 이러한 전제들이 이루는 주요한 계기들을 이미 설명하였으므로 여기서는 다만 잠시 이전의 것을 상기하고자 한다.

α) 먼저 상징적인 자연종교들은 풍부한 원천으로서 고대 그리스 신화의 변천의 근간을 이룬다. 그러나 그처럼 다른 종교들에서 들여온 특성들이 고대 그리스 신화에서 성신석인 개체늘로 묘사된 신들에게 주어지면서 그 신들은 그들이 지녔던 상징적인 가치로서의 성격을 본질적으로 상실하게 된다. 왜냐하면 그들은 이제 스스로 개체로서 현상되는 것과는 다른 의미를 내포해서는 안 되기 때문이다. 그러므로 전에는 상징적이었던 내용이 이제는 주체인 신 자신의 내용이 되며, 그것은 이제 신의 실체가 아니라 단지 부수적인 특수성에 불과하게 된다. 그러므로 그러한 소재들은 이런 저런 특수한 상황에서 신들의

의지에 좌우되는 외적인 일화나 행위 또는 사건으로 가치가 하락된다. 따라서 여기서는 전에 성스러운 시문학 속에 들어 있는 모든 상징적인 전통들이 다시 들어와 주관적인 개체의 행동으로 변화되어 인간적인 사건이나 이야기의 형태를 취하게 된다. 그러한 사건들이나 이야기들은 시인들이 단지 임의로 꾸며낸 것이어서는 안 되고 신화와 함께 전달된 것이어야 한다. 예를 들어 호메로스가 신들에 대해 이야기할 때, '신들은 청렴한 에디오피아인들이 열이틀 동안 벌이는 잔치에 참가하려고 여정을 떠났다'라고 말하는데, 만일 이 이야기가 단지 그 시인의 상상에서 나온 것이라고 본다면 이는 졸렬하게 지어낸 이야기에 불과할 것이다.

주피터 신의 탄생에 관한 이야기도 마찬가지이다. 그 이야기에 따르면 크로노스는 자기가 낳은 자식들을 모두 다시 삼켜 버린다. 그때 그의 아내 레아는 마지막 아이인 제우스를 임신하자 크레타섬으로 건너가 거기에서 아들을 낳은 뒤에 크로노스에게는 그 아이 대신에 돌을 갖다 주며 삼키게 한다. 나중에 가서 크로노스는 그가 삼켰던 아이들을 모두—딸들과 포세이돈도 모두 포함해서—다시 뱉어낸다. 만일 이 이야기를 주관적으로 지어낸 것으로만 본다면 이는 무미건조한 것이 되고 말 것이다. 그러나 그 이야기는 원래 지녔던 상징적인 성격을 상실하고 단지 외적 사건으로만 보이는 남은 상징적인 의미들을 스쳐 지나가면서 주목하고 있다.

케레스 여신과 프로세르피나(페르세포네라고도 부름—역자주)의 이야기도 그와 비슷하게 진행된다. 여기에서 예전의 상징적인 의미가 사라졌다가 다시 싹을 피운 것이다. 그 신화는 이를 다음과 같이 소개하고 있다. 프로세르피나가 어느 골짜기에서 꽃을 갖고 놀다가 향기가 고운 수선화를 꺾었다. 이는 *하나의* 뿌리에서 수백 개의 꽃송이를

〈프로세르피나(Proserpina)의 납치〉. 루카 지오르디아노(Luca_Giordano, 1684~1686)의 프레스코 화

피어나게 하는 꽃이었다. 그러자 땅이 움직이더니 플루토가 땅 속에서 솟아나와 울며 저항하는 프로세르피나를 자기 황금마차에 싣고 지하세계로 데려간다. 그녀를 잃은 케레스 여신은 이제 모성의 슬픔에 잠긴 채 그녀를 찾아 오랫동안 헛되어 지상을 헤맨다. 마침내 프로세르피나는 다시 지상의 세계로 돌아온다. 그러나 제우스 신은 프로세르피나가 신들의 음식의 달콤한 맛을 즐기지 못하리라는 조건 하에서만 이를 허용하였다. 하지만 유감스럽게도 그녀는 이미 엘리지움[4]에서 석류열매를 한 번 맛본 적이 있기 때문에, 봄과 여름에 걸쳐서만 지상에서 보낼 수가 있도록 허락되었다. 여기에서도 보면 보편적인 의미가 상징적인 형태를 내포하고 있는 것이 아니라, 멀리서 수많은

---

4) 엘리지움(Elysium)은 그리스 신화에서 '이상향(理想鄕)', '극락(極樂)'이라는 뜻을 지닌다.

외적인 특징들을 통해서만 보편적인 의미를 투시할 수 있는 인간적인 사건으로 변형되어 있다. 신들의 별칭도 이런 식으로 종종 그러한 상징적인 근원을 암시해 준다. 그러나 그러한 근원들은 이미 그 상징적인 형태를 버리고 다만 개체적인 신들의 특성을 더 충분히 규정해 주는 역할만을 맡고 있다.

β) 개별적인 신들이 지닌 긍정적인 특수성들의 또 다른 근원이 되는 것은 지역적인 관련성들이다. 이는 신들에 대한 표상의 원천이 되기도 하며, 또한 그 신들이 주로 숭배되고 있는 각기 다른 지역들에서 그 신들이 어떻게 도입되고 숭배되었는지에 관해서도 밝혀 준다.

αα) 그러므로 이상과 그 보편적인 미를 표현하는 일은 물론 특수한 지역성과 그 독특성을 초월하여 예술적인 환상의 보편성 속에 깃든 개별적인 외면성들을 전적으로 그 실질적인 의미에 알맞은 총체적인 형상으로 수렴하기는 한다. 그러나 조각에서 신들을 그들의 개별성에 따라서 분리하고 상황 속으로 옮겨놓으면, 이 같은 개별적인 특징들과 지방색들은—비록 개성(個性) 단지 외적으로 좀 더 분명한 것에 불과해도—그 개성을 보이기 위해 계속해서 되풀이해 나타난다. 이는 예를 들어 파우사니아스(Pausanias)가 자신이 사원(寺院)이나 공공장소, 사원의 보고(寶庫) 같은 곳이나 중요한 일들이 일어났던 장소에서 보고 체험한 수많은 지역적인 관념들과 이미지, 그림들, 설화 등을 인용하고 있는 것과 같다. 이런 측면에서 볼 때 고대 그리스 신화들은 오래되고 낯선 타지에서 들여온 전통이나 지역적인 것 또는 향토적인 것들과 뒤섞여 있다. 그리고 그러한 모든 것들은 다소 국가의 역사와 그것이 생겨나고 특히 식민지화를 통해 창설된 것과 관련된다.

그러나 이처럼 다양하고 특수한 소재들은 신들의 보편성 안에서 원래 의미를 잃으면서 다채롭게 뒤섞였으며, 거기에서 우리에게는 아무런 의미가 없는 이야기들이 생겨나게 되었다. 예를 들어, 아이스킬로스는 그의 작품 《프로메테우스》에서 이오(Io)가 방황하는 모습을 표현하는데, 그녀의 아주 강인하고 마치 돌로 얇게 판 양각 같은 외모를 묘사하고 있다. 그러면서 그는 어떤 윤리적이거나 민족사적 또는 자연적인 해석을 암시하지는 않는다. 그는 페르세우스나 디오니소스 등도 그런 식으로 비슷하게 묘사하고 있지만, 특히 제우스 신과 그의 유모, 그리고 헤라 여신을 묘사할 때 드러나는 그의 불성실함 등이 그러한 것을 보여준다. 즉 그는 헤라 여신이 때때로 두 다리를 모루 위에 걸친 채 하늘과 땅 사이에서 흔들거리고 있는 것으로 표현한다. 헤라클레스의 경우에도 다양하고 다채로운 소재들이 합쳐져서 묘사된다. 그는 그러한 이야기들 속에서 우연한 사건들, 그가 행하는 행위들, 열정, 그가 당하는 불행한 사건이나 또는 그 밖의 사건들에 말려들어 가는 동안에 매우 인간적인 모습을 띤다.

ββ) 게다가 고전적인 예술에 등장하는 영원한 위력들은 고대 그리스에서 인간적인 현존성을 띠고 행동하면서 현실 속에서 형상화되어 드러나는 보편적인 실체들이다. 그러므로 영웅시대(die Heroenzeit)와 그밖에 다른 진동에서 유래되어 원래 그 민족의 근원을 이루었던 때부터 시작해서 그 신들이 지녔던 많은 특수한 성격들이 후세에도 잔재로 남은 것이다.

그래서 다채로운 신들의 이야기 속에 들어 있는 수많은 특성들도 역시 분명히 전투, 전쟁 그리고 그 밖의 다른 관계들 속에서 역사상 실재했던 개인들, 영웅들, 그리고 그들이 속했던 부족들과 자연적인 사건들을 시사한다. 그리고 또 가족이나 여러 다른 부족들이 국가의 출발점이 되듯이 고대 그리스인들도 역시 가족의 신, 가정의 수호신, 부족신 그리고 각 도시나 국가의 수호신들을 갖고 있었다. 이처럼 역사적인 측면에서 볼 때 고대 그리스의 여러 신들은 원래 그러한 역사적인 사실들이나 영웅들 그리고 옛날에 다스리던 왕들에게서 유래한 것이라는 주장도 생겨났다. 이는 근래에 들어와 하이네[5]가 또 다시 퍼뜨린 주장처럼 설득력은 있지만 단조로운 견해에 불과하다. 예를 들어 프랑스 출신의 니콜라 프레레(Nicholas Fréret)[6]는 여러 제사장들 간의 분쟁을 그들이 섬기는 신(神)들 사이에서 일어나는 투쟁이라는 보편적인 원리로 해석했다. 물론 그러한 역사적인 요인들이 서로 작용을 하고, 특정한 부족들이 자기들이 지켜온 신관(神觀)의 타당성을 관찰해 왔으며, 동시에 서로 다른 지역들의 특성들이 신들을 개별화하는 데 기여했음은 시인해야 한다. 그러나 본래 신들의 기원은 이러한 외적이고 역사적인 사료 속에 들어 있는 것이 아니라 삶의 정신적인 힘 속에 들어 있다. 신들은 바로 그러한 위력으로서 파악되어야 한다. 그러므로 실증적인 것이나 지역성, 역사적인 실화 따위에 좀 더 여지를 부여하는 이유는 단지 이를 통해서 신들의 개성을 좀 더 특정하게 상술하기 위해서이다.

γγ) 이제 더 나아가 신이 인간에게 표상되고 더욱이 조각에 의해 육체를 지닌 실제의 형상으로 표현되고, 인간은 또 의식(儀式)을 통해 그 신의 형상에 예배드리는 행위로 함으로써 그 형상과 관계한다. 그 관계를 통해서 실증적이고 우연한 인간사의 영역에는 새로운 자료가 주어진다. 예를 들어 각각의 신에게 어떤 동물이나 어떤 과실을 제물로 바쳐야 하며, 어떤 순서로 특수한 의식행위를 할 것인지 등, 이 모

---

5) 하이네(Heyne). 위의 《미학강의》 제2부, 1편 상징적 예술형식에서 이미 소개했음.
6) 니콜라 프레레(Nicholas Fréret, 1688~1749). 프랑스의 역사가.

든 것은 각기 다양한 특성이 되어 축적된다. 왜냐하면 그러한 각각의 행위는 무수한 측면과 외면성을 지니고 있으며, 그 자체 우연적이거나 또는 다른 성스러운 행위에 속하고, 확고하지만 자의적으로 되어서는 안 되고 상징적인 영역으로 이행해 가야 하기 때문이다. 예를 들어 옷의 색깔 같은 것이 이런 특성에 속한다. 바커스 신의 경우에는 포도의 색깔이, 밀교에서는 제물을 싸는 노루털 등이 그런 것이다. 각기의 신들이 착용하는 옷이나 장식물, 피티아의 아폴로 신이 지니고 있는 활, 채찍, 막대기, 그리고 수많은 다른 외적인 것들도 그러한 특성들로서의 위치를 지닌다. 그러나 이러한 것들은 점차 습관적인 것에 불과하게 되었다. 그러한 특성들을 실제로 이행하면서 그 근원에 대해 생각하는 사람은 이제 아무도 없다. 그리고 거기에서 우리가 의미라고 배운 게 있다면 이는 단순히 외적인 것으로서, 인간이 직접적으로 흥미를 느끼거나 장난 또는 재미로 그런 것을 하며, 또는 현재 당장 기도하며 즐기기 위해 같이 하는 것이 아니면 그런 것은 바로 관습적으로 이미 그렇게 정해져 있어 다른 사람들도 하므로 그렇게 한다는 점이다. 예를 들어 우리 독일에서도 여름에 젊은이들이 요하네스에서 불을 피우면서 뛰어놀고 창문에 던지곤 하는 것은 단지 외적인 관습이 되어버린 것으로, 그 원래의 의미는 뒤로 물러나고 말았다. 마찬가지로 고대 그리스의 청년들이나 소녀들이 축세의 춤을 출 때 서로 뒤엉켜 춤을 추던 것은 마치 미로처럼 뒤엉킨 천체의 현혹스런 긴 운행을 비슷하게 모방한 것이었다. 그러나 사람들이 춤을 출 때는 춤추며 생각하기 위해서가 아니다. 그때의 관심은 춤추는 것과 아름다운 동작의 흥취있는 부드러운 축제의 분위기와 화려함에 국한된다. 그리하여 그 춤의 원래 의미―그 의미를 표현한 애초의 이유는 이를 상징적으로 표상하고 감각적으로 직관하기 위한 것이었다면―는 대체로 환상적으로 표상된다. 우리는 그러한 환상적인 표상의 상세한 부분들을 마치 동화나 역사서술에서처럼 외적인 것의 피규정성인 시간과 공간에 맡긴 채 그에 대해 단지 '이러이러*하다*'라든지 또는 '사람들이 말하기를 … 라고 한다' 따위로 말한다.

그러므로 예술의 관심은 오로지 이러한 실증적인 외면성으로 된 소재 가운데서 한 면을 취하여, 이를 가공하여 우리에게 신들의 모습을 구체적이고 생생한 개체적인 존재로 만들어 보여주고, 거기에다 좀 더 깊은 의미의 여운을 부여하는 데만 있다고 볼 수 있다. 상상력이 이러한 실증적인 것들을 새로이 가공할 때 고대 그리스 신들은 바로 생생한 인간성의 매력을 띤다. 왜냐하면 그럼으로써 원래 다만 실체적이고 위력적인 존재인 신성은 절대적으로 참된 것과 외적이고 우연적인 것이 합쳐진 개별적인 현존재 속으로 파고들어가 신들을 표상할 때 여전히 남아 있는 무규정적인 요소를 좀 더 좁힘으로써 신들은 더 풍요롭게 표상될 수 있기 때문이다. 그러나 특수한 이야기들이나 특수한 성격들에게 그 이상의 가치를 부여할 수는 없다. 왜냐하면 이는 이미 그 전에 상징적인 의미를 띠었던 것에 원래 근거하고 있기 때문이다. 이 의미는 본래 예전에는 근원적인 상징성을 띠고 있었다. 그러나 지금은 신들의 정신적인 개성을 인간적인 것과 맞서서 감성적인 피규정성으로 완성한다. 그리고 거기에다 그 내용과 현상에 따라 이렇게 신성(神聖)하지 않은 것을 통해서 구체적인 개인의 속성인 자의(恣意)와 우연성의 측면만 덧붙이는 과제를 여전히 갖는다. 이처럼 조각은 순수한 신의 이상을 보여주고, 동시에 그 신의 성격과 표정을 생생한 육체로 표현해야 한다. 그러므로 궁극적으로 그 신들을 외적인 모습으로 개성화해서 표현하는 일은 하찮게 보일지 몰라도 바로 그러한 것들이 효력을 지닌다. 예를 들어 각기의 신들의 머리장식이나 머리

모양, 머리의 곱슬거림 따위는 단순히 상징적인 목적만 가지고 있는 것이 아니라 그 신들에게 좀 더 자세히 개성을 부여한다. 그래서 예를 들면 헤라클레스는 짧은 곱슬머리를 지니고 있고, 제우스 신은 풍성하게 위로 넘실거리는 머리를 하고 있으며, 다이아나 여신은 머리를 비너스 여신과는 다른 식으로 감아올리고 있다. 또 아테네 여신은 철모 위에 세 자매의 괴물[7]을 끼고 있는 모습을 띠고 있다. 그리고 이러한 모든 특성들은 그들이 지니고 있는 무기나 허리띠, 끈, 팔찌, 그리고 수많은 다른 외적인 것들을 통해 마찬가지로 확실히 드러난다.

γ) 이제 마지막 *세 번째로*, 신들은 기존의 구체적인 세계와 그 속에 있는 다양한 자연현상들, 인간행위 및 사건들과의 관계를 통해서 개체적으로 좀 더 상세히 규정될 수 있는 근거를 얻는다. 왜냐하면 정신적인 개체성들은 한편으로 그들의 보편적인 본성에 따라, 다른 한편으로 그들의 지닌 특수한 개체성에 따라 예전에 상징적으로 해석되었던 자연적인 근원이나 인간적인 행위들로부터 나왔듯이, 그 개체성들은 이제 또한 대자적으로 존재하는 정신적인 개체로서 자연 및 인간의 현존성과 줄곧 생생한 관계를 맺고 있기 때문이다. 바로 여기에서 시인의 상상력은 이미 위에서 상술했듯이 신들에 대한 특수한 이야기와 성격 그리고 행위들을 줄곧 서술하는 근원이 되어 흐른다. 이 단계에서 인위적인 것은 신들 개개인을 생생하게 인간적인 행위로 얽고, 개별적인 사건들을 줄곧 신적인 보편성으로 축약시킨다. 예를 들어 우리는 물론 다른 의미로 이런 저런 운명이 신에게서 온다고 말한다. 고대 그리스인들은 이미 일상적인 현실에서 그들의 삶이 혼란을 맞거

---

[7] 이 괴물들은 '고르고'라고 불리며, 메두사도 그 중 하나이다.

나 곤궁할 때 또는 두렵거나 희망이 있을 때 신들에게서 도피처를 찾았다. 그런 경우에 사제는 먼저 외적으로 우연히 일어난 사건들을 신이 내려준 징조로 보고 그 다음 그러한 것들을 인간적인 목적이나 상황과 연관해서 해석을 내리곤 했다. 곤란이나 불행한 일이 있을 때 사제는 그런 고뇌가 생긴 이유를 해명하여 신들의 분노나 의지를 깨닫고 인간에게 불행에 대처할 방법을 알려주었다.

이제 시인들은 그러한 해석에서 한 걸음 더 나아갔다. 즉 그들은 인간이 내리는 결정이나 행위에 동기를 부여하는 힘으로서 대개 일반적이고 본질적인 파토스와 관계되는 모든 것을 신들과 신들의 행위 탓으로 돌렸다. 그리하여 인간이 행한 행위는 동시에 신들이 인간을 통해서 자신들이 내린 결정을 이행하게끔 하는 행위로 드러났다. 시문학에 의해 이처럼 해석되는 소재는 일상적인 환경에서 취해졌다. 시인은 그러한 소재를 사건으로 표현하면서 그 속에서 이 신 또는 저 신이 말을 하고 그 말 속에서 활동한다고 해석했다. 그리하여 시문학은 특히 많은 신들에 대해 특별하게 진술하는 이야기의 범위를 확대해 갔다.

우리는 이와 관련해 우리가 다른 측면에서 보편적인 위력들이 행동하는 인간 개개인들(《미학강의》 1부)과 갖는 관계를 고찰할 때 설명하는데 이용했던 몇 가지 예를 상기할 수 있다.

호메로스는 트로이 전쟁이 일어나기 전에 있었던 고대 그리스인들 가운데서 아킬레우스를 가장 용감한 인물로 내세우고 있다. 그는 이 영웅이 지녔던 감히 범접할 수 없는 위용을, 아킬레우스의 어머니가 그를 스틱스(Styx)[8] 강에 담갔을 때 손으로 붙잡았던 발목을 제외하고는 몸

---

8) 이 강은 그리스 신화에 나오는 지하세계를 흐르는 강들 가운데 하나이다. 원래 '증오스럽다'는 뜻을 가진 '스틱스'라는 말은 고대 그리스인들이 죽음에 대해 가졌던 혐오를 나타낸다. 호메로스의 서사시들에서 신들은 스틱스 강을 가리

의 어느 곳에도 상처를 입지 않는 불사신으로 묘사하고 있다. 이 이야기는 외적으로 있었던 사실을 해석하는 그 시인의 상상력 속에 들어 있었던 것이다. 이제 만일 그 이야기 속에 우리가 감각적인 것을 인지하는 것과 같은 의미에서 고대 그리스인들이 믿었던 실제의 어떤 사실이 진술되었다고 가정한다면, 이러한 조야한 표상은 호메로스뿐만이 아니라 고대의 그리스인들과—아킬레우스를 찬양하고 숭배했으며 또 호메로스 같은 시인을 자기 서사가인으로 삼게 된 것을 행운으로 알았던—알렉산더 대왕을 모두 단순한 사람들로 만들어버릴 것이다. 이는 예를 들어 아델룽[9] 같은 사람이 아킬레우스가 이미 자신이 상처를 입지 않으리라는 사실을 알고 있었기 때문에 그가 용맹해지는 것은 어려운 일이 아니었다는 식으로 반성함으로써 위와 같은 잘못을 범하고 있는 것과 같다. 설령 그렇다하더라도 그 때문에 아킬레우스의 용맹성이 조금도 줄어드는 것은 아니다. 왜냐하면 그는 자신이 일찍 죽으리라는 것을 이미 알고 있으면서도 결코 위험을 벗어나려고 하지 않았기 때문이다.

그러나 독일의 영웅서사시 《니벨룽겐의 노래》에서는 그와 비슷한 상황이 전혀 다르게 서술되어 있다. 그곳에서는 뿔처럼 단단한 피부를 가진 영웅 지크프리트(Siegfried)도 역시 불사신으로 등장한다. 게다가 그는 자기 몸을 보이지 않게 감출 수 있는 마법의 모자까지도 갖고 있다. 하지만 그가 자신의 모습을 보이지 않게 감춘 상태에서 아름다운 북쪽 나라의 여왕 브룬힐트를 얻으려고 군터왕과 싸울 때, 그러한 변장은 단

키며 맹세를 하면 꼭 지켜야 하는 것으로 여겼다. 스틱스 강은 그리스의 펠로폰네소스 반도 중앙에 있는 아르카디아의 아로아니아 산지(지금의 솔로스 근처) 주위를 흐르는 강으로 여겨졌다.
9) 요한 크리스토프 아델룽(Johann Christoph Adelung, 1732~1806). 독일 계몽주의 시대의 언어연구가이자 사전편찬자였다.

지 조야하고 야만적인 마술의 도구에 지나지 않으며 그것은 지크프리트나 군터왕의 용기에 별다른 개념을 더 부여하지 않는다. 물론 호메로스의 서사시에서도 이따금 신들이 개별적인 영웅들을 구하려고 행동을 취하기는 하지만, 그러나 그 신들은 인간이 개인으로 있으면서 이행하고 거기에서 자신의 영웅심으로 전력을 다하며 임하는 보편적인 것으로서만 나타난다. 만약 그렇지 않다면 신들은 트로이 전쟁에서 그리스인들을 전적으로 돕기 위해서 트로이 병사들을 모두 죽이는 것으로 족했을 것이다.

그러나 호메로스는 그 반대로 주요한 전투장면들을 서술할 때 영웅 개개인들의 싸움을 자세하게 묘사하고 있다. 그리고 군사 무리들의 신음소리가 울려 퍼지고, 양 군대에 속해 있는 온갖 사람들이 뭉친 전체의 힘이 서로에 대적하고 분노하며 싸울 때 비로소 전쟁신 아레스가 나타나 그 전장을 누빈다. 그때는 다른 신들도 서로 맞서 싸운다. 이것이야말로 바로 극적인 상승으로서 미적이고 화려한 것일 뿐만 아니라, 호메로스가 개체적으로 구분되는 것 안에서 개개의 영웅들을 인식하고, 보편적인 전체 속에서는 보편적인 위력과 폭력을 인식하고 있다는 데 바로 그 서사시의 심오함이 들어 있다. 호메로스는 다른 곳에서, 즉 아킬레우스의 것이었던 무적의 무기를 지닌 파트로클로스를 죽여야 하는 상황에 이르자 아폴로 신도 역시 등장시킨다(《일리아스》, XVI, 783~849행).

아레스와 비교할 만큼 용맹스런 파트로클로스는 세 번씩이나 트로이 군사들의 무리 속으로 뛰어들어 아홉의 세 곱절이나 될 만큼 많은 용사들을 죽였다. 그런 다음 그가 네 번째로 그 무리들 속에 뛰어들었을 때는, 어두운 밤으로 전신을 둘러싸인 신이 그 소란한 틈을 타서 그에게 다가와 그의 등과 어깨를 치고 그에게서 철모를 낚아챈다. 그러자 그는 땅바닥으로 굴러 떨어져 말발굽에 의해 채이고, 그의 산발한 머리는 피와 먼지로 뒤엉킨다. 이는 앞서 결코 생각조차 못할 일이었다. 또 그 신은 그의 손에 들고 있던 쇠로 만든 창도 부러뜨리며, 그의 어깨에는 방패가 떨어지고 포이보스 아폴로 신은 그의 몸에서 갑옷도 벗겨버린다.

이처럼 아폴로 신이 개입한 상황은 파트로클로스가 그 전투의 혼란과 열기 속에서 네 번째로 그 싸움 속에 끼어들자 그를 엄습한 기진맥진한 상황을 호메로스가 시적으로 해석한 것이라고 볼 수 있다. 그러자 이제야 비로소 에우포르부스는 그의 어깨와 등 사이로 창을 찌를 수 있게 된다. 파트로클로스는 그 싸움에서 벗어나려고 한 번 더 시도를 하지만 헥토르가 곧 급히 그에게로 달려와 그의 뱃속 깊숙이에 창을 찔러 넣는다. 이어 헥토르는 죽어가는 파트로클로스를 보면서 기뻐하고 조롱한다. 파트로클로스는 힘없는 목소리로 그에게 맞서 "제우스 신과 아폴로 신이, 힘들이지 않고 나를 이긴 것이다. 왜냐하면 그들은 내 어깨에서 무기를 빼앗았기 때문이다. 너 같은 놈은 스무 명이 덤벼도 나는 창으로 거꾸러뜨렸을 것이다. 그러나 파멸을 가져오는 운명의 신과 아폴로 신이 나를 죽였다. 그러나 그 다음은 너 에우포르부스의 차례이고 세 번째는 헥토르의 차례이다"라고 말했다.

여기에서도 파트로클로스가 지녔던 아킬레우스의 무기가 파트로클로스를 보호했음에도 불구하고, 그가 지치고 힘이 빠져 결국 살해당하고 마는 사건의 장면을 마치 신들이 출현한 것처럼 해석한 것일 뿐이다. 그러나 이는 단지 미신이거나 또는 상상력이 빈둥거리며 만들어낸 장난이 아니다. 만일 아폴로 신의 등장으로 인해서 영웅 헥토르의 명성이 작아진다거나, 또는 그 전장에서 행하는 아폴로 신의 행위 전체를 볼 때 그와 같은 행위에서 생각할 수 있는 것은 단지 신의 위력이므로 따라서 아폴로 신도 그다지 명예로운 역할을 하지는 않는다고 떠벌인다면 이런 식의 고찰은 범속한 오성이 갖는 무취미하고 하릴없는 미신에 불과한 것이다. 왜냐하면 호메로스가 인간세계에서 일어난 특수한 사건들을 그처럼 신들을 출현과 관련시켜 해석하고자 할 때, 그 모든 경우에서 신들은 인간의 내면 자체 안에 내재하는 것, 즉 인간의 열정이자 힘, 그리고 인간 자신이 처한 인간적인 상황이 지닌 위력이자 근간이 되기 때문이다.

  이것이 바로 상황에 따라 인간에게 어떤 일이 일어나게 하는 위력이자 이유이다. 물론 신들이 등장할 때는 때로 아주 외적이고 실제적인 것처럼 보이는 특징들도 나타난다. 그러나 이러한 특징들은 마치 예를 들어 절룩거리는 헤파이스토스가 신들의 향연에서 술취한 모습으로 돌아다니는 것으로 묘사되듯이 곧 다시 해학적인 것과 유사한 특색을 띤다. 그러나 호메로스는 대체로 이런 식으로 신들이 현실 속에 출현하는 것을 심각하게 보지는 않았다. 신들은 어떤 때 한번 나타나 행동을 취하고는 다른 때는 다시 아주 고요한 상태로 돌아가 안거한다. 고대 그리스인들은 이처럼 신들의 출현을 불러내는 사람들이 시인들이라고 알고 있었고 또 그렇게 믿었다. 즉 그들은 인간 고유의 정신 속에 내재하면서 또 주어진 사건 속에서 보편적으로 머무는 것, 즉 실제로 영향을 발휘하고 작용하는 정신적인 것에 대한 믿음을 갖고 있었다. 이런 모든 면에서 볼 때 신들을 이처럼 시적으로 표현하는 일을 즐기기 위해 우리는 꼭 미신을 부를 필요는 없는 것이다.

b. 윤리적인 바탕의 보존

  도덕적인 것은 바로 고전적 이상이 지닌 일반적인 성격으로서, 우리는 각기의 예술에서 그것이 더 특정하게 발전되는 것을 고찰해야 할 것이다. 이 자리에서 언급할 수 있는 것은 다만 고전적 예술 속에서 신들과 인간들은 그들이 아무리 특정한 외적인 것으로 이행(移行)해 가더라도 긍정적이고 도덕적인 바탕을 지니고 있음을 보여줘야 한다는 점이다. 주관성은 그 힘 속에 있는 본질적인 내용과 늘 통일을 이루고 있다. 고대 그리스 예술에서 자연적인 것이 정신적인 것과 조화를 이루면서 외적으로 적합한 현존성을 띠어도 동시에 내적인 것에 종속되었듯이, 주관적인 인간의 내면은 순수한 정신의 객관성, 즉 도덕적이고 참되고 본질적인 내용과 늘 굳건하게 동일성을 이루며 표현된다. 이런 면에서 고전적인 이상은 내면성과 외면성의 분리라든지 주체의 분열에 대해 알지 못하며, 따라서 한편으로 목적과 열정 속에 들어 있는 추상적인 자의성이나, 다른 한편으로 추상적인 보편성에 대해서도 알지 못한다. 그러므로 성격의 바탕을 이루는 것은 늘 본질적인 것이어야 한다. 내면에 들어있는 주관성이 지닌 사악함이나 범죄적이고 악의적인 것은 고전적 예술표현에서는 제외된다.

그러나 무엇보다도 낭만주의에서 위상을 갖는 완고함이나 사악함, 비열함, 추악함 등은 고전적 예술에서는 전적으로 낯선 것이다. 물론 우리는 고대 그리스의 예술에서 모친살해나 부친살해 또는 가족 간의 애정과 경건함에 반하는 많은 범죄들이 매번 반복해서 다뤄지는 것을 본다. 그러나 이는 일마 전//시만 해노 우리 독일에서 보통 그랬듯이 단순한 끔찍함이나 이른바 비이성적인 운명이라는 이름으로 마치 필연적인 것인 양 그릇 도입된 것은 아니었다. 그 반대로 고대 그리스 예술에서는 인간들이 행하는 범죄가 일부 신들에 의해 권장되고 방어되기조차 할 때 그 행위들은 어느 측면에서 매번 그러한 행위를 하는 인간들 속에 들어 있는 정당성으로 표현되었다.

c. 우아함과 매력으로의 이행(移行)

그러나 우리는 이러한 본질적인 바탕과는 무관하게 고전적인 신들에 대한 일반적인 예술교육이 이상의 고요함에서 점차 인간화되어 개인적인 다양성과 외적인 출현을, 즉 일어난 사건들과 행동들을 자세히 묘사하는 쪽으로 점점 옮겨가는 것을 보았다. 그럼으로써 고전적인 예술은 마지막에 가서 내용면에서는 *개별적으로* 우연히 개성을 띠는 *것으로*, 그리고 형식면에서는 *쾌적한 것*, 매력적인 것으로 옮겨간다. 쾌적하다는 것(das Angenehme)은 바로 동일한 것이 외적으로 개체적인 것이 되어 성숙하게 완성되어 나타날 때 드러난다. 그리하여 예술작품은 관중 자신의 본질적인 내면과 관련해 관중의 마음을 사로잡을 뿐만 아니라 그 예술작품의 주관성 속에 들어 있는 유한성과 관련해서 또 관중과 다양한 관계를 갖는다. 왜냐하면 예술적인 존재를 유한한 것으로 만들 때, 이는 가고 서고 존재하는 유한한 자로서 예술형상 속에서 자신을 다시 발견하고 만족하는 주체와 더 가까운 관계를 이루기 때문이다. 신들의 진지함은 인간에게 겁을 주거나 인간을 그 특수성으로부터 고양시키는 것이 아니라 인간을 인간의 특수성 속에 그대로 놓아두면서 신의 마음에 들기를 요구하는 우아함(Anmut)으로 변한다.

대체로 환상이 종교적인 표상을 마음대로 지배하고 그것을 미적인 목적으로 자유로이 형상화할 때 기도라는 진지함은 사라지기 시작하고 그때 종교로서의 종교는 사멸한다. 이는 지금 우리가 서 있는 이 고전적 예술의 단계에서 쾌적하고 마음에 드는 것을 통해 일어난다. 그 이유는 본질적인 것, 즉 신들의 의미와 그들이 지닌 보편성은 쾌적함을 통해서는 계속 발전해 나가지 않기 때문이다. 관심을 일으키고 만족을 주는 것은 바로 유한한 측면, 즉 감성적인 현존재와 주관적인 내면이다. 그러므로 미적으로 표현된 현존재의 매력이 크면 클수록 그 우아함은 보편적인 것에서 더욱 벗어나며 심오한 침잠 속에서 만족을 주는 내용으로부터 더 멀어진다.

이제 신들의 형상이 주입된 이러한 외면성과 개체화되는 작업이 이루어지면 그에 이어서 고전적 예술형식은 다른 영역의 예술형식으로 이행해 가게 된다. 왜냐하면 외면성 속에는 유한성이 갖는 다양함이 들어 있어서 그것에 자유로운 여지가 주어질 경우 이는 결국 내적인 이념과 보편성, 진실에 대립되며, 그 보편적인 것과 더 이상 일치하지 않는 현실에 대해 불쾌한 생각을 일깨우기 시작하기 때문이다.

제3장 고전적 예술형식의 해체

고전적인 신들 안에는 이미 그들의 몰락의 씨앗이 내포되어 있으며, 그렇기 때문에 그들 속에 들어 있는 결함이 예술의 완성을 통해서 의식(意識) 속에 들어오면, 그에 따라서 고전적인 이상(理想)도 해체(解體, die Auflösung des klassischen Ideals)된다. 그러한 것의 원칙으로 우리가 내세울 수 있는 것은 여기서 나타나듯이 직접적이고 육체적이며 외적인 현존재 속에 자신을 솔직하면서도 적합하게 표현할 수 있는 정신적인 개성(die geistige Individualität)이다. 그러나 이러한 개성은 절대적으로 필연적이지 않은 피규정성을 지닌, 따라서 원래 우연성에 내맡겨진 일련의 개별적인 신들로 붕괴되어 갔다. 즉 우연성 속에서 영원히 지배하는 신들은 내적인 의식과 예술표현에서 스스로를 해체하는 측면을 갖게 된 것이다..

1. 운명

물론 조각은 그것이 지닌 완전하고 굳건한 질료 속에서 신들을 본질적인 위력으로 받아들여 먼저 그들에게 스스로의 아름다움 속에—왜냐하면 그 신들에게서는 우연적인 외면성이 아주 적게 드러나므로

―안주하는 형상을 부여한다. 그러나 신들이 지닌 *다양성*과 차이는 그들이 지닌 우연성(Zufälligkeit)이 된다. 그리고 사상(思想)은 *하나의* 신성한 규정 속으로 해체된다. 신들은 그들이 지닌 필연성의 위력 때문에 서로 대항해서 투쟁하며 가치가 전락된다. 왜냐하면 각 신의 위력은 아무리 보편적 것으로 이해되더라도 그 위력들은 특수한 개체성으로서 늘 한정된 범위만을 갖게 되기 때문이다. 게다가 또 신들은 영원히 자신 속에 안주하는 일만 고수하지는 않는다. 그들은 인간들의 구체적 현실의 주어진 상황들과 충돌하는 가운데서 이리저리로 치우쳐 이쪽을 돕는가 하면 곧 다시 저쪽을 방해하고 저지하기 위해 활약한다. 신들이 행동하는 개인으로 등장하는 이러한 개체적인 관계들은 우연성의 측면을 지닌다. 이는 그 신들이 아무리 지배하는 자로서의 바탕을 지니고 있을지라도 신성의 본질을 흩뜨리고 신들을 제한된 유한성의 대립과 투쟁 속으로 유혹해 끌어간다. 신들 자신 속에 내재하는 이와 같은 유한성 때문에 신들의 속성인 원래의 숭고함과, 그 자신들의 현존재가 지닌 위엄, 아름다움―물론 그들은 이러한 현존성 때문에 자의적이고 우연적인 존재로 격하되지만―은 서로 대립하게 된다.

　원래의 이상은, 참된 조각과 개개 신들을 모시는 신전의 조각상들에서 보이듯이, 신들이 그들 각자의 지복한 고요함 속에 홀로 머물러 있는 모습으로 표현되어 마치 생명이 없는 듯, 즉 우리가 이미 위에서 다루었듯이 마치 감성에서 벗어난 듯 슬프면서도 고요한 모습을 유지하고 있을 때만 위와 같은 대립이 완전히 드러나는 것에서 피할 수 있다. 바로 이러한 슬픔(Trauer)이 신들의 운명이 된다. 왜냐하면 그 슬픔은 그 신들 위에 뭔가 더 숭고한 것이 서 있으며 특수성들로부터 그들의 보편적인 통일성으로 이행(移行)하는 것이 불가피하다는 것을 보여주기 때문이다. 그러나 우리가 이런 더 숭고한 통일성의 방식과 형상을 돌아보면 신들의 개성과 상대적인 피규정성에 맞서는 것은 그 자체 추상적이고 형태가 없는 것, 즉 필연성이고 운명이다. 그 운명은 신들의 개성이나 상대적인 피규정성과는 대립되면서 그 추상성 속에서 신들과 인간들을 제압하지만, 운명 자체는 이해되거나 개념으로 파악할 수 없는 것으로 머문다(für sich aber unverstanden und begrifflos bleibt). 운명은 아직은 절대적이고 자각적으로(für sich) 존재하는 목적이 아니며 그래서 동시에 주관이고 개인적이며 신성한 결의(決意)가 되지 못한다. 이는 단지 개개의 신들이 지닌 특수성보다 우월한 하나의 보편적인 위력이며, 따라서 스스로 다시 개인의 모습으로 표현될 수는 없다. 왜냐하면 그렇지 않을 경우 그것은 수많은 개성들 가운데 하나로 등장하되 그것들을 초월할 수는 없을 것이기 때문이다. 그러므로 운명은 형상도 개성도 없는 추상적인 것으로 머물며 이 추상성 속에서 다만 필연성 그 자체로 머문다. 그리고 인간들은 물론 특수한 존재들로 분리된 신들도 역시 그 운명의 필연성을 뺏으려고 서로 투쟁하며, 그들의 개별적인 힘들을 일방적으로 유효하게 만들고 자신들의 한계와 권한을 뛰어 넘으려 할 때면, 자신들이 피할 수 없이 만나는 운명인 그 필연성에 굴복하고 복종해야만 한다.

2. 신들이 인간화됨으로써 야기되는 신들의 해체

이제 절대적으로 필연적인 것(das an-und-für sich-Notwendige)이 개별적인 신들에게 속하지 않고 그들 자신의 자기규정(Selbstbestimmung)이 되지도 못하며 다만 무규정적인 추상성이 되어서 그들 위를 배회한다. 그럼으로써 특수성과 개별성의 측면은 곧 자유로워지고, 인간의 모습이 되는 외연성(外延性)과 유한한 인간으로 되어가는 운명을 피할 수 없게 된다. 이 유한성은 신들의 개념을 실체적이고 신적인 적으로 구성하는 것과는 정반대로 바꾸어 놓는다. 그러므로 예술에서 표현되는 미(美)적인 신들의 몰락(der Untergang dieser schönen Götter der Kunst)은 전적으로 그들 스스로에 의해서 필연적으로 일어난다. 왜냐하면 결국 인간의 의식(意識)은 그러한 신들에게서만 안주할 수 없어 그들에게서 떠나 자신 속으로 다시 귀의하기 때문이다. 그러나 좀 더 자세히 보면 이미 고대 그리스에서는 신이 인간화됨으로써 대체로 신들은 종교적인 믿음뿐만 아니라 시적(詩的)인 믿음의 대상에서도 해체되었다. 그러나 좀 더 자세히 보면, 이는 이미 신들이 종교적인 믿음뿐만 아니라 시적(詩的) 믿음으로부터도 해체되는 대체로 그리스적인 인간화의 방식이다.

a. 내적인 주관성의 결여

그 이유는 다음과 같다. 즉 정신적인 개성은 비록 이상(理想)으로서 인간의 형상 속에 들어오기는 하지만, 그러나 직접적인, 즉 육체적인 형상을 띤다. 그러나 이 형상은 주관적인 의식의 내면세계 속에서 신과 구분되면서도 동시에 이러한 구분을 지양해 신과 하나가 되어 무한하고 절대적인 주관성, 말하자면 절대적인 인간성으로 되지는 못하기 때문이다.

α) 그러므로 조형적인 이상(理想)에는 그것이 무한한 지(知)를 가진 내면성으로 표현되는 측면은 부족하다. 조형적으로 미적(美的)인 형상들은 단지 돌이나 쇠일 뿐 아니라 그것들에는 내용과 표현 면에서

무한한 주관성도 역시 빠져 있다. 거기서 사람들은 미(美)와 예술에 의해 자기들이 원하는 만큼 영감을 받을지 모르지만, 이런 영감은 그들의 관조 대상인 신들 속에도 들어 있지 않은 주관적인 것으로 머문다. 그러나 이 주관적이고 스스로를 아는 통일성과 무한성의 측면은 참된 전체성이 되도록 요청된다. 왜냐하면 그때 비로소 그것은 살아 있으면서 전지한 신이자 인간이 되기 때문이다. 만일 그것이 본질적이고 절대적인 내용과 본질에 속하는 것으로 표현되지 못하면 그것은 참된 정신적인 주체로 드러나지 못한 채 다만 의식적이고 정신이 결여된 객관성 속에서만 직관된다. 물론 신들의 개체성은 거기에 주관적인 내용을 담고 있기는 하다. 그러나 그것은 우연적인 것으로서 그것도 신들이 지닌 본질적인 고요와 지복함 밖에서 움직이며 발전해 가는 우연성일 뿐이다.

β) 다른 한편으로, 조형적인 신들과 대립되는 것으로 발견되는 주관성도 역시 스스로 무한하고 참된 것은 아니다. 다시 말해 이 주관성은 우리가 세 번째의 예술형식인 낭만적 예술형식에서 더 자세히 보겠지만, 스스로 무한하고 스스로 아는 신을 그 예술형식에 일치하는 객관성으로 눈앞에 두고 있다. 그러나 현 단계에서 주체는 완전한 미적인 신의 형상으로 *자신* 앞에 드러나지 않으며, 따라서 바로 자신을 직관할 때 자신을 대상적이고 객관적으로 존재하는 것으로서 의식하지 않으므로 그 자체는 아직도 자신의 절대적인 대상과는 다르게 분리되어 있고, 따라서 다만 우연적이고 유한한 주관성이 될 뿐이다.

γ) 사람들은 예술형식이 이 더 높은 단계로 옮겨갈 때 전에 자연신들이 지녔던 상징성에서 고전적 예술의 정신적인 이상으로 이행할 때

처럼, 상상력과 예술이 그러한 이행(移行)을 아마 새로운 신들의 투쟁으로 이해했을 거라고 믿고 싶어 할 수도 있다. 그러나 이는 결코 그렇지 않다. 정반대로 이 같은 이행은 전혀 다른 영역에서 현실과 현재 자체의 의식적(意識的)인 투쟁으로 나아갔다. 그럼으로써 예술은 새로운 형식으로 이해되어야 할 더 숭고한 내용과 관련해 전혀 다르게 변한 위치를 획득하게 되었다.

이 새로운 내용은 *예술*을 통해 계시된 것으로서의 타당성을 갖지 못한 채, 예술이 없이도 스스로 계시되고 이유를 제시하여 논박할 수 있는 범속한 토양으로 나타난다. 그리고 그 다음에는 특히 기적과 순교 따위를 통해 감정이나 종교적인 감정 속에서 주관적인 지식 속에 —사건들의 경과인 실제 역사 속에서 단지 상상된 것이 아니라 *사실적인(faktisch)* 현재로 드러나는 절대자와 모든 유한성들이 대립하는 것을 의식하면서— 나타난다. 즉 신성한 것, 신 자신이 육신이 되어 태어나고 살다 고통을 겪고 죽어 부활한 것이다. 이는 예술에 의해 창안된 내용이 아니라 예술 외적으로 이미 주어져 있던 것이므로, 예술은 자신 속에서 이 내용을 취한 것이 아니라 형상으로 주어진 것으로 발견한 것이다.

그에 반해 저 최초의 이행(移行)에서 보여주었던 신들의 투쟁은 그 신들에 대한 이론과 형상을 자기 내면에서 창조하고 경탄한 인간들에게 그들의 새로운 신들을 제공해 준 *예술직관(Kunstanschauung)*과 예술가의 상상력에서 나온 것이었다. 그러므로 고전적인 신들은 또한 인간의 표상 속에서 자신들의 존재성을 획득했으며, 그들은 단지 돌이나 쇠 또는 직관 속에서만 드러났을 뿐 실제로 살과 피, 정신을 가진 존재로는 나타나지 못했다. 그래서 고대 그리스 신들이 인간화된 것은 육체적으로나 정신적으로나 실제 인간이 지닌 존재성을 결여하고 있다. 신이 육신과 정신을 띠고 실제로 인간화되는 현상은 기독교에 의해 비로소 신이 현재 속에 살고 영향을 미친 것으로 나타난다. 그럼으로써 이제 신이 이렇게 육신(肉身)이 된 것은 단지 자연적이고 감각적인 것이 아무리 부정적(否定的)으로 간주되더라도 영광을 얻게 되었으며, 신인동형동성설(神人同形同性說, das Anthropomorphistische, 신과 인간은 모습도 특성도 같다는 것—역자주)은 신성시되었다. 인간이 원래 신을 닮은 모습이었듯이[1] 이제 신이 인간과 닮은 모습(Ebenbild)이 되었으니, 아들을 보면 그 아들의 아버지를 보게 되며 아들을 사랑하는 사람은 그 아버지를 역시 사랑하게 되는 것이다. 그러므로 신에 대한 이 새로운 내용은 예술의 구상 속에 의식된 것이 아니라 실제 일어났던 사건으로서, 즉 육신이 된 신의 이야기로 밖에서 일어났던 사건인 것이다. 그럴 경우에 그러한 이행은 예술에서 그 출발점을 취할 수 없다. 그랬다면 옛 신들과 새로운 신들의 대립은 너무 큰 괴리를 가져왔을 것이다.

계시종교(啓示宗敎)의 신은 내용상으로나 형식상 참으로 실제 있는 신이다. 그로써 그 신에게 대적하는 신들은 그 신과 같은 기반 위에서 그와 대립해 서 있지 못하고 단지 표상되는 존재에 불과하게 된다. 반면에 고전적인 예술에 등장하는 옛 신들과 새로운 신들은 양쪽 다 자신들 스스로에 대한 표상의 기반이 된다. 그들은 오직 유한한 정신에 의해서 자연과 정신의 위력으로 파악되고 표현되는 현실성을 띠며 서로 대립하고 투쟁하는 일에 진지하다. 그러나 만약에 그리스의 신들로부터 기독교의 신으로 옮겨가는 작업을 예술이 담당했더라면, 신의 투쟁을 표현하는 일은 참으로 진지한 것이 되지 못했을 것이다.

---

[1] 이 말은 《구약성서》의 〈창세기〉 1장 26절에 나온다.

b. 기독교적인 것으로의 이행이 새로운 예술의 대상이 되다

그러므로 이러한 투쟁과 이행(移行)은 역시 근래에 와서야 비로소 예술의 우연하고 개별적인 대상이 되었으며, 예술의 발전 전체 속에서 볼 때 아무런 혁신적인 것이나 투철한 계기가 되지는 못했다. 이와 관련해서 나는 여기에 잘 알려진 몇 가지 현상들을 부수적으로 상기시키고자 한다. 근래에 와서 고전적 예술의 몰락에 대해 사람들이 종종 탄식하는 것을 들을 수 있었다. 그러면서 또 시인들은 수차 고대 그리스의 신들과 영웅들을 동경의 대상으로 삼았다. 이러한 슬픔은 주로 기독교에 대항해서 진술된 것이었다. 즉 그들은 기독교가 더 숭고한 진리를 내포하고 있다는 점은 시인하지만 예술적인 관점에서 볼 때 저 고전적인 고대의 몰락은 유감스럽지 않을 수 없다는 의미에서 기독교에 제한을 두었다. 실러의 시 〈그리스의 신들(Götter Griechendlands)〉[2]은 바

---

[2] 독일 국민시인으로 추앙받는 프리드리히 실러(Friedrich Schiller)가 쓴 이 시는 1788년에 처음 씌어진 작품으로 그의 대표적인 철학시(詩)이다. 이 시는 후에 실러의 예술철학, 즉 미학이론의 기저가 되었다. 총 16연(聯)에 128행(行)으로 된 장시(長詩)이다. 참고로 그 첫 번째 연의 우리말 번역문과 독일어 원문을 보면 아래와 같다.

"그대들은 여전히 아름다운 세계를 다스리면서,
즐거움이 가득한 가벼운 끈에
축복받은 족속들을 줄지어 이끌어갔었다,
경이로운 나라에서 온 아름다운 존재들이여!
아, 그대들이 하던 기쁨의 봉사는 여전히 찬란했으니,
그 당시는 얼마나 다르고, 달랐던가,
사람들이 그대의 신전을 여전히 화환으로 장식했던 그 당시는,
비너스 아마투시아여!"

로 이런 내용을 다루고 있으므로, 여기에서는 이 시를 미적인 표현, 즉 운율과 그 안에 생생하게 묘사된 영상, 그 안에 나타난 미적으로 슬픈 심정의 측면뿐만 아니라 내용면에서도 살펴볼 필요가 있다. 왜냐하면 실러의 파토스는 언제나 참되고 심오한 생각에서 나온 것이기 때문이다. 물론 기독교 자체는 그 안에 예술적인 계기를 담고 있다. 그러나 그 종교는 발전되어 가는 과정에서 계몽주의(啓蒙主義, Aufklärung) 시대에 와서 솔직히 예술에 필요한 요소인 실제 인간형상과 신의 출현은 오성(悟性)에 의해 밀려나게 되었다. 왜냐하면 인간의 형상과 그것이 표현하고 말하는 것, 인간적인 사건들, 행위, 감정은 그 안에서 바로 예술이 정신의 내용을 파악해서 표현해야 하는 형태이기 때문이다. 이제 오성(悟性)은 신을 단순한 사유의 대상으로 만들고, 그의 정신이 구체적인 현실 속에서 현상하는 것을 더 이상 믿지 않았다. 그래서 사유의 대상인 신을 모든 현실의 현존성으로부터 밀어냈기 때문에, 이런 종류의 종교적 계몽주의는 필연적으로 예술과는 양립되지 못하는 표상과 요청(要請)으로 나아갔다. 그러나 오성이 이러한 추상성들로부터 벗어나서 다시 이성(理性)으로 고양되면, 곧 다시금 뭔가 구체적인 것, 즉 구체적인 예술에 대한 욕구가 나타난다.

계몽적인 오성이 지배하던 시기에도 물론 예술행위는 있었다. 그러

"Da ihr noch die schöne Welt regiert,
An der Freude leichtem Gängelband
Selige Geschlechter noch geführet,
Schöne Wesen aus dem Fabelland!
Ach, da euer Wonnedienst noch glänzte,
Wie ganz anders, anders war es da!
Da man deine Tempel noch bekränzte,
Venus Amathusia!"

나 그 방식이라는 것은 이 시기에 창작을 시작한 실러에게서도 볼 수 있듯이 아주 범속한 것이었다. 그러나 그 이후에 사람들은 오성에 의해 더 이상 만족될 수 없는 이성과 상상력, 열정의 욕구를 지니고 예술에 대한 생생한 동경(憧憬), 좀 더 자세히는 고대 그리스인들과 그들의 신들에 관해 표현했던 고전적 예술과 세계관에 대한 동경을 느끼게 되었다. 위에 언급한 실러의 시는 그의 시대에 속했던 이러한 사상의 추상성으로부터 다시 밀려 되살아난 동경에서 생겨난 것이다. 그 시의 초안에 따르면 실러가 기독교와 반대방향으로 향하고 있다는 점이 논쟁이 되기는 하지만 후에 가서 그의 그와 같은 강경함은 완화되었다. 왜냐하면 단지 그가 계몽주의의 오성적인 견해에 맞서는 방향을 취했고, 계몽주의 자체도 나중에 가서 그 세력을 잃기 시작했기 때문이다. 실러는 그 시에서 먼저 생생한 자연과 신들로 가득 찼던 고대 그리스의 세계관을 행복했던 것으로 찬양하고 있으며, 그 다음 현재와 그 범속한 시대를 지배하는 자연법칙과 신에 대한 인간의 위치로 돌아와서 다음과 같이 읊는다.

> 이 슬픈 고요함
> 그것은 나에게 나의 창조주를 알려주는가?
> 그를 덮고 있는 장막은 창조주 자신처럼 캄캄하다.
> 나의 체념―그것은 그 창조주를 찬미할 수도 있으련만.
> (실러의 시 〈그리스의 신들(Götter Griechendlands)〉의 일부)

도덕적인 관념에서 인간에게 심정에서 우러나오는 느낌과, 이른바 자연적 충동을 자기 안에서 죽이고, 윤리적이고 이성적이고 현실적인 세계와 가족, 국가 속에 융합되지 말 것을 요구한다. 이는 계몽주의와 이신론(理神論, Deismus)3)에서 신은 인식할 수 없는 존재라고 보고 인간에게 최고의 체념을, 즉 신에 대해서 아무것도 알 수 없고 이해할 수도 없다고 생각하고 체념할 것을 강요하는 것과 똑같다. 그에 반해 참으로 기독교적인 직관에 의하면 그러한 체념은 단지 매개(媒介)적인 요소, 즉 통과점일 뿐이다. 그 속에서 자연적인 것, 감각적이고 유한한 것은 대체로 정신이 더 숭고한 자유와 자기 자신과의 화해에 이를 수 있도록 하기 위해서 비(非) 적합성을 버린다. 이는 고대 그리스인들이 알지 못했던 자유이자 지복(至福)함이다. 그때 기독교에서는 고독한 신을 찬미하거나 신이 없어진 세계로부터 신이 간단히 고별을 하거나 벗어난다고 말해서는 안 된다. 왜냐하면 신은 바로 그 정신적인 자유와 정신의 화해 속에 내재하고 있기 때문이다.

이런 측면에서 고찰했을 때 실러의 시에서 다음과 같이,

> 신들은 더욱 인간적이었기에
> 인간들은 더욱 신성했었다.
> (Da die Götter menschlicher noch waren,
> Waren Menschen göttlicher)

라고 읊은 유명한 구절은 전적으로 틀린 것이다. 그러므로 우리는 그가 후에 가서 그 시의 끝부분을 고친 것을 중요한 사실로 짚고 넘어가야 한다. 거기에는 그리스의 신들에 대해 다음과 같이 씌어 있다.4)

---

3) 이신론(理神論)은 17~18세기 영국에서 일어난 신학사상 가운데 당시 유물론의 영향을 받아 가장 극단적이었던 합리주의적인 사상을 말한다.
4) 《그리스의 신들》. 초안과 제2안.

그들은 시간의 흐름으로부터 벗어나,
구원받아 핀두스의 언덕에서 소요한다.
노래 속에서 멸망하지 않고 생명을 갖는 것은
삶 속에서는 몰락을 피할 수 없다.

이로써 우리가 앞서 이미 인용한 것, 즉 고대 그리스의 신들은 단지 표상과 상상력 속에서만 존재하며, 현실적인 삶 속에서 그들의 자리를 주장할 수도 또 유한한 정신에게 궁극적인 만족을 줄 수도 없다고 말한 것이 전적으로 입증되었다.

비가(悲歌, Elegie)를 성공적으로 써서 프랑스의 티불(Tibull)[5]이라고 불렸던 시인 파니(Parny)[6]는 다른 방식으로, 즉 일종의 서사시 양식을 사용하고 있다. 그는 10송(頌)으로 지은 〈신들의 전쟁(La Guerre des Dieux)〉이라는 상세한 시에서 공공연히 파렴치한 기지(機智)와 변덕스럽고 기지에 찬 농담과 희극을 사용함으로써 기독교적인 관념을 비웃으면서 기독교에 맞서고 있다. 그러나 그러한 재미는 지나치게 자유분방하고 경박스러운 것 이상은 되지 못하고 있으며, 현재 프리드리히 폰 슐레겔이 쓴 《루신데(Lucinde)》[7]가 그렇듯이 방종함은 신성하거나 최고의 탁월한 것으로 만들어지지 못하고 있다. 그 시에

---

5) 티불(Tibull). 원명은 알비우스 티불루스(Albius Tibullus, BC50~BC17)로 로마의 비가(悲歌) 시인이었다.
6) 에바리스트 데지레 드 포르쥬 드 파니 백작(1753~1814). 프랑스의 시인. 본문에 언급한 그의 서사시는 원제가 《고대 신들과 현대 신들의 전쟁(La guerre des dieux anciens et modernes)》(1799년 파리에서 제2판 발간)으로서, 그는 이 서사시로 인해 명성을 얻었다.
7) 《루신데(Lucinde)》는 1799년 베를린에서 출판되었으며, 이 작품에 대해서는 헤겔의 《법철학》, 부록 §164에서 언급된다.

서 마리아는 아주 서투르게 떠나가고, 도미니크회 수도사들과 프란체스크회 수도사들은 마치 수녀들이 목양신에게 유혹되듯이 술과 바커스신을 섬기는 무녀들의 유혹을 받는다. 그리고 상태는 매우 심각해진다. 그러나 마침내 옛 세계의 신들은 패배하고 올림포스(Olympos)[8] 산에서 파르나스(Parnaß) 산[9]으로 밀려난다.

그러나 괴테는 그의 《코린트의 신부》에서 마침내 사랑의 추방을 참된 기독교의 원칙에서 잘못 이해된 체념이나 희생을 강요하지 않고 좀 더 심오한 방식으로 생생한 영상으로 묘사하고 있다. 왜냐하면 그는 여자는 아내가 되어야 하는 규정을 거부하고 결혼하지 말 것을 강요하는 것을 결혼보다 더 신성한 것으로 여기는 그 (기독교적인) 그릇된 금욕을 인간의 자연적인 감정에 대립되는 것으로 보기 때문이다. 우리는 실러에게서 고대 그리스의 상상력과 근대 계몽주의가 지닌 오성의 추상성 사이에 서로 대립되는 것을 발견하듯이, 여기서는 사랑, 결혼과 관련해서 고대 그리스인들의 윤리적 — 감성적인 정당성이 기독교의 일방적이고 참되지 못한 관점에 속했던 관념들과 대립되는 것을 보게 된다. 그 시에는 현실 속에 실재하는 여자가 중요한지 아니면 죽은 사람 같은 여자가 중요한지, 말하자면 살아 있는 사람과 유령 중 어느 쪽이 중요한가 하는 점을 대단한 기교로 불확실한 것으로 머물게 만듦으로써 작품 전체에 전율할 만한 어조를 깔고 있다. 그리고 그럴수록 더욱 끔찍해지는 현란한 남녀 간의 희롱이 더욱 전율스러운

---

8) 그리스 북동부 지방인 테살리아와 마케도니아의 경계에 있는 산으로 그리스에서 가장 높다. 높이는 2,917m이다. 고대 그리스 신화에서 제우스 신을 중심으로 한 12명의 주신(主神)들의 거주지로 알려져 왔다.
9) 파르나스 산은 그리스어로는 $Παρνασσ$(Parnassós)라고 하며 해발 2,457m이고 중부 그리스에 있으며 그리스에서 두 번째로 높은 산이다.

장엄함과 아주 노련하게 서로 뒤섞이고 있다.

c. 본래의 영역에서 해체되는 고전적인 예술

이제 우리는 새로운 심오한 예술형식—그것이 그 이전의 예술형식과 대립되는 것은 우리가 그 본질적인 요소에 따라 고찰할 예술발전 과정에 속하지는 않는다—을 인식하려고 시도하기 전에 먼저 그 이전의 예술 속에서 일어나는 이행(移行)의 최후 단계의 모습을 고찰해야 한다. 이 이행은 원칙적으로 정신의 개성이 지금까지는 자연과 인간적 현존성의 참된 본질과 조화를 이루는 것으로 간주되었고, 정신은 정신의 고유한 삶과 의지, 영향력에 따라 조화를 이루고 있는 것으로 알려져 있었으나 이제 그 정신이 자기 내면의 무한성 속으로 귀환하기 시작하면서도 아직 참된 무한성이 아닌 다만 형식적이고 유한한 귀환으로 머물고 있을 때에 일어난다.

여기 언급한 원칙에 맞는 구체적인 상황들을 좀 더 자세히 고찰하자면 이미 고대 그리스의 신들은 실제의 인간적인 삶과 행동의 본질을 그 내용으로 삼았었다. 그리고 신들을 관조하는 일 외에도 최고의 규정과 보편적인 관심사, 현존재 속에서의 목적이 동시에 실제 존재하는 것으로 주어져 있었다. 고대 그리스의 정신적인 예술에는 외적으로 실제 현상하는 형상이 본질적인 것 자체였듯이, 인간의 절대적이고 정신적인 규정도 역시 현상하는 실제 현실로서 성취되었다. 그리고 개인은 그 실체이자 보편성과 조화를 이루도록 요구되었다. 고대 그리스에서는 이 최고의 목적을 이루는 것은 바로 국가의 삶, 국가의 시민성, 그리고 그것이 지닌 윤리와 활발한 조국애였다. 이러한 관심사보다 더 숭고하고 진실된 것은 없었다. 그러나 이제는 세속적이고 외적인 현상인 국가의 삶은 세속적인 현실 전반이 그렇듯이 무상(無常)한 것이 되고 만다. 그런 식의 자유를 지닌 국가는 그 속에서 사는 모든 시민들과 즉각 동일시되므로 직접 최고의 위치에 서서 모든 공사(公事)를 자기들 손 안에 쥐고 있는 그 시민들은 왜소하고 나약할 수밖에는 없다. 한편으로 스스로 파괴될 수밖에 없고, 다른 한편으로는 세계사의 흐름 속에서 외적으로 파괴될 수밖에 없는 것을 보여주는 일은 어렵지 않다. 왜냐하면 한편으로 이처럼 개인이 국가적인 삶의 보편성과 직접 결속되는 것은 주관적인 특성으로서, 그것이 아직은 그 권리에 도달하지 못하고 있어서 전체에게 무해한 발전의 여지를 발견하지 못하고 있기 때문이다. 그것은 그것을 수용하지 못하는 실체성과는 구분되는 것으로서 제한된 자연적 동경으로 머물며 스스로 자기 고유의 길을 가면서 전체의 관심과는 동떨어진 자신의 관심을 추구한다. 그리하여 그것은 결국 국가에 대항하는 주관적인 힘을 얻음으로써 국가 자체를 망하게 하고 만다.

다른 한편으로는 주관적인 특성은 이러한 자유 속에서 스스로 더 높은 자유를 가지려는 욕구에 눈뜨게 된다. 이는 본질적인 전체인 국가 내에서뿐만 아니라 주어진 도덕과 법칙성 내에서, 그리고 또 자신의 내면에서 자유로워지려는 요구를 가진다. 왜냐하면 그것은 자신과 자신의 주관적인 지식 속에서 선과 권리를 산출해내면서 이것이 인정받기를 원하기 때문이다. 주체는 자신 속에서 주체로 실체가 된다는 의식(意識)을 가지려고 요구한다. 그리하여 그 자유 속에서는 국가를 위한 목적과 자유로운 개체로서의 자신을 위한 목적 사이에 불화가 생겨난다. 그러한 대립은 이미 소크라테스 시대에서부터 시작되었다. 반대로 다른 측면에서 볼 때 크세노폰이나 플라톤 같은 사람들이 그들의 조국인 도시국가의 상태에서 이기적이고 경박한 사람들 손에 의해 일반적인 용무들이 마음대로 처리되던 것을 역겨워했듯이 민주주의와 선동이 지닌 허영심, 이기심, 그리고 규율부재 상태는 실제로 국가를 파멸시킬 수가 있다.

그러므로 이행(移行) 과정에 있는 정신은 우선은 대개 독자적인 정신과 외적인 현존성과의 대립 위에 서게 된다. 이처럼 자신의 현실 속에서 분리되고 그 속에서 다시는 자신을 발견하지 못하게 되는 정신성은 추상적인 정신이지만, 이는 어떤 동양적인 신이 아니라 반대로 자신을 아는 실제 주체로서, 사상의 모든 보편성, 진리, 선, 윤리를 자기의 주관적인 내면성 속에 산출해 내어 붙들며 그 속에서 기존 현실에 대한 지식이 아닌 오직 자기의 고유한 사상과 확신만을 갖는다. 이 관계는 만일 그것이 대립으로만 머물고 그 대립되는 측면들을 단순히 대립시키기만 한다면 전적으로 범속한 것(prosaisch)밖에는 되지 않을 것이다. 그러나 이 단계에서 아직은 이 같은 범속함에 이르지는 않고 있다. 물론 여기에는 한편으로 자신 속에서 선한 것을 원하고 자기가 원하는 것의 달성, 즉 개념의 실재성을 자기의 덕스러운 심정과 고대 그리스의 신들, 윤리, 법 안에서 보는 의식(意識)이 주어져 있기는 하다. 그러나 이는 동시에 현재의 존재성에 반대되고, 자기 시대의 실제 정치적인 삶에는 반대되며, 옛날의 신념과 애국주의, 국가의 지혜에 대립하도록 자극된다. 그럼으로써 의식은 주관적인 내면과 외적인 현실성의 대립 속에 서게 된다. 왜냐하면 그것은 자기의 내면에서 참된 윤리를 단순히 표상하는 일에 전적으로 만족하지 못하고, 따라서 외적인 것을 향해 나아가 그 외적인 것을 변화시키려는 목적으로 그것에 부정적이고 적대적으로 관계하기 때문이다. 물론 이미 말했듯이 그럼으로써 한편으로 하나의 내용(Gehalt)이 주어진다. 그 내용은 규정되고 확실하게 언표된 것이며, 동시에 그 내용과 대립되는 기존의 세계와 관계하면서 현실을 선하고 참된 것과 대립되는 멸망의 성격을 띤 것으로 서술할 임무를 지닌다.

그러나 다른 한편으로 이 대립은 또한 예술 자체 속에서 해결책을 발견한다. 말하자면 대립의 투쟁을 분쟁으로 이끄는 사상적인 진행에 머물지 않고 현실을 표현하는 새로운 예술형식이 나온다. 즉 그 예술형식 속에서 현실은 파괴되며, 이 자아파괴 속에서 진실된 것은 그릇된 모습에 반대되는 확고하고 지속적인 위력으로 보이고, 어리석고 비이성적인 측면은 진실한 것에 직접 대립할 힘을 갖지 못하는 방식으로 표현된다. 그런 종류의 예술형식으로는 고대 그리스인들 가운데서 자기 시대의 현실의 본질적인 영역을 꿰뚫어보며, 이에 분개하지 않고 이를 순수하게 명랑하고 재미있게 다루었던 아리스토파네스의 희극(Komik)을 들 수 있다.

3. 풍자(Satire)

그러나 우리는 예술에 적합한 이러한 해결이 *대립* 자체의 형태로 계속 강경하게 고수되고, 따라서 시적(詩的)인 화해 대신에 양쪽의 관계가 진부하게 되다가 또 사라지는 것을 보게 된다. 그로 인해 조형적인 신들은 물론 미적(美的)인 인간세계도 몰락하는 가운데 고전적 예술형식은 지양(止揚)되는 것으로 나타난다. 여기서 우리는 곧 이렇게 이행해가는 가운데 더 숭고하게 형상화하는 방식으로서 그 이행에 적합하고 그 이행을 실현시킬 수 있는 예술형식을 고찰할 필요가 있다. 우리는 상징적 예술의 최후의 양식인 비교, 우화, 비유, 수수께끼 같은 다양한 형식 속에서 형상 자체가 의미에서 분리된 것을 보았다. 만일 여기에서도 그와 비슷한 분리가 이상(理想)을 해체시키는 이유가 된다면, 지금 고전적 예술형식에서의 이행과 상징적 예술형식에서의 이행 사이의 어떤 차이가 있는지 의문이 생긴다. 그 차이는 다음과 같다.

a. 고전적인 예술의 해체와 상징적인 예술의 해체의 차이

원래 상징적이고 비유적인 예술형식에서는 사실 형태와 의미는 처음부터 그 유사한 관계와는 무관하게 서로에 대해 낯설다. 그러나 양쪽은 서로에 대해 부정적이 아닌 친근한 관계 속에 있다. 왜냐하면 바로 양쪽에서 같거나 비슷한 특성들이 그것들을 연결하고 비유하는 근거로 입증되기 때문이다. 그러므로 그러한 통일 속에서 고수되는 그들 사이의 분리와 낯설음(Fremdheit)은 다른 측면들에 대해 적대적이지도 않으며, 그로 인해 절대적으로 밀접하게 융합되어 있던 것이 서로 떨어져 나가지도 않는다. 그에 반해 고전적인 예술의 이상은 의미와 형상이 완전한 일치하던 것으로부터, 즉 정신적이고 내적인 개성과 그 육체성으로부터 벗어난다. 따라서 그처럼 완전한 통일성으로 결합되었던 측면들이 서로 해체된다면, 이는 오로지 양쪽이 서로를 더 이상 용납할 수 없고 평화롭던 화해에서 벗어나 불일치와 적대관계로 나아가지 않을 수 없게 되었기 때문이나.

b. 풍자

이런 형태의 관계는 상징적인 것과는 반대로 더 나아가 서로 대립되는 측면들에게도 그 *내용*의 변화를 가져왔다. 다시 말해서 상징적 예술형식에서는 상징적인 예술형상을 통해 다소 추상적인 것, 보편적인 사상 또는 반성적인 보편성의 형태를 지닌 특정한 문장들이 암시적으로 감각화된다. 그에 반해 낭만적인 예술로 이행해 가는 형태에서는 그와 비슷하게 보편적인 사상이나 신념, 지적인 문장들의 추상성이 가치를 지니기는 해도, 그러나 대립적인 측면에 내용을 부여하는 것은 이러한 추상성 자체가 아니라 *주관적인* 의식 속에 있는 현존성과 스스로 의지하는 자의식(自意識)이다. 왜냐하면 이 중간단계에서는 이상을 획득한 정신이 그 다음에 독자적으로 거기에서 탈피하도록 요구되기 때문이다. 고전적인 예술에서는 이미 정신적인 개별성이 중시되었다. 물론 그것은 그것이 현실화되는 측면에서 직접적인 현존성과 화해하는 상태로 머물기는 한다. 그러나 이제는 스스로 더 이상 적합하지 않은 형태와 그 외적인 실제성에 대해 지배권을 획득하려고 애쓰는 주관성을 표현하는 일이 더 중요해진다. 그럼으로써 정신적인 세계는 스스로 자유로워진다. 그것은 감각적인 것에서 벗어나 자신에게 회귀함으로써 자의식적인 것, 즉 오직 자기 내면성 속에 자족하는 주체로 현상한다.

그러나 자신에게서 외면성을 쫓아내는 이 주체는 정신적인 측면에서 볼 때 자의식적인 정신의 형태로 있는 절대자를 내용으로 삼는 참된 전체성이 아직 되지 못하고, 현실성에 대한 대립에 머물러 있는 추상적이고 유한하며 만족스럽지 못한 주관성일 뿐이다. 그에 대립되는 것으로는 역시 정신으로부터 자유로워지는 유한한 현실이 있다. 그러나 바로 참된 정신이 그 현실에서 벗어나 내면으로 회귀하여 현실 속에서 다시는 발견할 수 없게 되므로, 현실은 신들이 없는(götterlos) 현실이자 손상된 현존재로서 나타난다. 이런 방식으로 예술은 이제 사유(思惟)하는 정신, 즉 선과 미덕(美德, die Tugend)을 아는 추상적인 의지(意志)의 지혜 속에 있는 자신에게 안거(安居)하는 주체를 파멸되어 가는 현재(現在)와 적대적으로 대립시킨다. 그런 가운데서 내적인 것과 외적인 것은 심한 부조화를 이루는데, 이 대립이 해결되지 못할 때 양쪽 관계는 진부한 것이 된다. 사악하고 어리석은 세계에서 자기의식의 실현을 거부당한 고결한 정신, 즉 미덕을 지닌 심정은 자기 앞에 놓인 현존성에 대해 열정적인 분개와 섬세한 기지(機智)와 냉혹한 신랄함으로 대항한다. 이로써 그는 자신의 추상적인 미덕과 진리의 이념에 직접적으로 대립되는, 자기 눈앞에 있는 세계에 대해 격노하거나 이를 비웃는다. 유한한 주관성과 퇴화되고 변질된 외면성 사이에 돌출되는 대립을 이런 형상을 받아들이는 예술형식이 바로 풍자(諷刺, Satire)이다.

그러나 보통 이론은 이 풍자를 삽입해 넣어야 할 곳에서 늘 당황하여 그 풍자를 잘 이용하지 못했다. 왜냐하면 풍자는 서사적인 요소를 전혀 지니고 있지 않은데다가 그렇다고 서정시에 속하지도 않기 때문이다. 풍자에서는 심정의 느낌이 언표되지 않고 보편적이고 필연적인 선(善)이 주관적인 특수성과 뒤섞여 이런저런 주체의 특성으로 드러나지만, 이는 자유롭고 방해받지 않은 표상의 미(美) 속에서 자신을 향유하거나 그 향유함을 발산하지 못하고, 자신의 주관성과 추상적인 원리들이 경험적인 현실과 이루고 있는 부조화를 우울하게 파악하므로 참된 시나 참된 예술작품을 산출해 내지 못한다. 그러므로 풍자적인 관점은 저 시문학의 장르로부터 이해할 것이 아니라, 좀 더 보편적으로 고전적인 이상이 이렇게 이행(移行)해 가는 형식으로서 이해되어야 한다.

c. 풍자의 고향이었던 고대 로마 세계

풍자에는 그 내적인 내용으로 보아 이상이 범속하게 해체되는 것이 드러나므로 우리는 그 풍자의 실제 기원을 미(美)의 나라였던 고대 그리스에서 찾아서는 안 된다. 방금 묘사된 형태와 같은 풍자는 고대 로마인들에게서 나타난 특성이었다. 고대 로마 세계의 정신은 추상성, 즉 죽은 법칙이 지배하고, 미와 쾌활한 윤리가 파괴되고, 직접적이고 자연적인 윤리인 가족이 밀려나고, 개인이 국가에 헌신함으로써 개체성이 대체로 희생되는 세계였으며, 추상적인 법에 복종하고 차가운 위엄과 오성적인 만족을 즐기던 세계였다. 이러한 정치적인 미덕은 그 차가운 엄격성으로 인해 밖으로는 모든 민족들의 개별성을 자기들에게 복종시키며, 내면에 들어 있는 형식적인 권리는 그와 비슷하게 엄하게 거의 완전의 단계에까지 나아가므로 이는 참된 예술에 대립된다. 그러므로 고대 로마에서는 미적이고 자유롭고 위대한 예술을 발견할 수 없었다.

로마인들은 조각, 회화, 서사시, 서정시, 극시를 그리스인들로부터 전수받아서 습득했다. 고대 로마인들 고유의 것으로 간주되는 것으로는 특히 희극적인 소극(笑劇), 페스체닌 시구들(Feszeninnen), 아텔란 희가극(Atellanen)10)이 있다. 그에 반해 플라우투스(Plautus)11)나 테렌스(Terenz)12)가 쓴 좀 더 교양 있는 희극까지도 그리스인들에게서 따온 것으로, 이들은 독자적으로 산출해 낸 것이 아니라 오히려 모방

---

10) 페스체닌(Feszeninnen)이란 고대 이탈리아의 조소가 가득 담긴 가요를 말한다. 아마 페스체니움(Fescennium)이라는 도시에서 유래했기 때문에 이런 이름이 붙은 듯하다. 원래 수확 때나 결혼식 때 불렸다. 아텔란 희가극(Atellanen)은 고대 이탈리아의 민중 희가극으로, 그 기원지는 아텔라라는 도시이다. 특히 플라우투스 이후에 이 희가극은 라틴화되어 로마에서 유행했었다. 이 극에서는 기괴한 마스크를 쓴 4명의 성격배우가 등장하였다.
11) 플라우투스(Titus Massius Plautus, BC250~BC184). 로마의 희극시인. 그가 지은 21개의 희극작품들은 오늘날까지도 온전히 남아 있다.
12) 테렌스(Publius Terentius, BC185~159). 로마의 희극작가. 그는 원래 노예로 로마에 왔다가 나중에 자유를 얻었다. 그의 작품 6개는 오늘날에도 온전하게 전해져 내려온다.

한 것이었다. 에니우스(Ennius)[13]도 역시 그리스에서 신화를 따와 이를 그 반대의 것으로 만들었다. 사실 고대 로마인들에게서 원칙적으로 산문적인(prosaisch, 즉 범속한―역자주) 예술작품은 모두가 교훈시였다. 예를 들어 그러한 시는 특히 도덕적인 내용을 담고 있으며, 그 내용에다가 외부에서 운율, 이미지, 비유, 수사적으로 아름다운 언어를 끌어와 장식으로 덧붙였다. 이는 풍자시에서 더욱 그러했다. 그것은 주위의 세계에 대해 짜증을 느끼는 도덕적인 정신으로서, 한편으로 공허한 미사여구로 숨통을 트려고 애를 썼다.

그러나 산문적인 예술형식은 우리에게 어리석은 현실이 현실 자체 안에서 파멸되는 모습을 우리 눈앞에 보여줄 때만 더욱 시적(詩的)으로 될 수 있다. 예를 들어 서정시인으로서 그리스의 예술형식과 방식을 전적으로 도입했던 호라티우스(Horatius)는 사람들이 자신의 특성을 더 잘 드러내는 편지나 풍자를 쓰는 방법이 서툴러서 스스로 어리석게 파멸되는 것을 우리에게 묘사함으로써 자기 시대의 관습을 생생하게 보여준다. 그러나 이 풍자 역시 섬세하고 교양이 담겨 있어도 사악한 것을 조롱하는 데 그치므로 바로 시적인 재미를 주지는 못한다. 그에 반해 다른 시인들은 정당하고 도덕적으로 보이는 추상적 관념을 자기 시대의 패덕(悖德)에 직접 대립시켜서 묘사한다. 여기에서 짜증, 화, 분노 그리고 증오는 한편 미덕과 지혜라는 추상적인 구실을 들어 자신을 과시하고, 다른 한편 좀 더 고귀한 영혼을 핑계로 그 시대의 파멸과 노예상태에 대해 분개하며 대들거나 또는 그 시대의 패덕에 대조되는 옛날의 윤리, 옛 시대의 자유, 이미 지나간 세계상태의 미덕

---

[13] 에니우스(Quintus Ennius, BC 239~169). 원래 그리스 태생으로 로마 공화정 시대의 작가. 종종 로마의 시문학의 아버지로 불렸다.

을 들먹인다. 그러면서도 사실은 그에 대해 진정한 희망이나 믿음은 갖지 못한 채 이 수치스러운 현재의 불안, 진퇴유곡에 빠진 위험한 상태에 대해서 단지 스토아적인 무관심이나 덕(德) 있는 체하는 심정이 지닌 내면적인 부동성만 보여줄 뿐이다. 이러한 불만은 고대 로마의 역사서술이나 철학에서 일부 비슷한 여운을 드러내고 있다.

살루스트(Sallust)[14]는 윤리의 타락을 공격했지만 사실은 그 자신도 그에 젖어 있었다. 리비우스(Livius)[15]는 우아한 수사학을 쓰면서도 옛 시절을 묘사하면서 거기에서 위안과 만족을 구했다. 그리고 누구보다도 타키투스(Tacitus)[16]는 공허한 미사여구를 쓰지 않고, 매우 깊은 불만을 품고서 내키지 않지만 자기 시대의 사악함을 날카롭게 폭로했다. 풍자가들 가운데서 특히 페르시우스(Persius)는 유베날

---

14) 살루스트(Gajus Sallustius Crisppus, BC86~BC35). 로마의 역사서술가. 원래 율리우스 카이사르(Julius Caesar)의 추종자였으나, 그가 살해되고 난 다음에 정치에서 손을 떼고 물러나 역사저술에 몰두했다. 특히 그의 역사서술의 주제는 주로 로마의 타락에 관한 것이며, 이를 귀족들의 책임으로 돌리고 있다.
15) 리비우스(Titus Livius, BC59~AD17). 로마의 역사서술가. 그는 기원전 약 28년부터 로마사를 쓰기 시작하였으며 145권으로 된 《로마설립 이후로부터의 書(Ab urbe condita libri)》를 썼다.
16) 타키투스(Publius Tacitus, 55~115). 로마의 역사서술가. 수사학 공부를 한 뒤에 역사를 쓰기 시작한 그는 특히 당시 로마인들에게는 야만인이었던 게르만족에 대한 역사인 《게르만 민족의 기원과 상황에 관해서(De origine et situ Germanorum)》를 써서, 당시에 퇴폐주의에 물들었던 로마인들과 대조되는 게르만인들이 건실하고 소박한 민족상을 묘사하여 로마인들에게 경계심을 불어넣어 주려고 고심한 것으로 유명하다. 만약에 로마인들이 일찍이 타키투스의 이러한 혜안을 잘 이해했더라면, 그들은 수백 년 후에 다름 아닌 이 게르만인들에 의해 서로마제국이 멸망당하는 치욕을 겪지 않았을 것이다. 독일에서는 라틴어를 배우는 학생들에게 그의 저서를 라틴어로 읽는 것이 오래 전부터 전통이 되었을 정도이다.

(Juvenal)¹⁷⁾보다 훨씬 더 신랄하고 혹독하다. 후에 가서 우리는 결국 그리스 출신의 시리아인(人) 루치아누스(Lucius)가 경쾌하고 가벼운 어조로 모든 것에 맞서서 영웅들과 철학자들, 그리고 신들에게 등을 돌리고, 주로 고대 그리스의 신들이 지닌 인간성과 개성을 혹평하는 것을 보게 된다. 하지만 그는 종종 음울하게 고대 신들의 형상이 지닌 외면성이나 행위를 서술하는 데 그쳤기 때문에 우리에게는 특히 지루하게 느껴진다. 왜냐하면 우리는 한편으로 그가 파괴하고자 하는 것은 이미 끝났다고 믿으며, 다른 한편으로 그 시인의 농담이나 조소에도 불구하고 신들의 이러한 특성들은 미의 관점에서 볼 때 영원한 가치를 지니고 있음을 알기 때문이다.

오늘날에는 어떤 풍자도 더 이상은 성공을 거두지 못하는 것 같다. 코타(Cotta)¹⁸⁾와 괴테는 함께 풍자에 관한 현상모집을 한 적이 있지만 이 장르에 응모한 시는 한 편도 없었다. 거기에 속한 기본원칙들은 오늘날과는 분명하게 대립되는 것이었다. 그것은 추상적으로 머무는 지혜와 고집스런 힘으로서 오직 자신에게만 집착하면서 현실과 대조를 이루지만, 그렇다고 해도 그런 미덕은 그릇되고 혐오스러운 것을 진실하게 시적(詩的)으로 해소하거나 진실 속에서 참된 화해를 불러오지도 못한다. 그러나 예술은 그 자체의 원리로부터 빠져 나오지 못한 채 추상적이고 내직인 신념과 외직인 객관성을 이처럼 분열시기는 데

---

17) 페르시우스(Aulus Persius Flaccus, 34~62). 로마의 풍자시 작가. 6각운으로 된 풍자시 6수가 남아 있다. 유베날(Juvenal, 라틴명은 Decimus Iunius Iuvenalis, 서기 127년에 사망)은 로마의 풍자작가였다.
18) 코타(Cotta von Cottendorf, 1764~1832), 독일의 출판가. 특히 그는 당시 괴테, 실러, 슐레겔, 횔덜린 등의 작품들을 출판하였다. 오늘날에도 그의 이름을 딴 출판사가 남부독일 슈투트가르트에 소재하고 있다.

만 머물러 있어서는 안 된다. 주관적인 것은 자기 자신 속에서 무한자이자 즉자대자적인 존재(anundfürsichseiende)로 파악되어야 한다. 그 절대적인 주관성은 유한한 현실을 계속 참되지 못한 것으로만 보고 그에 단순히 대립하는 데 그치지 않고 역시 화해 쪽으로 이행해 가며, 이 행위 속에서 비로소 고전적 예술형식에서 보이는 이상적인 개별성과 대조되는 것으로 표현된다.

제3편

낭만적 예술형식

서론 : 낭만적인 것 일반에 대하여

　우리가 여기서 매번 고찰할 때마다 그랬듯이 낭만적 예술형식은 예술이 표현해야 할 내용의 내적인 개념에 따라 규정된다. 그래서 우리는 이제 우선 진리의 절대적인 내용으로서의 새로운 세계관과 예술형태로 의식화되는 새로운 내용의 독특한 원칙을 스스로 명확히 알려고 시도해야 한다.
　예술의 초기 단계에서 상상력의 충동은 자연성으로부터 정신성으로 지향(指向)하는 것을 고수했었다. 그러나 이 노력은 단지 정신적인 추구로 머물렀다. 그리하여 이것은 아직 예술에 진정한 내용을 제공하지 못한 채 자연적 의미들 또는 본질적인 내면이 주관성이 없이 추상화된 것들이 예술의 중심이 되었다. 예술은 이러한 것들의 외적인 형태로서만 관철될 수 있었다.
　그러나 그 다음 둘째로, 고전적 예술에서 우리는 정반대의 것을 발견했었다. 여기에서 정신성—물론 그것은 자연적인 의미를 지양함으로써만 비로소 대자적으로 솟아나올 수 있지만,—즉 내용의 근간이자 원칙이 되는 구체적이고 감각적인 자연현상은 외적 형태를 취한다. 그러나 이 형태는 예술의 시초단계에서처럼 내용에 의해 관통되지 않은 피상적이고 무규정적인 것으로 머물지는 않았다. 오히려 완성된 예술을 통해 정신적인 것은 외적인 현상을 관통하였고, 그 미적인 통일 속에서 자연적인 것을 이상화하고 그 본질적인 개별성 속에서 적합한 정신의 실재성을 얻음으로써 절정에 도달했다. 그리하여 고전적 예술은 이상의 개념에 맞는 표현, 즉 미적인 영역을 완성시켰다. 그보다 더 미적인 것은 없으며 또 있을 수도 없다.

그럼에도 불구하고, 정신이 비록 정신에 의해 그에 적합하게 산출되기는 해도, 정신이 직접적이고 감각적인 형상으로 아름답게 현상하는 것보다 더 숭고한 것이 있다. 왜냐하면 외적인 요소 안에서 자신을 완성함으로써 감각적인 실재성을 적합한 현존재로 만드는 이 통일성도 역시 다시 정신의 참된 개념에는 모순되기 때문이다. 그리하여 그것은 정신으로 하여금 구체적인 것과 맺었던 화해를 깨고 다시 자신 속으로 회귀하도록 강요한다. 이때 정신의 단순하고 건실한 총체성은 해체되고 대자적으로 존재하는 주체와 외적인 현상이라는 이중적인 총체성으로 분열되며, 이 분리를 통해 정신은 고유한 자기 내면으로 파고들어가 더 심오한 화해에 도달하고자 한다. 자신에게 적합한 것, 자기 개념과 자기의 실재성 사이의 일치를 원칙으로 삼는 정신은 오직 그 정신과 유사한 감성과 심정, 즉 대체로 내면세계 속에서만 자기의 적합한 현존성을 발견할 수 있다. 그럼으로써 정신은 자기의 타자(他者)인 자기의 실존(*Existenz*)을 정신이 사기 스스로 갖는 것으로서, 그럼으로써 비로소 자신의 무한성과 자유를 향유(享有)하는 것으로 의식(意識)하게 된다.

1. 내적인 주관성의 원리

정신은 이렇게 자기 자신에게로 고양(高揚)(Erhebung des Geistes

zu sich)됨으로써 정신이 평소 감각적이고 외적인 현존재 안에서 찾으려고 했던 자신의 객관성을 자기 자신 안에서 획득한다. 그리고 이 통일성 속에서 자기 자신과 더불어 느끼고 아는 것이 바로 낭만적인 예술의 기본 원리가 된다. 최후의 예술단계인 여기에 이르러서 고전적인 이상의 미(美)와 그 미에 가장 고유한 형상과 그에 가장 적합한 내용은 더 이상 궁극적인 것이 아니라는 점이 필연적인 규정으로 드러난다. 그 이유는 낭만적인 예술의 단계에서 정신은 자신을 구체성 속으로 침잠시키는 것이 자신의 진리가 아니라는 것을 알기 때문이다. 반대로 정신은 외적인 것으로부터 스스로 자기의 진심 속으로 회귀하고(sich aus dem Äußeren in seine Innigkeit mit sich zurückführt), 외적인 실재성을 자신에게 맞지 않는 것으로 설정함으로써만 자신의 진리에 대해 확신을 가진다. 따라서 이와 같은 새로운 내용이 자신을 *미적인* 대상으로 보는 것을 과제로 삼을 때 지금까지의 의미에서 보았던 미는 그 내용보다 어딘가 저급한 것으로 머물고, 이제 스스로 무한한 정신의 주관성으로서 절대적인 내면이 지니는 *정신적인* 미로 변한다.

그러나 정신이 무한성에 도달하기 위해서는 정신은 역시 단순히 형식적이고 *유한한* 인격으로부터 벗어나 *절대자*로 고양되어야 한다. 다시 말해서 정신은 전적으로 실체적인 것으로만 채워지고 그 안에서 자신을 알고 자신을 원하는 주체로 표현되어야 한다. 그러므로 거꾸로 실체적이고 참된 것은 단순히 인간적인 것 너머에 있거나 고대 그리스적인 관념 속에서 인간화된 것을 제거한 것으로 이해되어서는 안 된다. 오히려 인간적인 것이 실제적인 주관성의 원리로 삼아져야 하며, 그럼으로써 우리가 전에 고찰한 신의 인간화(人間化, das Anthropomorphistische)는 완성이 된다.

2. 낭만적인 것의 내용과 형식이 지닌
좀 더 상세한 요소들

이제 우리는 낭만적 예술형식의 기본규정 속에 들어 있는 좀 더 상세한 요소들에서 일반적으로 그 예술의 대상의 영역과 낭만적 예술의 새로운 내용에 의해 조건 지어진 형상들의 변화를 전개시켜 가야 한다. 낭만적인 것의 참된 내용은 절대적인 내면성이며, 그에 적합한 형태는 그 독자성과 자유를 파악한 정신적인 주관성이다. 이처럼 스스로 무한자이자 즉자대자적인(an und für sich) 보편자는 모든 특수한 것의 절대적인 부정성(否定性, Negativität)이며 자신과 단순하게 통일되어 있는 존재이다. 이는 상호 외적(外的)인 모든 것, 자연의 모든 과정들, 생성하고 소멸하고 재생되는 자연의 순환과 정신적인 존재가 지닌 모든 한계성을 흡수하고, 모든 특수한 신들을 해체시켜서 자기 자신과 순수하고 무한하게 일치시켰다. 이 만신전(萬神殿, Pantheon) 속에서 모든 신들은 그들의 옥좌를 잃고 주관성의 활활 타오르는 불길이 그들을 파괴했다. 이제 예술은 조형적인 다신(多神) 숭배 대신에 오직 *하나의 신, 하나의 정신, 하나의 절대적인 독자성*만 알고 있다. 이는 자기 자신에 대한 절대적인 지(知)이자 의지로서, 스스로 자유로운 통일성 속에서 머물고 있다. 이는 음울한 필연성에 의해 강제로 결합되어 있던 저 특수한 성격들과 기능들로 더 이상 분열되지 않는다. 그러나 이때 절대적인 주관성은 그 개념에 맞는 *실제*의 주관성이 되기 위해 외적인 현존재 속으로 들어가지 않고 오히려 이 현실성으로부터 벗어나 자신 속으로 회귀한다. 그때 그 주관성은 예술에서 벗어나 오직 사유(思惟)에게만 그 길을 열어보이게 된다.

이 같은 현실성은 절대자에게 속하는 요소이다. 왜냐하면 절대자는 무한한 부정성으로서(als unendliche Negativität) 자기 자신을 알고 자신과 단순한 통일을 이루며, 따라서 자기 행위의 결과에 이르는 *직접성*으로서 자신을 지니고 있기 때문이다. 절대자는 절대자 자신 속에 근거하는 이 직접적인 실존성 때문에, 자연적인 것과 유한한 인간적인 현존성을 지양하기만 할 뿐 그 안에서 자신을 실제로 신성한 주관성으로 현상하도록 형상화해내지 못하는 경쟁심이 강한 *하나의* 신(der *eine* eifrige Gott)으로서만 드러나는 것은 아니다. 오히려 참된 절대자는 자신을 열어 보이며, 그럼으로써 예술에 의해서도 이해되고 표현되는 측면을 얻는다.

그러나 신의 현존성은 자연적이고 감각적인 것 그 자체가 아니라 감각적인 것을 비감각적인 것으로, 즉 정신적인 주관성으로 이끌어가는 것이다. 이는 외적인 현상 속에서 절대자인 자신에 대해 확실성을 잃지 않으며, 바로 그 현실성을 통해 비로소 자신이 있는 현재에 대해 실제 확신을 얻는다. 그러므로 신은 진리 속에서 단순히 상상에 의해 산출된 이상이 아니라 스스로 유한성의 한가운데로, 외면적이고 우연한 현존성 안으로 들어가면서도 그 속에서 신성한 주체인 자신을 안다. 그 주체는 영원히 자신 속에 머물며, 자신의 무한성을 대자적인 것으로 만든다. 이렇게 실제의 주체가 신으로 현상됨으로 이제 예술은 비로소 인간적인 형상과 외면적인 방식을 대개 절대자를 표현하는 수단으로 이용할 더 높은 권리를 얻게 된다.

물론 예술의 새로운 임무는 이 형상 속에서 내면이 외적인 구체성으로 침잠하지 않고 거꾸로 오직 내면이 자기 자신에 집중하는 것, 즉 주체 안에서 신을 정신적으로 의식하는 것을 직관하게 하는 데 있다. 그러므로 이러한 세계관의 총체성을 진리의 총체성이 되게 하는 서로 다른 계기들은 이제 *다음과 같은* 방식으로 인간에게 현상한다. 즉 태양이나 하늘, 별과 같은 자연적인 것 그 자체는 내용과 형식을 제공하지 못하며, 또 그리스 신화 속에 등장하는 미적(美的)인 신들이나 영웅들 또는 가족의 윤리나 정치적인 삶에 근거한 외적인 행위들이 아니라, 자기 내면의 생명 안에 존재하는 유일한 주체만이 무한한 가치를 얻는 것이다. 그 이유는 오로지 그 안에서만 정신으로 실재하는 절대적 진리의 영원한 계기들이 현존재로 펼쳐지고 합쳐지기 때문이다.

이러한 규정을 고대 그리스의 조각이 이를 아주 적절한 방식으로 이행했던 고전적 예술의 과제와 낭만적 예술을 비교해 보면, 조형적인 신의 형상은 구체적인 실재성으로부터 신 자신에게 회귀하므로 내적인 절대 존재성에 의해 관통된 정신의 움직임과 활동을 표현하지는 않는다. 물론 그 신들의 숭고한 조각들에서 경험적인 개체성이 지닌 변화성과 우연성이 제거되는 것은 사실이다. 그러나 그들에게는 자신에 대한 지(知)와 의지(意志)로서 대자적으로 존재하는 주관성의 현실성이 결여되어 있다. 외적으로 볼 때 그 신들의 조각형상들에서는 그들의 영혼을 표현하는 것, 즉 눈빛이 없다. 즉 최고로 미적인 조각작품들은 시선(視線)이 없으며(blicklos), 그 조각상들은 스스로를 아는 내면성으로서 정신 속에 집중되어 있고, 이를 그 형상들의 눈을 통해 보여줄 수 있음에도 불구하고 그 형상들로부터 밖으로 시선을 돌리지 않는다. 이 영혼의 빛은 작품들의 외부로 부사되며, 영혼 대(對) 영혼이나 눈[眼] 대 눈으로 그 형상들을 바라볼 수 없는 관객의 몫이 된다.

그러나 낭만적인 예술 속에서의 신(神)은 바라보고 자기 자신에 대해 알고 있으며 내적이고 주관적이면서도 자기의 내면을 내면에게 열어 보이는 존재로 현상(現象)한다. 왜냐하면 여기에서 무한한 부정성(否定性, Negativität), 즉 정신의 자기 집중은 스스로 구체적인 것 속으로 이입(移入)되는 것을 벗어나기 때문이다. 주관성은 자기 자신 속을, 즉 전에는 어두웠던 자신이 있는 곳을 비치는 빛이며, 자연의 빛은 다른 대상만을 비출 수 있지만 정신적인 빛은 스스로를 비추면서도 스스로를 아는 토양이자 대상이다. 그러나 곧 이 절대적인 내면성이 현존성 속에서 자신을 인간적으로 현상하고 드러내고 그 인간적인 것이 전체 세계와 관계하게 되면, 여기에는 곧 정신적인 주체의 다양함과 정신과 관계되는 외적인 것의 다양함도 연결된다. 이처럼 절대적인 주관성이 형상으로 실제 드러난 현실은 다음과 같은 내용과 그것이 현상하는 형태들을 가질 수 있다.

a) 첫째로, 우리는 실제적인 정신으로서 자신에게 현존성을 부여하고 자신을 알며 스스로 활동하는 절대자를 출발점으로 삼아야 한다. 여기서 인간의 형상은 그 안에 신적(神的)인 것이 들어있다는 것이 직접 이해되는 방식으로 표현된다. 인간은 단순히 인간적인 성격을 띠고 한정된 열정과 유한한 목적을 갖고 이를 실천하거나 혹은 신(神)에 *대해* 단순히 의식하는 존재로서 현상하지 않는다. 오히려 그 인간은 자신을 아는 유일하고 보편적인 신 자신으로, 즉 삶, 고통, 탄생, 죽음, 부활 속에서 유한한 의식 존재에게 영원하고 무한한 것이란 진정으로 무엇인지를 느끼도록 계시(啓示)하는 자로 현상한다. 이 내용을 낭만적인 예술은 그리스도와 그의 모친, 그의 제자들 그리고 성령이 작용하고 모든 신성함이 주어진 그 모든 사람들에 대한 이야기 속에서 표현한다. 왜냐하면 스스로 보편자인 신이 인간 존재로 현상하는 한, 이 실재성은 그리스도라는 형상을 띤 개별적이고 직접적인 존재에게만 한정되지 않고 인류 전체에게로 확대되기 때문이다. 그 인류 속에서 신의 정신은 현재하고, 이 현실 존재 속에서 자기 자신과 통일을 이룬다. 신이 자신을 관조하고 자기 안에, 그리고 자기 곁에

머무는 것이 확대될 때 그것이 바로 평화이자 정신이 객관화되는 가운데서 자신과 화해하는 것이다. 이것이 신의 세계, 신의 왕국이다. 그 안에서 본래 자기의 실재성과 화해하는 것을 자신의 개념으로 갖는 신성(神性)은 이 화해 속에서 자신을 완수해 나가고 그럼으로써 자신을 위해 있게 된다.

b) 그러나 이제 아무리 이러한 동일성이 절대자의 본질에 근거하는 것처럼 보이더라도, 이는 정신적인 자유이자 무한성으로서 원래 세속적이고 자연적이며 정신적인 현실 속에 직접 주어져 있는 화해는 아니다. 그 반대로 정신이 그 직접적인 현존재의 유한성으로부터 자신의 진리로 고양될 때만 그 동일성은 이루어진다. 정신은 자신의 총체성과 자유를 획득하기 위해 자신을 자신에게서 분리시키고, 자연적 유한성인 자신에게 무한성인 자신을 대립시킨다. 거꾸로 이러한 분열로 인해 그 속에서 유한하고 자연적인 것, 현존재의 직접성, 그리고 자연적인 마음은 부정적이고 사악하고 나쁜 것으로 규정되는 바, 정신은 필연적으로 자신으로부터 분리되어 이 공허함을 극복함으로써 비로소 진리와 자족(自足)의 영역으로 들어간다. 그리하여 정신적인 화해는 단지 정신의 한 행위이자 움직임으로 이해되며 싸움과 투쟁이 일어나고 고동과 죽음, 무상함의 슬픈 감정, 정신과 육체의 고통이 본질적인 요소로 드러나는 하나의 과정으로 표현된다. 왜냐하면 먼저 신이 유한한 현실을 자신에게서 떨쳐내듯이, 신의 영역 밖에서 시작하는 유한한 인간도 역시 자신을 신으로 고양시키고 자신에게서 유한한 것을 떨쳐버리고 무상함을 제거하고 자신의 직접적인 현실을 죽임으로써 신이 인간으로 현상하여 스스로 객관적으로 만든 참된 현실성이 될 임무를 띠기 때문이다.

고전적인 예술에서는 이처럼 자기 고유의 주관성, 고통, 괴로움 그리고 죽음을 희생하는 데서 오는 끝없는 괴로움이 다소 배제되거나 오히려 자연적인 고통으로만 표현되었다면, 낭만적인 예술에 와서 비로소 그러한 괴로움은 본래 필연적인 것이 된다. 고대 그리스인들은 죽음을 그 본질적인 의미에서 이해했다고 말할 수 없다. 자연적인 것 그 자체나, 정신과 육체성이 통일을 이루는 직접성도 그들에게는 부정적인 것이 아니었다. 따라서 죽음은 그들에게는 경악이나 공포를 수반함이 없이 단지 추상적으로 흘러가는 것이었지 노력하는 개인에게 더 이상 헤아리기 어려운 결과를 가져다주는 중단이 아니었다. 그러나 주관성이 정신적으로 자기내 존재(Insichsein) 상태로 머물면서 무한히 중요해지면 죽음을 자신 속에 내포하는 부정성(否定性, Negativität)은 이 숭고하고 중요한 것 자체를 부정하게 되므로 끔찍한 것이 된다. 즉 죽음은 절대적인 부정으로서, 모든 행복으로부터 영원히 제외되어 절대적으로 불행하며 영원한 저주에 내맡겨지는 영혼의 사멸(Ersterben der Seele)로 보일 수 있다.

그에 반해 자신을 정신적인 주관성으로 고찰했던 고대 그리스인들의 개성은 자신에게 이와 같은 죽음의 가치를 부여하지 않았으므로 죽음을 쾌활한 이미지로 묘사할 수 있었다. 왜냐하면 인간은 자신에게 큰 가치를 지닌 것만을 두려워하기 때문이다. 그러나 삶 속에서 주체는 정신적이고 자의식적인 것으로 스스로 유일한 현실이 되고, 이제 죽음을 통해 자신이 부정적인 것이 되리라는 정당한 두려움을 갖고 상상할 때만 이러한 큰 가치를 의식하게 된다. 그러나 다른 한편으로 보면 고전적인 예술에서 죽음은 낭만적인 예술 속에서 갖는 긍정적인 의미를 획득하지는 못한다. 즉 우리가 '불멸(不滅)'이라고 부르는 것은 고대 그리스인들에게는 그리 심각하지 않았다. 후에 가서 주관적인 의식이 반성을 하게 되면서부터, 즉 소크라테스에 이르러서 불멸성은 좀 더 심오한 의미를 가지며 좀 더 진전된 욕구를 충족시킨다. 예를 들면 오디세우스가 지하세계에 내려가서 아킬레우스를 보고 이르기를, 그가 전에는 신들과 같은 영예를 지녔었고 이제는 죽은 자들 사이에서 지배자로 머물고 있으니 이전에 살았던 모든 사람들이나 이후에 살 모든 사람들보다 더 행복한 자라고 칭송을 한다(《오디세이아》, XI, 428~491행). 그러나 아킬레우스 자신은 그 행복을 매우 과소평가하면서 오디세우스에게 죽음에 대해서는 어떤 위로의 말도 하지 말라고 명령한다. 그는 이미 죽어 여기 땅 속으로 사라진 자들을 지배하기보다는 차라리 살아서 가난한 농사꾼의 하인이 되어 품삯을 버는 자가 되고 싶다고 말한다. 그에 반해 낭만적인 예술에서는 죽음은 자연적인 영혼과 유한한 주관성이 사멸하는 것에 지나지 않는다. 즉 죽음은 스스로 부정적인 것에 부정적으로 관계하고, 허무한 것을 지양하고 그럼으로써 정신을 그 유한성과 분열로부터 해방시키고, 주체와 절대자의 정신적인 화해를 매개하는 사멸인 것이다. 그러나 고대 그리스인들에게는 오직 자연적이고 외적이고 세속적인 현존성과 합일된 삶만이 긍정적이었으므로, 그래서 죽음은 직접적인 현실성의 해체하는 단순한 부정이었다.

그에 반해 낭만적인 세계관 속에서는 죽음은 부정성의 의미, 다시 말해서 부정성을 부정한다는 의미(die Bedeutung der Negativität)를 지닌다. 그리하여 정신은 그 단순한 자연성과 부적합한 무한성으로부터 부활하는 긍정적인 것으로 전환된다. 사멸하는 주관성의 고통과 죽음은 자신으로 회귀하는 것이 되며, 정신이 원래 자신의 진리와 생명성으로부터 차단된 자기의 부정적인 현존재를 극복하여 얻는 저 화해와 긍정적인 존재에 대한 만족과 지복함이 된다. 그러므로 이 기본

규정은 자연적 측면에서 인간에게 다가오는 죽음이라는 사실에만 관련되는 것이 아니라 정신도 역시 진실하게 살기 위해서 이 외적인 부정성과는 무관하게 자신 안에서 수행해야 하는 과정이 된다.

c) 인간은 정신이 지닌 이 절대적인 세계의 *세 번째* 측면을 이룬다. 왜냐하면 인간은 그 자신이 직접 절대적이고 신성한 것을 *신성한 것*으로 드러내지도 못할 뿐더러, 신으로 고양되거나 신과 화해하는 과정을 표현할 수도 없기 때문이다. 즉 여기서 내용을 이루는 것은 *유한한 것* 자체로서 이는 정신적인 목적, 세속적인 관심, 열정, 충돌, 고통, 기쁨, 희망, 만족의 측면에서뿐만 아니라 외적인 것, 자연적인 것, 그 영역 속에 개별적으로 현상하는 것들이다. 그러나 이 내용을 파악하는 방식에는 두 *가지* 입장이 있다. 그 하나는, 신이 스스로 긍정성을 획득했으므로 그 기반 위에서 스스로 정당화하고 만족하여 소요한다는 점이다. 거기에서 신은 오직 긍정적인 성격만을 드러내며, 자기를 자신의 긍정적인 만족과 진심(Innigkeit) 속에 머물고 있는 모습으로 반사되게 한다. 그러나 다른 한 편으로, 바로 그런 내용은 아무런 독자적인 가치를 요구할 수 없는 단순한 우연성으로 격하된다. 왜냐하면 정신은 그 안에서 자신의 참된 현존성을 발견할 수 없으며, 유한하고 부정적인 정신과 자연의 유한성을 해체시킴으로써만 자신과 통일을 이룰 수 있기 때문이다.

3. 낭만적인 표현방식과 그 내용의 관계

이제 끝으로 이 모든 내용과 그것이 표현되는 방식에 관해서 보면,

우리가 막 본 바에 따르면 먼저 다음과 같은 점이 드러난다.

    a) 낭만적인 예술의 내용은, 적어도 신성한 것과 관련해서 보면 그 범위가 매우 협소하다. 그 이유는 첫째로, 우리가 이미 위에서 암시했듯이 자연은 그 신성함이 상실되었고 바다, 산 그리고 골짜기, 강물, 샘물, 시간, 밤 그리고 일반적인 자연의 과정들은 절대적인 내용으로 표현될 가치를 상실한 것이다. 자연의 형상들은 더 이상 상징적으로 확대될 수 없다. 그들의 형태와 활동들이 신성한 성질을 지닌다는 규정이 그들에게서 벗어난 것이다. 왜냐하면 세계의 생성과 창조된 자연 및 인간은 어디서 왜 생겼으며 어디로 가는가와 같은 거창한 질문들과, 이 문제들을 해결하고 표현하려는 모든 상징적이고 조형적인 시도들은 신이 정신 속에 계시됨으로써 사라졌기 때문이다. 그리하여 정신 속에서 고전적으로 형상화되던 성격들이나 행동들, 사건들 같은 다채로운 세계는 절대자와 절대자의 영원한 구원사(救援史)라고 하는 하나의 초점으로 압축되었다. 그럼으로써 전체적인 내용은 정신의 내면성, 감정, 표상, 심정으로 집약되는 바, 이 심정은 진리와의 통일을 추구하려고 애쓰며 주체 안에서 신적인 것을 산출하고 보존하려고 분투한다. 그리고 이제 세상을 위해서 *세상 속에서* 목적을 갖고 계획하며 실행하기 보다는, 오히려 인간이 스스로 내적인 투쟁을 하고 신과 화해하는 것만을 유일하게 본질적인 계획으로 삼고 이를 목적으로 삼고 이를 지키고 표현한다.

    이런 측면에서 드러날 수 있는 영웅주의는 스스로 법칙을 부여하고 제도를 정하고 상황을 만들어 내며, 이를 바꾸는 영웅주의가 아니라 이미 모든 것을 자신 위에 규정되고 완성된 것으로 두고 있다. 그래서 그 영웅주의는 그에 따라 시간적인 것을 규제하고, 더 숭고하고 절대적으로(An-und-für-sich) 가치를 지닌 기존의 세계에 적용하고 시간성 안에서 이를 관철시킬 과제만을 받든다. 그러나 이제 이 절대적인 내용은 주관적인 *심정*의 한 점으로 집약된 것처럼 나타난다. 그래서 모든 과정은 인간의 내면으로 옮겨지므로, 그로 인해서 내용의 범위는 또 다시 무한하게 *확대된다*. 그것은 제약 없는 다양성으로 열린다. 왜냐하면 물론 저 객관적인 역사가 심정의 본질을 이루기는 하지만, 그래도 주체는 모든 측면에서 그 역사를 뚫고 지나가면서 그 역사 속에 일어나는 개별적인 것들을 표현하거나 또는 역사 자체가 줄곧 새로 등장하는 인간의 모습을 띠고 드러나면서 광범한 자연을 정신을 둘러싼 환경이자 정신이 거하는 장소로 자신 속에 끌어들여 큰 목적을 위해 이용할 수 있기 때문이다. 그렇게 함으로써 심정의 역사는 무한히 풍요로워지고 항상 변하는 환경과 상황에서도 자신을 매우 다양하게 형태화할 수 있다. 그러므로 인간은 이 절대적인 영역으로 나올 때 비로소 세상의 일과 관계하게 되며, 정신은 이 모든 원리에 따라 자신 속에서 더 심오해진다. 그리하여 무한히 상승된 내적 외적 충돌, 분열, 열정의 단계적 상승, 그리고 자신을 다양한 단계에서 만족시키면서 확대하면 할수록 그의 관심사와 목적, 감성은 더욱 더 헤아리기 어려운 것이 된다. 낭만적 예술의 내적인 내용을 이루는 것은 인간 속에서 자신을 의식하는 완전히 보편적인 절대자이다. 이리하여 인류 전체와 그들 전체의 발전은 예술에게는 무한한 소재가 된다.

b) 그러나 낭만적인 예술은 이제 이런 내용을 대개 상징적 예술형식과 특히 고전적 예술형식에서 이상적인 신들을 표현할 때처럼 *예술로서* 산출해내지는 않는다. 우리가 이미 앞서 보았듯이, 낭만적인 예술은 진리의 내용을 오직 예술의 형태로 직관하도록 산출하고 *계시*

(啓示)하고 가르치는 예술이 아니다. 그보다 오히려 그 내용은 이미 예술영역 밖에 있는 표상과 감정 속에 주어진다. 여기에서 종교는 전혀 다른 등급의 진리를 보편적으로 의식(意識)하는 것으로서 예술을 위한 본질적인 전제(前提)가 된다. 그리고 이것이 외적으로 현상되는 방식을 보면 그것은 세속적인 사건으로 현재 속에 들어 있으면서 감성적인 현실로서 실제로 의식된다. 다시 말해서 정신에 대해 계시되는 내용은 자연적인 것 자체로부터 벗어나 그 가치를 *격하시키는* 정신의 영원하고 절대적인 정신의 본성이다. 그리하여 그것이 직접 현상하는 모습은 외적인 것이 현존하는 한 단지 우연적인 세계에 머문다는 입장을 취한다. 절대자는 그 세계로부터 나와 정신과 내면에 자신을 집중시킴으로써 비로소 스스로 진리가 된다. 즉 정신에 대해 외적인 것은 정신이 그것을 신뢰하지도 않고 그 속에 머물지도 않는 하찮은 요소로 간주된다. 정신은 자신의 외적인 현실 속에 있는 형상을 가치 있는 것으로 간주하는 일이 덜할수록 그 안에서 자기만족을 덜 추구하게 된다. 그리고 현실과 일치함으로써 거기에서 자신과 화해를 이루는 일도 더 적어진다.

c) 그러므로 낭만적인 예술 속에 있는 이런 원리에 맞게 실제로 형성화되는 방식은 이 외적인 현상의 측면에서 보면 본질적으로 고유한 일상적인 현실을 넘어서지 않는다. 그리하여 유한한 다양성과 피규정성을 지닌 이 실제의 현존성을 자기 안에 받아들이기를 꺼리지 않는다. 즉 여기서는 시간성과 무상함의 흔적을 없애고 위축된 현상 대신에 찬란하게 빛나는 존재의 미를 드러내는 저 이상적(理想的)인 미는 사라지고 없다. 낭만적 예술에서는 현존재의 자유로운 생동성이 무한한 고요함과 육체성 속에 침잠한 영혼 가운데 들어 있다. 낭만적

예술은 원래의 개념상 이 세상의 삶 자체를 더 이상 그 목적으로 삼지 않으며 세속적인 미의 극치에 등을 돌린다. 그 예술은 내면을 외적인 형상의 우연성과 뒤섞으면서 미적이지 못하다고 지적된 특징들에도 다분히 표현의 여지를 준다.

이처럼 낭만적인 것 안에는 두 개의 세계가 있다. 그 하나는 스스로 완성된 정신의 영역이다. 그것은 자신 속에서 화해하며 보통 생성, 파멸, 재생을 거치는 직선적인 반복을 참된 순환인 정신 자신으로 회귀하여 정신의 참되고 불멸하는 삶으로 바꾸는 심정이다. 또 다른 하나는 외적인 영역 그 자체이다. 이는 정신과의 확고한 통일에서 벗어나 전적으로 경험적인 세계가 되며, 영혼은 그 세계의 형상에 무관심하게 된다. 고전적인 예술에서는 정신이 경험적인 현상을 지배하고 그 현상을 관통했다. 왜냐하면 그 속에서 정신은 자신의 완전한 실재성을 얻을 수 있었기 때문이다. 그러나 낭만적 예술에 와서는 내면은 직접적인 세계의 형상방식과는 무관하다. 왜냐하면 직접성은 영혼 자체 속에 있는 정신의 지복함을 지닐 존엄성을 갖추지 못하기 때문이다. 외적으로 현상하는 것은 더 이상 내면성을 표현하지 못한다. 그것이 만일 아직도 그와 같은 소명을 지니고 있다면 이는 외적인 것만으로는 만족을 줄 수 없고 본질적인 요소인 내면의 심정과 감성으로 돌아가야 함을 묘사하는 임무만을 띤다.

그러나 바로 그 때문에 낭만적인 예술은 외면성으로 하여금 이제 다시 자유로이 자신에게 열중하게 하며, 이런 점에서 자연적인 우연성 속에 존재하는 꽃들, 나무들 그리고 아주 일상적인 가정용 도구에 이르기까지 모든 소재들이 표현되도록 허용한다. 그러나 이런 내용은 동시에 그것이 단순히 외적인 소재로서 하찮으며, 심정이 그 속에 들어갈 때 그 소재는 외적인 것과 혼합되지 않고 내면만을 표현하며 오직 자신 속에서만 화해하고 드러나는 진심(Innigkeit)을 표현할 때만 본래의 가치를 지닌다는 규정을 지닌다. 이런 관계 속에서 내면은 극단으로까지 내몰린 것으로서 외면성이 없이 외화(外化)된다. 그것은 눈에 보이지 않은 채 흡사 자기 자신만을 감지하고 대상성도 형상도 띠지 않은 음조(音調)이고, 물 위를 스쳐 가는 것이며, 이질적인 현상들 안에서 영혼의 존재가 반사된 것을 수용해 이를 다시 세상에 반사해서 울리는 음향이다. 그러므로 낭만적인 것에 독특한 내용과 형태의 관계를 한마디 말로 요약하자면, 언제나 확대된 보편성과 쉴 새 없이 작용하는 심정의 심오함이 그 원리이다. 그러므로 낭만적인 것의 기본 음조는 음악적이며 특정한 표상 내용을 갖는다는 점에서 서정적이다. 서정적인 것은 낭만적 예술의 본질을 이루는 기본 특성이다. 즉 그것은 서사시(Epipöe)나 극적인 음조를 띠기도 하고 일반적인 향기로운 심정이 되어 조형 예술작품들 주위에 흡향되기도 한다. 왜냐하면 여기서는 정신과 심정이 모든 형상들을 통해 다른 정신과 심정에 호소하려고 하기 때문이다.

분류

이제 끝으로 이 세 번째 난계의 대단한 예술영역의 발전을 좀 더 자세히 고찰하면서 *분류*하자면, 낭만적인 것의 기본 개념은 내적으로 다음과 같은 세 가지 요소로 나눠진다.

그 첫 번째 영역은 종교 자체로서, 그 안에서 구원사(救援史), 즉 그리스도의 삶, 죽음 그리고 부활이 그 중심을 이룬다. 여기에는 정신이 그 직접성과 유한성에 대해 부정적으로 작용하며, 그것을 극복하고 거기에서 해방됨으로써 자신의 영역에서 스스로의 무한성과 절대적인 독자성을 획득하는 전환이 일어나는 것이 규정된다.

그 다음 둘째로, 이 독자성은 정신이 신성함으로부터 나오고 유한한 인간이 신으로 고양(高揚)되는 데서 벗어나 속세(Weltlichkeit)로 발을 들여 놓는 것이다. 여기서 우선 주체 자신은 스스로 직접 긍정적으로 되며, 이 긍정적인 주관성이 지닌 미덕들, 즉 낭만적인 기사도(騎士道, Rittertum)의 명예, 사랑, 충성, 용기, 목적, 그리고 의무들을 자기의 현존성에 대한 관심사이자 자기 의식(意識)의 실체로서 지닌다.

다음의 *세 번째 장*(章)에서는 일반적으로 *성격의 형식적인 독자성*이 내용과 형식이 된다고 말할 수 있다. 다시 말해서 주관성은 정신적인 독자성이 그 주관성의 본질이 되는 것에 이르면, 이제 그것과 합쳐지는 *특수한 내용*도 역시 동일한 독자성을 나눠 갖게 된다. 그러나 이 독자성은 절대적으로 존재하는 종교적인 진리의 영역에서처럼 정신적인 삶의 실체성 속에 들어 있지 않으므로 형식적인 성질만을 띤다. 이제 거꾸로 외적으로 뒤엉킨 정황이나 상황, 사건들은 스스로 자유로워지며 자의적인 모험에 따라 이러 저러 자신을 내던진다. 그러므로 우리는 대체로 낭만적인 것의 종착점에 이르면 외적인 것이나 내적인 것이 지닌 우연성이 드러나고 그런 측면들은 붕괴된다. 그럼으로써 예술 자체는 지양(止揚)되면서, 진리를 파악하기 위해서 예술이 제공할 수 있는 것보다 더 높은 형태들을 제공하게 되는 필연성을 의식(意識)시켜준다.

제1장 낭만적인 예술의 종교적인 영역

낭만적인 예술은 모든 진리로서의 절대적인 주관성을 표현하는 데 있어 정신과 그 본질의 통일, 심정의 만족, 신과 세계와의 화해, 그리고 신이 신 자신과 화해하는 것을 본질적인 내용으로 삼고 있기 때문에, 이 단계에서 *이상(理想)*은 비로소 완전하게 그 본연의 자리로 오게 된다. 왜냐하면 우리는 지복함, 독자성, 만족, 고요, 자유가 우리들이 이상의 근본규정으로 내세웠기 때문이다. 물론 우리는 낭만적인 예술의 개념과 실재성에서 이상을 배제해서는 안 된다. 그러나 그것은 고전적인 이상과 비교하면 전혀 달라진 형태를 취한다. 이 관계에 대해 우리는 물론 위에서 이미 대체로 암시는 했다. 여기에서는 우선 낭만적인 예술에서 절대자를 표현하는 기본유형에 대해 정확히 알기 위해 그 구체적인 의미를 확실히 정해야 한다. 고전적인 이상에서 신은 한편으로 개별성으로 한정시어지며, 다른 한편으로 특수한 신들의 영혼과 지복성은 전적으로 그들이 지닌 육체적인 형상에 주입되었다. 그리고 셋째로, 개체는 자신과 자신의 외면성이 분리되지 않고 통일을 이룬다는 원칙하에 있었으므로 자신 속에서 분리가 일어나거나 육체적·정신적인 고통과 희생, 포기와 같은 부정성은 본질적인 요소로 등장할 수가 없었다. 고전적인 예술에서 물론 신성(神性)은 여러 신들의 영역으로 분리되면서도 이는 보편적인 본질이자 인간형상과 인간

정신 속에 들어 있는 개개의 주관적이고 경험적인 현상으로서 자신 속에서 분리되지 않았다. 또 그 신성 자체는 현상하지 않는 절대자로서 재앙, 죄, 오류의 세계와는 대립되며, 이러한 대립들을 화해시키고 이 화해를 통해 비로소 참된 현실이면서 신성한 것이 되는 임무를 띤다. 그에 반해서 절대적인 주관성의 개념 속에는 실체적인 보편성과 인격이 서로 대립한다. 주체는 자신의 실체로써 그 대립을 중재하면서 스스로 본질적인 것을 알고 의지하는 절대적인 주체로 고양된다.

그러나 둘째로, 정신인 주관성이 현실 속에 드러날 때 거기에는 유한한 세계라는 깊은 대립이 들어 있다. 그 유한한 그 세계를 지양하고 절대자와 화해함으로써 무한성은 자신의 절대적인 행위를 통해 그 본질을 자신의 것으로 만들어 그렇게 비로소 절대정신(絕對精神, absoluter Geist)이 된다. 그러므로 이러한 현실이 지상에, 그것도 인간정신의 형태로 나타나는 것은 미의 관점에서 볼 때 고전적 예술에서와는 전혀 다른 관계를 지닌다. 고대 그리스의 미는 정신적인 개체성의 내면을 전적으로 그 육체적인 형상, 행동, 사건들 속에 옮겨 넣어 외적인 것으로 온전히 표현하고 그 안에서 생동하는 것으로 보여줬다. 그에 반해 낭만적인 미에서는 물론 영혼이 외적으로 드러나기는 해도 이는 동시에 육체성에서 벗어나 자신으로 회귀하며 자신 속에 거함을 필연적으로 보여줘야 한다. 그러므로 이 단계에서 육체적인 것이 정신의 내면성을 표현한다면 그것은 영혼이 이 현존재 속에서가 아니라 영혼 자체 속에서 자신에 일치하는 현실을 가짐을 드러내는 식으로만 표현할 수 있다. 이런 이유에서 이제는 더 이상 객관적인 형상을 이상화하는 것이 미적인 것이 아니라 영혼이 자신 속에 거하는 내적인 형상을 이상화하는 것이 미적인 것이 된다. 이는 진심의 미(eine Schönheit der Innigkeit)로서, 정신에 의해 관철되는 가운데 외적인 것을 붙들지 않고도 모든 내용이 주체의 내면에서 형태화되고 형성된다. 그럼으로써 실제의 현존재를 이상과 통일시켜 해명하려는 관심은 사라지고 반대로 정신의 내적인 형태에 새로운 미를 주입하려는 목적에 몰두하게 되므로, 예술은 이제 외적인 것에는 그다지 신경을 쓰지 않게 된다. 예술은 직접 존재하는 것을 발견하는 대로 이를 마음대로 형태화한다는 측면에서 그것을 직접적으로 받아들인다. 낭만적인 예술에서는 절대자와의 화해는 내면의 행위로서, 이는 외부에 드러나더라도 실제 외적인 형태로 나타나는 것 자체를 내용이나 목적으로 삼지는 않는다. 이처럼 영혼과 육체의 이상적인 통일에 대해 무관심해짐으로써, 외적인 측면의 개성이 지닌 특수함을 표현하는 주된 방식으로 등장하는 것은 *초상화*(das *Porträtarige*)적인 표현법이다. 즉 이 표현법은 개체를 좀 더 적합한 모습으로 묘사하기 위해 그가 걸어가고 서고하는 특징이나 형태, 그것이 내보이는 자연적인 빈약성, 무상함의 결핍성 따위를 지워 없애지는 않는다. 물론 일반적으로 여기에서도 적합한 것을 표현해야 한다는 요구는 있다. 그러나 그런 식으로 규정된 형상은 어떤 것이든 상관없게 되며, 유한하고 경험적인 현존재의 우연성들로부터 벗어나지 않는다.

 낭만적 예술 속에 들어 있는 이처럼 단호하고 필연적인 규정은 다른 측면에서도 정낭화된다. 참된 성점에 도달해 있는 고전적인 이상은 스스로 완성되고 독자적이고 신중하여 타자를 자신에게 수용하지 않고 물리치는 완성된 개체이다. 그의 형상은 그에게 고유하고, 그의 이상은 전적으로 자기 안에 안거하며, 경험적이고 우연적인 공동체를 위해 자신의 어떤 것도 희생해서는 안 된다. 그러므로 그 이상(理想)에 접근하는 관객은 그 이상이 드러난 현상을 이상과 유사한 외적인 것으로 보고 이를 자기 것으로 삼을 수가 없다. 영원한 신들의 형상은 비록 인간적으로 현상하더라도 유한한 인간사에 속하지는 않는다. 왜냐하면 이 신들 자신은 유한한 현존성이 지닌 궁핍을 겪지 않고 이를 초월해 있기 때문이다. 즉 경험적이고 상대적인 것과 신적인 것의 공통성은 단절된다. 그에 반해 낭만적 예술에서는 무한한 주관성인 절대자는 자신이 현상하는 모습 속에 침잠하지 않고 자신 속에 머문다. 그것은 자신 속에 머물러 있음으로 해서 그 외면성을 *자신을 위해서(für sich)*가 아니라 타자, 즉 모두를 위해 자유로운 상태에 주어진 것으로 갖는다.

더 나아가 이 외적인 것은 일상성의 형태, 즉 경험적이고 인간적인 형태로 등장해야 한다. 왜냐하면 여기서 신 자신은 절대자의 개념 속에 들어 있는 절대적인 대립을 중재하고 화해시키기 위해 유한하고 무상한 현존재 속으로 하강하기 때문이다. 그리하여 이제 경험적인 인간은 직접적인 자연성 속에서도 스스로 신뢰를 갖고 자신에게 접근하는 절대자와 가까워질 수 있는 측면을 얻게 된다. 왜냐하면 외적인 형상은 더 이상 전처럼 고전적인 엄격함을 통해 인간의 특수성과 우연성을 거부하는 것이 아니라, 유한한 인간을 바라봄으로써 그 인간 자신이 무엇이며, 자기 주변에서 무엇을 알고 사랑하는지를 알려주기 때문이다. 일상적인 것 안에 들어 있는 이와 같은 포근함이 바로 낭만적인 예술로 하여금 외적으로 신뢰를 끌게 하는 이유이다. 그러나 이 희생하는 외면성은 바로 희생을 통해 영혼의 미, 즉 숭고한 내면과 성스러운 심정으로 회귀할 의무를 가지므로 이는 동시에 내적인 정신과 그 절대적인 내용 속으로 침잠하고 그 내면성을 획득할 것을 요구한다.

결국 낭만적 예술에서 대체로 무한한 주관성은 고대 그리스의 신처럼 자기의 완전한 지복함 속에서 완성된 채 외로이 거주하지 않고 이 희생을 통해 자신 속에서 자기와 타자(他者)—그러나 그 타자도 역시 주관성에 속하며, 그 속에서 주관성은 자신을 다시 발견하고 그와 통일을 이룬다—와의 관계 속으로 들어간다는 보편적인 이념이 놓여 있다. 이처럼 주관성이 그 타자와 하나가 되는 것이 바로 본래 낭만적 예술이 지닌 미적인 내용이다. 그 예술의 이상(理想)적인 내용을 드러내고 형태화하는 것은 바로 내면성이자 주관성, 즉 감정을 지닌 마음이다. 그러므로 낭만적 예술은 다른 정신적인 것과의 관계를 표현한다. 그 다른 것이란 내면성과 아주 밀접하게 묶여 있으므로 영혼은 그 내면성 속에서 자신과 더불어 산다.

그러므로 우리는 *사랑(die Liebe)*을 종교적인 영역 안에 있는 낭만적인 것이 지니는 보편적인 내용으로 제시할 수 있다. 하지만 사랑은 정신의 긍정적이고 직접적인 화해를 표현할 때 비로소 진정으로 이상적인 형태를 얻는다. 그러나 우리는 이제 이 가장 아름답고 이념적으로 충족되는 단계를 고찰하기에 앞서, 한편으로 절대적인 주체가 인간적으로 현상하면서 갖는 유한성과 직접성을 극복하는 것으로서 *부정성(Negativität)*이 발을 들여 놓는 과정을 면밀히 살펴보아야 한다. 이는 신이 세계와 인간을 위해서 살고, 고통을 겪고 죽으며 신과 그들 사이에 화해가 가능함을 전개해 보이는 과정이다. 또 한편 거꾸로 그 화해를 자신 속에 실현시키기 위해서 그 과정을 끝까지 겪어야 하는 것은 인간이다. 낭만적인 예술에서는 삼각석인 것과 정신적인 것이 죽어서 무덤 속으로 들어가는 *부정적인* 측면이 주를 이루는 이 과정들의 중심에, 만족하는 긍정적인 지복(至福)이 표현될 때 이는 예술의 가장 미적인 대상들 중 하나가 된다.

그러므로 우리는 첫 번째 장을 더 자세히 분류하기 위해서 다음과 같은 세 가지 다른 영역들을 거쳐가야 한다.

첫째는 그리스도의 구원사(救援史)이다. 이는 절대정신의 계기가 신(神) 자신에게서 표현되는 것이다. 즉 거기에서 신은 인간이 되고 유한성과 구체적인 상황들을 보이는 세상에서 실제로 존재하며, 우선은 개별적인 이 현존재 속에서 절대자 자신이 드러난다.

둘째는 사랑이다. 이는 인간적인 것과 신적인 것이 화해된 감정으로서 긍정적으로 형상화된 것으로, 성가족(聖家族), 마리아의 모성애, 그리스도의 사랑, 그리고 사도들의 사랑이다.

셋째는 공동체이다. 심정이 전환(轉換)해서 자연성과 유한성을 죽임으로써, 즉 대체로 인간성이 신에게 귀의(歸依)함으로써 신의 정신은 인류 속에 현재(現在)하게 된다. 이는 먼저 속죄와 순교를 통해서 인간이 신과 하나가 되도록 매개한다.

1. 그리스도의 구원사

정신이 자신과 화해하는 절대적인 역사(die absoute Geschichte), 즉 진리의 과정은 신이 세상에 나타남으로써 직관되고 확실한 것이 되었다. 절대적인 본질성과 개별적인 인간의 주관성이 하나가 된다는 것이 바로 이 화해를 나타내는 간단한 내용이다. 그 개별적인 인간이란 바로 신이며, 신이 한 개별적인 인간이 된 것이다. 바로 여기에서 그 인간 *자체는(an sich)* 개념과 본질상 참된 정신이다. 그로써 모든 개개의 주체는 인간으로서 신의 목적이 되고 신과 더불어 하나가 되는 무한한 규정과 중요성을 갖는다. 그러나 또 그 때문에 먼저 인간에게는 단순한 즉자성에 불과한 자신의 개념에 현실성을 부여해야 한다는, 다시 말해서 신과의 통일을 자기 현존재의 목적으로 삼고 이에 도달해야 한다는 요구가 주어진다. 인간이 자신의 이러한 규정을 실현시켰을 때 그는 그 안에서 자유롭고 무한한 정신이 된다 (Hat er diese seine Bestimmung erfüllt, so ist er in sich freier unendlicher Geist). 그 통일이 원천적인 것, 인간적이며 신적인 본성 자체의 영원한 근간인 한에서만 인간은 이를 행할 수 있다. 그 목적은 절대적으로 존재하는 시작(der an und für sich seiende Anfang)이요, 신(神) 자신이 인간이자 육신이 되는, 즉 스스로 개별적인 주체가 된다는 낭만적이고 종교적인 의식(意識)의 전제이다. 따라서 그 주체에서 화해는 단순히 즉자적(an sich)으로 머물면서 *개념에 의해서만* 의식되지 않고, *객관적*으로 존재하면서 또 자신을 개별적으로 실제로 존재하는 인간으로 감각적으로 직관하고 의식한다. 중요한 것은 바로 이 *개별성*의 요소이다. 그 안에서 모든 개개인은 자신이 신과 화해하는 것을 직관한다. 이는 단순히 즉자대자적인(an und für sich) 가능성이 아니라 실제적인 것이며, 또 그 때문에 이 하나의 주체 안에서 실제로 완성된 것으로 현상한다.

그러나 둘째로, 이제 대립되는 요소들이 정신적으로 화해하고 통일되는 것은 단순히 직접적으로 이루어지는 것이 아니다. 따라서 이 *하나의* 주체에도 역시 비로소 참된 정신으로 의식되는 정신의 변화과정 (der Prozeß des Geistes)은 이 주체의 역사로서 존재해야 한다. 이 정신의 역사는 개개의 인간에게서 실현되면서 다름 아니라 우리가 이미 위에서 다루었던 것을 포함한다. 다시 말해서 개별적인 인간은 그의 개별성을 육체적으로나 정신적으로 떼어놓는 것, 즉 고통을 겪고 죽는 것, 그러나 거꾸로 죽음의 고통을 통해서 죽음으로부터 벗어나 찬란한 신이자 실제의 정신으로 부활한다는 것이다. 그 정신은 이제 비록 개인인 주체의 존재 안으로 들어오기는 하지만, 개인들이 모인 공동체 안에 존재하는 정신으로서 역시 오직 본질적이고 참된 신이다.

a. 외관상 보이는 예술의 불필요성

종교적이고 낭만적인 예술의 기본 대상이 되는 것은 바로 역사이다. 그러므로 이에 대해 순수한 예술로서의 예술은 뭔가 불필요한 것이 된다. 왜냐하면 여기서 주요한 것은 이 영원한 진리를 내적으로 확인하고 느끼고 표상하는 일이기 때문이다. 그것은 절대적인 진리에 대한 것을 증명하고, 그럼으로써 내적인 표상으로 옮겨지는 *믿음* 속에서 일어난다. 다시 말해서 발전된 신앙은 이 역사적인 계기들을 표상함으로써 직접 확신을 얻고 그 안에서 진리를 의식한다. 그러나 이처럼 *진리*를 의식하는 일이 중요한 것이 될 때 현상하는 미(美)나 이를 표현하는 일은 부차적이고 중요하지 않은 것이 된다. 왜냐하면 진리는 또 예술과는 무관하게 의식(意識)에 주어지기 때문이다.

b. 예술의 필연적인 등장

그러나 다른 한편으로 종교적인 내용은 동시에 그 안에 예술이 접근할 수 있을 뿐만 아니라 어느 점에서 예술을 필요로 하는 계기도 포함하고 있다. 이미 수차례 언급했듯이 낭만적 예술이 종교적으로 표상할 때 내용은 인간화(人間化)된 모습을 그 정점으로까지 이끌어간다. 왜냐하면 정신적인 신성이 실제로 외적이고 육체적으로 나타나 인간적인 주관성과 통일되는 것이 그 예술의 중심이 될 때, 그 신성함은 자연과 자연의 유한하고 궁핍한 개체성 속에 있는 개인과 관계하는 신성한 자신의 모습을 표현해야 하기 때문이다. 이 점에서 예술은 신의 출현을 위해 개인적인 실제의 형상이라는 특수한 현재성, 즉 외적인 사건의 특징으로 된 구체적인 이미지를 의식으로 하여금 직관하게 한다. 그 사건들 속에서 그리스도가 탄생하고 살고 고통을 겪다가 죽어 부활하여 신의 우편(右便)으로 들어올려진 것, 즉 유한한 존재의 모습으로 사라진 신의 실제 모습이 늘 새로운 지속성을 갖고 반복 또는 확대되어 표현되는 것은 대개 예술 속에서만 가능한 일이다.

c. 외적인 현상이 지니는 우연적인 개별성

그러나 이 예술 속에서는 이제 이렇게 현상하는 가운데 신은 본질적으로 다른 것들을 배제하는 개인적 주체로 있으며, 일반적으로 신의 주관성과 인간의 주관성의 통일뿐만 아니라 이를 바로 이 인간으로 표현하는 것을 강조할 때, 바로 그 내용 때문에 외적이고 유한한 현존재가 지닌 우연성과 개별성의 모든 측면들이 다시 드러난다. 고전적인 이상의 정점에서는 미(美)가 그런 것들로부터 벗어나 있었다. 그러나 여기 낭만적 예술에서는 미의 자유로운 개념에 적합하지 못하다고 배제되었던 이상적이지 못한 것(das Nichtideale)이 내용으로 드러나 필연적으로 수용되고 직관된다.

α) 그러므로 그리스도라는 인물이 종종 예술의 대상으로 선택되면, 그리스도로부터 매번 뭔가 고전적인 이상과 같은 방식으로 이상을 만들어 내려고 시도해야 하는 예술가들은 매우 궁지에 빠지곤 하였다. 왜냐하면 그런 식으로 표현된 그리스도의 두상(頭像)들과 형상들은 진지함, 고요함, 위엄을 보이기는 하지만, 그리스도는 한편으로 내면성과 전적으로 *보편적인* 정신성을 지니더라도 다른 한편으로 주

관적 인격과 *개별성*을 지녀야 하기 때문이다. 양쪽 다 인간 형상의 감각성 속에 들어 있는 지복함과는 대립된다. 그 때문에 그 양극점에 있는 것을 연결하여 표현하고 형태화하는 일은 아주 어려우며, 특히 전통적인 유형에서 벗어난 화가들은 매번 당황하곤 하였다. 그러한 그리스도의 두상들에는 진지하고 심오한 의식이 드러나야 한다. 그러나 얼굴의 형상이나 몸의 형태는 그것이 꼭 천하고 추한 모습으로 변하거나 숭고한 것으로 고양될 필요가 없듯이 꼭 이상적인 미를 지녀야 할 필요도 없다. 그러므로 외형에서는 특수한 자연성과 이상적인 미의 중간 형태를 취하는 것이 가장 좋을 것이다. 그러나 이처럼 적합한 중간형태를 취하기는 어렵다. 그러므로 여기에서는 특히 예술가의 능란함과 감성, 정신이 드러나게 된다. 이 영역에서는 대체로 신앙에 속하는 내용과는 무관한 모든 것을 표현하기 위해서 고전적인 이상을 표현할 때보다 더 주관적인 만듦새에 의존한다. 고전적 예술에서 예술가는 육체적인 것을 형상화할 때에도 인간 형상의 구조와 정신적이고 신적인 것을 직접 표현하려고 했으므로, 육체는 주요한 관심을 끌었고 일상적인 유한성에서 벗어난 형태로 변형되곤 하였다.

 그러나 우리가 지금 다루는 낭만적 예술의 영역에서는 형상들은 일반적으로 알려진 형태로 표현되는 데 그친다. 그 형태는 어느 정도는 하찮으면서도 특수한 것으로서 이런저런 형태일 수가 있으므로 그런 점에서 아주 자유로이 다루어질 수 있다. 그러므로 한편으로 예술가가 이 일상적으로 알려진 것을 통해 어떤 방식으로 그것을 아주 정신적이고 내적인 정신성으로 투시되게 만들 수 있는가에 주로 관심이 모아지며, 다른 한편으로 예술가가 만드는 형상들에게 어떻게 정신적인 생동성을 불어넣고 정신적인 것을 이해하며 직관하게 만드는가, 즉 그의 주관적인 표현방식이 얼마나 능숙한가 하는 데 관심이 간다.

β) 내용에 관해서 좀 더 고찰하면 이미 우리가 보았듯이 내용은 절대적인, 즉 육체적이고 정신적인 개체성을 그 본질과 보편성으로 객관화시키는 정신의 개념 자체에서 나오는 역사 속에 들어 있다. 그 이유는 개개의 주관성이 신과 화해하는 모습은 직접적인 조화(Harmonie)로 드러나지 않고 무한한 고통과 몰입, 희생, 유한하고 감성적이고 주관적인 것이 죽음으로써 비로소 생겨나는 조화로 등장하기 때문이다. 유한한 것과 무한한 것은 여기서 하나로 결합되고, 그 참된 깊이, 진심 그리고 매개(媒介)하는 힘 속에 들어 있는 화해는 해결되어야 할 대립의 크기와 완고함을 통해서만 드러난다. 그럼으로써 그러한 대립이 들여오는 고통, 순교, 괴로움이 지닌 온갖 가혹함과 불협화음은 정신의 본성 자체에 속한다. 그리고 그것을 절대적으로 만족시키는 것이 여기에서 내용이 된다. 정신의 이러한 과정은 절대적으로 보면 대체로 정신의 본질과 개념이며, 따라서 모든 개인의 의식 속에서 반복되어야 할 *보편적인 역사*(die allgemeine Geschichte)라는 규정을 내포한다. 왜냐하면 많은 개별적인 의식은 보편적인 정신의 실재성이자 현존성이기 때문이다. 그러나 정신은 개인 속에 현실화되는 것이 그 본질이기 때문에 저 보편적인 역사는 먼저 개인적인 것의 형태로 드러난다. 그 개인에게 역사는 그 개인의 역사로, 그 개인의 탄생과 고통과 죽음으로부터 회귀하는 역사로 생겨나지만, 그러나 이 개별성 속에 동시에 보편적이고 절대적인 정신 자체의 역사라고 하는 의미를 유지한다.

이와 같은 신의 삶에서는 신이 *이런* 인간이 되고 개인적인 존재가 되어 만드는 수난의 역사, 십자가에서의 고난, 정신의 골고다 언덕, 죽음의 고통을 벗어버리는 데서 그 본래의 전환점을 갖는다. 이제 그 내용 속에 들어 있는 것은 정신이 감성적이고 주관적인 개인성을 희생함으로써 자신의 진리를 드러내고, 자신이 천국에 도달할 수 있도록 외적이고 육체적인 현상, 즉 개인으로서의 직접적인 현존성을 그 부정적인 고통 속에서 부정적으로 드러낸다. 이런 식의 표현은 고전적인 조형예술과는 아주 동떨어진다. 다시 말해서 한편으로 지상 위에 있는 육체적인 인간본성의 연약함은 대체로 그 속에 신 자신이 나타난다는 점으로 인해 고양되고 숭배되지만, 다른 한편으로 보면 그 인간적인 육체성은 부정적으로 설정되고 고통 받는 모습으로 드러난다. 그에 반해서 고전적인 이상에서는 실체인 정신과 조화를 이루는 일이 방해받거나 상실되지 않는다. 채찍질을 당하고 가시관을 쓰고 형장으로 십자가를 끌고 가서 십자가에 매달리고 서서히 다가오는 순교적인 죽음의 고통 속에서 죽어가는 그리스도의 모습은 고대 그리스의 미의 형태로는 표현할 수 없다. 이런 고통받는 상황 속에 있는 신성함, 내면의 깊이, 정신의 영원한 계기인 무한한 고통, 인내와 신성한 고요함은 더 숭고한 것이다. 이 인간 형상의 역사를 더 확대해 보면 그 역사를 꾸미는 사람들은 한편으로 그의 동지들이며 다른 한편으로 그의 적들이다. 그의 동지들은 역시 이상적인 인물들이 아니라 개념상 특수한 개개인들, 즉 정신의 흐름에 의해 그리스도에게로 이끌림을 받는 보통 인간들이다. 그러나 그의 적들은 신과 대립하면서 그를 심판하고 조롱하고 학대하고 십자가에 매다는 내적으로 사악한 자들로 표상된다. 그리고 신에 대항하는 내적인 사악함과 적대감에 대한 표상은 외면적으로 추함, 거침, 야만성, 분노, 일그러진 형태로 표현된다. 이런 모든 점에 볼 때 여기서는 고전적인 미와 비교해서 미적이지 못한 것이 필연적인 요소로 등장한다.

γ) 그러나 신의 본성 속에서는 죽음의 과정이란 다만 그것을 통해

신과의 화해가 이루어지고, 신성한 측면과 인간적인 측면의 중재가 중요한 사안이 되고, 보편성과 현상하는 주관성의 측면들을 긍정적으로 서로 통합시키는 한 통과점으로 간주될 뿐이다. 이와 같은 긍정은 대체로 근원적인 것이므로 이는 역시 긍정적인 방식으로 드러나야 한다. 이런 점에서 그리스도의 수난사 속에서 특히 부활과 승천은 긍정적인 상황으로 주어진 것으로 볼 수 있다. 또 그리스도는 스승의 모습으로 등장할 때 좀 더 개별성을 띤다. 그러나 이러한 등장은 미술로 표현하기에는 특히 어렵고도 중요한 것이다. 왜냐하면 정신은 한편으로는 내면성 속에서 표현되어야 하지만, 다른 한편으로는 무한한 보편성 속에서 주관성과 긍정적인 통일을 이루는 것으로 표현되어야 하기 때문이다. 또 절대정신은 직접적인 현존성을 넘어서 있으면서도 육체적이고 외적인 것 안에서 여전히 자신의 무한성과 내면성에 대한 모든 표현을 직관하고 느끼도록 해야 하기 때문이다.

2. 종교적인 사랑

정신 자체는 즉자대자적인(an und für sich) 정신으로서 직접적으로 예술의 대상이 되지는 않는다. 그 정신이 자신 안에서 최고로 실제적인 화해를 이루는 것은 순수하고 이념적이라서 예술로 표현되는 것을 벗어나는 정신성 안에서의 화해이자 만족이다. 왜냐하면 절대적인 진리는 감성적인 현상과 불가분의 관계에 있는 가상(假象)적인 미를 초월하기 때문이다. 그러나 이제 정신이 긍정적인 화해 속에서 예술을 통해 하나의 정신적인 현존성―그 속에서 정신은 순수한 사상이자 이념으로서 알려질 뿐만 아니라 감지되고 직관되기도 하는 바―

을 획득하면, 정신의 진심인 심정만이 한편으로 정신성으로 머물면서, 다른 한편으로 예술에 의해 파악되고 표현되어야 한다는 이중적인 요구를 충족할 수 있는 유일한 형태로 남는다. 스스로 만족하는 자유로운 정신에 일치하는 이 진심이야말로 바로 사랑이다.

a. 사랑이라는 절대자의 개념

다시 말해 *내용* 면에서 볼 때, 사랑 속에는 우리가 절대적인 정신의 기본개념이라고 제시한 요소들이 주어져 있다. 그것은 자신의 타자(他者)로부터 자기 자신에게로 다시 회귀하면서 화해하는 것이다. 이 타자는 그 안에서도 정신이 자기 자신에 머무는 타자로서 그때 그 타자는 다시금 정신적인 것, 즉 하나의 정신적인 인격이 된다. 사랑의 참된 본질은 자신을 의식하기를 포기하고 타자 속에서 자신을 잊으며 그럼에도 불구하고 이 타자에게로 이행하고 자신을 망각하는 가운데서 비로소 자신을 소유하게 되는 것이다. 이처럼 정신이 자기 자신과 중재하고 자신을 전체성으로 이행하는 것이 바로 절대자이다. 그러나 이는 절대자가 무슨 개인적인 유한한 주관성으로서 다른 유한한 주체 안에서 자신과 화합하는 그런 방식이 아니다. 여기서 자신을 타자 속에 중재하는 주관성의 내용이 되는 것은 바로 절대자 자신이다. 즉 이는 타자의 정신 속에서 비로소 절대자 자신을 알고 의도(意圖)하며 이 앎에 대해서 만족하는 정신이다.

b. 심정

이제 좀 더 자세히 보면 이 사랑이라는 내용은 자신에게 집중하는 감정의 형태를 지닌다. 이는 스스로 그 내용을 해석하고 이를 그 피규정성과 보편성에 따라 의식하는 대신에, 오히려 그 광범하고 헤아리기 어려운 것을 단순하고 심오한 심정(心情) 속으로 직접 집약시킨다. 그래서 그것이 내포한 풍요로움은 온갖 방면으로 펼쳐져 표상되지 않는다. 그럼으로써 순수하게 정신으로만 표현되는 보편성 안에서 예술적인 표현을 거부하는 내용은 바로 감정이라는 주관적 존재 안에서 다시 예술로 포착할 수 있게 된다. 왜냐하면 아직 열리지 않은 심오한 특성을 지닌 심정은 한편으로 자신을 완전히 명확하게 드러내지 않으려 하지만, 다른 한편으로는 그 형태 속에 동시에 예술적 표현에 적합한 요소를 내포하고 있기 때문이다. 즉 심정이나 마음은 아무리 내적으로 머물더라도 여전히 감성 및 육체성과 관계를 맺고 있으므로 외면을 향해 눈빛이나 얼굴 표정, 또는 좀 더 영적인 목소리나 말 같은 육체성을 통해 정신의 내적 생명과 존재를 알릴 수 있다. 그러나 여기서 정신적인 것은 그 심오한 내면이 심정의 내면성 속에 표현되게 하는 방식으로만 등장할 수 있을 것이다.

c. 낭만적인 이상으로서의 사랑

이제 이상의 개념인 내면성과 그 현실성 사이에 이루어지는 화해를 언급하면, 종교적인 영역에서 낭만적인 예술의 *이상(理想)*이라고 표현할 수 있는 것은 바로 사랑이다. 사랑은 *정신적인 미 자체이다*. 물론 고전적인 이상도 역시 정신이 자기의 타자와 매개하고 화해하는 것을 보여주기는 했다. 그러나 여기서 정신의 타자는 정신에 의해 관통된 외적인 것, 육체화된 유기체였다. 그에 반해 사랑 안에서 정신의 타자는 자연적인 것이 아니라 스스로 정신적인 의식(意識), 즉 다른 주체이다. 그로 인해 정신은 자신의 소유물 안에서, 자기의 고유한 요소 안에서 스스로 자신을 실현한다. 그렇게 사랑은 이 긍정적인 만족과 자기 안에 안거하는 지복한 실재성 속에서 이상적이면서 전적으로 *정신적인 미(美)*가 된다. 이는 또 그 내면성 때문에 오직 진심 속에서 심정의 진심으로서 표현된다. 왜냐하면 정신은 *정신* 자신 속에 현재하며 자기에 대해 직접 분명하게 알고 있음으로써 그 정신성을 자기 현존재의 질료이자 토양으로 갖고 있기 때문이다. 그래서 정신은 스스로 진심이며 더 자세히 보면 사랑의 진심이 된다.

 α) 신(神)은 사랑이다. 그러므로 신의 심오한 본질도 예술에 맞는 형태로 그리스도 안에서 이해되고 표현되어야 한다. 그러나 그리스도는 *신(神)의* 사랑이므로, 사랑의 대상은 한편으로 신 자신이고, 다른 한편으로 그것은 현상되지 않는 신의 본질에 의해 구원받을 인간에 대해 알려준다. 그러므로 신에게서는 한 주체가 다른 특정한 주체 안에 나타날 수 없으며, 보편성 속에 있는 사랑의 *이념*으로, 절대자, 진리의 정신이 감정적인 요소 안에서 감정의 형태로 드러날 수 있다. 그 대상이 보편성을 띠고 있으므로 사랑의 표현도 역시 보편화되며, 그러고 나면 그 안에서 마음과 심정을 주관적으로 집중시키는 일은 중요한 사안이 되지 않는다. 고대 그리스인들에게서도 보면 그와 같이 옛 거인족의 신인 에로스(Eros)와 비너스 우라니아(Venus Urania)[1] 사이에

---

[1] 비너스 우라니아(Venus Urania)은 앞서 역주에서 설명한 아프로디테 비너스 우라니아의 로마 명칭이다. 이에 대해서 여기에서 좀 더 설명하자면, 고대 그리스 신화에서 에로스(Eros)신과 비너스 우라니아 두 남녀 신 사이의 사랑은 우리가 일반적으로 생각하는 아름답고 젊은 연인 사이의 사랑을 넘어서서 인류가 생산번식하기 위한 '원초적 의미'에서의 사랑으로, 제우스 신이 통일한

이루어지는 사랑은 물론 전적으로 다른 관계였지만, 거기에서도 개인적인 형상과 주관적인 감정이 아닌 보편적인 이념이 관철되었다.

오직 낭만적인 예술표현 속에서 그리스도가 동시에 한 개인으로서 자신 속에 침잠하는 주체로 이해될 때 거기에서 표현되는 사랑도 역시―물론 그 사랑은 그 내용의 보편성에 따라 고양되어도―주관적인 내면성으로 드러난다.

β) 그러나 이런 사랑의 영역에서 예술에 가장 접근하기 쉬운 것은 마리아의 사랑, 즉 종교적이고 낭만적인 상상력이 얻을 수 있는 사랑인 *모성애*이다. 이는 가장 실제적이고 인간적이면서도 매우 정신적이며 정욕적인 관심이나 욕구가 없고 비감각적이면서도 현재적이다. 그 사랑은 절대적으로 만족하는 지복한 내면성이다. 모성애는 아무것도 요구하지 않는 사랑이면서도 또 우정과는 다르다. 왜냐하면 우정이란 아무리 그 심정이 충만해도 어떤 내용을, 즉 그 우정에 맞는 어떤 중요한 목적을 요구하기 때문이다. 그에 반해 모성애는 목적이나 이해관계가 전혀 없이도 자연스러운 관계 속에서 직접 확고함을 지닌다. 그러나 마리아의 모성애는 자연적인 측면에서 별로 제한되지 않는 사

올림쏘스에 거주하는 신들의 계보보다 더 오래된 '거인족(Titan)' 신들 간의 사랑이다. 또한 여기서 '비너스 우라니아'라는 여신의 이름 역시 이 여신이 사실은 제우스 신에 의해 구성된 올림포스 신들의 계보에 (미의 여신으로) 속하는 것이 아니라, 그보다 훨씬 더 오래된 그리스 내의 토착민족이 섬긴 '생산의 여신'으로서의 특징을 지니고 있음을 보여준다. 오늘날에는 고대 그리스 신화를 연구하는 학자들 가운데 종래의 이주해온 그리스인들이 섬긴 올림포스 중심의 신들의 계보만을 따르지 않고, 그보다 더 오래 전에 그리스 땅에 거주하던 민족들이 섬기던 신들을 찾아서 연구하는 작업이 이루어지고 있는데, 예를 들면 비너스 여신, 헤라 여신 등이 그런 신들에 속한다.

랑이다. 마리아는 그녀가 고통을 겪으며 낳아 가슴 속에 품은 그 아이 속에서 자신을 완전히 알고 느낀다. 그리고 그녀의 혈육인 그 아이는 또한 그녀를 초월하여 그녀 위에 서 있다. 그렇지만 이 숭고한 존재는 그녀의 소유이며, 마리아는 자신을 잊은 채 그 숭고한 대상을 간직하고 있다. 그로 인해서 모성애가 지닌 자연적인 진심은 전적으로 정신적인 것이 되며, 그녀는 그 신성함을 자기의 고유한 내용으로 갖는다. 그러나 이 정신적인 것은 고요하고 무의식적인 것으로 머물며, 그 속에는 놀랍게도 자연적인 통일성과 인간적인 감정이 스며든다. 그것은 지복한 *모성애*, 즉 원래는 행복을 느끼고 있는 오로지 *한* 어머니의 사랑이다. 물론 이 사랑에도 고통이 따르지 않는 것은 아니다. 그러나 그 고통은 단지 잃어버림에 대한 슬픔, 고통 받고 죽은 아들에 대한 한탄이지, 우리가 나중 단계에 가서 보듯이 외부로부터의 부당함이나 학대를 받거나 스스로 죄악과 끝없이 싸우는 데서 나오는 고통은 아니다. 그러한 진심은 여기에서 정신적인 미(美)이자 이상이며, 인간이 신, 즉 정신이자 진리와 인간적으로 동일시되는 것이다. 이는 순수한 망각, 자신을 스스로 완전히 포기하는 것이다. 그럼에도 불구하고 그것은 이 망각 속에서 원래 그것이 침잠해 들어가는 것과 일치하며 이제 지복한 만족 속에서 이렇게 하나가 된 것을 느낀다.

낭만적인 예술에서는 그처럼 미적인 방식으로 모성애, 즉 이런 정신적인 *이미지*가 정신 자체를 대신해서 등장한다. 왜냐하면 정신 자체는 예술 속에서 오직 감정의 형태로만 파악될 수 있으며, 개인이 신과 하나가 되는 느낌은 마리아의 모성애 속에서 가장 근원적이고 사실적으로 생생하게 드러나기 때문이다. 그것은 이 예술영역에서 이상적인 것, 긍정적이고 만족스러운 화해를 빠지지 않고 표현하려면 필연적으로 등장해야 한다. 따라서 성처녀 마리아의 모성애가 대체로 가장 성스러운 최고의 것으로 숭배되고 표현되던 시대가 있었다. 그러나 정신이 모든 자연적인 감정의 근간에서 떨어져 나와 자신의 고유한 요소 안에서 자신을 의식하게 되면, 그에 근거하여 이루어지는 자유롭고 정신적인 매개만이 진리에 이르는 자유로운 길로 간주될 수 있다. 그리고 예술과 신앙에서 이와 같이 마리아를 숭배하는 것과는 대조로, 신교에서는 성령(聖靈)과 정신을 내적으로 매개하는 것이 더 숭고한 진리가 되었다.

γ) 마지막 *셋째*로, 정신의 긍정적인 화해는 그리스도를 따르는 제자들과 여자들 그리고 친구들의 내면에서 느낌으로 나타난다. 이들은 대개 신의 친구의 손에 주어진 기독교의 이념 속에 들어 있는 엄격함을 우정과 교리 그리고 그리스도의 설교에 의해 전향이라는 외적이고 내적인 고통을 겪지 않고도 스스로 경험하고 이행하는 사람들이다. 그들은 그러한 것들과 자기 자신들을 다스리고 바로 그 속에서 심오하고 강건하게 머문다. 비록 그들에게는 마리아의 모성애가 지닌 저 직접적인 통일성과 진심은 부족하지만, 이들을 결속시켜 주는 것으로서 그리스도의 현재(現在)함, 공동생활의 관습 그리고 정신의 직접적인 움직임은 여전히 남아 있다.

3. 공동체의 정신

이 낭만적인 영역이 마지막 단계로 이행(移行)해 가는 것에 대해서 고찰해 보면, 이는 앞서의 그리스도의 역사와 관련해서 다룬 것과 관련될 수 있다. 신이자 한 개인인 그리스도의 직접적인 현존재는 여기에서 고양된다. 다시 말해서 신이 인간이 되어 나타날 때 신의 참된 실재성은 직접적인 현존재가 아닌 정신임이 드러난다. 무한한 주관성인 절대자의 실재성은 정신 자신일 뿐이며, 오직 그때서만 신은 스스로 이해될 수 있고 내면에 머문다. 그러므로 이 신의 절대적인 존재는 오로지 이념적이고 주관적인 *보편성*으로서 역사 속에서 인간적인 주관성과 신적인 주관성을 표현한 그리스도라는 개인에게만 국한되지 않는다. 그것은 신과 화해한 인간의 의식, 즉 수많은 개인들로 구성된 인류 전반의 의식으로 확대된다. 그러나 개인의 인격을 볼 때 인간은 직접 신적인 존재가 될 수 없고 반대로 유한하고 인간적인 존재이다. 인간은 자신이 바로 자신을 부정적인 속성으로 설정하고 그럼으로써 유한성을 지양할 때 비로소 신과 화해하게 된다. 이와 같이 인간성은 유한성이 갖는 궁핍성에서 구제됨으로써 비로소 절대정신의 현존재가 되고 공동체의 정신임이 밝혀진다. 그 속에서 인간정신과 신의 정신은 인간의 현실 자체 안에서 정신의 개념에 따라 그 자체로 원래 통일성 안에 있는 그것을 실제로 매개하는 일을 실현시킨다.

낭만적인 예술의 이와 같은 새로운 내용과 관련해서 다음과 같은 주요 형태들을 고찰할 수 있다. 개개의 주체들은 신으로부터 떨어져 나가 죄악 속에서 직접성과 투쟁하고 유한한 궁핍 속에서 살면서 자신과 신을 화해시키는 무한한 규정을 지닌다. 그러나 이제 그리스도의 구원의 역사 속에서 직접적인 개별성을 띤 부정성은 정신의 본질적인 계기로 드러난다. 그리하여 개개의 주체들은 자연성과 유한한 인간성을 전환시켜 신 안에서 자유와 평화에 이르게 된다. 이렇게 유한성을 지양(止揚)하는 일은 여기에서 다음과 같이 세 가지 방식으로 나타난다.

첫째로, 실제로 육체적인 고통이 되는 수난의 역사가 *외적으로* 반복되는 것, 즉 순교로서 나타난다.

둘째로, 심정은 후회, 참회, 전향을 통해서 내적인 매개로서 심정의 *내면으로* 전환(轉換)한다.

마지막 *셋째로*, 신적(神的)인 것이 세속의 현실 속에서 현상하는 것은, 자연의 일상적인 운행과 그 밖에 일어나는 자연스러운 사건의 형태가 지양(止揚)되어 신의 위력과 신이 현재하고 있다는 것을 계시하는 식으로 파악된다. 그럼으로써 표현되는 형태는 바로 기적(奇蹟)이다.

a. 순교자들

그 다음에 공동체 정신이 인간의 주체 속에 효력을 드러내는 현상은, 인간이 신으로 이행해 가는 것을 스스로 반영시키고, 자신을 신의 영원한 역사 속에 새로운 존재로 만드는 데서 나타난다. 이때는 또다시 저 직접적이고 긍정적인 화해의 모습은 사라진다. 왜냐하면 인간은 자신의 유한성을 지양함으로써 비로소 그 화해에 도달할 수 있기 때문이다. 그러므로 처음 단계에서 중심점을 이룬 것이 여기에서는 완전히 강화되어 되돌아온다. 왜냐하면 인간성의 적합하지 못한 비위엄적인 면을 제거하는 일이야말로 최고의 유일한 과제로 전제되기 때문이다.

α) 그러므로 이 분야에서는 잔혹함을 견디고, 자유의지를 포기하고, 희생하고 궁핍함을 겪는 것이 원래의 내용이 된다. 이런 것들은 정신이 자신 속에서 스스로 변용(變容)되어 자신과 하나가 되는 만족

감과 자신의 천국에 있다는 지복함을 느끼도록 온갖 종류의 고통, 순교, 괴로움을 일으키기 위해서 부과된다. 순교에서는 이러한 고통이 지닌 부정성 자체가 목적이 되고, 변용의 위대함은 인간이 겪은 끔찍함과 인간을 굴복시킨 그 공포의 크기에 따라 측정된다. 이제, 주체가 세속성을 떠나 성자(聖者)가 되기 위해 아직 성취해야 할 내면에서 맨 먼저 부정적인 것으로 설정되는 것이 있다면, 이는 그의 *자연적인* 현존재, 그의 삶, 존재하는 데 우선적으로 필수적인 욕구들이다. 그러므로 이 영역에서는 육체적인 고문들이 주요 대상이 된다. 이는 한편으로 적들이나 신앙을 박해하는 자들이 증오와 복수심에서 신앙을 지닌 자들에게 가하는 것이며, 다른 한편으로 그들 스스로 죄에서 벗어나기 위해 추상적으로 나아가는 것이다. 여기에서 인간은 광적으로 인내하면서 이 양쪽 고문을 부당하다고 생각하기보다는 오직 그것을 통해서만 자신이 육신과 마음속에 들어있는, 원래 죄악이라고 느끼던 가혹함을 이기고 신과 화해할 수 있는 축복으로 받아들인다.

그러나 이제 그러한 상황 속에서 내면의 전환은 오직 외적인 것의 추악함을 학대하는 모습으로만 표현되면, 그로써 미적인 감각은 손상되기 쉽다. 그래서 이 종교적인 영역의 대상들은 예술에게는 매우 위험한 소재가 된다. 왜냐하면 한편으로 개인들은 우리가 그리스도의 수난사에서 요구하는 것과는 아주 다른 실제의 개개인들로서 유한적인 존재라는 낙인이 찍혀 있고 유한성과 자연성이라는 결함을 지닌 존재로 드러나기 때문이다. 다른 한편으로 고통과 혐오스러움, 사지가 뒤틀리고 접히는 것, 육체의 학대, 처형장, 효수된 머리, 불 속에서의 담금질, 태워 죽이는 일, 기름 속에 끓이는 것, 바퀴에 몸을 깔려 죽게 하는 일 등은 그 자체 추악하고 역겹고 혐오스러운 외면성들로서 건전한 예술의 대상이 되기에는 미적으로 너무 거리가 멀기 때문이다. 물론 예술가는 그러한 것들을 탁월한 솜씨로 다뤄 묘사할 수 있겠지만 이 탁월함에 대한 관심은 늘 주관적인 면에만 관계되므로, 비록 그것이 예술에 적합한 대상처럼 보인다 해서 그 소재를 조화롭게 완성시키려고 노력해 보았자, 이는 허사일 뿐이다.

β) 그러므로 이 부정적인 과정을 표현하기 위해서는 이와 같은 육체나 영혼의 고통을 극복하여 이를 긍정적인 화해 쪽으로 전환시키는 또 다른 계기가 필요하다. 이는 잔학한 행위들을 참고 견딘 결과로 얻어지는 목적으로서 정신의 스스로의 화해이다. 이런 측면에서 볼 때 순교자들은 외적인 폭력과 비(非)신앙의 야만성에 반해서 신성함을 보존하는 사람들이다. 천국을 위해서 그들은 고통과 죽음을 참아내므로, 이런 용기, 이런 강인함, 인내 그리고 지복함도 마찬가지로 그들에게서 나타나야 한다. 그럼에도 불구하고 이 신앙과 사랑의 진심은 그것의 정신적인 아름다움 속에 드러나 있더라도 육체에 건전하게 스며드는 정신적인 건강함은 아니다. 오히려 그것은 고통에 의해 만들어졌거나 아니면 고통 속에서 표현되고 직접 그 변용(變容, Verklärung) 속에서 고통의 순간을 원래의 본질로 내포하고 있는 내면성이다. 특히 회화(繪畫)에서는 그러한 순교의 경건함이 종종 대상이 되었나. 회화는 육체가 억겹게노 산인하게 찢기는 것과는 반대로 단지 얼굴 표정이나 눈빛 등의 모습에서 고통을 극복하고 주체의 내면에 있는 신의 정신에 도달하고 영적(靈的)으로 되며 그때 얻는 순교의 만족과 지복함을 표현하는 일을 주요 과제로 삼았다. 그에 반해서 조각이 같은 내용을 보여주려 할 때면, 그것은 집중되어 있는 진심을 이 같은 영적인 방식으로 표현하는 능력이 부족하다. 따라서 고통스러운 것, 뒤틀린 것이 육체적인 구조 안에서 더 발전된 것으로 나타나

〈그리스도의 변용(Transfiguration Christi)〉. 기독교 신앙에서 '변용'의 예를 가장 잘 나타내주는 그림이다. 바티칸 피나코텍(Pinakothek) 소장. 1518~1520 作

는 한 이를 강조해서 드러내야 할 것이다.

γ) 그러나 이제 *셋째로*, 이 단계에서 자기를 포기하고 인내하는 일은 자연적인 존재와 직접적인 유한성과 관련될 뿐만이 아니라, 심정

의 방향을 천국으로 향해 극단으로까지 이끌어간다. 그리하여 대체로 인간적이고 세속적인 것은 그것이 아무리 도덕적이고 합리적인 성질을 띠더라도 뒷전으로 밀려나고 경멸당한다. 말하자면 이때 자신 속에서 자기 마음을 바꾼다는 이념을 활성화하는 정신이 먼저 형성되지 않으면 이는 경건함이라는 더욱 집중된 힘으로 이 단순한 종교적인 무한성에 대적하는 모든 유한한 것에 야만적이고 추상적으로 등을 돌린다. 즉 그것은 인간성이라는 모든 규정된 감정, 다양한 윤리적인 성향이나 관계, 심정의 상태나 의무에 대해 등을 돌리는 것이다. 왜냐하면 가정에서의 도덕적인 사랑이나 우정, 혈육, 사랑, 국가, 직업이라는 모든 끈들은 세속적인 것에 속하기 때문이다. 그리고 세속적인 것은 여기서 아직 신앙이라는 절대적인 관념에 의해 관철되어 그것과 통일되어 화해로 나아가지 않는 한, 저 신앙심에 찬 마음의—그리고 그런 감정과 의무를 띤 영역인—추상적인 내면에 받아들여지지 않고, 반대로 허무하고 경건함에 적대되는 해로운 것으로 나타난다. 그러므로 인간세계 안에 있는 윤리적인 것은 여전히 존중되지 않는다. 왜냐하면 그 윤리적인 측면과 의무는 아직 이성적인 현실—물론 그 속에서는 어떤 것도 일방적으로 고립되어 독자적인 것으로 고양되거나 그 가치를 희생시켜서는 안 되고 보존해야 하는데—의 영역 속에 있는 정당한 것들로 인식되지 않았기 때문이다.

이런 점에서 볼 때, 여기에서 종교적 화해 자체는 *추상적인 것처럼* 머물며 소박한 심정에게는 확대되지 않은 신앙의 강도(强度)로, 즉 고독한 심정의 경건함으로 나타난다. 그것은 아직 자기 자신에 대해 보편적인 신뢰로 발전하지 못하고 일방적이고 포괄적인 확실성으로 나아가지 못한 심정이다. 그와 같은 심정이 부정적인 것으로 간주된 세속성에 대항해 힘을 발휘하고 자신에게만 집착하고 모든 인간적인 것, 그것도 원래는 가장 강했던 끈에서 억지로 벗어나려 할 때 이는 우리를 거부하는 정신의 난폭한 추상성이 지닌 야만적인 폭력으로 이끌어간다. 따라서 우리는 오늘날 우리들이 지닌 의식(意識)에 맞게 저 종교적인 싹이 그런 식으로 표현된 것을 숭배하고 높이 평가할 줄 알아야 하는 것은 사실이다. 그러나 우리는 경건함이 이성적이고 윤리적인 것에 대항하는 폭력으로까지 너무 극단적으로 나아가는 것을 보면 그러한 광신적인 신성함에 대해 공감을 가질 수 없을 뿐더러, 그처럼 세속적인 것에 대한 거부는 절대적이고 올바르고 신성한 것을 스스로 뿌리치고 밟아 부수는 것이 되므로 우리에게는 오히려 비윤리적이고 종교에 역하는 것으로 보인다. 이런 것에 속하는 것으로 많은 전설이나 역사, 시문학이 있다. 예를 들어 자기 아내와 자기 가족에 대한 넘치는 사랑에서, 그 가족 모두의 사랑을 받으면서 자기 집을 떠나 여기저기로 떠돌며 순례여행을 한 다음에 마침내 거지의 모습으로 자기 집에 되돌아와 가족으로 하여금 자신을 다시 알아보지 못하게 하는 한 남자에 대한 일화가 있다. 그를 알아보지 못하는 그의 가족은 그에게 적선을 베풀고 동정하여 집 계단 밑에 자리를 하나 주어 그곳에 머물게 한다. 그런 식으로 그 남자는 이십 년 동안이나 자기 집 현관 계단 밑에 살면서도 자기 가족이 자기에 대해 근심하는 것을 바라보다가 죽을 때가 되어서야 자기 신분을 밝힌다. 이거야말로 우리가 성스러운 것으로 숭배하는 광신주의가 지닌 끔찍스러운 고집이다. 인도인들도 역시 종교적인 목적으로 이런 방법으로 포기하고 인내하고 기꺼이 부담과 고통을 감당하는 것을 우리는 상기할 수 있다. 그럼에도 불구하고 인도인들의 인내는 전혀 다른 성격을 갖고 있다. 다시 말하자면 그 인내 속에서 사람은 둔감하고 무의식적인 상태로까지 옮겨가지만, 여기서의 본래 목적은 고통을 일부러 의식하고 느끼는 것이다. 그 고통에 의해 희생된 상황이 지닌 가치와 사랑을 의식하고, 그럼으로써 더욱 지속적으로 희생하면 할수록, 그 목적은 더욱 더 순수하게 도달할 수 있는 것으로 여긴다. 그러한 시험을 자신에게 가하는 심정이 풍요로우면 풍요로울수록, 값진 소유물을 많이 가지고 있으면서도 이 소유물을 하찮은 것으로 저주하고 마치 죄악으로 낙인찍고자 스스로에게 강요하면 할수록 화해의 여지는 더욱 적어지며, 이는 매우 끔찍한 경직성과 맹렬한 분열을 초래할 수 있다. 그렇다. 우리가 직관할 때 그러한 심정은 단지 지적인 것일 뿐 세속 안에서 안주하지도 못하고 규정된 현실의 절대적인 가치를 띤 곳에서도 목적 없이 갈 방향을 잃은 것처럼 느껴진다. 그리고 그 심정의 영혼은 그 속에 들어가 묶여 있으면서도 세속의 윤리를 절대적인 규정과 반대되는 부정적인 것으로만 간주한다. 그러한 심정은 우리 눈에는 스스로 만들어낸 고통 속에서 굴복하는 미친 것처럼 보이므로 그에 대한 동정을 느낄 수도 없고, 그것에서 고양된 어떤 것을 찾아낼 수도 없다. 그러한 행위에는 함축적인 내용을 지닌 타당한 목적이 결여되어 있다. 왜냐하면 그러한 행위들은 다만 매우 주관적인 것, 즉 개개의 인간이 자기만을 위한 목적인 *자기* 영혼의 구제나 자기만의 행복을 성취할 수 있기 때문이다. 그러나 그런 식으로 해서 한 개인이 과연 행복해지는지 아닌지는 많은 사람들에게는 별로 중요한 일이 못된다.

b. 내면의 참회와 전향

같은 영역을 서로 반대로 표현하는 방식을 보면, 이는 한편으로 육체의 외적인 고통을 무시하는 것으로 표현하고, 다른 한편으로 세속적인 현실 속에 있는 절대적인 정당성에 반대하는 부정성이 거부되는 것으로 표현된다. 그럼으로써 예술은 그 내용과 형식면에서 이상적인 예술표현에 알맞은 기반을 얻는다. 이 기반은 바로 *내면*의 전환으로서, 이는 자기의 *정신적인* 고통 속에서, 심정의 전향 속에서 자신을 표현한다. 그리하여 여기서는 먼저 반복해서 육체를 괴롭히는 끔찍함과 잔인함은 배제되며, 그 다음에 야만적인 심정이 지닌 종교성은 순전히 지적(知的)으로만 만족하는 추상성을 고집하고 희생의 고통을 겪으면서도 다른 모든 종류의 만족도 잔인하게 짓밟기 위해 윤리적인 인간성에 대항하는 일은 더 이상 하지 못한다. 다만 인간성 속에 실제로 들어 있는 불경(不敬)함, 범죄적인 것 그리고 사악함에 대해서만 등을 돌릴 뿐이다. 신앙이 신을 향해 나아가는 도중에 이미 저지른 행위들—그것이 설령 죄악이나 범죄일지라도—을 씻어내기 위해 뭔가 주관적이고 낯선 것을 할 수 있는 것은 숭고한 확신에서 나온다. 절대적인 부정성인 사악함으로부터 돌아서는 일은 주체 속에서 실현되는데, 이는 주관적인 의지와 정신이 사악한 것이었다가 이를 거부하는 것으로서, 이처럼 다시 확고히 긍정적으로 회귀하는 것이야말로 종교적인 사랑이 지닌 참되고 무한한 힘이다. 그때 강인한 정신과 인내심을 지닌 감정은 자신이 향하고 있는 신의 힘으로 악을 제거하고 자신을 신과 중재시키는 신과 하나가 되며, 이를 앎으로써 만족과 기쁨을 느낀다. 그는 신을 유한성이 지닌 죄악에 대립되는 절대적인 타자로 직관하면서도 동시에 이 무한자를 주체인 나와 동일한 존재로 인식하며 신의 자의식을 나의 자아, 나의 자의식으로 알게 된다. 이러한 자의식(自意識)은 내가 자신 속에 그것을 지니고 있는 만큼 확실하다. 하지만 그러한 전향은 물론 전적으로 내면에서 일어나므로 예술보다는 오히려 종교에 속한다. 그러나 특히 스스로 이 전향(轉向)의 행위를 통해서 외적인 것을 뚫고 빛날 수 있는 것은 심정의 내면성이므로, 조형예술, 그 중에서도 회화는 그러한 전향의 이야기를 보여줄 권리를

참회하는 마리아 막달레나. 매우 감수성 깊게 그려진 이 그림은 이탈리아 화가 귀도 레니(Guido Reni)의 1635년 작품이다

지니고 있다. 그러나 회화가 그러한 전향에 관한 이야기 속에 있는 과정을 전부 완벽히 표현해도 이때 또다시 여러 가지 미적(美的)이지 못한 일이 일어날 수 있다. 왜냐하면 예를 들어 이 경우에는 잃어버린 아들에 관한 이야기에서처럼 사악하고 역겨운 것도 같이 표현되어야 하기 때문이다. 그러므로 회화에서 가장 유리한 것은, 그것이 오직 전향만을 범죄적인 것에 대한 더 이상의 세밀한 묘사 없이 *하나의* 장면으로 집중해서 표현하는 일이다. 이런 종류의 것으로 마리아 막달레나(Maria Magdalena)의 이야기가 있다. 그 이야기는 이런 영역에서 표현할 수 있는 가장 미적(美的)인 대상들 중 하나로 꼽을 수 있으며, 특히 이탈리아의 화가들에 의해서 탁월하게 예술적으로 다루어졌다. 여기서 막달레나는 내면적으로나 외면적으로 *아름다운* 여자 죄인으로 나타난다. 그녀가 지은 죄는 전향만큼이나 매력적이다. 그러나 그때 그 죄는 물론 신성함도 그다지 심각하게 받아들여지지 않는다. 그녀는 사랑을 많이 했기 때문에 용서도 많이 받은 것이다. 그녀는 그녀의 사랑과 아름다움 때문에 용서를 받았으며, 이제 감동적인 것은 그

녀가 자신의 사랑이 마음에 걸려 감수성이 강한 아름다운 영혼 속에서 고통의 눈물을 흘리는 것이다. 그녀가 그토록 많이 사랑한 것이 그녀의 잘못은 아니다. 오히려 그녀가 자신이 죄인이라고 믿는 것 자체가 바로 그녀의 미적(美的)이면서도 감동적인 잘못이다. 왜냐하면 감정이 넘치는 그녀의 아름다움은 그녀가 자신의 사랑 속에서 고귀하고 깊은 심정을 지녔었다는 것만을 상상하게 해주기 때문이다.

c. 기적과 전설

앞서 고찰한 순교와 전향 양쪽과 관련되고 양쪽에서 다 일어날 수 있는 것이 있다. 이는 바로 기적(奇蹟)으로서 우리가 마지막으로 고찰할 중요한 영역이다. 이런 점에서 우리는 기적을 직접적이고 자연적인 존재가 전향되는 역사로 설명할 수 있다. 현실은 세속적이고 우연한 존재로서 주어져 있다. 이 유한한 것을 신성한 것이 다가와서 건드리는 것이 바로 기적이다. 이 신성한 것은 외적이고 특수한 것들 속으로 직접 들어와서, 그것을 내던지고, 전도(顚倒)시키고, 사람들이 보통 말하는 사물의 자연적인 흐름을 단절시켜서 뭔가 아주 다른 것으로 만든다. 많은 전설들은 이제 신이 현재하고 있음을 인식시키는 그러한 비자연적인 현상들에 사로잡힌 심정이 유한한 관념을 극복하는 것을 표현하는 것을 주요한 내용으로 삼는다. 그러나 사실 신성한 것은 다만 이성(理性)으로서, 신 자신이 자연 속에 심은 불변하는 자연법칙으로서 자연을 건드리고 다스린다. 그러므로 신성한 것은 자연법칙에 어긋나는 개별적인 상황이나 효력들을 마치 신성한 것인 양 증명해서는 안 된다. 왜냐하면 오직 이성의 영원한 법칙과 규정만이 실제로 자연 속에 들어설 수 있기 때문이다. 이런 면에서 볼 때 종종 전설들은 까닭 없이 착잡하고 난해하고 무취미하고 무의미하고 우스꽝스러운 것이 된다. 왜냐하면 전설에서는 정신과 마음이 신이 현재하여 내려주는 효력을 믿는 신앙으로 움직이지만, 이는 사실 전적으로 비이성적이고 그릇되며 신성하지 못한 것이기 때문이다. 감동이나 경건함, 전향은 물론 관심을 끌 수는 있어도 이는 *하나의* 내적인 측면일 뿐이다. 이 내면이 다른 외적인 것과 관계를 맺고 그 외적인 것이 마음을 전환시킬 때 외적인 것은 꼭 부조리하거나 비이성적인 모습으로 드러날 필요는 없는 것이다.

이는 이 영역에서 신적인 본성이 되며, 신을 정신화하는 과정으로서 가치를 지니게 된다. 그 과정을 통해서 그리고 그 안에서 신은 정신(精神)이 된다. 이것은 예술이 스스로 만들어 계시(啓示)하지 못하고 종교에서 받아들인 절대적인 대상이다. 예술은 또 그 대상이 절대적으로 참된 것이라는 의식을 갖고 이를 언표하고 표현하기 위해서 그에 접근한다. 그것은 신앙적으로 자신을 갈망하는 심정에 깃든 내용이다. 심정은 자기 자신 속에서 무한한 총체성이어서, 이제 외적인 것은 내면과 완전한 조화에 이르지 못한 채 다소 외적이고 중요하지 않는 것으로 머문다. 따라서 그것은 종종 역겹고 예술에 의해서 전적으로 극복할 수 없는 소재가 된다.

제2장 기사도

　우리가 보았듯이, 스스로 무한한 주관성의 원리는 먼저 절대자 자신, 즉 신의 정신을—그것이 자신을 인간의 의식과 매개하고 화해함으로써 비로소 스스로 참된 것이 되듯이—신앙과 예술의 내용으로 삼는다. 이 낭만적인 신비주의(Mystik)는 절대자 안에서 지복함을 느끼는 것에 국한되므로 추상적인 내면성으로 머문다. 왜냐하면 그것은 세속적인 것으로 뚫고 들어가 이를 긍정적으로 자신 속에 수용하는 대신에 이에 대립하고 이를 자신에게서 물리치기 때문이다. 이런 추상성 속에서 신앙은 삶과 분리되고 인간 존재의 구체적인 현실로부터, 그리고 사랑하는 사람들 사이에 존재하는 긍정적인 관계로부터 멀어진다. 사람들은 오직 신앙 속에서 그리고 신앙을 위해서 자신이 제3자 속에서, 즉 공동체의 정신 속에서 동일시되고 있는 것으로 알고 사랑한다. 인간은 직접 인간의 눈 속을 들여다보고 타인들과 직접 관계를 맺으면서 그 구체적인 생동성 속에서 사랑, 신뢰, 확신, 목적과 행동의 통일을 느끼지 못하며, 오직 이 제3자만이 그들의 영상을 비춰주는 분명한 근원이 된다. 인간은 내면에서 일어나는 희망과 갈망을 추상적이고 종교적인 진심 속에서 오로지 신의 왕국 안에서, 교회라는 공동체 안에서 누리는 삶으로 여긴다. 인간은 다른 사람들을 알고 원하는 가운데 자기의 구체적인 자아의 모습에 따라 자신을 직접 자기 눈앞에 두기 위해 이 공동체라는 제3자 속에서 동일시되는 것을 아직 자신의 의식으로부터 밖으로 되돌려 세우지 않는다. 그러므로 전체적인 종교의 내용은 현실적인 형태를 지니기는 해도 이는 단지 내적인 표상 속에서만 존재할 뿐이다. 그 내면성은 생동적으로 확산되는 현존성을 흡수해서 소모시켜 버리고, 속세에서 현실적으로 펼쳐지는 자신의 삶보다 더 숭고한 것을 요구함으로써 스스로 삶 속에서 만족하는 일에서 멀리 떨어져 있다.

그러므로 자신의 소박한 지복함 속에서만 완성되는 심정은 그 실체적의 영역인 천국으로부터 나와서 자기 자신 속으로 들여다보아야 하고, 현재적인 주체가 지니고 있는 내용 속으로 들어와야 한다. 그럼으로써 예전에 *종교적*이던 진심이 이제는 *세속적*인 성질을 띠게 된다. 물론 그리스도는 "너희는 부모를 떠나 나를 따라야 한다", "형제는 형제를 미워할 것이다, 그들은 너희를 십자가에 매달고 학대할 것이다"[1] 따위의 말을 했다. 그러나 신의 왕국이 세상 속에서 그 자리를 얻어 세속적인 목적들과 관심사들 속에 스며들어 이를 변화시키려고 움직일 때, 그리고 부모와 형제가 그 공동체와 같이 있을 때는 세속적인 측면도 역시 타당한 권리를 요구하고 나서며 이를 관철하기 시작한다. 만일 투쟁으로 이 권리를 획득하게 되면 우선 인간적인 것에 대립되는 전적으로 종교적인 심정에 깃들인 부정적인 태노노 널어져 나가고 정신은 확대된다. 그것은 자신의 현재 속에서 자신을 돌아보며 현실적이고 세속적인 마음을 확대시킨다. 근본원칙 자체는 달라지지 않은 것이다. 다만 스스로 무한한 주관성이 다른 영역에 있는 내용을 향

---

1) 이는 《신약성서》의 〈마태복음〉 23장 34절, 24장 10절, 〈누가복음〉 14장 26절, 〈요한복음〉 15장 20절에 있는 말이다.

해서 나아갈 뿐이다. 이러한 이행(移行)은 주관적인 개인이 이제 개인으로서 신과 중재되는 일에 의존하지 않고도 스스로 자유로워진 것으로 설명될 수 있다. 왜냐하면 주관적인 개인이 단지 유한한 한계성과 자연성을 단념하는 바로 그 화해 속에서 개인은 부정성의 길을 관통하여 이제 스스로 긍정적이 된 다음에, 주체로서—물론 여기서는 우선 형식적일지라도—자유로운 자신의 무한성 속에 들어서는데, 거기에서는 전적으로 자신과 타인들을 존중하려는 요구를 갖고 자유롭게 걸어 나오기 때문이다. 그러므로 그는 자신이 지금까지 오직 신과 더불어서만 충족시켰던 무한한 심정의 내면성 전체를 *자신의* 이 주관성 안으로 옮겨 놓는다.

그러나 우리가 이 새로운 단계에서 과연 진심으로 인간의 가슴 속은 무엇으로 가득 채워져 있는가, 라고 묻는다면, 그 내용이 되는 것은 오직 인간 자신에 대한 주관적이고 무한한 관계이다. 주체는 오직 자신 속에서 무한한 개별성인 자신에 의해서만 가득 채워진다. 거기에서는 자신 속에 있는 관심이나 목적, 행동과 같은 객관적이고 본질적인 내용은 더 이상 구체적으로 확장되거나 중요해지는 일도 없다. 더 자세히 보면 특히 주체를 위해서 이 무한성으로까지 상승하는 감정이 *세 가지*가 있다. 그것은 주관적인 *명예, 사랑*, 그리고 *충성*(die subjektive *Ehre*, die *Liebe* und die *Treue*)이다. 이것들은 원래 도덕적인 속성이나 미덕이 아니라, 스스로 실현된 주체의 낭만적인 내면성의 형태들일 뿐이다. 왜냐하면 *명예*가 얻어내려고 싸우는 개인의 독자성은 어떤 공동체를 위한 것이거나 이 공동체 안에서 정직하다는 평판을 얻기 위해서, 또는 개인의 삶의 영역에서 정당하다는 평판을 얻기 위해서 용감성으로 드러나는 것이 아니기 때문이다. 그것은 오히려 오직 개별적인 주체를 인정하고 그가 지닌 추상적인 불가침성을 위해서 싸울 뿐이다. 마찬가지로 이 영역에서 중심을 이루는 *사랑*도 단지 주체가 주체에게로 향하는 우연한 열정일 뿐이다. 이는 비록 상상력에 의해서 확대되고 진심으로 심화(深化)될지라도 결혼과 가정의 윤리적인 관계와는 다르다. 물론 충성은 다소 윤리적인 성격을 띤 것처럼 보이기는 한다. 왜냐하면 그것은 자기의 것만 원하지 않고 좀 더 숭고한 공동체적인 것을 지키며, 또 주인의 소망이나 명령 같은 타인의 의지에 복종함으로써 자신의 특수한 의지가 지닌 이기심이나 독자성을 포기하기 때문이다. 그러나 충성스런 감정은 국가적인 삶으로 발전된 자유 속에서 이 공동체 자체가 지닌 객관적인 관심사와 관련되는 것은 아니다. 그것은 단지 개성적인 방식으로 자기 자신을 위해 행동하거나 좀 더 일반적인 사안들을 모아 그것들을 위해 활동하는 주인이라는 인물하고만 관련된다.

　이 세 가지 측면을 함께 모아 뒤섞어 놓으면, 그 안에서는 종교적인 관계가 작용하는 외에도 그러한 요소들은 *기사도*(騎士道)의 주요한 내용을 구성하면서 종교적인 내면의 원칙이 되어 세속적인 정신이 지닌 생동성 안으로 필연적으로 들어선다. 이제 낭만적 예술은 자기 영역에서 독자적으로 창조해 내고 또한 더욱 자유로운 미(美)가 될 수 있는 입장을 획득한다. 왜냐하면 그것은 여기서 스스로 확고한 종교적 표상인 절대적인 내용과 유한성과 세속성이 지닌 다채로운 개별성들과 한계성들 사이에서 자유로운 중간에 머물기 때문이다. 특수한 예술들 중에서도 이러한 소재를 가장 적절하게 다룰 수 있는 예술은 특히 시문학(詩文學)이다. 왜냐하면 시문학은 오로지 자신에게 열중하는 내면성과, 그 내면성이 지닌 목적과 일어난 사건들을 표현하는 데 가장 뛰어난 능력을 지니고 있기 때문이다.

　이제 우리는 인간이 자신의 가슴 속에서, 즉 순수하게 인간적인 세계로부터 취한 소재를 우리 눈앞에 두고 있기 때문에, 여기서는 낭만적인 예술이 마치 고전적인 예술과 같은 기반 위에 서 있는 것처럼 보일지도 모른다. 사실 이곳에서 우리는 특히 양쪽 예술형식을 서로 비교 대조시켜 볼 수 있다. 우리는 이미 전에 고전예술은 자신 속에서 객관적으로 진실한 인간성을 나타내는 이상(理想)이라고 설명하였다. 그것의 상상력은 본질적인 특성을 중심에 지니고 있고 윤리적인 파토스를 포함하고 있는 내용을 필요로 한다. 호메로스가 지은 시들과 소포클레스, 아이스킬로스가 쓴 비극들 속에서는 전적으로 사실적인 내용과 열정이 지닌 엄숙한 태도, 내용의 사상(思想)에 맞는 근본적인 시인의 말솜씨와 그 작품을 완성해 가는 기술이 중요하다. 그리고 오직 그러한 파토스 안에서만 개성적이고 독자적인 영웅들과 형상들 인물들의 영역 위에 더 고차적인 객관성을 지닌 신들의 영역이 군림한다. 예를 들어 조각에서 부단히 유희성이 발휘되고 얕은 양각의 조소들이 생겨나고 후에 비가(悲歌, Elegie)나 경구(Epigramme), 그 밖에 우아한 서정시 등이 생겨나 예술이 더 주관적으로 되어갔을 때도 대상을 드러내는 방식은 다소 그러한 내용에 의해 주어졌다. 왜냐하면 그것들은 이미 객관적인 형태를 지니고 있기 때문이었다. 그 형태들이란 확고하고도 규정된 성격을 지닌 인물들로 등장하는 상상적인 이미지인 비너스, 바커스, 뮤즈 같은 신들이었다. 마찬가지로 후대에 쓰인 경구(警句)들도 기존에 있는 것들을 묘사하였다. 또는 고대 그리스의 멜레아거(Meleager)[2])처럼 알려진 꽃들을 감성의 끈으로 꽃다발로 묶어 묘사하기도 했다. 이것은 바로 온갖 재능으로 이미지와 목적에

---

2) 그는 기원전 80년경에 살았던 그리스의 시인이자 철학자로서, 46편의 시를 모아 그리스 선집《꽃다발》을 냈다.

맞게 만들어진 도구들로 꽉 찬 집안에서 명랑하게 일에 열중하는 것과 같다. 시인이나 예술가는 이들을 모아 불러오고 분류하는 마법사일 뿐이다.

낭만적인 시문학에서는 그와 전혀 다르다. 그것은 세속적이며 직접적으로 성스러운 역사 속에 들어 있지 않으므로, 거기에 나오는 영웅들이 보여주는 미덕이나 목적은 고대 그리스 영웅들이 지녔던 것과는 다르다. 그리스인들의 도덕성은 초기의 기독교에서는 단지 '현란하고 사악한 것'[3]으로 간주되었다. 왜냐하면 기독교의 도덕성이 전제한 것은 고전적인 도덕성과는 달리 인간적인 것이 현재에 형상화되어 나타난 것이었기 때문이다. 그 안에서 절대적인 개념에 따라 활동하는 의지는 특정한 내용이 되고, 절대적인 가치를 지닌 자유는 실현되는 상태에 이른다. 이는 바로 부모와 자녀, 부부, 시민과 도시, 국가의 관계가 실현될 때 그 자유 속에서 도달하는 상태들이다. 이처럼 객관적인 행동의 내용은 긍정적인 것으로 인정되고 확보된 자연성의 근간 위에서 인간 정신이 *발전*하는 것에 속한다. 따라서 그것은 인간성에 깃들인 자연적인 측면을 제거하려고 애쓰는 종교적인 내면성에는 더 이상 일치하지 못한다. 그리고 그것은 또 인간적인 자유를 포기하고 반대로 겸허하게 자신에게만 확고히 안주하려는 미덕에서도 불가피

---

[3] 이 구절은 라틴어로는 'virtutes gentium splendida vitia'. 즉 일반적으로 아우구스티누스(Augustinus)가 한 말이라고 전해지나 확실하지는 않다. 여기에서 헤겔은 고대 그리스의 '객관적인' 도덕과 기독교의 '주관적인' 도덕을 대조시키고 있다. 후자는 사회제도가 발전되지 않았던 중세 기사도 시대에 나온 것이었다. 헤겔은 이 양자를 혼합한 것이 근대에 나타나고 있다고 인식했다(그의 《법철학》 제3부 참조). 즉 양심이나 내면적인 확신만을 강조하는 사람은 지배적 윤리의 관습을 겉으로는 화려해 보이지만 사악한 것으로 간주한다는 것이다.

하게 벗어난다. 기독교의 경건성이 갖는 미덕은 그 추상적인 상태 속에서 세속적인 것을 억제하며, 주체가 자신의 인간성 안에 있는 자신을 절대적으로 포기할 때만 그 주체를 자유롭게 만든다. 이러한 영역에서 물론 주관적인 자유는 단지 인내와 희생에 의해서만 제약되지는 않고, 세속적인 것 안에서 스스로에게 긍정적으로 제약을 가한다. 그러나 우리가 이미 보았듯이 주체의 무한성은 주관적인 심정이 자기 자신 속에서 움직이는 것이다. 이는 자기 안에 있는 자신의 세속적인 기반으로서 오직 다시금 진심만이 그 내용이 된다. 이런 점에서 여기서의 시문학은 이미 완성되고 표현되어 놓여 있는 어떤 전제된 주관성이나 신화나 이미지, 형태를 다루지 않는다. 그것은 기존의 소재를 다루지 않고 전적으로 자유로이 순수하게 창조하고 산출하는 것으로 나타난다. 그것은 마치 자기 가슴 속에서 우러나오는 자신의 노래를 자유로이 부르는 새와 같다. 그러나 이제 이 주관성이 고귀한 의지와 심오한 영혼을 지니고 있을지라도 그 주관성의 행위와 상태와 존재 속에는 오직 자의와 우연성만이 들어선다. 왜냐하면 여기에서 그 자유가 갖는 목적은 도덕적인 내용 면에서 볼 때 아직 실체가 없는 자신 속의 반성에서 출발하기 때문이다.

그리하여 우리는 개인들 속에서 고대 그리스적인 의미에서의 특수한 파토스나 그와 밀접하게 연결된 생동하는 개체성의 독자성을 발견하기 보다는 오히려 영혼이 사악함 여부에 따라 여러 가지 다른 정도로 드러나는 사랑, 명예, 용기, 충성과 관계되는 주인공들만을 발견하게 된다. 중세의 영웅들이 고대의 영웅들과 갖고 있는 공통점은 용맹성이다. 그러나 이것도 역시 여기서는 전혀 다른 입장을 지닌다. 그것은 건전한 용기와 육체, 강인한 의지의 힘에 의거해서 객관적인 관심사들을 이행하는데 돕는 자연스러운 용기라기보다는, 정신의 내면성인 명예나 기사도에서 출발하는 것으로서 대체로 환상적인 것이다. 왜냐하면 그것은 내적인 자의성 속에 든 모험이나 우연히 외적으로 뒤엉켜 일어나는 일들, 신비로운 경건성에서 나오는 충동, 그리고 일반적으로 주체가 주체 자신에 관계되는 일에 의존해서 나타나기 때문이다.

이제 낭만적 예술이 지닌 이러한 형식은 지구상 어디에서나 흔한 것이다. 이는 정신이 그의 주관적인 내면성 안으로 하강(下降)하는 서구(西歐)에서도(in dem Abendlande, diesem Niedergange des Geistes in sein subjektives Inneres), 유한성으로부터 자신을 해방시키려고 열린 의식(意識)이 이렇게 초기에 확장되던 동양에서도(im Morgenlande, dieser ersten Expansion des sich zur Befreiung vom Endlichen aufschließenden Bewußtseins) 마찬가지다. 서구에서 시문학은 자신에게로 회귀(回歸)하는 심정에 기인한다. 그 심정은 스스로 중심점이 되지만 세속성은 심정의 단지 한 부분적인 측면이 될 뿐이다. 그 위에는 더 높은 신앙의 세계가 있다. 그러나 동양에서 특히 중심이 되는 아랍 민족은 오직 메마른 사막과 그 위에 펼쳐진 하늘만을 눈앞에 바라보면서 세속적인 영광을 향해 자신들의 의식을 확대해 가며, 거기에서 동시에 자신의 내적인 자유를 보존하고 있다. 동양에서 대체로 이미 기반을 닦고 유한하고 환상적인 모든 우상숭배를 퇴치하고 심정에게 그것을 완진히 재워주는 주관적인 자유를 부여한 것은 마호메트교(이슬람교)이다. 그리하여 여기에서 세속성은 단지 또 다른 한 영역을 구성하는 것이 아니라 보편적이고 얽매이지 않은 상태로 떠오른다. 그 안에서 마음과 정신은 신을 객관적으로 형상화하지 않고도 스스로 즐거운 생동성을 띠며 화해하고, 마치 걸인처럼 그 대상들을 사색적으로 예찬하는 가운데 행복하게 즐기고 사랑하고 만족하고 지복해진다.

1. 명예

명예(名譽, Ehre)라는 것은 고전 예술에는 알려지지 않았던 요소였다. 물론 호메로스의 《일리아스》를 보면 아킬레우스의 분노가 그 서사시의 계속적인 흐름 전체를 좌우하는 내용과 동기가 되기는 한다. 그러나 여기에서 이해되는 명예란 우리가 현대적 의미에서 이해하는 명예가 아니다. 아킬레우스가 기분이 상한 이유는 특히 그가 명예의 보상물로 약탈하여 그의 몫에 속하는 것을 아가멤논이 빼앗아갔기 때문이다. 여기서 그의 감정이 손상된 것은 뭔가 실제적인 일, 즉 재능면에서 특출함, 영예, 용기에 대한 인정과 관련해서 일어난다. 따라서 아킬레우스가 화를 내는 이유는 아가멤논이 그에게 위엄없이 대하고, 그리스인들이 그에게 아무런 존경의 표시를 하지 않기 때문이다. 그러나 이 감정의 손상은 아킬레우스의 인품을 극단적으로 손상하는 것으로까지 나아가지는 않는다. 그래서 그들은 물론 우리 식으로 생각하면 서로 몹시 거칠게 감정을 손상시켰음에도 불구하고 아킬레우스는 자신이 빼앗긴 노획물을 다른 많은 선물들과 함께 되돌려 받자 만족해하며 아가멤논 역시 결국 이러한 배상의 의무를 지는 것을 거부하지 않는다. 그들은 욕설을 통해 서로를 화나게 만들지만, 반면에 개별적으로 야기한 실질적인 감정의 손상은 역시 개별적이고 실질적인 방식으로 다시 해소된다.

a. 명예의 개념

그에 반해서 낭만적인 명예는 다른 특성을 띤다. 거기에서 감정손상은 실질적인 실제 가치나 소유물, 지위, 의무 따위와 관련되는 것이 아니라 인격 자체와 그가 자신에 대해서 갖고 있는 생각, 그리고 주체가 자기 자신에게 부여하는 가치와 관련된다. 이 가치는 현재의 단계에서 주체가 스스로에게 무한한 만큼이나 역시 무한하다. 그러므로 명예의 측면에서 인간은 자기의 무한한 주관성에 대해 그 주체의 내용과는 상관없이 가장 먼저 긍정적인 의식을 갖게 된다.

이제 개인이 소유하고 있으면서 그에게서 뭔가 특별한 것, 즉 그것이 없더라도 그 개인은 전처럼 마찬가지로 존재할 수 있는 것, 바로 그런 것 속에는 명예는 주관성 전체의 절대적인 가치를 부여하고 그 안에서 자신과 타인들에게 표상된다. 그래서 명예의 기준은 주체의 실제 모습 자체가 아니라, 바로 그 표상 속에 들어 있는 것에 주어진다. 그러나 표상은 모든 특수한 것을 이 특수함에 속에 나의 주관성이 모두 들어 있는 보편성으로 만든다. 명예는 단지 허상(虛像)에 불과한 것이라고 사람들은 말하곤 한다. 물론 맞는 말이기는 하다. 하지만 그것은 더 자세히는 현재의 입장에 맞게 주관성이 자기 자신 속에 비치고 반사하는 것으로 받아들여야 한다. 그것은 스스로 무한한 것 자체가 비치는 것으로서 무한하다. 바로 이 무한성에 의해 명예의 가상(假象, der Schein)은 원래 주체적인 존재가 되고 그 최상(最上)의 현실이 된다. 그리고 명예의 빛을 받아 이를 자신의 것으로 만드는 모든 특수한 것들은 이 가상 자체로 인해서 이미 무한한 가치로 격상된다. 낭만적인 세계 속에서는 이런 종류의 명예가 기본규정이 되며, 인간은 단순한 종교적인 표상과 내면성으로부터 나와서 생동하는 현실 속으로 들어선다. 그리고 그 현실의 소재(素材)는 순수하게 자신의 개인적인 독자성과 절대적인 가치가 존재하게 하는 전제가 된다.

명예는 이제 다양한 *내용*을 가질 수 있다. 왜냐하면 내가 무엇이고 무엇을 하며, 다른 사람들이 나에게 무엇을 행하는가, 하는 모든 것은 나의 명예에 속하기도 하기 때문이다. 그러므로 나는 전적으로 실질적인 것, 즉 영주에 대한 충성, 조국, 직업에 대한 충성, 가장(家長)으로서의 의무를 이행하는 것, 결혼에 충실한 것, 정직한 상업활동, 학문연구에서 양심을 지키는 것 따위를 명예로 간주할 수 있다. 그러나 이제 명예의 관점에서서 이처럼 스스로 가치 있고 참된 상황들이 모두 스스로 인정받는 것은 아니며, 내가 그것들 속으로 나의 주관성을 이입시켜서 그것들을 명예로운 일이 되게 할 때 비로소 그렇게 된다. 그러므로 명예로운 남자는 매사에 있어서 언제나 우선 자기 자신을 생각한다. 그에게 중요한 것은 무엇이 절대적으로 옳은가의 여부가 아니라, 그것이 그에게 적합한지 아니면 그 일에 열중하거나 그것으로부터 떨어져 있는 것이 그의 명예에 걸맞은가 하는 것이다. 그래서 그는 아주 나쁜 일을 저지르면서도 명예로운 남자가 될 수도 있다. 그는 또 자의적인 목적을 세워 자신을 어떤 성격으로 드러내고, 그럼으로써 그 자체로는 아무런 구속성이나 필연성도 없는 일을 자기 자신이나 다른 사람에게 의무로 가한다. 그때는 그 일 자체가 아니라 주관적인 관념이 어려움과 분규를 일으켜서 방해한다. 왜냐하면 일단 자기 것으로 받아들인 성격을 계속 주장하는 것은 명예에 관한 일이기 때문이다. 그래서 예를 들면, 도나 다이아나[4]는 자신이 느끼는 사랑을 고백하는 일이 자신의 명예에 어긋나는 것으로 생각한다. 왜냐하면 그녀는 일단 사랑 따위에는 귀를 기울이지 않는 사람으로 간주되었기 때문이다. 그러므로 일반적으로 명예와 관련된 내용은 그 자체

---

4) 도나 다이아나(Dona Diana)는 여러 에스파냐극에 등장하는 인물이지만 여기서는 아마도 모레토(A. Moreto y Cabaña, 1618~1669)가 지은 〈경멸에 대한 경멸(El Desdén con el Desdén)〉에 나오는 인물을 가리키는 듯하다.

안에 내재하는 본질에 따라 가치를 지니지 않고, 오직 주체에 의해서 가치를 지니게 되므로 우연성에 내맡겨진다. 그러므로 우리는 낭만적인 표현 속에서 한편으로 절대적으로(즉자대자적으로, an und für sich) 권리를 지닌 것이 명예의 법칙(Gesetz der Ehre)으로 표명되는 것을 본다. 왜냐하면 개인은 정당한 것에 대한 의식(意識)을 곧 자신의 인격에 대한 무한한 자의식(自意識)과 연결시키기 때문이다. 그러므로 그 명예가 요구하는 것을 위반하는 일을 어떤 교섭에 의해 무시하거나 조정 또는 대치시킬 수 없고, 주체는 그 외에 다른 어떤 내용에도 귀를 기울일 수가 없게 된다. 그러나 거꾸로 명예는 스스로 무한하고 무미건조한 나라는 자아와 관계하거나 또는 아주 사악한 내용을 스스로 의무인양 수용할 때 뭔가 매우 형식적이고 내용 없는 것으로 되어 버릴 수도 있다. 이런 경우에 명예는 차갑고 죽은 대상으로 머물고 마는데, 이러한 것은 특히 극적인 표현에서 드러난다. 왜냐하면 그때 그 명예가 지닌 목적은 본질적인 내용이 아닌 추상적인 주관성만을 표현하기 때문이다. 그러나 이제 오로지 실체적인 내용만이 필연성을 가지며, 그것이 다양하게 맺는 관계에 따라 스스로 해명되고 필연적으로 의식된다. 특히 주체가 교활한 반성으로 우연적이고 무의미한 것을 명예스러운 것인 양 끌어들일 때 심오한 내용은 결핍된다. 그때 물론 궤변적으로 구별하고 분석하는 교활한 재능을 가진 주체의 반성에는 그가 명예의 대상으로 삼을 소재가 부족하지 않다. 왜냐하면 그는 아무래도 관계없는 많은 것들을 찾아내 명예의 대상으로 삼을 수 있기 때문이다. 특히 에스파냐 사람들은 그들의 극시(劇詩) 안에서 이런 식으로 명예에 대해 반성하는 궤변론을 만들어 냈으며, 그들의 명예의 주인공들의 입에서 반성으로 흘러나오게 하였다. 그래서 예를 들면 아내의 정조는 아주 사소한 상황에 이르기까지 조사될 수 있으며 다른 사람들의 단순한 의심마저도, 그러니까 그런 의심이 있을 가능성까지도, 비록 그런 의심이 틀리다는 것을 남편이 알고 있더라도 명예의 대상이 될 수 있다. 만약에 이것이 충돌로 이어지면 그것이 실행되더라도 만족스럽지 못하다. 그 이유는 거기에서 우리 눈앞에 드러나는 것은 실체적인 것이 전혀 아니며, 따라서 우리는 필연적인 저항이 주는 안정 대신에 거기에서 고통스럽게 조여오는 느낌만 받게 되기 때문이다. 프랑스의 극들에서도 역시 종종 무미건조한 명예가 그 자체는 매우 추상적인데도 마치 중요한 관심사로서 가치를 띠는 것처럼 보인다. 그러나 프리드리히 폰 슐레겔이 지은 《알라르코스(Alarcos)》는 그야말로 얼음처럼 차갑고 죽은 작품이다. 즉 거기서 주인공은 자기가 사랑하는 고결한 아내를 살해한다. —무엇 때문에? 다름 아닌 명예 때문이다. 그리고 주인공이 생각하는 이 명예란 다름 아니라 그가 전혀 열정을 느끼지 못하는 어느 왕의 딸과 결혼하고 그 왕의 사위가 되기 위한 것이다. 이러한 열정은 경멸스러운 파토스이며, 마치 뭔가 숭고하고 무한한 것인 양 거들먹거리지만 사실은 아주 조잡스러운 관념일 뿐이다.

b. 상처받기 쉬운 명예

이제 명예는 *나* 자신 속에 있는 하나의 가상(假像)일 뿐만 아니라 *다른 사람들*도 생각하고 인정해야 하는 것이기 때문에, 그들 쪽에서도 다시금 그들의 명예를 똑같이 인정해달라고 요구할 수 있다. 그래서 명예는 전적으로 *상처받기 쉬운* 것이다. 왜냐하면 내가 얼마나 멀리 그리고 무엇과 관련해서 그 요구를 확대시키려 하는지는 순전히 나의 자유의지에 달려있기 때문이다. 이런 점에서 아주 사소한 침해도 나한테는 중요한 것이 될 수 있다. 그리고 그때 인간은 구체적인 현실 속에서 수천 가지 일들이 다양하게 벌어지는 상태에 놓이며, 그가 자신의 것으로 여기고 자신의 명예를 부여하려고 하는 것의 영역을 무한히 확대할 수 있다. 그래서 개인들의 독자성과 또 명예의 원칙 속에 들어 있는 그들의 다루기 힘든 개별성 때문에 싸움과 분규가 끝없이 일어난다. 그러므로 뭔가 손상되는 일이 생기면 대체로 명예에서 그렇듯이 내가 상처받았다고 느끼는 내용 자체는 문제가 되지 않는다. 왜냐하면 거기에서 부정(否定)되는 것은 그러한 내용을 자기의 것으로 삼고 이제 다름 아닌 이념적이고 무한한 점(點)인 *자기 자신*이 공격받았다고 생각하는 인격이기 때문이다.

c. 명예의 회복

따라서 모든 손상된 명예는 마치 그것이 뭔가 무한한 것인 양 간주된다. 그러므로 그것은 역시 무한한 방식으로 다시 만회될 수 있다. 물론 감정의 손상이 다양하듯이 명예가 회복되는 방식이나 정도도 다양하다. 그러나 일반적으로 이 영역에서 내가 명예의 손상이라고 여기는 것, 즉 내가 얼마만큼 손상을 입었다고 느끼고 그에 대한 보상을 요구할 것인지도 역시 매우 소심하게 반성하고 민감한 감정을 지닌 주관적인 자의성에 전적으로 달려 있다. 그러한 내가 보상을 요구할 경우 나에게 손상을 가한 자는 나와 마찬가지로 명예를 중시하는 사람이라고 인정되어야 한다. 왜냐하면 나는 다른 사람들로부터 나의 명예가 인정되기를 바라기 때문이다. 그러나 상대방으로부터 명예를 존중받기 위해서는 상대방 자신도 명예를 중시하는 사람이어야 한다. 다시 말해서 상대방은 그가 나에게 명예를 손상시킨 것이나 내가 그에 대해 갖는 주관적인 적대감과는 무관하게 무한한 인품을 지닌 자로서 내게 가치 있는 사람이어야 한다.

그러므로 명예에서는 대체로 어느 누구도 스스로의 행동으로 인해 다른 사람이 자기에 대해 권한을 갖도록 허용해서는 안 된다는 것이 기본 원칙이다. 따라서 그는 무엇을 하고 무슨 일을 저질렀든지 간에 그 전이나 후에나 변치 않는 무한자로서 간주되어야 하고, 그런 성격을 지닌 자로 받아들여져야 한다. 이런 점에서 명예는 분규가 일어날 때나 보상이 이루어질 때나 개인의 독자성에 근거한다. 그것은 스스로 어느 것에도 제한받지 않고 스스로 행동하므로 여기에서 우리는 고대의 이상적인 영웅들의 기본 규정이 되었던 개성이 지닌 독자성이 다시 강조되어 나타나는 것을 본다. 그러나 명예에서 우리가 보는 것은 단지 자기 자신에게 집착하고 자기 스스로 행동하는 것만은 아니다. 여기에서 독자성은 *자기 자신에 대한 표상*과 연결되어 있다. 그리고 이 표상이 바로 명예의 원래 내용이 되므로, 외적으로 존재하는 것에서 명예에 속하는 것과 명예 자체는 순전히 주관성에 따라 표상한다. 그러므로 명예는 스스로 *반성된* 독자성이다. 오직 이러한 반성만이 그 독자성의 본질이 된다. 그리고 그 내용이 윤리적이고 필연적인지 아니면 우연적이고 무의미한 것인지는 단지 우연에 맡겨진다.

2. 사랑

낭만적인 예술의 표현에 중요한 역할을 하는 두 번째의 감정은 사랑이다.

a. 사랑의 개념

자신이 자신의 절대적인 독자성 속에 있다고 표상하는 주관적인 개인이 그의 명예의 기본 규정이 된다면, 사랑의 기본 규정은 오히려 주체가 다른 성(性)을 지닌 개인에게 최고로 헌신하는 것, 즉 자기의 독자적인 의식과 자기의 대자성(對自性)을 포기하는 것이다. 그 주체는 다른 사람을 의식함으로써 비로소 자신에 대해 아는 처절한 느낌을 갖는다. 이 관계에서 사랑과 명예는 서로 대립된다. 그러나 거꾸로 우리는 사랑도 역시 이미 명예 속에 들어 있는 것을 실현하는 것이라고 간주할 수 있다. 왜냐하면 자신이 다른 사람에 의해 인정되고, 자신이라는 사람의 무한성이 타인 속에서 받아들여지는 것을 보려는 것이 바로 명예의 욕구이기 때문이다.

이러한 인정은 내 인격이 추상적이든 아니면 구체적으로 한정된 것이든 간에 내가 타인에 의해 존중될 뿐만 아니라 나의 전적인 주관성에 따라 내 모습 그리고 내 속에 들어 있는 모든 것과 더불어 나라는 개인이―그 과거의 모습, 현재의 모습, 미래의 모습에 따라―타인의 의식 속으로 뚫고 들어가 그의 본래의 의지와 지식, 그의 노력과 소유물이 될 때에 비로소 참되고 전체적인 것이 된다. 그때 나는 오직 그 타인 안에서만 존재하듯이 그 타인도 오직 내 안에서만 살게 된다. 이 일치가 실현될 때 두 사람은 서로를 위해 존재하며, 그 동일성 속에 자신들의 온 영혼과 세계를 주입시킨다. 낭만적 예술에서 사랑은 바로 주체의 내면에 들어 있는 이 무한성 때문에 중요성을 띤다. 이는 사랑의 개념이 지닌 더 숭고한 풍요로움으로 인해 더욱 상승된다.

이제 좀 더 자세히 보면 사랑은 종종 명예에서 그럴 수 있듯이 반성과 꼬치꼬치 캐는 오성에 근거하지 않고 감정에서 그 근원을 발견하며, 성(性)의 차이가 그 안에 작용하므로 동시에 정신적인 것으로 승화된 자연적인 관계가 근간이 된다. 그러나 이는 여기에서 주체가 자기의 내면, 즉 자신의 무한성에 따라 이 관계 속으로 몰입해 들어갈 때만 본질적인 것이 된다. 자기의 의식이 타인 속으로 몰입해 들어가는 것, 주체가 비로소 자신을 재발견하고 스스로 사심을 버리고 비이기적으로 되는 이 같은 가상(假像), 사랑하는 사람이 자신만을 위해 존재하거나 자신만을 위해 살거나 자신만을 돌보지 않고 자기 존재의 뿌리를 타인 속에 발견하면서도 그 타인 속에서 자신을 온전히 향유하기 위해 자신을 잊는 것, 바로 그것이 사랑이 지닌 무한성(無限性)이다. 그리고 이 감정이 단순히 충동이나 느낌으로 머물지 않고 그 관계를 위해 상상의 세계가 펼쳐진다. 그 밖에 현실적인 존재와 삶에 대한 관심, 상황, 목적에 속하는 다른 모든 것은 이 사랑의 감정을 위한 장식으로 승화되고, 모든 것이 이 영역 속으로 빨려 들어가 오직 그 관계 속에서만 가치를 띠게 되는 데서 미(美)가 발견될 수 있다. 사랑은 특히 여성적인 성격에서 가장 아름답게 드러난다. 왜냐하면 사랑하는 여성들은 온 정신과 현실의 삶을 그 느낌 속으로 몰입하여 확대하고, 오직 그 속에서 자기 존재의 근간을 발견하고 거기에 불행이 다가와 그 불행의 거친 첫 호흡에 의해 꺼져버리는 불꽃처럼 사라지더라도 이러한 희생을 최상(最上)의 것으로 보기 때문이다. 그러나 고전적인 예술에서 사랑은 감정이 지닌 이 같은 주관적인 진심 속에서 나타나지 않고 대개 부차적으로 표현되거나 또는 감각적으로 즐기는 측면으로서만 묘사된다.

호메로스의 서사시에서는 별로 사랑에 큰 비중을 두지 않거나, 아니면 사랑은 페넬로페의 모습에서처럼 아주 근엄하게 가정이라는 테두리 안에 있는 결혼의 형태로 나타난다. 그리고 안드로마헤에게서 볼 수 있듯이 염려하는 아내와 어머니의 모습으로서 또는 그 밖에 윤리적인 관계들 속에서 나타난다. 그에 반해서 트로이의 왕자 파리스(Paris)와 미녀 헬레나(Helena)를 연결시키는 애정의 끈은 비도덕적인 것으로 인정되면서 그 끔찍하고도 비참한 트로이 전쟁을 유발시킨 원인으로 드러난다. 또 아킬레우스가 브리세이스에 보이는 사랑도 그다지 깊은 감정과 진심을 지니고 있지 않다. 그 이유는 브리세이스가 주인의 의지에 따를 수밖에 없는 노예의 신분이기 때문이다. 사포(Sappho, 고대 그리스의 여류 시인―역자주)의 송시(頌詩)에서 보면 비록 사랑의 언어는 서정적인 황홀함으로 상승해 가지만, 그러나 이는 다소 뜨거운 핏속에서 완만하고 비밀스럽게 빨아들이듯이 솟아오르는 열정으로서 주관적인 마음과 진심어린 마음으로 표현된다. 다른 한편으로 아나크레온의 짧고 우아한 노래들을 보면 사랑은 일반적으로 명랑하고 향락적인 것, 즉 무한한 고통을 억누르며 애타게 그리워하고 침묵하는, 마음이 온통 사로잡히거나 경건하게 희생하는 그런 것이 아니라 쾌활하고 아무 거리낌 없이 즐기는 일에서부터 시작된다. 그러한 사랑은 이렇게 일어날 수도 있고 저렇게 일어날 수도 있으며, 그때 다른 여자 아닌 꼭 이 여자만을 소유해야 한다는 무한성 따위는 성관계를 완전히 거부하는 수도승의 견해와 마찬가지로 별로 중요하게 간주되지 않는다. 또 고대 그리스인들의 숭고한 비극은 낭만적인 의미에서의 사랑이나 열성은 알지 못했다. 특히 아이스킬로스와 소포글레스에게서 보면 사랑 자체는 아무런 중요한 권리도 지니지 못한다. 물론 여주인공 안티고네가 하이몬의 아내로 지정되고 하이몬은 안티고네의 아버지에게서 그녀를 취하도록 허락받으며 또 그녀를 구할 수 없게 되자 그녀 자신을 위해서 그녀를 죽인다. 하지만 그는 크레온 앞에서 객관적인 상황들만을 타당하게 만들지, 오늘날처럼 내밀한 연인이라는 의미에서 그 스스로 느끼지도 않는 열정의 주관적인 폭력을

《신곡》의 저자 단테(Dante)

타당한 것으로 만들지는 않는다.

에우리피데스는 예를 들면 《페드라》에서는 사랑을 좀 더 본질적인 파토스로 다루고 있기는 하다. 그러나 여기에서도 사랑은 끓는 피가 범죄적으로 이탈하는 것으로, 즉 순전히 감각에 사로잡힌 열정으로, 히푸클리투스가 자신을 비너스 여신에게 희생하지 않으려 하자 그 여신이 그를 파멸시키기 위해 선동한 것으로서 나타난다.

또 메디치(Medici) 가문(이탈리아 르네상스 시대의 피렌체에서 번성하던 가문으로 르네상스 예술을 꽃피우는데 대단한 역할을 하였다―역자주)에 세워져 있던 비너스 여신상을 보면, 그것을 다룬 솜씨에서 어떤 이론(異論)의 여지도 없을 만큼 부드럽고 사랑스러운 조형적인 형상을 발견한다. 그러나 그 형상에는 낭만적인 예술이 요구하는 내면성의 표현은 전적으로 빠져있다. 이는 낭만적인 시문학의 경우에도 마찬가지이다. 여기서 사랑은 공화국과 윤리적인 삶의 엄격성이 해체된 뒤에 다소 감각적으로 향유하는 것으로서 드러난다. 그에 반해서 페트라르카는 자기가 쓰는 소네트 시를 스스로 유희로 간주했다. 그가 라틴어로 쓴 시와 작품들은 바로 그의 명성의 기반이 되었는데, 그 중에서도 이탈리아의 하늘 아래 예술적으로 형성된 열정적인 심정이 종교와 밀접한 관계를 맺어 환상적 사랑으로 나타난 것을 묘사한 것이 그의 이름을 불멸의 것으로 만들었다. 단테의 작품에서 보이는 숭고함도 역시 베아트리체라는 소녀에 대한 그의 사랑에서 시작되었으며, 이는 그 후 종교적인 사랑으로 변용(變容, Verklärung)된다. 단테의 용감성과 대담성은 종교적이고 예술적인 직관(直觀)의 에너지로 승화되었고, 그는 그 안에서 자신을 인간들에 대한 세계 심판관으로 만들어 그들을 지옥, 연옥, 천국으로 나누어 보내고 있다. 이는 그 말고는 다른 이는 누구도 감히 하지 못한 일이었다. 그러나 보카치오는 그의 다채로운 소설 속에서 사랑을 이러한 숭고함과는 대조되는 영상으로 묘사하여 자기 시대와 자기 나라의 관습을 우리 눈앞에 펼쳐 보이는 가운데, 사랑을 한편으로는 격렬하고 열정적인 모습으로, 다른 한편으로는 아무런 도덕성도 지니지 않은 경박한 것으로 표현하고 있다. 독일의 연가(戀歌)인 미네장(Minnesang)[5]에서 보면 사랑은 풍요로운 환상이 결여된 채 감

단테와 함께 지하세계로 향하는 시인 베르길리우스와 지옥에서 신음하는 영웅들

수성으로 가득차고 부드러우며 유희적이고, 멜랑콜리하고, 단조로운 것으로 나타난다. 그러나 에스파냐 사람들은 풍요로운 환상 속에서 사

---

5) 10세기 초반에 독일은 수도원 중심으로 기독교의 종교사상이 한층 강화되면서 인간의 죄악과 현세의 무상함, 금욕과 참회를 강조하였으므로, 독일어 문학은 거의 100년 가까이 제대로 발전을 하지 못했다. 그러다가 12세기 중반에 독일의 슈타우펜(Staufen) 왕조가 세력을 쥠으로써 성직자들 대신에 세속적인 권력을 쥔 지배층이 기독교를 옹호하는 사명을 스스로 넘겨 받았다. 이들은 십자군을 조직하여 동방으로 이슬람 원정을 떠나면서 기사계급에 속한 많은 귀족들이 시를 쓰고 또 스스로 곡을 붙이고 하프 등의 악기로 반주하여 노래하는 것이 유행하였다. 그들이 지은 시들의 주요 주제는 여인에 대한 사랑이었다. 미네(Minne)란 중세에 기사들이 주로 '호에 미네(hohe Minne)', 즉 신분이 높은 여성, 특히 기혼부인에 대하여 연애하는 마음이 담긴 극진한 봉사를 읊은 시를 가리키며 이것에 곡을 붙여서 노래한 것을 '연가(戀歌)', 즉 '미네장(Minnesang)'이라고 한다. 그리고 이런 연가를 부른 사람들을 미네징거(Minnesänger)라고 불렀다. 그러나 이 미네장은 1190~1220년 사이에 성행하다가 14세기 이후 쇠퇴하였다. 독일의 유명한 미네징거로는 W.포겔바이데(Vogelweide), 볼프람 폰 에셴바흐(Wolfram von Eschenbach), 하르트만 폰 아우에(Hartmann von Aue) 등이 있다.

랑을 표현했으며, 때로는 자신들의 권리와 의무를 찾고 방어하기 위해서 사랑을 기사도(騎士道)적으로 교활하게 이용하기도 하고, 때로는 개인적인 명예와 관계되는 것으로 간주했다. 그러나 이때도 사랑은 심취한 듯한 가운데 아주 찬란한 모습으로 드러난다. 그에 반해 후에 프랑스인들에게 와서 사랑은 다분히 호색적이며 허영스러운 쪽으로 기울어지면서 종종 의미심장한 궤변을 늘어놓았다. 그리하여 그것은 한껏 재주를 부려 시(詩)를 짓는 감정이 되고 때로는 열정 없는 단순히 감각적인 향락으로 빠지며, 때로는 향락 없는 열정으로, 세련되고 반성으로 가득 찬 감정과 감수성으로 변하고 만다. 그러나 이에 대해서는 여기서 상술할 수 없으므로 나는 이를 중단하고자 한다.

b. 사랑의 충돌

이제 좀 더 자세히 보면 세속적인 관심사는 대개 두 가지 측면으로 나뉜다. 그 하나는 바로 세속성으로 거기에는 가정생활, 국가의 결속, 시민성, 법, 권리, 윤리 따위가 속한다. 그러나 이처럼 확고한 존재들에 반해서 좀 더 고귀하고 불꽃같은 심정 속에 피어나는 것이 사랑, 즉 마음이 지닌 이 세속적인 종교이다. 이는 때로는 온갖 방식으로 종교와 결합되기도 하고, 때로는 종교를 밑밑에 두고 이를 잊어버린 채 오직 자기만을 삶의 본질이자 최상의 것으로 삼는다. 그러면서 그것은 그 밖에 다른 모든 것을 거부하고 애인과 함께 사막으로 도피할 결심까지도 할 수 있다. 예를 들어 《하일브론의 케트헨(Kätchen von Heilbronn)》[6]

---

6) 이는 독일의 낭만주의 극작가 하인리히 폰 클라이스트(Heinrich von Kleist, 1777~1811)가 1807년에 쓴 작품으로 1810년에 초연되었다.

에서 보듯이, 사랑은 극단적으로까지 나아가—이때 물론 사랑은 아름답지 못한 것이 되는데—그 때문에 인간의 존엄성은 자유스럽지 못하고 노예나 개처럼 희생되고 만다. 이러한 분열로 인해 구체적인 현실 속에서 사랑이라는 목적은 충돌 없이는 이루어질 수 없게 된다. 왜냐하면 삶 속에서는 사랑 외에도 다른 관계들이 그 권리를 요구하기도 하고, 또 가치를 지니기도 하면서 유일하게 지배해 온 사랑의 열정을 침해할 수 있기 때문이다.

α) 이런 점에서 우리가 *첫 번째*로 언급해야 할 가장 자주 일어나는 충돌은 *명예*와 *사랑*의 갈등이다. 다시 말해 명예 쪽에서도 사랑과 마찬가지로 무한성을 지니고 있으며 사랑에게는 절대적인 걸림돌로서 방해가 되는 내용을 수용할 수도 있다. 명예를 지킬 의무는 사랑을 희생하도록 요구할 수도 있다. 어떤 관점에서 보면 예를 들어 높은 신분의 사람이 낮은 신분의 여자를 사랑하는 것은 그의 명예에 어긋날 수도 있다. 신분의 차이는 사물의 본질상 필요한 것으로 주어져 있다. 세속적인 삶이 참된 자유—그 속에서 주체는 자기의 신분이나 직업 따위를 자유로이 선택하기 시작하는데—라는 무한한 개념에 의해 아직 다시 회생(回生)되지 않았을 때 인간에게 고정된 지위를 부여하는 것은 다소 인간이 자연적으로 타고 난 것, 즉 그의 출생이다. 그때 출생신분에 따라 드러나는 차이들은 절대적이고 무한한 것으로 고정된다. 왜냐하면 특히 명예는 자기의 신분을 명예에 관계되는 일로 삼기 때문이다.

β) 그러나 둘째로, 이제 명예 외에 영원하고 *실체적인 위력들* 자체, 즉 국가적인 관심사, 조국애, 가족의 의무 따위도 사랑과 분쟁에 말려

들어 사랑이 실현되는 것을 막을 수 있다. 특히 삶의 객관적인 관계들이 이미 가치를 지닌 것으로 드러나는 근대적인 표현 속에서는 이러한 충돌은 매우 즐겨 다뤄지고 있다. 그때 사랑은 주관적인 심정이 지닌 중요한 권리로서 다른 권리 및 의무들과 너무나 대립되어서 마음은 이러한 의무들을 사랑보다 못한 것으로 여기고 그것들로부터 벗어나거나, 아니면 그것들을 인정하고 자기 자신 및 자신의 열정이 지닌 위력과 투쟁하게 된다. 예를 들어 《오를레앙의 처녀(Jungfrau von Orleans)》[7] 같은 작품에서 나타나는 충돌은 후자의 충돌에 기인하고 있다.

γ) 그러나 *셋째로*, 사랑과 대립하는 것은 대체로 *외적인* 관계들이거나 방해물들일 수 있다. 이는 사물들의 일상적인 흐름, 세속적인 삶, 불행한 일들, 열정, 편견, 고루함, 타인들의 고집 등 아주 다양한 종류의 사건들이다. 그때 여기에는 추한 것, 끔찍한 것, 하찮은 것들이 많이 뒤섞인다. 왜냐하면 부드럽고 아름다운 사랑의 영혼에 대립하는 것은 조악함과 다른 열정이 지닌 거칠음과 야만성이기 때문이다. 특히 근대에 들어와 극(劇), 이야기 그리고 장편소설들에서 우리는 종종 그러한 외적인 충돌들을 보는데, 그때 이들은 주로 고통, 희망, 불행한 연인들의 파괴된 장래에 관심을 갖게 하며, 그것의 좋고 나쁜 결과에 감동하고 만족하게 하거나 아니면 대개 그냥 기분전환만 시켜준다. 그러나 이런 식의 갈등은 단순한 우연성에 근거하므로 저속한 성질을 띤다.

---

[7] 이는 독일 극작가 프리드리히 실러(F. Schiller)가 프랑스의 여자 영웅 잔 다르크의 전설을 극화한 것이다(1801년).

c. 사랑의 우연성

사랑은 그러나 이런 모든 측면에서 그 안에 숭고한 성질을 띠고 있다. 그 이유는 그것이 단지 이성간에 서로 끌리는 것으로만 머물지 않고, 풍요롭고 아름답고 고귀한 심정 속에 자신을 몰두하며 다른 사람과 하나가 되기 위해 생동적이고, 활동적이며, 용감하고, 희생심 가득한 것 등으로 변하기 때문이다. 그러나 낭만적인 사랑은 동시에 *한계*도 지닌다. 다시 말해 그 내용에는 절대적으로 존재하는 *보편성*이 빠져 있다. 사랑은 개인 주체가 느끼는 *개인적인* 감정으로, 이는 인간존재의 영원한 관심사들과 객관적인 내용, 가정(家庭), 정치적인 목적, 조국, 직업의 의무, 신분의 의무, 자유, 종교성에 의해 채워지지 않고 오로지 또 다른 자아에 의해 반사된 감정을 되돌려 받으려고 하는 것으로서 그것에 의해서만 채워진 것으로 나타난다.

여전히 형식적인 진심에 담겨 있는 이와 같이 내용은 스스로 구체적인 개인이 되어야 할 전체성에는 진정으로 적합하지 못하다. 가정이나 결혼, 의무, 국가 안에서는 주관적인 감정이나 그러한 감정으로부터 흘러나오는 사랑, 즉 다른 사람 아닌 바로 이 사람과 하나가 된다는 감정 따위는 중요한 사안이 되지 못한다. 그러나 낭만적인 사랑에서는 모든 것이 *이* 남자는 바로 *이* 여자만을 사랑하고 *이* 여자는 바로 *이* 남자만을 사랑한다는 것을 둘러싸고서 전개된다. 그러나 왜 바로 이 남자여야 하거나 또는 바로 이 여자여야만 하는가, 라는 이유는 오직 주관적인 개별성, 즉 우연한 자의(恣意)에 기인한다. 모든 남성에게는 이 세상에서 다름 아닌 자기가 사랑하는 여자가, 모든 여성에게는 이 세상에서 다름 아닌 자기가 사랑하는 남자가—물론 그들은 다른 사람들에게는 평범하게 보일지언정—가장 아름답고 가장 훌륭한 사람처럼 보이며 그 밖에 이 세상에는 어떤 다른 남자도, 다른 사람도 없다.

모든 사람들 혹은 많은 사람들은 이처럼 미의 여신 아프로디테(Aphrodite, 비너스 여신의 그리스 명칭—역자주)만을 사랑하는 것이 아니라 다른 사람을 배제하고 자기가 사랑하는 사람만을 고수한다. 그럼으로써 오히려 각각의 사람에게는 바로 자기의 애인이 아프로디테처럼 또는 그 이상으로 보인다. 그러므로 같은 가치관을 지니고 있는 사람들은 많다. 물론 사실 이 세상에 아름답고 훌륭하고 뛰어난 여자들이 많다는 것은 누구나 알고 있다. 또 사람들은 그 여자들이 대개는 그들을 아름답고 미덕이 있고 사랑스럽다고 생각하는 구혼자나 남편을 발견하리라는 것도 알고 있다. 따라서 매번 오직 한 여성만을 절대적으로 선호한다는 것은 주관적이고 특정한 마음을 지닌 괴팍한 주체가 갖는 개인적인 사안일 뿐이다. 그리고 반드시 바로 이 안에서만 자기의 삶을, 자기의 최고 의식(意識)을 발견하려고 하는 무한한 고집은 필연성이 갖고 있는 무한한 자의(恣意)임이 드러난다. 물론 이 입장에서 주관성이 갖는 더 숭고한 자유와 그것이 절대적으로 선택한 것은 인정된다. 그 자유는 에우리피데스의 서사극에 나오는 여주인공 페드라(Pedra)처럼 하나의 파토스에, 어떤 신적(神的)인 것에 굴복해 버리는 그런 자유는 아니다. 그러나 그 자유는 전적으로 개인의 의시에서 솟아나오는 것이므로 그 자유가 선택한 것은 동시에 특수한 고집과 완고함으로 나타난다.

그럼으로써 사랑의 충돌은 특히 그것이 실체적인 관심사들과 투쟁하면서 대립할 때, 언제나 우연적이고 정당하지 못한 측면을 지니게 된다. 왜냐하면 절대적이지 못한 요구들을 가진 그러한 주관성 자체는 본질상 정당하게 인정받을 수 있는 것과 대립되기 때문이다. 고대 그리스인들의 숭고한 비극 속에 등장하는 아가멤논, 클리템네스트라, 오레스테스, 오이디푸스, 안티고네, 크레온 같은 개인들은 비록 여기 개인적인 목적들을 갖고 있었지만, 실체적인 것, 즉 그들의 행동 내용으로서 그들을 부추기는 파토스는 절대적으로 정당한 것이었다. 그리고 바로 그 때문에 그 안에는 보편적 관심사가 들어 있었다. 따라서 그들의 행위 때문에 그들에게 가해지는 운명 역시 그것이 불행한 운명이기 때문에 감동적인 것이 아니라, 만족할 때까지 결코 안주하지 않는 파토스 스스로가 필연적인 내용을 지니고 있어서 불행하게도 절대적으로 그것에 영예를 돌리기 때문이다. 만약에 클리템네스트라가 구체적으로 저지른 죄가 벌을 받지 않는다면, 그리고 만약에 안티고네가 누이로서 받은 상처가 치유되지 않는다면 이는 부당한 것이다. 그러나 이런 사랑의 고통, 이 짓밟힌 희망들, 도대체 사랑에 빠져 있는 것, 사랑하는 사람이 느끼는 이 끝없는 고통들, 그리고 그가 스스로 상상하는 이 무한한 행복과 희열은 그 자체로 보편적인 관심사가 아니라 오직 뭔가 그 사람에게만 해당되는 것이다. 비록 모든 인간은 사랑하려는 마음과 그로써 행복해지려는 권리도 갖고 있지만, 만약에 여기에서, 바로 이 경우에, 이러이러한 상황들에서, 바로 이 여자와의 관계에서 자기의 목적을 달성하지 못한다고 해도 그 때문에 불의(不義)가 발생하지는 않는다. 왜냐하면 그가 바로 그 여자에게 마음을 빼앗기는 것 자체는 필연적인 것이 아니므로, 따라서 여기에서 관심을 끄는 것은 정신의 확대나 보편성을 띠지 않은 아주 우연하고 주관적인 자의(恣意)이기 때문이다. 이것은 비록 그 사랑을 표현할 때 아무리 뜨거운 열정과 열기를 지니고 있더라도 우리에게는 냉혹해 보이는 측면으로 남는다.

3. 충성

낭만적인 주관성이 존재하는 세속적인 영역에서 그 주관성에게 중요한 세 번째의 요소는 충성(忠誠, die Treue)이다. 그러나 우리는 여기에서 충성이라는 말을, 일단 다른 사람에게 한번 사랑한다고 말을 던졌다 해서 이를 계속 지킨다든지 견고하게 우정을 지키는 것—그런 우정의 가장 아름다운 예로 고대 그리스인들 중 아킬레우스와 파트로클로스가 맺었던 우정, 그리고 오레스테스와 필라데스가 맺었던 좀 더 내면적인 우정을 들 수 있지만—따위의 의미로 이해하면 안 된다. 이런 의미에서 본 우정은 특히 청춘시절이 그 기반이자 적당한 시기가 된다. 사람은 누구나 자신의 인생의 길을 스스로 가야하며, 스스로 자신의 현실을 이룩하고 이를 지켜야 한다. 청춘시절에는 개개인들이 처한 현실적인 상황은 아직 공통적으로 규정되지 않은 상태이다. 그들은 서로서로 연결되어 있으며, 하나의 신념이나 하나의 의지, 하나의 행동으로 아주 밀접하게 뭉쳐진다. 그러므로 그 시기에는 어떤 한 사람이 의도한 계획은 동시에 다른 사람의 계획이 되기도 한다. 이것은 성인남자들의 우정에는 더 이상 해당되지 않는다. 성인 남자가 처한 상황들은 스스로 자기의 길을 가기 때문에, 다른 사람을 아주 확고한 공동체 속으로 함께 끌어들여서 그 사람이 없이는 자기가 살지 못한다는 정도로까지 가지는 않는다. 성인 남자들은 서로를 발견했다가 다시 헤어지기도 하고, 상호 관심사와 사업에 따라 서로 떨어져 나갔다가 다시 결합하기도 한다.

우정과 신념, 그리고 원칙과 보편적인 방향 속에 들어 있는 진심은 남아 있지만, 그것은 만약 직접 다른 사람에게도 함께 해당되는 않으면 아무도 무엇을 결정하거나 실행하지 못한다는 식의 젊은이들의 우정은 아니다. 그것은 본질적으로 대개 각자가 스스로를 돌보는, 다시 말해 자기의 현실 속에서 스스로 견실하게 되는 우리의 심오한 인생이 갖고 있는 원리에 속한다.

a. 충성스러운 봉사

우정과 사랑에서 충실함이 오직 그 당사자들하고만 관련이 있다면, 우리가 여기서 고찰하는 충성은 더 높은 신분에 있는 사람, 즉 주인(Herrn)과 관련된다. 이와 비슷한 종류의 충성으로 우리는 이미 고대 그리스인들에게서 하인이 자기 주인집의 가족에게 보이는 충성을 발견한다. 이와 관련해서 가장 아름다운 예를 전해주는 것은 오디세우스의 돼지를 돌보는 목동이다. 그 목동은 그 돼지들을 보호하기 위해 밤이나 궂은 날씨에도 자기 주인에 대한 걱정으로 가득 차 있으며 온갖 힘든 일을 도맡아서 한다. 그리하여 그는 결국 자유농민들의 반항에 대항하여 자기 주인을 돕기까지 한다. 셰익스피어도 예를 들면 《리어왕(King Lear)》(제1장 4막)에서 그와 비슷하게 우리 마음을 사로잡을 만큼 감동적인 충성의 모습을 보여준다. 거기서 리어왕은 그에게 봉사하려고 나서는 켄트에게 "이봐, 자네는 나를 아는가?"라고 묻는다. 그러자 그는 "아니오. 주인님! 그러나 주인님 얼굴에는 제가 주인님이라고 부르고 싶은 뭔가가 있습니다"라고 대답한다. 여기에는 우리가 낭만적인 충성이라고 확정지어야 할 것이 매우 근접하며 스쳐가고 있다. 왜냐하면 우리가 이 단계에서 고찰하는 충성은 천한 노예나 하인들이 보여주는 충성이 아니기 때문이다. 그러한 충성은 비록 아름답고 감동적으로 보일 수는 있어도, 개성과 고유한 목적들 그리고 행위가 가지는 자유로운 독자성에서는 벗어나 있으며 따라서 종속적인 것이 된다.

그에 반해서 우리는 눈앞에 기사도(騎士道) 정신에서 나오는 봉건적인 충성(Vasallentreue)을 보게 된다. 거기에서 주체는 자기보다 더 신분이 높은 사람, 즉 영주나 왕이나 황제에게 봉사하면서도 전적으로 자기에게 자유로이 안주한다는 것이 중요한 동기로 남는다. 이 충성은 그러나 기사도에서는 아주 숭고한 원칙이 된다. 왜냐하면 거기에는 어느 공동체와 그 공동체의 질서를 결합시켜 주는 중요한 것이 들어 있기 때문이다. 그것이 원래 기사도가 생겨나게 된 근원이기도 했다.

b. 충성 속에 들어 있는 주관적인 독자성

개인들이 이처럼 새롭게 결합할 때 그때 드러나는 목적은 더욱 내용이 풍부하다. 그러나 그것은 무슨 애국주의처럼 객관적이고 보편적인 관심사가 아니라 단지 한 사람, 즉 주인이라는 주체에 매여 있는 것을 뜻한다. 또 이 관계는 개인 자신의 명예나 특수한 이해관계, 주관적인 의사에 따라 조건 지어진다. 그 충성은 아주 찬란한 모습으로 드러나기는 해도, 그것은 형태가 없고 황량하고 권리도 법도 지배권도 없는 외적인 세계 속에 나타난다. 그처럼 법이 없는 현실 속에서 용감하고 뛰어난 자들이 확고한 중심섬을 이루면서 지배자나 영수가 되고, 또 결국 다른 사람들도 자유로운 선택에 의해 그들에게 가담하여 충성을 하게 된다. 그런 관계는 후에 가서 봉건주의라는 법적인 집단으로 형성되었고, 거기에서는 이제부터 모든 봉건 신하는 스스로 자기의 권리와 우선권을 주장하게 된다. 그러나 원래대로 그 모든 것의 근저에 있는 기본원칙은 주체가 영주들에게 매달리는 것도, 그런 식으로 계속 의존하는 것도 자유로이 선택한다는 것이다. 그러므로 충성스러운 기사도는 자기의 소유물, 권리, 개인적인 독자성과 개인의 명예를 성실하게 지킬 줄 알며, 따라서 주체가 지닌 우연한 의지에 맞서서 이행하려는 *의무* 자체로 인정되지 않는다. 오히려 그 반대이다. 모든 개인은 그것을 존속시키며 그로써 보편적인 질서의 존립이 자기의 기분과 취향 그리고 특이한 신념에 좌우되도록 만든다.

c. 충성에서 나타나는 충돌

그러므로 주인에 대한 충성과 복종은 주관적인 열정, 명예를 자극하는 것, 모욕감, 사랑 그리고 그 밖에 내외적인 우연성들과 아주 쉽게 충돌할 수가 있으며, 그럼으로써 뭔가 매우 불쾌한 것이 될 수 있다. 예를 들어 어느 기사가 자기의 영주에게 충성을 하지만 그의 친구는 그 영주와 불화를 맞게 된다고 하자. 그때 그는 곧 한 쪽에 대한 충성과 다른 쪽에 대한 우정 둘 중에 하나를 선택하지 않을 수 없게 된다. 그럴 때 그는 특히 자기 자신과 자기의 명예 그리고 자신의 이익에 충실할 수 있다. 우리는 그러한 충돌의 가장 좋은 예를 작품《엘시드》[8]에서 보게 된다. 엘시드는 왕에게 충성을 하면서도 자기 자신에게도 역시 충실하다. 왕이 올바르게 행동할 때면 그는 그에게 도움의 손길을 내민다. 그러나 영주가 그른 일을 하거나 자신이 침해를 당하면 그는 그에게 자신의 강력한 지원을 제공하기를 거부한다. 카를 대제(大帝)(Karl der Große, 프랑스어로는 샤를마뉴, Charlemagne, 742년경~814년, 프랑코 왕국을 번영하게 한 대왕—역자주) 휘하의 귀족들도 그런 관계

---

[8] 이 작품에 대해서는 본《미학강의》의 제1부, 제3장, '예술미 또는 이상(理想)'에서 상세히 설명하고 있다.

를 보여준다. 그들은 지배와 복종의 관계에 있는 집단으로, 이는 우리가 대체로 고대의 제우스 신과 그 밖에 다른 신들 사이의 관계에서 알고 있는 것과 같다. 수장(首長)은 명령하고 소란을 피우며 싸우지만, 독자적이고 힘이 강한 개인들은 자기들 마음이 내키거나 원할 때 언제라도 자기들끼리 서로 대립하고 싸운다. 괴테의 우화《여우 라이네케》에서는 이처럼 개인들 간의 상호동맹이 쉽게 해체되거나 느슨해지는 것이 매우 실감나고 운치 있게 묘사되어 있다. 이 시문학에서 왕국의 우두머리들은 사실 자기들의 독자성에만 충실하게 봉사한다. 마찬가지로 중세에 독일의 영주들과 기사들도 역시 사회 전체나 황제를 위해서 그들이 뭔가 봉사를 해야 되더라도 본심은 아니었다. 그리고 그런 상태에서 누구나 이성적으로 조직된 국가적인 삶에서는 허용될 수 없을 자기의 자의(恣意)에 따라 행동하더라도 정당하고 명예로운 남자가 되었다. 다름 아닌 바로 그 때문에 중세의 가치를 그렇게 높게 치는 것으로 보인다. 명예, 사랑, 충성, 이 모든 세 단계에서 기반이 되는 것은 주체 자신 속에 들어 있는 독자성이다. 이는 자신을 점차 더 확대시켜 자신의 관심사를 더 풍부하게 하고 그 안에서 자신과 화해하면서 머무는 심정이다.

낭만적인 예술에서는 종교 자체의 바깥에 있는 바로 이 영역이 가장 미적(美的)인 영역에 해당된다. 거기에서는 곧 인간적인 것이 복적이다. 우리는 최소한 한편으로는 그것에 대해 주관적인 자유라는 측면에서 공감을 가질 수 있으며, 종교 영역에서 매번 그런 경우처럼 다루는 소재는 그 표현방식도 우리의 개념과 충돌하는 것으로 발견되지는 않는다. 그러나 이 영역도 마찬가지로 다분히 종교와 관련을 맺게 될 수 있으므로, 이제 종교적인 관심사들이 세속적인 기사도가 가지는 관심사들과 뒤섞일 수 있다. 예를 들면 '원탁의 기사들'이 성배(聖

카를 대제가 세운 카롤링거 왕조에 활약하던 기사들의 모습을 연상시키는 세밀화. 독일 상크트 갈렌(St. Gallen)의 수도원 도서관 소장

카를 대제에게 충성을 맹세하는 기사 롤랑(Roland). 프랑스 무훈시(武勳詩, la chanson de geste)의 필사본에 그려진 삽화

盃, 그리스도가 흘린 피가 담겨있다는 전설의 잔—역자주)를 찾으러 가는 것이 그것이다. 이처럼 종교와 예술이 혼합되면 그때 문학 속에는 일부는 신비롭고 환상적인 요소들이, 일부는 알레고리적인 요소들이 많이 들어오게 된다. 그러나 사랑과 명예와 충성의 세속적인 영역은 종교적인 목적과 신념에 몰두하는 것과는 전혀 무관해질 수 있으며 그 세속적이고 내적인 주관성 안에 있는 심정의 가장 내밀한 움직임만을

보여줄 수 있다. 그러나 지금 단계에서는 이러한 내면성을 인간관계, 성격, 열정 그리고 대체로 현실적인 존재와 같은 구체적인 내용으로 채우는 일은 부족하다. 이러한 다양성에 맞서서 무한한 심정은 여전히 추상적이고 형식적으로 머물며, 그리하여 보다 광범한 이 소재를 이제 또 자신 속에 받아들여서 예술적인 방식으로 가공해서 표현해야 할 과제를 띠게 된다.

제3장 개인의 특수성에 깃든 형식적인 독자성

  우리가 지금까지 다루었던 것들을 돌이켜보면, 우리는 먼저 주관성이 그 절대적인 영역 속에 있는 것을 고찰했었다. 이는 신(神)과 자신을 매개(媒介)하는 의식(意識), 즉 스스로 화해하는 정신의 보편적인 과정이었다. 여기에서는 심정이 오직 정신의 순수한 천국 속에서 스스로 만족하기 위해서 세속적인 것, 자연적인 것, 인간적인 것 자체 ―설사 그것이 도덕적이고 정당한 것이라 할지라도―를 희생하면서 여기에서 나와 자신에게로 회귀(回歸)하는 것, 바로 그 속에 추상성이 있었다. 둘째로, 인간적인 주관성은 비록―저 신과의 매개 속에 들어 있는 부정성(否定性)을 표현하지 않고서―자기 자신과 타인을 위해서 긍정적으로 되었지만, 이 세속적인 무한성의 내용 자체는 단지 명예가 지닌 개인적인 독자성, 사랑의 진심 그리고 충성의 예속상태일 뿐이었다. 이는 비록 외적인 상황들이 크게 바뀌는 가운데 다양한 관계들, 매우 다양한 여러 단계의 감정과 열정 속에서 보일 수는 있지만, 그러나 이런 경우들에서는 오직 그 주체의 주관성과 그의 진심만이 내용으로 표현되었다. 그러므로 이제 또 우리가 *세 번째*로 고찰할 수 있는 사항은, 인간 존재에 관한 또 다른 소재가 그 내적 외적인 성질에 따라 그 성질과 심정에 파악되는 그것의 의미심장함이 어떤 방식으로 낭만적 예술형식에 도입되는가 하는 점이다. 여기서 특수한 것들, 즉 대체로 현존하는 것들의 세계는 종교와 절대자와의 통일에 의해 관통되어 나타나지 않고, 스스로 자유로워지면서 자신의 힘으로 서고 자신의 영역에서 독자적으로 지낸다. 그러므로 낭만적 예술형식의 이 세 번째 영역에서 종교적인 소재나 내면에서 나온 숭고한 관념이나 목적을 띤 기사도는 현재의 현실에 직접 일치하지 않는 것으로 사라지고 만다. 그에 반해 이 현재와 현실 자체에 대한 갈증, 현재 있는 것에 대한 만족, 자기 자신과 인간의 유한성, 유한하고 특수한 것, 초상화적인 것 일반에 대한 만족은 새로이 충족된다. 인간은 자신이 처한 현재 속에서 그 현재적인 것이 비록 그 내용과 현상에 드러나는 미(美)와 이상을 희생하더라도, 예술에 의해 현재 생생한 것으로 재창조되어 자기 자신의 정신적이고 인간적인 작품으로 눈앞에 두고 싶어 한다.

우리가 처음에 고찰했듯이 기독교는 그 내용과 형태상 고대 오리엔트와 그리스의 신들처럼 상상력의 기반 위에서, 즉 내용과 형상으로부터 생겨난 것이 아니다. 고전적인 예술에서는 완성되어 나타난 외적 형상과 참된 내면이 완전히 일치하도록 상상력에서 의미가 창조되어 나오고 또 이러한 연결이 실제로 완성된다면, 반대로 기독교에서는 세속적인 현상에 깃들인 독특성의 일거수일투족은 처음부터 이념 속에 한 계기로 수용되며, 심정(心情)은 비를 요구하시 않은 채 외석인 것의 평범함과 우연성 속에서 만족하는 것으로 보인다. 하지만 그럼에도 불구하고 인간은 스스로 우선 가능성에 따라 오직 신(神)하고만 화해를 이룬다. 비록 누구나 지복해질 자격은 있지만 그렇게 되도록 선택된 인간은 몇 안 된다.[1] 그리고 심정에게는 천국뿐만 아니라

---

[1] 《신약성서》 〈마태복음〉 22장 14절 참조.

이 지상의 왕국도 피안(彼岸)으로 보이므로, 심정은 정신성 속에 머물면서 이 세속성 안에 자기중심적으로 존재하는 것을 거부해야 한다. 그것은 무한히 먼 곳으로부터 시작되며, 우선 오로지 희생된 것만이 그에게는 긍정적인 차안(此岸)이 된다. 그리고 원래는 자기의 현재의 상태 속에서 긍정적으로 자기를 발견하고 자기 의지를 지키는 것, 이는 원래 시원적인 것이었으면서 낭만적 예술의 발전과정에서는 인간 자신의 종국점, 즉 그가 자신 속에서 심화시키고 첨예화시키는 궁극적인 것이 된다.

이 낭만적 예술의 새로운 내용과 형식에 관해 보면 우리는 이 예술이 처음부터 스스로 무한한 주관성은 외적인 소재와 일치될 수도 없고 결합되지도 않은 채 머문다는 모순에 묶여 있는 것을 알 수 있다. 이처럼 양쪽이 각기 독자적으로 머물면서 서로 대립하고 내면은 자신 속으로 회귀하는 것이 바로 낭만성의 내용이 된다. 그들은 서로 안으로 얽혀 들어가 형성되는가 하면, 또다시 서로에게서 떨어져 나가 결국에는 완전히 분리되어 예술 아닌 *다른* 영역에 있다는 것과, 따라서 그들은 다시 절대적으로 결합될 필요가 있다는 것을 보여준다. 이처럼 그 측면들은 서로 떨어져 나가 예술적인 관점에서 볼 때 *형식적인 것(formell)*이 된다. 왜냐하면 그것들은 고전적인 예술이 제공했던 것처럼 완전하게 통일이 이루면서 온전하게 드러날 수 없기 때문이다. 고전적인 예술은 확고한 형상들의 영역 속에, 즉 예술에 의해 완성된 신화와 그 해체될 수 없는 조각상들 속에 들어 있었다. 그러므로 고전적인 예술의 해체는 우리가 낭만적 예술형식으로 이행해 가는 과정에서 고찰했듯이, 희극이나 풍자처럼 아주 제한된 영역 밖에 있으면서 쾌적한 것으로 형성되어 가거나 또는 박식하기만 할 뿐 죽은 듯 차가운 것으로 변화되고 모방되어 결국에는 우중충하고 조악한 기술로 퇴화되어 버린다. 그 예술대상들은 전에는 풍부한 정신력에 의해 산출되었던 것과는 달리, 이제는 대개 늘 같은 것으로 반복되면서 정신적인 것은 점점 더 결여되고 단지 기술적이고 외적인 표현에만 치중하는 전통이 되어버린다. 그에 반해 낭만적 예술은 발전해 가다가 예술적인 소재 자체가 내적으로 해체되는 것으로 끝난다. 그리하여 그것은 그런 요소들로 흩어져 부분들은 자유로이 되고, 실체적인 것이 느슨해질수록 거꾸로 주관적으로 표현하는 솜씨나 기법은 더 상승하며 더 완성되어 간다. 이제 우리는 이 마지막 장을 다음과 같이 특정하게 분류하여 고찰할 수 있다.

먼저 우리의 우리 눈앞에 놓여 있는 것은 *성격의 독자성*이다. 그러나 이는 특별한 것, 자신의 세계와 자기의 개별적인 특성과 목적을 갖고 자기 안에서 완결된 특정한 개인이다. *둘째로*, 성격의 특수성이 지닌 이 같은 형식주의에 대립되는 것은 상황과 사건들 그리고 행동들의 외형이다. 이제 낭만적인 진심은 대체로 외적인 것에 무관심하므로, 여기서 실제의 현상은 스스로 자유롭게—목적을 갖고 행동하는 내면에 의해 관통되거나 그것에 적합한 것으로 형상화되지 않은 채—등장한다. 그리고 그 얽매임 없이 느슨한 현상방식 속에서 뒤엉킨 사건들, 우연한 상황들, 사건들의 연속, 이행 방식 등이 *모험성(Abenteuerlichkeit)*으로서 가치를 띤다. 마지막 *셋째로*, 완전한 동일성을 이루면서 예술 본래의 개념이 되었던 측면들이 와해되는 것으로 드러난다. 그로써 예술 자체의 붕괴와 해체가 일어난다. 예술은 한편으로 비속한 현실 자체를 표현하는 것, 즉 대상들이 그 우연한 개별성과 특성을 띠고 존재하는 모습대로 표현하는 것으로서 능숙한 예술 솜씨를 이용해 이러한 현존성을 가상(假像)화하는 데 관심을 갖는다. 다른 한편으로 정반대로 예술은 이해하고 표현하는 데 있어서 전적인 주관적인 우연성, 즉

해학(Humor, 유머)로 바뀐다. 이 해학은 모든 대상성(對象性, die Gegenständlichkeit)과 현실성을 기지나 주관적인 관점의 유희에 의해 전도(顚倒)시키고 혼란스럽게 하며, 모든 내용과 형식을 예술적인 주관성으로 지배해서 산출하는 것으로 끝난다.

1. 개인의 성격이 지닌 독자성

우리가 낭만적 예술형식에서 출발점으로 삼았던, 인간 자신 속에 깃들어 있는 주관적인 무한성은 지금 이 영역에서도 역시 기본규정으로 머문다. 반면에 이 스스로 독자적인 무한성 속에 새로이 들어오는 것은 한편으로 주체의 세계를 구성하는 *내용의 특수성*이며, 다른 한편으로 주체가 자기의 이런 특수성 및 그것이 지닌 소망이나 목적들과 직접 연결된 것이다. 그리고 셋째로 들어오는 것은 생생한 개성으로, 그에 따라서 성격은 한정지어진다. 그러므로 우리는 여기에서 '성격'이라는 표현을, 예를 들면 이탈리아인들이 그들의 가면극에서 표현하는 것과 같은 뜻으로 이해하면 안 된다. 왜냐하면 이탈리아인들이 가면극에서 쓰는 가면은 비록 특정한 성격들을 나타내주지만, 이러한 피규정성을 주관적인 개성 없이 단지 그 추상성과 보편성 속에서만 보여주기 때문이다. 그에 반해 우리가 고찰하는 이 단계에서 드러나는 성격들은 각자 독특한 성격, 즉 스스로 전체이면서 개별적인 주체이다. 그럼에도 불구하고 여기서 우리가 성격의 형식주의와 추상성에 대해 이야기한다면, 한편 그러한 성격이 지닌 주요한 내용이나 그 성격이 속해 있는 세계는 한정되고 추상적인 것이 되며, 다른 한편 우연적인 것으로 드러난다는 점하고만 관련해서 이야기가 된다.

즉 여기서는 개인이 무슨 일을 할 때 이는 정당성을 띤 실체적인 내용에 의해서가 아니라 단지 주관적인 성격에 의해 이행될 뿐이다. 그러므로 이는 내용과 확고한 파토스에 근거하지 않고 단지 자신의 개인적인 독자성에만 형식적으로 근거한다. 이제 이러한 형식주의 안에서는 두 *가지* 중요한 차이를 서로 구분할 수 있다. 즉 한편으로 성격은 정력적으로(energisch) 스스로를 관철하는 *확고함*으로 드러난다. 이는 특정한 목적에 자신을 한정시키고 자신의 일방적인 독자성의 힘을 모두 이 목적을 실현시키는 데 기울인다. 다른 한편으로 성격은 내면성 속에 머물면서 형성되거나, 개방되지 않는 심오한 심정 속에 고착될 뿐 자신을 완전히 표현할 능력이 없는 *주관적인 총체성(subjektive Totalität)*으로만 나타난다.

a. 성격의 형식적인 견고함

그래서 우리는 먼저 직접 그 모습대로 스스로 하고자 하는 개별적인 성격을 눈앞에 두게 된다. 동물들이 서로 다르고 그런 차이들 속에서 대자적(für sich)으로 드러나듯이, 서로 다른 성격들의 영역이나 특성들도 마찬가지로 우연적인 것으로 머물며 개념에 의해 확실히 한정 지을 수는 없다.

α) 그러므로 이처럼 자신만을 시사하는 개성은 어떤 보편적인 파토스에 관계되는 심오하게 숙고된 의도나 목적은 갖고 있지 않다. 그 반대로 그것이 지니고 있거나 이행하는 것들은 전적으로 그의 규정된 성격대로 직접적인 것으로 끝나버릴 뿐 그 이상 어떤 반성을 하거나 뭔가 더 숭고한 것에 근거해 그 안에서 해체되어 실체적인 것으로 정

당하게 변하려고 하지도 않는다. 이는 자신에게만 근거하면서 굽히지 않으며, 이런 견고함 속에서 자기 자신을 성취하거나 아니면 파멸한다. 성격이 지닌 그러한 독자성은 신(神)에게서 벗어난 것(das Außergöttliche), 즉 특수한 인간적인 것이 완전히 가치를 띠는 곳에서만 드러날 수 있다. 특히 셰익스피어의 극에 나오는 성격들이 이러한 특성을 띠고 있다. 그런 성격들에게는 다름 아닌 그 팽팽한 견고함과 일방성이 특히 경탄을 불러올 만하다. 거기에서는 종교성과 인간이 스스로 종교적인 화해를 이룬 데서 나오는 행동과 윤리적인 것 자체는 이야기되지 않는다. 반대로 우리 눈앞에 보이는 것은 독자적으로 오직 자신을 향해서만 서 있고 오직 자기들만의 개성에서 나온 특별한 목적을 갖고 있는 개인들이다. 즉 그들의 개성에서 나오는 것만이 목적이 된다. 그리고 그들은 그러한 목적들을 부차적인 반성과 보편성이 없이 시종 굽히지 않는 열정을 갖고 오직 자기 자신만을 만족시키기 위해서 관철시킨다. 특히 셰익스피어의 《맥베스》, 《오셀로》, 《리처드 3세》, 그리고 그 밖의 다른 비극들은 그런 성격을 지닌 인물들이 *하나씩* 있으며, 그때 그 인물들은 그보다 덜 뛰어나고 덜 정력적인 성격들에게 둘러싸여서 작품 속의 주요 대상으로 떠오른다. 예를 들면 맥베스의 성격은 그 자신의 열정적인 명예욕에 의해서 지배된다. 처음에 그는 주저하다가 나중에 가서는 왕관을 차지하려고 행동하고 살인을 하며, 또 자신이 얻은 왕관을 지키기 위해서 온갖 잔인한 행동을 계속 저지른다. 여기서는 이처럼 앞뒤를 돌보지 않는 단호한 성격의 인간이 자신과의 동일성을 지키고 오로지 자신에게서 나온 목적을 고수하고자 하는 것이 본질적인 관심사가 된다. 신성한 왕권에 대한 존경이나 그의 아내가 보이는 광기, 신하들의 배반, 밀려오는 파멸 그 어느 것도 그를 흔들리게 만들지는 못한다. 그는 천상의 권리나 인간적인 권리 어느 것 앞에서도 물러서지 않고 자신을 고집한다. 맥베스의 아내도 역시 맥베스와 비슷한 성격을 갖고 있다. 그러나 그녀가 사랑스러운 성격을 지녔다고 새로운 비평들은 무취미하게 떠들어댔다. 그녀는 무대에 등장하자(제1막 제5장) 곧 남편 맥베스가 보낸 편지를 읽으면서, 그가 마녀들과 만난 일이며 그 마녀들이 그에게 "만세, 그대, 카브도르의 영주여! 만세, 그대는 왕이 될지어다"라고 예언했다는 사실 등을 알게 되자 다음과 같이 외친다.

> 그대 카브도르의 영주여, 당신은 당신에게 약속된 바로 그 사람이 되어야 합니다. 그러나 당신의 마음은 나를 두렵게 합니다. 그 마음은 곧 다음 갈 길을 취하기에는 온화한 인간의 젖을 너무 많이 마셨습니다.

그녀는 사랑스러운 우아함을 드러내거나 자기 남편의 행운에 대해 기쁨을 나타내지도 않으며, 도덕적인 동요를 보이거나 고귀한 영혼이 보일 수 있는 참여의식이나 유감의 표시 같은 것도 전혀 드러내지 않는다. 반대로 그녀는 자기 남편의 성격이 그의 명예욕을 실현시키는 데 방해가 되지 않을까, 라는 것만 우려한다. 그녀는 그를 단지 하나의 수단으로 간주할 뿐이다. 그리고 그 점에 있어서 그녀는 조금도 흔들리거나 불안해하거나 깊이 생각하고 물러서는 일도 없고 — 처음에 맥베스 자신에게서도 드러나듯이 — 후회도 없다. 오히려 그 성격 속에 들어 있는 순수한 추상성과 강인함은 그 성격에 맞게 파멸의 마지막 순간까지 관철하면서 나아간다. 이 파멸은 맥베스가 그의 행위를 완수했을 때 외부로부터 그에게 엄습해 오며, 그것은 맥베스 부인의 여성적인 내면에서는 광기(狂氣)로 나타난다. 《리처드 3세》에 등장하는 리처드 3세, 《오셀로》에 등장하는 오셀로, 그리고 늙은 마가레트와 많은 다른 인물들도 마찬가지다. 이들은 예를 들면 코체부(Kotzebue)의 작품에 등장하는 인물들처럼 겉으로는 아주 고귀하고 탁월한 듯이 보이면서도, 내면적으로는 쓰레기에 불과한 현대극의 인물들이 보이는 졸렬하고 구역질나는 성격과는 반대이다. 다른 점에서 보면 코체부가 몹시 경멸했던 후세의 사람들은 그보다 더 나은 성격을 창조해내지 못했다. 예를 들어 하인리히 폰 클라이스트(Heinrich von Kleist)는 그의 극 주인공들인 케트헨과 홈부르크 왕자의 시종일관 확고하지 못하고 비몽사몽간에 몽유병자처럼 이끌려 움직이는 성격을 마치 아주 숭고하고 뛰어난 성격인 양 묘사하고 있다. 홈부르크 왕자는 참으로 가련한 장군이다. 그는 군대를 배치할 때 마음이 산란해지자 서투른 작전명령을 내리며, 전투 전날 밤에는 병적인 행각을 벌이는가 하면, 전투 당일에는 어수룩한 일을 저지른다. 그처럼 분열되고 산만하고 내적으로 조화를 이루지 못하는 성격을 보여주면서 그들은 자신들이 마치 셰익스피어 작품에 나오는 인물의 성격을 계승한 것처럼 생각한다. 하지만 그들은 그와는 매우 거리가 멀다. 왜냐하면 셰익스피어 극에 나오는 성격들은 자신들 속에서 시종일관하고 자신들의 열정에 충실하며, 그 성격을 지닌 사람이 누구이고 어떤 사건에 부딪히든지 간에 오로지 자기들의 확고한 피규정성에 따라서 배회하기 때문이다.

β) 이제 성격이 특수하면 할수록, 또 오직 자신만을 고집하면서 쉽게 악(惡)에 가까워지면 가까워질수록, 그는 구체적인 현실 속에서 그의 길을 가로막고 그가 실현하려는 것을 방해하는 것들에 맞서 더욱 자신을 지키지 않으면 안 된다. 그뿐 아니라 그는 바로 이렇게 자기를

실현하는 일 자체로 인해 더욱 몰락을 향해 달려가도록 부추겨진다. 말하자면, 그가 자신을 관철시키는 가운데 특정한 성격 자체에서 나온 운명이 그에게 그 스스로 마련한 파멸을 안겨 준다. 그러나 이제 이러한 운명의 전개는 개인의 *행위(Handlung)*에서 나온 것인 동시에 그 개인의 *성격*이 앞으로 밀고 나가면서 난폭해지고 지쳐 산산조각 나버릴 때까지 내면화되어 가는 발전이다. 행동의 주관적인 내용인 파토스가 중요할 뿐 주관적인 성격은 중요하지 않았던 고대 그리스인들에게서는, 자기의 행위 속에서도 본질적으로 계속 발전해 나가지 못하고 결국 그가 처음 있던 곳으로 되돌아가는 특정한 성격은 운명과는 별 관계가 없었다. 그러나 우리가 고찰하는 이 단계에서는, 행위를 계속해 나간다는 것은 단지 외적으로 진행하는 것만이 아니라 개인이 그의 주관적인 내면에서 계속 발전하는 것이다. 예를 들면, 맥베스의 행동은 동시에 그의 심정이 황폐해지면서 나타나는데, 일단 우유부단함이 사라지고 결단을 내리면 그 결과는 더 이상 막을 수가 없다. 그의 아내는 원래부터 결단력이 있지만 그녀의 내면에서 발전해 간 것은 오직 내적인 불안으로서, 이는 심리적이고 정신적인 파멸로까지, 즉 광기로까지 상승해서 결국 그 때문에 그녀는 파멸하고 만다. 중요하든 중요하지 않든 대다수의 성격들이 그렇다. 고대에 등장하는 인물들의 싱격도 역시 확고한 것처럼 드러나서 심지어 그들은 더 이상 어떤 도움도 불가능하고 해결을 위해서는 오직 *신의 힘이 뜻밖에 (deus ex machina)* 등장할 수밖에 없는 그런 심한 대립에 이르기도 한다. 그러나 예를 들어 필록테트(Philoktet)에게서 볼 수 있듯이, 이러한 확고함은 내용이 풍부하며 전체적으로 보면 윤리적으로 정당한 파토스로 충만되어 있다.

γ) 우리가 지금 다루는 영역에서 이러한 성격들이나 그 성격들이 마치 목적인양 잡아채려는 우연성, 그리고 그들 개개인이 지닌 독자성은 어떤 *객관적인 화해*도 용납하지 않는다. 그들이 어떤 사람이며 그들에게 어떤 일이 일어날지는 한편 불특정하게 머물며, 때로는 그들은 어디서 와서 어디로 가는지도 스스로 알지 못한다. 그러나 여기서 운명(Fatum)은 아주 추상적인 필연성으로 되돌아오며, 개인에게서 유일한 화해란 자신 속에서 무한히 존재하는 것(sein unendliches Sein in sich)뿐이다. 이는 자신의 열정과 자신의 운명을 극복할 수 있는 자기 자신의 견고함이다.

"그것은 그렇다(Es ist so)"라는 것, 즉 그에게 일어나는 일은 지배적인 운명이나 필연 또는 우연에서 나온 것일 수 있다. 그리고 동시에 그것에는 '왜' 라든가 '무엇 때문에' 라는 반성은 없는 *것이다*. 그것은 다만 일어날 뿐이고, 인간은 그 일어나는 일의 지배에 맞서서 자신을 만들어가고 자신을 돌처럼 냉담하게 만들려고 한다.

b. 내적이지만 아직 완전히 형성되지 않은 총체성으로서의 성격

그러나 이제 둘째로, 성격의 형식성은 위와 전혀 반대되는 방식으로 *내면성* 자체 속에 머물러 있을 수 있다. 그러나 그때 내면성 안에서 개인은 그 내면성을 확대시키거나 이행하지 못하고 정체되고 만다.

α) 이러한 심정은 실체적이고 자신 속에 총체성을 지니고 있으면서도 단순하게 꽉 짜여 있어서 자신 속에서 어떤 발전을 이루거나 명시(明示)되지 못하고 단지 온갖 심오한 동향만을 외면에 드러낸다. 우리가 방금 고찰한 형식주의는 내용의 피규정성에 관한 것, 즉 개인이 하

나의 목적을 향해 완전히 몰입해 들어가는 것과 관련되었다. 개인은 이 목적을 매우 날카롭게 드러내고 관철시키는 가운데, 바로 그때 주어진 상황에서 파멸하거나 아니면 자신을 지킨다. 그러나 거꾸로 두 번째의 형식주의는 개방되지 않은 비형상적인 것, 외면성을 띠며 전개되지 않는 것 안에 들어 있다. 그런 식으로 존재하는 심정은 마치 값비싼 보석처럼 단지 개별적인 면에서만 빛을 발하고 번쩍거리기만 하는 가상(假像)에 불과하다.

β) 내면의 풍요로운 심정이 지닌 그러한 폐쇄성은 가치 있고 흥미로운 것이다. 그 무한한 심오함과 충만함은 침묵으로 조금밖에는 외면에 드러나지 않는 고요함을 통해 인식될 수 있다. 그처럼 단순하며 자신을 의식하지 않고 침묵을 지키는 성격들은 아주 최고의 매력을 발산할 수 있다. 하지만 그때 그 침묵은 표면이 움직이지 않는 바다의 고요함 같은 것, 그 바닥을 알 수 없는 깊이가 지닌 고요함 같은 것이어야지 얄팍하고 공허하고 무딘 침묵이어서는 안 된다. 왜냐하면 아주 무미건조한 사람들도 때로는 자신을 거의 드러내는 대신에 단지 이따금 부분적으로만 자신을 드러냄으로써 다른 사람들로 하여금 마치 그가 대단한 지혜와 내면성을 지니고 있는 사람인 것처럼 보이게 하고 그 사람들은 과연 그의 마음과 정신 속에 무엇이 들어 있을까 하며 경탄하지만, 결국 그 뒤에 숨겨진 것은 아무것도 없다는 것이 드러날 수도 있기 때문이다. 반면에 저 *고요한 심정*에 깃든 무한하고 심오한 내용은 개별적으로 소박하게 흩어지면서 무심하게 정신적으로 외화(外化)되는 것을 통해 — 이것이야말로 바로 예술가의 위대한 천재성과 능숙함을 필요로 하는 것인데 — 드러난다. 이때 외화되는 내용은 그것을 이해하는 다른 사람들에게 어떤 의도도 갖지 않은 채로 그

러한 마음이 깊은 내면성으로 주위에 존재하는 상황 속에서 실체를 포착해낸다. 그러면서도 그 반성은 특수한 이해관계나 관심사, 유한한 목적 같은 관계들 속으로 휘말려 들어가지 않고 벗어나 있으며 따라서 일상적인 동요나 진지함 같은 것에 관여하여 자신을 흩뜨리는 일을 하지 않는다는 것을 설명해준다.

γ) 그러나 이제 그처럼 자기 자신 속에 폐쇄된 심정은 자기 내면세계의 어느 특정한 한 점에 사로잡혀, 자신의 강인하여 파열되거나 분리되지 않은 힘 전체를 그의 삶을 규정하는 어느 감정 속으로 내던진다. 그리하여 거기에 매달린 그는 마냥 행복해 하거나 아니면 절제하지 못하고 파멸해 버리는 시점에 이른다. 그 이유는 인간은 자신을 고수하려면 유일하게 객관적인 확고함을 부여하는 윤리적인 실체가 폭넓게 발전되어 있어야 하기 때문이다. 낭만적 예술에 나오는 매력적인 인물들이 이런 종류의 성격에 속한다. 이를 역시 가장 미적으로 완성한 사람은 셰익스피어였다. 예를 들면 《로미오와 줄리엣》에서 줄리엣이 이런 성격에 속할 수 있다. 여러분은 이곳 독일에서 그 극이 공연되었을 때 여주인공 줄리엣의 역할을 보았을 것이다(그 역할은 1820년 베를린에서 있었던 공연에서 마담 크렐링거가 맡았다). 그 역할은 아주 감동적이고 생동적이며, 온화하고 타오르는 열정, 충만된 정신으로 완성된 고귀한 인물을 보여주고 있어서 이 연극은 볼 만한 가치가 있다. 그러나 여주인공 줄리엣은 또 전혀 다른 모습으로 이해될 수도 있다. 즉 그녀는 처음에는 아주 어린애처럼 단순한 열네 살내지 열다섯 살 난 여자아이에 불과해서, 그녀를 바라보노라면 아직 자신과 세상을 잘 의식하지 못하고 있으며 그녀의 마음속에는 어떤 동요(動搖)나 뚜렷한 각성이나 소망도 없어 보인다.

반대로 그녀는 마치 요술 등(燈, Laterna magica) 같은 주변세계 속으로 거침없이 들어가서 그 안을 들여다보지만, 거기에서 무엇을 배우거나 반성 같은 것에 이르지도 못한다. 그러다가 갑자기 우리는 모든 것을 희생하고 가장 가혹한 것에 자신의 몸을 내던지려고 하는 이 심정과 계략, 숙고 그리고 힘이 매우 단호하게 발전하는 것을 보게 되므로, 이제 그 모든 것은 우리에게 마치 장미꽃이 돌연 활짝 피자 모든 꽃잎과 주름도 한꺼번에 피어나고 가장 내면에 있는 건실한 영혼의 심연이 무한히 솟구쳐 오르는 것처럼 보인다. 전에는 그 안에서 아직 어떤 것이 구분되지도, 형성되지도, 발전되지도 않았다면, 이제는 깨어난 어떤 *하나의* 관심사의 직접적인 산물로서 스스로에 대한 의식도 없이, 전에는 폐쇄되어 있던 정신으로부터 아름답고 충만한 힘으로 나타난다. 그것은 하나의 불꽃에 의해 점화된 불길이며, 사랑의 손길이 닿자마자 예상하지도 않았던 꽃잎이 활짝 피어나다가 그만큼 더 빨리 시들어버리는 꽃봉오리와 같다. 셰익스피어의 《템페스트(폭풍우)》에 나오는 미란다는 더 좋은 예이다. 셰익스피어는 조용한 환경에서 자라난 그녀가 처음으로 사람들에 대해 인식하는 모습을 우리에게 보여준다. 다만 몇 장면만을 통해서 보이지만 우리는 그 속에서 그녀에 대해 완전하고 무한하게 표상할 수 있다. 실러의 극[2]에 나오는 테클라(Thekla)도 역시 반성적인 시문학의 산물이시만 위와 같은 부류의 성격에 넣을 수 있다. 그러나 그녀는 그처럼 대단히 풍요로운 삶 속에서도 그런 것과 접촉하지 않고, 허영심도 반성도 없이 다만 그녀에게 활력을 주는 오직 한 가지 일에만 관심을 갖는 소박한 성격이다. 그러한 성격을 지닌 사람들은 대개 아름답고 고귀한 여성들로서, 그

---

[2] 이는 실러의 《발렌슈타인(Wallenstein)》제2부와 제3부(1799년 작)를 가리킨다.

들의 세계와 그들 자신의 관심사는 그들의 사랑 속에서 비로소 열리며 이제야 비로소 그들은 정신적으로 탄생된다.

이처럼 자신을 완전히 표출하는 방향으로 발전되어 가지 못하는 내면성에 속하는 것으로는 역시 대부분 민요를, 그 중에서도 특히 게르만 민요를 들 수 있다. 여기서는 심정이 확고하게 짜여 있어서 그것이 비록 어떤 관심사에 사로잡힌 듯이 보여도 이는 단편적으로만 표현될 뿐이며, 그 속에서 정신의 깊이를 드러낸다. 이는 침묵 속에서 곧 다시 상징적인 것으로 회귀하는 표현방식이다. 왜냐하면 그 침묵은 내면 전체를 열어서 명확히 해명해 주지 못하고 단지 하나의 기호(Zeichen)와 하나의 암시(Andeutung)만을 제공할 뿐이기 때문이다. 그러나 우리가 여기에서 얻는 상징은 그 의미가 예전처럼 추상적인 보편성으로 머물지 않으며, 그 내면은 바로 이 주관적이고 생동적이고 실제적인 심정 자체로 외화(外化)된다. 그러나 자신 속에 몰두하는 순진함과는 거리가 멀고 철저히 반성적으로만 의식하는 근래에 와서는 그런 식으로 표현하는 일이 아주 어려워지고 있다. 특히 괴테는 그의 시가(詩歌) 속에서 그러한 상징적인 묘사를 할 줄 알았던 대가였다. 그는 우리가 이미 전에 살펴보았듯이, 언뜻 단순하고 외적이며 무관심해 보이는 특징 속에서도 마음의 신뢰와 무한성을 드러낼 수 있었다. 예를 들면 그가 지은 시들 중 가장 아름다운 것에 속하는 〈툴레의 임금님(König von Thule)〉이 이런 종류의 시이다. 그 시에서 늙은 임금은 오직 그가 사랑하던 사람에게서 받아 간직해 온 술잔을 통해서 자신의 사랑을 알리고 있다. 그가 임종하는 자리에는 주위에 늙은 술꾼과 기사들이 서 있다. 왕은 왕궁의 높은 알현실에서 자신의 왕국과 보물들을 자신의 상속자들에게 나누어주지만, 그 술잔만은 다른 어느 누구도 소유해서는 안 된다면서 강물 속에 던져버린다. 괴테는 그 장면을 이렇게 노래한다.

> 바다로 떨어지며 기울어져
> 깊숙이 가라앉는 잔을 보시고
> 그 분은 두 눈을 스스로 감으시고
> 그때부터 한 방울도 마시지 않으셨다네.[3]

---

3) 이 시는 괴테의 《파우스트(Faust)》 제1부 8장 '저녁'에 나온다. 헤겔이 칭찬하는 이 시의 전문을 우리말로 번역하면 다음과 같다.

옛날옛적 툴레에 임금이 계셨네.
백년해로에 마음이 변하지 않았네.
사랑하는 왕비는 세상을 떠날 때
황금술잔을 남기셨다오.

그 분에겐 이 보물은 더할 나위 없는 것으로
잔치가 있을 때마다 그것으로 마셨다오.
그리고 마실 때마다 그 분의 눈에서는
눈물이 주르륵 흘러내렸네.

돌아가실 날이 다가왔을 때
그 분은 나라 안의 고을을 모조리
왕자에게 나누어주었으나
그 황금잔만은 물려주지 않았다오.

궁중에 큰잔치 베푸시니
기사들이 가득 모여 둘러앉았네.
바닷가의 높은 성 위에
조상대대로 누려온 높은 누각 위에서

늙으신 임금은 일어서더니
마지막 타오르는 생명의 불길로
이윽고 성스러운 잔을 들어
바닷물 속으로 던지시었네.

그러나 이처럼 정신의 에너지와 불꽃을 마치 부싯돌 속에 감추듯 간직하는 깊고 고요한 심정은 스스로 완전히 형상화되지 못한 채 머물며, 그 존재와 반성도 이를 초월해서 발전하거나 자신을 해방시키지 못한다. 그것은 불행의 기미가 그의 삶 속으로 파고들어와 울릴 때 그 어떤 능란한 수완도 그의 마음과 현실을 매개(媒介)하는 다리가 되지 못한다. 이때 그는 외적인 상태들을 자신에게서 멀리하고, 반대로 자신만을 고집하려 들면서 냉혹한 대립 속에 빠지게 된다. 심정이 이러한 충돌에 빠지게 되면 그는 어쩔 줄 모른 채 신중하지 못하게 성급한 행동으로 나아가거나, 아니면 그 충돌 속에 수동적으로 말려들어가고 만다. 예를 들어서 햄릿은 아름답고 고귀한 심정을 지닌 인물이다. 그는 내면적으로 나약하지는 않지만, 강한 삶을 영위하려는 감정이 없이 미치광이처럼 방황한다. 그는 섬세한 감각을 지니고 있으며 외적으로는 어떤 의심받을 만한 기미나 동기도 보이지 않는다. 그러나 그에게는 모든 것이 원래의 모습대로 머물지 못하고 섬뜩한 것으로 보인다. 그는 무시무시한 행위가 일어날 것을 예감한다. 그때 부친의 유령이 나타나 그에게 더 자세한 것을 알려준다. 그는 내심 재빨리 복수할 준비를 한다. 그는 자신의 마음이 자신에게 명령하는 의무에 대해서 줄곧 생각에 잠긴다. 하지만 그는 맥베스처럼 행동으로 말려들어가서 직접 복수를 하지도, 그렇다고 분노를 노골적으로 표시하지도 못한다. 그는 라에르테스(Laertes)처럼 분노에 사로잡혀 현재의 상황 속으로 뛰어들지도 못한 채 다만 그의 미적(美的)이고 내면적인 영

> 바다로 떨어지며 기울어져
> 깊숙이 가라앉는 잔을 보시고
> 그 분은 두 눈을 스스로 감으시고
> 그때부터 한 방울도 마시지 않으셨다네.

혼에 특유한, 아무런 행위도 취하지 않는 상황에만 매달린다. 그는 아름답고 정직한 심정으로 기다리면서 객관적으로 확실한 어떤 것을 붙들려고 한다. 그러나 그 확실성을 얻은 후에도, 그는 여전히 확고하게 결심하지 못하고 외적인 상황들에 끌려가기만 한다.

이처럼 비현실적인 그는 이제 기존의 것들 속에서 방황하다가 결국에는 왕 대신에 늙은 대신(大臣) 폴로니우스를 실수로 살해하고 만다. 깊이 생각하고 검토해야 할 곳에서 그는 조급히 행동하고, 정당하게 행동력을 보여야 할 곳에서는 자신 속으로 침잠해 버리고 만다. 그리하여 그는 이처럼 상황과 우연성들이 널린 가운데서 결국 행동을 취하지 못한 채, 자신의 운명뿐만 아니라 다른 사람 모두의 운명마저도 줄곧 자기 안으로 후퇴하는 내면성으로 만들어간다.

그러나 이러한 입장은 특히 근대에 와서는 낮은 신분의 사람들에게서 나타나곤 한다. 그들은 보편적인 목적을 지닌 특별한 교육을 받지도 못했고 다양한 객관적 관심을 갖고 있지도 못한 사람들이어서, 어떤 *하나의* 목적을 상실하면 다른 목적에서는 자기의 내면을 지탱하거나 자기 행위의 근거가 되는 것을 발견하지 못한다. 이러한 그들의 교양부족은 그들의 심정이 폐쇄되고 발달이 덜 되었으면 되었을수록 그들로 하여금 개별적인 것에—그것이 아무리 편향적인 것이어도—더욱 강직하고 완고하게 매달리게 한다. 그처럼 말없이 자기 안에만 집중되는 인간의 편향성은 특히 독일인들의 성격 속에 들어 있다. 따라서 그들은 폐쇄적이면서 제멋대로 반항적이 되는가 하면 모나게 툭 튀어나와 접근하기도 힘들고, 그들의 행동은 외적으로 매우 불안정하고 모순되게 나타난다. 그와 같은 하층계급 사람들이 보이는 무뚝뚝한 심정을 대가(大家)적으로 표현한 사람으로 나는 히펠(Hippel)을 언급하고자 한다. 그는 몇 편 안 되는 독일의 해학(諧謔) 문학의 작품들 가운데 하나로 꼽히는 《상승일로에 있는 경력》[4]을 쓴 사람이다. 그는 장 파울(Jean Paul)[5]이 보여준 센티멘털리즘이나 무취미한 상황 따위는 전적으로 멀리하고, 반대로 놀랄 만한 개성과 신선함, 생동성을 보여준다. 그는 특히 어떻게 숨통을 터야 할지 모르다가도 기회를 만나면 끔찍한 방식으로 난폭하게 행동하는 억눌린 성격들을 아주 잘 포착해서 묘사할 줄 알았다. 그들은 내면성에 빠져 불행한 상황 속에 처해 자신들의 끝없는 모순을 스스로 끔찍한 방식으로 해결한다. 그럼으로써 그들은 사실은 그들의 외부에서 운명이 해결할 일을 스스로 이행하고 만다. 바로 《로미오와 줄리엣》에서 두 사람 사이에 등장한 수도사가 기지와 재치를 보이지만, 외적으로 우연히 일어난 사건들은 이를 보잘것없게 만들고 결국 사랑하는 연인들의 죽음을 불러오는 것이 그러한 예다.

c. 형식적인 성격을 내세울 때의 본질적인 관심

그러므로 이러한 형식적인 성격들은 대체로 한편으로는 그 모습대로 스스로를 관철시키면서 폭풍처럼 밀고 나가는 특수하고 무한한 주관적인 의지만을 보여주거나, 아니면 다른 한편으로 스스로 총체적이고 한정되지 않은 심정을 드러낸다. 그 심정은 내면의 어느 특정한 면에 접촉하면 그 한 점으로 개성 전체의 폭과 깊이가 집중되지만, 외적

---

[4] 이 작품의 원제는 'Lebensläufe in aufsteigender Linie'이다. 히펠(Theodor Gottlieb von Hippel, 1741~1796)이 쓴 총 4권으로 된 작품이며 베를린에서 1778~1781년에 출판되었다.

[5] 장 파울에 대해서는 본 《미학강의》 제1부의 제3장 '예술미 또는 이상'의 역주를 참조할 것.

으로 발전하지는 못하고 충돌에 빠질 뿐 자신을 발견하여 신중하게 도울 능력을 지니지 못한다. 이제 우리가 언급하려는 *세 번째* 사항은 다음과 같다. 즉 만약에 아주 일방적이며 그 목적에 따라 제한되지만 그러나 의식(意識) 면에서는 발전된 성격들이 *형식적으로*뿐만 아니라 본*질적으로*도 우리의 관심을 끌 때, 우리는 그 성격들 속에 들어 있는 그 주관적인 한계성 자체가 마치 하나의 운명인 것처럼, 다시 말해 그들의 개별적인 피규정성이 더 깊은 내면과 뒤엉켜 있는 상태로 직관해야 한다는 점이다. 이 같은 정신의 깊이와 풍부함을 이제 셰익스피어는 실제로 우리로 하여금 인물들의 성격 속에서 인지하게 해준다. 그는 그 인물들의 성격을 자유로운 상상력과 독창적인 정신을 지닌 사람들로 보여준다. 그러한 정신 속에서 그들의 반성은 그 인물들이 처한 상황이나 특정한 목적보다 위에 있으며, 그 인물들로 하여금 그것을 초월하게 한다. 그리하여 그들은 오직 불행한 상황과 그 상황에서 빚어지는 충돌을 통해서만 충동되어 자신들이 하고자 하는 것을 이행하게 된다. 그러나 예를 들면 《맥베스》에서 주인공 맥베스가 감행하는 일들은 단지 나쁜 마녀들의 탓으로 돌려야 된다는 식으로 받아들여서는 안 된다. 그 마녀들은 오히려 맥베스 자신의 견고한 의지를 시적(詩的)으로 반영시켜 주는 존재들일 뿐이다. 셰익스피어의 극에 나오는 인물들이 실행하는 것과 그들의 특수한 목적은 그들 자신의 개성의 근거이며 그것이 지닌 힘의 뿌리가 되고 있다. 그러나 바로 이 개성 속에는 동시에 그들이 실제로 그들의 목적이나 관심, 행동이 무엇이냐에 따라 지워버리기도 하고 확대하기도 하며 자신 속에서 이를 고양시키기도 하는 숭고함(Hohheit)이 들어 있다. 셰익스피어의 극에 나오는 범속한 성격들도 역시 마찬가지이다. 즉 스테파노(Stephano), 트린쿨로(Trinculo), 피스톨(Pistol), 그리고 이들 중에서도 특히 팔스타프(Falstaff)는 범속함에 빠져 있으면서도 동시에 자신들의 천재성으로 모든 것을 스스로 파악하고 자유로이 존재하면서 훌륭한 인물이 될 수 있는 지적인 성격들로 등장한다. 그러나 프랑스의 비극(Trauerspiel)을 보면 그와는 반대이다. 아주 위대하고 훌륭하게 보이는 인물들도 잘 비춰보면, 단지 교활하게 자신들을 정당화하려는 정신만 갖고 있으면서 사악하고 잔인한 동물처럼 날개를 펼치는 성격으로만 드러날 뿐이다. 그러나 셰익스피어의 극에서는 그처럼 정당화하려는 시도나 저주 따위는 발견할 수 없다. 우리가 볼 수 있는 것은 다만 보편적인 운명에 대해 개인들이 한탄도 후회도 없이 자신들을 그 필연적인 상황 속에 처하게 하고 그 속에 모든 것, 심지어 자기 자신들마저도 침잠시키는 모습일 뿐이다. 이런 모든 점에서 볼 때, 그러한 개성적인 성격들의 영역은 무한히 풍부한 영역이지만 그러나 이는 곧 공허하고 무취미한 것으로 빠질 위험이 있다. 그러므로 진정한 것을 포착할 만큼 풍부한 시성(詩性)과 통찰력을 지닌 대가(大家)의 수는 소수에 지나지 않았다.

2. 모험성

우리는 이제 이 단계에서 표현될 수 있는 내면을 고찰했으므로, 두 번째로는 우리의 시선을 외부로, 즉 성격을 자극하는 주위 환경들과 상황들의 특수성으로 돌리고, 그 성격이 말려들어 가는 충돌과 그 내면이 구체적인 현실 속에서 취하게 되는 전체적인 모습으로 시선을 돌려야 한다. 이미 여러 차례 보았듯이 정신성이 심정을 자기 안에 있는 것으로 반성(反省)하고 전체적인 것을 이루며, 따라서 외적인 것을 자신에 의해 관통된 현실이 아니라 자신에게서 분리된 단순한 외적인 것으로 보고 관여하는 것이 낭만적인 예술의 기본 규정이다. 그 외적인 것은 정신에서 떠나 스스로 무한히 앞으로 떠밀려 흘러가고, 뒤얽히고, 끊임없이 앞으로 흘러가면서 변화하고 혼란을 야기하는 우연성으로서 사방으로 던져진다. 이제 스스로 굳게 닫힌 심정에게는 자신이 어떤 상황에 처하든 상관없는 것처럼 그 심정에게 어떤 상황이 주어지든 이는 우연적일 뿐이다. 왜냐하면 그 심정이 행동할 때 그에게는 자기 자신에게 근거하고 자신을 통해서 존재하는 어떤 것을 이행하기보다는, 오히려 일반적으로 오직 자신을 관철시키고 행동하는 것만이 더 중요하기 때문이다.

a. 목적과 충돌의 우연성

그러므로 다른 면에서 보면 여기에는 자연의 신성함이 박탈(Entgötterung)되었다고 말할 수 있는 그 무엇인가가 있다. 정신은 현상들이 지닌 외면성으로부터 자신 속으로 다시 회귀하였으므로, 그 외적인 현상들은 주관성의 내면이 더 이상 그것들 안에서 자신을 보지 않기 때문에 이제 그것들 역시 주체의 밖에서 아무래도 상관없이 스스로 형상화된다. 정신은 그 진리성에 따라 물론 자신 속에서 절대자와 매개되고 화해한다. 그러나 우리는 여기서 직접 자신을 찾고, 자신에게서 출발하고, 그렇게 자신을 고수하는 독자적인 주관성의 기반 위에 서 있는 한, 이 같은 신성함의 박탈은 행동하는 성격에게도 일어난다. 그리하여 그는 자신의 우연한 목적들에 이끌려 우연한 세계 속으로 발을 들여 놓지만, 그 세계와 자신을 일치시키는 총체성을 띠지는 못한다. 상대적인 환경 속에 있는 이 상대성은 주체 안에서 규정되어 섞이지 못하고 외적으로 우연히 규정된다. 그리하여 또 기이하게 서로 뒤얽힌 충돌들을 야기하며 사건과 행위들에서 낭만성의 *기본유형*인 모험적인 것으로 된다.

이상적이었던 고전 예술에서는 엄격한 의미에서 인물들의 행동과 사건들은 진실하고 절대적이며 필연적인 목적 그 자체였다. 그러한 목적의 내용에는 외적인 형상을 규정하고 현실 속에 그 목적의 이행방식을 규정하는 것 또한 들어 있었다. 그러나 낭만적 예술 속에서 보이는 행동이나 사건들은 그렇지 않다. 왜냐하면 여기에서도 비록 보편적이고 실체적인 목적들이 실현되는 것으로 표현되더라도, 이런 목적들은 스스로 행동의 피규정성, 즉 그 내적인 흐름을 조정하거나 분류하면서 실현되는 것을 갖지 못한 채 우연성에 내맡겨질 수밖에 없기 때문이다.

α) 이제 낭만적인 세계가 완수해야 할 한 가지 절대적인 과업은 다름 아닌 기독교를 전파하고 그 공동체 정신을 입증하는 일이었다. 이 과업은 한편 비신앙적이었던 고대(古代)와, 다른 한편 거친 야만성으로 점철되고 적의에 찬 세계 안에 교리로만 머물다 행동으로 나오게 되자, 특히 주위에서 오는 고통과 박해를 참고 영혼을 영원히 구원하기 위해 자신의 유한한 존재를 희생한다는 수동적인 과업으로 변했다. 비슷한 내용을 띠면서 좀 더 확대되어 간 기독교적인 행위로는 중세에 기독교의 기사도가 이룬 업적, 즉 무어인들과 아랍의 마호메트교도들을 기독교 국가들에서 몰아낸 다음에 특히 십자군 원정에서 성배(聖杯)를 획득한 일을 들 수 있다. 그러나 이 목적은 인간을 개개인으로 바라보는 것이 아니라 개개 인간들을 하나의 전체로 완성하려는 것이었기에 이 개인들도 역시 그들의 개성에 따라 이리저리 멋대로 휩쓸려 들어갔다. 이런 측면에서 보면 우리는 중세 기독교시대의 십

자군원정은 그 전체가 모험이었다고 부를 수 있다. 즉 그것은 스스로 쇠약해지고 황당한 것으로 변한 모험이었다. 이는 정신적인 성격을 띠기는 해도 참된 정신적인 목적은 상실했기 때문에, 그 속에서 이행되는 행위들이나 인물들의 성격들은 기만적이고 모험적인 것일 뿐이었다. 그 이유는 십자군 원정이 종교적인 것으로서 외적으로는 매우 공허한 목적을 띠었기 때문이었다. 기독교는 오직 정신 속에서, 그것도 그리스도 안에서만 구원을 찾아야 한다고 주장했다. 그 그리스도는 부활하여 신(神)의 우편으로 들어올려졌고, 그가 살아있던 현실 속의 거처는 그가 한때 유한한 존재로 머물렀던 무덤과 실제의 장소들이 아니라 정신 속에 존재한다는 것이었다. 그러나 중세의 충동과 종교적인 갈망은 그리스도의 수난사와 성배(聖杯)가 내려졌다는 외적인 것으로만 향했다. 순수하게 세속적인 정복의 목적, 즉 외면상 종교적인 것과는 전혀 다른 특성을 지닌 약탈의 목적은 종교적인 목적과는 직접 모순되는 것이었다. 그렇게 사람들은 정신적인 것, 내면적인 것을 얻고 싶어 하면서도 정신이 사라진 단순한 외적인 지역성만을 목적으로 삼았다. 사람들은 일시적으로 얻는 것을 지향(志向)했고 세속적인 것을 종교적인 것과 연관시켰다. 여기서 외면은 내면을 왜곡시키고, 또 거꾸로 내면은 외면성과 조화를 이루는 대신에 이를 왜곡시키는 쇠약함과 환상적인 분열이 일어났다. 그리하여 그것들이 실행될 때에도 대립되는 것들은 서로 화해하지 못하고 그냥 함께 연결되었다. 경건함은 거칠고 야만적인 잔인함으로 변했으며, 인간의 온갖 이기심과 열정을 초래하는 이 거칠음은 거꾸로 다시 본래 중요한 정신에서 우러난 영원하고 심오한 감동과 참회 속으로 내던져졌다. 이처럼 서로 대립되는 요소들은 비록 그것들이 아무리 동일한 목적을 지닌 행위나 사건들일지라도 그 흐름에 있어서 통일성과 시종일관성이 결여된다. 총체성은 모험과 승리, 패배로 분열되어 흩어져 버리고 그 수단이나 노력은 대단하더라도 결과적으로 서로 일치하지 못한다. 바로 그것이다. 목적이 그 목적을 이행한 것에 의해 결국 폐기되고 말 뿐이다. 그 이유는 십자군원정이 "너는 그를 무덤 속에 누워 있게 하지 않으며, 너는 너의 성인이 부패하는 것을 겪지 않으리라"[6]라는 성서의 말을 다시 진짜로 만들려고 했기 때문이다.

그러나 바로 그러한 장소에서, 즉 무덤 같은 죽음의 장소에서까지 그리스도를 살아 있는 자로 발견하고 정신의 만족을 찾으려는 그러한 동경은 샤토브리앙(Chateaubriand)[7] 같은 사람이 그랬듯이, 아무리 그것을 본질적인 것으로 삼더라도 다만 정신의 부패에 지나지 않는다. 기독교는 그러한 부패로부터 신선하고 완전한 구체적인 현실의 삶 속으로 되돌아가기 위해서는 부활되어야 한다는 것이다. 그와 비슷한 목적을 지닌 것으로는 한편으로 신비주의적이고 다른 한편으로 환상적이어서 그것을 이행하는 모험으로서 성배(聖杯)를 찾아 나서는 일을 들 수 있다.

---

6) 이는 헤겔이 《구약성서》의 〈시편〉 16장 10절에서 인용한 것이다.
7) 샤토브리앙 자작(François-René de chateaubriand, 1768~1848). 프랑스의 작가이자 정치가이다. 오래된 귀족 가문에서 태어난 그는 프랑스 혁명이 일어났을 당시 북아메리카로 여행을 떠나면서 이 혁명의 회오리를 피했다. 그는 한때 확고한 무신론을 갖고 있었으나 그의 모친의 죽음 이후에 기독교관으로 바뀌었고 그 방향으로 작품을 썼다. 1800년에 프랑스로 돌아온 그는 나폴레옹 밑에서 불안한 정치적 경력을 갖다가 1804년 황제와 결렬되자 그리스, 팔레스타인, 이집트 등지로 여행을 했다. 그의 작품으로는 《아탈라》, 《르네》, 《그리스도교의 정수》, 《순교자들》, 《파리에서 예루살렘으로의 여행기》 등이 있다. 그는 특히 반계몽주의적이고 낭만주의적인 기독교의 영향을 받은 대표적 인물이다.

β) 그러나 모든 인간이 스스로 완성해야 하는 인간 자신의 삶은 그 보다 더 숭고한 업적으로서, 이를 통해서 인간은 자기의 영원한 운명을 규정한다. 예를 들어 단테는 이러한 대상을 그의 《신곡》에서 가톨릭교의 관념에 따라 우리를 지옥과 연옥과 천국으로 인도하는 가운데 포착했다. 그 작품은 물론 전체적으로 엄격하게 배열되어 있음에도 불구하고 역시 환상적인 상상력과 모험을 담고 있다. 왜냐하면 지복함과 저주를 동시에 묘사한 이 작품은 보편성 속에서 절대적으로 표현되고 있을 뿐만 아니라, 또 그 안에서 거의 다 통찰할 수 없을 만큼 다양한 개별적인 특수성들도 완성되어 표현되고 있기 때문이다. 게다가 *저자*는 교회의 권리를 스스로 마음대로 다루고, 천국의 열쇠를 자기 손 안에 쥔 채 축복이나 저주를 내림으로써 스스로 심판관이 되어 고대세계나 기독교세계의 유명한 인물들인 시인들, 시민들, 전사(戰士)들, 추기경, 교황들을 지옥이나 연옥이나 천국으로 보내고 있다.

γ) 그 다음 *세속적인* 기반 위에서 행위들이나 사건들로 이끌어가는 다른 소재들이 있으니, 이는 상상 속에 깃든 무한하고 다양한 모험들, 즉 사랑과 명예와 충성에 내포된 외적인 내면적인 우연성들이다. 사람들은 여기서는 스스로의 명예 때문에 방황하기도 하고, 저기서는 박해당하는 무죄한 사람들 편에 서고 자기가 사랑하는 여자의 명예를 위해서 놀라운 행적을 벌이거나, 자기 주먹의 힘과 능란한 팔솜씨로 억압받은 권리를 다시 회복―그 풀려난 무죄가 사기에 불과할지라도―시키기도 한다. 대개 이런 소재들 속에는 행위를 필연적인 것이 되게 하는 어떤 처지나 상황, 갈등이 들어 있지 않은 데도 심정은 의도적으로 뛰쳐나가 모험을 *찾아* 나선다. 그러므로 예를 들면

여기에서 *사랑*의 행위들은 대부분 그 특수한 내용에 따라 확고함, 신뢰, 지속성, 사랑을 증명해 보이는 것, 즉 아주 복잡한 상황들로 점철된 주위현실은 그 사랑을 명시하는 소재의 가치만 지닌다는 것을 보여 주는 것 외에 다른 규정은 지니지 않는다. 그로써 이런 것을 명시(明示)하려는 특정한 행위에게는 오직 이를 증명하는 일만이 중요해지므로, 이런 행위는 스스로 규정된 것이 아니라 갑작스러운 착상이나 애인의 기분 또는 외적인 우연한 자의(恣意)에 내맡겨지고 만다.

명예와 용기의 목적도 역시 이와 마찬가지다. 그것들은 대개는 또 다른 모든 실체적인 내용에서 멀리 벗어나 있는 주체에게 속한다. 그 주체는 우연히 주어져 있는 모든 내용 속으로 파고 들어가 거기에서 자신이 상처받은 것으로 느끼거나, 아니면 그 안에서 자신의 용기와 노련함을 보여줄 기회를 찾을 수 있다. 여기에는 무엇을 내용으로 삼고 무엇을 내용으로 삼지 않을 것인지에 대한 아무 기준이 없으므로, 무엇이 실제로 명예의 손상이고 무엇이 참된 용기의 대상이 될 수 있는가에 대한 기준도 없다. 기사도의 한 가지 목적이 되는 *권리*를 획득하는 일에서도 역시 상황은 다르지 않다. 다시 말해 여기에서 권리와 법은 아직은 절대적으로 확고하거나 언제나 그 법칙과 필연적인 내용에 맞게 실행되는 상황이나 목적으로 드러나지 못하고 단지 주관적인 착상으로만 드러난다. 그래서 이런저런 경우에 정당하거나 부당한 것에 대해 개입하고 판단하는 일은 전적으로 주관성의 우연한 추측에 맡겨질 뿐이다.

b. 희극적으로 다루어지는 우연성

이처럼 우리가 눈앞에 보는 것은 대체로 세속적인 영역과 기사도,

루도비코 아리오스토(Ludovico Ariosto)의
초상화

그리고 형식적인 성격들 안에서 행동이 이행되는 상황들이나 의도하는 심정에 깃들인 우연성이다. 그 이유인즉 편협적인 개개의 인물들은 오로지 자기들의 성격대로만 자신을 유지하며, 그들이 내용으로 삼는 것은 순전히 외적으로 조건 지어진 충돌 속에서 성취되거나 실패하는 우연적인 것들뿐이기 때문이다. 명예와 사랑, 충성 속에 좀 더 숭고하고 진정한 도덕성과 유사한 권한을 갖는 기사도 역시 마찬가지이다. 기사도는 한편으로 그것이 반응하는 개별적인 상황들 때문에 우연성을 띠게 된다. 왜냐하면 그것은 보편적인 과업이 아닌 단지 특수한 목적들만을 성취할 수 있으므로 절대적인 존재와는 관계없기 때문이다. 그러므로 다른 한편 개인들의 주관적인 정신과 관련해 볼 때, 그들이 의도하고 계획하고 거사(擧事)하는 것에는 자의성과 기만이 등장한다. 따라서 거기에서 일어나는 행위나 사건, 성공의 측면과 관련해 볼 때 모든 모험성들은 스스로 안에서 해체되고 사건들과 운명들로 점철된 희극적(喜劇的)인 세계라는 것이 증명된다. 이처럼 스스로 안에서 해체되는 기사도에 대해서는 특히 아리오스토(Ariosto)[8]와 세르반테스, 셰익스피어의 극에 등장하는 개성적인 인물들이 지닌 특수성 속에서 의식되고 적절하게 표현된다.

α) 아리오스토의 작품에서는 특히 시인 자신이 경박할 정도로 운명과 목적을 모험적이고 유희적으로 다루는 가운데, 그것들을 끊임없이 서로 뒤섞고 또 환상적인 관계들과 어리석은 상황들을 마치 동화처럼 서로 뒤얽히게 하여 재미를 돋우고 있다. 이는 아주 어리석고 미친 짓인데도 불구하고 주인공은 그런 것들에 대해 심각해야 한다. 특히 사랑은 단테가 묘사한 신(神)의 사랑으로부터 페트라르카가 묘사한 환상적인 부드러움, 그리고 종종 감각적이고 외설적인 이야기들과 우스꽝스러운 충돌들을 묘사하는 것으로 격하되었다. 한편 영웅적이고 용감한 것은 극단적으로까지 드높여지다보니, 더 이상 놀랍거나 믿을 만한 것도 못되고 그 황당한 행위가 웃음만 불러일으키는 것으로 드러난다. 그러나 아리오스토는 상황을 나타내고 사건과 갈등을 일으키고 중단시키며, 또 이를 다시 뒤섞어 마침내 해결해가는 방식에 대해 무관심한 채 기사도를 희극적으로만 다루고 있다. 그럼에도 불구하고

---

8) 루도비코 아리오스토(Ludovico Ariosto, 1474~1533)는 이탈리아의 르네상스 시대를 대표하는 시인으로, 인문주의적 영향을 받고 대학에서 법률을 공부한 후에 쓴 《광란의 오를란도(Orlando furioso)》(1516년)라는 작품이 있다. 이 작품의 줄거리는 당시에 서구에서 흔히 주제로 다루던 기독교도와 이슬람교도의 전쟁, 그리고 여인에게 연정을 품었다가 실연당해 고통받는 주인공의 모험 등을 다루고 있다. 여기에서 작가는 그 당시 유럽 강대국들의 침략과 지배하에 있던 조국 이탈리아의 비참한 현실을 직시하여 다루기보다는 환상적 세계로의 도피를 다루고 있는데, 헤겔은 위의 본문에서 아마도 이 작품을 언급하고 있는 듯하다.

그는 기사도, 용기, 사랑, 명예 그리고 용감성 속에 들어 있는 고귀함과 위대함을 보호하고 강조할 줄 알고 있으며, 또 다른 열정, 교활함, 간계, 정신의 현재성과 그 밖에 많은 것들도 역시 적절하게 묘사하는 것을 이해하고 있다.

β) 이제 아리오스토가 모험성에 깃든 동화적인 것을 묘사하는 쪽으로 더 기울었다면, 그에 반해 세르반테스(Cervantes)는 황당무계한 것(das Romanhafte)[9]을 묘사했다. 그의 작품 《돈 키호테(Don Quijote)》[10]에서 기사도는 고귀한 품성에서 나온 것이면서도 마치 미친 것처럼 된다. 왜냐하면 우리는 돈 키호테의 모험성이 그 외적인 상황에 따라 자세히 묘사된 현실의 확고하고 특정한 상태의 한가운데로 옮겨와 있음을 보기 때문이다. 이는 오성적이고 스스로 정돈된 세계와 오직 자신의 기사도를 통해서만 이 확고한 질서를 세우려고 하는―물론 그러한 것은 그 기사도에 의해 무너지고 말겠지만―고립된 인간의 심

---

9) "das Romanhafte", 이 말은 오늘날에는 '소설(小說) 같은'이라는 뜻으로 주로 쓰이지만, 원래는, 그리고 특히 헤겔이 살았던 시대에는 '황당무계한 것', '공상적인 것'과 같은 상당히 부정적인 뜻을 담고 있었다. 이 말의 어원과 쓰임새에 대해서는 본 《미학강의》 제1부의 '서장' 역주에서 좀 더 상세하게 설명한다.
10) 이 소설의 원래 제목은 《재기발랄한 향사(鄕士) 돈 키호테 데 라 만차(El ingenioso hidalgo Don Quijote de La Mancha)》이다. 소설의 내용을 간략히 보면 라 만차라는 시골에 살고 있는 한 늙은 기사가 당시에 유행하던 기사도(騎士道)를 본따 스스로 편력기사가 되어 그의 종자 산초 한 사람만 거느리고 고향을 떠난다. 그의 목적은 세상의 부정을 바로잡고 가난하고 힘없는 사람들을 도우려는 것이지만, 순수하고 세상경험이 적은 그는 가는 곳마다 크고 작은 희비극적인 사건들을 일으키면서 사람들과 소동을 벌인다. 그러나 이야기가 전개되어 가면서 처음에는 자기 이상(理想)에만 충실했던 돈 키호테는 점차 현실 세계에 눈을 뜨게 된다.

돈 키호테(Don Quijote)와 그의 종자(從者)인 산초 판사(Sancho Panza)의 청동상. L. C. 발레라(Valera, 1876~1932)의 작품(1925~1930). 에스파냐 마드리드의 에스파냐 광장(la Plaza de Espana de Madrid)에 조성되어 있다

정 사이에서 엇갈리면서 희극적인 모순을 일으킨다. 그러나《돈 키호테》에서는 이러한 희극적인 혼란스러움에도 불구하고 앞서 우리가 셰익스피어의 극에서 칭찬했던 요소들이 전적으로 유지되고 있다. 세르반테스도 역시 그의 주인들을 원래 고귀하고 다양한 정신적인 재능을 갖춘 인물로 만들어 냈으며, 그 성품은 언제나 역시 우리의 관심을 끈다. 돈 키호테는 광기의 상태에서 자기 자신과 자신의 일에 대해 전

적으로 확신하고 있다. 아니, 그가 자신과 자기의 일에 대해 그토록 확신하고 있는 것은 오히려 오직 이 광기 때문이다. 만약 자신이 저지르는 행위의 내용과 성공여부에 대해 이처럼 반성(反省)하지 않는 평온함을 지니고 있지 않다면 그는 진짜 낭만적인 인물이 아닐 것이다. 그리고 그의 신념 속에 깃든 본질적인 것을 고려할 때, 그가 자신에 대해 그토록 확신을 갖는 것은 전적으로 대단하며 이는 아주 멋진 성격의 특징들로 독창적으로 꾸며지고 있다. 마찬가지로 그 작품 전체는 한편으로는 낭만적인 기사도(騎士道)를 조롱하는 것이다. 아리오스토에 있어서 모험성은 다만 가벼운 재밋거리로 그치지만, 세르반테스의 작품은 그야말로 진짜 아이러니컬하다. 그러나 다른 한 편으로 《돈 키호테》에서 일어나는 사건들은 일련의 낭만적인 이야기들을 아주 사랑스럽게 엮어가는 하나의 실마리가 되고 있으며, 그 진정한 가치를 여전히 보존하고 있다. 물론 이 가치들은 그 소설의 나머지 부분에서 희극적으로 해체되고 있지만.

γ) 우리는 여기서 기사도가 그 내면에 아주 중요한 관심사를 지니고 있음에도 불구하고 희극적으로 전환된 것을 보았다. 그와 비슷하게 셰익스피어도 역시 그의 극들에서 확고하고 개성적인 성격들이나 비극적인 상황들, 갈등 외에도 희극적인 인물이나 장면들을 설정하고 또 심오한 해학(諧謔)을 통해서 그 성격들을 그들이 지향하는 목적이 지닌 냉혹함이나 한계성, 오류를 초월하는 더 숭고한 인물들로 부각시킨다. 예를 들면 《리어왕》에서 등장하는 광대 팔스타프, 그리고 《로미오와 줄리엣》에서 악사들이 등장하는 장면은 전자와 같은 희극성을 띤 것이요, 《리처드 3세》는 후자의 특성을 지닌 것이다.

c. 소설적인 것

지금까지 형식의 발전에 따라 위와 같이 낭만적인 것은 해체되어 가며 그 다음 마지막 *세 번째*로 등장하는 것은 근대적인 의미에서 *소설적인 것(das Romanhafte)*[11]이다. 시기적으로 이보다 앞선 것으로는 기사문학과 전원(田園)소설이 있다. 이 소설적인 것이란 기사문학이 다시금 진지해지면서 현실적인 내용으로 변한 것이다. 외적인 현존재가 지닌 우연성은 시민사회와 국가의 확고하고 안전한 질서로 변했으므로, 예전에 기사(騎士)가 스스로에게 부여하던 황당한 목적들 대신에 이제는 경찰, 법, 군대, 국가의 통치가 그 자리에 들어선다. 그럼으로써 근대 소설(小說) 속에서 활약하는 주인공들의 기사도(騎士道) 정신도 역시 변한다. 그들은 사랑과 명예, 질투 같은 주관적인 목적이나 현실 속에 있는 기존질서와 범속한 세계를 더 낮게 만들려는 이상(理想)을 지닌 개인들로서, 사방에서 그들에게 어려움을 주면서 방해하는 현실에 대립한다. 이때 그들은 이 대립 속에서 자신들의 주관적인 소망과 요구를 헤아릴 수 없이 숭고한 것으로 고양시킨다. 왜냐하면 그들 각자의 앞에는 마치 마술처럼 보이지만 전혀 그들에게 속하지 않은, 그들 각자가 싸워 얻지 않으면 안 되는 세계가 놓여 있

---

[11] 바로 앞의 역주에서 설명했듯이 이 말은 '허구적인 것', '황당무계한 것'이라는 뜻도 지니고 있어서 본래는 부정적 의미로 사용되었던 것임을 알 수 있다. 실제로 헤겔 자신도 서사적인 것, 서정적인 것과는 대조되는 이 소설적인 것을 경멸하고 있음을 이《미학강의》의 본문 전체를 통해서 뚜렷이 느낄 수 있다. 이는 물론 헤겔이 살았던 19세기 초엽까지만 해도 서구 문학에서 '소설'이라는 장르가 아직 제대로 발달하지 않았고 대중들에게도 낯설었던 반면에 대신 서사문학과 시문학이 여전히 주류를 이루었던 점을 감안하면 어느 정도 이해가 간다. 아마 헤겔도 이런 영향을 받고 있었을 것이다.

기 때문이다. 그러한 세계는 그 주인공 개인에 맞서 냉혹하고 견고하게 스스로를 폐쇄하며, 주인공의 열정에 굴복하지 않고 오히려 주인공의 아버지나 숙모 또는 시민사회적인 상황들을 장애물로 내세운다. 여기에서 새로운 기사들은 주로 젊은이들로서, 그들은 그들의 이상(理想)에 역행하여 실현되는 이런 세상의 흐름들 사이를 싸우며 헤쳐 나가고, 일반적으로 가족, 시민사회, 국가, 법, 직업 따위가 있다는 것조차 불행으로 간주한다. 왜냐하면 이처럼 삶의 본질적인 관계들은 그 안에 한계성을 지니고 있어서, 개인들의 심정에 깃든 이상(理想)과 무한한 법칙에 냉혹하게 대립되기 때문이다.

이제 이러한 사물의 질서에 구멍을 뚫고, 세상을 변화시키고, 개선하거나 아니면 적어도 그에 맞서 지상 위에 하나의 천국을 세우는 일이 가치를 띠게 된다. 즉 어떤 남자든 자기가 사랑하는 여자를 찾고, 그에 반대하는 나쁜 친척들이나 그 밖의 불리한 상황들과 싸워서 그 여자를 얻고 정복하는 일이 가치를 띤다. 그러나 이제 이러한 투쟁들은 근대의 세계에서는 기존의 현실 속에서 단지 개인을 교육시키는 수업연한12)에 지나지 않으며 그럼으로써 그 진짜 의미를 획득한다. 왜냐하면 주체가 그의 수업연한을 마치는 것은, 그가 뼈저리게 느끼고 자기의 소망과 의견을 기존상황이 지닌 합리성에 맞게 형성하고 세상의 고리 속에 발을 디뎌 그 속에서 자신에게 맞는 입장을 획득하기 위해서 필요하기 때문이다. 그는 아무리 세상과 싸우고 그 속에서

---

12) 여기에서 헤겔이 언급하는 '수업연한'이라는 말은 당시에 괴테의 작품인 소설《빌헬름 마이스터의 수업시대(Wilhelm Meisters Lehrjahre)》(1796년 작)에서 묘사하고 있듯이, 젊은 주인공이 지식의 습득과 인격도야를 도모하기 위해서 방랑의 수업연한을 보내던, 당시 독일의 시민사회에서 유행하던 풍조를 시사하고 있는 것 같다.

이리저리 내팽개쳐지더라도, 결국에 가서는 대개 자기가 원하는 여자와 지위를 얻고 결혼해서 다른 사람들처럼 고루한 시민이 되고 만다. 그의 아내는 가정 일을 맡고 아이들을 낳는다. 한때 그에게는 유일한 여성이자 천사였고 그가 기원하여 얻은 아내가, 이제는 다른 사람들과 거의 비슷하게 변해 버리고 그는 지루한 직장 일을 떠맡게 된다. 결국에 가서 결혼은 가정의 걱정거리가 되고 말며, 그래서 남은 것이라고는 온통 후회와 뉘우침뿐이다. 우리는 여기에서도 모험성이 지닌 똑같은 성격을 본다. 다만 다른 것이 있다면, 여기에서 이 모험성은 그 올바른 의미를 발견하게 되며 거기에서 환상적인 것은 필요한 수정을 겪지 않으면 안 된다는 점이다.

3. 낭만적 예술형식의 해체

이제 우리는 끝으로 낭만적인 것은 *그 자체가* 이미 고전적인 이상이 해체되는 원리이므로(das Romantische, da es an sich schon das Prinzip der Auflösung des klassischen Ideals ist), 이제 낭만적인 것이 이 해체를 실제로 *해체*로서 분명히 드러낸다는 점을 좀 더 자세히 규명하고자 한다.

여기에서는 특히 예술행위에 의해 포착되고 형태화되는 소재의 우연성과 외면성이 고찰된다. 고전적인 조형예술에서 외면은 내적인 것 자체가 형태화된 것이고, 내면에서 독자적으로 떨어져 나온 것이 아니었다. 그런 식으로 주관적인 내면은 외면과 관계했었다. 그에 반해 낭만적인 예술에서는 진심은 자신 속으로 회귀하게 되므로(Im Romantischen dagegen, wo die Innigkeit sich in sich zurückzieht), *외*

부세계의 전체 내용은 스스로에 몰두하고 자신의 특성이나 개별성에 따라 자신을 유지할 자유를 지닌다. 거꾸로 만약에 심정의 주관적인 진심이 표현의 본질적인 요소가 되면, 심정이 외적인 현실과 정신적인 세계의 특정한 내용에 익숙해지는 일도 역시 똑같이 우연적이다. 그러므로 낭만적인 내면은 *모든* 상황에서 보일 수 있으며 수천 가지 정황들, 상황들, 관계들, 오류, 혼란, 갈등 그리고 만족들 속에서 엎치락뒤치락 할 수 있다. 왜냐하면 여기서 추구되고 가치를 지니는 것은 심정이 주관적인 형상으로 외화(外化)되고 받아들이는 방식이지, 절대적으로 객관적인 가치를 지닌 내용이 아니기 때문이다. 그러므로 낭만적인 예술을 표현하는 데는 삶의 모든 영역과 현상들, 가장 위대한 것과 가장 하찮은 것, 가장 숭고한 것과 가장 낮은 것, 도덕적이고 비도덕적인 것, 사악한 것 등 모든 것이 자리를 차지한다. 그리고 특히 예술은 세속화되면 될수록 점점 더 유한한 속세로 파고들어가서, 그 속에 머물고 이를 감수하고 그것에 완전한 가치를 부여한다. 그리고 예술가는 있는 것들을 그대로 표현하는 데서 기쁨을 느낀다. 그러므로 우리는 예를 들면 셰익스피어의 작품들에서, 행위들이 대체로 그 유한한 관계에서 출발하여 유한성들의 영역 속으로 개별화되어 흩어지며 모든 상황마다 그 가치를 지니기 때문에, 최고의 영역들과 진짜 중요한 관심사들 외에도 가장 하찮고 부차적인 것들도 본다. 즉 《햄릿》에서는 왕성(王城) 옆에 경비병들이 등장하고, 《로미오와 줄리엣》에서는 집안의 가복(家僕)들이 등장하며, 그 외에 다른 작품들 속에서는 일상적인 삶과 술집에서 광대, 우악스런 사람들, 온갖 비천한 사람들, 마부들, 방 안의 요강, 벼룩 따위도 등장한다. 이는 낭만적인 예술 가운데 종교분야에서 그리스도의 탄생과 동방박사들이 경배하는 장면에 황소와 당나귀, 구유, 짚 따위가 빠져서는 안 되는 것과 비숫하다. 그리고 모든 것이 그런 식으로 되어 가다보니, 예술 분야에서 까지도 "누구든지 자기를 낮추는 자는 높아지리라"[13)]는 말이 실현되는 듯하다.

한편으로는 의미 있는 내용을 위해 비록 스스로 단순한 주위환경이 되지만 다른 한편으로는 독자적으로 표현되기도 하는 대상들이 지닌 이런 우연성 속에서 앞서 이미 다룬 낭만적인 예술의 *붕괴(Zerfallen)* 가 일어난다. 다시 말하자면 한편으로 이상(理想)의 입장에서 바라볼 때 *범속한 객관성*인 실제 현실이 들어선다. 이는 일상적이고 관습적인 삶의 내용으로서, 윤리적이고 신성한 것을 내포하는 실체성 속에서가 아니라 단지 유한하게 변화하는 시간성 속에서만 파악된다. 다른 한편으로 *주관성*은 그 감정과 견해, 권리 그리고 그 기지 넘치는 위력으로 자신을 현실 속 전체의 대가(大家)로 드높일 줄도 안다. 그것은 어떤 것도 그 익숙한 관계나 일상적인 의식(意識)에 주어지는 가치를 유지하도록 허용하지 않는다. 그것은 일상 속에 들어오는 모든 것이 자신의 주관적인 견해와 기분, 독창성에 따라 나오는 입장을 통해 자기 안에서 해체되고 자기의 직관과 감정에 해체될 때만 스스로 만족한다.

그러므로 우리는 이와 관련해서 *첫째*로, 저 다양한 예술작품들의 원리에 대해 이야기해야 한다. 그것들이 범속한 현재와 외적인 현실성을 표현하는 방식은 우리가 흔히 자연의 모방이라고 부르는 바로 그것과 가깝다. *둘째*로, 우리는 근대예술에서 큰 역할을 하고 특히 많은 시인들의 작품 속에 기본유형으로 등장하는 주관적인 해학(諧謔, Humor)에 대해 언급하고자 한다. *셋째*, 끝으로 예술로 하여금 오늘

---

13) 이는 《신약성서》의 〈마태복음〉 22장 12절에서 인용한 말이다.

날에도 여전히 활동할 수 있게 하는 출발점이 되는 입장을 시사할 일이 또 남아 있다.

a. 기존의 것을 주관적인 예술로 모방하는 일

이 분야에 포함할 수 있는 대상들의 영역은 무한히 확대된다. 왜냐하면 예술은 그 자체가 필연적이거나 스스로 완결된 영역이 아니기 때문이다. 예술은 형상들과 여러 관계들이 끝없이 수정되는 가운데 존재하는 우연한 현실, 개체적인 형상들의 성질과 그들의 현란한 유희, 인간이 자연적인 욕구와 쾌적한 만족 속에서 우연한 습관이나 상황, 가족생활이나 시민생활 속에서 일상적으로 이행하고 추진하는 일들을 그 내용으로 삼는다. 이들은 대개 외적인 대상성(對象性, Gegenständlichkeit) 안에서 예측할 수 없이 변화하는 것들이다. 그럼으로써 예술은 낭만적인 예술이 대개 그렇듯이 초상화적인 것으로 변하고, 이때 조형예술이든 회화든 시문학적인 묘사든 간에 초상화적인 표현방식으로 완전히 해체되고 만다. 이는 다시 말하면 자연을 모방함으로써 직접적이고 미적이지 못한 범속한 존재의 우연성으로 되돌아오는 것이 된다. 따라서 그런 식으로 산출된 것들은 도대체 여전히 예술작품이라고 불러야 할지 의문이 생긴다. 여기서 만일 우리가 원래의 이상적인 의미를 지닌 예술작품—그 예술작품에는 한편으로 우연적이지 않은 항구적인 내용과, 다른 한편으로 그러한 내용에 일치하는 형태화 방식이 중요한데—의 개념을 염두에 둔다면 우리가 살고 있는 현 시점에서의 예술 작품들은 물론 실패한 것이라고 말할 수 있다. 그에 반해 여기서 예술은 특히 본질적인 중요성을 띠는 또 다른 요소를 지닌다. 이는 예술작품을 주관적으로 이해하고 완성하는 개인적인 재능의 측면에서 그렇다. 이는 예술작품이 지향하는 실체적이고 자연적인 삶과 정신을 충실하게 형상화하고 우연성을 외적으로 완성시킨다. 그러면서 예술은 이러한 진리와 놀랄 만큼 능숙한 표현력을 통해 원래 의미 없는 것을 가치 있는 것으로 만들 줄 안다. 여기에도 역시 주관적인 생동성이 첨가된다. 그로써 예술가의 정신과 심정은 내적 또는 외적 형태와 현상에 따라 그 대상들 속으로 완전히 몰입되어 그것들에게 생명을 부여하고 직관되도록 한다. 이런 면에서 볼 때 우리는 이 예술영역에서 산출된 것들에 예술작품(Kunstwerk)이라는 이름을 붙이지 않을 수 없다.

이제 좀 더 자세히 살펴보면 특수한 예술들 가운데서도 그러한 대상들에 관심을 기울인 것으로는 주로 시문학과 회화를 들 수 있다. 왜냐하면 여기에서는 한편으로 특수한 것이 내용이 되고, 다른 한편으로 외적 현상에 들어 있는 우연적이면서도 독특한 것이 그 표현형식이 되기 때문이다. 건축이나 조각, 음악은 그러한 과제를 이행하는 데는 적합하지 못하다.

α) 시문학에서 정직성이나 세상을 사는 지혜, 일상적인 도덕을 실체로 삼고 일상적이고 시민적인 분규 속에 있는 중산층이나 중하층의 장면들이나 인물들을 표현하는 것은 범속한 가정적인 삶이다. 프랑스인들 가운데서는 특히 디드로(Diderot)[14]가 이런 의미에서 기존의 자

---

14) 드니 디드로(Denis Diderot, 1713~1784)는 프랑스의 계몽주의 철학자이자 작가로 소위 '백과전서파'를 대표하는 인물이다. 당시 문화적, 정신적으로 독일을 앞서 있던 프랑스의 지식인들, 그들 중에서도 특히 디드로, 루소, 볼테르, 몽테스키외 등의 사상가들이 그들의 지식을 모아서 《백과전서》라는 책을 출간하였다. 이 책의 원래 제목은 《백과전서 또는 예술과 과학에 대한 체계적인

디드로(Diderot)의 초상화. 루이 미셸 반 루(Louis-Michel van Loo, 1707~1771)의 1767년 作

디드로가 출간한 《백과전서 또는 예술과 과학에 대한 체계적인 사전(Encyclopédie ou Dictionnaire raisonné des sciences, des arts et des métiers)》의 표지(1751~1772년 사이에 출간)

연성을 모방하는 일에 몰두했었다. 그에 반해 우리 독일인들 가운데
는 바로 괴테와 실러가 있었다. 그들은 젊은 시절에는 숭고한 의미에
서 그와 비슷한 길로 들어섰다가 이 생동적인 자연성과 특수성 안에
있는 좀 더 심오한 내용과 더 본질적인 갈등에 관심을 갖고 이를 추구
했다. 반면에 특히 코체부와 이플란트(Iffland)[15]를 보면, 전자는 피상
적으로 빨리 이해하여 작품을 산출해 내는 데 몰두했고, 후자는 진지
한 정확성과 케케묵은 도덕성에 사로잡혀 시문학에는 별 의미가 없는
자기 시대 일상생활의 범속한 관계에 몰입해서 이를 모방해 냈을 뿐
이다. 그러나 대체로 우리의 예술은 비록 가장 늦기는 했지만, 이런
풍조를 가장 즐겨서 취했고 그 속에서 완숙한 경지에 도달했다. 왜냐
하면 오랫동안에 걸쳐 우리에게 예술은 다소 뭔가 낯선 것, 수용된 것
으로 여겨졌지 우리들 자신에게서 산출되어 나온 것으로 여겨지지 않
았기 때문이다. 이제 소재(素材)는 이처럼 기존의 현실 속으로 전환하
는 가운데 예술 속에 들어가 친숙해져야 하며 시인과 대중의 민족적

사전(Encyclopédie ou Dictionnaire raisonné des sciences, des arts et des
métiers)》(1751~1772년 사이에 출간)이다. 그것은 당시 그들이 생각하는 세계 전
체(즉 정치, 사회, 학문, 사상, 경제, 기술, 등)에 대한 지식을 방대하게 담는 것을
목표로 했었고, 이 사상가들을 또한 훗날 프랑스혁명의 정신적 지지자의 역할
을 하였다. 디드로는 특히 이《백과전서》의 집필에 심혈을 기울였다. 물론 당
시 프랑스 정부로부터 검열과 출판금지 등의 조치를 당하면서 곤경을 겪었으
나 결국은 완성 출판되어 프랑스의 정신적 사회적 변혁에 큰 기틀을 다지는
결과가 되었다. 미술에도 큰 관심을 가졌던 그는 특히《살롱, 미술평론집
(Salons, critique d'art)》이라는 정기간행물을 1759~1781년까지 출판했는데,
그 중 거기에 실린 〈미술에 관한 에세이(Essai sur la peintre)〉(1765, 1796년에
출판)를 괴테는 독일어로 번역했고 거기에 상당히 비판적인 주해를 붙였다.

15) 이플란트(August W. Iffland, 1759~1814). 독일의 연극배우이자 극작가, 연극
감독.

인 삶이 되어야 한다는 요구가 생겼다. 즉 예술은 내용과 표현상 전적으로 우리 자신의 것이어야 하고, 그 미와 이상을 희생하더라도 우리에게 친숙한 것으로서 얻어져야 한다는 점에서 예술을 그런 식으로 표현하고자 하는 충동이 발단되었다. 다른 민족들은 오히려 이러한 영역을 업신여겼거나 또는 이제 비로소 그러한 일상적인 소재에 대해 좀 더 활발한 관심을 갖게 되었다.

β) 그러나 이와 관련해서 완성된 가장 놀랄 만한 것을 우리 눈앞에 보고 싶다면, 우리는 후기 네덜란드인들의 장르회화(die Genremalerei)를 주시해야 한다. 그 회화에서 보편적인 정신에 따른 실체적인 기반이 무엇인지에 대해서 나는 이미 제1부에서 이상(理想) 자체를 고찰할 때 다루었다. 다른 민족에게는 자연적으로 주어진 것을 네덜란드인들은 힘든 투쟁과 땀 흘리는 근면함을 통해서 얻어야만 했으며, 그들은 근심에 젖어 협소한 술집에 앉아서 아주 하찮은 것에 대해서도 가치를 부여하면서 자라왔기 때문에 일상적이고 아주 사소한 일에서도 현재의 삶을 즐기려는 경향이 있었다. 다른 한편으로 그들은 어부, 선원, 시민, 농부로 구성된 민족으로, 본래부터 크고 작은 일에 매우 부지런하고 근면함으로써 필요하고 유용한 일을 얻어냈다. 네덜란드인들은 종교를 중시했고 신교를 믿었나. 전적으로 범속한 삶 속에 뿌리를 내린 채 이를 종교와는 무관하게 오로지 자신만을 위한 것으로 타당성 있게 하고, 제한 없는 자유 속에서 자신들을 온전히 발전시킬 수 있는 것은 오로지 신교에서만 가능하다. 네덜란드의 회화가 우리에게 보여주는 것 같은 대상들을 예술작품의 주요 대상으로 삼는다는 생각은 다른 상황에 처한 다른 민족에게는 떠오르지 않았을 것이다. 그러나 네덜란드인들은 그런 일상적인 것들에 관심을 두면서

도 궁핍하고 가난한 현실이나 정신적인 압박 속에서 산 것은 아니었다. 그들은 스스로 자기들의 교회를 개혁했고, 에스파냐의 세속적인 권력 및 권위와 싸워 승리를 거두었듯이 전제주의적인 종교와도 싸워 승리를 거두었으며, 활동적이고 근면하고 용감하고 절약하는 가운데 스스로 노력해 얻는 자유로운 감정 속에서 번영과 부, 권리, 용기, 쾌활함, 심지어 명랑한 일상적인 삶을 즐기는 오만함에까지 이르게 되었다. 그러한 대상들은 자신 속에 있는 참된 내용으로 나아가는 보다 더 심오한 내용은 만족시킬 수 없다. 그러나 심정과 사유는 비록 그러한 대상들에 대해 만족하지 못하더라도 더 자세히 보면 그것들과 화해할 수는 있다. 왜냐하면 회화와 화가의 기술이란 바로 우리를 기쁘게 하고 우리를 매혹시키는 일이기 때문이다. 그리고 사실 회화가 뭔지 알고 싶고 이런저런 대가에 대해 '그는 정말 그림을 그릴 줄 아는군'이라고 말할 수 있으려면 그 그림들을 바라보아야 한다. 그러므로 예술가에게 중요한 것은 그런 식으로 산출된 예술작품을 통해 우리에게 대상을 새삼스럽게 보여주는 일이 아니다. 우리는 이미 그에 앞서 비둘기나 꽃, 사슴, 나무, 모래사장, 바다, 해, 하늘, 일상적으로 쓰는 기구들의 모양새나 장식, 말, 전사들, 농부들, 담배 피우는 것, 이를 빼는 것 등 가정에서 일어나는 온갖 장면들을 다 보아온 터이다. 그러한 것들은 자연 속에 이미 풍부하게 주어져 있는 것들이다. 그러므로 우리를 매혹시키는 것은 내용과 그 실재가 아니라 어떤 대상을 아주 무관심하게 가상화(假象化)하는 일이다. 곧 미(美)에서 가상은 가상으로 고정되고, 예술은 외적인 현상들이 그 속에 침잠하여 가상화되는 온갖 비밀을 표현할 때 그 대가의 솜씨를 보여준다. 즉 여기에서 특히 예술이 할 일은 생동하는 기존세계에 존재하는 것들이 특수하면서도 보편적인 가상의 법칙들과 조화를 이루다가 순간적으로 완전히 변하는 모습을 관찰하고, 이를 섬세한 감각으로 그려 일시적인 것을 참되고 충실하게 고정시키는 일이다. 한 그루의 나무, 하나의 풍경은 이미 그 자체로 뭔가 확고하게 지속되는 것이다. 그러나 금속의 반짝거림, 햇빛을 받아 반짝이는 포도의 빛깔, 달이나 해가 사라지는 모습, 웃음, 재빨리 스쳐 지나가는 심정에서 나온 표정, 우스꽝스러운 움직임, 자세, 얼굴표정―이러한 일시적이고 순간적으로 스쳐 지나가는 것을 포착하고 이를 생생한 모습으로 완벽하고 지속적인 것으로 우리 눈앞에 보여주는 것, 그것이 바로 이 회화 예술의 단계에서 성취해야 할 가장 어려운 과제이다. 고전적인 예술은 이상(理想) 속에 들어 있는 본질적이고 실체적인 것만을 형상화했다면, 여기 낭만적인 예술에서 우리가 보는 것은 변하는 자연의 재빨리 스쳐 가는 모습, 즉 물의 흐름이나 폭포, 솟구치는 바다의 파도, 유리잔이나 접시 따위의 우연히 반짝거리는 정물, 특수한 상황 속에 있는 정신이 외화되는 형상, 등잔 밑에서 바늘귀에 실을 끼우는 여자, 우연히 움직이는 강도들의 모습을 포착한 것, 바뀌는 순간적인 동작, 어느 농부가 씩 하고 웃는 것을 고정시킨 모습 등이다. 그러한 것을 대가적으로 묘사한 사람들로는 오스타더(Ostade), 테니르스(Tenieres), 스테인(Steen)[16]을 들 수 있다. 그러한 묘사는 무상한 것에 대한 예술의 승리이며, 그 안에서 실체적인 것은 곧 우연한 것과 일시적인 것에 대해 지녔던 그 우월성을 상실하고 만다.

    이제 여기에서 본래 내용이 되는 것은 대상들의 가상(假象) 그 자체이다. 예술은 일시적으로 스쳐 지나가는 가상들을 고정시키고 이를

---

16) 오스타더(A.van Ostade, 1610~1685), 테니르스(D.Teniers, 1610~1690), 스테인(J.Steen, 1626~1679). 이들은 모두 네덜란드의 화가들이었다.

더 발전시켜 나간다. 다시 말해서 대상들을 제외하고 그것들을 표현하는 수단 자체가 목적이 되므로, 주관적인 숙련성과 예술수단을 이용하는 일이 곧 예술작품의 객관적인 대상으로 드높여진다. 네덜란드인들은 이미 일찍부터 색채의 물리적인 특징들을 세밀히 연구했다. 반아이크(van Eyck), 멤링(Memling), 스코렐(Scorel)17)은 금·은의 광채, 보석, 비단, 비로드, 털옷감 등의 광택을 거의 실제와 구분할 수 없을 만큼 자세하게 묘사할 줄 알았다. 색채를 마법처럼 비밀스럽게 사용함으로써 아주 놀라운 효과(效果)를 가져오는 이 장인(丈人)적인 기술은 이제 그 독자적인 가치를 인정받게 되었다. 정신이 사유(思惟)하고 이해함으로써 세계를 표상하고 사유 속에서 이를 다시 복제해 내듯이, 이제는 대상 자체에서 독립되어 외면성을 감각적인 색채와 빛깔의 요소로 다시 주관적으로 창조하는 것이 중요한 일이 되었다. 이는 곧 주관적인 음악이자 색채들의 음향이다. 다시 말해 음악에서 개개의 음색 자체는 아무것도 아니지만, 이들이 다른 음색들과 대조되거나 화합을 이루며 넘어가고 섞이는 관계 속에서 효과를 일으키듯이 색채에서도 마찬가지이다. 화면 속에서 금처럼 빛을 받은 금실은실의 반짝거리는 색채의 가상(假象)을 가까이서 고찰하면 하얗고 노르스름한 붓의 선들, 점들과 채색된 표면일 뿐이다. 즉 개개의 색 자체는 효과를 불러일으킬 만한 광택을 지니고 있지 않다. 그것들을 서로 결합시켰을 때 비로소 반짝이고 현란한 것이 나타나는 것이다. 예를 들어 테르보르흐(Terborch)18)가 그린 세계지도를 보면 온갖 색채를 나타

---

17) 반아이크(van Eyck, 1370~1441), 멤링(H.Memling, 1433~1494), 스코렐(van Scorel, 1495~1562). 이들도 네덜란드의 화가들이다.
18) 테르보르흐(G.Terborch, 1617~1681). 네덜란드의 화가.

한스 멤링 作, 요한과 마리아 제단의 그림(유화, 1479)

내는 점 하나하나 자체는 광택이 없이 희부연한 것이며, 희끄무레하거나 푸르스름하거나 노란색이지만 조금 떨어져서 다른 색채들과 연관해서 보면 실제로 세계지도에 적합한 아름답고 온화한 광채가 나타난다. 이는 비로드를 묘사할 때도, 빛의 유희나 구름의 향기 또는 다른 모든 것들을 묘사할 때도 마찬가지다. 예를 들어 대상을 볼 때 여기에서 표현하고자 하는 것은 흔히 풍경에서 그렇듯이 그 대상을 보는 심정의 반사가 아니라, 전적으로 주관적이고 대가적인 솜씨이다. 즉 그것은 이 객관적인 방식으로 수단 자체를 생동하게 작용하는 것으로 능숙하게 묘사함으로써 그 자신 속에서 스스로 구체성(具體性, die Gegenständlichkeit)을 산출해 낼 수 있음을 보여주는 일이다.

γ) 그럼으로써 이제 묘사된 어느 대상을 볼 때 우리의 관심은 전적으로 그 대상을 보여주려고 한 예술가의 주관성 쪽으로 기울어진다.

따라서 중요한 것은 스스로 완성되고 스스로에 의거하는 작품을 형태화하는 일이 아니라, 산출하는 *주체*가 자신의 작품을 통해 자신을 드러내려고 하는 바로 그 점이다. 이 주관성이 더 이상 외적인 표현수단과 관계하지 않고 *내용* 자체와 관계할 때, 그로 인해 예술은 기분과 해학의 예술이 된다.

b. 주관적인 해학

해학(諧謔)에서 보면, 예술가는 자신의 개별성과 그의 심오한 측면에 따라서 자기 자신을 산출해 내므로, 거기에서는 예술가라는 이 인격이 지닌 정신적인 가치가 중요하다.

α) 이제 해학의 과제는 내용을 그 본질적인 성질에 맞게 객관적으로 펼치고 형상화하게 하고 이렇게 발전하는 가운데 이를 자기 자신으로부터 분류하고 완성해 내는 것이 아니다. 오히려 예술가 자신이 그 소재 속으로 발을 들여 놓으므로, 그의 주요한 활동은 객관화되고 확고한 실제의 형상을 얻으려 하거나 또는 외부세계에 있는 것처럼 보이는 모든 것들을 예술가의 주관적인 착상과 번득이는 사상, 놀라운 이해방식으로 스스로 붕괴하게 하고 해체하는 데 있다. 그럼으로써 객관적인 내용이 지닌 모든 독자성과 사물에 의해 주어진 확고한 형상의 관계는 스스로 사라지고, 이때 다만 대상들과의 유희인 표현이 이루어진다. 즉 작가는 소재를 변경하고, 왜곡시키고, 이리저리 바꾸고, 주관적인 표현, 견해, 태도들을 서로 엇갈리게 함으로써 자기 대상들뿐만 아니라 예술가 자신도 스스로에게 내맡긴다.

β) 여기에서는 자기 자신과 기존의 것에 대해서 익살이나 농담을 부리는 자연스러운 속임수가 나오기 쉽다. 그리하여 종종 해학적인 형태를 취하려는 시도가 나온다. 그러나 주체가 불확실하게 배회하며 서로 대립되는 것들을 종종 의도적으로 기괴한 것으로 연결시키는 우연적인 착상이나 재미에 의존할 때, 해학도 역시 쉽게 무미건조하게 된다. 어떤 민족은 그런 종류의 해학에 더 빠지는가 하면, 어떤 민족은 이를 단호하게 거부한다. 프랑스인들의 경우 대체로 해학 면에서 별로 운이 없는 민족이며 우리 독일인들은 좀 더 운이 있는 민족이다.[19] 또 우리 독일인들은 착오에 대해서도 좀 더 관대하다. 예를 들면 우리 독일인이 애호하는 해학가(Humorist)로 장 파울(Jean Paul)을 들 수 있다. 그러나 그는 다른 해학가들보다도 더 눈에 띄게 객관적으로 서로 요원한 것들을 기이한 방식으로 합치고 대상들을 아주 난삽하게 뒤섞어서 그 관계를 종종 주관적인 것으로 만들곤 한다. 그의 소설에서는 이야기나 내용, 사건의 과정들은 전혀 흥미가 없다. 그에게 중요한 것은 어떤 내용이든 거기에 자신의 주관적인 기지를 관철시키기 위해서 사용하는 해학을 이리저리 드러내 보이는 일이었다. 이처럼 세계의 모든 지역과 현실 분야에서 긁어모은 소재를 서로 뒤섞어서 잇는 가운데 해학적인 것도 역시 의미와 형상이 서로 일치하지 않는 상징적인 것으로 되돌아간다. 이제 여기서는 오로지 시인의 주관성만이 주어진 소재와 그 의미를 마음대로 다루면서 이들을 낯설게 배열해 놓는다.

그러나 그러한 일련의 착상들은 곧 피곤한 것이 된다. 이는 특히 우

---

[19] 헤겔의 이러한 판단은 사실 그의 주관적 판단이라고 우리는 보아야 한다. 왜냐하면 실제로 독일인들은 여러 측면에서 볼 때 오히려 내성적이고 사색적이며 우울한 면이 강해 밝은 의미의 해학과는 거리가 먼 민족이기 때문이다.

리가 우연히 작가의 머릿속에 떠오른 종종 전혀 추측하기 어려운 대상들의 결합을 표상하고 이를 감히 체험하려고 시도할 때 드러난다. 특히 장 파울이 보여주는 비유, 기지(機智), 재미, 비교 따위는 그 하나하나가 지리멸렬하다. 거기에서는 제대로 된 것은 하나도 볼 수 없고 모든 것은 효과 없이 불발로 끝난다. 그러나 뭔가 해체되어야 한다면 이는 미리 펼쳐지고 준비되어야 한다. 다른 측면에서 보면, 만약 주체의 심정이 참된 객관성으로 충만해져서 중심을 이루면서 지탱하는 일을 하지 못하면 해학은 곧 감상적(感傷的, das Sentimentale)이고 다감(多感)한 상태로 넘어간다. 그에 대한 예를 보여주는 사람도 역시 장 파울(Jean Paul)이다.

γ) 그러므로 이런 기형적인 모습과 거리가 먼 참된 해학을 드러내려면 단지 주관적으로 그럴싸하게 보이는 것을 실제로 풍부하게 표현하여 강조하고, 우연하고 단순한 착상에서 나와, 매우 깊고 풍요한 정신으로 실체적인 것이 드러나야 한다. 슈테르네(Sterne)와 히펠에게서 볼 수 있듯이 시인은 대상을 외화(外化)시키고 스스로 몰두하는 가운데 전적으로 비편파적으로 머물고 눈에 띄지 않을 정도로 천천히 앞으로 나아가면서 아무 의미 없는 듯이 보이는 것에도 아주 깊은 개념을 부여해야 한다. 또한 개별적인 것들은 질서 없이 솟아나오므로 이들의 내적인 관계를 좀 더 심오하게 다루어 그 개별적인 것들 속에서 정신의 빛을 드러내야 한다. 이로써 우리는 낭만적 예술의 종결점인 근대적인 입장에 도달했다. 그 낭만적 예술의 특성은 예술가의 주관성이 그가 다루는 소재나 그가 산출하는 작품 자체보다 더 우월하다(daß die Subjektivität des Künstlers über ihrem Stoffe und ihrer Produktion steht)는 점에 있다. 왜냐하면 예술가의 주관성은 이미 규

정된 내용이나 형식 같은 조건들에 더 이상 지배되지 않고, 스스로 내용뿐만 아니라 이를 형태화하는 방식도 전적으로 선택할 수 있는 권리를 갖고 있기 때문이다.

c. 낭만적 예술형식의 종말

우리는 지금까지 예술을 고찰하면서 의미와 형태의 통일성, 그리고 예술가의 주관성이 그 내용 및 작품과 일치하는 것을 근간으로 삼았다. 더 자세히 살펴보면 이는 특정한 종류의 통일성으로서 내용과 그에 맞는 표현을 위해 모든 형태화에 적절한 본질적인 규범을 부여하는 일이었다.

이와 관련해 우리는 예술이 처음 발생하던 시기에, 동방에서는 정신이 아직 스스로 자유롭지 못했었다는 것을 발견했다. 그때 정신은 여전히 자연적인 것 안에서 스스로 절대자를 찾으려고 했으므로, 자연적 것 자체를 신성한 것으로 파악했었다. 더 나아가 고전적인 예술에서는 고대 그리스의 신들을 얽매이지 않고 자유로우면서 정신을 지닌 것으로 직관하기는 했지만, 그러나 본질적으로 여전히 긍정적인 요소인 인간의 자연형상에 붙들려 있는 개인들로 표현했었다. 그리고 낭만직인 예술에 와서 비로소 정신은 그 고유한 진심 속에서 심화(深化)되었다. 이와는 대조로 대체로 외적인 실재성이자 세속적인 육체는 비록 그것을 통해 정신과 절대자가 드러나야 하지만, 우선은 하찮은 것으로 설정되었다가 결국 다시 점점 더 긍정적인 방식으로 그 가치를 얻을 줄 알게 되었다.

a) 이런 식의 세계관은 여러 민족과 시대들의 본질적인 정신이 되

는 종교를 이루고, 예술을 관통하고 또 그 밖에 다른 모든 현재적인 영역도 생생하게 관통해 간다. 이제 모든 인간은 정치적, 종교적, 예술적, 학술적인 활동에서 자기 시대의 산물이며, 바로 자기 시대의 본질적인 내용과 그 필연적인 형상을 만들어 낼 과제를 갖게 된다. 그와 마찬가지로 민족정신을 예술적으로 적합하게 표현하도록 발견하는 것도 예술의 규정이 된다.

이제 예술가가 그러한 세계관이나 종교의 피규정성과 직접적으로 일치하고 확고한 신앙에 매여 있을 때 그 예술가에게는 그 내용을 표현하는 일이 참으로 *진지한 것*이 된다. 다시 말해서 그 내용은 예술가에게는 자신의 의식 속에 들어 있는 무한하고도 참된 것이 된다. 이야말로 그가 자신의 내적인 주관성에 따라 근원적으로 그 안에서 동일성을 느끼며 살 수 있는 내용이다. 한편 형태는 예술가가 그 안에 위와 같은 내용을 드러내고 대상들의 절대성과 영혼을 직관하도록 드러낼 수 있는 것으로서, 그에게는 궁극적이고 필연적인 최상의 것이 된다.

예술가는 자신 속에 내재하는 소재의 실체를 특정한 표출(Exposition) 방식에 연결시킨다. 왜냐하면 예술가는 소재와 그 소재에 속하는 형태를 직접 예술 자신 속에 자기의 본질로 지니고 있기 때문이다. 이는 그의 상상에서 나오는 것이 아니라 바로 그 자신*이며*, 따라서 그는 이 참으로 본질적인 것을 자신에게 객관화시키고, 그것을 자신으로부터 생생하게 표상해내고 형성해내는 작업만을 하게 된다. 오직 그럴 때만 예술가는 자신이 가진 내용과 그것을 표현하기 위한 영감을 가지며, 그가 꾸며내는 것은 그의 자의(恣意)적인 산물이 아니라, 그의 내부에서, 이 실체적인 기반으로부터, 이 바탕으로부터 솟아 나오는 것이다. 그 내용은 예술가에 의해서 그 개념에 적합한 개별적인 형태에 이르기까지 멈추지 않는다.

 그에 반해 우리는 이제 어느 고대 그리스의 신이나 또는 오늘날 신교도(新敎徒)로서 마리아를 어떤 조각작품이나 회화의 대상으로 삼으려고 한다면, 우리는 그러한 소재에 대해 더 이상 참으로 진지하지 못하게 된다. 그때 우리에게는 내적인 믿음이 결여되어 있는 것이다 — 물론 예술가는 신앙으로 가득 차 있던 시대에도 사람들이 일반적으로 경건한 남자라고 부르는 바로 그런 사람일 필요는 없었지만. 사실 예술가들은 대체로 언제나 아주 경건한 사람들은 아니었다. 그러나 이때 다만 내용이 예술가의 의식의 실체이자 내적인 진리가 되어 그에게 필연적인 표현방식을 부여할 수 있기만을 요구한다. 왜냐하면 예술가는 산출하는 가운데서도 동시에 자연적인 존재이며, 그의 능숙한 솜씨는 *자연적인* 재능이기 때문이다. 그래서 그가 미치는 효과는 그 소재와 전적으로 대립되면서 자유로운 사상, 순수한 사유 속에서 그와 하나가 되어 순수하게 이해하는 행위가 아니라, 아직도 자연적인 측면에서 못 벗어나고 직접 대상과 결합되어 있으면서 이를 믿고 스스로 그 대상과 동일화하는 행위이다. 그때 주관성은 전적으로 대상 속에 놓여 있으며, 예술작품 역시 천재의 완전히 분리되지 않은 내면성과 힘으로부터 산출되며, 산출된 작품은 *굳건하고*, 흔들리지 않으며 그 안에 충분히 집약된 것을 내포한다. 이것이 바로 예술을 완진하게 만드는 근본적인 상태이다.

 β) 그에 반해 예술은 그것이 발전해 온 과정에서 그 입장을 살펴볼 때 상황이 완전히 변했다. 그러나 우리는 이를 예술이 외적인 시대의 궁핍함에 따른 범속한 의미나 부족한 관심 때문에 단순히 우연히 불행에 부딪힌 것이라고 간주할 필요는 없다. 그것은 예술 스스로가 미

친 효과였고, 예술이 지속적으로 이행되면서 나타난 것이다. 예술은 그 속에 내재하는 소재를 대상으로 직관하는 가운데 그 과정 속에서 이행해 왔고, 자신이 표현한 내용으로부터 스스로를 해방시키는 업적을 세웠다. 그러나 우리가 예술이나 사상을 통해 대상을 *너무나* 완전하게 우리의 감각적 또는 정신적인 눈앞에 드러낼 때 내용은 전부 드러나고, 불확실하거나 내면적인 것은 더 이상 남아 있지 않을 때, 바로 거기에서 절대적인 관심사는 사라지고 만다. 왜냐하면 관심이란 오직 신선한 활동에 대해서만 생겨나기 때문이다. 정신은 아직도 비밀스러운 것, 개시되지 않은 것이 대상 속에 들어 있는 동안만 그 대상에 대해 작용한다. 이는 소재가 우리 자신과 동일한 동안에만 그러하다. 그러나 이제 예술이 그 개념 속에 들어 있는 본질적인 세계관과, 이 세계관의 범위 속에 들어 있는 내용을 모든 측면으로 드러낼 때마다 예술은 매번 어느 특수한 민족이나 특수한 시대의 특정한 내용에서 벗어난다.

그리하여 그러한 내용을 다시 수용하려는 진정한 욕구는 지금까지 타당하던 모든 내용에 맞서 거기에서 등을 돌리려고 할 때만 다시 일어난다. 예를 들어 고대 그리스의 시인 아리스토파네스가 자기 시대로부터 벗어나려 했던 것, 그리고 루키아누스(Lukian)가 과거 그리스 시대 전체로부터 벗어나려고 했던 것, 또 중세 말기에 이탈리아와 에스파냐에서 아리오스토와 세르반테스가 기사도에 등을 돌리기 시작했던 것도 그 때문이었다.

이제 우리는 예술가가 자기의 국민성이나 시대, 자기의 본질에 따라 어느 특정한 세계관이나 내용, 표현형식을 갖던 시대와는 전적으로 반대되는 입장을 지니는 것을 발견한다. 이는 근대에 와서 그 발전이 완성됨에 따라 비로소 중요성을 띠게 되었다. 즉 우리 시대에 와서는 거의 어느 민족에게서나 반성적인 교육과 비판이 지배하게 되었고, 우리 독일인에게서는 사상의 자유가 예술가들도 지배하게 되었다. 그리하여 예술가들은 그들의 소재나 그들이 산출하는 형식과 관련해 볼 때 낭만적 예술형식에 필연적인 특수한 단계들을 지난 뒤에는 이른바 백지(白紙, tabula rasa) 상태가 되었다. 즉 오늘날의 예술가는 더 이상 어떤 특수한 내용이나 소재에만 적합한 표현 방식에 매달리지 않는다. 따라서 예술은 예술가가 자신의 주관적인 능숙한 기술에 따라 어떤 종류든 모든 내용과 관련해서 균형 있게 다룰 수 있는 자유로운 도구가 되었다. 그리하여 예술가는 축복받은 특정한 어떤 형식이나 형태보다 우월한 존재가 되었고, 평소에는 성스럽고 영원한 것으로 의식(意識)되었던 내용이나 직관방식에서 독립되어 스스로 자유로이 움직이게 되었다. 어떤 내용이나 형식도 이제는 더 이상 예술가의 진심, 자연, 무의식적인 본질과 동일한 것으로 머물지 못한다. 즉 만약 예술가가 일반적으로 미적 예술적으로 다룰 능력만 있다면 그에게는 어떤 소재라도 그것이 대체로 미적(美的)이고 예술적으로 다룰 수 있는 형식적인 법칙에 어긋나지 않으면 예술가에게는 아무래도 상관없을 것이다.

  오늘날에는 이러한 상대성을 벗어나 절대적으로 머물 수 있는 소재란 없다. 그리고 실혹 그런 것을 초월한 소재가 있다 해도 석어도 그 소재를 예술로 표현하려는 절대적인 욕구는 존재하지 않는다. 그러므로 예술가는 대개 다른 낯선 사람들을 무대 위에 내세워 자신의 내용을 표현하는 극작가와 같은 관계를 지닌다. 물론 그는 지금도 여전히 자기의 천재성을 주입시키고, 자기 고유의 소재를 그 안에 엮어 넣기는 한다. 하지만 그것은 대개 전적으로 우연히 일어날 뿐이다. 그에 반해서 그 소재를 좀 더 상세히 개성화하는 일은 예술가 자신의 것이 못된다. 그는 그렇게 하기 위해서는 자기의 영상들과 형태화 방식들, 전에 있던 비축된 예술형식들을 필요로 한다. 이 비축된 것들 자체는 모양이 어떻든 예술가에게는 무관한 것이며, 다만 그것들이 그에게 이런저런 적당한 소재로 드러날 때에만 중요하게 된다. 그 밖에도 대부분의 예술들, 특히 조형예술에서 대상은 이미 외부에서 예술가에게 주어진다. 그는 주문을 받아서 작업하며, 이제 성스러운 이야기나 세속적인 이야기들, 장면들, 초상화를 그려내거나, 교회 건축물 따위를 지을 때 거기에서 무엇을 만들어 낼 것인가에만 주목하면 된다. 왜냐하면 예술가의 심정이 아무리 기존의 내용 속으로 주입되더라도, 그것은 예술가에게는 언제나 직접 실체적인 것으로 의식되지 못하는 소재로 머물기 때문이다. 그러므로 지나간 세계관을 본질적인 것으로 다시 획득하려 하거나 그때의 직관방식 속으로 다시 확고하게 되돌아가려는 일 따위는—예를 들어 근래에 와서 많은 사람들이 예술을 위해 자신들의 심정을 고정시키고, 자신들이 표현하는 것을 뭔가 즉자대자적인 것처럼(Anundfürsichseiendem) 되도록 하기 위해서 가톨릭 신앙으로 되돌아가려고 했던 것처럼—아무런 도움이 못된다.

　예술가는 작품을 산출할 때 확고한 심정을 가지려 하거나 자신의 영혼을 구원하려고 신경 써서는 안 된다. 그의 위대하고 자유로운 영혼은 원래 그가 산출 작업을 하기 이전부터 자신이 어디에 있는지 알고 있어야 하며, 자기 영혼에 대해 스스로 확신을 갖고 있어야 한다. 그리고 오늘날의 위대한 예술가는 특히 정신의 자유로운 교육이 필요하다. 그러한 교육을 받았을 때 특정한 형태로 직관 표현되는 모든 한정된 미신이나 신앙은 단순한 측면을 지닌 요소로 격하된다. 자유로운 정신은 그러한 것들 안에서 자기가 표현하는 것을 절대 성스러운 것으로 만드는 조건들을 보지 못한다. 그는 단지 스스로 그것들을 재창조할 때 그들에게 맞는 좀 더 숭고한 내용을 통해 가치를 부여하면서 그것들을 지배하게 된다. 이런 식으로 이제 예술가에게는 모든 형식과 소재가 주어지며, 그의 재능과 천재성은 전에 특정한 예술형식에 제한되던 것에서 벗어나 그러한 형식과 소재를 이용할 수 있게 된다.

γ) 그러나 이제 끝으로 일반적인 입장에 따라 이 예술의 단계에서 독특한 것으로 고찰되는 내용과 형식에 대해 묻는다면 다음과 같은 결과가 나온다.

일반적인 예술형식들은 주로 예술이 도달할 수 있는 절대적인 진리와 관련된다. 그리고 그 예술들은 의식에 절대적으로 타당한 것으로 드러나면서 자체 안에 지닌 형태화의 원리를 특정하게 이해하는데 근거해서 특수화되었다. 이런 점에서 우리는 자연의 의미들이 내용으로, 그리고 자연 사물들과 의인화된 것들이 상징적 예술에서 표현형식으로 강조되는 것을 보았다. 고전적인 예술에서는 정신적인 개성이 강조되었지만 이는 구체적이고 내면화되지 못한 현재로서, 그 위에는 추상적인 운명의 필연성이 군림하고 있었다. 그러나 낭만적 예술에서는 정신성이 자신 속에 내재하는 주관성과 더불어 존재했고, 그 내면성에 대해 외형은 우연적인 것으로만 머물렀다. 이 최후의 (낭만적) 예술형식에서도 예전의 고진직 예술형식에서처럼 신적(神的)인 것이 예술의 절대적인 대상이기는 했지만, 그러나 이제 그 신적인 것은 자신을 객관화하고 규정지음으로써 자신에게서 나와 계속해서 세속적이고 주관적인 내용으로 옮겨가야 했다. 그리고 인격(人格)의 무한성은 무엇보다도 명예와 사랑, 충성 속에 들어 있었고, 그 다음에 특수한 개인들, 즉 인간사 현실의 특수한 내용과 결합된 특정한 성격 속에 들어 있었다.

그리고 그런 특수하게 한정되고 뒤얽힌 내용은 마침내 모든 피규정성을 뒤흔들어 놓고 다시 해체시킬 줄 아는 해학(諧謔)에 이르러 폐기되었고, 그럼으로써 예술로 하여금 스스로를 초월하여 나아가게 하였다(ließ die Kunst dadurch über sich selbst hinausgehen). 그러나 예술이 이처럼 스스로를 초월해서 나아가는 것 속에는 또 역시 인간이 자기 자신 속으로 회귀하는 것, 즉 바로 자신의 가슴속으로 침잠하는 것이 들어 있다.

그럼으로써 예술은 특정한 영역의 내용과 이를 이해하도록 확실하게 한정짓는 모든 것을 스스로에게서 떨쳐버린다. 그리고 *인간(Humanus)*을, 인간의 심정 자체를, 그의 기쁨, 슬픔, 노력, 활동, 운명 속에 들어 있는 보편적인 인간성을 예술의 대상인 새로운 성자(聖者)로 삼는다. 이로써 예술가는 자기가 원하는 내용을 스스로에게서 얻고, 실제로 자신을 규정하고, 자신의 감정과 상황들의 무한성(無限性)을 고찰하고 사유하며 표현하는 인간정신(人間精神, Menschengeist)이 되었다. 그에게는 인간의 가슴속에서 생생하게 움직이는 것이면 그 어떤 것도 더 이상 낯설지 않다. 이 내용은 절대적으로 예술적으로 규정되어 머물지 않으며, 오히려 내용과 형상화하는 것을 자의적인 창의에 맡긴다. 하지만 어떤 관심사도 배제하지는 않는다. 왜냐하면 예술은 더 이상 그 정해진 단계에서 절대적으로 안주하고 있는 것만 표현할 필요가 없게 되었고, 오히려 대체로 인간이 친숙해질 수 있는 것이라면 무엇이든 표현할 수 있게 되었기 때문이다.

이와 같이 다양하고 폭넓은 소재에 대해 이제 무엇보다도 그것들을 다루는 방식에 있어 도처에 오늘날의 정신의 현재성을 드러내야 한다는 것이 요구된다. 물론 오늘날의 예술가는 예전의 예술가들과 어울릴 수 있다. 비록 최후의 예술형식의 시인이 되더라도 호메로스 파

(派)의 시인이 된다는 것은 멋있는 일이다. 그리고 중세의 전환점을 반영했던 낭만적인 예술의 형상들도 그 공로가 있을 것이다. 그러나 어떤 소재가 지닌 보편타당성, 심오함, 특성과 그것을 다루는 방식은 서로 별개의 것이다. 우리 시대에는 호메로스나 소포클레스 따위, 어떤 단테나 아리오스토, 또는 셰익스피어 같은 사람은 다시 등장할 수 없다. 그토록 위대하게 노래되고 자유로이 표현되었던 것들은 이미 한번 표현된 것으로 끝난 것이다. 이미 노래된 그것들을 바라볼 때 우리는 그 소재들과 그것들이 표현된 방식들을 이해한다. 그러나 우리에게는 오직 현재만이 신선하며 그 밖의 다른 시대는 이미 빛이 바랜 것이고 또 점차 바래가고 있다(Nur die Gegenwart ist frisch, das andere fahl und fahler).

우리는 역사적인 면에서 프랑스인들을 비난하지 않을 수 없다. 또 미학적인 면에서 그들이 고대 그리스나 로마의 영웅들, 중국인들, 페루인들을 프랑스의 왕자나 공주들처럼 묘사하고 그들에게 루이 14세(Louis XIV) 시대에 통했던 동기와 견해들을 부여한 데 대해서도 비판하지 않을 수 없다. 그러나 만약 그러한 동기와 견해들 그 자체가 좀더 깊이 있고 미적이었더라면 이처럼 그 소재들을 현시대의 예술로 옮겨 놓았다 해서 그것만으로 해가 되지는 않았을 것이다. 오히려 그 반대로, 모든 소재는 어느 시대 어느 민족의 것이든 바로 이 생생한 현재성을 띨 때만 그 예술적인 진리를 얻게 된다. 그 현재성 속에 들어 있는 소재들은 인간의 가슴과 그 가슴속에 반영된 것을 채워주고 우리로 하여금 진리를 느끼고 표상할 수 있게 한다. 즉 영원히 인간적인 것이 다양한 의미와 이런저런 무한한 형상으로 나타나고 효력을 미칠 때, 바로 이러한 인간적인 상황들과 감정들이 혼합되어 들어 있는 것 안에서 우리의 예술은 절대적인 내용을 이룰 수 있는 것이다.

이 단계에서 우리는 일반적으로 독특한 내용에 대해 자세히 살펴보았다. 그러나 이제 끝으로 낭만적 예술이 해체되는 형식으로 돌아가 고찰해 보면, 우리는 한편으로 무엇보다도 예술이 붕괴(Zerfallen der Kunst)되고 있다고, 즉 외적으로 객관적인 것이 우연한 형태 속에서 모방되고 있다고 강조할 수 있다. 그 반면에 다른 한편으로 또 해학 속에서 주관성이 그 내적인 우연성에 따라 자유로워진다는 점도 강조할 수 있다. 우리는 또 끝으로 앞서 암시한 소재 내에서 그처럼 낭만적인 예술이 극단화되는 모습이 집약되는 것을 주지할 수 있다. 다시 말하면 우리는 상징적인 예술에서 고전적인 예술로 이행해 가는 단계에서 이미지와 비유, 경구(警句) 따위가 변화되어 가는 형태를 고찰했듯이, 여기 낭만적인 예술에서도 그와 비슷한 형식을 언급할 필요가 있다. 낭만적인 예술을 이해하는 방식에서 중요한 것은 내적인 의미와 외적인 형태가 서로 떨어져 나간다는 점이다. 이러한 분리는 부분적으로 예술가의 주관적인 행위에 의해 지양되고, 가능한 한 동일한 것으로 변형되었다. 이제 낭만적인 예술에서는 원래 자신 속에 만족하는 내면성이 더 심오하게 분열되어 나갔다.

대체로 객관적인 것은 자신 속에 스스로 존재하는 정신에 완전히 일치하지 못하므로 그 내면성은 객관적인 것에 대해 취약하거나 무관심해지게 되었다. 낭만적인 예술의 과정 속에서 이러한 대립은 우리가 우연적인 외면성이나 또는 우연한 주관성에 대해서만 관심을 갖는 쪽으로 발전해 갔다. 그러나 이처럼 외면성이나 주관적인 표현에 대한 만족이 낭만적인 예술의 원리에 맞게 심정이 대상 속으로 침잠하는 일로 상승되고, 또 다른 한편으로 주관적으로 반사된 가운데서의 대상과 그 대상을 표현하는 일이 해학에게 있어 중요한 일이 되면, 이를 통해 우리는 대상 속에서 친밀감, 곧 객관적인 해학을(objektiven

Humor)을 얻게 된다. 그러나 그러한 친밀감은 다만 부분적인 것일 뿐이고, 노래라든지 또는 더 큰 전체의 일부로서만 드러난다. 왜냐하면 그것은 자신을 확장하고 객관적으로 이행하는 가운데 행위와 사건이 되며, 그러한 행위나 사건들을 객관적으로 표현할 수 있어야 하기 때문이다. 그에 반해 우리는 여기서 오히려 심정(心情)이 대상 속에 아주 다감하게 몰입한다고 보아도 된다. 즉 그 심정은 펼쳐지면서도 환상과 마음의 주관적이고 정신적인 움직임으로 머문다. 그것은 착상이면서도 단순한 우연이나 자의에 머물지 않고 정신의 내적인 움직임이 되는 바, 이 움직임은 전적으로 대상에 몰두하면서 그 대상에 관심을 갖고 이를 내용으로 삼는다.

이런 점에서 우리는 이처럼 최후의 예술이 번성한 모습을 최초에 단순한 예술형식으로 드러난 고대 그리스의 경구(警句, Epigramm)와 대조해볼 수 있다. 여기에서 의미하는 형태는 대상에 대한 언급이 그저 그 대상을 단순하게 부르거나 제명(題名) 또는 표제어가 아니라, 심오한 느낌, 적절한 기지, 함축적인 반성(反省), 그리고 사소한 것이라도 시(詩)로 이해하고 활력을 불어넣어 확대시키는 정신력이 풍부한 상상력이 움직일 때 드러난다. 그러나 이제 무엇인가에 대해서 쓰인 시(詩), 즉 나무 혹은 물레방아가 도는 개울, 봄에 관한 시 따위, 살아 있는 것과 죽은 것에 대한 시는 셀 수 없이 나앙하고 어느 민족에게서나 산출될 수 있지만, 그러나 그것들은 비속하고 대개는 곧 지루하게 되고 만다. 왜냐하면 특히 반성(反省, Reflexion)과 언어가 발달한 곳에서는, 대개 누구나 대상이나 상황을 보고 뭔가를 마음속에 떠올려서 편지를 쓸 줄 알듯이 그러한 대상을 능숙하게 표현할 줄 알기 때문이다. 그처럼 일반적이고 종종 — 물론 새로운 뉘앙스를 띠기는 해도 — 반복되어 나타나는 시가(詩歌)들에 대해서는 사람들이 금방

싫증을 느낀다. 그러므로 이 단계에서는 주로 진심어린 심정이 심오한 정신과 풍부한 의식이 상황과 상태 따위 속으로 철저히 파고들어가 그 안에 머물고, 그럼으로써 대상으로부터 뭔가 새로운 것, 미적인 것, 스스로 가치 있는 것을 만드는 일이 중요하다.

이 점에서는 특히 페르시아인들과 아랍인들을 언급할 수 있다. 그들이 그린 동양적이고 호사로운 그림들은 그들이 상상력의 자유로운 축복 속에서 매우 사색적으로 대상들에 관여한 것으로, 오늘날의 주관적인 진심에도 뛰어난 모범이 되고 있음을 보여준다. 그런 점에서는 또 에스파냐인들과 이탈리아인들도 역시 탁월한 업적을 이루었다. (독일의 시인) 클롭슈토크는 (이탈리아의 시인) 페트라르카(Petrarca)에 대해 말하기를, "페트라르카는 송가(頌歌)에서 달(Laura)을 노래했다. 이는 경탄하는 사람들에게는 아름다워 보이겠지만 사랑하는 사람들에게는 그렇지 않다"라고 하였다.[20]

그러나 클롭슈토크 자신의 송가들도 단지 도덕적인 반성과 우울한 동경, 불멸의 행복에 대한 과장된 열정으로만 가득 차 있다. 그 반면에 페트라르카의 시에서는 고귀해진 자유로운 느낌이 경탄할 만하다. 여기에는 물론 애인에 대한 갈망이 간절하게 표현되면서도 자신 속에서 만족하고 있음이 드러난다. 왜냐하면 갈구하고 욕구하는 것은 술과 사랑, 주점 등에 한정되는 그런 대상들에게 없어서는 안 되기 때문이다. 예를 들어 페르시아인들에게도 그런 이미지들은 아주 풍부하지만, 그러나 여기에서 환상은 그것이 갖고 있는 주관적인 관심 때문에 대상을 실용적으로 요구하는 영역으로부터 멀리 떼어 놓고 있다. 즉 환상은 오직 환상적으로 몰두하는 데만 관심을 가지며, 비록 수백 번

---

20) 이는 클롭슈토크의 《미래의 연인(Die künftige Geliebte)》(1747년작)에 언급된다.

뒤바뀌고 아주 자유로운 방식으로 착상을 즐기고 기쁨이나 슬픔에 대해서도 충만한 정신으로 더불어 유희를 한다. 마찬가지로 근대 시인들 가운데 정신적으로 풍부한 자유를 지니고 있으면서도 주관적이고 내적인 환상의 깊이를 지녔던 시인들로는 특히 《서동시집》을 쓴 괴테와 뤼케르트(Rückert)를 들 수 있다. 무엇보다도 괴테의 《서동시집》은 그가 앞서 지은 작품들과는 본질적으로 구별된다. 예를 들면 그가 쓴 〈환영(歡迎)과 이별(Willkommen und Abschied)〉21)이라는 시를 보면

---

21) 헤겔은 《미학강의》 제2부를 마감하는 본문에서 드디어 다른 모든 예술의 단계를 거쳐 그 최고의 형식인 '시문학(Poesie)'에 이르러 마침내 예술의 가장 높은 단계인 낭만적인 예술마저 해체되지 않을 수 없는 상황에 이름을 설명한다. 그리고 예술철학의 종말이라는 대단원을 마감하는 데 있어 그는 당대 독일의 시성(詩聖)이라 일컫는 괴테의 시를—그 나름대로—단적으로 가장 명확한 예로 들어서 설명한다. 그는 괴테의 초기 시 〈환영과 이별〉에 비해서 그와 연결되는—즉 신(神)과 신에 의해 창조된 세계와 주체의 만남, 이별, 그리고 재회라는—모티브를 다루고 있지만 그의 말년에 씌어진 《서동시집(Westöstlicher Divan)》에 실린 시 〈재회(Wiederfinden)〉를 더 원숙한 시로 평한다. 헤겔의 이러한 관점이 과연 옳은 것인지는 독자 스스로가 이해하고 판단해야 할 것이다. 여기에서는 이 두 편의 시를 비교할 수 있도록 초기 시 〈환영과 이별〉과 후기 시 〈재회〉의 전문(全文)과 그 번역본을 같이 실었다.
〈환영과 이별〉은 젊은 괴테가 독일문학의 이른바 '질풍노도시대(Sturm und Drang)'인 1771년에 지은 조기 시이다. 여기에서는 말을 달리는 기사(騎士)가 사랑하는 이를 만나고 그와 헤어지는 것이 시의 표면적 형태로 드러나 있으나 사실, 여기에서 말하는 연인이란 신(神)들을 가리킨다. 즉 이 시의 주제는 말을 달리면서 세계 속에 있는 새로운 것을 받아들이는 흥분과, 그것으로부터 다시 이별을 고하는 비약적인 움직임 속에서 주체의 열정과 희열, 불안, 희망 등이 부단하게 움직이고 있음을 보여주는 것이다. 말을 달리는 기사(騎士)의 주위세계는 움직여지고 움직이는 세계이다. 그 안에서 주체는 그 세계를 창조한 신들에 대해 애정을 느끼고 그것을 받아들인다. 그리고 그 신들과 주체(主體)인 인간 사이에 감도는 사랑의 분위기를 감싸고 있는 것은 자연이다. 비록

겉으로는 단순한 사랑을 읊은 시 같지만, 주고받는 것의 묘사, 능동적인 것과 수동적인 것, 주체와 객체 사이의 조화를 나타낸 비교적 단순한 시이다. 주체는 처음에 신의 사랑을 받아들일 때는 거칠면서도 둔탁한 태도를 보이지만 그것으로부터 다시 이별을 할 때는 슬픔이 아닌 기쁨이 표현되고 있다. 이 시에서 주체는 고대의 신들과 관계하면서 그들에 대해 깊은 애정을 드러내고 있으면서도 주체 자신을 주장하고 있다. 이는 질풍노도시대 시인의 '천재성'을 노래했던 젊은 괴테의 자세이기도 하였다. 이 시의 전문은 다음과 같다.

Mir schlug das Herz; geschwind zu Pferd,
Und fort, wild, wie ein Held zur Schlacht!
Der Abend wiegte schon die Erde,
Und an den Bergen hieng die Nacht;
Schon stund im Nebelkleid die Eiche,
Ein aufgethürmter Riese, da,
Wo Finsterniß aus dem Gesträuche
Mit hundert schwarzen Augen sah.

Der Mond von seinem Wolkenhügel
Schien kläglich aus dem Duft hervor;
Die Winde schwangen leise Flügel,
Umsausten schaurlich mein Ohr;
Die Nacht schuf tausend Ungeheuer—
Doch tausendfacher war mein Muth;
Mein Geist war ein verzehrend Feuer,
Mein ganzes Herz zerfloß in Gluth.

Ich sah dich, und die milde Freude
Floß aus dem süßen Blick auf mich.
Ganz war mein Herz an deiner Seite,
Und jeder Athemzug für dich.
Ein rosenfarbes Frühlings Wetter
Lag auf dem lieblichen Gesicht.
Und Zärtlichkeit für mich, ihr Götter!
Ich hoft' es, ich verdient' es nicht.

Der Abschied, wie bedrängt, wie trübe!
Aus deinen Blicken sprach dein Herz.
In deinen Küßen, welche Liebe,
O welche Wonne, welcher Schmerz!
Du giengst, ich stund, und sah zur Erden,
Und sah dir nach mit naßem Blick;
Und doch, welch Glück! geliebt zu werden,
Und lieben, Götter, welch ein Glück!

환영과 이별
가슴이 설레인다. 달리는 말을 타고
전쟁에 나가는 영웅처럼, 앞으로 거칠게
저녁은 벌써 대지를 잠재우고
산에는 밤의 장막이 드리워졌다.
수풀 사이의 어둠이 헤아릴 수 없이 많은
검은 눈으로 바라보고 있는 곳에
안개에 드리워진 떡갈나무는
하늘을 찌를 듯 거인처럼 서 있구나.
나의 바람보다 간절하고 또 분에 넘치네.

구름 낀 산봉우리 위의 달은
안개 사이로 처량하게 비치고
바람은 고요히 날개를 저어
내 귓전에 무서운 소리를 내었네.
밤의 어둠에 모는 것은 누려워보였지만
내 마음은 용기로 가득찼었네.
내 영혼은 타오르는 불,
나의 온 마음은 정열로 녹아버렸네.

그대를 보니 정다운 기쁨이
그 눈매에서 내게로 흘러오네.
나의 마음은 오로지 그대 곁에 있고
호흡마저도 그대를 위한 것.

언어와 묘사가 아름답고 감정은 진심이지만, 그러나 그 밖의 상황은 매우 평범하고, 그 끝부분은 통속적인 데다 그의 상상력과 자유로움은 더 이상 다른 것을 첨가하지 못하고 있다. 그러나 《서동시집》에 나오는 시 〈재회(Wiederfinden)〉[22]에서는 전혀 다르다. 여기에서 사랑

> 장밋빛 봄날씨는
> 그 사랑스런 얼굴 위에 머무네.
> 나를 위한 다정함은, 오 신(神)들이여!
>
> 이별, 이처럼 가슴을 조이고 이토록 우울한 것인가!
> 그대의 눈빛을 통해 그대 마음은 말했네.
> 그대의 입맞춤에는 사랑이,
> 희열이, 그리고 고통이!
> 그대는 떠나니 나는 땅에 눈을 떨구고
> 젖은 눈으로 그대를 보내노라.
> 그렇지만, 사랑받는 것은 얼마만한 행복인가,
> 그리고 신들이여, 사랑하는 것 또한 얼마만한 행복인가!

[22] 이 〈재회〉는 위의 시보다 늦게 1813년에 씌어진 《서동시집》 안의 '술레이카의 서(書)(Buch Suleika)'에 나오는 시이다. 그 전문은 다음과 같다.

Ist es möglich! Stern der Sterne,
Drück' ich wieder dich ans Herz!
Ach, was ist die Nacht der Ferne
Für ein Abgrund, für ein Schmerz!
Ja, du bist es! meiner Freuden
Süßer, lieber Widerpart;
Eingedenk vergangener Leiden,
Schaudre' ich vor der Gegenwart.

Als die Welt im tiefsten Grunde
Lag an Gottes ew'ger Brust,
Ordnet' er die erste Stunde

Mit erhabner Schöpfungslust,
Und er sprach das Wort: 'Es werde!'
Da erklang ein schmerzlich Ach!
Als das All mit Machtgebärde
In die Wirklichkeiten brach.

Auf tat sich das Licht! So trennte
Scheu sich Finsternis von ihm,
Und sogleich die Elemente
Scheidend auseinander fliehn.
Rasch, in wilden, wüsten Träumen
Jedes nach der Weite rang,
Starr, in ungemeßnen Räumen,
Ohne Sehnsucht, ohne Klang.

Stumm war alles, still und öde,
Einsam Gott zum erstenmal!
Da erschuf er Morgenröte,
Die erbarmte sich der Qual;
Sie entwickelte dem Trüben
Ein erklingend Farbenspiel,
Und nun konnte wieder lieben
Was erst auseinader fiel.

Und mit eiligem Bestreben
Sucht sich, was sich angehört,
Und zu ungemeßnem Leben
Ist Gefühl und Blick gekehrt.
Sei's Ergreifen, sei es Raffen,
Wenn es nur sich faßt und hält!
Allah braucht nicht mehr zu schaffen,
Wir erschaffen seine Welt.

So, mit morgenroten Flügeln,

Riß es mich an deinen Mund,
Und die Nacht mit tausend Siegeln
Kräftigt sternenhell den Bund.
Beide sind wir auf der Erde
Musterhaft in Freud' und Qual,
Und ein zweites Wort: es werde!
Trennt uns nicht zum zweitenmal.

재회

이런 일이 있을 수 있는가! 별들 중의 별이여,
나는 다시 그대 가슴을 누르니!
아, 먼곳에 있는 밤은 얼마만한 심연이요, 고통인가!
바로 그대로다! 내 기쁨의
달콤하고 사랑스러운 상대자는.
지나간 고통들을 생각하면
나는 현재 속에서도 가슴이 섬뜩하다.

세계가 깊은 심연 속에서
신(神)의 영원한 가슴속에 들어 있을 때,
신은 최초의 시간을
숭고한 창조의 기쁨으로 정렬하셨다.
그리고는 말씀하시기를 '있으라!' 하시니
만물이 위대하신 신의 손짓으로
현실 속으로 나타나고 그때,
고통의 신음소리는 울려나왔다.

그러자 빛이 열렸다! 그리고 수줍게
어둠이 그로부터 갈라져 나갔다.
자연의 원소들도 곧장
서로에게서 떨어져 나가면서,
빠르고, 거칠고, 어수선한 꿈 속에서
모든 것이 다투어 확대되었다.
헤아릴 수 없는 공간 속에 경직되어

동경(憧憬)도 울림도 없이

모든 것은 침묵에 젖었고 고요하고 황량했다.
최초에 신만이 외로이 존재하셨다!
그러자 신은 아침의 여명을 창조하시니,
그것은 창조의 고통을 측은히 여기고
그 창조된 음울한 것에 음향이 있는
색채의 유희를 펼쳤다.
그러자 한때 서로 떨어져 나간 것들은
다시 서로 사랑하게 되었다.

서둘러 재촉하면서
그들은 서로서로 속하는 것을 찾고
무한한 삶 속으로
느낌과 다정한 시선은 다시 되돌려졌다.
서로 붙잡기도 하고 낚아채기도 하며
서로 어울리고 지탱하는 것들은 어울렸다.
알라신은 더 이상 창조하실 필요가 없으니,
우리가 그의 세계를 창조함이라.

이처럼, 여명의 날개를 타고
나는 그대의 입가로 데려갈지니,
수많은 비밀을 간직한 밤은
별처럼 밝게 우리의 결합을 굳게 묶어준다.
우리 둘은 이제 지상에서
기쁠 때나 고통스러울 때나 보란 듯한 관계를 맺으니
두 번째 창조의 말은, 있으라!
그 말은 우리를 두 번 다시 떼어놓지 않으리라.

이처럼 괴테는 수십 년 후에 다시 신과 인간 주체의 관계, 만남, 이별, 재회를 모티프로 한 시를 쓰고 있다. 시의 제1연은 재회하는 것을 묘사하고 있으며, 제2연은 우주적인 것(das Kosmische)으로 비약해 들어가고 있다. 그 동안 괴테는 자신을 우주와 관련시켜서 고찰하는 데 점차 익숙해져 갔다. 그리하여 여기에는 신이 우주를 창조했을 때를 기억하는 인간 주체의 자세가 드러나 있은 전적으로 환상의 움직임, 행복 그리고 지복함의 차원으로 옮겨간다. 이와 비슷한 종류의 시 속에서 우리 눈앞에 드러나는 것은 대체로 주관적인 동경이나 사랑에 빠지거나 욕구하는 것이 아니라, 오히려 반대로 대상에 대한 순수한 호감, 그치지 않는 환상으로 자신에게 몰두하는 것, 무해한 유희, 운율과 기교적인 각운(脚韻) 따위가 자유롭게 희롱하는 모습이다. 그때 그 자신 속에서 진심어린 심정의 동요와 즐거움이 엿보인다. 그리고 이 심정이 쾌활하게 형상화됨으로써 영혼은 제한된 현실 속으로 고통스럽게 얽혀 들어가지 않고 숭고하게 고양된다.

이로써 우리는 예술의 이상(理想)이 발전하는 과정 속에서 특수한 형식들로 분리되어 나타나는 것에 대한 고찰을 마칠 수 있다. 나는 이 형식들을 광범한 연구 대상으로 삼아서 예술의 표현방식을 이끌어 내는 내용을 보여주고자 하였다. 왜냐하면 내용(Gehalt)은 인간이 이룩한 모든 업적에서 그렇듯이, 예술에서도 결정적인 요소가 되기 때문이다. 예술은 그 개념에 따라 바로 풍부한 사상을 담고 있는 내용(das

---

다. 세계는 분리(Trennung)된 것이기 때문에 불완전하다. 예를 들어 그것은 빛과 어둠으로 나뉘어진다. 그것은 괴테의 초기시인 〈환영과 이별〉의 주제였다. 그러나 그것들은 다시 색채의 유희 속에서 하나로 합쳐진다. 그것이 바로 위의 시의 발전된 주제가 된다. 이 '재회'도 표면적으로는 마치 연인들의 재회처럼 표현되고 있으나, 그 의미는 좀 더 자세히 음미하면 우주 속에서 양극으로 분리된 것들이 신 안에서 다시 통일되는 것임을 알 수 있다. 따라서 여기에서 나타나는 모티프는 '자연적으로 서로를 규정하는 존재(das Motiv des naturhaften Für-einander-bestimmt-Seins)'이다. 이는 괴테가 초기에는 천재성(Genie)을 옹호했던 열정으로부터 말년에는 자연성(Natürlichkeit)을 옹호하는 쪽으로 바꾸어, 사랑과 종교적 이미지와 신의 창조물인 자연에 대한 친숙한 관조가 다시 결합되어 드러나는 것으로서 그의 시에 깊이를 더해 주고 있다고 헤겔은 보고 있는 것이다.

in sich selbst Gehaltvolle)을 적절하게 감각적으로 현재에 드러내야 하는 소명(召命)을 지닌다. 그러므로 예술의 철학은 이 풍부한 내용이란 무엇이며, 그것이 미적(美的)으로 현상하는 방식은 무엇인지 사유하고 파악하는 일을 그 주요 과제로 삼아야 한다.

- 제2부 끝 -

찾아보기

【ㄱ】

가상(假象, der Schein) 51, 160, 436, 532, 533
가상화(假象化) 531
감각(感覺, 감성感性, der Sinn) 86, 153, 283, 445, 473, 505, 532
감각성(感覺性, die Sinnlichkeit) 88, 143, 156, 293, 337
감상주의(感傷主義, die Empfindsamkeit) 148, 151
감성(感性, die Empfindung) 148, 155, 267, 380, 408, 419~421, 433, 438, 459
감수성(感受性, die Empfindlichkeit) 199, 246, 247, 283, 453, 476
감정(感情, 느낌 das Gefühl) 36, 95, 150~152, 228~231, 233~236, 267, 293, 312~314, 384, 428, 438~441, 468~472
강가(Ganga) 103
개념(槪念, der Begriff) 56, 66, 97, 168, 171, 172, 242, 336, 381, 394, 429, 430, 434, 494
개별성(個別性, die Einzelheit) 141, 176, 245, 265, 381, 397, 408, 424, 430, 433, 457, 479, 524
개별성(個別性, die Partikularität) 31, 61
개별자(das Einzelne) 79
개성(個性, die Individualität) 32, 203, 264, 346, 365
개인(個人, das Individuum) 51, 435, 457, 469, 491
개체(個體, das einzelne Individuum) 162
객관성(客觀性, die Objektivität) 55, 259, 297, 316, 376, 402, 459, 537
객체(客體, das Objekt) 55, 551
건축(建築, die Architektur) 201, 527
격언(格言, Sinnspruch) 192
경구(警句, Sinngedicht 또는 Epigramm) 202, 220, 245, 247, 459, 547, 548
경탄(敬歎, Verwunderung) 45, 53, 139, 495
계몽주의(啓蒙主義, Aufklärung) 387, 391
계시(啓示, Offfenbarung) 156, 173, 280, 299, 341, 413, 418, 454
고로트만(Gorotman) 73
고요함(die Ruhe) 164, 232, 235, 347, 350, 353, 380, 420, 432, 435, 500
고전예술(die klassische Kunst) 261, 265, 337, 459, 463
고전적 예술형식(die klassische Kunstform) 31, 35, 243, 253, 268, 274, 316, 337, 379, 396, 419, 544
고전적 이상(klassisches Ideal) 375
공감(共感, die Mitbewegung) 449, 486
공동체(die Gemeinde) 308, 311, 313, 426, 429, 443, 455, 482

과거(過去, die Vergangenheit) 42, 230, 268, 278
관통(貫通, durchdringen, Durchdringun) 75, 156, 225, 243, 267, 276, 336, 407, 421, 457, 490, 509, 539
괴테(Goethe) 151, 184, 191, 218, 320, 350, 391, 402, 486, 503, 529, 550
교양(敎養, die Bildung) 350, 399, 400
교훈시(敎訓詩, das Lehrgedicht) 64, 170, 172, 193, 243, 400
구약성서(Altes Testament) 41, 161, 226
구현(具現)된 것(die konkrete Materiatur) 8, 68
국가(國家, der Staat) 37, 267, 304, 308, 313, 357, 366, 388, 393, 399, 460, 476, 521
군도(群盜, Die Räuber) 41
그리스 예술(griechische Kunst) 51, 207, 266, 274, 292, 340, 376
그리스(Griechenland) 51, 82, 108, 120, 134, 203, 217, 266, 277, 339, 355, 388, 400, 425, 429, 459, 481, 548
그리스도(Christus) 67, 207, 293, 413, 429~445, 456, 487, 512, 524
그리스의 신들(griechische Götter) 320, 350, 352, 385, 386, 402, 490, 538
극시(劇詩, die dramatische Poesie) 172, 233, 234, 399, 466
기만(欺瞞, die Täuschung) 144 512 516
기사도(騎士道, Rittertum) 423, 458, 476, 484, 511, 520, 541
기지(機智, Witz) 167, 180, 184, 199, 201, 234, 283, 390, 398, 493, 507, 525, 537, 548

기호(記號, Zeichen) 36, 42, 51, 204, 234, 503

【ㄴ】

낭만적 예술형식(die romantische Kunstform) 264, 407, 410, 490, 523
내면(內面, das Innere) 32, 47, 60, 86, 110, 117~131, 137, 146, 171, 458, 471, 489~512, 523
내면성(Innerlichkeit) 66, 148, 258, 302, 412, 428, 432, 438, 440, 457, 462
내적인 주관성(innere Subjektivität) 132, 408, 487
내용(內容, der Inhalt, das Gehalt) 30, 32, 38, 64, 94, 116, 131, 138, 157, 168, 195, 196, 225, 270, 515, 539, 544
네덜란드 회화(die niederländische Malerei) 530
니벨룽겐의 노래(Das Nibelungenlied) 283, 372

【ㄷ】

다신주의(多神主義) 110
다이아나(Diana) 여신 328, 331, 333, 358, 370, 465
단테(Dante) 49, 208, 270, 474, 514, 517, 546
대립(對立) 266, 316, 380, 385, 391, 394, 397, 398, 425, 434, 478
대상(對象, der Gegenstand) 53~55, 72, 87, 147, 202, 224~226, 235, 247~249, 257, 386, 531, 534, 548
대상성(對象性, die Gegenständlichkeit) 31, 53, 137, 493, 526

대자적(對自的), 자각적(自覺的), 독자적(獨自的, für sich) 51, 255, 267, 276, 343, 351, 370, 407, 411, 494

대자(對自)존재, 자각존재(自覺存在, das Fürsichsein) 69, 158, 294, 296

도덕성(道德性, die Sittlichkeit) 175, 266, 311, 460, 516

독일인(Deutsche) 147, 246, 506, 529, 536, 542

독자성(獨自性, die Selbständigkeit) 32, 123, 204, 255, 257, 259, 276, 410, 423, 469, 484, 489, 493

독창성(獨創性, die Originalität) 201, 525

돈 키호테(Don Quijote) 518

동경(憧憬, die Sehnsucht) 148, 388, 513, 556

동양(東洋, der Orient, das Morgenland) 35, 120, 146, 148, 201, 225, 257, 339, 462

동일성(同一性, die Identität) 57, 88, 117, 253, 414, 492

디드로(Diderot) 527, 529

【ㄹ】

라마야나(Ramajana) 88~91, 103, 110

라파엘(Raphael) 270

레싱(Lessing) 183, 191

로마(Rom) 55, 213, 297, 330, 399~402, 546

로미오와 줄리엣(Romeo und Juliet) 231, 501, 507, 524

롱기누스(Longinus) 159

루이 14세(Louis Ⅳ) 546

루치아누스(Luciaus) 402

루카(Lukaks) 51

리비우스(Livius) 401

리어왕(King Lear) 483, 520

리처드 3세(Richard Ⅲ) 496, 520

【ㅁ】

마르틴 루터(Martin Luther) 41

마리아 막달레나(Maria Magdalena) 452

마리아(Maria) 67, 207, 293, 391, 429, 440~442, 540

마하바라타(Mahabharata) 110

마호메트(Mahomet) 220

만신전(萬神殿, Pantheon) 410

만족(滿足, die Befriedigung) 43, 62, 162, 266, 352, 417, 424, 436, 441, 451, 490, 531, 547

매개(媒介, die Vermittlung) 35, 55, 358, 389, 434, 444, 489, 505

맥베스(Macbeth) 239, 495, 496, 505, 508

명시(明示, Manifestation) 51, 60, 135, 138, 259, 269, 320, 324, 348, 499, 515

명예(名譽, Ehre) 162, 207, 457, 463~470, 477, 484~487, 514~516

모방(模倣, die Nachahmung) 78, 263, 526~529

모순(矛盾, Widerspruch) 53, 56, 84, 88, 91, 312, 351, 507, 519

모험성(Abenteuerlichkeit) 492, 509, 516, 518, 520, 523

목적(目的, das Ziel) 78, 110, 174, 189, 223, 267, 308, 376, 392, 418, 426, 429, 440, 450, 481, 494, 500, 508, 511~513, 515

무규정성(無規定性, die Unbestimmtheit) 29, 214

무절제(無節制, die Maßlosigkeit) 85, 92, 97, 110, 140, 341
무한성(無限性, die Unendlichkeit) 95, 137, 275, 383, 392, 414, 425, 457, 471, 493, 545
무해성(無害性, die Harmlosigkeit) 353
미(美, die Schönheit, das Schöne) 29, 127, 266, 274, 340, 382, 409, 431, 439, 450, 471, 490, 531
미덕(美德, die Tugend) 307~402, 423, 457, 460, 480
미트라스(Mithras) 73, 76, 78
미학(美學, die ästhetik) 546
밀교(密敎, die Mysterien) 368

【ㅂ】
바커스(Bacchus) 288, 293, 329, 368, 459
반성(反省, Reflexion) 40, 66, 221, 268, 461, 469, 499, 509, 520, 548
범속(凡俗, Prosa) 243, 244, 394, 508, 524
범신론(汎神主義, Pantheismus) 61, 140~143, 146, 154, 257, 355
법(das Gesetz, das Recht) 93, 131, 165, 290, 304, 308, 310, 313, 314, 404
법칙성(法則性, die Gesetzmäßigkeit) 393
베르길리우스(Vergilius) 203, 213, 244
변용(變容, Verklärung) 208, 268, 444, 446, 474
변형(變形, Metamorphosen) 170, 193, 195, 197, 228, 285~287, 290
보편성(普遍性, die Allgemeinheit) 29, 57, 59, 91, 118, 199, 223, 245, 267, 301, 346, 361, 438
보편자(das Allgemeine) 69, 79, 82, 142, 255, 256, 301, 355, 410, 413
보편적인 위력(die allgemeinen Mächte) 338, 371, 373
보편적인 영혼(die allgemeine Seele) 141
복수(復讐, die Rache) 258, 310, 313, 327, 505
본질(本質, das Wesen) 50, 54, 79, 143, 157, 316, 383, 392, 424, 434, 466
부정(否定, die Negation) 62, 416, 468
부정성(否定性, die Negativität) 111, 122, 256, 351, 410, 415, 424, 443, 456, 489
부활(復活, das Auferstehen) 115, 413, 422, 436, 512
브라만(Brahman) 86, 89, 93, 98, 102, 110, 142, 340
브라이팅거(Breitinger) 183
비가(悲歌, Elegie) 152, 390, 459
비교(秘敎, die Mysterien) 322, 324, 330, 339
비교(比較, Vergleichung) 40, 42, 57, 58, 139, 168, 340
비극(悲劇, das Trauerspiel) 273, 313, 472, 495
비너스(Venus) 여신 109, 290, 335, 370, 459, 473, 474, 480
비슈누(Vishinu) 신 92, 98, 101, 106, 145
비유(比喩, Gleichnis) 63, 170, 172, 186
비유담(比喩談, Parabel) 63, 170, 172, 186, 187, 191, 193
빙켈만(Winkelmann) 205

【ㅅ】
사랑(die Liebe) 225, 226, 312, 428, 437, 440, 457

사상(思想, der Gedanke) 31, 48, 53, 138, 141, 159, 222, 247, 381, 459
사상(事象, die Sache) 50, 172, 198, 215, 249
사유(思惟, Denken) 87, 121, 198, 216, 255, 259, 387, 397, 410, 531, 533, 540
사판도마드(Sapandomad) 74
산문(散文, die Prosa) 181, 218
살루스트(Sallust) 401
상상력(想像力, die Einbildungskraft) 44, 81, 102, 224
상상력(想像力, die Phantasie) 65, 83
상징(象徵, das Symbol) 35, 57, 61, 133
상징적 예술형식(die symbolische Kunstform) 30, 49, 50, 55, 58, 291, 396
상징표현(die Symbolik) 136, 166, 168, 174, 194, 200
상황(狀況, die Situation) 44, 93, 169, 180, 185, 207, 221, 235, 362, 375, 418, 482, 492, 506, 515, 524
생동성(生動性, Lebendigkeit) 215, 263, 268, 274, 351, 362, 426, 433, 455, 458, 462, 507, 527
생명(生命, das Leben) 68, 70, 92, 121, 126, 128, 141, 175, 279, 295, 380, 412, 438, 527
서사시(敍事詩, die epische Poesie) 90~93, 110 172, 203, 233, 235, 270, 280, 373, 390, 399, 422
서정시(抒情詩, die Lyrik) 172, 273, 398, 459
선(善, das Gute) 70, 74, 156, 398
성격(性格, der Charakter) 177, 185, 238, 257, 283, 305, 347, 357, 369, 465, 492~516, 523
세계관(世界觀, die Weltanschauung) 60, 254, 267, 303, 388, 407, 411, 416, 538, 541, 543
세르반테스(Cervantes) 517, 518, 541
셀레네(Selene) 여신 331, 333
셰익스피어(Shakespeare) 214, 234, 236, 483, 495, 497, 501, 508, 517, 520, 524, 547
소재(素材, der Stoff) 43, 86, 361, 464, 529
소크라테스(Sokrates) 393, 416
소포클레스(Sophokles) 217, 314, 325, 328, 546
속담(俗談, Sprichwort) 172, 192
속죄(贖罪, die Buße) 104, 193, 237, 429
수(數, die Zahl) 119
수사법(修辭法, Kunst der Rede) 171, 201
수수께끼(der Rätsel) 121, 135, 154, 170, 180, 200~202, 208, 395
숭고한 예술(die erhabene Kunst) 169, 256
숭고함(Erhabenheit) 60, 94, 136~141, 155~169, 241, 255, 348~350, 352, 380, 474, 508
숭고함의 상징표현(Symbolik der Erhabenheit) 61
슐레겔(Schlegel) 49, 106, 205, 390, 467
술레이카(Suleika) 152, 154, 553
스핑크스(Sphinx) 133, 134
시문학(詩文學, die Poesie) 62, 64, 139, 142, 158, 171, 172, 208, 354, 371, 458, 461, 462, 527
시예술(詩藝術, die Dichtkunst) 142, 183, 438

시편(詩扁, die Psalmen) 41, 162, 258, 512
신(新)플라톤학파 47, 210
신(神, der Gott) 45, 85, 157, 227, 241, 264, 279, 367, 412, 429, 430, 439, 489
신비주의 예술(Kunst der Mystik) 61
신적(神的)인(göttlich, 신성한) 164, 258, 294, 355, 413, 444, 480, 544
신성함의 박탈(Entgötterung) 510
신약성서(Neues Testament) 456, 490, 525
신탁(神託, das Orakel) 298~302, 315, 331
신화(神話, der Mythos, die Mythologie) 44, 54
실러(Schiller) 41, 218, 386, 388, 391, 502, 529
실재성(實在性, die Realität) 30, 32, 79, 82, 102, 169, 198, 203, 204, 245, 249, 256, 260, 408, 412, 443
실체(實體, Substanz) 61, 102, 138, 155, 156, 166, 267, 361
심정(心情, das Gemüt) 137, 225, 229, 235, 398, 419, 421, 432, 438, 450, 452, 506

【ㅇ】

아가멤논(Agamemnon) 311. 344, 463, 481
아델룽(Adelung) 372
아랍인(Araber) 201, 257
아레스(Ares) 신 358, 373
아리만(Ahriman) 68~71, 113, 122
아리스토텔레스(Aristoteles) 53, 176, 199, 209, 217
아리스토파네스(Aristophanes) 176, 179, 283, 395, 541
아리오스토(Ariosto) 516~518, 541, 545
아멘테스(Amenthes) 124
아이러니(die Ironie) 248, 520
아이스킬로스(Aeschylos) 311, 325, 327, 459, 472
아이아스(Aias) 284
아킬레우스(Achilleus) 232, 293, 344, 371, 372, 416, 463, 472, 482
아테네(Athene) 여신 51, 233, 307, 320, 328, 346, 358, 370
아폴로(Apollo) 신 51, 289, 300, 311, 313, 327, 331, 332, 344, 353, 357, 379
악(惡, das Böse) 164, 497
안거(安居, Beruhen, die Ruhe) 136, 294, 297, 346, 349, 353, 371, 439
안티고네(Antigone) 313, 314, 366, 472, 481
알레고리(Allegory, 풍유(諷喩) 49~52, 199, 202~205, 298, 487
암시(Andeutung) 51, 61, 67, 76, 78, 91, 276, 365, 424, 503
양식(樣式, der Stil) 93, 269, 395
언어(言語, die Sprache) 36, 40, 158, 217, 212, 218, 400, 472, 548
언표(言表, aussprechen) 40, 44, 79, 137, 141, 193, 210, 223, 393, 398, 454
에리니스(Erinyes) 310~315, 327, 328, 355
에우리피데스(Euripides) 473, 480
에피쿠로스(Epicouros, Epikur) 244
엘시드(El Cid) 485
열락(悅樂, die Seligkeit) 146, 148, 151
열정(熱情, die Leidenschaft) 217, 234~236, 239, 257, 302, 472
영감(靈感, die Begeisterung) 275, 368, 358, 383
영웅(英雄, Held) 39, 41, 45, 119, 282, 373, 460, 517
영웅시대(die Heroenzeit) 366

영혼(靈魂, die Seele) 123, 141, 150, 198, 235, 412, 421, 415, 425
예술가(藝術家, der Künstler) 51, 207, 235, 269~272, 342, 433, 535, 539~545
예술미(藝術美, das Schöne der Kunst, die Kunstschönheit) 264, 337
예술의 철학(Philosophie der Kunst) 558
예술작품(藝術作品, das Kunstwerk) 29, 171, 526, 527
예술형식(die Kunstform) 29~32, 56, 157
오디세우스(Odysseus) 280, 291, 344~346, 416
오레스테스(Orestes) 311, 313, 355, 481, 482
오르무즈드(Ormuzd) 68, 73, 75, 78, 82, 112, 122
오르페우스(Orpheus) 340
오비디우스(Ovidius) 195, 228, 283, 290
오셀로(Othello) 495, 497
오시리스(Osiris) 124, 130, 131, 329, 331
오시안(Ossian) 227, 229, 230
오이디푸스(Oedipus) 325, 481
외면적인 실재성(實在性, die äußerliche Realität) 169, 245, 343, 538
외화(外化, die Entäußerung) 114, 237, 256, 422, 500, 503, 524, 537
욕구(慾求, das Bedürfnis) 47, 66, 83, 175, 215, 286, 308, 325, 388, 440, 526, 549
우라노스(天神, Uranus) 108, 303, 314~316
우아(優雅, die Anmut) 377, 378
우연성(die Zufälligkeit) 31, 335, 361, 379, 380, 417, 426, 461, 490, 510, 516, 526
우화(寓話, Fabel) 63, 170~197, 282~284
운명(das Fatum) 117, 148, 207, 236, 301, 353, 370, 376, 379~382, 498, 499, 509, 517
웃음(das Lachen) 517, 532
유대인(der Jude) 67, 157, 258, 321, 354
유형(類型, Typus) 35, 75, 78, 88, 110, 168, 262, 360
은유(隱喩, die Metapher) 49, 63, 170, 199, 200, 209~224, 234, 241
음(音, der Ton) 36, 144
음악(die Musik) 172, 248, 527, 533
의미(意味, die Bedeutung) 35~52, 56~68, 91~97, 111~121, 141, 157, 170, 210, 242, 254
의식(意識, das Bewußtsein) 38, 47, 54, 124, 135, 281, 357, 382, 393, 408, 423, 466, 489, 525, 542
의인화(擬人化, Personifikation) 51, 68, 95~98, 265, 295, 348
의지(意志, der Wille) 112, 294, 397, 412
이념(理念, die Idee) 29~32, 35, 36, 137, 254, 428
이념적인 것(das Ideelle) 254
이미지(Bild) 39, 40, 62, 76, 168, 170, 219
이상(理想, das Ideal) 44, 253, 296, 328, 379, 523
이성(理性, die Vernunft) 47, 53, 101, 137, 138, 295, 387, 388, 453
이시스(Isis) 130, 329~331
이집트(Ägypten) 43, 60, 121, 124, 130, 173, 272, 282~285, 329, 339
이플란트(Iffland) 529
인간(人間, der Mensch) 162, 262, 350, 389, 595
인간정신(人間精神, Menschengeist) 47,

294, 341, 342, 443, 545
인간화(人間化, Anthromorphismus) 265, 360, 377, 382, 384, 409, 431
인도(Indien) 85~95, 97~112, 115~122, 136, 142~144, 161, 193, 303, 340
인드라(Indra) 93, 102, 104, 111, 112, 142
일리아스(Ilias) 97, 232, 280, 343, 373, 463

【ㅈ】

자기규정(die Selbstbestimmung) 31, 114, 381

자아(自我, das Ich) 87, 123, 143, 146, 163, 246, 451, 455, 466, 479

자연미(自然美, die Naturschönheit) 11

자연성(die Natürlichkeit) 102, 120, 156, 180, 195, 269, 276, 310, 318, 329, 341, 407, 427, 433, 445, 557

자유(自由, die Freiheit) 55, 123, 174, 194, 236, 257, 267, 276, 347, 389, 414, 443, 460, 480, 542

자의(恣意, die Willkür) 45, 170, 184, 217, 241, 262, 479, 480, 486, 515, 539

자의식(自意識, das Selbstbewußtsein) 53, 55, 69, 87, 133, 153, 267, 294, 397, 451, 466

자족(自足, das Sichselbstgenügen) 352, 397, 414

장 파울(Jean Paul) 218, 507, 536, 537

장르회화(die Genremalerei) 530

재능(才能, das Talent) 95, 182, 199, 459, 466, 527, 540, 544

절대자(絶對者, das Absolute) 54, 61, 66, 114, 410, 437

절대적(즉자대자적, an und für sich) 32, 54, 156, 164, 198, 204, 255, 265, 341, 382, 410, 544

절대적으로 존재하는 것(das Anundfürsichseiende, 즉자대자적으로 존재하는 것) 270, 479

절대적인 이념(die absolute Idee) 11

절대정신(der absolute Geist) 31, 296, 425, 429, 436, 445

정신(精神, der Geist) 31, 114, 296, 346, 379, 408, 430, 462

정신성(精神性, die Geistigkeit) 32, 131, 351

정의(正義, Gerechtigkeit) 156, 204, 310, 320

정화(淨化, die Reinigung) 109, 115, 260, 320

제우스(Jeus) 신 45, 51, 179, 281, 307, 334, 355, 370, 486

젠다베스타(Zend—Awesta) 67, 73, 76, 78

조각(彫刻, die Skulptur) 205, 297, 326, 354, 359, 380, 412, 527

조로아스터(Zoroaster) 68~74, 80, 112

조형예술(造形藝術, die bildende Kunst) 142, 158, 171, 201, 320, 435, 523, 526, 543

조화(調和, die Harmonie) 267, 295, 392, 434

종교(宗敎, die Religion) 52, 60, 67, 268, 270, 354, 377, 456, 539

주관성(主觀性, die Subjektivität) 31, 44, 80, 203, 265, 341, 376, 383, 397, 407~416, 423~437, 461, 464, 480, 489, 547

즉자(卽自, An sich, 자체적인 것) 347

즉자성(卽自性, An sich sein) 429

지복(至福, 열락, die Seligkeit) 146, 148, 150, 266, 310, 355, 389, 424, 428

지성(知性, die Intelligenz) 85

직관(直觀, die Anschauung) 52, 66, 86, 110, 121, 146, 256, 386, 474, 543

직유(直喩, Gleichnis) 40, 63, 170, 199, 222
직접성(die Unmittelbarkeit, 무매개성) 55, 79, 115, 122, 414, 421, 428, 443
직접적인 통일성(unmittelbare Einheit) 67, 111, 442
진리(眞理, die Wahrheit) 47, 97, 208, 409, 431, 546
진심(眞心, die Innigkeit) 409, 417, 422, 434, 437, 446, 457, 472, 489, 549
질료(質料, das Material) 379, 439

【ㅊ】

차이(差異, die Differenz) 88
참된 형상(die wahre Gestalt) 297, 338, 340
천재(天才, das Genie) 272, 540
철학(哲學, die Philosophie) 71, 264, 401, 501
체계(體系, das System) 356
총체성(總體性, die Totalität) 29, 56, 101, 137, 256, 261, 316, 356, 454, 499, 513
추상, 추상성(抽象性, die Abstraktion) 31, 56, 96, 110, 116, 203, 256, 381, 397, 449, 451, 489, 493, 496
추상적(抽象的, abstrakt) 30, 56, 158, 198, 204, 242, 254, 267, 302, 348, 376, 397, 402, 448, 466, 503
충돌(衝突, die Kollision) 207, 301, 308, 419, 477, 480, 485, 505, 509, 516
충성(忠誠, die Treue) 357, 423, 457, 458, 461, 465, 482~484, 514, 516, 544

【ㅋ】【ㅌ】

카오스(Chaos) 108, 314

카를 대제(Karl der Große, 샤를마뉴 Charlesmagne) 485, 487
칸트(Kant) 137, 138
칼데론(Caldereon) 213, 215, 224, 228
코체부(Kotzebue) 497, 529
코타(Cotta) 402
쾌적한 것(das Angenehme) 377, 491, 526
쾌활성(die Heiterkeit) 351, 352
크로노스(Cronus) 108, 303~305, 314, 316, 363
크로이처(Creuzer) 46~48, 292, 332, 339
크리슈나(Krischna) 143, 144
클라이스트(Kleist) 476, 497
클롭슈토크(Klopstock) 222, 247, 549
키벨레(Cybele) 여신 120, 319
타자(他者, das Andere) 87, 101, 133, 141, 259, 260, 322, 332, 341, 346, 408, 426~428, 437, 438, 451
타키투스(Tacitus) 401
통일성(統一性, die Einheit) 32, 51, 115, 142, 258, 380
투키디데스(Thukydides) 217
트로이 전쟁(der Trojanische Krieg) 97, 320, 373, 472
트리무르티(Trimurti) 98, 101, 102, 112, 142
특성(特性, die Eigenschaft) 37, 85, 202, 347, 358, 368, 546
특수성(特殊性, die Beondcrheit) 61, 146, 204, 338, 353, 356, 360, 381, 493
티크(Tieck) 248

【ㅍ】

파니(Parny) 390

파르나스 산(Parnaß, Parnass) 391
파르시(der Parse) 교도 72, 74, 75, 78, 112, 143, 173, 298
파토스(das Pathos, 열정, 격정, 비애) 233, 235, 302, 313, 371, 387, 459, 461, 467, 473, 480, 494, 498
파트로클로스(Patroklos) 373, 374
판단력 비판(Kritik der Urteilskraft) 137
페르도우시(Firdusi, Ferdausi) 212
페르시아(Persia) 43, 60, 67, 139, 146~150, 190, 549
페르시우스(Persius) 401, 402
페트라르카(Petrarca) 474, 517, 549
평정(平靜, die Ruhe) 240
표상(表象, die Vorstellung) 36, 54, 118, 140, 163, 203, 316, 369, 385, 464, 469
표현(表現, der Ausdruck) 36, 50, 63, 103, 119, 127, 137, 157, 212, 263, 433, 492, 524
풍자(諷刺, Satire) 395, 398, 400, 402, 491
프랑스 비극(das französische Trauerspiel) 509
프랑스인들(die Franzosen) 239, 244, 536, 546
프로메테우스(Prometheus) 305, 317, 325, 326, 366
프로타고라스(Protagoras) 306
플라톤(Platon) 217, 305, 321, 393
피규정성(被規定性, die Bestimmtheit) 30, 88, 94, 113, 142, 203, 301, 338, 347, 360, 381, 511
피디아스(Phidias) 270
피라미드(Pyramid) 125, 134
피히테(Fichte) 8

핀다르(Pindar) 292, 315
필연성(必然性, Notwendigkeit) 114, 117, 120, 204, 262, 381, 410, 423, 465, 480, 499, 544

【ㅎ】
하르트만 폰 아우에(Hartmann von Aue) 475
하이네(Heyne) 49, 214, 367
하피즈(Hafis) 149, 221, 222
함머(Hammer) 150, 152
해석(解釋, die Explikation) 88, 207, 343, 366, 371
해체(解體, die Auflösung) 379, 523
해학(諧謔, der Humor) 186, 493, 508, 520, 525, 535, 545, 547
햄릿(Hamlet) 505, 524
행위(行爲, die Handlung) 78, 96, 343, 370, 371, 498, 514
헤라(Hera) 여신 290, 292, 334, 335, 358, 366, 440
헤라클레스(Heracles) 45, 119, 282, 305, 326, 327, 333, 334, 366, 370
헤로도토스(Herodotos) 120, 122, 123, 130, 189, 247, 277, 292, 299, 339
헤르더(Herder) 152
헤르메스(Hermes) 신 290, 344, 358
헤브라이의 시문학(die hebräische Poesie) 62, 139, 341
헤시오도스(Hesiodos) 108, 195, 244, 277, 314, 339
헥토르(Hektor) 374
헬리오스(Helios) 신 303, 328, 331, 332
현상(現象, die Erscheinung) 30, 38, 160,

241, 412
현존재(現存在, das Dasein) 29, 31, 58, 378, 426, 443
형상(形象, die Gestalt) 30, 38, 44, 296
형상화(形象化, die Gestaltung) 83, 173, 265, 270, 366, 460, 557
형식(形式, die Form) 29~32
형태(形態, die Form) 56, 80, 168, 198, 203, 262, 263, 426, 433
호감(好感, das Wohlgefallen) 557
호라티우스(Horatius) 400
호메로스(호머, Homer) 195, 203, 217, 231, 232, 270, 277, 332, 343, 363, 373, 459, 546
혼돈(카오스, Chaos) 108, 314
화해(和解, die Versöhnung) 85, 87, 114, 266, 389, 408, 414, 428, 436
환상(幻想, die Phantasie) 83, 85, 117, 369, 462, 549, 557
활동(活動), 행동(行動, das Tun, die Tat) 96
활동(活動, die Tätigkeit, das Tun) 92, 131, 174, 298, 412, 545
회귀(回歸, in sich zurückgehen, die Rückkehr) 32, 69, 89, 101, 462, 489
회화(繪畵, die Malerei) 201, 399, 446, 452, 527, 530, 540
히펠(Hippel) 506, 507, 537

게오르그 빌헬름 프리드리히 헤겔(Georg Wilhelm Friedrich Hegel) 독일의 철학자이자 독일 '이상주의(理想主義, Idealismus)' 철학의 이론을 완성한 거장. 1770년 독일 남부 슈투트가르트에서 궁정관리의 장남으로 태어났으며, 튀빙겐대학교에서 철학과 신학을 공부했다. 졸업 후 1793년에 스위스로 가서 당시 베른의 영향력 있는 정치가인 폰 슈타이거(von Steiger) 집안의 가정교사로 일하며 이 가문이 소장한 방대한 양의 서적을 읽는 기회를 가졌다. 여기서 얻은 폭넓고 심오한 지식을 체계적으로 활용하여 훗날 그는 자신의 철학체계를 세울 수 있었다. 1801년 독일 동부 예나(Jena)대학교의 강사직에 임명된 후 불후의 명저 《정신현상학(Phänomenologie des Geiste)》(1807년)을 썼고, 이어서 두 번째 저서인 《논리학(Wissenschaft der Logik)》(1812년)을 출간하였다. 1816년에 하이델베르크대학교 교수로, 1818년에는 당대의 유명한 철학자 피히테의 뒤를 이어 베를린대학교 교수로 임명되었고, 세 번째 명저인 《법철학 강요(Grundlinien der Philosophie des Rechts)》(1821년)를 출간하였다. 대학 강사 시절인 1802년에 당시 독일문화의 중심지였던 드레스덴을 비롯해, 1822년 브뤼셀, 1824년 비인, 1827년 파리와 프라하, 칼스바트로 여행하면서 수많은 전시, 공연, 오페라 등을 관람하였고, 특유의 독창적이고 진지한 예술 감각을 익혔다.

《미학강의(Vorlesungen über die Ästhetik)》는 헤겔이 하이델베르크대학교과 베를린대학교에서 강의한 '미학 또는 예술철학(Ästhetik oder Philosophie der Kunst)'의 내용을 제자인 하인리히 구스타프 호토(Heinrich Gustav Hotho)가 정리하여 그의 사후 출간한 책이다. 헤겔은 이 책에서 고대로부터 19세기에 이르기까지 서양과 근동, 페르시아, 인도의 예술을 총망라하여 고찰하면서 이를 크게 상징적 예술, 고전적 예술, 낭만적 예술로 나누어 설명하고 있다. 또한 자연 속의 아름다움이 아니라 예술 속의 아름다움에 대해서, 즉 인간정신에 의해 창조된 미(美)에 대해 논하며, 진정한 미(美)란 감성이 아닌 이념의 영역에서 이해되는 것으로 '절대정신', '절대이념'으로부터 나온다고 보았다. 그것이 바로 헤겔이 말하는 절대진리, 즉 '이상(Ideal)'이다.

일찍이 스피노자와 칸트, 루소 그리고 괴테의 영향을 받았으며, 열아홉 살에 직접 겪은 프랑스 혁명은 그가 이성과 자유에 바탕을 둔 철학을 과제로 삼는 데 하나의 단초가 되었다. 또한 루소의 사상, 고대 그리스의 철학과 예술 나아가 칸트, 피히테 등 당대의 주요 철학들을 깊이 탐구하면서 근대의 온갖 분열된 상황에 맞서 삶의 근원적인 총체성을 되살리려는 이상을 세웠다.

근대철학과 문화, 사회 안에서 주체와 지식의 대상인 객체, 정신과 자연, 자아와 타자, 권위와 자유, 지식과 신념, 계몽주의와 낭만주의 사이의 긴장과 모순으로 가득 차 있는 현상을 헤겔은 '절대정신'을 중심으로 하는 자신의 철학체계 안에서 합리적으로 규명하고 극복하기 위해 노력하였다. 당대 최고의 철학자로 인정받던 헤겔은 1831년 병으로 사망했지만, 1820년부터 형성되기 시작한 '헤겔학파'를 통해 독일은 물론 세계적으로 그의 철학이 널리 전파되면서 후세에 큰 영향을 끼쳤다.

옮긴이 두행숙 전북 군산 출신으로, 서강대학교 독어독문학과를 졸업한 후 독일 뒤셀도르프대학교에서 독일문학으로 박사 학위를 받았다. 그 후 서강대와 한국교원대, 충북대, 중앙대 등에서 독일문학과 철학을 강의했다. 현재는 서강대에서 독일문학과 독일문화, 독일어를 강의하면서 번역 분야에서 활발한 활동을 하고 있다.

창작소설로 《길들여진 고독》이 있으며, 주요 번역서로는 헤르만 헤세 수필집 《정원 일의 즐거움》과 《인생을 보는 지혜》《헤세, 내 영혼의 작은 새》를 비롯해 《시간이란 무엇인가》《젊은 베르테르의 슬픔》《꿈꾸는 책들의 도시》《멸종-사라진 것들. 종과 민족 그리고 언어》《하얀 마사이》《디지털 보헤미안》《레아》《은하수를 여행했던 천재들의 역사》등 다수가 있다. 이메일 dhs2kr@yahoo.co.kr

헤겔의 미학강의 2

1판 1쇄 발행 2010년 7월 1일
1판 9쇄 발행 2025년 5월 16일

지은이 · 게오르그 빌헬름 프리드리히 헤겔
옮긴이 · 두행숙
펴낸이 · 주연선

(주)은행나무
04035 서울특별시 마포구 양화로11길 54
전화 · 02)3143-0651~3 | 팩스 · 02)3143-0654
신고번호 · 제 1997-000168호(1997. 12. 12)
www.ehbook.co.kr
ehbook@ehbook.co.kr

ISBN 978-89-5660-351-3 93100
ISBN 978-89-5660-349-0 (세트)

• 이 책의 판권은 지은이와 은행나무에 있습니다. 이 책 내용의 일부 또는 전부를 재사용하려면 반드시 양측의 서면 동의를 받아야 합니다.

• 잘못된 책은 구입처에서 바꿔드립니다.